教育部人文社会科学重点研究基地北京师范大学史学理论与史学史研究中心重大项目

·白话本·

资治通鉴

（全十册）

第五册

卷第一百一十九至卷第一百五十（宋纪一至梁纪六）

（宋）司马光　编著
张大可　语译

商务印书馆
创于1897 The Commercial Press

第五册目录

卷第一百一十九　宋纪一

宋武帝永初元年至营阳王景平元年（公元 420—公元 423）…… 2203

卷第一百二十　宋纪二

宋文帝元嘉元年至四年（公元 424—公元 427）…… 2224

卷第一百二十一　宋纪三

宋文帝元嘉五年至七年（公元 428—公元 430）…… 2248

卷第一百二十二　宋纪四

宋文帝元嘉八年至十二年（公元 431—公元 435）…… 2270

卷第一百二十三　宋纪五

宋文帝元嘉十三年至十八年（公元 436—公元 441）…… 2292

卷第一百二十四　宋纪六

宋文帝元嘉十九年至二十三年（公元 442—公元 446）…… 2314

卷第一百二十五　宋纪七

宋文帝元嘉二十四年至二十七年（公元 447—公元 450）…… 2333

卷第一百二十六　宋纪八

宋文帝元嘉二十八年至二十九年（公元 451—公元 452）…… 2352

卷第一百二十七　宋纪九

宋文帝元嘉三十年（公元 453）…… 2365

卷第一百二十八　宋纪十
宋孝武帝孝建元年至大明二年（公元 454—公元 458）………… 2379
卷第一百二十九　宋纪十一
宋孝武帝大明三年至八年（公元 459—公元 464）………… 2398
卷第一百三十　宋纪十二
宋明帝泰始元年（公元 465）………… 2415
卷第一百三十一　宋纪十三
宋明帝泰始二年（公元 466）………… 2427
卷第一百三十二　宋纪十四
宋明帝泰始三年至六年（公元 467—公元 470）………… 2445
卷第一百三十三　宋纪十五
宋明帝泰始七年至苍梧王元徽三年（公元 471—公元 475）………… 2459
卷第一百三十四　宋纪十六
宋苍梧王元徽四年至宋顺帝昇明二年（公元 476—公元 478）………… 2476
卷第一百三十五　齐纪一
齐高帝建元元年至齐武帝永明元年（公元 479—公元 483）………… 2495
卷第一百三十六　齐纪二
齐武帝永明二年至七年（公元 484—公元 489）………… 2515
卷第一百三十七　齐纪三
齐武帝永明八年至十年（公元 490—公元 492）………… 2533
卷第一百三十八　齐纪四
齐武帝永明十一年（公元 493）………… 2552
卷第一百三十九　齐纪五
齐明帝建武元年（公元 494）………… 2563
卷第一百四十　齐纪六
齐明帝建武二年至三年（公元 495—公元 496）………… 2581

卷第一百四十一　齐纪七

齐明帝建武四年至永泰元年（公元 497—公元 498）………… 2599

卷第一百四十二　齐纪八

齐东昏侯永元元年（公元 499）………… 2615

卷第一百四十三　齐纪九

齐东昏侯永元二年（公元 500）………… 2629

卷第一百四十四　齐纪十

齐和帝中兴元年（公元 501）………… 2641

卷第一百四十五　梁纪一

梁武帝天监元年至三年（公元 502—公元 504）………… 2659

卷第一百四十六　梁纪二

梁武帝天监四年至六年（公元 505—公元 507）………… 2678

卷第一百四十七　梁纪三

梁武帝天监七年至十三年（公元 508—公元 514）………… 2694

卷第一百四十八　梁纪四

梁武帝天监十四年至十七年（公元 515—公元 518）………… 2711

卷第一百四十九　梁纪五

梁武帝天监十八年至普通四年（公元 519—公元 523）………… 2729

卷第一百五十　梁纪六

梁武帝普通五年至六年（公元 524—公元 525）………… 2747

宋纪一

宋武帝永初元年至营阳王景平元年（公元420—公元423）

【起上章涒滩（庚申，公元420年），尽昭阳大渊献（癸亥，公元423年），凡四年】

【大事提要】

本卷记事起于公元420年，到公元423年，凡四年，时当宋武帝（刘裕）永初元年至营阳王（刘义符）景平元年。本卷所载大事，主要有五个方面。其一，刘裕篡晋立宋，东晋灭亡。公元420年，东晋宋王刘裕见时机成熟，命令党徒傅亮草拟好禅位诏书，入宫逼迫恭皇帝司马德文誊抄。司马德文随后退居到琅邪王府。东晋存在104年，至此灭亡。刘裕称帝，将国号改为“宋”，改元为永初。其二，北凉灭西凉。公元420年，北凉主沮渠蒙逊想消灭西凉，便用计，声称要攻打西秦的浩亹台，而后偷偷把队伍拉回川岩。西凉主李歆见有机可乘，便带领3万兵马去袭击北凉国都姑臧，遭到沮渠蒙逊埋伏，全军覆没。沮渠蒙逊灭掉西凉国，占领整个凉州地区。其三，刘裕去世，太子即位。公元422年，刘宋武帝刘裕计划出征北魏，结果还未来得及出兵，便病逝，时年59岁。遗命司空徐羡之、尚书仆射傅亮、领军将军谢晦以及护军将军檀道济四人为顾命大臣，辅助太子刘义符。刘义符即皇帝位，次年更改年号为景平。其四，北魏攻打刘宋。北魏主拓跋嗣乘刘宋武帝刘裕病逝之机，凭借强大的军力，沿着黄河流域全面开战，重点进攻并夺取了黄河以南的虎牢、洛阳、滑台等军事重镇。南朝宋军善于守城，顽强抵抗，使魏军付出了重大的伤亡代价。战争双方都没有取得真正胜利。其五，北魏筑长城。公元423年，柔然汗国频繁入侵，铁蹄纵横，严重威胁着北魏北部边疆的安全。于是，魏明元帝拓跋嗣为防备北方草原上的柔然和契丹的进攻，在广阔的大草原上修建北疆长城，起自赤城，至于五原、阴山，延绵2000多里，备置戍卫。

高祖武皇帝

宋武帝永初元年（庚申，公元420年）

春季，正月己亥，魏明元帝拓跋嗣回宫。

西秦王乞伏炽磐封他的儿子乞伏暮末为太子，仍然兼任抚军大将军，总掌全国内外的军事，宣布实行大赦，改年号为建弘。

东晋宋王刘裕希望晋恭帝司马德文能以禅让的形式把帝位传给自己，却难于启齿，于是他召集手下朝臣饮酒欢宴。在筵席上，刘裕若无其事地说："当年桓玄篡位，晋国大权旁落。是我首先提倡大义，复兴皇帝宗室，南征北讨，平定了天下，可谓大功告成，业绩卓著，于是承蒙皇上恩赐而有九锡之尊。如今我的年纪也大了，地位又如此尊崇，无以复加，天下的事情最忌讳装得太满而盈溢出来，那样就不可以得到长久的安宁了；现在我要将爵位奉还皇上，回到京师颐养天年。"

群臣不理解刘裕这些话的真正含意，只是一味盛赞他的功德。这时天色已晚，群臣散去。中书令傅亮走出宫门，方才悟出宋王一席话的真实用意，于是返回，但是宫门已经关闭，傅亮便叩门请求见宋王，宋王即令开门召见他。傅亮入宫，只说："我应该暂且返回京师。"宋王刘裕明白他的用意，也不再多说别的，直接问："你需要多少人护送？"傅亮回答说："数十人就足够了。"随即与宋王刘裕辞别。

傅亮出宫时已是半夜时分，只见彗星划过夜空，傅亮拍腿叹曰："我过去常常不信天象，今天看来天象开始应验了。"傅亮来到京师建康，当时正值初夏四月，晋恭帝征召刘裕入京辅佐。

宋王刘裕让他的儿子刘义康留守，都督豫、司、雍、并四州诸军事，豫州刺史，坐镇寿阳。刘义康年纪还很幼小，刘裕于是任用相国参军南阳人刘湛为长史，帮助决策和处理府、州日常军政事务。刘湛自幼就有做宰辅的远大志向，常常以管仲、诸葛亮自比，他博览经史，不做文章，不空发议论，因此刘裕特别器重他的才干。

五月初二乙酉，北魏变更宣武帝拓跋珪的谥号，改称道武帝。

北魏淮南公司马国璠、池阳子司马道赐阴谋反叛，司马文思告发了他们。五月二十七日庚戌，魏明元帝拓跋嗣杀司马国璠与司马道赐，赐封司马文思为郁林公。司马国璠一伙的阴谋牵连了平城的大户豪强，全族被诛的就有数十人，章安侯封懿的儿子封玄之也应斩首。魏明元帝念及封玄之是燕朝旧族，想要宽容他的一个儿子。封玄之说："我的侄儿封磨奴幼年丧父，乞求您留他一命。"魏明元帝于是杀掉了封玄之的四个儿子而饶恕了封磨奴。

（以上为第一段，写东晋宋王刘裕自以为功大，欲让恭帝司马德文禅位与他，但无从说起，便宴请群臣，借着酒兴讽喻，中书令傅亮心领神会，去建康做恭帝的工作。）

六月初九壬戌，东晋宋王刘裕来到建康。傅亮用委婉的语言暗示恭帝司马德文将帝位禅让给宋王，并且草拟了退位诏书呈给恭帝，让他亲自抄写一遍。恭帝欣然提笔，并对左右侍臣说："桓玄之乱的时候，晋朝已经失掉天下，后来幸赖刘公才得以延续将近二十年。今日禅位给他，是我甘心所为。"于是将傅亮呈来的草稿作为正式诏书抄写在红纸上。

六月十一日甲子，东晋恭帝司马德文让位，回到了琅邪旧邸，百官叩拜辞别，秘书监徐广痛哭流涕，不胜哀痛。

六月十四日丁卯，宋王刘裕在南郊设坛，即帝位。典礼结束后，刘裕乘皇帝的车驾从石头城进入建康宫。徐广又悲痛不已。侍中谢晦对他说："徐公如此未免有点过分了吧！"徐广说："您是宋朝佐命大臣，我是晋室遗老，悲欢之情，当然是各不相同。"徐广是晋孝武帝重臣徐邈的弟弟。

刘宋武帝刘裕登太极殿，实行大赦，改年号为永初。刘裕宣布，凡是行为不道德，受过舆论抨击的人，一律清除罪名，使之改过自新。

裴子野评论说：当年姚重华虞舜接受国家大任，流放共工、驩兜、三苗、姒鲧四凶；武王征服殷商，将顽劣的遗民迁到洛阳。天下的罪恶历来都是相同的，而刘裕一概免除触犯众怒的人的罪名，是做得太过分了！

刘宋武帝刘裕封东晋恭帝司马德文为零陵王；对待晋室的优崇之礼，一律仿照晋初优待魏室的先例。随即又在故秣陵县为恭帝兴建王宫，派遣冠军将军刘遵考率兵保卫。将恭帝的皇后褚灵媛降为王妃。

刘宋武帝刘裕追尊他的父亲为孝穆皇帝，母亲赵氏为孝穆皇后；尊封其继母王太后萧氏为皇太后。刘裕事奉萧太后一向恭谨，即皇帝位以后，虽然他年事已高，每天清晨必入后宫给太后问安，从未错过时辰。

刘裕又下令说，晋朝时所封的爵位，应当随着改朝换代而有所变更，于是他将过去封置的始兴公、庐陵公、始安公、长沙公由郡公降爵为县公；康乐公由县公降为县侯，以使王导、谢安、温峤、陶侃、谢玄等人的祭祀香火得以延续。凡是当年与刘裕同甘共苦抗击过桓玄的人，仍保持其爵位和俸禄不变。

六月十七日庚午，刘宋武帝刘裕提升司空刘道怜为太尉，封他为长沙王。追封司徒刘道规为临川王，并以刘道怜的儿子刘义庆继承刘道规的爵位。其余的功臣徐羡之等也分别加官增禄或进升爵位。

刘宋武帝刘裕又追封刘穆之为南康郡公，王镇恶为龙阳县侯。刘裕常常想念刘穆之，叹息着说："刘穆之如果不死，一定能帮助我治理天下。真可谓是'好人散去，国家遭殃'！"又说："刘穆之一死，人们将很容易对付我了。"

刘宋武帝刘裕又封皇子桂阳公刘义真为庐陵王、彭城公刘义隆为宜都王，刘义康为彭城王。

六月二十六日己卯，取消《泰始历》，改用《永初历》。

（以上为第二段，写东晋改朝换代，恭帝司马德文退位，降为零陵王，刘裕即皇帝位，建立宋朝，史称刘宋，改元永初，大封宗亲功臣。）

魏明元帝拓跋嗣前往翳犊山，又西去冯卤池。他听说刘裕接受禅让，用驿车征召崔浩，对他说："你当年的预言全部都应验了，我到今日才开始相信天道。"

秋季，七月十五日丁酉，魏明元帝拓跋嗣抵达五原。

七月二十二日甲辰，刘裕下令，任命西凉公李歆为都督高昌等七郡诸军事、征西大将军，进封他为酒泉公。又任命西秦王乞伏炽磐为安西大将军。

刘宋交州刺史杜慧度进攻林邑，大破林邑军，斩杀敌人过半。林邑请求投降，并将前后入寇所抢劫掳掠的人口和财产全部归还。杜慧度在交州任职，处理公务，细密谨慎，仿佛管理自己的家事，官吏和百姓对他都十分敬畏；城门夜不关闭，路不拾遗。

七月二十五日丁未，魏明元帝拓跋嗣抵达云中。

北凉河西王沮渠蒙逊准备进攻西凉，于是他设计先在东方进攻西秦的浩亹，大军一到浩亹，立即秘密回师，驻军川岩。

西凉公李歆得到沮渠蒙逊进攻浩亹的消息，便想要乘北凉西部防务空虚，进攻张掖。右长史宋繇、左长史张体顺恳切地劝阻他，李歆不听。李歆的母亲太后尹氏警告他说："你的王国是一个新建的国家，地狭民少，自卫还怕力量不够，哪有余力去攻打别人！先王临死时，一再叮咛你，对于军事行动千万要慎重，要保境安民，等待良机。言犹在耳，为什么就抛在一边？沮渠蒙逊善于用兵，你不是他的对手，何况他多年来一直有吞并我们的野心。你的王国虽然很小，但足以施行善政，修德养民，冷静地休养生息以等待时机。沮渠蒙逊如果昏庸暴虐，人民自会归附于你；如果英明有德政，你应该侍奉于他。怎么可以轻举妄动去攻打别人，只图侥幸成功？依我看来，你此番举动，不但会全军覆没，还将亡国！"李歆还是不听劝阻。宋繇叹息说："到如此地步，大势去矣！"

李歆率领步兵、骑兵三万人自都城酒泉向东进发。沮渠蒙逊闻知大喜，说："李歆已经中了我的圈套，但是如果他听说我回军埋伏，一定不敢继续前进。"于是，沮渠蒙逊下令在西部边境，遍传攻克浩亹的消息，并扬言大军还要进攻黄谷。李歆得到这个消息，大喜，立即率领大军开进都渎涧，沮渠蒙逊率军进攻，两支军队在怀城决战，结果李歆率领的西凉军大败。有人劝说李歆退军保卫都城酒泉。李歆说："我违背母亲的教训才遭到如此挫败，不杀掉这个胡蛮，我有何面目再见老母？"于是又率领手下的将士在蓼泉与沮渠蒙逊军队展开第二次会战，西凉军又大败，李歆被沮渠蒙逊杀掉。李歆的弟弟酒泉太守李翻、新城太守李预、领羽林军右监李密、左将军李眺、右将军李亮，向西逃往敦煌。

沮渠蒙逊于是进入酒泉，他严明纪律，禁止士兵抢劫，百姓生活安定。沮渠蒙逊任命宋繇为吏部郎中，掌管全国官员的任免和升迁调补。西凉旧有臣僚中有才干和声望的，都以礼对待他们并延聘任官。沮渠蒙逊任命他的儿子沮渠牧犍为酒泉太守。西凉敦煌太守李恂是李翻的弟弟，这时也与李翻等一道放弃敦煌，逃往北山。沮渠蒙逊任命索嗣的儿子索元绪代理敦煌太守。

沮渠蒙逊返回都城姑臧，见到西凉国尹太后，极尽安抚慰问。尹太后说："李氏家族为胡人所灭，还有什么可说？"有人对尹太后说："而今你们母子的性命都握在别人手中，怎么可以如此傲慢！况且国家灭亡，儿子被杀，你却连一点忧色都没有，为什么？"尹太后说："存亡生死，都是上天的旨意，为什么要像普通人那样做小儿女般的悲痛？我已经是个老太婆了，如今国破家亡，怎么可以吝惜余生，做人家臣妾呢！我只求能快快死掉，就是万幸了。"沮渠蒙逊嘉许她的言行，赦免了她，并娶她的女儿做自己儿子沮渠牧犍的妻子。

（以上为第三段，写北凉主沮渠蒙逊准备进攻西凉，设下圈套，先出兵东攻西秦，然后秘密回军待机，而西凉主李歆不听劝阻，一意孤行，出兵攻打北凉，遭蒙逊还击，全军覆没，李歆被杀，国家灭亡。）

八月十九日辛未，刘宋武帝刘裕追赠妻子臧爱亲谥号敬皇后。二十一日癸酉，立王太子刘义符为皇太子。

闰八月初一壬午，刘宋武帝刘裕下令，东晋历代皇帝陵墓都设置守卫。

九月，西秦国振武将军王基等在胡园戍袭击了北凉河西王沮渠蒙逊的部队，俘获二千多人而回。

西凉敦煌太守李恂在任时，对百姓有德政，深得民心，而北凉新派的太守索元绪粗暴凶狠、阴险嗜杀，大失人心。敦煌人宋承、张弘秘密写信给前太守李恂，请他回来主政。这年冬季，李恂率领骑兵数十人进入敦煌，索元绪向东逃往凉兴。宋承等推举李恂为冠军将军、凉州刺史，改年号为永建。北凉河西王沮渠蒙逊派遣世子沮渠政德进攻敦煌，李恂等紧闭城门，不出来应战。

十二月初七日丁亥，夏国所属杏城羌人部落酋长狄温子，率领千多家背叛夏国，投奔北魏。

这一年，北魏姚夫人去世。追赠谥号为"昭哀皇后"。

（以上为第四段，写刘裕追谥结发妻子为敬皇后；立世子刘义符为皇太子；西凉敦煌太守李恂有惠政，深得民心，而北凉新派的太守索元绪，粗暴好杀，大失人和，又被李恂取而代之，为西凉主，改元永建。）

宋武帝永初二年（辛酉，公元 421 年）

春季，正月十二日辛酉，刘宋武帝刘裕到南郊圜丘，祭祀天神，下令实行大赦。

裴子野评论说：在南郊祭祀天神地神，是每年例行的典礼；刘裕却赦免有罪的人，不知他的用心何在！

刘宋武帝刘裕任命扬州刺史庐陵王刘义真为司徒，尚书仆射徐羡之为尚书令、扬州刺史，中书令傅亮为尚书仆射。

正月二十二日辛未，北魏主拓跋嗣一行前往公阳。

北凉河西王沮渠蒙逊亲自率兵二万人攻打西凉李恂所据守的敦煌。

西秦主乞伏炽磐派遣征北将军乞伏木弈干、辅国将军乞伏元基攻打夏国所属的上邽，遇到连绵大雨，班师回朝。

三月十六日甲子，北魏阳平王拓跋熙去世。

魏明元帝拓跋嗣征调代郡民众六千人兴筑御花园，东面包括白登，周围三十多里。

北凉河西王沮渠蒙逊兴筑长堤，采用水攻的方法，把敦煌城围困起来；李恂请求投降，沮渠蒙逊拒绝。李恂手下的大将宋承等再次背叛，举献城池投降了沮渠蒙逊，李恂自杀。沮渠蒙逊下令屠城，生擒了李恂的侄儿李宝，送到姑臧囚禁起来。于是，西域各国纷纷请求归附北凉，自称臣属，遣使朝贡。

夏季，四月初一己卯朔，刘宋武帝刘裕下令，所有不正规的祠庙，包括蒋子文以下的祠庙，一律撤除。但是祭祀先辈圣贤，以及有功勋、有德望的先辈宗祠，仍可保留。

吐谷浑王慕容阿柴派遣使臣向西秦国投降。西秦王乞伏炽磐任命慕容阿柴为征西大将军、开府仪同三司、安州牧、白兰王。

六月初八乙酉，北魏主拓跋嗣向北巡视，抵达蟠羊山；秋季，七月，拓跋嗣又向西巡视，抵达黄河。

北凉河西王沮渠蒙逊派遣右卫将军沮渠鄯善、建节将军沮渠苟生率军七千人攻打西秦。西秦王乞伏炽磐派遣征北将军乞伏木弈干等率领步、骑兵五千人抵抗北凉军队的进攻，在五涧大败沮渠鄯善的军队，生擒沮渠苟生，斩首两千人，班师告捷。

当初，刘宋武帝刘裕曾把一瓦罐毒酒交给前琅邪郎中令张伟，让他毒死东晋废帝零陵王司马德文，张伟叹息说：“毒杀君王而求活命，不如一死。”于是就在路上自饮而亡。张伟是张邵的哥哥。太常褚秀之、侍中褚淡之，二人都是零陵王的王妃褚灵媛的哥哥，司马德文的妻妾中，每每有人生下男孩，刘裕便命褚秀之兄弟趁便扼杀。司马德文逊位后，他深恐自己也不免毒手，就与褚妃同住一室，在床前煮饭烧汤，饮食等所需用的都由褚妃亲手操办。所以刘裕的人一时没有机会下手。

九月，刘宋武帝刘裕命令褚淡之与其兄右卫将军褚叔度前往探视他们的妹妹褚妃。褚妃出来到另一间房子与二兄相见。伏兵翻墙而入，把毒药递给零陵王司马德文。司马德文不肯饮服，说："佛教的教义，自杀而死的，再世投胎时，将不能得到人身。"士兵一拥而上，用被子蒙住司马德文的头，将他闷死。刘裕率领文武百官亲临朝堂哭泣哀悼三天。

九月初五庚戌，魏明元帝拓跋嗣回宫。

冬季，十月二十四日己亥，刘宋武帝刘裕下令，任命北凉河西王沮渠蒙逊为镇军大将军、开府仪同三司、凉州刺史。

十月二十四日己亥，魏明元帝拓跋嗣前往代郡。

十一月初七辛亥，刘宋国将东晋恭帝司马德文安葬于冲平陵，武帝刘裕亲自率领文武百官护送灵柩。

十二月二十二日丙申，魏明元帝拓跋嗣视察西部边防，抵达云中。

西秦主乞伏炽磐派遣征西将军乞伏孔子等，率领骑兵二万人，袭击匈奴部落酋长契汗秃真据守的罗川。

北凉河西王沮渠蒙逊所属的晋昌太守唐契据郡叛变，沮渠蒙逊派遣其世子沮渠政德攻打叛军。唐契是唐瑶的儿子。

刘宋武帝刘裕还是东晋的宋公时，谢瞻为宋国的中书侍郎，他的弟弟谢晦为右卫将军。当时谢晦的权势和地位已经很重，他自彭城回京迎接家属，宾客们从四面八方涌来，车马盈门，堵塞巷口。谢瞻在家看到如此情形，不胜惊骇，对谢晦说："你的声望和职位并不很高，人们却如此奉承你！我们谢家一向淡泊权势，不愿干预朝政，交往的人不是亲戚便是朋友。而你却权倾朝野，这哪里是家门之福！"于是他用篱笆把两家门庭隔开，说："我不忍心见到这种场面。"等回到彭城，谢瞻对宋公刘裕说："我本出身于清贫之家，祖、父的官禄不过二千石，我的弟弟谢晦年方三十，志向平庸，才能不高，却荣居高位，地位格外尊崇，掌理机要。享福太过，灾难必生，应验不远，请求您贬降谢晦的官阶，以保存我们衰微的家门！"此后，又多次向刘裕陈请。谢晦有时把朝廷中的机密告诉谢瞻，谢瞻就故意传给亲戚朋友，作为取笑的谈资，目的在于使谢晦闭口。宋公刘裕即位后，谢晦因有辅助开国的功劳，官位更高，责任愈重，谢瞻也为此更加忧惧。这年，谢瞻担任豫章太守，患病不治。临终前，他留一封遗嘱给谢晦，说："我幸能保全一身，还有什么恨事？你要自思勉励，为国为家。"

（以上为第五段，写北凉主沮渠蒙逊围攻敦煌，西凉主李恂自杀；刘宋主刘裕想方设法杀死东晋废帝司马德文，又假惺惺地率领文武百官为其发丧，何其毒辣、虚伪！）

宋武帝永初三年（壬戌，公元 422 年）

春季，正月初一甲辰朔，魏明元帝拓跋嗣从云中出发继续向西巡视，抵达屋窦城。

正月初十癸丑，刘宋武帝刘裕任命徐羡之为司空、录尚书事，继续兼任扬州刺史。任命江州刺史王弘为卫将军、开府仪同三司；中领军谢晦为领军将军兼散骑常侍，入宫值班，总管宫廷安全保卫事务。

徐羡之由平民起家，又没有学问，但有很大的志向和气度，一旦居于高位，掌理国家大权，朝野上下，都推崇佩服，都认为他有宰相的声望。徐羡之平时沉默寡言，喜怒不形于色，精于弈棋，但观看别人对局，又好像什么都不懂，当时的人因此加倍推崇他。傅亮、蔡廓常说："徐公通晓万事，善于调解纠纷。"徐羡之曾经与傅亮、谢晦酒筵欢聚，傅亮、谢晦才学渊博，善于辞辩，徐羡之风度庄重严肃，在适当的时候才发言。奉常官郑鲜之曾叹息地说："观察徐羡之、傅亮的言论，已经不再是以学问见长了。"

西秦征西将军乞伏孔子等大破匈奴部落酋长契汗秃真的军队，俘获男女共二万人，牛羊五十多万头。契汗秃真仅率领数千人向西逃走。另外一支匈奴部落酋长契汗树奚，率领五千户人家投降了西秦。

二月初四丁丑，刘宋武帝刘裕下令，分割豫州淮河以东土地为南豫州，州治设在历阳，任命彭城王刘义康为南豫州刺史；又分割荆州十个郡，建立湘州，州治设在临湘，任命左卫将军张卲为湘州刺史。

二月十三日丙戌，北魏主拓跋嗣回宫。

三月，刘宋武帝刘裕病重，太尉长沙王刘道怜、司空徐羡之、尚书仆射傅亮、领军将军谢晦、护军将军檀道济一道进宫，侍候刘裕治疗服药。朝中大臣们请求向神灵祈祷，刘裕不许，只派侍中谢方明到宗庙焚香，把病情向祖先报告。刘裕一向不信神怪，当他还是一个平民的时候，曾有许多祥兆，等到后来大贵，史官们向他查证传闻，刘裕都拒而不答。

檀道济出任镇北将军、南兖州刺史，镇守广陵，兼领淮南各路军队。

皇太子刘义符常和一些奸佞小人厮混，谢晦曾对刘宋武帝刘裕说："皇上年事已高，应考虑如何使大业万世长存，帝位至关重要，不能交给没有才能的人。"刘裕问道："你看庐陵王刘义真如何？"谢晦说："让我观察观察！"出宫后即去拜访庐陵王刘义真。刘义真盛情款待谢晦，并想要与他长谈，谢晦支吾其词，不愿答话。回宫对刘裕说："刘义真德行低于才能，不是人主啊！"

三月初五丁未，刘宋武帝刘裕命令刘义真出任都督南豫、豫、雍、司、秦、并六州诸军事及车骑将军、开府仪同三司、南豫州刺史。从此以后，大州州牧官职之上又加都督之职便成定例，有的都督所辖，最多达到五十个州，已无法详细列出。

刘宋武帝刘裕大病稍愈，三月十七日己未，实行大赦。

秦州、雍州逃难的流民南下进入刘宋所辖的梁州；三月十八日庚申，刘宋武帝刘裕派遣使臣送一万匹绢，并且将荆州、雍州二处的谷米漕运到梁州，赈济那里的流民。

当初，刁逵伏诛，他的儿子刁弥逃亡。三月十九日辛酉，刁弥率领数十人攻入京口，太尉留府司马陆仲元迎击，并斩杀了刁弥。

三月二十三日乙丑，北魏河南王拓跋曜去世。

（以上为第六段，写西秦将领乞伏孔子大破匈奴部落酋长契汗秃真；刘宋主刘裕病重，召集太尉刘道怜等大臣入侍，谢晦劝说刘裕慎重选择储君，刘义真被淘汰出局。）

夏季，四月初二甲戌，魏明元帝拓跋嗣封皇子拓跋焘为太平王，拜授相国，加授大将军；封皇子拓跋丕为乐平王、拓跋弥为安定王、拓跋范为乐安王、拓跋健为永昌王、拓跋崇为建宁王、拓跋俊为新兴王。

四月初三乙亥，刘宋武帝刘裕下令封仇池公杨盛为武都王。

西秦王乞伏炽磐，任命折冲将军乞伏是辰为西胡校尉，并在汁罗兴筑列浑城，对胡人加以镇抚。

五月，刘宋武帝刘裕病重，他把太子刘义符召到床前，告诫他说：“檀道济虽有才干，精于谋略，却无野心，不像他的哥哥檀道韶难以驾驭。徐羡之、傅亮当不会有其他企图。谢晦多次随我南北征战，善于随机应变，将来如果有问题，一定是他。”然后，刘裕又亲笔写下遗诏：“后世如果出现年幼的君主，朝中政事一概委托给宰相，皇太后用不着临朝主政。”司空徐羡之、中书令傅亮、领军将军谢晦、镇北将军檀道济共同接受遗命。

五月二十一日癸亥，刘宋武帝刘裕在西殿去世。刘裕生前清心寡欲，生活简朴，起居有常，严整有度。衣服和住所都很朴素，游览欢宴的次数也很少，后宫嫔妃也不多。他曾经获得后秦文桓帝姚兴的侄女，对她倍加宠爱，并因此耽误了政事。谢晦稍加劝谏，他立即把姚妃遣送出宫。刘裕的财产全放在国库，宫内没有私藏。岭南曾经进贡过一种筒装细布，一筒竟能容纳八丈。刘裕嫌它过于精美华丽，耗费人力，于是命令有关部门弹劾岭南太守，把进贡的细布还给当地，并且亲自下令禁止岭南制造这种细布。公主出嫁，嫁妆不过二十万，另外再也没有锦绣等精品。宫内宫外，都严奉禁约，没有人敢奢侈浪费。

皇太子刘义符即皇帝位，年仅十七岁，下令实行大赦，尊皇太后萧文寿为太皇太后；封太子妃司马茂英为皇后。司马茂英是晋恭帝的女儿海盐公主。

（以上为第七段，写北魏主拓跋嗣封诸子为王；戎马一生的刘宋武帝刘裕去世，皇太子刘义符即帝位，徐羡之、傅亮、谢晦、檀道济为顾命大臣，接受遗命辅政。）

魏明元帝拓跋嗣，一直服用寒食散，一连几年，药性发作，天上的变异与地上的灾难也屡屡出现，他自己深感忧虑。于是派宦官秘密询问白马公崔浩说："最近，赵、代地区多次发生日食，而我的病又多年不愈，我担心如果我一旦去世，皇子们还都年幼，那该如何是好？请你为我考虑考虑身后的事情。"崔浩回答说："皇上正值壮年，您的病很快就会痊愈。如果您一定要听听我的意见，那我就说几句不一定合适的话。自从我们魏国创立以来，一向不注重选立储君。所以永兴初年发生的宫廷巨变，国家几乎倾覆。现在，我们亟待做的就是早早建东宫，立太子，遴选贤明的公卿做太子的师傅，让您左右亲信的大臣做他的宾客和朋友；让太子在京师时主持朝政，出京时统率军队，安抚百姓，攻打敌人。如果这样，皇上您就可以身心悠闲，不必亲自处理政事，在宫中颐养天年。皇上百年之后，国家有确定的君主，百姓亦有所归附，奸佞之徒不敢再生其他企图，灾祸也无从出现。皇子拓跋焘，年将十二岁，聪明睿智，性情温和，以长子立为太子，是礼制的最高原则，如果一定要等到他们长大成人，再在他们中间选择太子，那就很可能废长立幼，使天伦倒错，从而招致天下大乱。"魏明元帝拓跋嗣又就立太子的问题征询南平公长孙嵩的意见。长孙嵩回答说："立长为储君，名正言顺，选贤为太子，则人心信服。拓跋焘既是长子又很贤能，这是上天的旨意。"北魏主同意他的意见，于是下令立太平王拓跋焘为皇太子，并让他坐在正殿，处理朝中大事，作为国家的副主。

魏明元帝拓跋嗣又任命长孙嵩及山阳公奚斤、北新公安同等为左辅官，座位设在东厢，面向西方；任命白马公崔浩、太尉穆观、散骑常侍代郡人丘堆为右辅官，座位设在西厢，面向东方，共同辅佐太子。百官则居于左右辅官之下，听候差遣。拓跋嗣则避居西宫，但亦不时悄悄出来，从旁窥视，观察太子和辅臣如何裁断政事，听后非常高兴，对左右侍臣们说："长孙嵩是德高望重的老臣，曾经侍奉过四代皇帝，功在国家；奚斤足智多谋，能言善辩，远近闻名；安同通晓世情，了解民间疾苦，处事明达干练；穆观深通政务，能领悟我的旨意；崔浩博闻强记，精于观察天象和民情；丘堆虽无大才，但他专心为公，谨慎处世。用这样六个人来辅佐太子，我跟你们只要巡视四方边境，对叛逆加以攻打，对臣服者加以安抚，就足以称霸天下了。"

长孙嵩本姓"拔拔"，奚斤姓"达奚"，穆观姓"丘穆陵"，丘堆姓"丘敦"。当时北魏的文武官员凡出身于代郡以北的，仍保持多音节的复姓，等到孝文帝拓跋宏迁都洛阳以后，才开始改为单姓。旧史书嫌恶复姓繁复难记，所以在叙述改姓前的事情时，也采用改姓后的姓，以求简易。本书也采用这个做法。

魏明元帝拓跋嗣又因为典东西部官刘絜、门下奏事代郡人古弼、直郎徒河人卢鲁元等人忠心谨慎，节俭勤劳，分派他们为东宫官属，分别负责掌管机要、传达政令和报告。太子拓跋焘聪明，胸襟开阔，文武百官有时就疑难问题请示拓跋嗣，拓跋嗣就说："这个我不知道，去让你们的国主决定吧！"

（以上为第八段，写北魏主拓跋嗣久病不愈，听从大臣意见，立长子拓跋焘为副主，让其在正殿处理朝政，又选择六位大臣辅佐，自己从旁关注；拓跋焘不负所托。）

六月初一壬申，刘宋任命尚书仆射傅亮为中书监、尚书令，领军将军谢晦为中书令，侍中谢方明为丹杨尹。谢方明善于治理地方，凡是他任过职的地方，都盛赞他的才能。他继续前任的工作，不改其方针政策，如果有非改不可的，他就逐渐地加以改变，使人看不出更改的痕迹。

六月十七日戊子，长沙景王刘道怜去世。

北魏建义将军刁雍进犯刘宋的青州，青州守兵击退了敌人的进攻。刁雍于是收集残兵，逃入大乡山自保。

秋季，七月初八己酉，刘宋在初宁陵安葬了武帝刘裕，庙号高祖。

北凉河西王沮渠蒙逊派遣前将军沮渠成都，率领军队一万人，到岭南显示武力，然后大军屯驻在五涧。

九月，西秦主乞伏炽磐，派遣征北将军出连虔等，率领骑兵六千人袭击沮渠成都的部队。

当初，魏明元帝拓跋嗣听到东晋太尉刘裕攻下长安的消息，大为恐惧，立即派遣使臣请和。从此以后，两国使臣每年互访，来往不断。刘裕去世的时候，刘宋使臣殿中将军沈正出使北魏，告辞返国，刚到黄河，北魏主便派人追赶，生擒而回。北魏还打算发兵攻取黄河南岸的洛阳、虎牢和滑台。白马公崔浩劝阻说："当初皇上您没有因为刘裕骤然得势，而接纳他派遣的使臣和礼物，而刘裕对皇上也十分恭敬。不幸他现在去世了，我们却乘人家遭丧而兴兵攻打，即使得手也不是光彩的事情。更何况以我们国家眼下的实力，也不可能一举夺取江南，却只落得个伐丧的恶名，我自以为皇上不该这样做。在我看来，我们应该派使节前往吊丧，抚慰孤儿寡妇，同情他们的不幸，从而使我们仁义的名声传播天下，这样一来，长江以南的江山就不攻自服了。况且如今刘裕刚刚去世，其党羽还不曾离析，一旦大军压境，他们势必会同心协力抵抗，我们不一定能够成功。不如稍稍延缓，等待他们的权臣争权内讧，变故和灾难必然发生，然后我们再调兵遣将，军士还不曾疲劳，即可坐收淮北的大片土地。"

魏明元帝拓跋嗣问道："当年刘裕乘姚兴之死，一举灭掉了秦国。如今我要乘刘裕之死，攻打刘宋，有什么不可以？"崔浩说："那不一样。姚兴死后，他的儿子们拼命内争，刘裕才得以乘机攻打。现在江南的刘宋无机可乘，所以不可同日而语啊！”北魏主拒不接受崔浩的意见，授予司空奚斤以符节，命他加授晋兵大将军、代理扬州刺史等官职，率领宋兵将军、交州刺史周几，吴兵将军、广州刺史公孙表等，一起向刘宋进攻。

九月初五乙巳，魏明元帝拓跋嗣抵达灅南宫，又前往广宁。

九月十一日辛亥，北魏在平城兴筑外城，周围三十二里。

魏明元帝拓跋嗣抵达乔山，再东行到达幽州。冬季，十月初五甲戌，回宫。

北魏南征的大军将要出发，朝中的公卿显官在太子拓跋焘的殿前，举行会议，讨论应先攻城池还是先占领土地。奚斤认为应先攻取城池，崔浩反对，说：“南方人擅长守城。从前苻氏进攻襄阳，一年有余，不能破城。现在我们以大军攻小城，如果不立即攻下，必定会挫伤军力，敌人就会慢慢地增援，我军疲劳而敌人气势正盛，这是十分危险的办法。我们不如分别派兵，夺取土地，以淮河为界限，依次委派地方官，征收田赋租金，把洛阳、滑台、虎牢远隔在我们大军的后方。当他们对南方的救援感到绝望的时候，必定会沿着黄河往东走；即使不走，他们也已经是我们苑中的猎物，还用担心不能擒获？”吴军将军公孙表却仍然坚持先行攻城，拓跋嗣应许了公孙表的请求。

于是，北魏的奚斤统率步兵、骑兵二万人，渡过黄河，在滑台之东安营扎寨。这时，刘宋的司州刺史毛德祖镇守虎牢，东郡太守王景度向毛德祖紧急求救。于是毛德祖派遣司马翟广等率领三千步兵、骑兵前去救援。

在此之前，司马楚之在陈留境内招兵买马，集结力量。他听说北魏大军渡过黄河的消息，立即派遣使臣前往迎降。于是，北魏便任命司马楚之为征南将军、荆州刺史，命令他入侵并骚扰刘宋的北部边境。毛德祖派遣长社县令王法政，率领五百人守卫邵陵，将军刘怜率领二百骑兵驻防雍丘，准备迎击敌人。司马楚之率军突袭刘怜，不能攻下。这时正赶上刘宋朝廷为守军送来军用物资，刘怜出城迎接，酸枣县的居民王玉飞奔告诉了北魏军队。

十月二十八日丁酉，北魏尚书滑稽率兵袭击仓垣，守兵和官吏全都翻城逃走，陈留太守冯翊人严稜向奚斤投降。北魏任命王玉为陈留太守，拨给他军队，镇守仓垣。

奚斤等率兵围攻滑台，不能攻破，请求增兵。魏明元帝拓跋嗣闻之大怒，严厉斥责了奚斤。十月二十三日壬辰，拓跋嗣亲自率领各部落联军五万多人南下，出天关，越过恒岭，声援奚斤。

（以上为第九段，写北魏主拓跋嗣趁刘宋武帝刘裕去世，出兵攻打，当时刘宋北方的边境线，有洛阳、虎牢、滑台三大重镇，北魏大兵压来，刘宋北境岌岌可危。）

西秦征北将军出连虔，与河西沮渠成都交战，生擒沮渠成都。

十一月，北魏太子拓跋焘率军出京，在塞上屯聚军队，命令安定王拓跋弥和北新公安同留守京师。

十一月十一日庚戌，北魏大将奚斤等猛攻滑台。终于攻下。刘宋守将东郡太守王景度逃走。王景度手下的司马阳瓒被北魏兵擒获，不降被杀。拓跋嗣任命成皋侯苟儿为兖州刺史，镇守滑台。

奚斤等进攻翟广所驻守的土楼，很快攻破翟广军队，乘胜进逼虎牢。镇守虎牢的刘宋司州刺史毛德祖反攻，多次击败北魏军。拓跋嗣又另派黑矟将军于栗磾率领三千人屯驻河阳，打算夺取金墉。刘宋将领毛德祖派遣振威将军窦晃等沿黄河南岸布防抵抗。

十二月十八日丙戌，拓跋嗣抵达冀州，派遣楚兵将军、徐州刺史叔孙建率兵，从平原渡过黄河，夺取青州、兖州。刘宋豫州刺史刘粹派遣总管内务的治中高道瑾率领步、骑兵五百人据守项城，徐州刺史王仲德率兵屯驻湖陆。北魏大将于栗磾渡过黄河，与奚斤合兵进攻窦晃，大破窦晃的军队。

魏明元帝拓跋嗣派遣中领军代郡人娥清、期思侯柔然人闾大肥率兵七千人，会同周几、叔孙建等，南渡黄河，驻扎在碻磝。

十二月十五日癸未，刘宋兖州刺史徐琰放弃尹卯城向南逃走。于是，泰山、高平、金乡等郡全部陷入北魏之手。北魏楚兵将军叔孙建等向东攻入青州。东晋逃亡的皇族司马爱之、司马季之等，原先便在济水之东集结部众，这时也都投降了北魏。

十二月二十日戊子，北魏军逼进虎牢。刘宋青州刺史东莞人竺夔当时正在镇守东阳城，立即派人告急求救。

十二月二十一日己丑，刘宋下令，命令南兖州刺史檀道济督察征讨诸军事，会同徐州刺史王仲德一起前去救援。庐陵王刘义真派遣龙骧将军沈叔貍率兵三千人，奔赴豫州刺史刘粹的驻地，察看时机前去救援。

西秦王乞伏炽磐，召回秦州牧乞伏昙达，任命他为左丞相、征东大将军。

（以上为第十段，写刘宋北境形势，东郡太守王景度、兖州刺史徐琰等弃城逃跑，北魏大军攻破滑台，进迫虎牢，刘宋防线崩溃，郡县沦陷。）

营阳王

营阳王景平元年（癸亥，公元423年）

春季，正月初一己亥朔，刘宋国实行大赦，改年号为景平。

正月初三辛丑，刘宋国少帝刘义符到南郊祭祀天神。

北魏将领于栗磾进攻金墉。正月初五癸卯，刘宋河南太守王涓之弃城逃走。魏明元帝拓跋嗣任命于栗磾为豫州刺史，镇守洛阳。

魏明元帝拓跋嗣南巡到北岳恒山。正月十八日丙辰，抵达邺城。

正月二十一日己未，刘宋下令，征召豫章太守蔡廓为吏部尚书。蔡廓对尚书令傅亮说：“官员的任免和升迁调补的权力，如果全部交给我，我就接受，否则我将不接受任命。”傅亮把这番话转达给录尚书事徐羡之。徐羡之说：“黄门侍郎、散骑常侍以下的任免，全权委托蔡廓，我们不再参与意见。但这些官职以上的人选，还应该由我们共同研究，统一意见。”蔡廓说：“我不能在徐干木签署过的黄纸尾上署名！”拒绝受官。干木是徐羡之的小名。官员任免和升迁调补的签呈文件，通常写在黄纸上，然后由录尚书与吏部尚书共同签名，方才有效。所以蔡廓才这样说。

沈约评论说：蔡廓坚决不接受吏部尚书的职位，把不能全权做主、自己的意志服从于他人看作是一种耻辱。他难道不知道吏部尚书和录尚书事是两位一体，不能有所偏重吗？实际上他是鉴于当时君主昏庸，时势艰难，而不愿独自担当选拔或阻塞人才的责任，见识实在远大啊！

正月二十二日庚申，刘宋将领檀道济的大军驻扎在彭城。

北魏国将领叔孙建攻入临淄，他的大军所到，刘宋国城池全部崩溃。刘宋青州刺史竺夔召集百姓，于东阳城固守城垣。凡是不愿入城的居民，也令他们分别依据险要的山势，把田野里的庄稼全部割掉，使北魏军来到后，无法就地取得粮食。济南太守垣苗率众投靠了竺夔。

北魏刁雍前往邺城晋见北魏主拓跋嗣，拓跋嗣说：“叔孙建等进入青州地区，民众纷纷躲藏，而城又久攻不下。你在青州一向有威信，现在我派你前去助阵。”于是任命刁雍为青州刺史，拨付给他马匹，命他一路招募士兵去攻取青州。北魏南征军渡过黄河，奔赴青州的骑兵共有六万，刁雍一路募兵又集结五千人，他对境内的绅士平民，竭力安抚慰劳，当地人都愿意为刁雍的军队提供粮草。

柔然汗国南下入侵北魏的边境。二月初一戊辰，北魏兴筑长城，从赤城往西直到五原，连绵二千多里，同时在边境各要塞配备戍兵，以抵御柔然。

二月初十丁丑，刘宋太皇太后萧氏去世。

北凉河西王沮渠蒙逊和吐谷浑王慕容阿柴都派遣使臣向刘宋国进贡。二月十三日庚辰，刘宋下令，任命沮渠蒙逊为都督凉、秦、河、沙四州诸军事骠骑大将军及凉州牧，封河西王；任命慕容阿柴为督塞表诸军事、安西将军、沙州刺史，封浇河公。

三月十五日壬子，刘宋在兴宁陵安葬孝懿皇后。

（以上为第十一段，写刘宋太子刘义符即位，改元景平；北魏继续发动对刘宋的进攻，派遣将领攻打临淄、青州；柔然汗国乘机南下，侵犯北魏，北魏建造长城以拒之。）

北魏大将奚斤、公孙表等合兵进攻虎牢，北魏主拓跋嗣从邺城遣兵助战。刘宋司州刺史毛德祖，在虎牢城内挖掘地道，深达七丈，分为六道，直通魏军的包围圈外。同时又招募敢死勇士四百人，由参军范道基率领，从地道爬出去袭击敌人的后背，北魏军队不胜惊慌。范道基斩杀敌人数百，然后焚毁了敌人攻城的器械，返回城中。北魏兵虽然暂时溃散，但很快又集结到一起，更猛烈地进攻虎牢城。

北魏大将奚斤从虎牢统率步兵、骑兵三千人，攻打颍川太守李元德等据守的许昌，李元德放弃守城败退逃走。北魏任命颍川人庾龙为颍川太守，据守许昌。

刘宋司州刺史毛德祖率兵出城与北魏将领公孙表大战，从早晨到午后，斩杀魏兵数百人。正巧奚斤从许昌得胜而回，二人合击毛德祖，毛德祖大败，损失士兵一千多人，只好收缩城内，坚持守御。

魏明元帝拓跋嗣又派出一万多人，从白沙渡黄河南下，屯驻濮阳南。

刘宋朝臣们经讨论一致认为，项城距北魏南征军太近，守军力量薄弱，难以抵御魏军的攻击。于是命令豫州刺史刘粹，召回项城守将高道瑾，退守寿阳。如果龙骧将军沈叔貍已经开进悬壶，也一并撤退。刘粹上疏力争，说："敌人正集中力量进攻虎牢，尚未南下，如果我们轻率地放弃项城，淮河以西各郡就失去依靠；沈叔貍的军队已进驻肥口，也不应立即撤退。"当时颍川刺史李元德，率领残兵败将二百人逃回项城，刘粹命令他帮助高道瑾严守项城，并请示朝廷宽免了李元德许昌战败之罪，朝议对此予以准许。

三月初八乙巳，魏明元帝拓跋嗣到韩陵山狩猎，然后抵达汲郡，又前往枋头。

当初，毛德祖在北方时，与公孙表有旧谊。公孙表有权谋，毛德祖深感忧虑，于是决定用反间手段。他致信公孙表，向他问候。公孙表也回信答谢。然后毛德祖秘密派人告诉奚斤，说公孙表与毛德祖有阴谋。毛德祖每次给公孙表的信，都故意涂改。公孙表每次接到毛德祖的信，都呈给奚斤看，奚斤却更加怀疑，于是就把毛德祖和公孙表的事情报告了拓跋嗣。从前公孙表与太史令王亮同在一个官署做事，公孙表一向看不起王亮，经常轻蔑地侮辱王亮。现在王亮乘机上奏拓跋嗣说："公孙表把军营安扎在虎牢之东，方向不利，有意使敌人不致立时覆灭。"魏明元帝拓跋嗣一向迷信巫术，认为果然如此，又勾起多年的积忿，于是派人深夜入公孙表的军帐，把公孙表绞死。

三月十八日乙卯，魏明元帝拓跋嗣从灵昌津渡黄河南下，前往东郡、陈留。

北魏叔孙建率领三万骑兵进逼东阳城，城中文武官兵才一千五百人。竺夔、垣苗全力固守，而且不时出奇兵袭击魏军，击败了北魏的进攻。于是北魏步兵、骑兵绕城排列，阵地纵深十多里，大规模地兴造攻城武器。竺夔组织挖掘的四道堑壕，魏军填平了三道，并制造橦车撞击城墙。竺夔派人从地道中出击，用粗绳把橦车拉翻，使它摧折。魏军又组成更大的包围圈，攻势越发凶猛。时间一久，东阳城城墙纷纷崩塌，战士死伤惨重，剩下的残兵，又困又乏，东阳城陷落在即。这时刘宋国镇北将军檀道济率军抵达彭城，因司州、青州同时告急，所率军队人数太少，不能分兵救援。因距青州的东阳城道路较近，竺夔兵力又弱，檀道济便与徐州刺史王仲德日夜兼程，赶赴东阳城救援。

三月二十七日甲子，刘宋豫州刺史刘粹，派颍川太守李元德，袭击许昌，斩杀北魏委任的颍川太守庾龙。李元德于是留驻许昌，安抚百姓，缴上征收的租赋。

魏明元帝拓跋嗣抵达盟津。黑槊将军于栗磾在冶阪津搭建黄河浮桥。三月二十八日乙丑，拓跋嗣率军北渡黄河，向西前往河内。中领军娥清、宋兵将军周几、期思侯闾大肥，带兵攻略土地，他们先后到达湖陆、高平，当地的居民聚集在城堡中，发箭射击。娥清等大怒，连续攻破高平各县，屠杀数千家，掠获一万多人。当时，刘宋兖州刺史郑顺之驻守湖陆，因手下兵少，不敢出击。

魏明元帝拓跋嗣又派遣并州刺史伊楼拔帮助奚斤进攻虎牢；刘宋守将毛德祖随机应变，顽强抵抗，斩杀很多魏兵，而自己的将士也日渐减少。

夏季，四月初一丁卯，魏明元帝拓跋嗣到达成皋，切断了虎牢到黄河汲水的道路。停留了三日，然后亲自督战，攻打虎牢城，仍然没有攻下。于是，他又绕道前往洛阳观看《石经》，派遣使臣祭祀嵩山。

北魏楚兵将军叔孙建正在攻打东阳城，东阳城的北城坍塌三十多步，北魏青州刺史刁雍请示从此缺口冲进城去，叔孙建不同意，于是，东阳城仍然攻取不下。等到他们听说檀道济的援军即将到来，刁雍又对叔孙建说：“竺夔等畏惧我们骑兵的突击，所以把车辆锁在一起，构筑方阵。大岘山以南，道路狭窄，车辆不能并行，我请您允许我带领我所募集的五千士兵，据守险要，阻击宋兵，定能取胜。”当时正值大暑，天气炎热，魏军士兵很多都染上了瘟疫。叔孙建说：“部队中一半以上的士兵都染上了疫病，如果僵持下去，士兵都会死光，哪里需要敌人再战？现在保存实力，安全撤退是上策。”

四月初三己巳，刘宋征北将军檀道济驻军临朐。初六壬申，叔孙建等焚烧大营及各种军械，撤退。檀道济大军抵达东阳，军饷不济，不能追击北魏逃军。青州刺史竺夔因东阳城破坏较重，不能再守，于是移兵不其城镇守。

北魏楚兵将军叔孙建率部从东阳前往滑台，刘宋大将檀道济派遣王仲德向尹卯挺进。檀道济则驻军湖陆。王仲德还没有到尹卯，听说魏兵已经逃得很远，于是不再追赶，回军与檀道济会合。而北魏青州刺史刁雍留下驻守尹卯，招募谯郡、梁郡、彭城郡、沛郡等地百姓五千多家，设立二十七个营寨，由刁雍统一指挥。

（以上为第十二段，写北魏主拓跋嗣发动大军，多路出击，攻打刘宋北境，刘宋征北将军檀道济、司州刺史毛德祖及各守将顽强抵抗，魏军发生瘟疫，无功而返。）

中原蛮人首领梅安率领手下将帅数十人，向北魏进贡。最初，各个蛮人部落本来居住在淮河、长江之间地带，后来部落人口增长很快，使蛮人的势力遍布数州，东连寿春，西达巴、蜀，北到汝水、颍水，到处都有。在曹魏时期，为患还不太大；到了晋朝，蛮人更加繁盛，于是渐渐变成凶猛的强盗势力。等到刘曜、石勒等南侵，大乱中原时，这些蛮人部落更加肆无忌惮，又逐渐向北迁移，于是，伊阙以南的地区，山间谷底遍布的全是蛮人。

北凉河西世子沮渠政德攻击后西凉唐契据守的晋昌，随即攻下。唐契跟他的弟弟唐和、外甥李宝一道逃往伊吾，招收逃亡的遗民，归附他们的有两千多家，向柔然汗国称臣。柔然汗国封唐契为伊吾王。

西秦主乞伏炽磐，对他的文武百官说："现在宋虽然拥有江南，夏国雄踞关中，都没有什么了不起。唯独魏主，世代英明威武，能任用贤才，而且谶书说'恒山及代郡之北，一定有真龙天子'，我将统率全国官民，侍奉魏主。"于是，乞伏炽磐派遣尚书郎莫者阿胡等人，前往北魏朝见，进贡黄金二百斤，并呈献攻打夏国方略。

闰四月十一日丁未，魏明元帝拓跋嗣抵达河内，登太行山，又到达高都。

北魏将军叔孙建从滑台向西增援，与大将奚斤合兵一处，攻打虎牢城。虎牢被围困已有二百多天，没有一天不在作战，守城的精锐士兵几乎全部战死，而北魏围城军却越增越多。北魏军已摧毁了虎牢的外城。刘宋国守将毛德祖又构筑了三层内城用来抵御，北魏再摧毁其中二城。毛德祖只保持最后一城，日夜奋战，守城的将士不眠不休，眼睛都长疮。毛德祖与士兵们恩义相结，始终团结一心。这时，檀道济驻军湖陆，豫州刺史刘粹驻军项城，龙骧将军沈叔貍驻军高桥，都畏惧北魏兵强势盛，不敢前来救援。

闰四月二十一日丁巳，北魏军挖地道，宣泄虎牢城里的井水，井深四十丈，山势高峻陡峭，守军无法阻止魏军挖掘。城中开始缺水，人马干渴倦乏，受伤的人已流不出鲜血，再加上饥饿和瘟疫，守军难以坚持下去。北魏军仍然发动急迫的强攻。二十三日己未，城破。将士们想要保护毛德祖突围，毛德祖说："我发誓与此城一同毁灭，大义所在，我不能使城陷而我仍然生存！"

拓跋嗣传令攻城将士："碰上毛德祖，必须生擒。"北魏将军代郡人豆代田俘虏了毛德祖，呈献给拓跋嗣。刘宋将领在虎牢城中的，也都被魏军生擒，唯独参军范道基率领二百人突围，返回江南。北魏南征士兵死于瘟疫的，也有十分之二三。

北魏大将奚斤等完全占领了刘宋的司州、兖州、豫州所属各郡县，设置地方官安抚治理。北魏主拓跋嗣命令将军周几镇守河南，河南人安于北魏的统治。

刘宋司空徐羡之、尚书令傅亮、领军将军谢晦因为前方战败，丧失国土，上疏自请处分。皇上下令，不作追究。

徐羡之的侄儿、吴郡太守徐佩之经常干预朝廷政事，与侍中王韶之、程道惠，中书舍人邢安泰、潘盛，结成党羽。当时谢晦一直患病，不能接见宾客。徐佩之怀疑谢晦装病，另有阴谋，于是他声称这是徐羡之的想法，把它告诉了傅亮，想要让傅亮草拟命令，诛杀谢晦。傅亮说："我们三人共同接受先帝遗命，怎么可以自相残杀！你们一定要这样做，我只好换上平民衣服，徒步走出宫城侧门！"徐佩之一伙才罢休。

（以上为第十三段，写北魏将领叔孙建从滑台增援，与奚斤合力攻打虎牢城，守城将领毛德祖与士兵恩义相结，顽强守卫，最终城破，北魏占领司、兖、豫三州。）

五月，魏明元帝拓跋嗣返回平城。

六月初四己亥，北魏宜都文成王穆观去世。

六月二十一日丙辰，魏明元帝拓跋嗣向北视察，抵达参合陂。

秋季，七月初八日癸酉，刘宋少帝尊母亲张夫人为皇太后。

魏明元帝拓跋嗣到达三会屋侯泉。八月初七辛丑，又抵达马邑，参观灅水源头。

柔然汗国攻击河西，北凉河西王沮渠蒙逊命令他的世子沮渠政德迎战。沮渠政德率领轻骑兵进攻，为柔然所杀。沮渠蒙逊立其次子沮渠兴为世子。

九月十一日乙亥，魏明元帝拓跋嗣回宫，召奚斤返回平城，留下军队镇守虎牢。同时命中领军娥清、将军周几镇守枋头；以司马楚之率领的部众设置汝南、南阳、南顿、新蔡四郡，来增加豫州的管辖范围。

冬季，十月初十癸卯，北魏扩建平城西宫外墙，周围长二十里。

当初，南凉景王秃发傉檀被毒死后，北凉河西王沮渠蒙逊派人引诱南凉太子秃发虎台，承诺把番禾、西安二郡借给他，并借给他军队，让他去攻打西秦，为父报仇，光复故土。秃发虎台暗地里答应下来了，后来消息泄露，只好作罢。西秦王乞伏炽磐的王后，是秃发虎台的妹妹，所以乞伏炽磐对待秃发虎台仍跟从前一样。但是秃发王后却与其兄秃发虎台秘密策划说："秦国本是我们的世仇，虽然结成了姻亲，也不过是一时权宜之计。先王的死，不是寿终天年，临死吩咐不要治疗，而是欲保全子孙的缘故。作为子女，怎么能甘心做仇敌的臣下姬妾而不思报仇呢？"于是，他们与武卫将军越质洛城共同策划谋杀乞伏炽磐。秃发王后的妹妹是乞伏炽磐的左夫人，受到宠爱，她知道了秃发王后的阴谋后，报告了乞伏炽磐，乞伏炽磐于是斩杀秃发王后、秃发虎台等十多人。

十一月，北魏将军周几进攻许昌，许昌城崩塌，刘宋颍川太守李元德逃奔项城。初五戊辰，北魏军围攻汝阳，刘宋汝阳太守王公度也逃到项城。于是，刘宋豫州刺史刘粹派遣将领姚耸夫等率兵增援，固守项城。北魏军夷平了许昌城，毁坏了钟城的城墙，确定魏宋新的边界，然后便回去了。

十一月初六己巳，魏明元帝拓跋嗣去世。初九壬申，太子拓跋焘登基，实行大赦。

十二月初八庚子，北魏在金陵安葬了明元帝拓跋嗣，庙号太宗。

魏太武帝拓跋焘追尊其母杜贵嫔为密皇后，自司徒长孙嵩以下普遍擢升爵位，任命襄城公卢鲁元为中书监，会稽公刘絜为尚书令，司卫监尉眷、散骑侍郎刘库仁等八人分别掌管东、西、南、北四部。尉眷，是尉古真的侄儿。

北魏任命河内镇将代郡人罗结为侍中、外都大官，总管三十六个部门的事务。罗结当时已有一百零七岁，精力旺盛，拓跋焘认为他忠诚憨直，十分尊敬信任他。命他再兼长秋卿，负责管理后宫日常事务，可以出入卧室寝殿。一百一十岁时，才准许他告老还乡，朝廷每有大事，仍派人骑马去向他请教。又过了十年他才去世。

（以上为第十四段，写柔然攻击北凉，北凉世子沮渠政德奉命迎战，兵败被杀；北魏主拓跋嗣去世，谥号明元，庙号太宗；太子拓跋焘即位，重用河内镇将罗结。）

北魏左光禄大夫崔浩精通儒家经典，对于朝廷制度和各级机构的功能，尤其熟悉。因此，凡是朝廷礼仪典章、军国命令，全由他负责。崔浩不喜欢老子、庄子的著作，说："这些都是虚妄、矫情的学说，和人情世态不大切近。老聃研究礼仪，是孔丘尊为老师的人，怎么竟然写出败坏礼教的著作，而搞乱先古圣王的治世之道呢？"

崔浩尤其不信佛教，说："为什么要崇拜这个胡人的神？"拓跋焘即位后，他的左右亲信大臣常常攻击崔浩，拓跋焘不得已，只好命崔浩保留公爵，返回私宅。但是因为素知崔浩的贤明智慧，朝廷凡是发生争议，出现疑难问题，拓跋焘总是要召见他，听取他的意见。崔浩肌肤洁白细腻，如同美妇，常自以为才干可与张良相比，而考辨古制方面更超过张良。返回私宅后，崔浩又研究修身养性的方法。

最初，嵩山道士寇谦之，即寇赞之的弟弟，修炼张道陵的法术，自称曾经见过老子降临人世，老子命令他继承张道陵的法统，担任天师，并传授他不进饮食和飞腾升空的法术，以及符咒《科戒》二十卷，命他重新清理整顿道教。后来，又遇见了神人李谱文，据说是老子的玄孙，授以《图箓真经》六十多卷，命他辅佐北方太平真君。又传授天宫静轮之法，其中有几篇还是出自李谱文的手笔。寇谦之把这本书呈献给北魏主拓跋焘，朝野上下很多人都不相信。唯独崔浩把寇谦之当作老师尊奉，追随他学习法术，并且上疏皇帝赞扬寇谦之说："我曾经听说，圣明的君王接受天命，上天必定有祥瑞相应。《河图》《洛书》都是像虫子一样的古文字，不像今天，人神面对，手书笔迹十分清晰，辞意深奥奇妙，自古以来，无与伦比。怎么可以因世俗的顾虑，忽视上天的旨意！我感到恐惧。"拓跋焘大喜，命令谒者携带璧玉、绸缎、猪牛羊祭祀嵩山，并迎接寇谦之在山中修炼的弟子到平城，表示崇奉天师，宣扬道法，遍告天下周知。于是，在平城东南建立天师道场、设坛，坛高五层，朝廷供经道士一百二十人衣服饮食，每月道场设置厨房，供给膳食，与会的有数千人。

臣司马光评论说：老子、庄子的著作，主要是要人们超脱生死，把生与死一样看待，轻视人世的来去进退。而要成仙的人靠吞服丹药，常加修炼以求飞腾升天，烧草木炼石以求变成黄金白银。这方法跟老庄的基本思想恰恰相反。所以刘歆著《七略》，把道家归入《诸子略》，神仙归入《方技略》。此后又有符水、咒语等法术。到寇谦之将以上种种合而为一，一直因循至今，这是一个大错误啊！崔浩不崇信佛教，不喜欢读老子的著作，却相信寇谦之的话，这是什么缘故呢！过去臧文仲祭祀爰居鸟，孔丘认为他不明智。至于寇谦之，比起爰居鸟，则大得多了！“《诗经》三百首，一言以蔽之，就是思无邪。”君子对于思想和学说的选择，不能不谨慎啊！

（以上为第十五段，写北魏谋臣崔浩得到拓跋焘重用，凡朝廷礼仪典章、军国命令，全由他负责，而他不信佛教，受到攻击，削职归第；推崇道教，受到讥评。）

【点评】

东晋灭亡。公元420年，东晋恭皇帝司马德文退位，宋王刘裕取而代之，建立宋朝，史称“刘宋”。从司马懿父子苦心经营，到司马炎创建晋朝，经历了平蜀、篡魏、灭吴之事；司马炎本该吸取曹魏灭亡的教训，可惜一味骄奢淫逸，把帝位传给了智力低下的司马衷，从此，贾后乱政、八王之乱、五胡兴起，晋朝一蹶不振；后来司马睿渡江，建都于建康，可是难比当日气魄，而且此时琅邪王氏尾大不掉。而后诸帝，除明帝司马绍还有一些作为外，其余都是权臣专政，皇帝形同虚设，基本上只是符号而已。晋朝共有十五主，存在一百五十六年。其中，西晋自武帝司马炎称尊，传国三世，共五十二年；东晋自元帝司马睿至恭帝司马德文，传国十一主，共一百零四年。而后是刘裕篡晋立宋，为晋朝画上了句号，进入南北朝时期。这里就本卷所记载的这个时段，即司马德文禅让、刘裕称帝，略作评论。

首先，东晋王朝的存在与否由权臣做主。东晋皇帝的孱弱，由来已久，自从明帝司马绍以后，大致上都是如此。东晋的专权者，皆为一些野心家，利用皇权谋取私利，如桓温，独揽朝政十多年，操纵废立，有意夺取帝位，因受制于朝中王、谢势力而未能如愿；桓玄，威逼安帝司马德宗禅位，在建康建立桓楚，改元永始；刘裕威权更是无以复加。

其次，刘裕起于民间，扫平群凶，征讨强敌，既有功于国家，也为自己篡晋铺平了道路。平心而论，刘裕有大功于东晋，从公元399年开始，前后二十年，他马不停蹄，南征北讨，对内平定孙恩和桓玄，消灭桓楚、西蜀、卢循、刘毅、司马休之等割据势力，使南方出现百年未有的统一局面；对外消灭南燕、后秦等国，降服仇池，又以却月阵大破北魏，收复淮北、山东、河南、关中等地，光复洛阳、长安两都，使东晋的疆土得到极大扩展。刘裕所做的这一切，固然是为了东晋的兴盛，却也是效法汉高祖刘邦，一介布衣，希冀建立属于自己的王朝，把东晋朝廷据为己有。他收服洛阳后，觉得自己功劳够大的了，就派人讽喻朝廷，对他赐予“九锡”的荣宠；他率兵北伐，攻取长安后，在朝廷主持工作的亲信刘穆之病重去世，便急不可耐地赶回，却使长安再度失陷；而后，他听信所谓“昌明之后尚有二帝”的谶言，先毒死东晋安帝司马德宗，再立司马德文为傀儡皇帝；后又讽喻大臣，逼迫恭帝司马德文禅位，自己即皇帝位，改朝换代，建立宋国。凡此种种，刘裕成为东晋王朝的掘墓人。

最后，刘裕让司马德文禅让皇位给他，建立南朝宋，是历史发展的必然趋势。实践证明，刘裕也是一个残暴之君，只是他当皇帝不久后就去世了，没有充分显露罢了。

由此可见，东晋灭亡，王朝更替，是历史发展的必然趋势，是历史发展的进步所在！

资治通鉴（白话本）　卷第一百二十

宋纪二

宋文帝元嘉元年至四年（公元424—公元427）

【起阏逢困敦（甲子，公元424年），尽强圉单阏（丁卯，公元427年），凡四年】

【大事提要】

本卷记事起于公元424年，到公元427年，凡四年，时当宋文帝（刘义隆）元嘉元年至元嘉四年。本卷所载大事，主要是五个方面：其一，刘宋国废杀少帝。公元424年，顾命大臣徐羡之等人商议废掉少帝刘义符，因刘义真排行老二，亦品行不端，先将其废免，然后将出游贪玩、睡在龙舟上的刘义符捉住，收取了他的印玺，以太后的名义废其为营阳王，不久刘义符被杀，时年仅十九岁；又杀掉刘义真。其二，北魏攻打柔然。公元424年，北魏太武帝拓跋焘亲征，自领一军进兵屯柞山，与阿伏干率领的柔然骑兵相遇，斩首数千，获马万匹，大胜而归。次年，拓跋焘又大举北伐，东西五道并进，下令轻骑兵带十五日干粮越过大沙漠进攻，柔然可汗惊慌失措，率众北遁。其三，刘义隆即位，杀掉废立大臣。刘宋文帝刘义隆即位，改元元嘉。公元426年，他大开杀戒，先是杀了徐羡之、傅亮和谢晦长子谢世休，接着又亲率大军攻打谢晦。谢晦无可奈何，起兵抵抗，全军溃败，在逃亡中为官军所擒，被杀。刘义隆总揽朝权，势倾天下。其四，夏国内乱。夏王赫连勃勃原立太子赫连璝，为领大将军、雍州牧、录南台尚书。后来，赫连勃勃厌恶太子，想废掉而另立太子，赫连璝得知后起兵造反，被其弟赫连昌所杀。于是，赫连勃勃改立赫连昌为太子，国力大损。公元425年，赫连勃勃病死，赫连昌继位。其五，拓跋焘攻下夏都城。公元427年，北魏出兵攻打夏首都统万城，拓跋焘将主力埋伏在山谷中，以少量骑兵直抵城下，故意示弱，引诱夏军脱离坚城出战，当其出城追逐时，采纳崔浩分兵潜出袭其后之计，打败赫连昌军队，北魏军攻下了统万城。

太祖文皇帝上之上

宋文帝元嘉元年（甲子，公元424年）

春季，正月，北魏改年号为始光。

正月初四丙寅，北魏安定殇王拓跋弥去世。

刘宋少帝刘义符在为其父武帝刘裕服丧期间，喜欢与左右侍从亲昵轻佻，嬉戏游乐，不能自我节制。以特进衔退休的范泰呈上一本用皂囊封板的奏书，说："我听说皇上常常在后花园习武练功，鼓鞞虽在宫中，鼓声却远传宫外，在禁宫深院，打闹砍杀，又在朝廷各部公堂之间，喧哗嘶喊。如此，则不但不能威服四方夷族，而只能使远近各邦觉得怪诞不经。皇上即位以来，把政务都交给了宰相大臣，实际上同商朝的高宗武丁一样，有着服丧期间闭口不言的美誉。想不到您却与小人亲近，恐怕这不是治理国家的好办法和维持世风的好策略。"刘义符没有理会范泰的劝告。范泰，是范甯的儿子。

刘宋南豫州刺史庐陵王刘义真，聪睿敏捷，喜爱文学，但是性情轻浮，常与太子左卫率谢灵运、员外常侍颜延之以及慧琳道人等情投意合，过从甚密。刘义真曾经说："有朝一日我当上皇帝，就任命谢灵运、颜延之为宰相，慧琳道人为西豫州都督。"谢灵运，是谢玄的孙子，性情傲慢偏激，不遵守法令及世俗的约束。当时朝廷只把他放在文学侍从之臣的位置上，不认为他有从事实际工作的才干。而谢灵运却自认为他的才能应该参与朝廷机要，因而常常愤愤不平。颜延之，是颜含的曾孙，喜爱饮酒，放荡不羁。

刘宋司空徐羡之等对刘义真与谢灵运的交游，十分厌恶。刘义真的旧部范晏曾婉言规劝刘义真，刘义真说："谢灵运思想空疏不切实际，颜延之心胸狭窄，见识浅薄，正如魏文帝曹丕所说的'古今文人，多不拘小节'呀！然而，我们几人性情相投，不能像古人说的互相理解而忘了言语那样。"于是，徐羡之等认为谢灵运、颜延之挑拨是非，离间亲王与朝廷的关系，诽谤朝廷要臣，贬谢灵运为永嘉太守，颜延之为始安太守。

刘义真来到历阳之后，不断向朝廷索要供应，掌权的朝臣每次都裁减，不完全听命。刘义真深怀怨恨，经常有愤懑不平的言论，又上书朝廷，请求回到京师建康。谘议参军庐江人何尚之多次进言劝阻，刘义真拒不接受。此时，徐羡之等已经在密谋策划废掉少帝刘义符，但废掉刘义符后，身为次子的刘义真依照顺序，应当继位。于是，徐羡之等便利用刘义真与刘义符之间早已存在的宿怨，先上疏弹劾刘义真的种种罪行，将刘义真贬为平民，放逐到新安郡。

前吉阳县令堂邑人张约之上疏说："庐陵王从小就得到先帝优厚慈爱的待遇，长大后又受到皇上和睦友爱的恩宠，所以心里有什么话，一定要说出来，内心想什么，一定会不加掩饰地表现出来。或许在某些地方违背了为臣之道，招致骄傲放纵而带来的灾祸。但他聪明早熟，确有过人的才华，应该对他宽容教养，发挥他的长处，宽恕他的缺点，以恰当的方法训诫引导，升降都不应该过急。如今朝廷突然剥夺了他的爵位，把他放逐并幽禁到边远的地方。这对上伤害了皇上手足之情，对下使远近民心仓皇失措。我认为，我们大宋刚刚建立，宗室枝叶未繁，应该广泛树立藩属屏障，互相之间，敦厚和睦。人谁能无过，可贵的是能够改过自新。刘义真是武皇帝的爱子，是皇上的品德美好的弟弟，怎么可以因为他一时之过，就长期地舍弃放逐？”奏书呈上后，朝廷任命张约之为梁州府参军，不久，便把他杀了。

（以上为第一段，写刘宋权臣徐羡之等人密谋以居丧无礼的罪名废掉少帝刘义符，按次当立刘义真，但刘义真与他们有矛盾，便借机弹劾，贬为平民，放逐新安郡。）

夏季，四月十四日甲辰，北魏太武帝拓跋焘向东巡视，抵达大宁。

西秦王乞伏炽磐派遣镇南将军乞伏吉毗等，率领步、骑兵共一万人，向南攻打白苟、车孚、崔提、旁为等四个部族，全部降服。

刘宋司空徐羡之等因南兖州刺史檀道济是武帝刘裕时代的大将，威望震慑朝廷内外，而且掌握强大的军队，于是，便征召檀道济及江州刺史王弘入朝。五月，二人先后抵达京师建康，徐羡之等就把废立皇帝的计划告诉了他们。

五月二十四日甲申，领军将军谢晦以府第破败的借口，将家人全部迁到别的地方，而在府中聚集了将士，又派中书舍人邢安泰、潘盛为内应。这天夜里，谢晦邀请檀道济同居一室，谢晦又紧张又激动，不能合眼，檀道济却倒头便睡，十分酣畅，谢晦不由得大为敬服。

当时，刘宋国少帝刘义符在皇家华林园造了一排商店，亲自买入卖出，讨价还价；又跟左右佞臣一起，划船取乐。傍晚，刘义符又率领左右游逛天渊池，夜里就睡在龙舟上。

五月二十五日乙酉凌晨，檀道济引兵开路，徐羡之等随后继进，从云龙门入宫。邢安泰等已先行说服了皇家禁卫军，所以没有人出来阻挡。少帝刘义符还没有起床，军士已经闯入，杀掉刘义符的两个侍从，砍伤刘义符的手指，将刘义符挟持出东阁门，收缴了皇帝的玉玺和绶带。文武百官向他磕拜辞行，由军士把刘义符送回到他的故居太子宫。

刘宋侍中程道惠劝徐羡之等人拥立皇弟南豫州刺史刘义恭。徐羡之等却认为宜都王刘义隆一向有很高的声望，又多有祥瑞之兆出现，于是，就宣称奉皇太后张氏之命，列举刘义符过失罪恶，废为营阳王，而由宜都王刘义隆继承皇帝之位，赦免死罪以下人犯。又声称奉皇太后之命，收回皇帝印信，贬皇后司马茂英为营阳王妃，把刘义符送到吴郡，由檀道济入宫守卫朝堂。刘义符抵达吴郡后，被软禁在金昌亭。

六月二十四日癸丑，徐羡之等派邢安泰，前去刺杀刘义符。刘义符年轻力壮，奋战突围，逃出昌门，追兵用门闩捶击，将刘义符打翻在地上杀死。

裴子野评论说：古代君王养育儿子，儿子会说话的时候，由师傅教他文辞；会走路的时候，由师傅教他礼仪。刘宋的皇家教育，一向与此不同；皇子在宫里的时候，交给奴仆婢女；在宫外，则依靠左右跟班。不论是太子，还是皇子，都有所属的“帅”和“侍”，但是，担任这两种职务的人，都是等级低下的臣仆。太子、皇子们的言谈举止、教育修养，以及行善行恶都由他们诱导。而他们口中从不谈论礼义，见识不知古今。因此，拘束谨慎的人，能把太子和皇子引向小气鄙俗，而狂妄粗暴的人，则可能把太子和皇子引向凶暴与邪恶。太子、皇子们虽然也有师傅，多由年迈力衰的大臣充任，虽然也有“友”和“文学”这些设置，但多是些纨绔子弟充当，徒有其名而已。何况，太子、皇子们也不愿意跟这些人来往。年幼的亲王，赴州就任，而负实际责任的，却是长史，并由长史推广教化，执行政务，又设有典签一职。他们也往往窃弄权柄，恣意横行。所以，皇族根部虽然很茂盛，优良的枝叶却很少。继位的小皇帝年纪幼小，邪恶奸佞之人世代不断。虽然恶物丑类，出自上天，然而习惯已成，流毒久远呵！直到刘宋太宗皇帝刘彧，更是无道，整个国家都丢弃了他，也是由于亲近奸佞小人的缘故啊！呜呼！有国有家的人，应当以此为鉴。

（以上为第二段，写刘宋顾命大臣徐羡之、傅亮、谢晦、檀道济等上演了一出废掉少帝刘义符的闹剧，将其挟持，收缴玺绶，废为营阳王，然后残忍地将其杀害。）

刘宋尚书令傅亮率领行台的文武百官，携带皇帝专用的法驾，前往江陵迎接宜都王刘义隆。随行的祠部尚书蔡廓走到寻阳，患病不能继续前进。傅亮与蔡廓辞别时，蔡廓说：“如今营阳王刘义符在吴郡，朝廷的供奉应十分优厚。万一发生不幸，你们几人有弑君之罪名，到那时候，仍想活在世上就难了！”当时，傅亮已经与徐羡之商量好，决定谋害营阳王刘义符，听了蔡廓这番话后，便急忙写信给徐羡之，阻止这次行动，但已经来不及了。徐羡之大怒，说：“与人共同商议的计划，怎么能够转过身就改变主意，而把恶名加给别人呢！”徐羡之等人又派人杀死了流放在新安的庐陵王刘义真。

徐羡之认为荆州之地十分重要，恐怕宜都王刘义隆抵达京师后，或许任命别人继任，于是他以录尚书事、总领朝政的名义，任命领军将军谢晦代理都督荆、湘等七州诸军事，兼荆州刺史，希望谢晦居外地作为声援。于是，为谢晦配备了精锐军队和能征善战的将领。

秋季，七月，刘宋的行台到江陵，把象征性的宫城城门立在城南，题名“大司马门”。傅亮率领文武百官前往“大司马门”，呈上奏章和皇帝玉玺、服装，仪式盛大隆重。宜都王刘义隆当时年仅十八岁，发布文告说：“我无才无德，蒙上天错爱降下大命。我实在惶恐惊悸，怎么能够担负起如此大任！现在暂且回到京师，哀祭祖先陵墓，并与朝中贤能的大臣陈述我的意见，希望诸位大臣体谅我的用心，不要再说别的。”荆州府州长史及其他辅助官员一律称臣，并请求仿效国都宫城，更改各门名称。刘义隆一概不许，而且命令荆州、都督府和宜都国的官署宽恕管辖地区内已判决的罪人和无力还债的人。

刘义隆左右的将领和亲信闻知营阳王刘义符、庐陵王刘义真二人被杀身死，都认为可疑，劝刘义隆不要东下。司马王华说：“先帝功盖天下，四海威服，虽然继承人违法犯纪，皇家的威望却没有改变。徐羡之才能中等、出身寒士；傅亮也是由平民起家的书生。他们并没有晋宣帝司马懿、王敦那样的野心，这一点是很明显的。他们接受托孤的重任，享有崇高的地位，一时不会背叛。只是害怕庐陵王刘义真不肯宽容，将来无地自容，才痛下毒手。殿下聪睿机敏，仁慈宽厚，远近闻名。他们这次破格率众前来奉迎，是希望殿下感激他们。毫无根据的谣言，一定不是真的。另外，徐羡之等五人，功劳地位相同，谁肯服谁？即使他们中有人心怀不轨，企图背叛，也势必不成。被废掉的君主如果活着，他们担心将来遭到报复，所以才起杀机，是因为他们过于贪生怕死的缘故，他们怎么敢一朝之间突然谋反呢？只不过是想牢牢地掌握大权，巩固地位，奉立年轻的君主使自己得到重视而已！殿下只管坐上六匹马拉的车驾，长驱直入，才能不辜负上天及百姓的希望。”

宜都王刘义隆说：“你莫非想当宋昌第二！”长史王昙首、南蛮校尉到彦之等都劝刘义隆动身东行。王昙首又分析了天象和人间的种种祥瑞征兆。刘义隆才说：“徐羡之等接受先帝的遗命，不至于背义忘恩。而且功臣旧将，布满朝廷内外，现有的兵力又足以制服叛乱，如此，我还有什么可疑虑的呢？”于是，刘义隆命令王华总管善后事务，留守荆州，又想派到彦之率军做前锋，先行出发开道，到彦之说：“如果肯定他们不反，就应该穿上官服，顺流而下，倘若万一发生不测，我的这支军队根本不能抵御，却使他们由此产生误会，不符合远近民众对我们的期望。”正好雍州刺史褚叔度去世，刘义隆就派遣到彦之暂且镇守襄阳。

七月十五日甲戌，刘义隆一行从江陵出发，他接见了傅亮，痛哭不已，悲哀的情绪感动了左右侍从人员。过了一会儿，刘义隆又问及刘义真及少帝刘义符被废及被杀的经过，不胜哀恸，悲哭不止，两旁侍从都不敢抬头。傅亮汗流浃背，张口结舌，不能应对。过后，傅亮派心腹去结交到彦之、王华这些人，与他们建立亲密的关系。刘义隆命令他的府州文武百官和军队加强保护，严密戒备。从建康来的临时朝廷文武官员和军队则不能接近他的队伍。中兵参军朱容子，手抱佩刀，守卫在刘义隆所乘船舱房门外，衣不解带地守卫长达几十天。

（以上为第三段，写刘宋顾命大臣傅亮率领百官到江陵迎接宜都王刘义隆即皇帝位，设立行台，礼仪隆重；刘义隆听从部将意见，顺流而下，严加戒备，周密防卫。）

北魏主拓跋焘回宫。

西秦王乞伏炽磐派遣太子乞伏暮末率领征北将军木弈干等以及步、骑兵三万人向貂渠谷出击，进攻北凉的白草岭和临松郡，攻破这几个地方，俘虏居民二万多人而还。

八月初八丙申，宜都王刘义隆抵达京师建康，朝廷文武百官都赶赴新亭迎接叩拜。徐羡之问傅亮说："宜都王可以比历史上的谁？"傅亮说："比晋文帝、景帝还要高明。"徐羡之说："他一定明白我们的一片忠心。"傅亮说："未必。"

八月初九丁酉，刘义隆拜谒了其父武帝刘裕的陵墓初宁陵，回来停留在中堂。朝廷文武百官呈上皇帝的印信，刘义隆推让了几次，才接受，在中堂继承了皇位。然后又乘坐皇帝专用的法驾入宫，登太极前殿，下令实行大赦，改年号为元嘉，文武百官一律加官二等。

八月初十戊戌，刘义隆祭拜皇家祖庙，下令恢复刘义真庐陵王的封号，把刘义真的灵柩及刘义真的母亲孙修华、刘义真的正室谢妃，迎回建康。

八月十二日庚子，刘义隆下令，代理荆州刺史谢晦改为实任。谢晦赴任前，向祠部尚书蔡廓辞行，屏去左右侍从，问蔡廓："你看我能够幸免吗？"蔡廓说："你们接受先帝临终托孤大事，以社稷的兴衰为己任，废掉昏庸无道的君主，而改立英明的皇帝，从道义上讲，没有什么不可。可是，杀害人家的两个哥哥，却又北面称臣，则有震主之威。你又镇守长江上游重镇，这样，以古推今，你恐怕在劫难逃。"谢晦这才开始害怕无法得以逃脱，等到船只离岸，谢晦回首顾望石头城，按捺不住内心的喜悦，说："今日终于得以脱险了！"

八月十五日癸卯，刘义隆下令，提升司空徐羡之为司徒，王弘为司空，傅亮加授开府仪同三司，谢晦则加授卫将军，檀道济进号征北将军。

有关部门上疏，奏请宋文帝，依照惯例到华林园听取诉讼。宋文帝下令说："我对于政务刑法很不熟悉，可以跟从前一样，仍请徐羡之、王弘二公主持。"

随后，刘义隆又任命王昙首、王华为侍中，王昙首还兼任右卫将军，王华兼任骁骑将军，朱容子为右军将军。

八月十六日甲辰，宋文帝追尊生母胡婕妤为章皇后，封皇弟刘义恭为江夏王，刘义宣为竟陵王，刘义季为衡阳王；仍命刘义宣任左将军，镇守石头城。

徐羡之等打算任命到彦之为雍州刺史，宋文帝不许；文帝征召到彦之来京，担任中领军，负责京师守卫。到彦之于是从襄阳南下赴京。这时，领军将军谢晦已经到荆州，担心到彦之不会来看自己。到彦之一到杨口，就从陆路前往江陵探望谢晦，真挚地表达自己的诚意。谢晦也推心置腹，缔结友情。到彦之留下自己的名马、利剑及名刀赠给谢晦，谢晦至此才完全安定下来。

（以上为第四段，写刘宋刘义隆即皇帝位，改元元嘉，进行人事安排和调度，重用亲信，恢复刘义真的庐陵王封号；谢晦实任荆州刺史，有一种脱险逃难的感觉。）

柔然汗国纥升盖可汗郁久闾大檀闻知北魏明元帝拓跋嗣去世的消息，率领六万骑兵攻入云中地区，屠杀掳掠吏民百姓，并且攻陷了盛乐宫。北魏主拓跋焘亲自率领轻骑兵前往攻打，他们三天两夜才抵达云中。纥升盖可汗率领柔然骑兵将拓跋焘的轻骑队伍包围五十多重，铁骑紧逼拓跋焘的马首，依次排列，如同铁墙。北魏将士大为恐惧，拓跋焘却神情自若，十分镇静，军心这才安定。纥升盖可汗任命他的侄儿郁久闾於陟斤为大将。北魏用箭射杀了郁久闾於陟斤；纥升盖可汗深感恐慌，率领柔然大军逃走。尚书令刘絜对拓跋焘说："郁久闾大檀仗恃他兵多将广，一定会卷土重来。请等秋天田里的庄稼收割以后，我们派遣大军分兵两路，从东、西两个方向同时并进，加以攻打。"拓拔焘允准。

九月，十八日丙子，宋文帝封王妃袁齐妫为皇后。袁齐妫，是袁耽的曾孙女。

冬季，十月，吐谷浑可汗慕容阿柴去世。慕容阿柴共有二十个儿子。病重时，慕容阿柴把他的子弟们召集到病榻前，对他们说："先公车骑将军因维持汗国大业的缘故，不教他的儿子慕容拾虔继承汗位，而把大任交给了我。我怎么敢用私心把汗位传给自己的儿子慕容纬代，而忘记先帝的伟大志向呢！我死后，你们要拥戴慕容慕璝为汗。"慕容纬代，是慕容阿柴的长子；慕容慕璝，是慕容阿柴同母异父的弟弟、叔父慕容乌纥堤的儿子。

慕容阿柴又命令所有的儿子，每人各拿出一箭，在其中抽出一支，叫他的弟弟慕容慕利延折断，慕容慕利延就把它折断。阿柴又把剩下的十九支箭合在一起，叫慕容慕利延折断，慕容慕利延无法折断。慕容阿柴于是告诫大家说："你们知道吗？一支箭容易折断，一把箭则难以摧折。你们应该同心合力，然后才可以保国保家。"说完就去世了。

慕容慕璝也富有才干韬略，他妥善地安抚了来自凉州、秦州失业的难民，以及羌族、氐族等各部族共五六百个部落，增加了部众人数，增强了国家的实力。

十二月，北魏主拓跋焘，派安集将军长孙翰、安北将军尉眷，北上进攻柔然。拓跋焘亲自率兵，屯驻在柞山。柔然汗国的部众闻讯北逃，北魏的几路大军紧紧追击，大获全胜而回。长孙翰，是长孙肥的儿子。

宋文帝下令，封营阳王刘义符的母亲张氏为营阳太妃。

林邑王范阳迈，进犯刘宋日南、九德等郡。

宕昌王梁弥匆，派遣他的儿子梁弥黄，前往北魏朝见。宕昌，是羌人的一个支派。羌人所居住的地域，东与中原相接，西与西域相通，东西长数千里。羌人各支各有首领，部落与部落之间也分地而居，不相管辖。其中，属宕昌部的实力最强，共有二万多个部落，其他各部族都非常畏惧他们。

夏王赫连勃勃，准备废掉太子赫连璝而改立幼子酒泉公赫连伦。赫连璝听到这个消息，立即率兵七万人北上进攻赫连伦。赫连伦率兵三万人迎击，双方在高平大战。赫连伦兵败身死。赫连伦的同胞兄、太原公赫连昌率领骑兵一万人袭击赫连璝的大军，斩杀赫连璝，收服了他的部众八万五千人，回到国都统万，赫连勃勃大喜，封赫连昌为太子。

赫连勃勃一向妄自尊大，他给都城统万的四个城门分别命名：东门为招魏门，南门为朝宋门，西门为服凉门，北门为平朔门。

（以上为第五段，写柔然可汗郁久闾大檀攻打北魏，攻陷盛乐宫；北魏主拓跋焘率军攻打，将其赶跑；吐谷浑可汗阿柴儿子众多，却传位其侄慕璝；胡夏内讧，赫连昌为太子。）

宋文帝元嘉二年（乙丑，公元 425 年）

春季，正月，刘宋司徒徐羡之、尚书令傅亮上书宋文帝，请求文帝亲自主持朝政，归还政权，一连上奏了三次，文帝才批准。正月初十丙寅，文帝开始亲自处理朝廷政务。徐羡之于是辞职返回私宅。徐佩之、侍中程道惠、吴兴太守王韶之等，都认为徐羡之此举不合适，苦苦规劝敦促徐羡之返回朝廷。徐羡之于是接受命令，当朝视事。

正月十五日辛未，宋文帝前往南郊，祭祀天神，下令实行大赦。

正月二十三日己卯，北魏主拓跋焘返回平城。

二月，北燕国中有女子变成了男子。北燕王冯跋以此询问朝中文武官员的意见。尚书左丞傅权回答说："西汉末年，母鸡变为公鸡，结果出现了王莽篡汉的大祸。今天发生的是女子变为男子，这是臣属变成君王的先兆！"

三月十一日丙寅，北魏主拓跋焘尊奉他的乳母窦氏为保太后。拓跋焘的母亲杜贵嫔死时，拓跋焘年纪尚幼。明元帝拓跋嗣因为窦氏心地善良，品德好，所以让她哺育拓跋焘。窦氏精心照顾拓跋焘，至为疼爱，教导也很有方，拓跋焘十分感激，所以继位后奉上尊号，跟生母一样奉养她。

三月初二丁巳，北魏主拓跋焘任命长孙嵩为太尉，长孙翰为司徒，奚斤为司空。

夏季，四月，西秦王乞伏炽磐派遣平远将军叱卢犍等袭击北凉镇南将军沮渠白蹄镇守的临松，擒获沮渠白蹄，把临松五千多户居民强行迁移到枹罕。

北魏主拓跋焘派遣龙骧将军步堆等前来刘宋访问，两国又恢复了友好关系。

六月，受东晋封号的氐族首领、武都惠文王杨盛去世。当初，杨盛听说东晋灭亡的消息，坚持不改东晋的义熙年号，对他的世子杨玄说："我已经老朽了，应当至死做晋朝的臣民；而你们则应好好侍奉宋国。"等到杨盛去世，杨玄自称都督陇右诸军事、征西大将军、开府仪同三司、秦州刺史和武都王，派遣使臣前往刘宋报丧。

这时，才开始改用元嘉年号。

秋季，七月，西秦王乞伏炽磐派遣镇南将军乞伏吉毗等，南下袭击黑水羌人部落酋长丘担，大败丘担的军队。

八月，夏国武烈帝赫连勃勃去世，安葬在嘉平陵，庙号为世祖；太子赫连昌即皇帝位，下令大赦，改年号为承光。

刘宋王弘因最初未能参与废掉少帝刘义符、拥戴宋文帝的政变，因此不接受司空一职的任命，不断地呈上奏书，辞让了一年，文帝才下令批准。八月初二乙酉，文帝任命王弘为车骑大将军、开府仪同三司。

冬季，十月，黑水羌人部落酋长丘担，率领他的部众归降西秦国。西秦任命丘担为归善将军。另行任命折冲将军乞伏信帝为平羌校尉，以镇抚归附的黑水羌族部落。

十月二十一日癸卯，北魏主拓跋焘大规模攻打柔然汗国，五路兵马，同时并进。司徒长孙翰等从东路，出兵黑漠；廷尉卿长孙道生等出兵白漠、黑漠之间；拓跋焘亲自率军，从中道直入；东平公娥清出兵栗园；奚斤等从西道，出兵尔寒山。几路军队到达漠南以后，舍弃辎重，改作轻骑兵，每人带十五天的干粮，深入大漠攻击。柔然各部落大吃一惊，全部撤退，向北逃窜。

十一月，刘宋任命武都惠文王杨盛的世子杨玄为北秦州刺史和武都王。

当初，刘宋会稽人孔宁子为刘义隆镇西谘议参军。刘义隆即位后，任命孔宁子为步兵校尉。孔宁子与侍中王华都有追求荣华富贵的强烈愿望，对徐羡之、傅亮等专揽大权深怀不满。于是，他们日夜在刘义隆面前，捏造罪状，陷害徐、傅二人。

正巧，谢晦的两个女儿将分别嫁给彭城王刘义康、新野侯刘义宾，所以，谢晦派他的妻子曹氏和长子谢世休送女儿抵达建康。文帝打算诛杀徐羡之、傅亮，并准备发兵攻打谢晦。于是，他宣称要攻打北魏，收复河南，又声称到京口的兴宁陵祭拜祖母孝懿皇后，整治行装，放到战船上。

傅亮写信给谢晦说："目前，朝廷就要动员攻打黄河以北，事情并不到此为止。朝廷内外的官吏和百姓，对此多深感忧虑恐惧。"又写道："朝中多数官员都劝阻皇上北征，皇上将要派遣外监万幼宗去荆州听取你的意见。"当时朝廷的举动不同寻常，文帝的清洗计划有些泄露。

（以上为第六段，写刘宋文帝刘义隆开始亲政，欲诛杀权臣徐羡之、傅亮，谋划发兵攻打荆州刺史谢晦；北魏主拓跋焘发兵攻打柔然，五路并进，柔然各部落全部向北撤退。）

宋文帝元嘉三年（丙寅，公元 426 年）

春季，正月，谢晦的弟弟黄门侍郎谢皭，派专人飞驰警告谢晦。但谢晦仍以为不至于此，并拿出傅亮的信给谘议参军何承天看，说："估计万幼宗一二日之内就会到达，傅亮怕我招惹是非，所以先送此信。"何承天说："我在外面听到的，都说向西攻打我们的计划已经确定，万幼宗怎么会有到这里来的道理！"谢晦仍然认为谣言虚妄不可信，就命何承天先行起草回答诏书的奏书，建议朝廷如果攻打北魏，最好延迟到明年。江夏内史程道惠接到一封寻阳方面送来的信，信中说："朝廷将有大规模的非常行动，事情已经明确了。"程道惠派辅国府中兵参军乐冏，把信封好送给谢晦。谢晦问何承天："如果真有不测，你认为我该怎么办呢？"何承天说："我蒙受将军您的特殊照顾，常想报答您的恩惠。如今事情已经发生了变化，怎么敢隐瞒真情！可是，一旦明天下令戒严，动不动就用军法制裁，我心中要说的话，恐怕不能说尽。"谢晦惊恐地问道："你难道让我自杀吗？"何承天说："还不到这个地步。以帝王的威严和全国的力量去进攻一个州，实力大小既悬殊，民心逆顺又迥异，您到国境外保全性命，是上策。其次，派心腹将领驻军义阳，将军您亲率大军与敌人在夏口决战；如果失败，可以取道义阳北上出境，投奔北魏，这是中策。"谢晦沉吟良久才说："荆州是兵家必争之地，兵力和粮草都容易接济，不妨先来一次决战，打败了再走也不晚。"于是，命令何承天撰写檄文；又与卫军谘议参军琅邪人颜邵商讨起兵反抗。颜邵服毒自杀。

谢晦竖起大旗，下令戒严，对司马庾登之说："我现在要亲自东下出征，打算委屈你以三千人守卫江陵，防备刘粹。"庾登之说："我的双亲都已年迈，身在建康，而我自己又从来没有过直属的部队，我考虑再三，不敢接受这项命令。"谢晦又问其他将领和佐臣："战士三千人，够不够守城？"南蛮司马周超说："不仅足够守城，如有敌人从外面攻击，还可以立功。"庾登之于是说："周超一定能够胜任，我愿意解除司马和南郡太守两个职务转授给他。"谢晦当即就在座位上任命周超为司马，兼任南义阳郡太守，改任庾登之为长史，仍任南郡太守如初。庾登之，是庾蕴的孙子。

宋文帝认为，王弘、檀道济在开始并没有参与废杀刘义真、刘义符的阴谋，王弘的弟弟王昙首又是宋文帝亲近信任的心腹。所以，在开始行动之前，宋文帝秘密派人告诉王弘，并且召见檀道济，打算派檀道济去攻打谢晦。王华等宋文帝身边的大臣都坚决反对。宋文帝说："檀道济当初只不过是被胁迫而随从徐羡之等人行事，本不是他主动提出，而谋杀的事，更与他没有关系。我安抚并使用他，不必有其他顾虑。"正月十五日乙丑，檀道济抵达建康。

正月十六日丙寅，宋文帝下令公布徐羡之、傅亮、谢晦杀害营阳王刘义符、庐陵王刘义真的罪状，命有关部门逮捕诛杀他们，并且说："谢晦据守长江上游，可能不会立即伏法。我将亲自统率朝廷大军前往攻打。可派中领军到彦之即日开始急速出发，征北将军檀道济陆续出发为后继。符卫军府及荆州官属，应及时逮捕并诛杀谢晦。已命雍州刺史刘粹等截击，切断其逃跑或潜伏的道路。罪犯只限谢晦一人，其他胁从者一律不加追究。”

这天，宋文帝下令召见徐羡之、傅亮。徐羡之走到建康城西明门外，谢皭正在值班，派人飞报傅亮说：“殿内举动异常！”傅亮马上借口嫂嫂生病，暂时回家，派人通知徐羡之，徐羡之回到西城，乘坐宫廷内部人出差的车逃出建康城，又步行到新林，在一个烧陶器的窑里，自缢身亡。傅亮乘车逃出建康城，再乘马奔其兄傅迪的墓园，屯骑校尉郭泓将他逮捕。到建康城北门广莫门，文帝派中书舍人拿诏书给傅亮看，对他说：“因你当初在江陵迎驾时，态度至为诚恳，所以饶恕你的儿子们不死。”傅亮读过诏书说：“我出身平民，蒙受先帝垂爱，赋予托孤大任。废掉昏君，迎立明主，全是为国家百年大计。要想把罪过强加在我的身上，还怕没有借口吗？”于是，傅亮被杀，他的妻室和子女被放逐到建安。又斩杀了徐羡之的两个儿子，而饶恕了他的侄儿徐佩之。诛杀了谢晦的儿子谢世休，逮捕谢皭。

（以上为第七段，写刘宋文帝刘义隆掌控朝政后，着手收拾“废杀”大臣徐羡之、傅亮、谢晦，公布罪状，命有司逮捕、诛杀。徐羡之畏罪自杀，傅亮逃跑，被拘杀。）

宋文帝将要攻打谢晦，向檀道济询问策略，檀道济说：“我当年与谢晦一同北伐，当时得以入关的十项计策，有九项是由谢晦提出来的。谢晦才略精明老练，大约很少有敌手。但他从没有单独带领部队打过胜仗，战场上的军事行动，恐怕不是他所擅长的。我了解谢晦的才智，谢晦也了解我的勇敢。今天我奉皇帝的命令来攻打他，可以在他没有摆开阵势以前，就把他擒获。”

正月十七日丁卯，宋文帝召见王弘，并任命他为侍中、司徒、录尚书事和扬州刺史；任命彭城王刘义康为都督荆、湘等八州诸军事和荆州刺史。

辅国府中兵参军乐冏，再派人报告谢晦，说徐羡之、傅亮、谢皭等已被杀。于是，谢晦先为徐羡之、傅亮举行祭礼，又为弟弟及儿子发布死讯。然后亲自走出虎帐统率军队。谢晦当年随宋武帝刘裕南征北讨，经验丰富，所以发号施令，指挥调动，无不切实妥当，几天之间，人们从四面八方投奔谢晦，很快就聚集了精兵三万人。于是，谢晦上书，盛赞徐羡之、傅亮等都是忠贞之臣，却遭受横暴的冤杀。又说：“我们这些人如果想长久地把握权柄，不一心为国家着想，我们当初在废掉营阳王时，皇上您远在荆州，武皇帝的儿子中还有幼童，我们完全可以拥戴小皇帝，发号施令，谁敢说个不字！怎么会逆流而上三千里，虚位七十多天，去迎接皇上的鸾旗！已故的庐陵王刘义真，在营阳王在位的时候，就曾积恨，冒犯皇上，是他自己死于非命，不有所废免，怎么会有兴起！耿弇不曾把贼寇遗留给君王，我又有什么地方辜负了宋皇室呢？这都是因为王弘、王昙首、王华一伙阴险、狂暴，多所猜忌和挑拨离间造成的灾祸。现在，我要发动大军，以清除皇上身边的邪恶之徒。”

（以上为第八段，写宋文帝刘义隆决意攻打谢晦，拉拢宿将檀道济；谢晦废昏立明，一心只为报答刘裕知遇之恩，一心只为刘宋江山，感到无限委屈，上书陈情，起兵反抗，要清君侧之恶。）

西秦王乞伏炽磐，再次派使臣前往北魏，请求对夏国采取军事行动。

当初，宋文帝的皇后袁氏，生下皇子刘劭以后，端详婴儿良久，派人飞快报告刘义隆，说："此儿相貌异常，将来一定会弄得国破家亡，不能养他！"就要动手把婴儿弄死。刘义隆急急忙忙赶到后殿门外，用手拨开门帘阻止，这才留下刘劭一命。只是在为父亲守丧期间生子，违犯礼教，所以一直保密。闰正月初六丙戌，才宣布皇子刘劭诞生。

刘宋文帝刘义隆下令戒严，实行大赦，各路军队依次出发，攻打谢晦。谢晦任命他的弟弟谢遁为竟陵内史，率领一万人留守江陵。他自己则亲自率兵二万人从江陵出发，他指挥的战船，从江津一直排列到破冢，旌旗招展，遮天蔽日，谢晦长叹一声，说："真恨不得这是一支保护皇家的大军！"

谢晦想要派兵袭击湘州刺史张邵，何承天因为张邵的哥哥益州刺史张茂度与谢晦私交甚好，就说："张邵的态度还不明朗，不应该轻率地发动攻击。"谢晦写信招抚张邵，张邵不肯追随谢晦。

二月初九戊午，宋文帝任命金紫光禄大夫王敬弘为尚书左仆射，任命建安太守郑鲜之为右仆射。王敬弘，是王廙的曾孙。

二月十一日庚申，宋文帝从建康出发，命令王弘与彭城王刘义康留守京师建康，进驻中书下省；侍中殷景仁也参与负责留守京师的任务。文帝的姐姐会稽长公主刘兴弟住进皇宫，总管后宫事务。

谢晦从江陵东下，何承天留守江陵没有随从。谢晦抵达西江口，到彦之的军队已开进彭城洲。庾登之据守巴陵，胆怯畏缩，不敢前进。当时正值大雨连绵，数日不停，参军刘和之警告庾登之说："我们遇雨，敌人也遇雨，征北将军檀道济的大军不久就要到了，官军实力正强，我们应该速战速决才好。"庾登之还是畏惧不敢出战，却令手下的小军官陈祐，制造了一个大口袋，装满茅草悬挂在桅杆之上，声称可以用来焚毁敌人的舰船。用火攻必须等到天晴，他用这个办法，延缓会战的日期，谢晦却同意了庾登之的做法，逗留了十五日，才派中兵参军孔延秀进攻驻扎在彭城洲的将军萧欣，大败萧欣的军队，又进攻彭城洲口官军营垒阵地，一举攻下。官军的大小将领都主张退走，据守夏口，到彦之反对，于是退守隐圻。谢晦又上书为自己辩护，并且十分骄傲地夸耀自己在军事上的胜利，说："皇上如果把'四凶'斩首，把'三监'的人头悬挂在宫墙上，我就立刻停止进攻，回转旌旗，折返我的任所。"

当初，谢晦与徐羡之、傅亮为了保全自己，就用谢晦把守长江上游，又把檀道济安置在广陵，使他们各自拥有强兵，足以胁制朝廷；而徐羡之、傅亮在朝中居高官、掌实权，可以维持长久的安定。等到谢晦听说檀道济率兵来攻打自己，不禁大为惶恐，束手无策。

檀道济的大军一到隐圻，立即与到彦之的军队合兵一处，战船沿岸停泊。谢晦最初看见战舰不多，毫不在意，也不马上发动攻击。到了晚上，东风大起，官军的船舰，帆篷满张，陆续抵达，前后相连，塞满江面。谢晦军队的士气涣散，军心沮丧，不再有斗志。

二月十九日戊辰，官军舰队挺进到忌置洲尾，战船排列着渡过长江，谢晦的军队一触即溃，全军大败。谢晦在夜色的掩护下出走，投奔巴陵，找到一艘小船回到江陵。

当初，宋文帝派遣雍州刺史刘粹从陆路，率领步、骑兵袭击江陵，刘粹的军队刚到沙桥，谢晦的司马周超就率军一万多人迎战，刘粹军大败，死伤的士兵在一半以上。可是不久，传来谢晦战败的消息。

当初，谢晦与刘粹私交甚好，并任命刘粹的儿子刘旷之为参军，宋文帝对刘粹的态度，感到怀疑。王弘说："刘粹没有野心，一定不会出差错。"等到刘粹接受朝廷的命令攻打谢晦，则义无反顾，宋文帝因此对刘粹倍加赞许。谢晦也并没有因此杀害刘旷之，反而把他送回到刘粹那里。

二月二十七日丙子，宋文帝从芜湖东归建康。

谢晦逃回江陵，也没有做其他部署，只是惭愧地向周超道歉。当天晚上，周超舍弃他指挥的军队，一个人乘舟前往到彦之的营地请降。谢晦的部将全部散尽，于是，谢晦携同他的弟弟谢遁等人共七匹马向北逃去。谢遁体胖且壮，不能骑马，谢晦常常要停下来等候，因此他们的速度很慢。二月三十日己卯，谢晦一行才逃到安陆延头，被当地戍守的将领光顺之俘虏，用囚车送到京师建康。

到彦之的军队进抵马头，谢晦的谘议参军何承天投降。到彦之于是主持荆州政务，任命周超为参军，等到刘粹把沙桥之败的情形上报，才逮捕了周超。于是，文帝刘义隆下令斩谢晦、谢嚼、谢遁以及他们兄弟的儿子，同时被斩的还有谢晦的同党孔延秀、周超等人。谢晦的女儿彭城王妃披散头发，光着双脚，与父亲诀别，她说："大丈夫应当战死沙场，为什么要行为不法，以致在都城的市上被斩！"庾登之因为在谢晦军中没有实权，所以被免除官职，监禁起来。何承天及南蛮行参军新兴人王玄谟等都得到朝廷的赦免。谢晦败走的时候，左右亲信都抛弃他各自逃命，唯独延陵盖一人追随谢晦不肯离去，文帝又命延陵盖为镇军功曹督护。

谢晦起兵之时，曾联络北魏南蛮校尉王慧龙为外援。王慧龙率领军队一万人，攻陷思陵戍，进而包围了项城，等到听说谢晦战败，才退回北魏境内。

益州刺史张茂度也曾接受文帝的命令去袭击江陵；谢晦战败的时候，张茂度的军队才到白帝城。当时的人怀疑张茂度对朝廷有二心，文帝却因为张茂度的弟弟张邵忠诚有节操，对张茂度的行为不加追究，只是派人接替而召他回京师。

（以上为第九段，写刘宋文帝刘义隆率军攻打荆州刺史谢晦，多路并进，打败谢晦；谢晦逃跑而被活捉、斩首，相关人员均被处以极刑。）

三月初二辛巳，宋文帝返回建康，征召谢灵运担任秘书监，颜延之为中书侍郎，赏赐和礼遇都非常优厚。

宋文帝因为慧琳道人擅长谈论分析，所以常跟他商讨国家大事，慧琳道人因此得到参与国家机要的机会。于是，宾客们从四面八方争先恐后地拥到慧琳道人的门庭，门前等候召见的车常有数十辆之多，各地送来的财物，前后相接，每天的筵席就有七八桌，座位常满。慧琳道人脚穿高齿木屐，身披貂皮外衣，在府中设立负责传达的通呈官和掌书翰的官佐。会稽人孔觊曾经拜访慧琳道人，正遇宾客拥挤，两个人只能寒暄两句，不能多说别的话。孔觊感慨叹息，说："如今穿黑衣服的和尚都做了宰相，这真可以说衣冠文士失所了！"

夏季，五月十七日乙未，宋文帝任命檀道济为征南大将军、开府仪同三司和江州刺史；擢升到彦之为南豫州刺史；又派遣散骑常侍袁渝等十六人，分别巡察各州郡县，考察官员的政绩，访求民间无处申诉的疾苦。文帝还命郡县上书奏报当地的行政得失。

五月二十八日丙午，宋文帝亲自到延贤堂听取诉讼。此后，每年前来三次。

左仆射王敬弘，性情恬然，甘于淡泊，在朝廷内外享有盛誉。可是在签署文稿时，从来不事先审阅。有一次，他随同宋文帝听取民间诉讼，文帝就一件有疑问的案件询问王敬弘，王敬弘回答不出。文帝脸色大变，问左右侍臣："你们为什么不把案卷的副本送给王仆射？"王敬弘回答说："我已看到了案卷的副本，可是看不懂。"文帝非常不高兴，虽然对他仍然礼敬，却不再与他讨论国家大事。

六月，宋文帝任命右卫将军王华为中护军，同时仍兼任侍中。王华认为，司徒王弘是文帝的辅弼之臣，侍中王昙首又是皇上十分信任的心腹，他们的地位与自己相当。因此，王华自以为自己的才能，无法完全施展，他常常叹息着说："朝中宰相，一时之间多达数人，天下怎么能够治理！"当时，朝中没有固定的宰相，只要谁与皇帝讨论国家大事，国家机要大事交给谁办，谁就是宰相，所以王华才有这样的议论。当时也有任侍中的职务而不是宰相的人；然而，尚书令、仆射、中书监、中书令、侍中、侍郎、给事中等都是重要的官职。

王华与刘湛、王昙首、殷景仁都担任侍中的职务，他们风采卓然，精明干练，荣显一时。宋文帝刘义隆曾经在合殿设宴款待他们四人，与他们共同欢饮，特别高兴。筵席散后，文帝目送他们好久好久，叹息道：“这四位贤才，是一时之俊杰，一起作为我的喉唇，恐怕后世很难再出现。”

黄门侍郎谢弘微与王华等都深得宋文帝的重用，当时他与王华、刘湛、王昙首、殷景仁等号称‘五臣’。谢弘微，是谢琰的侄孙。他一向端重严谨，在适当的时机，才开口说话，在仆役奴婢面前，也从不随便说笑，因此，不论尊卑大小，都像对待神明一样恭敬他。他的堂叔谢混对他尤其推崇敬重，常说：“谢弘微这人，与别人相异时不会伤害别人，与别人相同时也不会违背正道，对他我是没什么毛病可挑的了。”

宋文帝打算封王昙首、王华等人爵位，他抚摸着御座说：“这个宝座，如果不是你们兄弟，我今天就坐不上。”于是，他就拿出封爵的命令给他们看。王昙首坚决辞让，说：“近来发生的事情，全仰赖皇上英明决断，使罪人得到应有的惩罚；我们怎么可以因为国家的灾难，而自己得到好处！”文帝方作罢。

（以上为第十段，写刘义隆将废昏立明的大臣尽数诛灭，重新安排人事，王华、刘湛、王昙首、殷景仁、谢弘微均得到重用，当时号曰“五臣”。）

北魏主拓跋焘下令，遍问朝中文武大臣：“现在我们要出兵攻打赫连、蠕蠕，应当先攻打哪一国？”太尉长孙嵩、司徒长孙翰、司空奚斤都说：“赫连氏土生土长，暂时还不足为患。不如先伐蠕蠕，如果能够追到他们，可以大获全胜；如果追不到，我们则到阴山做一次大狩猎，可以获取大批禽兽的毛皮骨角，用来充实军用物资。”太常崔浩说：“蠕蠕来的时候，像飞鸟一样霎时集结；去的时候，也像野兽一样霎时逃散。用大军追赶，一定不会追上，如果用少量的军队追赶，又无法把他们制服。赫连氏土地不过一千里，政治残暴，刑法酷烈，得不到上天的保佑和人民的拥护，应当先行攻打赫连。”尚书刘絜、武京侯安原则请求先行攻打北燕。自此时，北魏主拓跋焘从云中向西视察，抵达五原，到阴山狩猎，又往东抵达和兜山。秋季，八月，拓跋焘才返回平城。

宋文帝下令，派殿中将军吉恒出使北魏。

北燕太子冯永去世，封次子冯翼为太子。

西秦王乞伏炽磐攻打北凉，大军抵达廉川，乞伏炽磐派遣太子乞伏暮末等率领步、骑兵共三万人，进攻西安，不能攻下，于是，又转攻番禾。北凉河西王沮渠蒙逊出军迎战，极力抵御，同时又派使臣出使夏国游说，请夏国主赫连昌乘西秦国内空虚之际，袭击西秦的都城枹罕。赫连昌派遣征南大将军呼卢古率领骑兵二万人，进攻西秦的苑川；派遣车骑大将军韦伐率领骑兵三万人，进攻南安。西秦王乞伏炽磐听到这个消息，立即从北凉撤军回国。

九月，乞伏炽磐把境内的老弱妇孺和牲畜，集中迁移到浇河郡和莫河的仍寒川，同时又命令左丞相乞伏昙达留守京师枹罕。夏国的车骑大将军韦伐率众攻陷南安城，生擒西秦秦州刺史翟爽和南安太守李亮。

隶属西秦的吐谷浑部落酋长慕容握逵率所属两万帐落背叛西秦，逃到昂川，归附了吐谷浑可汗慕容慕璝。

天下大旱，出现蝗灾。

刘宋左光禄大夫范泰上书说："女子有三从的大义，而没有自作主张的道理。现在谢晦家的妇女仍被羁押在尚方作坊里做苦工，敬请皇上留意。"于是，刘宋文帝刘义隆下令赦免了她们。

北魏主拓跋焘听到夏主赫连勃勃去世，儿子们内讧，民心不安的消息，打算征讨夏国。长孙嵩等人都说："夏国如果围绕城池固守，以逸待劳，而柔然汗国的郁久闾大檀听说这一消息，会乘我们国内空虚，大举进攻，这可是危险的策略。"太常崔浩说："说起当年，火星两次紧傍着羽林星和钩己星运转，算卦占卜都预示着秦国一定灭亡。今年，金、木、水、火、土五星同时出现在东方，显示西征一定胜利。上天的旨意和凡世的人心是互相呼应的，良机不可失去。"长孙嵩仍然坚持不能西征，拓跋焘暴跳如雷，斥责长孙嵩做官贪赃枉法，命令武士强按他的头，猛烈触地，殴打侮辱。于是，拓跋焘派遣司空奚斤率领四万五千人袭击夏国的蒲阪；派宋兵将军周几率一万人袭击陕城；命令河东太守薛谨为大军的向导。薛谨，是薛辩的儿子。

北魏主拓跋焘打算让中书博士平棘人李顺全权指挥前锋部队。他征求崔浩的意见，崔浩说："李顺确实很有谋略，善于筹划，但是，我与李顺是姻亲，深知他为人非常自信，不可委任他要职。"拓跋焘于是停止了对李顺的任命。崔浩和李顺之间因此产生了隔阂。

冬季，十月十一日丁巳，拓跋焘一行从平城出发。

西秦左丞相乞伏昙达与夏国的征南大将军呼卢古在嵻崀山会战，乞伏昙达兵败。十一月，呼卢古与车骑大将军韦伐合兵进攻西秦的都城枹罕。西秦王乞伏炽磐迁都定连，率众据城死守。夏国大将呼卢古攻入枹罕南城。西秦镇京将军赵寿生率领敢死队三百人，浴血抵抗，击退呼卢古。呼卢古、韦伐又合兵攻打沙州刺史出连虔据守的湟河。出连虔派遣后将军乞伏万年击退了呼卢古和韦伐的进攻。呼卢古、韦伐率军再攻西平，俘获了西秦的安西将军库洛干，活埋了西秦战士五千多人，掠走居民二万多户，班师回国。

仇池氐人部落酋长杨兴平请求归附刘宋。刘宋梁州、南秦州二州刺史吉翰派始平太守庞谘进军占据武兴。氐王杨玄派他的弟弟杨难当率军迎击庞谘，被庞谘击退。

（以上为第十一段，写西秦主乞伏炽磐攻打北凉，北凉极力抵御，又游说胡夏，胡夏主赫连昌便出兵袭击西秦，西秦连忙退兵；北魏主拓跋焘又乘机出兵攻打胡夏。）

北魏主拓跋焘，抵达君子津，正遇天气酷寒，气温急骤下降，黄河冰封。

十一月初三戊寅，拓跋焘亲自统率轻骑兵二万人，踏冰渡过黄河，袭击夏国都城统万。

十一月初七壬午，冬至，夏王赫连昌正在与文武群臣欢歌宴饮，北魏大军突然出现，夏国上下不胜惊恐。北魏主拓跋焘驻军在黑水，距统万城只有三十多里。赫连昌率兵迎战，大败而回，急向城中撤退。城门还没有来得及关闭，北魏禁军内三郎豆代田率众乘胜攻进西宫，纵火焚烧了西宫城门；夏军关闭了所有的宫门，豆代田跳出宫墙撤退。拓跋焘提升豆代田为勇武将军。这天夜里，北魏军队在城北扎营。

十一月初八癸未，北魏军队四处出动，抢夺掳掠，斩杀及俘虏夏国军民数万人，缴获牛马十多万头。拓跋焘对他手下的各位大将说："统万城恐怕打不下了，以后跟各位再来攻取。"于是，裹胁当地居民一万多户，班师回国。

夏国弘农太守曹达听说北魏将军周几率军将要打来，没等大军到达，先弃城逃走。北魏军队乘胜长驱直入，迅速深入长安附近的三辅地区。不料周几在行军途中去世。夏国镇守蒲阪的守将东平公赫连乙斗听说北魏司空奚斤率领的大军就要到达，派使节往都城统万告急。使者到统万时，看到北魏的大军已经包围统万，便回去报告赫连乙斗："统万已经被攻陷。"赫连乙斗惊惧不已，放弃蒲阪城，向西逃往长安。奚斤于是攻克了蒲阪。夏王赫连昌的弟弟赫连助兴正在镇守长安，赫连乙斗到后，赫连助兴与赫连乙斗放弃长安，向西逃往安定。

十二月，北魏司空奚斤率军进入长安，夏国秦州、雍州所属的氐人部落和羌人部落，全都向奚斤投降。北凉河西王沮渠蒙逊和氐王杨玄听到这个消息，也都派遣使臣向北魏帝国归附。

刘宋前吴郡太守徐佩之，集结党羽一百多人，阴谋策划明年元旦朝会时，在殿中发动叛乱，事情泄露。十二月十七日壬戌，逮捕了徐佩之，斩首。

刘宋营阳太妃张氏去世。

西秦征南将军乞伏吉毗镇守南漒，陇西人辛澹率领部众三千户占据南城，驱逐乞伏吉毗，乞伏吉毗逃回枹罕，辛澹向东南撤退，逃往仇池。

北魏最初占领中原时，当地的居民大多逃亡、隐藏。天兴年间，拓跋珪下令清查这些没有纳入户籍的人家，命他们缴纳绸缎布匹。于是，自己申报缴纳绸缎布匹的人家非常多，不隶属任何郡县，使赋税徭役很不均匀。这一年，北魏主拓跋焘下令停止一切清查，将上述人家隶属郡县。

（以上为第十二段，写胡夏出兵攻打西秦，将其打败；北魏主拓跋焘率军攻打胡夏，偷袭其都城统万城，得胜而归；北魏将领奚斤长驱直入，攻下胡夏重镇长安。）

宋文帝元嘉四年（丁卯，公元 427 年）

春季，正月初七辛巳，宋文帝前往都城建康南郊，祭祀天神。

正月十一日乙酉，北魏主拓跋焘回到平城。从统万强行迁徙的民户在途中死亡甚多，能到达平城的，不过十分之六七。

正月二十五日己亥，北魏主拓跋焘前往幽州。夏王赫连昌派遣平原公赫连定率军二万人，准备收复长安。拓跋焘听到消息后，下令砍伐阴山林木，大规模兴造攻城械具，准备第二次进攻夏国。

山地羌人部落背叛了西秦。二月，西秦王乞伏炽磐派遣左丞相乞伏昙达招抚慰问武始山地羌族部落，又命征南将军乞伏吉毗安抚洮阳各个羌族部落。羌人生擒西秦乞伏昙达，把他献给夏国。乞伏吉毗也受到洮阳羌人的攻击，大败而回，士兵马匹死亡伤残的占十之八九。

北魏主拓跋焘回到平城。

二月十一日乙卯，宋文帝前往丹徒。二十五日己巳，祭拜京陵。最初，宋武帝在富贵之后，下令把他幼年贫穷微贱时所用的耕田农具收藏起来，以展示给子孙。文帝抵达故宫，看到他父亲早年用过的那些耕具，深感惭愧。他身边侍臣中有人进言说："当年大舜亲自在历山耕田种地，大禹也曾亲自治理水土。皇上不看到这些遗物，怎么能够知道先帝崇高的仁德和耕种的艰难呢？"

三月初三丙子，北魏主拓跋焘亲自委派高凉王拓跋礼镇守长安。拓跋礼，是拓跋斤的孙子。同时又下令执金吾桓贷在君子津建造大桥。

三月初四丁丑，北魏广平王拓跋连去世。

三月十四日丁亥，宋文帝返回建康。

三月十五日戊子，刘宋尚书右仆射郑鲜之去世。

西秦王乞伏炽磐任命辅国将军段晖为凉州刺史，驻守乐都；任命平西将军麹景为沙州刺史，镇守西平；又命宁朔将军出连辅政为梁州刺史，坐镇赤水。

夏季，四月初四丁未，北魏特使员外散骑常侍步堆等前往刘宋访问。

四月初七庚戌，刘宋任命廷尉王徽之为交州刺史，征召前交州刺史杜弘文回京。当时杜弘文正患重病，得到命令后，亲自备车上路，有人劝告他等病稍好些再走，杜弘文说："我家祖孙三代镇守边陲，平时就渴望到京城去，何况今日又得到征召！"于是，杜弘文抱病启程，走到广州去世。杜弘文，是杜慧度的儿子。

（以上为第十三段，写文帝刘义隆看到父亲刘裕早年使用的农具，深感惭愧；胡夏主赫连昌欲收复长安，北魏主拓跋焘派高凉王拓跋礼前往镇守，部署迎击胡夏事宜。）

北魏司空奚斤跟夏国的平原公赫连定在长安对峙。北魏主拓跋焘打算乘夏国后方空虚，攻打夏国的都城统万，于是，挑选精兵，严格训练，部署将领。拓跋焘还任命司徒长孙翰等率领三万骑兵为前锋，任命常山王拓跋素等率领步兵三万人为后继，任命南阳王拓跋伏真等率领步兵三万人运送攻具，任命将军贺多罗率领三千精骑兵在前锋部队之前，负责搜索侦察。拓跋素，是拓跋遵的儿子。

五月，北魏主拓跋焘亲自从平城出发，临行前又命令龙骧将军代郡人陆俟统率北方各路兵马镇守大沙漠，防备柔然汗国乘虚来攻。五月初九辛巳，拓跋焘一行从君子津渡黄河西上。

五月初十壬午，刘宋中护军王华去世。

北魏主拓跋焘抵达拔邻山，在那里兴筑城堡，留下辎重，然后率领轻骑兵三万人，加速先行进发。朝中随行的文武官员都劝阻他说："统万城十分坚固，不是一天之内就可以攻下的。如今您率领轻装部队去攻打，恐怕不能一时攻破，想要退回又没有粮饷及其他军用物资，不如与步兵一道，携带攻城械具进攻统万。"拓跋焘说："用兵的策略，攻城是最下策；非到万不得已，不可使用。现在我们如果以步兵携带攻城械具一起开进，敌人见状，一定会恐惧并坚守城池。如果我们不能按时攻下，粮食吃完，士兵疲劳，城外又没有什么可以抢夺的，那时我们就会进退不得，陷入窘境。不如先用骑兵长驱直抵统万城下，敌人见到我们的步兵没有来，一定不太在意。我们再故意装出羸弱不堪的样子，引诱他们出击，他们如果出城迎战，就会被我们生擒。所以这样的原因，是因为我们的将士离家二千多里，又隔着一条黄河，这就是所谓'置之死地而后生'啊！三万人的轻骑兵，攻城自然不够，但用来决战，还绰绰有余。"于是大军启程。

六月初一癸卯朔，出现日食。

北魏主拓跋焘抵达统万，大军分别埋伏在深谷之中，只派少数部队来到城下。夏国的大将狄子玉投降了北魏，他向拓跋焘报告说："夏王赫连昌听说北魏大军将到，就派人征召平原公赫连定回军，赫连定说：'统万城坚固险峻，不容易攻破，等我生擒奚斤然后再赶赴统万，内外夹击北魏大军，没有不成功的道理。'所以，夏王赫连昌专心守城，等待赫连定。"拓跋焘听到这席话，十分忧虑。于是，命令军队撤退，显示懦弱，又派遣娥清和永昌王拓跋健率领骑兵五千人向西大肆劫掠居民。

北魏军中的士兵有人因犯罪逃走，投降了夏军，他向夏国报告说，魏军的粮草已经用尽，军中士兵每天只吃菜，而辎重补给还在后方，步兵也尚未到达，应当乘机急速地袭击他们。赫连昌同意。

六月初二甲辰，赫连昌亲自统率步、骑兵共三万人出城。北魏的大臣司徒长孙翰等人都说："夏国的骑、步兵的阵势难以攻破，我们应该避开他的锋锐。"拓跋焘说："我们远道而来，就是要引诱敌人出城，唯恐他们不出。现在他们既然出城了，我们却避而不打，只能使敌人士气旺盛，我们却被削弱，这不是用兵的好计策！"

于是，命令部队集结假装逃走，引诱敌人追赶，使他们疲惫。

夏军兵分两路，左右追击包抄，鼓声震天，追了五六里路，就赶上大风雨从东南而来，漫漫尘沙，遮天蔽日。北魏军中的宦官赵倪相当通晓神道法术，就对魏主拓跋焘说："如今风雨是从敌人那边袭来，我们逆风，敌人顺风，这表明天不助我。更何况我们的将士饥渴交加，希望皇上暂时避开他们的锋锐，等以后再寻找时机。"太常崔浩厉声喝止说："这是什么话！我们千里而来，自有制胜的策略，一天之内怎么可以说变就变！敌人贪图胜利的战果，不会停止追击，根本没有后继军队。我们应该把精兵隐蔽起来，分别出击，对他们做一次意外的突袭。刮风下雨，要看人们怎么利用，怎么可以硬套常规而认定对我们不利！"拓跋焘说："你说得极对！"于是，把骑兵分作两队，牵制敌军。北魏主拓跋焘忽因坐骑失蹄摔倒，落下马来，差点儿被夏国的士兵抓获。拓跋齐用自己的身体护卫遮挡敌人对拓跋焘的进攻，拼死尽力搏战，围攻的夏军士兵才被打退。北魏主拓跋焘趁此机会，翻身跳上马背，直刺夏国尚书斛黎文，当即把他杀死，随后又杀死敌人骑兵十多个人，自己也被流箭射中，但他仍然奋力杀敌，苦战不休，夏国的部队完全崩溃。拓跋齐，是拓跋翳槐的玄孙。

北魏军队乘胜把夏国残兵追到统万城北，杀死了夏王赫连昌的弟弟阿南公赫连满和侄儿赫连蒙逊，杀死士兵一万多人。夏王赫连昌来不及跑进城去，于是便逃奔上邽。北魏主拓跋焘换上士兵的服装追赶逃跑的敌人，并进入了统万城。拓跋齐苦苦劝阻，拓跋焘坚决不听。后来夏国人发觉了这件事，把几个城门都关了起来。拓跋焘于是与拓跋齐等人混进内宫之中，弄到了几件女人穿的裙子，用来当绳索，绑在铁槊上，拓跋焘借此爬上城墙，逃出城外，才免于被擒。等到了黄昏的时候，夏国的尚书仆射问至保护着赫连昌的母亲逃出城外。北魏司徒长孙翰率领八百骑兵追赶夏王赫连昌，一直追到高平，没有追上，便回来了。

六月初三乙巳，北魏主拓跋焘进入统万城，俘虏夏国的亲王、公爵、高级文官、军事将领以及赫连昌的太后、太妃、皇后、嫔妃、姐妹、宫女等数以万计。还缴获马匹三十多万匹，牛羊几千万头，国库中的珍宝、车辆、旌旗，各种精美的器物，多得不可胜数，拓跋焘把它们按等级分别赏赐给自己的将士。

当初，夏王赫连勃勃，性情奢侈，兴筑了这座统万城，城墙高十仞，墙基厚达三十步，上宽十步，宫墙高约五仞，它坚硬得可以用来磨砺刀斧。亭台楼阁、水榭也都十分雄伟壮丽，全都雕刻图画，用锦绣装饰，精致侈华，无以复加。北魏主拓跋焘看到这些，回头对左右侍从官员说："一个小国，却把百姓奴役到这种地步，怎么会不亡国呢？"

北魏还俘虏了夏国太史令张渊和徐辩，任命他们仍旧担任太史令。拓跋焘还俘虏了前东晋的大将毛修之以及西秦的将领库洛干，把库洛干送回西秦。因毛修之擅长烹调，就任命他为北魏的太官令。拓跋焘还看到一篇夏国著作郎天水人赵逸写的文章，过分吹捧赫连昌，大怒说：“这小子是个无道君主，怎么胆敢如此，谁写的文章？应当快快查出来问罪！”崔浩劝阻说：“文人写文章，无论是赞颂，还是抨击，大多数都是言过其实，不一定发自内心，只不过是不得不写而已，用不着惩罚。”拓跋焘这才作罢。拓跋焘把赫连勃勃的三个女儿收入后宫作为自己的妃子。

北魏司空奚斤与夏国的平原公赫连定仍在长安对峙。北魏主拓跋焘命令宗正娥清、太仆丘堆率领骑兵五千人开赴关右一带，去占领地盘。赫连定听说统万城已经被攻破，于是他率众投奔上邽。奚斤率部追击，追到雍城，没有追上，只好班师。娥清与丘堆联合进攻夏国的贰城，攻下。

北魏主拓跋焘下令，命令奚斤等将领班师。奚斤上疏说：“如今赫连昌逃到上邽自保，集结残部，尚不足以长久盘踞在那里。现在，我们乘他危急，彻底消灭他极其容易，请增加士兵和马匹，等我削平赫连昌再班师。”拓跋焘不许。奚斤坚决请求，拓跋焘才应允，又拨给奚斤士兵一万人，派遣将军刘拔送去战马三千匹，并且留下娥清、丘堆二人，命令他们配合奚斤一道攻击夏国。

六月十九日辛酉，北魏主拓跋焘从统万出发，向东回国。拓跋焘任命常山王拓跋素为征南大将军、假节，命他与执金吾桓贷、莫云留下镇守统万。莫云，是莫题的弟弟。

西秦王乞伏炽磐回到枹罕城。

（以上为第十四段，写北魏主拓跋焘率领大军进攻胡夏，采用轻骑诱敌的方法，消灭胡夏有生力量，攻下胡夏都城统万城，将领奚斤率军继续追击逃亡的胡夏主赫连昌。）

秋季，七月初七己卯，北魏主拓跋焘抵达柞岭。当时，柔然汗国正在进犯云中，他们听说北魏的军队已经攻下了统万，才撤退北逃。

西秦王乞伏炽磐对他手下的文武群臣说：“我早就知道赫连氏必定不会成大气候，才冒险归降了北魏，现在发生的一切都应验了我的预言。”八月，乞伏炽磐派他的叔父、平远将军乞伏渥头等人到北魏朝拜进贡。

八月十一日壬子，北魏主拓跋焘返抵平城，把缴获的战利品按等级分别赏赐给留守的文武百官。

北魏主拓跋焘为人壮健勇敢，沉着稳重，无论是攻打城池，还是两军对阵，短兵相接，都能亲自冒着乱箭飞石，身先士卒。他的左右士兵相继倒下，或死或伤，他却神色自若，毫不畏惧。因此，将士们钦佩他的无所畏惧，都愿尽力效劳。他生性节俭，衣服饮食够用就已满足。文武百官请求加固京师的城墙，修缮皇宫的建筑，说：“《易经》说：‘王公设险，固守国家。’萧何也曾经说过：‘天子以四海为家，不壮不丽，不能增加威严。'" 拓跋焘却说："古人曾经说过：'只在恩德，不在险要。'赫连屈丐用蒸过的土建筑城墙，却被我灭掉了，这怎么在城的坚固不坚固呢？而今，天下还没有太平，正需要人力，大兴土木的事情，我不想去做。萧何的话并不正确。" 拓跋焘常常把财物看作是军队和国家的基础，不可以轻易浪费。至于赏赐，也都赏给为国死难将士的遗属或有功之家，皇亲国戚以及倍受恩宠的人和显贵达官很少有人无缘无故得到赏赐。他选任将领出征，亲自指挥谋划，面授机宜，凡是违背他旨意的人，大多失败。他知人善任，有时在士兵中选拔将领，只看重并使用他的才干，不在乎他的出身。拓跋焘观察敏锐，部下没有什么隐情能逃出他的眼睛。他赏赐不论贫贱，惩罚不避权贵，赏罚分明，即使是他平时最宠爱的人，也绝不纵容包庇。他常说："国家的法律，是我与天下臣民应共同遵守的，怎么敢轻视呢？" 然而，拓跋焘却生性残忍，杀人从不手软，但是杀人之后，又常常后悔。

九月二十六日丁酉，夏国所属的安定城居民献出城池，投降北魏。

氐王杨玄派遣将军苻白作，在赤水围攻西秦梁州刺史出连辅政。赤水城中粮草断绝，百姓生擒出连辅政，打开城门投降。出连辅政在被押送途中，走到骆谷，逃回西秦。冬季，十月，西秦王乞伏炽磐任命骁骑将军吴汉为平南将军和梁州刺史，驻守南漒。

十一月，北魏主拓跋焘派遣军司马公孙轨兼任大鸿胪，持节策；任命氐王杨玄为都督荆、梁等四州诸军事和梁州刺史，封南秦王。公孙轨一行抵达杨玄辖境之后，杨玄却不出来迎接，公孙轨斥责他，并打算奉诏书回去。杨玄才感到恐惧，亲自赶到郊外迎接。拓跋焘认为公孙轨处理得当，提升公孙轨为尚书。公孙轨，是公孙表的儿子。

十二月，西秦梁州刺史吴汉遭到羌人各部落的攻击，率领二千户部属返回枹罕。

北魏主拓跋焘出巡，前往中山；十二月初四癸卯，返回平城。

（以上为第十五段，写西秦主乞伏炽磐派叔父渥头到北魏进贡；北魏派大鸿胪公孙轨持节封杨玄为南秦主；北魏国主拓跋焘出征身先士卒，赏罚分明，知人善任，但生性残忍。）

【点评】

刘义隆诛杀拥立大臣。刘宋建立后，刘裕很快一命呜呼了，为把江山顺利传下去，刘裕还颇费了一番脑筋，他让长子刘义符接班，又遗命司空徐羡之、尚书仆射傅亮、领军将军谢晦及护军将军檀道济四人为顾命大臣，辅助太子刘义符。应当说，刘裕的这如意算盘还是打得不错的，即皇帝位的长子，是名正言顺的继承人；四位辅政大臣，都是德高望重、久经考验的文武大臣，对刘宋绝对忠诚。他曾经有一个基本的评价，认为这四人都兢兢业业，檀道济虽有武略，而无大志，徐、傅二人也没有什么野心。这样，他可以放心地走了。然而他哪里知道，后来所发生的事情，并不是他所能预料到的。这主要是：废掉少帝刘义符，贬退二子刘义真，杀掉他们兄弟二人，三子刘义隆即皇帝位，杀掉顾命大臣。这一连串事情，究竟孰是孰非？历来评价不一，褒贬不一。

首先，顾命大臣废掉少帝刘义符，是为国谋划，出以公心。刘义符即位时，是个十七岁的大小孩，由于刘裕对他的溺爱，他似乎生活在真空中，无忧无虑，只知道吃喝玩乐，不懂得人情世故。刘裕去世后，他在守丧期间，一味地玩耍嬉戏，不问政事。徐羡之等人看不下去了，担心这样下去不行。于是，就打算废掉少帝，另立他人。而按照继承顺序，应当立二子刘义真，可刘义真也不宜当皇帝。于是，他们来了一个釜底抽薪，先利用少帝和刘义真之间的矛盾，把刘义真贬为庶民，让他失去继位的资格。而他们非常看好三子刘义隆。于是，四位顾命大臣一商量，意见相当统一，没有谁提出异议，就这么做了，废昏立明。可以肯定地说，徐羡之等人这样做，是从国家利益的角度来考虑的，是想使刘裕开创的国家走上兴盛之路，并没有考虑多少个人的私利。如果他们不负责任，听之任之，也是能混下去的，因为刘义符也只是吃喝玩乐而已，并没有做出什么丑恶、过激的坏事，他对顾命大臣也还是比较尊重的，双方并没有多大的矛盾，只要稍加教育和引导，这皇帝也是能做下去的。殊不知，当年晋朝开国皇帝司马炎亲自选择接班人，也是选了个痴傻儿司马衷，还当了十七年的皇帝；东晋后期司马德宗即位，他连自己的基本生活都不能自理，甚至不知道饿饱，不知道寒暖，连话也说不周全，不也是照样当皇帝，而且一当就是二十四年吗？这刘义符总比他们要强多了，最多也只是一个傀儡皇帝而已。可徐羡之等人受先帝重托，深感责任重大，因此，效法汉朝霍光，果断地做出了废立之事。

其次，徐羡之等人杀掉刘义符、刘义真兄弟二人，实在不是明智之举，弄巧成拙，把自己的身家性命搭进去了。当时，刘义符已经被废黜，降为营阳王，按照魏文帝曹丕废掉汉献帝刘协、晋武帝司马炎废掉魏元帝曹奂的惯例，应仍然让他们优哉游哉地生活，度过最后的岁月。而徐羡之等人却要赶尽杀绝，刘义符退位不久，就被追杀；刘义真被贬后也被追杀。按道理说，他们退了位，并不对皇权构成威胁，为什么还要如此呢？徐羡之等人有一种理论，就是不把问题和矛盾交给新的皇上，把好事做到底。这实际上是一种冠冕堂皇的理由，他们真实的想法，是怕刘义符等人东山再起，一旦取得成功，首先要清算的，就是他们这些顾命大臣。于是，他们索性一不做二不休，将恶人做到底，让刘义符等人一命归天，不再有后顾之忧。殊不知，他们这样做，给新上任的刘义隆造成了极大的威胁，新皇帝觉得，这些顾命大臣为所欲为，怎么得了？人为刀俎，我为鱼肉，想想真是害怕啊！结果，徐羡之等人弄巧成拙，自己给自己挖了个大坑，栽在里面了。这也是咎由自取啊！

再次，徐羡之等人拥立刘义隆为帝，也是出以公心，以国家利益为重。废掉刘义符，究竟立谁为皇帝呢？顾命大臣也曾反复考虑过，二子刘义真不是理想的接班人，已经被他们处理了，而老三刘义隆最为合适，于是，他们费心劳碌地到老远的地方去迎接刘义隆。当时刘义隆在可立的兄弟中是最为年长的，而其他的都还是娃娃。如果他们出以私心，随便立一个可以控制的娃娃，也是经得起推敲的。要想做什么事情，难道还找不出理由吗？后来刘义隆攻打谢晦，谢晦的一番话说得很明白："我们这些人如果想长久地把握权柄，不一心为国家着想，我们当初在废掉营阳王时，皇上您远在荆州，武皇帝的儿子中还有幼童，我们完全可以拥戴小皇帝，发号施令，谁敢说个'不'字！怎么会逆流而上三千里，虚位七十多天，去迎接皇上？已故的庐陵王刘义真，在营阳王在位的时候，就曾积恨，冒犯皇上，是他自己死于非命。不有所废免，怎么会有兴起！耿弇不曾把贼寇遗留给君王，我又有什么地方辜负了皇室呢？"这番话说得情真意切，也是说的肺腑之言，可谓是一片忠心可对天，可是，刘义隆听得进去吗？

最后，刘义隆诛杀徐羡之等人，其目的究竟是什么？难道真的是为两位兄长报仇吗？才不是呢，报仇只是他找到的一个杀人的借口而已。当时，朝廷主管祭祀的大臣曾经预言，对谢晦说："你们接受先帝临终托孤大事，以社稷的兴衰为己任，废掉昏庸无道的君主，改立英明的皇帝，从道义上讲，没有什么不可。可是，你们杀害人家的两个哥哥，却又北面称臣，则有震主之威。以古推今，你们恐怕在劫难逃。"这话说得很直白，刘义隆对他们根本就不放心，就像汉朝文帝刘恒被立，他所放心的还是自己身边的宋昌等人，而对周勃等人，是有所提防的，但还是宽大为怀。而刘义隆则不同了，他开始也提拔徐羡之等人，那是做做样子、笼络人心而已，等到局势稳定，徐羡之等人就成了瓮中之鳖，想躲也躲不了，形势反转，刘义隆成为"刀俎"，而他们成了"鱼肉"。刘义隆杀掉他们，其理由就是他们杀掉了他的兄弟，这真是把好心当成了驴肝肺！说到底，刘义隆是害怕徐羡之等人活着，再来一次废立，自己就要倒大霉；而这些人活着，自己就整日提心吊胆，如芒刺在背！还是不如一了百了，让他们通通见鬼去吧！这样，刘义隆扮演了晋惠公的角色，徐羡之等人则是刘宋时代的里克。如此，刘义隆掌握了朝廷大权，不让任何人染指。从此，刘义隆也改变了自东晋时期以来权臣专权的局面，皇帝真正大权在握，朝纲独断了。

资治通鉴（白话本） 卷第一百二十一

宋纪三

宋文帝元嘉五年至七年（公元428—公元430）

【起著雍执徐（戊辰，公元428年），尽上章敦牂（庚午，公元430年），凡三年】

【大事提要】

本卷记事起于公元428年，到公元430年，凡三年，时当宋文帝（刘义隆）元嘉五年至元嘉七年。本卷所载大事，主要是五个方面。其一，北魏生擒赫连昌。公元428年，北魏前锋部队围攻大夏主赫连昌所在的上邽，赫连昌退到平凉据守。北魏大军到达安定，因战马染上瘟疫，被赫连昌率军围攻，监军侍御史安颉挑选精骑出战，赫连昌抵挡不住，被活捉，押到平城，赫连定继位，迁都平凉。其二，赫连定败北。公元430年，大夏主赫连定派其弟赫连谓以代攻击北魏城池，被打败；赫连定又统率数万人攻打北魏，与刘宋约定，联合起来灭掉北魏，瓜分其地，北魏主拓跋焘率军袭击夏国都城平凉，派重兵围困，赫连定被打败，逃跑，向西退保上邽。其三，北魏攻打柔然。公元429年，北魏主拓跋焘亲自率兵进攻柔然，柔然可汗率兵迎战，将拓跋焘重重围困，拓跋焘顽强死战，柔然士兵大惊而溃败，而后乘胜追击，柔然可汗忧愤成疾而病死。北魏后又突袭，纵横柔然境内东西五千里，南北三千里，重创柔然。其四，刘宋北伐大败。公元430年，宋文帝下令由中领军到彦之率军北伐，自淮入泗，进入黄河，北魏守军全部撤退。宋军推进至碻磝、滑台、虎牢、金墉、洛阳、潼关一线。后北魏军全面反攻，宋军大败，损兵折将，尽弃军资甲仗，步行逃到彭城。其五，北燕发生宫廷政变。公元430年，北燕主冯跋病危，命令皇太子冯翼主持朝政。宋夫人欲立其子，封锁冯跋病危消息，司徒冯弘闯入后宫，杀死宋夫人。冯跋不胜惊骇，霎时气绝。冯弘逼迫冯翼自杀，自称天王，改元太兴。冯跋一百多个儿子，全被冯弘杀死。

太祖文皇帝上之中

宋文帝元嘉五年（戊辰，公元428年）

春季，正月初二辛未，北魏京兆王拓跋黎去世。

刘宋荆州刺史、彭城王刘义康，生性聪明，详察下情，他在荆州，凡是职权范围内的事情都办得很好。刘宋左光禄大夫范泰对司徒王弘说："国家大事，责任很重，权要的地位，也很难久居。你们兄弟的权力和地位，已经达到了顶峰，应该深深地想到要谦虚谨慎。彭城王刘义康是皇上的二弟，最好征召他回京，共同参与处理朝廷大事。"王弘接受了范泰的劝告。当时，刘宋境内正遭受严重的旱灾，瘟疫流行，王弘上书引咎自责，请求解除自己的职务，文帝没有批准。

西秦商州刺史兼浇河太守姚濬反叛，投降了北凉。西秦王乞伏炽磐任命尚书焦嵩为商州刺史兼浇河太守，并率领三千人攻打姚濬。二月，焦嵩被吐谷浑酋长慕容元绪擒获。

北魏改年号为神䴥。

北魏平北将军尉眷，围攻夏王赫连昌所在的上邽，赫连昌退到平凉据守。北魏大将奚斤率领军队抵达安定，与娥清、丘堆率领的大军会师。奚斤军中的战马染上了瘟疫，大批死亡，士兵又缺乏粮饷，所以只好深挖沟堑，营造堡垒固守。奚斤派遣丘堆率领军队到乡村征粮逼租，北魏士兵残暴无端，大肆抢掠，对敌人不加防备，夏王赫连昌乘机进攻，丘堆的军队大败，只带着几百名骑兵逃回安定。赫连昌乘胜追击，每天到城下抢掠，北魏军队得不到粮草，将领们深感忧虑。监军侍御史安颉说："我们接受朝廷的命令是要消灭敌寇，而如今我们却被敌人包围，困守孤城，即使不被敌人杀戮，也要受到军法的惩罚，无论是进是退都没有生路。而各位王公还安稳地坐在那里，就没有克敌制胜的计谋吗？"奚斤说："现在我们的军士没有马匹，用步兵来进攻骑兵，断然没有取胜的可能。只有等朝廷派救兵和战马赶来救援，内外夹击敌人。"安颉说："现在强敌在城外示威，我们城内的士兵精疲力竭，粮食又已经吃完，如果不立刻与敌人决战，我们早晚之间就会全军覆没，救兵怎么能够等到呢？同样是去死，决一死战不也是很好的吗？"奚斤又以战马太少为理由，推辞不肯决战。安颉说："现在我们把各个将领的坐骑集中起来，可以凑到二百匹，我请求招募敢死的士兵，冲出城去打击敌人，即使不能击破敌人，也可以打击他们的锐气。况且，赫连昌急躁无谋，轻率好斗，常常亲自出阵挑战，军中的士兵都认识他的模样。如果设伏兵突然袭击他，一定能生擒赫连昌。"奚斤仍然面有难色。安颉于是与尉眷暗中谋划，挑选精骑等待时机。不久，赫连昌果然又来攻城，安颉出城应战。赫连昌亲自出阵与安颉交锋，北魏士兵都认出他的面貌，争相围攻赫连昌。正值狂风突起，尘沙飞扬，遮天蔽日，白天如同黑夜一样昏暗，赫连昌抵挡不住，打马逃走，安颉在后紧追，赫连昌的坐骑突然栽倒，赫连昌坠马倒地，于是被安颉生擒。安颉，是安同的儿子。

夏国大将军、领司徒、平原王赫连定，收集夏军残部数万人，一路奔走，逃回平凉。赫连定即皇帝位，下令实行大赦，改年号为胜光。

三月十三日辛巳，赫连昌被押解到平城，北魏主拓跋焘在西宫为赫连昌安排了客舍，房间里的日常用具都跟皇帝使用的一样，又把自己的妹妹始平公主嫁给他，给他常忠将军头衔，并封为会稽公。拓跋焘任命安颉为建节将军，封为西平公；尉眷为宁北将军，封为渔阳公。

北魏主拓跋焘常常让赫连昌侍从在自己身边，两人单独打猎，两马相并追逐麋鹿，深入高山危谷。赫连昌一向享有勇猛的威名，拓跋焘手下的将领们都认为拓跋焘不可这样做。拓跋焘却说："天命自有定数，有什么可畏惧的呢？"所以，对赫连昌仍然亲近，跟当初一样。

北魏将领奚斤自以为是元帅，但夏王赫连昌却被他手下的偏将活捉了，因此深感羞耻。于是，他命令军队舍弃辎重，只带三日粮草，进攻赫连定据守的平凉。娥清建议沿着泾水而行，奚斤不同意，坚持走北道以便截击赫连定的退路。北魏军走到马髦岭，夏军正要逃走，正巧北魏军中的一名小将因为犯罪投降了夏军，把北魏军中缺粮少水的窘况都报告了赫连定。赫连定于是分兵几路拦截奚斤的军队，前后夹击，北魏军顿时溃败如潮，奚斤、娥清、刘拔等将领都被夏军活捉，士兵中也有六七千人战死。

北魏大将丘堆在安定城留守，看管军用物资，他听说奚斤战败的消息，立刻放弃辎重逃往长安，又与高凉王拓跋礼一道放弃长安，逃奔蒲阪，夏军又重新占据了长安城。拓跋焘闻知大怒，命令安颉斩丘堆，代替他统领他的部众镇守蒲阪来抗拒夏军。

夏季，四月，夏王赫连定派使臣到北魏，请求和解。北魏主拓跋焘下令，让赫连定投降。

四月十五日壬子，北魏主拓跋焘向西巡察。二十一日戊午，拓跋焘在河西打猎。下令实行大赦。

（以上为第一段，写北魏将领奚斤追击大夏主赫连昌，反为所困；偏将安颉率军出击，活捉赫连昌；奚斤又追击新任的大夏主赫连定，反被活捉；长安也被大夏国夺回。）

五月，西秦王乞伏炽磐去世，太子乞伏暮末继承王位，实行大赦，改年号为永弘。

刘宋平陆县令、河南人成粲再度劝司徒王弘退位，王弘采纳了他的建议，一再上书，坚决请求辞去职务。文帝刘义隆不得已，六月十四日庚戌，调任王弘为卫将军、开府仪同三司。

六月十八日甲寅，北魏主拓跋焘抵达长川。

西秦在武平陵安葬了文昭王乞伏炽磐，庙号太祖。西秦王乞伏暮末任命右丞相乞伏元基为侍中、相国、都督中外诸军事、录尚书事；任命镇军大将军、河州牧乞伏谦屯为骠骑大将军；征召安北将军、凉州刺史段晖为辅国大将军、御史大夫；任命叔父、右禁将军乞伏千年为镇北将军、凉州牧，镇守湟河；又任命征北将军乞伏木弈干为尚书令、车骑大将军；任命征南将军乞伏吉毗为尚书仆射、卫大将军。

北凉河西王沮渠蒙逊利用乞伏炽磐去世的机会，进攻西秦所属的西平，西平太守麹承，对前来攻城的沮渠蒙逊说："您如果能够先攻取乐都，那么西平一定会归附您。假如我望风而降，英明君主也看不起这样的守将。"沮渠蒙逊于是放弃西平，改变方向去进攻乐都。西秦的相国乞伏元基率领骑兵三千人救援乐都。乞伏元基的援兵刚刚进城，沮渠蒙逊的大军也开到了城下，开始攻击，很快就攻陷了乐都外城；切断了乐都城的水源，城中有一半以上的人死于饥渴。东羌部落酋长乞提原来跟随乞伏元基救援乐都，却暗中与城外的北凉军队勾结，从城上抛下绳索，从内部牵引北凉士兵登城，很快登城的北凉军士达百余人，他们大声呐喊，纵火焚烧城门，乞伏元基率领左右亲军奋力抗击，北凉军队才被打退。

当初，西秦文昭王乞伏炽磐重病时，曾对太子乞伏暮末说："我死以后，你能够保住国土不失，就已经不错了。沮渠成都一向得到沮渠蒙逊的信任和重用，你应该把他送回国去。"这时，乞伏暮末遣使来到沮渠蒙逊的营中，答应归还沮渠成都，请求和解。沮渠蒙逊接受了西秦的建议，撤军回国，随即又派遣使臣赴西秦吊丧。乞伏暮末用厚重的礼物，送沮渠成都回国，并派将军王伐护送。沮渠蒙逊对西秦的做法仍深怀疑虑，就派恢武将军沮渠奇珍在扪天岭设下埋伏，擒获王伐及其三百骑兵回国。不久，又派尚书郎王杼护送王伐返回了西秦，并送给乞伏暮末战马一千匹以及其他锦缎绫罗。秋季，七月，乞伏暮末派遣记室郎中马艾前往北凉回访。

北魏主拓跋焘回宫。八月，拓跋焘又前往广宁观赏温泉。

柔然汗国纥升盖可汗郁久闾大檀派他的儿子率领一万多骑兵进犯北魏的边境，拓跋焘从广宁返回首都平城，率兵追击柔然汗国的军队，没有追上。九月，拓跋焘回宫。

冬季，十月初十甲辰，拓跋焘到北方巡视；十八日壬子，到牛川狩猎。

西秦国凉州牧乞伏千年，酗酒暴虐，不理公务。西秦王乞伏暮末派遣使臣责备他，乞伏千年大为恐惧，投奔北凉。乞伏暮末任命他的叔父、光禄大夫乞伏沃陵为凉州牧，镇守湟河。

刘宋徐州刺史王仲德派遣步、骑兵二千人进攻北魏所属的济阳、陈留。

北魏主拓跋焘回宫。

北魏定州丁零部落酋长鲜于台阳等率领两千多家背叛了北魏，进入西山；地方州郡都无力攻打他们。闰十月，拓跋焘命令镇南将军叔孙建前往征讨。

十一月初一乙未朔，出现日食。

北魏主拓跋焘前往西河，举行围猎。十二月二十一日甲申，回宫。

北凉河西王沮渠蒙逊再次攻打西秦，北凉军开到磐夷，遇到西秦相国乞伏元基率领骑兵一万五千人阻击。沮渠蒙逊率军回攻西平，西秦征虏将军出连辅政等率领骑兵二千人赶赴救援。

刘宋秘书监谢灵运，自以为他的才能、名望和辈分，都足以有资格参与朝政。可是，文帝刘义隆只看重他的文才，只是常常让他参加宴会，跟他谈论和欣赏诗文而已。王昙首、王华、殷景仁的名望和地位，一向居于谢灵运之下，他们都得到了重用，并被委以国家机要大事，谢灵运因此愤愤不平，经常声称有病，不参加朝会；有时出城游玩旅行，走出二百里，十多日不回来，也不上书奏报，也从不请假。文帝不愿伤害大臣的面子，婉转地让他自己辞职。谢灵运于是上书，声称自己有病。刘义隆批准他休假，让他返回会稽养病。谢灵运回到会稽后，仍然游乐欢宴，被法司纠举，于是被免除了官职。

这一年，师子国王刹利摩诃以及天竺迦毗黎王月爱都派遣使臣前往刘宋进贡。他们奏书上的辞句都类似佛经上的语言。

北魏镇远将军、平舒侯燕凤去世。

（以上为第二段，写西秦主乞伏炽磐去世，太子乞伏暮末即位，改元永弘；北凉主沮渠蒙逊乘机率军攻打西秦，被打退；西秦归还北凉将领沮渠成都，请求和解。）

宋文帝元嘉六年（己巳，公元 429 年）

春季，正月，刘宋扬州刺史王弘上书要求辞去扬州刺史和录尚书事等职，并请求皇上把这两项要职委任给彭城王刘义康。文帝刘义隆下达一份褒奖诏书，但没有批准。

正月二十日癸丑，宋文帝下令任命刘义康为侍中，都督扬南徐兖三州诸军事、司徒、录尚书事，领南徐州刺史。王弘与刘义康二人的官署，都设置属官卫，二人共同辅佐朝廷政务。王弘体弱多病，况且又早下决心远离权势，因此每件事都推给刘义康处理。刘义康于是一个人总管内外事务。

宋文帝又任命抚军将军、江夏王刘义恭为都督荆湘等八州诸军事、荆州刺史；任命侍中刘湛为南蛮校尉，代理府、州政务。

文帝写信给刘义恭，告诫他说："天下时事，十分艰难，家事国事，关系重大。虽说是继承并保住现成的基业，实际上也还是相当不容易。国家的兴隆或衰落，安定或危覆，都在于我们的努力，怎么可以不感到王业艰难，从而对自己肩负重任而惶恐不安呢？

"你的性情急躁偏激，心里想着什么，就要不顾一切地达到目的。有时你的心里并没有某些愿望，一受外界引诱，就立刻产生欲望，这是最容易招致祸端的，应该时刻提醒自己，极力克制。卫青对待士大夫礼貌谦恭，对小人也有恩惠；西门豹性情刚直急躁，常常佩牛皮带；董安于性情宽容，做事缓慢，常常佩带弓弦，都是为了警告自己，矫正自己的性情，他们的美名一齐得到了后世的传颂。关羽、张飞则不然，二人的性格都任性偏激，缺点相同。你待人处世，要深刻体会古人的行为，作为借鉴。

“倘若有一天朝中发生不测，我的儿子年纪还小，身为司徒的刘义康必然要负起周公的责任，你也不可不尽到恭敬辅弼的道义。到那个时候，国家的安危存亡，就全取决于你们二人了。

“你每月的私人开支，不能超过三十万，倘若还能比这节省，那就更好。荆州的府舍，我略为熟悉了解，估计还不用重新改建，去追求新异。至于讯案断狱，大多要当时裁决，很难事先做周到的考虑，当然，这是一件很不容易的事情。在审讯的时候，要虚心听取各方面的陈述，千万谨慎处置，不要把自己的喜怒强加于人。平时做事，能择善而从，自己就会获得好的声誉，切不可一意孤行，来炫耀自己的独断和英明。

“名分一定要谨慎珍惜，不可以随便赏给他人；对亲近的人封赐爵位，则更应再三考虑定夺。我对于身边的人，虽然很少有特别的赏赐，但如果听说外面有人议论我，我也不认为他们说得不对。

“凭权势欺凌别人，别人自然不服；用威望统辖别人，别人便不会满意，这是显而易见的事情。声色犬马，嬉戏游乐都不能过分。饮酒赌博、捕鱼狩猎，这一切都不应该做，日常用品、衣服饮食，都应有节制。至于新奇的服饰和器物，不应鼓励制作。你还应该多多接见府中的官员，召见的次数少，就会彼此不亲近；不亲近，你就没有办法知道官员们的思想感情，不了解他们的思想感情，因此也就无法知道民间的具体情况。”

夏国的酒泉公赫连隽从平凉出逃，投奔北魏。

丁零部落酋长鲜于台阳等人，请求再次归降北魏，北魏主拓跋焘赦免了他们的罪过。

西秦征虏将军出连辅政等率领援军还没有赶到西平，北凉王沮渠蒙逊已经攻陷了西平城，活捉了西平太守麹承。

二月，西秦王乞伏暮末，立妃梁氏为王后，封王子乞伏万载为太子。

三月二十五日丁巳，宋文帝立皇子刘劭为太子；二十六日戊午，下令实行大赦。

三月二十九日辛酉，宋文帝任命左卫将军殷景仁为中领军。文帝因为生母章太后胡氏早死，事奉外祖母苏氏十分恭谨。苏氏去世后，文帝到灵前恸哭，并打算追封爵位，命文武官员讨论。殷景仁认为自古没有封外祖母爵位的先例，文帝才作罢。

当初，西秦国尚书、陇西人辛进，跟从文昭王乞伏炽磐在陵霄观游览，用弹弓射击飞鸟，不想竟误中西秦王乞伏暮末的母亲，损伤了她的容貌。等到乞伏暮末即位，问及他母亲面部受伤的原因，他母亲把当时的情况据实地告诉了他，乞伏暮末大发雷霆，斩杀了辛进及其五族内的亲属二十七人。

夏季，四月初二癸亥，刘宋文帝刘义隆任命尚书左仆射王敬弘为尚书令；临川王刘义庆为左仆射；吏部尚书、济阳人江夷为右仆射。

（以上为第三段，写刘宋首辅大臣王弘请求辞职，文帝刘义隆重用其弟刘义康、刘义恭，让其担任要职，并再三叮嘱，似将后事托付；北凉主沮渠蒙逊攻下西秦西平城。）

当初，魏道武帝拓跋寔命令尚书邓渊撰写《国记》十多卷，书未写成就停止了。于是，拓跋焘改命崔浩与中书侍郎邓颖等人继续编撰，称《国书》，共三十卷。邓颖，是邓渊的儿子。

北魏主拓跋焘将进攻柔然汗国，在平城的南郊举行阅兵大典，先行祭拜天神，然后下令排列战阵。朝廷内外的文武群臣都不愿意打这一仗，连拓跋焘的乳娘保太后都坚决劝阻，只有太常崔浩极力赞成。

北魏尚书令刘絜等人共同推举太史令张渊、徐辩向拓跋焘分析形势说："今年是己巳年，恰恰是三种阴气聚集在一起的年份，木星突然靠近月亮，太白星出现在西方，不可以发动军事进攻，北伐一定失败，即使取胜，也对皇上不利。"文武群臣也异口同声地称赞张渊和徐辩的说法，都说："张渊年轻的时候，曾经劝阻过苻坚，不可以南伐，苻坚不肯接受，结果大败。张渊的预言几乎没有一件事不应验的。不可以违背。"拓跋焘心里不高兴，下令让崔浩与张渊在御前辩论。

崔浩质问张渊、徐辩说："阳是恩德，阴是刑杀，所以出现日食时，君主要积德；出现月食的时候，就要注意刑罚。帝王使用刑法，从小处说是把犯人处决于市朝，从大处说是对敌国用兵于原野。今天，出兵攻打有罪之国，正是加强刑罚。我观察天象，近年以来月亮运行遮盖昴星，到现在仍然如此。这表明，三年之内天子将大破旄头星之国。柔然、高车都是旄头星的部众，希望皇上不要犹豫怀疑。"张渊、徐辩又说："柔然，是远荒外没有用的东西，我们得到他们的土地，也不能耕种收获粮食；得到他们的百姓，也不能当作臣民驱使。而且他们疾速往来，行动没有规律，很难攻取并彻底制服；有什么事如此急迫，要动员大队人马去攻打他们？"崔浩说："张渊、徐辩如果谈论天文，还是他们的本职；至于说到人间的事情和当前的形势，尤其不是他们能确切了解的。这是汉朝以来的老生常谈，用在今天，完全不切实际。为什么呢？柔然本来是我们国家北方的藩属，后来背叛而去。今天我们要诛杀叛贼元凶，收回善良的百姓，使他们能够为我国效力，不是毫无用处的。世上的人都信服张渊、徐辩深通天文历法，预知成功或失败。那么，我倒想问问他们，在统万城没有攻克之前有没有溃败的征兆？如果不知道，是没有能力；如果知道了却不说，是对皇上不忠。”当时夏国前国主赫连昌也在座，张渊等人因为自己确实没有说过，十分惭愧，无法回答。拓跋焘非常高兴。

御前辩论结束后，朝中公卿重臣中有人责怪崔浩说：“如今南方宋国的敌人正在伺机侵入，而我们却置之不顾兴兵北伐；如果柔然听说我们攻来，逃得无影无踪，我们前进没有收获，后面却有强敌逼近，那时我们将怎么办？”

崔浩说：“事情不会是这样的。如今我们如果不先攻破柔然，就没有办法对付南方的敌寇。南方人自从听说我们攻克夏国都城统万以来，对我们一直深怀恐惧，所以扬言要出动军队，来保卫淮河以北的土地。等到我们击破蠕蠕，一去一回的时间里，南寇一定不敢兴兵动武。况且，南寇多是步兵而我们主要是骑兵；他们能北来，我们也可以南下；对他们来说已经疲惫不堪，而对我们来说还不曾疲劳。更何况南方和北方的风俗习惯大不相同；南方河道交错，北方一片平原；即使我国把黄河以南的土地让给他们，他们也守不住。为什么这样说呢？当年，以刘裕的雄才大略，吞并了关中，留下他的爱子镇守，又配备了经验丰富的战将和数万名精兵，还没有守住，最后落得个全军覆没。原野中的哭号之声，至今还没有停止。况且，今日刘义隆和他的文武群臣，其才略根本无法与刘裕时代的君臣相比。而我们的皇上英明威武，军队兵强马壮，如果他们真的打来，就像是马驹、牛犊与虎狼争斗一样，有什么可畏惧的呢？蠕蠕一直仗恃与我国距离遥远，以为我国没有力量制服他们，防备松懈已经很久。一到夏季，就把部众解散，各处逐水草放牧；秋季马肥兵壮，才又聚集，离开寒冷的荒野，面向温暖的中原，南下掠夺。而今我们乘其不备出兵，他们一看到飞扬的尘沙，一定会惊慌失措地四处逃散。公马护着母马，母马恋着小马，难以控制驱赶，等到找不着水草，不过几天工夫，他们会再行聚集，乘他们疲劳困顿之际，我们的军队就可以一举歼灭他们。短时间的劳苦将换来永久的安逸，这样的时机千万不能放弃，我在忧虑皇上没有这样的决心。现在皇上的决心已经下定了，为什么还要阻挠！”

寇谦之问崔浩说：“蠕蠕果真可以一举攻克吗？”崔浩回答说：“必克无疑。只恐怕将领们顾虑太多，瞻前顾后，不能乘胜深入，以致于不能一举取得彻底的胜利。”

在此之前，宋文帝趁北魏使者回国，让使者转告北魏主拓跋焘说：“你应该赶快归还我黄河以南的领土！否则，我们的将士只好竭力攻取。”当时，拓跋焘正在讨论攻打柔然的事宜，听到这个消息，大笑不已，对左右大臣们说：“龟鳖小丑，他救护自己还来不及，还能有什么作为！即使他真能打来，如果我们不先灭掉蠕蠕，那就是在家门口坐等敌人来攻，腹背受敌，不是好的计策。我决心立即攻打。”

四月二十九日庚寅，拓跋焘从平城出发。命令北平王长孙嵩、广陵公楼伏连等留守京师。拓跋焘向东取道黑山，派平阳王长孙翰向西取道大娥山，约定在柔然汗国的王庭会师。

（以上为第四段，写北魏主拓跋焘决意攻打柔然，朝廷上下都不同意，而太常崔浩极力赞成；崔浩与阻战派张渊、徐辩开展御前辩论，言辞犀利，坚定了魏主出兵决心。）

五月初一日壬辰朔，出现日食。

刘宋王敬弘坚决辞让尚书令，上书请求返回故乡会稽。五月初二癸巳，朝廷改任王敬弘为侍中、特进、左光禄大夫，准许他回到东边。

五月十六日丁未，北魏主拓跋焘抵达漠南，留下所有辎重，亲自率领轻骑兵和备用马匹袭击柔然汗国，大军很快逼近栗水。柔然汗国纥升盖可汗郁久闾大檀果然事先没有防备，原野上到处都有牲畜和放牧的人们，当他们发现北魏的大军突然袭来，惊慌失措各自逃散，根本无法集结。纥升盖可汗只好放火焚烧房屋，向西逃走，没有人知道他的下落。纥升盖可汗的弟弟郁久闾匹黎先主持东部的防务，听说北魏军队大举攻来，立即召集他的部众打算向他的哥哥靠拢；刚刚出发，就与北魏平阳王长孙翰的军队遭遇，长孙翰拦截并袭击了郁久闾匹黎先及其部队，大破柔然军，斩杀他们的酋长等头目数百人。

夏王赫连定打算收复统万城，他统率大军向东抵达侯尼城，不敢再向前进发，只好班师。

北凉河西王沮渠蒙逊攻打西秦，西秦王乞伏暮末命令相国乞伏元基留守都城枹罕，他自己则退保定连城。

西秦南安太守翟承伯叛变，他据守枹罕谷，响应北凉军队的进攻。乞伏暮末大败翟承伯的军队，进抵治城。

西秦西安太守莫者幼眷，占据汧川，背叛西秦，乞伏暮末发兵攻打，被莫者幼眷击败，乞伏暮末又回到定连。

沮渠蒙逊大军包围了西秦都城枹罕，又派他的世子沮渠兴国进攻定连。六月，乞伏暮末在治城反击沮渠兴国的围攻，生擒沮渠兴国。沮渠蒙逊率军立即撤退，乞伏暮末追击北凉军，一直追到谭郊。

吐谷浑可汗慕容慕璝派他的弟弟慕容没利延率领骑兵五千人与沮渠蒙逊的大军会师，合兵攻打西秦国。西秦王乞伏暮末派遣辅国大将军段晖等拦击敌人，大败北凉军和吐谷浑骑兵。

柔然汗国纥升盖可汗郁久闾大檀逃走后，他的部落四处流散，躲藏在荒山深谷之中，牛马等牲畜遍布原野，没有人收集照料。北魏主拓跋焘沿着栗水一直向西行进，抵达菟园水，大军分散搜索柔然军残部，东西五千里，南北三千里，斩杀和俘虏的敌人很多。高车各部落，乘着北魏的兵势，攻打并掠夺柔然汗国。这样一来，柔然汗国的各部落先后投降北魏的就有三十多万帐落，北魏军缴获的战马达一百多万匹，牲畜、车辆帐篷，遍布山谷水畔，大约有几百万之多。

北魏主拓跋焘又沿着弱水向西前进，抵达涿邪山。北魏的领将们考虑到，再向西深入恐怕会遇到埋伏，所以都劝拓跋焘停止。寇谦之又把崔浩讲的那番话告诉拓跋焘，希望大军乘胜追击，彻底消灭柔然军，拓跋焘没有采纳。

于是，秋季，七月，拓跋焘率领大军向东回国，到了黑山，把战利品依照等级分别赏赐给将士们。不久，听到投降的柔然人的报告，说："可汗前些时，害病卧床，听说魏兵杀来，不知如何是好，仓促之间焚烧了毡帐，躺在车上，率领几百人潜入南山，方园六十里。人和牲畜挤在一起，没有人统领，距涿邪山只有一百八十里；只因魏军没有继续追赶，才慢慢向西逃去，得以幸免。"后来，还听到凉州的匈奴商人说："魏军如果再前进二日，柔然汗国就被彻底消灭了。"拓跋焘听到这些话，深为后悔。

柔然汗国纥升盖可汗郁久闾大檀忧愤交加，不久去世。他的儿子郁久闾吴提继承汗位，号称敕连可汗。

（以上为第五段，写北魏主拓跋焘亲自率领骑兵攻击柔然，差点灭亡柔然；柔然纥升盖可汗忧愤交加，不久去世，儿子吴提即位，号敕连可汗。）

武都孝昭王杨玄患病不起，打算把王位传给他的弟弟杨难当。杨难当坚决拒绝接受，请求立杨玄的儿子杨保宗继承大位，他自己辅佐侄子，杨玄同意。杨玄去世后，杨保宗继位。可是杨难当的妻子姚氏劝说杨难当自立为王，于是，杨难当废掉了杨保宗，自封为都督雍凉秦三州诸军事征西大将军、开府仪同三司、秦州刺史和武都王。

北凉王沮渠蒙逊派遣使臣出使西秦，送谷三十万斛请求赎回世子沮渠兴国。西秦王乞伏暮末拒绝。沮渠蒙逊于是立沮渠兴国的胞弟沮渠菩提为世子。乞伏暮末则任命沮渠兴国为散骑常侍，并把自己的妹妹平昌公主嫁给他。

八月，北魏主拓跋焘抵达漠南，听说高车东部屯居在巳尼陂，人口繁盛，牲畜众多，距魏军只有一千多里。于是，拓跋焘派遣左仆射安原等统率一万名骑兵进攻高车。高车各部落投降魏军的有几十万帐落。魏军缴获的牛羊也有一百多万头。

冬季，十月，拓跋焘返回平城。把柔然、高车各部落降附的百姓迁移到漠南，安置在东到濡源、西到五原阴山的三千多里广阔草原上，命他们在这里耕种、放牧，向他们征收赋税。拓跋焘命令长孙翰、刘絜、安原以及侍中代郡人古弼共同镇守安抚他们。从此以后，北魏民间的马、牛、羊及毡皮的价格下降。

北魏主拓跋焘加授崔浩侍中、特进、抚军大将军等职务，酬赏他谋划的功劳。崔浩善于根据天象预告未来，常把生铜放在装有醋的容器中，夜间观天，每每有所发现，立即用那块生铜在纸上写字，记录异象。拓跋焘每次到崔浩家问询有关灾异天变的情况，有时崔浩仓促出来迎接，连腰带都来不及系上。崔浩呈献的饮食也十分粗糙，来不及精心烹调。拓跋焘总是拿起筷子吃一点，有时站着尝一口就走。拓跋焘曾经把崔浩领到他的寝殿，语重心长地对崔浩说："你富有才智，学识渊博，侍奉过我的祖父和父亲，忠心耿耿辅佐了三代君王，所以我一向把你当作亲信近臣。你应该竭尽忠心，直言规劝，不要有什么隐瞒。我虽有时盛怒，不听你的劝告，但是我最后还是深思你的话。"拓跋焘还曾经指着崔浩，介绍给新近投降北魏的高车部落酋长们说："你们看这个人瘦小文弱，既不能弯弓，又拿不动铁矛，然而，他胸中的智谋远胜于兵甲。我虽有征伐的志向，却不能决断，前前后后建立的功勋业绩，都是得到这个人的教导啊！"拓跋焘又特意下令，命令尚书省说："凡是军国大事，你们所不能决定的，都应该向崔浩请教，然后再付诸实施。"

西秦王乞伏暮末的弟弟乞伏轲殊罗与他父亲乞伏炽磐的遗孀、左夫人秃发氏通奸。乞伏暮末得知此事后禁止他。乞伏轲殊罗惊恐不安，于是，与他的叔父乞伏什寅策划谋杀乞伏暮末，然后带着沮渠兴国投奔北凉。乞伏轲殊罗让秃发氏偷取寝殿的钥匙，不想却偷错了钥匙，守门人把情况报告给乞伏暮末，乞伏暮末逮捕了所有参与这项阴谋的同党，全部杀掉，只赦免了乞伏轲殊罗。乞伏暮末又逮捕叔父乞伏什寅，鞭打不止，乞伏什寅说："我欠你一命，但不欠你一顿鞭子。"乞伏暮末大怒，剖开乞伏什寅的肚子，把他的尸体扔进河里。

夏王赫连定小的时候就凶狠残暴，不务正业，武烈帝赫连勃勃不了解。这个月，赫连定在阴槃狩猎，他登上苛蓝山遥望统万城，痛哭不已，说："先帝如果早让我继承大业，怎么会有今天的事！"

十一月初一日己丑朔，出现日食，太阳只剩下像钩一样的小部分；白天可见星辰，直到下午才发生日全食，黄河以北地区，一片黑暗。

北魏主拓跋焘向西巡视，抵达柞山。

十二月，北凉河西王沮渠蒙逊、吐谷浑可汗慕容慕璝都派使臣到刘宋国进贡。

这一年，北魏内都大官、中山文懿公李先以及青州、冀州二州刺史安同先后去世。李先卒年九十五岁。

西秦发生地震，野草都根部朝天。

（以上为第六段，写仇池主杨玄传位其子杨保宗，随后被其弟杨难当取而代之；北魏主拓跋焘派军进攻高车，大获全胜；西秦主乞伏暮末处死谋反未遂的叔父乞伏什寅。）

宋文帝元嘉七年（庚午，公元 430 年）

春季，正月初六日癸巳，宋文帝任命吐谷浑可汗慕容慕璝为征西将军、沙州刺史，封为陇西公。

正月十三日庚子，北魏主拓跋焘回宫。十五日壬寅，下令实行大赦。十六日癸卯，又前往广宁，观赏温泉。

二月初十丁卯，北魏阳平威王长孙翰去世。

二月十一日戊辰，北魏主拓跋焘回宫。

宋文帝自从即位以来，就有收复黄河以南失地的雄心。三月初二戊子，文帝下令挑选披甲精兵五万人，分配给右将军到彦之，并责令到彦之统率安北将军王仲德、兖州刺史竺灵秀带领水军进入黄河。同时，文帝又派骁骑将军段宏率领精锐骑兵八千人，直指虎牢；命令豫州刺史刘德武率军一万人随后进发；命令后将军、长沙王刘义欣统兵三万人，监征讨诸军事。刘义欣，是刘道怜的儿子。

在军事行动开始以前，宋文帝先派遣殿中将军田奇出使北魏，正告北魏主拓跋焘说："黄河以南的土地本来就是宋国的领土，中途却被你们侵占。现在，我们收复旧土恢复旧日疆界，与黄河以北的国家毫无关系。"拓跋焘暴怒如雷，喝道："我生下来头发还没有干，就已经听说黄河以南是我国的土地。这块土地怎么是你们能妄想得到的呢？你们如果一定要出兵攻取，现在我们会暂且撤军相避，等到冬天天寒地净，黄河结上坚冰，我们自然会重新夺回来。"

三月初八甲午，宋文帝任命前南广平太守尹冲为司州刺史。

宋文帝命令长沙王刘义欣出兵坐镇彭城，为各路大军的声援；又命令游击将军胡藩戍守广陵，全权代理州、府事务。

（以上为第七段，写刘宋文帝刘义隆部署出兵攻打北魏，到彦之率领水军进入黄河；同时派兵进攻虎牢；并派使者出使北魏，宣布收复河南，北魏主拓跋焘闻之勃然大怒。）

三月十六日壬寅，北魏主拓跋焘封被俘的前夏王赫连昌为秦王。

北魏新近强行迁徙的敕勒部落牧民一千多家，不堪北魏军将和官吏的敲诈勒索之苦，怨声载道，暗中约定等到野草繁盛、牧马肥壮时，逃回漠北的故乡。尚书令刘絜、左仆射安原上疏拓跋焘，奏请趁黄河冰封尚未融化的时候，把他们强行迁移到河西，等到春天黄河冰解，使他们无法向北逃走。拓跋焘说："他们这些人的习俗，就是长期游牧放荡。就好像是关在栅栏里的野鹿，逼得太急就会乱闯乱跳，对他们缓和宽容一些，自然就会安定下来了。我自有对付的办法，不必再行迁移了。"刘絜等人一再请求，拓跋焘最后只好允许分出三万多帐落的牧民迁移到河西。向西行进到白盐池，敕勒部的牧民都惊骇不已，说："朝廷把我们圈到河西，是要杀我们呀！"于是，又策划乘机向西逃奔凉州。刘絜当时屯驻在五原黄河以北；安原则驻扎在悦拔城，严密防备。

三月十七日癸卯，敕勒部落的移民几千人骑马向北逃去，刘絜指挥军队紧紧追击；敕勒部落逃走的移民因为无食无水，互相挤压着死在一起。

北魏守卫南方边境的将领们上书说：“宋人已经戒严，很快就要向我们进攻，我们请求增援三万人，在他们尚未进攻之前先发制人迎击敌人。这样足以挫挫他们的锐气，使他们不敢深入我们的国土。”因而请求把边境一带黄河以北的流民全部屠杀掉，以便断绝刘宋军的向导。拓跋焘命令朝廷中的文武大臣讨论，大家全都同意。崔浩却说：“不行。南方地势低洼潮湿，入夏以后雨水增多，草木茂盛，地气闷热，容易生病，不利于军事行动。况且，宋国已经加强戒备，因此城防一定坚固。我们的军队驻守城下长期进攻，后方粮草就会供应接续不上；把军队分散，四处掠夺，就会使本来集中的力量分散削弱，没有办法对付敌人。所以，在眼下这个季节出师进攻宋国，还没看出有什么好处。宋国的军队假如真的敢来进攻，我们应当以逸待劳，与他们周旋，等到秋天天气凉爽战马肥壮的时候，夺取敌人的粮食，慢慢地进行反击，这才是万全之计呀。朝廷中文武群臣和西北边防守将跟从皇上出征作战，向西削平了夏国的赫连氏，向北大破柔然汗国，俘获了许多美女、珍宝和成群的牛马。驻守南部边防的将领们听说后早就羡慕不已，也想南下攻打宋国，抢劫资财，他们都是为自己的利益，却为国家惹是生非，他们的请求，万万不能答应。”拓跋焘才停止。

北魏南部边防守将又上疏奏报：“南方的敌寇已经攻来，我们的兵员太少，请朝廷挑选幽州以南的劲旅帮助守卫城池。并请在漳水沿岸，建造战舰，来抵抗宋兵的进攻。”北魏朝中的文武大臣们，都认为应该批准这项请求，并应该任命司马楚之、鲁轨、韩延之等为将帅，使他们引诱刘宋的百姓归附。崔浩却说：“这不是长久之计。司马楚之等人都是宋国畏惧和忌惮的人物，如今宋国一旦听说我们调动全部幽州以南的精锐部队，并且兴造舰只，又有大批轻骑兵为后继部队，他们一定会以为我们打算恢复晋朝司马氏的政权，消灭刘氏家族；一定会全国震惊，害怕灭亡。于是，他们就会动员全国的精锐部队，齐心竭力，拼死抵抗。这样一来，我们南方驻防的各将领就无法抵抗宋军的攻势。现在诸位大臣打算用声威击退敌人，其结果只能是加速他们的进攻。虚张声势，却招来了实际的损害，指的正是这种做法。所以，司马楚之这些叛变过来的将领去攻打宋国，宋国一定北来；不去，他们一定停止，这是必然的。而且司马楚之这些人，都是目光短浅、贪图小便宜的人物，只能招集一些见识浅薄的无赖之徒，不能成就大事，白白使国家兵连祸结而已。当年鲁轨劝说姚兴派叛人夺取荆州，刚进入东晋境内，大军突然瓦解，士兵们被南蛮人活捉，卖为奴隶，造成的灾祸最终殃及姚泓，这是看得到的结果啊！”拓跋焘对崔浩这一席话却不以为然。

崔浩于是又为拓跋焘分析天象，说明刘宋发动军事攻击，一定会损兵折将，说：

“今年的‘害气’在扬州，这是第一。今年‘庚午’年，‘庚’‘午’相克，先发动战争的必受伤害，这是第二。发生日食白天昏暗，太阳停留在斗宿、牛宿，这是第三。火星隐藏在翼宿、轸宿，预示天下大乱和丧亡，这是第四。金星没有出现，军事上的攻击一定失败，这是第五。作为一个有志于振兴国家的君主，应该先治理好百姓的事情，然后充分利用地利，最后顺应天时，所以才能做什么事情都能成功。而今，刘义隆统治的是一个刚刚建立的国家，君臣与百姓的关系并未融洽；天变和灾异多次出现，这是天时不助；各地河水干涸，舟行困难，这是地利不畅。天时、地利、人和三者之中，没有一项对他们有利，而他们却举兵进攻，结果一定要失败，毫无疑问。”拓跋焘还是不能不考虑大多数人的意见，于是下令，命令在冀州、相州、定州三州打造战船三千艘；选派幽州以南各地驻军在黄河北岸集结戒备。

西秦乞伏什寅的胞弟、前将军乞伏白养，镇卫将军乞伏去列二人对于乞伏什寅的死，深怀怨恨，口出怨言，被乞伏暮末先后杀死。

夏季，四月初八甲子，北魏主拓跋焘前往云中。

被北魏俘虏的敕勒部落的牧民一万多帐落，再次叛逃。拓跋焘派尚书封铁前去追击攻打，把他们全部消灭了。

六月二十四日己卯，刘宋朝廷任命氐王杨难当为冠军将军、秦州刺史，晋封武都王。

北魏主拓跋焘命令平南大将军、丹阳王拓跋大毗驻防黄河北岸，任命司马楚之为安南大将军、荆州刺史，封琅邪王，屯驻颍川来防备宋军的进攻。

（以上为第八段，写北魏俘虏的敕勒牧民不能忍受其压榨，多次叛逃，被灭；刘宋大举进攻北魏，北魏谋臣崔浩主张等待时机，而部将积极主战，拓跋焘不违众意。）

吐谷浑汗国可汗慕容慕璝率领他的部众一万八千人，突袭西秦所属的定连。西秦辅国大将军段晖等击退了来犯的吐谷浑军队。

刘宋右将军到彦之率领大军从淮河进入泗水，天旱水浅，每天行军才十里，从四月出发一直到秋季七月，才抵达须昌。于是，进入黄河逆流而上。

北魏主拓跋焘认为黄河以南四个军事重镇的兵力太少，命令坐镇的各路将军一律收兵，撤退到黄河以北。七月初四戊子，北魏驻防在碻磝的军队弃城而去；十四日戊戌，滑台的守军也撤离。十六日庚子，拓跋焘任命大鸿胪、阳平公杜超为都督定相冀三州诸军事、太宰，晋封为阳平王，负责镇守邺城，总领各路大军。杜超，是拓跋焘乳娘密太后杜氏的哥哥。二十六日庚戌，洛阳、虎牢两镇北魏的守军也都弃城逃去。

到彦之留下司徒从事郎中朱脩之镇守滑台，司州刺史尹冲驻守虎牢、建武将军杜骥驻守金墉。杜骥，是杜预的玄孙。刘宋其他各路大军进驻灵昌津，沿黄河南岸列阵守御，一直到潼关。于是，司州、兖州全部收复，各路军队都大喜过望。只有安北将军王仲德满面忧愁，说："各位将军完全不了解北方的真实情况，一定会中敌人的计谋。胡虏虽仁义道德不足，凶险狡诈却有余，他们今天弃城北归，一定正在集结会师。如果黄河冰封，势必会再次南下进攻，怎能不让人担忧！"

三十日甲寅，林邑国王范阳迈派遣使臣到刘宋进贡，承认与刘宋所属的交州有冲突，请求宽恕。

八月，北魏主拓跋焘，派遣冠军将军安颉统御各路人马，袭击到彦之的军队。十二日丙寅，到彦之派遣副将军、吴兴人姚耸夫渡黄河北上，进攻冶坂，迎战安颉。结果，姚耸夫兵败，战死的士兵很多。二十四日戊寅，拓跋焘派征西大将军长孙道生会合丹杨王拓跋大毗屯兵黄河北岸，防御到彦之。

北燕王冯跋重病，征召中书监申秀、侍中阳哲来到寝殿嘱托后事。九月，冯跋病情加重，乘辇车到金銮殿，命令皇太子冯翼主持朝政，统率全国军队，防止发生意外的变化。

冯跋的妃子宋夫人，打算立自己的儿子冯受居继承帝位，她厌恶太子冯翼主持朝政，对冯翼说："皇上的病就要痊愈了，你何必急于代替父亲君临天下呢？"冯翼的性情文弱仁厚，他听从了宋夫人的话，退位返回了东宫，每天三次去看望父皇。冯翼出来后，宋夫人就假传圣旨，不许朝廷内外的官员再进宫探病，如有事，只能派宦官传达。冯翼及其他几个皇子、朝中文武重臣全都不能见到皇帝。唯有中给事胡福一个人，可以自由出入，专门负责皇宫的安全警卫。

胡福非常忧虑宋夫人的阴谋将会成功，于是，就把宋夫人的异常举动报告给司徒、录尚书事、中山公冯弘。冯弘亲自率领几十个全副武装的武士，闯进后宫。负责宫廷禁卫的军队未加抵抗就一哄而散了。宋夫人命令关闭东门，冯弘的家僮库斗头敏捷而有勇力，翻墙跳过閤门进入寝宫，一箭射死一个宫女。冯跋躺在床上看到眼前发生的一切，不胜惊骇，霎时气绝而死。冯弘乘势来到金銮殿，登上了大位，他派人到城中街巷中宣告："天上降下大祸，皇上驾崩，太子冯翼不在病榻前侍候，朝中文武大臣也不赶来奔丧，恐怕有人阴谋叛逆不道，危及社稷。于是我以天王大弟的身份，暂时登上大位，安定国家；百官中入宫朝见的人，晋级二等。"

太子冯翼统率东宫卫队出宫抵抗，大败，他手下的士兵全部溃散，冯弘派人逼迫冯翼自尽。北燕王冯跋共有儿子一百多人，冯弘把他们全部杀死。谥冯跋称文成皇帝，庙号称太祖，安葬于长谷陵。

（以上为第九段，写刘宋将领到彦之出兵攻打北魏，北魏收缩战线，将河南四镇兵力全部调走；北燕主冯跋病重去世，发生宫廷政变，其弟冯弘入宫，杀死冯跋的众多儿子，自己登上王位。）

九月初六日己丑，夏王赫连定派他的弟弟赫连谓以代攻击北魏的鄜城。北魏平西将军、始平公拓跋隗归等，率兵反击，杀死夏军一万多人，赫连谓以代远逃。赫连定又亲自统率数万人，在鄜城以东截击拓跋隗归，留下他的弟弟、上谷公赫连社干和广阳公赫连度洛孤驻守平凉。又派使臣出使刘宋请求和解，约定联合起来灭掉北魏，预先瓜分黄河以北地区：恒山以东，划归刘宋；恒山以西，划归夏国。

北魏主拓跋焘得到这个消息，立即动员军队，准备进攻夏国。朝廷中的文武群臣都说："刘义隆的大军还在黄河中游逗留，我们却放弃南方的防御，转赴西征。前面夏国的军队未必能一举攻克，后方的刘义隆就要举兵渡过黄河，乘虚而入，我们就会失去太行山以东的大片领土。"

拓跋焘又征求崔浩的意见，崔浩回答说："刘义隆与赫连定遥相勾结，互相呼应，只不过是虚张声势，一唱一和，共同窥伺强邻。刘义隆希望赫连定大举进攻，赫连定却等待刘义隆先打，结果没有一个敢先打进我们的国土。他们就像被捆缚在一起的两只鸡一样，不能同时起飞，当然也就不会产生威胁。我当初认为：刘义隆的大军开来，应该据守黄河中游，分兵两路北伐。东路军直指冀州，西路军则进攻邺城，这样一来，皇上您就可以亲自出马打击他们，不能怠慢。现在形势的发展却完全不同，宋军从东向西所设的防线，长达两千里，每个地方分布的兵力多不过几千人，兵力分散，力量削弱。如此看来，他们困顿虚弱的本质已经暴露无遗，这只不过是打算固守黄河防线，并没有北伐的意图啊！而赫连定，就像枯树的残根，很容易被摧毁，一击就倒。我们攻克赫连定以后，就可以东出潼关，席卷向前，必会威震最南面的地方，而江淮以北将没有一根草可以生存。皇上的英明决断，不是一般愚劣之人所能领会的，希望皇上不要迟疑。"

九月二十一日甲辰，拓跋焘前往统万，于是指挥军队袭击平凉，命令卫兵将军王斤镇守蒲坂。王斤，是王建的儿子。

西秦从正月以后，天旱无雨，直到九月，百姓流亡叛逃的人数很多。

冬季，十月，刘宋文帝刘义隆任命竟陵王刘义宣为南徐州刺史，仍旧驻守石头城。

十月初五日戊午，刘宋设置钱币署，铸造四铢钱。

刘宋右将军到彦之、安北将军王仲德沿黄河南岸布防之后，回守东平。

十月二十二日乙亥，北魏冠军将军安颉从委粟津渡过黄河南下，攻打金墉城。金墉已经很久没有得到修缮，防御工事破败，加上城中缺少粮食。刘宋国守将杜骥打算弃城逃走，又惧怕受到朝廷的军法惩治。

当初，刘裕消灭后秦时，把后秦皇家巨钟运回江南，途中有一口巨钟沉没洛水。这时，刘义隆派姚耸夫率领一千五百人前去打捞。杜骥哄骗姚耸夫说："金墉城已修整完竣，粮食也充足，最为缺少的就是兵员。如今魏国胡虏的骑兵大举南下，我们应当齐心协力地抵御敌人的进攻，等大功告成，再去打捞沉钟也不迟。"姚耸夫同意了杜骥的一番话。等到了金墉，姚耸夫看到城池难以据守，于是率军退走。杜骥也乘机放弃破城，向南逃走。

十月二十三日丙子，北魏将军安颉攻陷洛阳城，屠杀刘宋守城将士五千多人。杜骥逃回京师，向宋文帝报告说："我本打算拼死固守金墉，可是姚耸夫刚一进城转身就走，使城中的将士军心涣散，情绪低落，难以挽救。"文帝听到这些，暴怒如雷，立即下诏将姚耸夫在寿阳就地斩首。姚耸夫勇猛善战，其他将领都赶不上他。

北魏黄河以北的各路军队在七女津会师。到彦之担心敌人要渡过黄河南下进攻，就派副将王蟠龙逆流而上，劫夺敌人的战船，却被北魏阳平王杜超等击败，王蟠龙被杀。于是，北魏冠军将军安颉、龙骧将军陆俟合兵进攻虎牢。十月二十八日辛巳，攻克虎牢城。司州刺史尹冲以及荥阳太守清河人崔模投降了北魏。

西秦王乞伏暮末在北凉的军事威胁下，派使臣王恺、乌讷阗出使北魏，请求派兵援助。北魏许诺把尚在夏国掌握中的平凉郡和安定郡封给乞伏暮末。乞伏暮末于是纵火焚烧城邑，捣毁了宝物，统率部众一万五千户，向东前往上邽。乞伏暮末的大队人马刚走到高田谷，给事黄门侍郎郭恒等人阴谋劫持沮渠兴国，反叛西秦。郭恒的密谋泄露，乞伏暮末杀掉了郭恒。夏王赫连定听说乞伏暮末的大军将来进攻，发兵抵抗。乞伏暮末只好就地固守南安，西秦的故土全被吐谷浑汗国占领。

十一月初三日乙酉，北魏主拓跋焘抵达平凉，夏国上谷公赫连社干等人绕城固守。拓跋焘命令赫连昌招抚他们，赫连社干等不听赫连昌的劝招。于是，拓跋焘派安西将军古弼等率兵直指安定。夏王赫连定从鄜城返回安定，率领步、骑兵二万人向北增援平凉。途中，正巧与古弼军遭遇，古弼假装撤退，诱敌深入。夏王赫连定紧追不舍，拓跋焘派高车部落飞速增援，截击夏国军队，夏军大败，被斩首的士兵达几千人。赫连定仓皇逃回，退守鹑觚原，布置方阵自保。北魏军队赶来把他团团包围。

（以上为第十段，写大夏主赫连定率军攻打北魏，又派使臣与刘宋联手对付北魏；北魏主拓跋焘左右开弓，分别攻打大夏、刘宋；西秦主乞伏暮末举国向北魏投降。）

十一月初十日壬辰，刘宋加授征南大将军檀道济为都督征讨诸军事，统率大队人马攻打北魏。

十一月十二日甲午，北魏寿光侯叔孙建、汝阴公长孙道生渡过黄河南下。

到彦之听说洛阳、虎牢失守，各路军队相继失败的消息，打算撤军。殿中将军垣护之写信给到彦之劝阻他，认为到彦之应派竺灵秀帮助朱修之死守滑台，然后亲自统率军队进攻黄河以北，还说："过去，曾有人连年攻战，损兵折将，粮草断绝，仍然奋勇出击，不肯轻易向后退却。何况如今青州粮食丰收，粮草充足，济河漕运畅通，将士战马都饱食强健，战斗力并没有受到削弱。如果白白地放弃滑台，坐视成功的大业丢失，岂不是辜负了朝廷的重托吗？"到彦之没有接受。垣护之，是垣苗的儿子。

到彦之打算烧毁战船，步行撤退，安北将军王仲德说："洛阳陷落，虎牢失守，这是必然的趋势。但是，现在敌人距我们还有千里之遥，滑台城又有强兵把守，如果突然放弃战船步行逃走，士兵们一定会四处溃散。我们应该乘战船进入济河，等到了马耳谷的关口，再做进一步的决定。"到彦之原先就患有眼病，这时更加严重，疼痛难忍。况且军中将士染上瘟疫的人也很多，到彦之于是率军从清口驶进济水，又南下抵达历城，焚毁战船，抛弃铠甲，步行直奔彭城。兖州刺史竺灵秀也放弃须昌，南下逃往湖陆，青州、兖州陷于混乱。长沙王刘义欣这时正在彭城，他的将领们惧怕北魏大军大批攻来，都劝刘义欣放弃彭城返回京师，刘义欣没有听从。

北魏军队开始进攻济南，济南太守、武进人萧承之率领几百名士兵奋勇抵抗。北魏军队聚集城下，准备攻城。萧承之命令士兵们隐蔽起来，大开城门。萧承之的部下说："现在敌众我寡，怎么可以如此轻敌！"萧承之说："我们困守一座被抛弃在敌人后方的孤城，情势危急。如果向敌人示弱，必定会遭到屠杀，只有摆出强大的姿态来等待敌人。"北魏兵看到这种情形，怀疑城里有重兵埋伏，于是撤退。

北魏军队围攻赫连定已有几天，切断了水源和粮草运输线。夏国人马饥渴交加。十一月十五日丁酉，夏王赫连定率众冲下鹑觚原。北魏武卫将军丘眷截击敌人，夏军全军溃败，一万多人被杀。赫连定也身负重伤，只身骑马逃跑，途中又集结残兵败将，驱使老百姓五万人，向西退保上邽。北魏军生擒赫连定的弟弟丹杨公赫连乌视拔、武陵公赫连秃骨，以及公、侯以下的贵族和大臣一百多人。这天，北魏军又乘胜进攻安定，守城的夏国东平公赫连乙斗丢弃城池，逃奔长安，又强行裹胁百姓数千家向西逃往上邽。

十一月十六日戊戌，北魏寿光侯叔孙建，进攻刘宋兖州刺史竺灵秀据守的湖陆，竺灵秀大败，被斩杀的士兵有五千多人。叔孙建得胜收兵，驻防范城。

十一月十七日己亥，北魏主拓跋焘抵达安定。十八日庚子，返回平凉城外，指挥将士在平凉城四周，深挖沟堑，重重包围。拓跋焘又安抚慰问新归附的百姓，免除秦、雍二州百姓的七年赋役。夏国陇西守将向北魏军投降。

十一月十九日辛丑，北魏冠军将军安颉督率各路军队攻打滑台。

北凉河西王沮渠蒙逊派遣尚书郎宗舒等人到北魏进贡。拓跋焘设宴招待，拉住崔浩的手，向宗舒介绍说："你们听说的崔先生，就是这位。他智略与才华的高妙，举世无双。我的一举一动，都要征求他的意见。他预测战场上的成败，就像合在一起的符信一样，不差分毫，从来没有失误。"

北魏朝廷任命叔孙建为都督冀州、青州等四州诸军事。

（以上为第十一段，写刘宋北伐一事无成，被北魏打败，丢盔弃甲，狼狈逃回；北魏大军围攻大夏重城安定，大夏全军败溃，国主赫连定只身逃跑，长安弃守。）

北魏尚书库结率领骑兵五千，迎接西秦王乞伏暮末。西秦卫将军乞伏吉毗认为不应内迁投靠北魏，乞伏暮末同意。库结只好领兵而回。

南安的羌人各族部落一万多人背叛了西秦的统治，共同推举安南将军、督八郡诸军事、广宁太守焦遗为盟主，焦遗拒绝。羌族部众于是劫持焦遗的族侄、长城护军焦亮为盟主，聚众攻打南安城。乞伏暮末向氐王杨难当请求援兵，杨难当派将军苻献率领骑兵三千人，赶赴救援，与乞伏暮末合兵反击各羌人部落军队的进攻。羌军溃败，焦亮逃回广宁，乞伏暮末进攻广宁，亲自下令，命焦遗诛杀焦亮。十二月，焦遗将焦亮斩首，出城投降。乞伏暮末为焦遗加封号称镇国将军。西秦略阳太守弘农人杨显献出郡城，投降夏国。

十一月初九日辛酉，刘宋朝廷任命长沙王刘义欣为豫州刺史，镇守寿阳。寿阳土地荒芜，百姓流离失所，城垣坍塌，盗贼公开抢劫。刘义欣根据具体情况，采取适当的措施治理寿阳，不久，寿阳境内的人民就安居乐业，路不拾遗，城池坚固，仓廪充实，于是成了强盛的藩镇势力。芍陂也早已残旧不堪，刘义欣修整堤防，引肥河水入陂，灌溉农田一万多顷，从此没有再出现旱灾。

十一月十五日丁卯，夏国上谷公赫连社干、广阳公赫连度洛孤出城投降，北魏军攻克了平凉。

北魏关中侯豆代田，救出了被俘的司空奚斤、宗正娥清等，呈献给拓跋焘。拓跋焘把赫连定的皇后赏赐给豆代田，命令奚斤跪下用膝盖行走，向豆代田敬酒。拓跋焘对奚斤说："是豆代田保全了你的性命。"赐封豆代田为井陉侯，加授散骑常侍、右卫将军，兼领内都幢将。

夏国长安、临晋、武功等城的守将都弃城逃走，关中大片土地都纳入北魏版图。拓跋焘留下巴东公拓跋延普镇守安定，命令镇西将军王斤镇守长安。十一月二十日壬申，拓跋焘班师东还，任命奚斤为宰士，命他背驮着酒类、饭菜跟从左右。

北魏镇西将军王斤骄恣纵欲，多行不法，纵容左右亲信，随意调动和役使百姓。百姓不堪忍受，向南逃往刘宋汉川的有几千家。拓跋焘访查证实了王斤的罪状，将王斤斩首示众。

刘宋右将军到彦之、安北将军王仲德都被免职，逮捕入狱。兖州刺史竺灵秀因弃军逃跑，被斩首。文帝刘义隆看到殿中将军垣护之给到彦之的信，大加称许，随即任命垣护之为北高平太守。

到彦之大军北伐之时，武器及各种军用物资十分充实，等到大败而回，一路上抛弃殆尽。朝廷仓库和武器库因此空虚。有一天，文帝召集大臣们宴饮，有远方归降的人在座。刘义隆问尚书库部郎顾琛："军械库中还有多少武器？"顾琛虚报说："只够十万人使用。"文帝问完后就很后悔，听到顾琛的回答，才略觉宽慰，十分高兴。顾琛，是顾和的曾孙。

刘宋彭城王刘义康与王弘共同担任录尚书事，刘义康仍然感到怏怏不快，打算代替王弘兼任扬州刺史，在言辞中毫不隐瞒。又因为王弘的弟弟王昙首在朝中担任要职，深得文帝刘义隆的倚重和信赖，刘义康就愈加不满。这时，王弘年老多病，多次请求辞职回乡，王昙首主动要求担任吴郡太守，文帝都一概不许。刘义康对别人说："王弘患病长期卧床，难道能在床上治理天下吗？"王昙首劝王弘把府中文武官员的一半，分给刘义康管理。文帝下令同意拨给刘义康两千人，刘义康这才高兴。

（以上为第十二段，写南安羌人反叛西秦，被镇压；大夏关中守将弃城，领土尽属北魏；刘宋北伐失败追责，到彦之等被免职；彭城王刘义康私心膨胀，欲独揽朝权。）

【点评】

北魏雄主拓跋焘。拓跋焘，可以说是北魏一代雄主，他东征西讨，南征北斗，攻灭夏国，大败柔然，重创刘宋。仔细观察思考，他自有过人之处。

首先，临阵不惧，善于反败为胜，转危为安。拓跋焘是一个不可多得的军事人才，他不仅是一个出色的指挥员，还是一个英勇善战的战斗员。这在前期与柔然汗国的战斗中充分体现出来。当年，柔然可汗大檀听说北魏主拓跋嗣去世，就乘人之危，率领六万骑兵攻入北魏云中地区，攻陷了北魏的故都盛乐，包围了云中城。北魏主拓跋焘亲自率领轻骑兵前往攻打，快马加鞭三天两夜，才抵达云中。柔然可汗率领骑兵将拓跋焘的轻骑兵包围了五十多重，铁骑紧逼拓跋焘的马首，依次排列，如同铁桶一般。北魏士兵大为恐惧，而拓跋焘却临危不惧，神情自若，军心才安定下来。北魏兵用箭射杀了柔然大将于陟斤，柔然可汗大为恐慌，才率领大军逃之夭夭。这次北魏军的胜利，完全得益于拓跋焘的勇猛果敢，沉着冷静，发挥了"定海神针”的作用。否则，拓跋焘等人早就成了柔然铁骑的刀下之鬼了。史书记载，拓跋焘“临敌常与士卒同在矢石之间，左右死伤者相继，而帝神色自若”。要知道，这时候的拓跋焘才是一个不到十六岁的毛头少年啊！

其次，果断决策，善于听取谋议，从善如流。拓跋焘本人具有雄才大略，而他取得辉煌功绩，还得益于谋士崔浩等人。崔浩自比张良，被誉为“北魏第一谋士”，可谓名不虚传。这从他劝说拓跋焘攻打柔然汗国中完全体现出来。当时，拓跋焘为摆脱北面柔然与南朝刘宋腹背受敌的威胁，打算集中力量攻打柔然。可是，公卿大臣们死活不同意，他们怕宋军乘机北进，得不偿失，只有太常崔浩极力赞成，他精辟地分析当时形势，认为刘宋自从刘裕去世，元气一直没有恢复，对北魏构不成威胁。而柔然气焰嚣张，不可一世，如果调集精兵，以迅雷之势，长驱直入，攻其不备，一定能够大获全胜！可是群臣就是不同意，还推举通晓天文的张渊等出面劝阻。拓跋焘为了统一群臣的认识，安排了一场御前辩论，结果，崔浩把张渊等人驳得哑口无言。拓跋焘非常高兴，决计大举攻打柔然，亲率大军一路向前，纵横出击，东西五千里，南北三千里，柔然各部落投降北魏的有三十多万帐落，缴获战马一百多万匹。这里反映一个事实：有时候大多数人的意见，不一定是正确的和高明的。一般人都是习惯于听从多数人的意见，而拓跋焘的可贵之处，就在于他善于分析、判断，独断于一心。

再次，把控大势，善于左右开弓，各个击破。当刘宋大军北伐、攻打北魏时，夏国也趁火打劫，夏王赫连定亲自统率数万人马攻打北魏，又派出使臣出使刘宋，约定联合起来灭掉北魏，瓜分黄河以北地区。这时候，刘宋和大夏两面夹攻，北魏面临着严峻挑战。对此，如何决策？拓跋焘做出惊人之举，决意调转马头，先攻打大夏，再打刘宋。当时，大臣们都不同意这种做法，认为这样做太危险，他们说：“刘宋的大军，还在黄河中游逗留，我们却要放弃南方的防御，大夏的军队未必能一举攻克，而刘宋大军渡过黄河，乘虚而入，魏国危矣！”拓跋焘再次征求崔浩的意见，崔浩认为：“刘宋大军北征，从东向西所设的防线，长达两千里，每个地方分布的兵力不过几千人。如此看来，他们困顿虚弱的本质已经暴露无遗，只不过是打算固守，并没有北伐的意图。这样，魏国完全可以出兵攻打夏国，获胜后，再东出潼关，席卷向前，所向无敌，江淮以北，将没有一根杂草可以生存！”这一番透彻的分析，使得拓跋焘攻打夏国的意志更加坚定。结果，一举攻下了夏国都城平凉，夏王赫连定只身骑马逃跑，退保上邽而已。

最后，出神入化，善于收拢五指，重拳出击。在反击刘宋北伐的战斗中，充分体现了这一点。当时，刘宋将领到彦之率五万大军由水路进军。而北魏军的主力正在北方作战。拓跋焘认为黄河以南的洛阳、虎牢、滑台、碻磝四个军事重镇的防守兵力太少，经不起打，便命令一律收兵，撤退到黄河以北。这一决策，有效地保存了实力，实在是高明之举。而刘宋北伐的将领则沾沾自喜，认为没有花什么力气，就得到了这一大片土地，于是，把全军一字长蛇摆开，守卫在黄河南岸两千多里的防线上。这样张开五指，无形中分散了兵力，削弱了战斗力。而到了隆冬，黄河冰封，拓跋焘率领大军突然大举踏冰南下。刘宋北伐军数千里防线，各处都很薄弱，就像个鸡蛋壳，一碰就被打碎，被北魏军各个击破，四大军事重镇得而复失，刘宋军队只得来了个生死大逃亡，狼狈不堪。

如上评说，北魏主拓跋焘临阵不惧，果断决策，把控大势，出神入化，充分体现了他的军事才能和英雄本色，使得北魏逐渐强盛，后来才能统一中国北方，与南朝分庭抗礼。

资治通鉴（白话本） 卷第一百二十二

宋纪四

宋文帝元嘉八年至十二年（公元 431—公元 435）

【起重光协洽（辛未，公元 431 年），尽旃蒙大渊献（乙亥，公元 435 年），凡五年】

【大事提要】

本卷记事起于公元 431 年，到公元 435 年，凡五年，时当宋文帝（刘义隆）元嘉八年至元嘉十二年。本卷所载大事，主要有五个方面。其一，夏国灭西秦。公元 431 年，夏王赫连定突袭西秦大将姚献，大败姚献军，随即又派遣叔父北平公赫连韦伐率军攻打西秦主乞伏暮末据守的南安城。乞伏暮末穷途末路，用车辆载着空棺材出城投降，被押送到上邽斩杀。西秦国历四主，存在三十七年，灭亡。其二，吐谷浑灭夏。夏王赫连定劫持西秦百姓十多万人，西迁河西，从治城渡黄河，打算袭击北凉，夺其国土。吐谷浑可汗慕容慕璝派遣将领统率三万骑兵，乘夏军渡河过半，予以截击，擒获了赫连定，送给北魏，将其斩杀。夏国历三帝，存在二十五年，灭亡。其三，檀道济北征。公元 431 年，刘宋大将檀道济率军北讨，曾多次大败北魏军，并欲沿黄河逆流而上，救援被北魏围困的军事重地滑台，遭到北魏将领叔孙建等的阻击。叔孙建放火烧掉大军粮仓，檀道济被迫撤退，他用计谋保全军队返回。北魏攻陷滑台。其四，冯弘即位。北燕主冯跋病重，其弟冯弘夺得王位，称帝，改年号为大兴，拥立慕容皇后的儿子冯王仁为太子。公元 432 年，北魏太武帝拓跋焘亲自率兵攻打，冯弘固城自守；后来，拓跋焘召太子冯王仁入朝侍奉，冯弘拒不接受。长子冯崇因不被立嗣，而归降北魏。其五，萧思话平定汉中。氐族首领杨难当起兵，侵扰、占领汉中，宋文帝刘义隆重新起用在北伐时弃城逃跑的萧思话，任为梁、南秦二州刺史。萧思话命萧承之为前锋急速进军，屡次击败氐人军队。临川王刘义庆遣将裴方明来助，最终平定汉中，失地全部收复。

太祖文皇帝上之下

宋文帝元嘉八年（辛未，公元 431 年）

春季，正月初一日壬午朔，北燕实行大赦，改年号为太兴。

正月十五日丙申，刘宋大将檀道济等从清水出兵，救援被北魏军围攻的滑台。

北魏将领叔孙建、长孙道生率军抵抗。十六日丁酉，檀道济的军队抵达寿张，与北魏安平公拓跋乙旃眷的军队遭遇。檀道济率领宁朔将军王仲德、骁骑将军段宏奋勇抗击魏军，大破拓跋乙旃眷的军队。又转战开进高梁亭，斩杀北魏济州刺史悉烦库结。

夏王赫连定突袭西秦大将姚献，大败姚献军。随即又派遣他的叔父，北平公赫连韦伐率领一万人攻打西秦国王乞伏暮末据守的南安城。当时，南安城中正发生饥荒，人与人相食。西秦侍中、征虏将军出连辅政，侍中、右卫将军乞伏延祚，吏部尚书乞伏跋跋等，逃出城去，投降了夏国。西秦王乞伏暮末穷途末路，用车辆载着空棺材出城投降。赫连韦伐把乞伏暮末连同沮渠兴国，一并押送到上邽。西秦太子司直焦楷，逃奔广宁，哭泣着对他的父亲焦遗说："您一向承蒙朝廷的重用，身居藩镇大员，统领一方。如今国家颠覆，您怎能不率领大家，首倡大义，消灭寇仇！"焦遗说："现在主上已经陷入敌手，我不是那种惜命忘义的人，如果派大兵追击，只能加速主上的死亡。不如选择王族中贤能之人，拥护他继承王位，然后再去出兵攻打，或许还有希望。"焦楷于是修筑高台，召集部众盟誓，二十天的时间里，竟有一万多人赶来归附。不巧的是，焦遗病逝，焦楷没有力量独立承担这件大事，于是率领部下逃往北凉。

二月初七日戊午，刘宋朝廷任命尚书右仆射江夷为湘州刺史。

刘宋大将檀道济的军队开进济水，二十多天的时间里，先后与魏军交战三十多次，而檀道济多半取胜。宋军开到历城，北魏将领叔孙建等派遣轻骑兵往来截击，出没在大军的前前后后，还纵火焚烧了刘宋军的粮草，檀道济因为军中缺粮，不能前进。所以，北魏冠军将军安颉、安南大将军司马楚之等能够以全部力量进攻滑台。北魏主拓跋焘又派楚兵将军王慧龙增援。刘宋滑台守将朱脩之坚守滑台已有几个月之久，城中粮食吃光了，士兵们用烟熏出老鼠，烤熟吃掉。初十辛酉，北魏军攻破滑台，朱脩之和东郡太守申谟以及一万多名士兵被俘。申谟，是申钟的曾孙。

二月二十二日癸酉，北魏主拓跋焘返回平城，举行盛大宴会，祭告祖庙。朝廷中所有的将帅和官员都得到了赏赐，士兵们一律免除十年的赋役。

这时，北魏南部边境发生严重的水灾，百姓多半饿死。尚书令刘絜对拓跋焘说："自从宋寇侵犯我们国土，我们屡次抗击。上天帮助，皇上圣明，保佑我们的军队所向披靡。如今，战事已经平息，有功的将领也都得到了赏赐。各个州郡和封国的老百姓，虽然没有亲自出征攻打，但是他们勤奋地务农养蚕，供应国家和军队的需要，实在是治理国家的根本，更是国库薪饷的重要来源。现在，自崤山以东，遍地洪水成灾，应该妥善抚慰和可怜这些受灾的百姓，弘扬朝廷一向保护和养育百姓的恩德。"拓跋焘同意他的劝告，下令免除全国百姓一年的田赋和捐税。

刘宋檀道济的大军因为粮尽，只好从历城撤军。军中有逃走投降北魏军的士兵，把刘宋军的困难境遇，一一报告给北魏军。于是，北魏军追击刘宋军，刘宋军军心涣散，人人自危，马上就要溃散。檀道济利用夜色的掩护，命令士兵把沙子当作粮食，一斗一斗地量，而且边量边唱出数字，然后用军中仅剩下的一点谷米覆在沙子上。第二天早晨，北魏军看到这种情况，以为檀道济军中的粮食还很充裕，就将那个降兵定了欺军之罪杀掉了。

当时，檀道济兵员很少，而北魏兵人多势众，骑兵部队从四面八方包围了檀道济的军队。檀道济命令军士们都披上铠甲，而自己则穿着白色的便服，率领军队缓缓地出城。北魏军以为檀道济有伏兵，不敢逼近，而且还稍稍撤退。这样，檀道济保全了军队，安全撤军。

刘宋青州刺史萧思话听说檀道济的大军撤退南下，就打算放弃城池退到险要地带自保。济南太守萧承之一再劝阻他，萧思话都没有接受。二十六日丁丑，萧思话弃城逃奔平昌。参军刘振之正驻守下邳，听说这个消息，也弃城逃走。结果，北魏军竟然没有来，但是东阳城积聚的大批物资，却被百姓纵火焚毁。萧思话被指控有罪，召回京师，逮捕下狱。

（以上为第一段，写刘宋大将檀道济率军救援被北魏围攻的滑台，屡战，多次获胜；北魏轻骑焚烧刘宋军的粮草，檀道济运用计谋，从历城安全撤军，滑台失守。）

北燕王冯弘封夫人慕容氏为皇后。

二月，庚戌（疑误），北魏将领安颉等人返回平城。北魏主拓跋焘非常赞赏刘宋滑台守将朱脩之的气节，拜为侍中。把皇族宗室的女儿嫁给他。

当初，宋文帝派到彦之北伐出征前，就告诫他说："如果魏军有所举动，你们应该在敌人没有攻到之前，先行渡过黄河；如果他们没有动静，你们就要留守彭城，不要前进。"等到安颉俘虏刘宋的将士，拓跋焘才听到刘义隆的这席话，对朝中的文武大臣们说："以前，你们总说我用崔浩的计策是错误的，以致惊惧失措，百般劝阻。一直打胜仗的人，开始都自以为超过了别人，到了最后，才发现自己还不如别人。"

北魏安南大将军司马楚之上书，认为北魏四方邻国都已经平定，请求朝廷出兵大举进攻刘宋。拓跋焘则认为连年征战，将士们早已疲劳不堪，没有同意。征召司马楚之回京，任命他为散骑常侍；任命王慧龙为荥阳太守。

北魏将领王慧龙在荥阳十年，既劝民农桑，又积极备战，成绩显著，声名远播。前后赶来归附的百姓有一万多家。宋文帝乘机施用了反间计，说："王慧龙自认为劳苦功高，却长期不得重用，所以打算勾引宋人前来进犯，然后活捉司马楚之，背叛魏国。"拓跋焘听到这些传言，颁赐给王慧龙一封亲笔书信，说："刘义隆害怕将军就像害怕老虎一样，打算从中陷害，我知道他的诡计。至于外面的风言风语，想你不会介意。”刘义隆又派刺客吕玄伯前去刺杀王慧龙，许诺说：“你如果砍下王慧龙的人头，封你为食邑二百户男爵，赏绢一千匹。”于是，吕玄伯假装投降，要求单独面见王慧龙，声称有话要说。王慧龙有点疑心，派人搜身，结果从腰中搜出短刀。吕玄伯磕头请求处死，王慧龙说：“我们都是各自为主上行事罢了。”释放了吕玄伯。王慧龙的左右亲信都劝阻他说：“宋人的阴谋不会停止，不杀吕玄伯，没有办法阻止将来再发生这样的事情。”王慧龙却说：“生死都是命中注定的，他刘义隆又怎么能害得了我！我只用仁义作为屏藩来保护自己，又有什么可忧虑的呢？”于是，释放了吕玄伯。

夏季，五月十一日庚寅，北魏主拓跋焘前往云中。

六月十六日乙丑，刘宋实行大赦。

夏王赫连定斩杀了被俘的西秦王乞伏暮末，以及西秦皇族五百人。

夏王赫连定惧怕北魏的逼迫，劫持西秦老百姓十多万人，从冶城渡过黄河，打算袭击北凉河西王沮渠蒙逊，夺取北凉的国土。吐谷浑可汗慕容慕璝派遣益州刺史慕容慕利延、宁州刺史慕容拾虔统率三万骑兵，乘夏军渡河过了一半，截击敌人，生擒了夏王赫连定，乘胜班师，沮渠兴国受重伤而死。慕容拾虔，是慕容树洛干的儿子。

北魏边防官员，俘获柔然汗国的巡逻兵二十多人，拓跋焘赏赐给他们衣服，释放了他们。柔然人又感动又喜悦。闰六月十六日乙未，柔然汗国敕连可汗，派使臣出使北魏，北魏主拓跋焘用优厚的礼节招待了他们。

北魏主拓跋焘派散骑侍郎周绍出使刘宋，并且请求通婚，宋文帝含糊其词地予以回答。

刘宋荆州刺史、江夏王刘义恭，年纪渐渐长大，打算独自处理政务，而长史刘湛总是阻挠他，于是，刘义恭与刘湛之间产生了裂痕。宋文帝心里十分尊重刘湛，派人诘问并责备刘义恭，而且从中调解他们之间的矛盾。这时，王华、王昙首都已去世，领军将军殷景仁一向与刘湛关系密切，提醒文帝说，当今不少贤才去世。建议文帝征召刘湛为太子詹事，加官给事中，共同参与朝政。宋文帝又任命雍州刺史张邵代替刘湛为抚军长史、南蛮校尉。

不久，张邵因为在雍州时，营私舞弊，中饱私囊，赃款高达二百四十五万，被逮捕下狱，按律应当处以死刑。左卫将军谢述上书，陈述张邵是刘裕时代的旧功臣，应当得到宽恕优待。文帝刘义隆采纳了谢述的建议，亲自下令，免除张邵的官职，削去张邵的爵位和采邑。谢述对他的儿子谢综说：“皇上怜惜张邵一向忠诚，特别赦免了他的罪过。我的建议只是碰巧与皇上的意图相吻合，被皇上采纳了。如果借此四处宣扬，那就侵夺了皇家的恩德，是绝对不可行的。”让谢综当着他的面，把奏书烧掉。文帝后来对张邵说：“对于你的死罪的免除，谢述可是出了大力的啊！”

（以上为第二段，写北魏主拓跋焘非常欣赏刘宋滑台守将朱脩之坚守的气节；北魏官员王慧龙守卫荥阳十年，农战两宜，事业大成，刘宋使用反间计，随后又派人刺杀均未遂。）

秋季，七月初一日己酉，北魏主拓跋焘前往河西。

八月初七日乙酉，北凉河西王沮渠蒙逊派他的儿子沮渠安周前往北魏充当人质。

吐谷浑可汗慕容慕璝，派遣侍郎谢太宁，出使北魏，呈上奏书，表示愿意献出所俘虏的夏王赫连定。八月十一日己丑，北魏任命吐谷浑可汗慕容慕璝为大将军，封为西秦王。

刘宋左仆射、临川王刘义庆坚决要求辞去职务。八月二十六日甲辰，宋文帝刘义隆任命刘义庆为中书令，仍兼任丹杨尹。

九月初六日癸丑，北魏主拓跋焘回宫。十三日庚申，加授太尉长孙嵩为柱国大将军，任命左光禄大夫崔浩为司徒，征西大将军长孙道生为司空。长孙道生性情淡泊、清廉节俭，一个用熊皮做的遮泥障，数十年都不换。拓跋焘让歌工一一歌颂群臣："像崔浩那样足智多谋，像道生那样两袖清风。"

北魏主拓跋焘打算选派使者出使北凉。崔浩推荐尚书李顺。于是，拓跋焘任命李顺为太常，前去任命北凉河西王沮渠蒙逊为侍中，都督凉州西域羌戎诸军事、太傅、征西大将军、凉州牧和凉王，采邑包括武威、张掖、敦煌、酒泉、西海、金城、西平等七郡。册封的文书上说："凉国的盛衰存亡，与魏国密切相关，死生与共。北到穷发，南到上庸和岷山，西至昆仑山，东至河曲的广大地区，都归凉王征讨统治，从旁辅佐皇室。"同时，在凉国设置将军、宰相、各位公卿、文武百官，凉王可以代表皇帝直接任命。还可以竖起天子专用的旌旗，出行时开路清道，戒备森严，全然仿照汉朝初年各诸侯王的制度。

九月二十五日壬申，北魏主拓跋焘下令说："如今宋、夏二寇已经分别被我们击败和消灭了，我们将停止武备，发展文事。整顿过去被废弛和忽略的工作，荐举过去隐居不出来做官的人。范阳人卢玄、博陵人崔绰、赵郡人李灵、河间人邢颖、勃海人高允、广平人游雅、太原人张伟等人，都是圣贤的后裔，他们的才干在地方州郡都是第一流的。《易经》说：'我有好的酒器，和你一起享用。'凡是才华能与卢玄相仿的，各州郡都要遵照朝廷的敕令，礼敬贤才并把他们送到京师来。"于是，征召卢玄等人以及地方州郡荐举的贤士几百人来京，依照他们的能力，分别委以官职。崔绰因为母亲年迈，坚决拒绝做官。卢玄等人都被授予中书博士。卢玄，是卢谌的曾孙。李灵，是李顺的堂兄。

卢玄的舅舅是司徒崔浩，崔浩每次跟卢玄谈话，常常叹息说："面对卢子真，使我思古之幽情更深。"当时，崔浩打算严格整顿朝中官员的流品，辨明官员的出身和姓氏等级。卢玄劝阻他说："创立一种制度，改革现行的规章，必须因时制宜。赞成您这项措施的，能有几个人！希望您能三思而行。"崔浩没有听从，因此便得罪了许多大臣。

当初，北魏昭成帝拓跋什翼犍时开始制定法令："谋反叛逆者诛灭全族；其他犯有死罪的人可以缴纳金钱、马匹赎罪；杀人凶手允许他们给死者家属牛马、葬具私自和解；盗窃官府财物，偷一赔五；盗窃私物，偷一赔十。"当时，四部总监共同坐在公堂之上，一道处理诉讼案件，从没有羁押、囚禁、久拖不决的苦处，境内安定。道武帝拓跋珪进入中原以后，认为前代的法律过于苛刻严密，于是，命令三公郎王德重新删改，制定新的法律，一切都以简单易懂为原则，拓跋珪晚年身患重病，滥施刑罚，法律残酷。明元帝拓跋嗣继位后，继承了前代的法律制度，对官吏权限职责等的规定，也有些过于苛刻。

冬季，十月初一日戊寅，太武帝拓跋焘命令司徒崔浩重新制定法令，废除了五年、四年有期徒刑，增设一年有期徒刑。用巫术毒害人的人，身背黑色羊，胸前抱狗，投入河潭。新定法令，凡官阶在九品之内的官员犯法，可以用官职和爵位赎罪。妇人当执行死刑而怀有身孕的，生产一百天后再处决。又规定在宫阙的左边悬挂登闻鼓，使有冤情的人，能够击鼓申冤。

北魏主拓跋焘前往漠南。十一月初十日丙辰，北方敕勒部落酋长库若干，率领他的部众数万名骑兵，驱赶着几百万头的鹿群，拜谒拓跋焘的行宫。于是，拓跋焘举行大规模的狩猎，赏赐随从的官员。十二月初一日丁丑，拓跋焘回宫。

这一年，北凉改年号为义和。

林邑王范阳迈，攻击刘宋的九德郡，刘宋交州军队击退了他们。

（以上为第三段，主要写北魏主拓跋焘封吐谷浑可汗慕容慕璝为西秦王，封北凉主沮渠蒙逊为凉王；停止武备，发展文事，广招人才，重新制定律令，废除严刑。）

宋文帝元嘉九年（壬申，公元 432 年）

春季，正月初一日丙午，北魏主拓跋焘，尊封他的乳母保太后窦氏为皇太后。封贵人赫连氏为皇后，封儿子拓跋晃为皇太子，实行大赦，改年号为延和。

北燕王冯弘封慕容皇后的儿子冯王仁为太子。

三月初六日庚戌，刘宋卫将军王弘晋升为太保，加授中书监。十三日丁巳，征南大将军檀道济晋升为司空，回寻阳镇守。

三月二十八日壬申，吐谷浑汗国可汗慕容慕璝将夏王赫连定献给北魏，北魏斩杀赫连定。慕容慕璝上书说："我生擒了叛逆赫连定，呈献给皇上。皇上赏赐的官爵虽然尊崇，但土地却没有增加；车辆旗帜虽然已经得到装饰，但是却没有财物赏赐部下，希望您能俯察下情。"拓跋焘把他的奏书交给朝廷文武官员讨论。大臣们认为：“慕容慕璝的功劳，不过是俘虏了赫连定而已，塞外的百姓都已归吐谷浑汗国所有。但慕容慕璝却贪得无厌，不能答应他的要求。”拓跋焘于是下令说：“西秦王慕容慕璝所攻下的金城、枹罕、陇西等地，我同意归你，这已经是分封给你的采邑了，还有什么必要再增加土地？西秦对我们具有诚意，我们赏赐的绵绢，根据来使次数是否频繁，临时增加，并不是只赏赐一次，以后不再有。”从此，慕容慕璝所派的出使北魏的贡使稍微减少。

北魏的方士祁纤上奏朝廷，建议把代郡改称万年，改代尹为万年尹，代令为万年令。司徒崔浩说：“从前，太祖顺应天命人心，效法殷商，而兼称代魏，国家累积下来的恩德，应该使国家的寿命长达亿万年之久，不必借助名称得益。祁纤所奏报的，都不是正当大义，应当恢复旧号。”拓跋焘采纳了崔浩的意见。

夏季，五月二十九日壬申，刘宋太保、华容文昭公王弘去世。王弘聪明敏捷有思想，但往往轻率行事，威仪不足以使人佩服。他性情狭隘偏激，常常侮辱别人，人们因而对他表示不满。他虽然地位尊崇，又是朝中显贵，却不营求财利。到了去世的时候，家里竟没有多余的财产。刘宋文帝刘义隆听说后，特地赏赐王弘的家属钱一百万，米一千斛。

北魏主拓跋焘，在京师南郊训练兵马，准备攻打北燕。

宋文帝派遣使者赵道生前往北魏访问。

六月初五日戊寅，刘宋司徒、南徐州刺史、彭城王刘义康改任扬州刺史。

宋文帝下令，把青州分割出一部分，设置冀州，州治在历城。

吐谷浑汗国可汗慕容慕璝派司马赵叙到刘宋进贡，并奏报军事上的大捷。

六月十七日庚寅，北魏主拓跋焘亲自率军进攻北燕。拓跋焘任命太子拓跋晃为录尚书事，当时拓跋晃只有五岁。拓跋焘又派左仆射安原、建宁王拓跋崇等人驻防漠南，准备抵御柔然汗国的进攻。

六月十八日辛卯，北魏主拓跋焘派散骑常侍邓颖出使刘宋，进行回访。

六月二十二日乙未，刘宋任命吐谷浑可汗慕容慕璝为都督西秦河沙三州诸军事、征西大将军、西秦河二州刺史，封爵为陇西王。又命令慕容慕璝全部归还被夏国俘获的南方将士，共一百五十多人。

刘宋朝廷又加授北秦州刺史杨难当为征西将军。杨难当任命侄子杨保宗为镇南将军，镇守宕昌；任命儿子杨顺为秦州刺史，驻守上邽。杨保宗谋划袭击他的叔父杨难当，事情泄露，杨难当囚禁了杨保宗。

六月二十九日壬寅，刘宋朝廷任命江夏王刘义恭为都督南兖等六州诸军事、开府仪同三司、南兖州刺史，任命临川王刘义庆为都督荆雍等七州诸军事、荆州刺史，任命竟陵王刘义宣为中书监，衡阳王刘义季为南徐州刺史。当初，宋武帝刘裕认为，荆州是长江上游的军事重镇，土地辽阔，财物和军事实力占全国的一半，所以临死前下遗诏，命令必须由皇子来镇守。宋文帝认为刘义庆是宗室子弟，并有美好的声誉。何况他的父亲烈武王刘道规，对刘宋的建立有大功，所以特别重用了他。

（以上为第四段，写北魏主率军进攻北燕；吐谷浑可汗慕容慕璝脚踩两只船，在依附北魏的同时，又投归刘宋；宋文帝封慕容慕璝为陇西王，又授秦州刺史杨难当为征西将军，宋文帝又大封其弟，同时重用侄子刘义庆为荆州刺史。）

秋季，七月十七日己未，北魏主拓跋焘率军抵达濡水。十八日庚申，拓跋焘派安东将军奚斤征发幽州百姓和密云境内的丁零部落一万多人，运送攻城器具，通过南道，与北魏大军在北燕都城和龙城下会师。拓跋焘抵达辽西，北燕王冯弘派遣侍御史崔聘，呈上美酒牛肉，犒赏北魏军队。二十七日己巳，拓跋焘抵达和龙。

七月二十八日庚午，刘宋任命领军将军殷景仁为尚书仆射，太子詹事刘湛为领军将军。

刘宋益州刺史刘道济是刘粹的弟弟。他宠信王府的长史费谦、别驾张熙等人，所行的是收聚搜括财利的做法，损害正常治理，祸害百姓。他设立官营的冶铸机构，禁止民间冶炼铸造，而用高价出卖铁器，造成商人失业，百姓怨声载道。

流民许穆之，改名换姓，自称司马飞龙，说是东晋皇室的近亲，投奔了氐王杨难当。杨难当利用益州的民怨，借给司马飞龙一支军队，让他率兵进犯并骚扰益州。司马飞龙在蜀郡招兵买马，集结了一千多人，攻打巴兴县城，杀死了巴兴县令。随即又驱逐了阴平太守。刘道济派军队击斩了司马飞龙及其军队。

刘道济打算任命五城人帛氐奴、梁显为参军督护，长史费谦坚决反对。于是，帛氐奴与他的同乡赵广相互勾结，煽动县民，宣称司马飞龙仍在阳泉山中，聚集部众几千人，进军广汉。刘道济派参军程展，会同治中李抗之，率领五百人攻击，战败，二人阵亡。巴西人唐频聚众响应帛氐奴，赵广等人进攻涪城，涪城陷落。于是，涪陵、江阳、遂宁等郡的太守都闻风弃城逃走。随即，益州境内的土著居民和外地侨民，一时间全都揭竿而起，纷纷起兵。

北燕石城太守李崇等十个郡的太守都投降了北魏。北魏主拓跋焘，征发北燕百姓三万人，兴筑工事，挖掘壕沟，守卫和龙城。李崇，是李绩的儿子。

八月，北燕王派数万人出城迎战北魏军，北魏昌黎公拓跋丘击败北燕军，斩杀一万多人。北燕尚书高绍率领一万多家，退保羌胡固。

八月初九日辛巳，拓跋焘亲自率军进攻高绍的军队，斩杀了高绍。与此同时，北魏平东将军贺多罗进攻带方，抚军大将军、永昌王拓跋健进攻建德，骠骑大将军、乐平王拓跋丕进攻冀阳，全部攻下。

九月，十四日乙卯，拓跋焘班师，西去回国。同时，北魏军强行将营丘、成周、辽东、乐浪、带方、玄菟等六个郡的百姓三万家迁移到幽州。

北燕尚书郭渊曾经劝北燕王冯弘，向北魏表示诚意，献上女儿，充当北魏的藩属。冯弘说：“两国之间早就产生裂痕，结下的仇怨已经很深了，降附魏国是自取灭亡，还不如固守城池，等待转机。”

拓跋焘包围和龙城时，他身边护驾的卫士都在沙场冲锋陷阵，留在行宫的很少。北魏云中镇将朱脩之阴谋策划并联络南方降附之人，突袭并杀掉拓跋焘，然后投奔北燕和龙，再乘海船回到刘宋。朱脩之把这个阴谋告诉了刘宋降将、冠军将军毛修之，毛修之拒绝参与，朱脩之只好作罢。不久，阴谋泄露，朱脩之逃奔北燕。北魏军多次猛攻北燕，北燕王冯弘派朱脩之南归，向刘宋求救。朱脩之经海道到东莱，既而回到建康，刘宋朝廷任命他为黄门侍郎。

刘宋益州叛民赵广等率众进攻成都，益州太守刘道济只好绕城防御。叛军集结已经很长时间，却看不到首领司马飞龙，就打算各自散去。赵广大为惶恐，率领三千人和迎驾的仪仗队前往阳泉寺，声称迎接司马飞龙。到阳泉寺后，他对那里的道士、枹罕人程道养说：“你只要自称是司马飞龙，就可以稳享荣华富贵，否则你的人头就保不住了。”程道养听罢惊慌失措，只好应允。于是，赵广就推举程道养为蜀王、车骑大将军、益梁二州州牧，改年号为泰始，设置文武百官。又任命程道养的弟弟程道助为骠骑将军、长沙王，负责镇守涪城。此外，赵广、帛氏奴、梁显及其党羽张寻、严遐等，也都任将军，拥奉着程道养返回成都。很快，四面八方前来投奔的百姓多至十多万人，把成都围得水泄不通。赵广等派人告诉刘道济说：“只要你交出费谦、张熙二人，我们一定自动解围。”刘道济派城里的中兵参军裴方明、任浪之二人，分别率领士卒一千多人出城迎战，都大败而回。

冬季，十一月初四日乙巳，北魏主拓跋焘返回平城。

（以上为第五段，写北魏主拓跋焘出兵攻打北燕；刘宋流民许穆之自称司马飞龙，利用益州的民怨反叛，而后被杀，而赵广等人打着司马飞龙的旗号，推程道养为首领，继续造反。）

十一月十一日壬子，刘宋朝廷任命少府、中山人甄法崇为益州刺史。

当初，北燕王冯弘的嫡妃王氏，生下了长乐公冯崇，冯崇在他的兄弟中年纪最大。等到冯弘即位后，立慕容氏为王后，王氏却不能当王后，接着冯弘又废掉了冯崇，派他出去镇守肥如。冯崇的同胞弟弟广平公冯朗和乐陵公冯邈私下商量说：“如今国家危在旦夕，不论是聪明人还是愚昧的人都看得非常清楚。现在父王又听信慕容王后的谗言，我们兄弟的死期不远了。”于是，兄弟两人相伴一同逃往辽西，劝说冯崇投降北魏，冯崇同意了。正巧，北魏主拓跋焘派给事郎王德，向冯崇招降。十二月十九日己丑，冯崇派冯邈前往北魏，准备献出全郡投降。冯弘听到这个消息，派将领封羽在辽西团团包围了冯崇。

北魏主拓跋焘，征召国内没有做官的知名人士，地方州郡官府多强行逼迫遣送。拓跋焘听到这个消息，立即颁下诏书，命令地方官要有礼节地传达皇上的旨意，让他们自己决定去留，不得强行遣送。

当初，宋文帝把自己的小儿子刘绍过继给庐陵王刘义真为子。命江夏王刘义恭的儿子刘朗过继给营阳王刘义符为子。十二月二十日庚寅，封刘绍为庐陵王，封刘朗为南丰县王。

刘宋成都中兵参军裴方明等人再次出城进攻程道养的大营，大破叛军，然后纵火焚烧了叛军的军用物资。

叛军将领、江阳人杨孟子率领一千多人屯驻城南，参军梁儁之镇守成都南城城楼。梁儁之写信劝说杨孟子归降。杨孟子投降，进城见到刘道济，刘道济暂时任命他为主簿，约定日期，共同攻打叛军。赵广知道了杨孟子的阴谋，杨孟子非常恐惧，率领他手下的部众逃进晋原。晋原太守文仲兴与杨孟子共同抵抗固守城池。赵广派帛氏奴进攻晋原，攻破晋原城，文仲兴、杨孟子先后战死。裴方明再次出城，几次战斗，打败了叛军。叛军四处溃散。程道养集结残兵败将七千人，回到了广汉，赵广另率五千多人，返回涪城。

当初，别驾张熙建议益州刺史刘道济出售仓库粮食，所以从九月底叛军包围成都城起，一直到十二月，储存的粮食全都吃光了。裴方明率领二千人出城寻找粮食充饥，被叛军打败。裴方明单枪匹马，一个人得以生还。叛军又重新聚集围城。裴方明半夜逃到城下，城里的士兵用绳子把他接回城里。刘道济为裴方明准备饭食，裴方明痛哭流涕，不能下咽。刘道济说："你这样不是一个大丈夫，这次小小的败仗，不值得如此沮丧！敌人的势力已经在衰落，朝廷的援军就要开到，只要你能活着回来，就不必担心敌人不败。"随即，刘道济挑选一部分左右亲兵分配给裴方明指挥。叛军在城外四处扬言，声称"裴方明已经战死"。城中的将士听到这个谣言都十分恐慌。刘道济在当天夜里，命人点燃一排火把，让裴方明出来与大家相见。这样，城中的军心才安定。刘道济拿出所有的财物放在北射堂，命裴方明等人招募新军。当时城中有人谣传刘道济已经死了，因而没有人肯来应征。梁儁之建议刘道济，把侍奉左右的奴仆三十多人送出刺史府，并告诉他们："我的病情已经稍微减轻，你们可以随便回家休息。"奴仆侍从们出了刺史府之后，城中百姓的情绪才稳定下来，每天前来应募当兵的都有一千多人。

当初，东晋的谢混娶晋陵公主为妻。谢混死后，晋安帝司马德宗下令，命晋陵公主与谢家断绝婚姻关系。晋陵公主于是把谢家的事情全都托付给谢混的侄儿谢弘微。谢混家几世都是朝廷宰相辅臣，仅僮仆就有一千人之多。谢混没有儿子，只有两个女儿，年纪也仅有几岁，谢弘微为谢混经营生计，一文钱或一尺丝帛都登记入账。过了九年，刘裕称帝即位，晋陵公主降号称东乡君，刘宋朝廷准许她再回到谢家。东乡君进门以后，看到房屋粮仓跟平时一样，又开垦了一些荒地，农田比以前还多。东乡君叹息说："谢混在世时，一直看重这个孩子，可以说有知人之明。谢混可以虽死犹生了。"亲戚旧友看到这情形，也不禁为之流泪。这一年，东乡君去世了。无论官府还是谢氏家族都认为，谢家的金银财宝应归两个女儿，而田宅、仆役应该归谢弘微所有。谢弘微却什么都不要，而且用自己的俸禄，安葬了东乡君。

谢混的女婿殷叡喜欢赌博，听说谢弘微不要谢家的财物，于是，夺取妻子的妹妹、伯母和两位姑母应得的谢家财产，用来偿还赌债。谢家人受谢弘微谦让精神的感化，没有任何争执。有人指责谢弘微说："谢氏家族几代的家产，都成了殷叡一日之间的赌债，没有比这更不合理的事情了。而你却视而不见，就好像把财物都抛进江海之中却自以为清廉一样。假如为了博取一个清白的名声，而使家里生计困难，这也是我认为不可取的做法。"谢弘微说："亲戚之间争夺财物，是最为卑鄙的事情。如今家里的人都还不干预，我怎么可以教她们去争！家产分多分少，总不至于匮乏。人死之后，谁还在乎身外之物？"

（以上为第六段，写刘宋成都中兵参军裴方明等人再次出城进攻程道养的大营，大破叛军；谢弘微打理叔父谢混家业资产，井井有条，分文不取，赢得上下称赞。）

投奔北凉的秃发保周又从北凉逃奔北魏。北魏朝廷封秃发保周为张掖公。

北魏太常李顺，再次出使北凉。北凉王沮渠蒙逊派中兵校郎杨定归对李顺说："我年老多病，腰腿不太灵便，不能下跪磕拜。等三五天稍稍好转，再与你相见。"李顺说："你年迈多疾，朝廷早就知道，怎么可以自己苟且偷安，不出来会见钦差大使！"第二天，沮渠蒙逊请李顺入宫，来到庭上，沮渠蒙逊靠着几案坐在那里不动，全无起身行礼的表示。李顺态度严肃，大声说："没有想到你这个老头儿竟无礼到这种地步！如今你不担心国破家亡，竟敢侮辱天地，你已经魂飞魄散了，还有什么必要见你。"于是，他带着符节，转身就要出去。沮渠蒙逊急忙让杨定归追上，并劝阻他说："太常你既然已经宽恕我们主上年老有病，而且又听说朝廷有特许不行叩拜大礼的命令，所以凉王才敢这样放肆。"李顺说："当年齐桓公九次荣任各诸侯国的盟主，匡扶社稷号令天下。周天子赏他祭祀用的祭肉，命他不必磕拜，齐桓公却仍不失臣子对君主的礼节，仍在台下磕拜，再上台接受祭肉。如今大王的功德虽高，终究比不上齐桓公。朝廷虽然特别尊重他，却从来没有下过特许不拜的命令，而你自己却举止傲慢，这怎么能是贵国的福分！"沮渠蒙逊这才起身磕拜，接受命令。

李顺回到平城，北魏主拓跋焘询问北凉的情况。李顺回答说："沮渠蒙逊控制河西，已超过三十年了。他历经艰难，也多少知道随机应变。怀柔远方民族，群臣及部众既敬畏又服从。虽不能给子孙留下基业，仍足以在有生之年掌握大权。然而，礼仪是道德的表现，恭敬是修身的基础。沮渠蒙逊无礼，不敬，在我看来，他的日子也不长了。”拓跋焘说：“下一代继位后，什么时候会灭亡？”李顺说：“沮渠蒙逊的几个儿子，经我大致考察，都是平庸无能之辈。而我听说敦煌太守沮渠牧犍还比较成器，将来继承王位的一定是他。可是他与他的父亲蒙逊相比还差得很远。这是上天帮助您建立伟业呀！”拓跋焘说：“我现在正在东方，与燕国用兵，还没有机会进攻西方。如果真的像你所说的那样，我们吞并凉国也就是数年之后的事情，并不算晚。”

最初，罽宾僧人昙无谶，自称能够驱使鬼神，医治百病，而且有秘密的法术。北凉王沮渠蒙逊非常重视他，称他为“圣人”，沮渠蒙逊的女儿和儿媳也都在昙无谶那里接受他的法术。北魏主拓跋焘听说后，派李顺前往北凉征召昙无谶。沮渠蒙逊却不肯放行，然后杀了昙无谶。因此，拓跋焘对北凉十分恼怒。

沮渠蒙逊荒淫无道，猜忌暴虐，群臣和百姓深感痛苦。

（以上为第七段，写北凉主沮渠蒙逊荒淫无道，猜忌暴虐，傲慢无礼，不愿拜见北魏使者李顺；他杀掉北魏征召的高僧昙无谶，彻底得罪北魏主拓跋焘，灭亡之期不远。）

宋文帝元嘉十年（癸酉，公元 433 年）

春季，正月十五日乙卯，北魏主拓跋焘派遣永昌王拓跋健督率各路兵马，赶赴辽西救援。

正月十九日己未，刘宋下令实行大赦。

正月二十六日丙寅，北魏朝廷任命乐安王拓跋范为都督秦雍等五州诸军事及卫大将军、开府仪同三司、长安镇都大将等职。北魏主拓跋焘因为拓跋范年纪幼小，又特别选拔了德高望重的老将平西将军崔徽，征北大将军、雁门人张黎担任拓跋范的副将，共同镇守长安。崔徽，是崔宏的弟弟。拓跋范谦虚恭谨，对属下宽厚体谅，崔徽能顾全大局，张黎清廉公正，使当地政务简单，刑罚宽平，役少税轻，关中安定。

二月初一日庚午，北魏主拓跋焘任命冯崇为都督幽平东夷诸军事、车骑大将军、幽平二州州牧等职，封为辽西王，以及录辽西封国尚书事，指定辽西十郡为他的采邑。并可按照朝廷旧制有权任命尚书、刺史、征虏将军以下的官职。

北魏平凉地区匈奴休屠部落人征西将军金崖、羌人泾州刺史狄子玉二人，与安定的守将延普争夺权力。金崖、狄子玉兴兵攻打延普，没有取胜，率军撤退，固守胡空谷。拓跋焘任命驻守虎牢镇的大将陆俟为安定镇大将军，袭击金崖、狄子玉的部众，先后生擒了金、狄二人。

北魏主拓跋焘随即征召陆俟担任散骑常侍官，出任怀荒镇大将。不到一年，北方高车部落诸莫弗指控陆俟执法严苛，性情暴躁，对属下没有恩德，请求准许前镇将郎孤复职。拓跋焘于是将陆俟召还回京，重新起用郎孤代替陆俟。陆俟回到京师后，对拓跋焘说：“用不了一年，郎孤一定失败，高车部落一定叛变。”拓跋焘大怒，严厉斥责了陆俟，不再授予他官职，命他以建业公的身份返回私宅。

第二年，高车部落诸莫弗果然杀掉郎孤，背叛了朝廷。拓跋焘十分惊异，立即召见陆俟，询问他说：“你是怎么知道会出现今天的局面呢？”陆俟说：“高车人不知道上下尊卑的礼节，所以我才用威严的手段统治他们，用法律制服和约束他们的行为，打算逐渐引导和训练，使他们知道尊卑，懂得约束自己的行为。然而，诸莫弗却厌恶我的所作所为，就控告我严酷寡恩，而盛赞郎孤的美德。我因罪被免职回家，郎孤得以官复原职重新镇守怀荒镇，他为自己的声誉沾沾自喜，更加用意博得别人对他的赞誉，专用宽厚的态度对待他们。像高车部落这般不懂礼义的人，更容易骄傲怠慢，不过一年，就不再有一点上下的观念，朗孤也不能忍受他们的所为，就又用刑法制裁他们。这样一来，高车部落心怀怨恨，一定产生祸乱呀。”拓跋焘笑着说：“你的身材虽短，思虑却很长远！”当日，又重新任命陆俟为散骑常侍。

二月十三日壬午，北魏主拓跋焘前往河西，同时派遣兼散骑常侍宋宣前往刘宋访问，并为太子拓跋晃求婚。宋文帝含糊其词地回答他。

刘宋益州刺史刘道济去世。梁儁之、裴方明等人在秘密状态下，把他的尸体掩埋在书斋后面，然后模仿刘道济的笔迹，批答下属的签呈和文书，就连刘道济的母亲、妻子也不知道真相。叛军首领蜀王程道养在毁金桥登上土坛，祭祀天神。裴方明率领三千人出击，程道养等大败，退守广汉。

荆州刺史、临川王刘义庆任命巴东太守周籍之为督巴西等五郡诸军事，率领两千士兵救援成都。

三月，流亡中的前东晋皇族司马天助投降了北魏。他自称是东晋会稽王世子司马元显的儿子。北魏朝廷任命司马天助为青州、徐州二州刺史，封东海公。

三月十三日壬子，北魏主拓跋焘回宫。

刘汉叛军首领赵广等人从广汉来到郫县，构筑阵地，数百个营盘互相连接。周籍之和裴方明等合兵一处，共同进攻郫县，攻克郫县后，又进兵广汉，击败了赵广，赵广等人先后逃回涪城和五城。

夏季，四月初十戊寅，裴方明等发布刘道济的死讯。

宋文帝听说梁州、南秦州刺史甄法护统治不力，造成氐族和羌族部落对朝廷怀有二心。于是，文帝起用正在服刑的囚徒萧思话为梁、南秦二州刺史。甄法护，是甄法崇的哥哥。

（以上为第八段，写北魏主拓跋焘征召陆俟出任怀荒镇大将，陆俟被指控执法严苛，被免职，重新启用前镇将郎孤，陆俟预言郎孤必败，言中，陆俟再次被重用，官复原职。）

北凉王沮渠蒙逊病重，国内贵族和大臣们共同商议，认为世子沮渠菩提年纪幼小，决定立沮渠菩提的哥哥、敦煌太守沮渠牧犍为世子，并加授沮渠牧犍为中外都督、大将军、录尚书事。不久，沮渠蒙逊去世，谥号为武宣王，庙号称太祖。沮渠牧犍继承王位，下令大赦，改年号为永和。又立自己的儿子沮渠封坛为世子，加授抚军大将军、录尚书事。沮渠牧犍又派使节前往北魏，请求任命。沮渠牧犍聪明好学，文雅和气，宽厚而有度量，所以贵族们拥护他登上王位。

当初，北魏主拓跋焘派李顺迎娶沮渠蒙逊的女儿为夫人，正巧赶上沮渠蒙逊去世。沮渠牧犍声称遵照先王沮渠蒙逊的遗意，派朝廷左丞宋繇护送他的妹妹兴平公主到北魏，拓跋焘封兴平公主为右昭仪。

北魏主拓跋焘对李顺说："你说过沮渠蒙逊将死，今天应验了；你还说沮渠牧犍将即位，也应验了，多么奇妙呵！我攻克凉州的日子，恐怕也不远了。"于是，赏赐李顺绢一千匹，御马四匹，进号安西将军。从此，对李顺倍加宠信尊重，朝廷政事无论大小都与他共同商量讨论。

北魏主拓跋焘又派遣李顺出使北凉，拜沮渠牧犍为都督凉、沙、河三州和西域羌戎诸军事、兼任车骑将军、开府仪同三司、凉州刺史、河西王。同时，又任命宋繇为河西王右宰相。沮渠牧犍自以为无功受赏，于心不安，就留下李顺，上书表示，只要被任命为安西或平西将军一个称号，就足够了。拓跋焘下令，措辞温和地婉拒了。

河西王沮渠牧犍尊奉敦煌人刘昞为国师，亲自拜受，命朝中官属以下，都北面向他叩拜，接受他的训导。

五月初一日己亥，北魏主拓跋焘前往山北。

林邑王范阳迈派遣使臣到刘宋进贡，要求兼任交州刺史。宋文帝下令，借口林邑距交州太远，没有准许。

刘宋成都守将裴方明，向叛军的大营涪城进军，先后击败张寻、唐频，生擒程道助，斩杀严遐。从此，赵广等人四处逃散，叛军瓦解。

六月，北魏永昌王拓跋健、左仆射安原等督率各路军队进攻和龙，将军楼勃另外率领五千骑兵围攻凡城。北燕凡城守将封羽，举献城池投降，北魏军裹胁凡城三千多家百姓班师。

六月十四日辛巳，北魏朝廷征调秦州、雍州的士兵一万人，在长安城内另筑一小城。

秋季，八月，冯崇上书朝廷，请求回国劝说他的父亲冯弘投降，拓跋焘没有准许。

九月，刘宋益州刺史甄法崇抵达成都，逮捕了费谦，斩首。叛军领袖程道养、张寻等率领二千多家逃入深山，其余党羽也各自统率部众隐藏在深山峡谷之中，时常出山骚扰不绝。

九月二十二日戊午，北魏主拓跋焘派遣兼大鸿胪崔赜携带符节任命氐王杨难当为征南大将军、开府仪同三司、秦梁二州牧、南秦王。崔赜，是崔逞的儿子。

氐王杨难当趁刘宋新任梁、南秦二州刺史萧思话尚未到任，而原刺史甄法护即将东下之机，大举兴兵，进攻梁州，攻克白马城，俘虏了晋昌太守张范，打败了甄法护手下的参军鲁安期等军队。随即又攻打葭萌，生擒晋寿太守范延朗。

冬季，十一月十二日丁未，甄法护弃城逃走，投奔洋川郡的西城。杨难当于是占据了汉中的广大地区，任命他手下的司马赵温为梁、秦二州刺史。

十一月十九日甲寅，北魏主拓跋焘回宫。

十二月初五日己巳，北魏实行大赦。

十二月初七日辛未，北魏主拓跋焘前往阴山之北。

北魏宁朔将军卢玄来刘宋访问。

刘宋前秘书监谢灵运喜欢游历山川，探险搜奇，跟从他游玩的有几百人，往往在山林中伐木开路，当地百姓不胜惊恐，以为是山贼前来抢劫。会稽太守孟𫖮与谢灵运有矛盾，上书朝廷，指控谢灵运心怀不轨，阴谋叛乱，并且发动军队防备。谢灵运亲自赴皇宫门前，为自己申辩，文帝刘义隆任命他为临川内史。

谢灵运任职后，仍然巡游放纵自如，全然不管郡中政事，被有关部门弹劾。这一年，司徒刘义康派使节随州从事郑望生，前往逮捕谢灵运。谢灵运却生擒郑望生，率领军队逃走，写下诗句说："韩国灭亡张良起，秦王称帝仲连耻。"刘宋朝廷派兵追赶攻打，生擒谢灵运。廷尉上奏朝廷说，谢灵运率众反叛朝廷，论他的罪刑，应判死刑。文帝刘义隆珍爱谢灵运的才华，打算只免掉他的官职，不必伏法。彭城王刘义康却坚持认为，谢灵运的罪过不宜宽恕。于是，文帝下令，谢灵运减罪一等，流放到广州。

过了很久，有人告发谢灵运命人购买兵器，结交武士，打算在夺取三江口后反叛，没有成功。刘义隆下令，将谢灵运在广州就地斩首，弃市示众。谢灵运恃才傲物，放荡不羁，看不起别人，不注意小节，结果招来大祸。

北魏在外黄设置徐州，任命刁雍为徐州刺史。

（以上为第九段，写北凉主沮渠蒙逊去世，国人放弃太子，立沮渠牧犍为王，改元永和，投靠北魏；刘宋前秘书监谢灵运纵情山水，恃才傲物，放荡不羁，而招来杀身之祸。）

宋文帝元嘉十一年（甲戌，公元 434 年）

春季，正月初四日戊戌，北燕王冯弘派遣使臣出使北魏，请求和解，北魏主拓跋焘拒绝。

氐王杨难当把他攻克刘宋汉中的捷报奏报北魏朝廷，并把雍州逃到汉中的流民七千多家送往长安。刘宋新委任的梁州、南秦州刺史萧思话，抵达襄阳后，立即派遣横野将军府司马萧承之为前锋，准备收复失地。萧承之沿途招兵买马，募集一千人，进驻磝头。杨难当在汉中大肆烧杀抢劫，然后率众离开了汉中，向西返回仇池，留下赵温据守梁州，又派他的魏兴太守薛健屯驻黄金山。萧思话派阴平太守萧坦攻下铁城戍。

二月，氐王杨难当的部将赵温、薛健与他们的冯翊太守蒲甲子，联兵进攻刘宋阴平太守萧坦的大营，萧坦率兵打败了他们，赵温等人只好撤退，盘踞在西水。刘宋临川王刘义庆派遣龙骧将军裴方明率领士兵三千人援助萧承之，攻克并占据了黄金戍。赵温放弃州城，退保小城；薛健和蒲甲子则退保下桃城。萧思话率军随后到达，与萧承之合师攻打赵温等人，屡战屡胜。刘宋行参军王灵济，另率一支队伍，直指洋川，攻击南城，攻克敌镇，生擒守将赵英。南城粮草一空，无法供给军队，王灵济只好率兵撤退，与萧承之会师。

北魏主拓跋焘把西海公主嫁给了柔然汗国的敕连可汗郁久闾吴提。同时，又娶郁久闾吴提的妹妹为夫人，派遣颍川王拓跋提前往送亲迎亲。

二月初四日丁卯，敕连可汗郁久闾吴提派他的异母哥哥秃鹿傀，护送妹妹南下，并向北魏献马两千匹。拓跋焘封他的妹妹为左昭仪。拓跋提，是拓跋曜的儿子。

二月二十八日辛卯，北魏主拓跋焘回宫。

三月二十一日甲寅，北魏主拓跋焘又前往河西。

杨难当派他的儿子杨和率兵与蒲甲子等共同进攻刘宋将领萧承之，双方对峙四十多天。氐王的军队将萧承之的部队包围了几十重，两军短兵相接，弓箭飞石都无法施用。氐军士兵，都身穿犀牛皮制成的铠甲，刀砍不入，枪刺不进。萧承之命令折断长槊，仅留几尺长，然后用大斧捶之，一槊可以穿透数个敌人。氐军不能抵挡，纵火焚烧了大营，仓皇逃走，屯据大桃。

闰三月，萧承之等率军乘胜追击，直抵南城。氐军战败逃走，被斩杀的士兵众多。这样，刘宋全部收复了汉中故土，在葭萌水设置戍所。

当初，桓希战败，氐王杨盛占据汉中。东晋梁州刺史范元之、傅歆都把州府设在魏兴，所统辖的地区也只有魏兴、上庸、新城三郡。等到索邈担任梁州刺史，则把州治设在南城。到这时，南城被氐军纵火焚烧，不能再重新加固，萧思话决定把州治迁到南郑。

闰三月十一日甲戌，前夏王赫连昌背叛了北魏，向西逃走。十三日丙子，北魏河西边哨将领斩杀赫连昌。不久北魏朝廷下令诛杀赫连昌所有的兄弟。

闰三月十六日己卯，北魏主拓跋焘回宫。

闰三月十八日辛巳，北燕王冯弘派尚书高颙上书北魏朝廷请罪，甘为北魏藩属，并乞请献出自己的小女儿充实北魏后宫。拓跋焘允许，征召北燕的太子冯王仁，前来平城朝见。

冯弘把当年北魏的使者于什门送归平城。于什门在燕国被囚禁二十一年，不曾丧失气节。拓跋焘下令褒奖于什门，把他比作苏武，任命他为治书御史，赏赐羊一千头，布帛一千匹，把这件事记载下来祭告列祖列宗，并布告天下。

闰三月二十五日戊子，北魏叛变的平凉匈奴休屠部落首领金当川，包围了北魏所属的阴密。

夏季，四月初三日乙未，北魏征西大将军、常山王拓跋素进攻金当川。十五日丁未，北魏主拓跋焘前往河西。三十日壬戌，北魏军擒获金当川，就地斩首。

刘宋前任梁州、南秦州刺史甄法护因弃城逃走，被朝廷强令在狱中自尽。氐王杨难当派遣使节，携带奏书，前往刘宋谢罪，文帝刘义隆下令赦免他。

北凉王沮渠牧犍派人出使刘宋，呈上奏书，报告他已继位。戊寅（疑误），刘宋文帝刘义隆下令，任命沮渠牧犍为都督凉秦等四州诸军事、征西大将军、凉州刺史、河西王。

六月十三日甲辰，北魏主拓跋焘回宫。

北燕王冯弘不愿意把太子冯王仁送到北魏充当人质。散骑常侍刘滋劝他说："当年，刘禅拥有重山作为屏障，孙皓也拥有长江天险，结果还是都被晋朝生擒。这是为什么呢？是由于实力的强弱太悬殊了。如今，我国的势力比当年的吴国、蜀国还弱，而魏国的势力比当年的晋国还要强盛。不满足魏国的要求，国家会有危亡的惨祸。希望您尽快遣送太子到魏国，稳定局势，然后在国内整顿吏治，安抚百姓，召集流离失所的难民，赈济穷困饥饿中的民众，发展农业，鼓励种桑养蚕，减轻赋役，燕国的江山社稷或许还能保住。"冯弘大怒，杀掉了刘滋。

六月二十日辛亥，北魏主拓跋焘派遣抚军大将军、永昌王拓跋健等人攻打北燕，收获了当地的庄稼，强行胁迫北燕的百姓随军班师回国。

秋季，七月二十一日壬午，北魏主拓跋焘抵达美稷，又前往隰城。在那里，拓跋焘下令阳平王拓跋它，督率各路兵马在西河进攻山胡部落酋长白龙。拓跋它，是拓跋熙的儿子。

北魏主拓跋焘轻视山胡部落，每天他都只带几十名骑兵登山俯视。白龙在周围十多个地方都埋伏了精兵，突然袭击拓跋焘，拓跋焘从马上掉下来，几乎被山胡伏兵生擒。幸亏内入行长、代人陈建以身相护，一面大声呼喊，一面英勇奋击，斩杀山胡士兵数人，身上受伤十多处，才使拓跋焘得以幸免。

九月二十八日戊子，北魏军大败山胡部落，斩杀了山胡酋长白龙，屠杀了全城的居民。

冬季，十月初五日甲午，北魏军又攻下白龙余党据守的五原，诛杀几千人，拓跋焘把被杀的山胡部落士兵的妻子女儿赏赐给军中将士。

十一月，北魏主拓跋焘回宫。

十二月十六日甲辰，北魏主拓跋焘再去云中。

（以上为第十段，写氐王杨难当攻下刘宋的汉中地区，又被刘宋夺回；前大夏主赫连昌背叛北魏而西逃，被杀；北魏主拓跋焘派兵攻打北燕；大败山胡，斩杀酋长白龙。）

宋文帝元嘉十二年（乙亥，公元 435 年）

春季，正月初一己未朔，出现日食。

正月初三辛酉，刘宋实行大赦。

正月十三日辛未，宋文帝赴南郊祭祀天神。

北燕多次遭北魏进攻，北燕王冯弘派使臣来到建康进贡，甘为藩属。正月十五日癸酉，宋文帝下令，封北燕王冯弘为燕王。江南人称北燕为黄龙国。

正月二十六日甲申，北魏实行大赦，改年号为太延。

北凉有位老叟把一封信投放到敦煌城的东门之内，官府派人追查，没有找到。那封信上说："凉王三十又七年。"北凉河西王沮渠牧犍就信的含义请教奉常张慎。张慎说："当年虢国快要灭亡的时候，有神仙降临在莘。我希望皇上推广恩德，励精图治，可能还可以在国王的宝座上统治三十年。如果过分沉溺于游猎，贪恋酒色而荒废政事，我担心七年以后，将有大变。"沮渠牧犍听罢很不高兴。

二月二十日丁未，北魏主拓跋焘回宫。

三月初六日癸亥，北燕王冯弘派大将汤烛前往北魏进贡，借口太子冯王仁有病，所以没有派他过来。

刘宋领军将军刘湛与仆射殷景仁一向私交很好。刘湛入朝做官，实际上是由殷景仁推荐的。刘湛任职以后，却认为殷景仁的职位本来不比自己高，而现在竟位居自己之上，于是愤愤不平。当时，刘、殷二人都被宋文帝宠信，刘湛认为殷景仁专门负责内部事务，恐怕会离间自己与皇上的关系，逐渐萌生了猜忌之心。刘湛深知皇上信任并依靠殷景仁，难以夺宠。当时，司徒刘义康掌握朝中大权，刘湛曾经担任过刘义康的上佐，于是他尽力结交刘义康，打算用刘义康的影响改变皇上的意图，罢掉殷景仁，以独揽朝政。

夏季，四月，己巳（疑误），宋文帝加授殷景仁中书令、中护军等官职，可以在私宅办公。刘湛只加授太子詹事。刘湛因此更加恼怒，怂恿刘义康在文帝面前诋毁殷景仁，而文帝却更加信任殷景仁。殷景仁对亲朋旧友叹息道："我把他引荐入朝，进了朝廷就咬人！"于是，殷景仁称病要求辞职，一再上书，文帝没有批准，让他在家安心养病。

刘湛建议刘义康乘殷景仁外出时，派人假扮强盗杀掉他。即使皇上知道了真相，也可以想办法解释，总不致因殷景仁的缘故伤害了与刘义康的手足之情。文帝略知他们的阴谋，就把殷景仁的私宅中护军府迁到西掖门外，使它靠近皇宫禁院。因此，刘湛的阴谋不能施行。

刘义康的幕僚以及追随刘湛的党羽，暗中相互约束，谁也不敢登殷景仁的门。彭城王府主簿沛郡人刘敬文的父亲刘成，不明白其中的内幕，来到殷景仁家请求担任郡守。刘敬文知道后，赶紧晋见刘湛谢罪说："我父亲老糊涂了，竟到殷景仁家中求职。都怪我愚蠢浅薄，辜负大恩，我们全家惭愧恐惧，无地自容。"

当时，只有后将军司马瘐炳之在殷、刘二人之间来往交游，二人对他都很信任。而瘐炳之却秘密向朝廷报告，以表达忠心。殷景仁有病在家不能每天朝见，文帝常派瘐炳之传递消息，刘湛也不疑心。瘐炳之，是瘐登之的弟弟。

（以上为第十一段，写北燕主冯弘派遣使臣到建康进贡；刘宋领军将军刘湛与仆射殷景仁私交很好，后来刘湛争权，仇视殷景仁，必欲杀之，也导致文帝刘义隆兄弟反目。）

北燕王冯弘派右卫将军到刘宋，乞求派兵救援。

五月初五日庚申，北魏主拓跋焘进封宜都公穆寿为宜都王，汝阴公长孙道生为上党王，宜城公奚斤为恒农王，广陵公楼伏连为广陵王。此外加授穆寿为征东大将军。穆寿推辞说："我祖父穆崇，之所以能够在前朝为朝廷效力，建立功勋，使福祉荫及后代，全是由于梁眷的忠诚。现在，梁眷有大功尚未获得录用，我却累世独受朝廷赏赐，心里实感惭愧。"拓跋焘非常高兴，四处寻访梁眷的后人，终于找到了梁眷的一个孙子，赐封为郡公。穆寿，是穆观的儿子。

西域龟兹、疏勒、乌孙、悦般、渴槃陁、鄯善、焉耆、车师、粟特九国都派使臣向北魏进贡。拓跋焘认为，虽然从汉朝开始，西域各国就与中原互通使臣，但是，西域人通常都是有求时言辞恭谨，归附朝廷；没有求于中原时，就态度傲慢，不受朝廷约束。因为他们知道西域距中原太远，中原军队不能远征。所以，如今让使节互相往来，劳民伤财，终究没有什么益处，因此不打算遣使回访。有关部门一再请求，认为"西域九国不远万里，不惧路途多险，仰慕我朝的仁义恩德，前来朝贡，不应拒绝，否则会阻止将来关系的发展"。于是，北魏朝廷派出使者王恩生等二十人出使西域各国，王恩生等刚渡过沙漠，就被柔然汗国俘虏。王恩生等见到敕连可汗郁久闾吴提，手持北魏皇帝的符节，不肯屈服。拓跋焘听说后，派人严厉斥责敕连可汗，敕连可汗只好放王恩生等人回国，最后还是未能到达西域。

五月十八日甲戌，拓跋焘前往云中。

六月初八日甲午，北魏主拓跋焘认为最近风调雨顺，五谷丰登，吉祥的征兆频频出现，于是下令，命全国聚会饮酒五天，祭拜所有神祇，报答上天的赐福。

六月二十日丙午，高句丽王高琏派使臣向北魏进贡。同时请求示知当今皇帝以及列祖列宗的名字，以免犯讳。拓跋焘下令抄录皇帝世系和祖先的名字给他们。任命高琏为都督辽海诸军事、征东将军、辽东郡公、高句丽王。高琏，是高钊的曾孙。

六月二十二日戊申，北魏主拓跋焘命令骠骑大将军、乐平王拓跋丕，镇东大将军、徒河人屈垣等率领骑兵四万人攻打北燕。

刘宋扬州各郡发生严重水灾。六月二十三日己酉，刘宋朝廷运送徐州、豫州、南兖州的谷米到扬州，赈济灾民。扬州西曹主簿沈亮建议，酿酒浪费谷米而不能充饥，请朝廷下令暂时禁止。刘宋文帝刘义隆下令依从这个建议。沈亮，是沈林子的儿子。

秋季，七月，北魏主拓跋焘在稒阳狩猎。

七月二十四日己卯，北魏乐平王拓跋丕等人抵达北燕都城和龙城下。北燕王冯弘用牛肉和美酒犒赏北魏军，献出铠甲三千副。北魏镇东大将屈垣斥责冯弘没有送儿子做人质，掳掠了男女六千人回国。

八月初一日丙戌，北魏主拓跋焘前往河西。九月二十日甲戌，拓跋焘回宫。

北魏朝廷左仆射、河间公安原，仗恃皇上对他的宠信，骄傲狂恣。有人告发安原阴谋反叛。冬季，十月，安原及其全族被杀。

十月二十日甲辰，北魏主拓跋焘前往定州。十一月十二日乙丑，再往冀州。

十一月十六日己巳，拓跋焘在广川狩猎。二十三日丙子，前往邺城。

北魏多次派兵攻打北燕，北燕国势危急，全国上下都笼罩在恐惧的氛围中。太常杨崏再次劝说北燕王冯弘，迅速派太子冯王仁到北魏充做人质。冯弘说："我实在不忍心这样做。如果国家危急，我打算暂且去东方投靠高句丽，等待时机，再重新振兴国家。"杨崏说："北魏发动全国的军队来攻打一个小国，没有不攻克的道理。高句丽王室一向不讲信用，开始时虽然表示亲近，最后恐怕还是会发生变化。"冯弘不听，秘密派遣尚书阳伊去高句丽，请求派军迎接。

刘宋丹杨尹萧摹之上疏进言："佛教传入中原，已经历四个朝代。佛像、宝塔、寺庙数以千计。最近以来，世俗崇尚浮华，不以真心诚意为人生的重要内容，却更加争相比赛奢侈。木材、竹料、铜铁、绸缎的消耗浪费没有限制。对神祇并无益处，对百姓却有伤害。如不加以禁止，流弊不会自动停止。请下令从今以后，如有打算铸铜像和建造宝塔、寺庙的人，都应事先呈报，等批准后才可以动工。"文帝刘义隆下令同意。萧摹之，是萧思话的堂叔。

北魏秦州刺史薛谨，袭击吐没骨部落，彻底消灭了该部落。

氐王杨难当，释放了被囚禁的侄儿杨保宗，命令他镇守童亭。

（以上为第十二段，写西域龟兹等九国派使臣向北魏进贡，说明北魏的影响和声誉超过刘宋；刘宋扬州发生严重水灾，朝廷下令禁止造酒；北魏派重兵攻打北燕。）

【点评】

北燕之兴亡。在十六国中，以“燕”字作为国名的，就有五个，分别是前燕、后燕、西燕、南燕、北燕。这“五燕”一脉相承，大致来自于慕容氏，而北燕却有些变味，是冯跋灭掉后燕慕容氏而建立，存在了三十年，最后也只是苟延残喘，变成了逃亡政权。

冯跋，其父冯安曾任西燕的将军，西燕灭亡后，东迁到龙城。冯跋曾为后燕主慕容熙的中卫将军，因事获罪，与其弟逃入深山，后来一不做二不休，潜入龙城，杀掉慕容熙，拥立高句丽人慕容云为王，而后慕容云又被部下杀掉，冯跋只好自己称王了。他从公元409年即位，到公元430年被惊吓而死，当了二十二年的国王，在当时闹闹哄哄的乱世，能够当这么长时间的国王，这也是不多见的。他对国家政务勤勤恳恳，鼓励百姓务农种桑，减少徭役，降低赋税，应当说是一位不错的君王。

冯跋作为北燕一国之君，尚能稳定局势，守住国祚。北燕迅速败亡，问题出在接班人身上，以至于二世而亡。冯跋有一百多个儿子，他先立长子冯永为太子，冯永生病去世了；又立冯翼为太子，冯跋病重时，命其摄理国家大事，而冯翼比较懦弱，被冯跋宠幸的宋夫人有为其子图谋王位之意，冯跋的弟弟冯弘于是带兵进宫平变，便顺手牵羊，把王位抢过来，即位为王。冯弘的所作所为，可以说是天怒人怨。

首先，冯弘是靠阴谋夺得王位，并不是光明正大地继承王位，心术不正，不管其才如何，首先已是失德。他非常残暴，派人逼迫太子冯翼自杀，又把冯跋的一百多个儿子全部杀死，真是丧尽天良，人神共愤，不得人心。这样的人，暴虐无道，还能在王位上待得长久吗？

其次，冯弘废长立幼，种下仇怨。他废掉了原配妻子王氏，宠幸后妻慕容氏；又废掉王氏所生的长子冯崇，令其镇守肥如，把慕容氏所生的儿子冯王仁立为太子。结果，自家里闹起了矛盾，父子成了仇人。冯崇的同母弟弟广平公冯朗、乐陵公冯邈感觉非常危险，就劝说冯崇归降北魏，冯崇接受了他们的意见，弃城而去，被北魏封为辽西王，走到了北燕的对立面。

最后，冯弘昧于大势，昏招不断。当时的北魏非常强大，要想灭掉北燕，只不过是早晚的事情。冯弘曾派使臣出使北魏，请求和解，北魏主拓跋焘头昂得高高的，拒绝了他们的请求。而后冯弘又向拓跋焘请求，把小女儿送给他充当后宫嫔妃。拓跋焘见到有女子侍候，还是挺高兴的，就同意了他的请求，但又要求冯弘把太子冯王仁送来当人质。可是，冯弘拒不接受，他宁可舍掉女儿，也不愿意送去太子。散骑常侍刘滋曾极力劝说，认为鉴于北魏的强势，燕国只能如此，否则将有灭亡之祸。可是，冯弘铁了心，宁可亡国，也不遣送太子，一怒之下，便把刘滋杀了。

冯弘不遣送太子，直接导致了北魏大军压境，连苟延残喘的机会也没有了！就这一点来说，真是愚不可及矣！当然，这并不是说遣送太子，国家就太平无事，而是说，在火烧眉毛时，应当首先解决眼前的灾祸，然后再从长计议，如果缓过气来，收拢民心，增强国力，说不定就有转机。而这样一根筋不转弯，就是必死无疑了。尽管冯弘可能是溺爱太子，或者是不惧强暴，或者是不信北魏主有菩提心肠，但是，不管怎么说，这样做，直接将自己置于万劫不复的境地，连转圜的一点余地都没有了。这可不是明智之举，而是庸人所为！可以说，冯弘爱太子不爱江山，结果江山没有了，太子也没有了，悲夫！

后来，冯弘带着龙城内的成年男女逃亡高句丽，那也是走投无路的一种无奈之举，是小泥鳅滚到了沙滩上，离死没有多远了。有刚愎昏庸的国王如此，其结局只能注定是灭亡，而无他途！

宋纪五

宋文帝元嘉十三年至十八年（公元436—公元441）

【起柔兆困敦（丙子，公元436年），尽重光大荒落（辛巳，公元441年），凡六年】

【大事提要】

本卷记事起于公元436年至公元441年，凡六年，当宋文帝（刘义隆）元嘉十三年至元嘉十八年。本卷所载大事，主要是五个方面：其一，北燕灭亡。公元436年，北燕主冯弘不肯屈志于北魏主拓跋焘，拓跋焘派遣大军进攻，冯弘连连失利，焚毁宫城，逼迫居民东迁高句丽，居住在北丰，还是独断专行，高句丽王高琏大怒，派兵夺走了太子和侍臣，杀死了冯弘及其子孙，北燕灭亡。其二，刘宋擅杀大将檀道济。公元436年，刘宋文帝刘义隆病重，彭城王刘义康执政，担心征南大将军檀道济在文帝死后谋反，矫诏召檀道济入朝，将檀道济及其儿子等人一并杀害。治军严整的檀道济被抓时，狠狠地把头巾拉下，摔在地上，说："乃坏汝万里长城！"其三，北魏灭北凉。公元439年，北魏发布檄文，声讨北凉主沮渠牧犍的罪状，亲率大军征讨，围攻北凉都城姑臧，沮渠牧犍感到双方实力相差悬殊，就自行捆绑，率领5000多名文武百官出城投降。北凉灭亡。北魏至此基本上统一了北方，这一年为北朝的开始。其四，北魏统一北方。北魏由拓跋鲜卑所建，前秦于淝水之战崩溃后，代王拓跋什翼犍之孙拓跋珪举兵复国，史称"北魏"。拓跋嗣、拓跋焘相继继位，励精图治，国力大盛，先后消灭夏、北燕、北凉，击溃柔然，与刘宋对峙。至此中国正式进入"南北朝时代"。其五，刘宋文帝铲除异己。彭城王刘义康因文帝刘义隆多病，以司徒独掌朝政，行事不顾君臣礼仪，其党众欲推其登上帝位。公元440年，刘义隆以"合党连群，阴谋潜计"的罪名诛杀其亲信刘湛、刘斌等人，解除其宰辅职务，贬到豫章担任江州刺史，后被赐死。

太祖文皇帝中之上

宋文帝元嘉十三年（丙子，公元436年）

春季，正月初一日癸丑朔，宋文帝患病，没有举行朝会。

正月初二日甲寅，北魏主拓跋焘回宫。

二月初六日戊子，北燕王冯弘派使臣向北魏进贡，请求允许立即送太子冯王仁充当人质。拓跋焘拒绝，并准备兴兵攻打北燕。初十壬辰，北魏派出使节十多人，分别前往东方高句丽等国，告诉北魏将对北燕采取军事行动。

刘宋司空、江州刺史、永修公檀道济，在宋武帝刘裕时代就立下奇功，享有很高的名望。他的左右心腹战将都身经百战，几个儿子都有才气，宋文帝对他又猜忌又畏惧。这时，文帝久病不愈，领军将军刘湛劝司徒刘义康说："皇上一旦去世，檀道济将不可控制。"正巧，文帝的病情加重，刘义康劝说文帝，征召檀道济入京朝见。檀道济的妻子向氏对他说："高于当世的功勋大臣，自古以来都易被猜忌。如今没有战事却召你进京，大祸降临了。"檀道济来到建康以后，文帝留他在京一个多月。文帝病情稍稍好转，就要遣送他回到任所，船已下到码头，还没有出发，文帝的病情突然加重，刘义康假传圣旨，把檀道济召回到祭祀路神的地方，声称为他设宴饯行，将他逮捕。

三月初八日己未，宋文帝下令说："檀道济暗中散发金银财物，招募地痞无赖，乘我病重之时，图谋不轨。"将檀道济交到专管司法的廷尉处理，连同他的儿子、给事黄门侍郎檀植等十一人，一并诛杀，仅饶恕了他年幼的孙子。同时，又杀了司空参军薛彤、高进之二人，他们都是檀道济的心腹爱将，勇猛善战，当时的人们把他们比作关羽、张飞。

永修公檀道济被逮捕时，怒不可遏，两道目光像火炬一样，把头巾狠狠地摔在地上，说："你们是在毁坏你们自己的万里长城！"北魏人听到檀道济被杀的消息，非常高兴，都说："檀道济死了，东吴那些竖子就没有值得我们忌惮的了。"

三月初九日庚申，刘宋大赦天下。朝廷任命中军将军、南谯王刘义宣为江州刺史。

三月二十日辛未，北魏平东将军娥清、安西将军古弼，统率精锐骑兵一万人，攻打北燕。平州刺史拓跋婴，率领辽西各路军队与娥清等会师。

氐王杨难当自称大秦王，改年号为建义。封正室为王后，封世子为太子，仿照天子的制度设置文武百官。然而，他仍然向刘宋和北魏进贡，从不停止。

夏季，四月，北魏大将娥清、古弼围攻北燕的白狼城，一举攻克。

高句丽派遣将领葛卢孟光率领几万部众，随同北燕使臣阳伊来到和龙迎接北燕王冯弘。然后高句丽军队屯驻在临川。北燕尚书令郭生因为百姓不愿迁移他乡，开启城门迎接城外的北魏军，北魏军却以为北燕故意诱敌深入，不敢进城。郭生于是指挥军队，进攻冯弘。冯弘开启东门迎接高句丽军入城，与郭生的叛军在皇宫前会战，郭生身中流箭阵亡。葛卢孟光率军进入和龙城，他命令高句丽将士脱掉身上的破军衣，夺取了北燕的军械库和国库，重新武装自己的军队，在和龙城中大肆抢劫。

五月初五日乙卯，北燕主冯弘率领和龙城中所有的居民向东迁徙。临走前，北燕军纵火焚烧了宫殿，大火烧了十天还不熄灭。北燕逃亡的队伍中，由妇女身披铠甲在大军中间，阳伊等率领精兵在外，高句丽的将领葛卢孟光率领骑兵殿后，组成方阵前进，前后长达八十多里。北魏安西将军古弼的部将高苟子打算率领骑兵追赶，古弼当时酩酊大醉，拔出佩刀阻止高苟子。因此，冯弘等得以逃脱。北魏主拓跋焘听说后，怒不可遏，把古弼和娥清装入囚车，押返平城，二人都被罢免官职，贬为看门士兵。

五月初八日戊午，北魏主拓跋焘派散骑常侍封拨出使高丽，命令他们把冯弘送往北魏。

（以上为第一段，写刘宋权臣刘义康嫉妒名将檀道济的才能与名望，将其召入京城，捏造罪名，残忍杀害，自毁长城；北魏攻打北燕，北燕主冯弘率众出逃，北燕灭亡。）

五月十七日丁卯，北魏主拓跋焘前往河西。

六月，宋文帝下令，命宁朔将军萧汪之率兵攻打程道养。萧汪之的军队开到郪口，帛氐奴投降。随即，程道养兵败，又潜入郪山。

前夏王赫连定西迁以后，氐王杨难当就占据了上邽。秋季，七月，北魏主拓跋焘派遣骠骑大将军、乐平王拓跋丕和尚书令刘絜等人督率河西、高平的各路军队攻打杨难当。在大军开进以前，拓跋焘先派平东将军崔赜，携带皇帝诏书，晓谕杨难当。

北魏散骑侍郎游雅到刘宋访问。

七月初十日己未，刘宋零陵王的母亲、太妃褚灵媛去世。刘宋朝廷追加谥号，称晋恭思皇后，用东晋皇家的礼节和仪式安葬她。

八月，北魏主拓跋焘在河西狩猎。

北魏主拓跋焘派广平公张黎征调定州的军队一万二千人，开通莎泉大道。

九月初二日庚戌，北魏乐平王拓跋丕的大军抵达洛阳。杨难当这才感到恐慌，愿意接受命令，把驻守在上邽的军队撤回仇池。北魏军各将领讨论，一致认为：“不杀掉这个凶悍的首领，等我们班师以后，他们一定会重新集结作乱。另外，我们大军离家远征，如果不掠夺些财物，无法补充军饷，也无法犒赏将士。”拓跋丕打算听从众将的意见。中书侍郎高允正在军中担任拓跋丕的军事参谋，他劝阻拓跋丕说：“如果听从诸位将领的意见，就会伤害他们归化朝廷的心意；大军班师后，叛乱必将来得更快。”拓跋丕才打消了进攻的念头，妥善地安抚新近归附的部落，军纪严明，秋毫无犯，秦陇地区于是民心安定。杨难当任命他的儿子杨顺为雍州刺史，驻守下辨。

高句丽不把北燕王冯弘送交给北魏，并且派使臣携带奏书出使北魏，请求：“准许与冯弘同时接受朝廷的教化。”拓跋焘根据高句丽违反朝廷命令的种种表现，与群臣讨论攻打高句丽，要征调陇右的精锐骑兵。刘絜说：“秦、陇地区新近归附，应当减免那里的赋役，等他们富庶充实以后，再加以使用。”乐平王拓跋丕说：“和龙新近平定，应当大力发展农桑来充实军备，然后再进一步攻取，高句丽就可以被我们一举消灭了。”拓跋焘于是放弃了进攻的计划。

九月初五日癸丑，宋文帝封皇子刘濬为始兴王，刘骏为武陵王。

冬季，十一月初一日己酉，北魏主拓跋焘前往稒阳，驱赶野马到云中，在那里设置了野马苑。闰十一月初五日壬子，拓跋焘回宫。

当初，刘裕攻下长安时，得到了一部古人制作的铜质浑天仪。浑天仪的构架虽然完整，但七星已经残缺。这一年，刘宋文帝刘义隆下令太史令钱乐之重新铸造浑天仪，直径六尺八分，用水作为动力旋转，仪上的星象，日出、日落和日中时，与天上的星象相对应。

柔然汗国与北魏断绝和亲友好关系，开始骚扰北魏边境。

吐谷浑汗国可汗慕容慕璝去世，他的弟弟慕容慕利延继承汗位。

（以上为第二段，写前大夏主赫连定西迁后，氐王杨难当占据上邽，北魏主拓跋焘派遣大军攻打，杨难当撤出上邽；拓跋焘接受大臣的建议，放弃攻打高丽的计划。）

宋文帝元嘉十四年（丁丑，公元 437 年）

春季，正月十二日戊子，北魏北平王长孙嵩去世。

正月十五日辛卯，刘宋实行大赦。

二月初九日乙卯，北魏主拓跋焘前往幽州。三月初二日丁丑，拓跋焘任命南平王拓跋浑为镇东大将军、仪同三司，镇守和龙。初四日己卯，拓跋焘回宫。

宋文帝派遣散骑常侍刘熙伯出使北魏，商量公主出嫁的事宜。正巧公主去世，因而停止。

夏季，四月，益州叛民领袖赵广、张寻、梁显等人率众投降了朝廷。别将王道恩斩杀了程道养，送程道养的人头进京，程道养的余党被平定。初二日丁未，刘宋朝廷任命辅国将军周籍之为益州刺史。

北魏主拓跋焘认为地方郡守、县令大多贪赃枉法。夏季，五月十五日己丑，拓跋焘下令，命令官吏和百姓可以检举告发地方郡守、县令贪污不法的行为。从此，地方一些地痞流氓乘机专挑地方官的过失，要挟在位的地方官，在民间横行。地方官则自低身份对待这些人，照样贪赃枉法。

五月二十二日丙申，北魏主拓跋焘前往云中。

秋季，七月十五日戊子，北魏永昌王拓跋健等攻打山胡部落酋长白龙的余党所据守的西河，彻底消灭了他们。

八月初一日甲辰，北魏主拓跋焘前往河西。九月十二日甲申，拓跋焘回宫。

九月二十五日丁酉，北魏主拓跋焘派使臣出使吐谷浑汗国，封新即位的吐谷浑可汗慕容慕利延为镇西大将军、仪同三司，改封为西平王。

冬季，十月初一日癸卯，北魏主拓跋焘前往云中。十一月初一壬申，回宫。

北魏主拓跋焘再次派遣散骑侍郎董琬、高明等携带大批金银绸缎出使西域，招抚西域九国。董琬等人来到乌孙，乌孙王大为欢喜，说："破落那、者舌二国，也都想向魏国称臣进贡，可是没有门路可以表达自己的意向，如今你们应绕道前往安抚他们。"于是，乌孙王特派向导兼翻译送董琬前往破落那，高明前往者舌。邻近其他国家听到这个消息，也争先恐后地派遣使臣，随同董琬等人一道向北魏进贡，共有十六国之多。从此以后，西域各国每年都到北魏朝贡，从不停止。

北魏主拓跋焘把他的妹妹武威公主嫁给北凉王沮渠牧犍。沮渠牧犍派右相宋繇携带奏书前往平城谢恩，并请教将来怎么称呼公主的母亲和公主。拓跋焘让大臣们讨论，都说："母以子贵，妻随夫爵。沮渠牧犍的母亲应称为河西国太后，武威公主在河西国内应称作王后，在京师则仍旧称为公主。"拓跋焘同意。

当初，沮渠牧犍娶西凉武昭王李暠的女儿为妻。现在，北魏的公主下嫁，李氏与她的母亲迁居酒泉。不久，李氏去世，她的母亲尹氏抚摸她的尸体，却不曾恸哭，说："你国破家亡，今天才死，真是太晚了。"当时，沮渠牧犍的弟弟沮渠无讳镇守酒泉，对尹氏说："您的几个孙儿都在伊吾，您是否打算投奔他们去呢？"尹氏没有揣测出沮渠无讳的真实用意，就欺骗他说："我的子孙们到处逃亡，流落天涯，在他乡异域寄身。我还能活几天？就死在这儿吧，不再去当游牧地区的野鬼了。"不久，尹氏偷偷地投奔伊吾。沮渠无讳派骑兵追上了她，尹氏对追赶她的骑兵说："沮渠无讳允许我回到北方，为什么还要派兵追赶？你拿我的人头回去交差吧，我不会再回去了。"追兵不敢逼迫，只好返回。尹氏在伊吾去世。

北凉王沮渠牧犍派将军沮渠旁周向北魏进贡。北魏主拓跋焘派侍中古弼、尚书李顺赐赏北凉侍从臣僚衣服，并征召北凉世子沮渠封坛到京师平城充当人质。这一年，北凉王沮渠牧犍派遣沮渠封坛到平城。同时也遣使前往刘宋都城建康，呈献各种书籍以及敦煌人赵畋撰写的《甲寅元历》，并索取杂书数十种，文帝刘义隆都满足了他们。

北魏尚书李顺从北凉回国，拓跋焘问他说："你当年提出的攻取北凉的计划，我当时因为正对燕国用兵，没有来得及实行。如今和龙已经平定，我打算立即在年内西征，你看怎么样？"李顺回答说："我当年说的那番话，用今天的形势来验证，我自以为没有错误。但是国家频频兴兵，东征西讨，士兵和战马都疲劳不堪，西征的计划，还是请推迟几年再说吧。"拓跋焘同意了。

（以上为第三段，写刘宋益州叛首赵广等率众投降，乱事平定；北魏主拓跋焘派遣将领出使西域，招抚诸国，有十六国向北魏进贡；拓跋焘欲攻北凉，李顺予以劝止。）

宋文帝元嘉十五年（戊寅，公元 438 年）

春季，二月初七日丁未，刘宋朝廷任命吐谷浑可汗慕容慕利延为都督西秦河沙三州诸军事、征西大将军、西秦河二州刺史、陇西王。

三月十三日癸未，北魏主拓跋焘下令，命五十岁以下的和尚，一律还俗。

当初，北燕王冯弘来到辽东以后，高句丽王高琏派遣使臣慰劳他说："龙城王冯君，光临敝国荒郊，人马都很劳苦吧？"冯弘又惭愧又恼怒，以国王的身份斥责高琏。高句丽王把冯弘安置在平郭，不久，又迁往北丰。冯弘一向轻侮高句丽，政务刑法，奖励惩罚，仍然像在北燕一样。高句丽于是强行夺走了冯弘的侍从，逼迫北燕的太子冯王仁做人质。冯弘怨恨高句丽，派使臣到刘宋请求迎他南下。宋文帝派使臣王白驹等迎接冯弘一行，并令高句丽出资遣送。高句丽王高琏不愿放冯弘南下，就派他手下的将领孙漱、高仇等人，在北丰杀掉了冯弘及其子孙十多人，追赠冯弘谥号为昭成皇帝。刘宋使臣王白驹等率领七千多人攻打孙漱、高仇，斩杀了高仇，生擒孙漱。高琏认为王白驹在他的国土上擅自杀害他的大将，派人逮捕王白驹，遣送回国。文帝认为高句丽是远方小国，不愿让高琏失望，就把王白驹等人关进监狱。不久，宽恕了他们。

夏季，四月，宋文帝迎娶已故黄门侍郎殷淳的女儿，为太子刘劭的正妃。

五月初九日戊寅，北魏实行大赦。

五月二十七日丙申，北魏主拓跋焘前往五原。

秋季，七月，北魏主拓跋焘从五原向北进攻，攻打柔然汗国。拓跋焘命令乐平王拓跋丕督率十五个将领从东路出兵；永昌王拓跋健督率十五个将领从西路出兵；拓跋焘则亲自率军从中路进攻。大军开到浚稽山，又分中路军为两部：一部由陈留王拓跋崇率领，从大泽直指涿邪山，一部由拓跋焘统率，从浚稽一直向北，直奔天山，再向西登上白阜山，没有发现柔然汗国的部落，班师回国。当时漠北发生严重的旱灾，没有水草，北魏军中的人和马匹死亡很多。

冬季，十一月初一日丁卯朔，发生日食。

十二月二十二日丁巳，北魏主拓跋焘抵达平城。

刘宋豫章人雷次宗勤奋好学，隐居在庐山。刘宋朝廷曾经征召他为散骑侍郎，他拒绝入仕。这一年，雷次宗以隐士的身份，被征召到首都建康。朝廷在鸡笼山为他开设学馆，让他招聚学生，讲授学业。宋文帝素来喜欢文学艺术，特命丹杨尹、庐江人何尚之专设玄学，命太子率更令何承天设立史学，命司徒参军谢元开设文学，加上雷次宗的儒学，并称为“四学”。谢元，是谢灵运的族弟。文帝多次临幸雷次宗的学馆，命令雷次宗不必穿朝服为皇上讲授儒学，赏赐的财物特别丰厚。文帝又任命雷次宗为给事中，雷次宗拒绝。过了很久，雷次宗回到庐山。

臣司马光评论说：《易经》说：“贤明的人大多都熟知前人的教诲，接受过去的经验，用来培养自己的德性。”孔子曾说：“辞意通达便可以了。”然而，史学是儒学的一部分，文学只是儒学的余事。至于老子、庄子的虚无学说，则根本不可以讲授和传播。做学问的人，是在于追求真理。而天下的真理没有第二个，怎么可以有“四学”呢？

宋文帝刘义隆性情宽厚仁慈，恭谨勤俭，勤奋刻苦，从不荒怠朝廷政务。他遵循法规而不苛刻，对人宽容而不放纵。朝廷的文武百官都能久居职位。郡守、县宰也都以六年为一任期。官吏不轻易免职，百姓才有所依托。三十年间，刘宋境内，平安无事，人口繁盛。至于租赋徭役，从不增加，只收取常赋，从不额外征收。百姓早晨出去耕作，晚上回家休息，可以随意做事，安居乐业。乡里街巷之间，读书的声音不绝于耳。士大夫重视操守，乡下人也讨厌轻薄无识的人。江左的风俗，在这个时代最为美好。后代评论前世政治得失的人，都称道元嘉治世。

（以上为第四段，写北魏主拓跋焘率军攻打柔然，无功而还；北燕主冯弘逃到高丽，仍摆出原来的架势，被杀；宋文帝刘义隆性情宽仁，恭谨勤奋，后世称道元嘉之治。）

宋文帝元嘉十六年（己卯，公元 439 年）

春季，正月二十五日庚寅，刘宋朝廷提升司徒刘义康为大将军，仍兼任司徒职务；提升南兖州刺史、江夏王刘义恭为司空。

北魏主拓跋焘前往定州。

当初，宋武帝有遗命，命令他的几个儿子依照长幼次序，驻守荆州。这时，临川王刘义庆在荆州已经有八年了，朝廷打算另选一个亲王代替他。按照顺序，应该派南谯王刘义宣。宋文帝却认为刘义宣的人品和才能都很平庸低下，不予任用。

二月初五日己亥，宋文帝任命衡阳王刘义季为都督荆湘等八州诸军事、荆州刺史。刘义季曾经在春天外出打猎，有个老农夫身披苫衣，在田中耕种，不肯回避。刘义季的左右侍从斥责老农，老农说：“游猎取乐，古人深以为戒。如今天暖气湿，一天不耕种，百姓就会错过农时，怎么可以放纵狩猎的快乐，而驱赶勤于耕作的老农呢？”刘义季听罢，勒住马缰说：“他是贤人！”命令左右亲信赐给老农食物，老农拒绝说：“大王您不侵夺农时，境内的百姓都可以吃饱大王赐予的饮食，我老汉怎么敢独自领受您的赏赐呢？”刘义季询问老农夫的姓名，农夫不肯回答，告退而去。

三月，北魏雍州刺史葛那进攻刘宋所属的上洛。刘宋国上洛太守镡长生放弃郡城逃走。

三月初七日辛未，北魏主拓跋焘回宫。

氐王杨难当的侄儿杨保宗与他的哥哥杨保显从驻地童亭投奔北魏。三月二十六日庚寅，北魏主拓跋焘任命杨保宗为都督陇西诸军事、征西大将军、开府仪同三司、秦州牧、武都王，镇守上邽，并把皇室公主嫁给他为妻；又任命杨保显为镇西将军，封晋寿公。

北凉王沮渠牧犍与他的嫂子李氏通奸，他们兄弟三人都轮流和她相好。于是，李氏与沮渠牧犍的姐姐合谋毒害北魏武威公主。北魏主拓跋焘派出解毒医生乘坐驿站的马车驰往救治，才把武威公主救活。拓跋焘下令索取李氏，沮渠牧犍不肯交出，只是给李氏很多财物，命她迁居酒泉。

北魏每次派遣使者出使西域，常常命令沮渠牧犍派出向导，护送魏使走出流沙出没的大沙漠。北魏使者从西域返回，抵达武威。沮渠牧犍左右有人告诉北魏的使臣说：“我们大王听到了柔然汗国的可汗大言不惭地说‘去年，魏国的皇帝亲自来攻打我们，结果士兵和战马大多染上疫病而死，大军惨败而回。我们生擒了他的长弟乐平王拓跋丕’，我们大王听说后非常高兴，在国内大肆宣传。又听说柔然汗国可汗派使臣，出使西域各国，声称：‘现在魏国已经被削弱，普天之下只有我们汗国才是最强大的，如果再有魏国的使臣前来访问，你们不要供应他们。’因此，西域各国对魏国也怀有二心。”北魏使臣回国以后，把所听到的一切，汇报给朝廷。拓跋焘派尚书贺多罗出使北凉观察虚实。贺多罗回来，也说沮渠牧犍虽然表面上对魏称臣纳贡，内心却叛离乖张。

拓跋焘打算攻打北凉，向崔浩询问对策。崔浩说：“沮渠牧犍叛逆之心，早已显露，不能不杀。我军前几年北伐，虽说没有取得太大的胜利，实际上也没有遭受什么损失。战马共三十万匹，算起来在征途中死伤的不满八千。平时每年正常死亡的也不少于一万匹。而远方借此便咬定我们的国力消耗殆尽，不能恢复。现在，我军出其不意，突然出现在他们面前，他们惊恐万状，自相骚扰，不知如何是好，我们一定可以擒获敌人。”拓跋焘说：“太好了，我也是这样想的。”于是，召集公卿在太极殿西堂讨论。

弘农王奚斤等三十多人都说：“沮渠牧犍是西方边陲归附的下等小国，虽然心中对我们不太臣服，但是自从继位以后，每年进贡从不间断减少。朝廷也把他作为一个藩臣来看待，嫁公主给他为妻。如今，他的罪行还不十分明显，应该加以宽恕。我国最近刚刚攻打柔然汗国归来，人马疲惫，不能够再大举兴兵征讨了。况且，我还听说，凉国土地贫瘠，盐碱地居多，水草不多。我们大军兵临城下，他们一定环城固守。我军久攻不克，荒郊野外也没有什么可以劫掠，这可是个危险的策略。”

当初，崔浩讨厌尚书李顺。李顺出使北凉，往返共十二次，拓跋焘认为李顺有才能。当年，北凉武宣王沮渠蒙逊多次与李顺一起游乐宴饮，沮渠蒙逊常对群臣下属说一些骄傲无礼的大话，害怕李顺泄露给北魏朝廷，就随即把金银财宝塞进李顺的怀里，李顺也就替他隐瞒。崔浩知道后，就秘密报告给拓跋焘，拓跋焘不相信。等到这时讨论进攻北凉时，李顺和古弼都说：“从温圉水以西直到姑臧，遍地都是枯石，绝对没有水草。当地人说：姑臧城南的天梯山上，冬天有积雪，深达几丈。春季和夏季的时候，积雪融化，从山上流下来，形成河流，当地居民就是引雪水入渠，灌溉农田。如果凉州人听说我们大军开到，一定会掘开渠口，让水流尽，我军的人马就无水可用。姑臧城方圆百里之内，土地因无水杂草不生，我军人马饥渴，也难以久留。奚斤他们的意见是正确的。”拓跋焘于是让崔浩和奚斤辩论，众人再没有别的话可说，只是声称“凉州没有水草”。崔浩说：“《汉书·地理志》中讲道：‘凉州的畜产，天下最为富饶。’如果那里没有水草，牲畜怎么繁殖？另外，汉朝绝不会在没有水草的土地上兴筑城郭，设置郡县。况且，高山冰雪融化以后，只能浸湿地皮，收敛尘土，怎么能够挖通渠道，灌溉农田呢？这种话实在是荒谬不可信。”李顺说：“耳闻不如亲眼所见。我曾经亲眼看到，你有什么资格和我辩论？”崔浩说：“你接受了人家的金钱贿赂，想要替人家说话，你以为我没有亲眼看到就能被你蒙蔽吗？”隐藏在屏风后面的拓跋焘听到这些话，就走出来面见奚斤等人，声音和表情都十分严厉，群臣不敢再说什么，唯唯听命而已。

文武群臣走出太极殿后，振威将军、代郡人伊馛对拓跋焘说：“凉州如果真的没有水草，他们怎么建立王国？大多数人说的都不可采用，您应该听崔浩的话。”拓跋焘同意他的说法。

夏季，五月十四日丁丑，拓跋焘在平城西郊训练军队。六月十一日甲辰，大军从平城出发。命令侍中、宜都王穆寿辅佐太子拓跋晃，主持朝政，裁决日常事务，朝廷内外都要遵从。拓跋焘又派大将军、长乐王嵇敬，以及辅国大将军、建宁王拓跋崇，率领二万人，屯驻漠南，防备柔然汗国乘虚进攻。拓跋焘又命令大臣们发布文告，历数北凉王沮渠牧犍的十二项罪状，并且警告沮渠牧犍说：“你如果亲自率领群臣，远远地出来伏在地上迎接，然后在我马首前跪拜请罪，这是上策；我军兵临城下，你双手反绑携带空棺出城迎接，这是中策；你要是困守孤城，不及时醒悟，就要身死族灭，受到天下最酷烈的惩罚！你要权衡利害，为自己寻一条生路。”

（以上为第五段，写北凉主沮渠牧犍对北魏称臣纳贡，内心却有异志，北魏主拓跋焘欲发兵攻打，朝廷意见分歧，谋臣崔浩力主出兵，拓跋焘率军出发，对北凉发出劝降警告。）

五月十六日己酉，刘宋改封陇西王吐谷浑可汗慕容慕利延为河南王。

北魏主拓跋焘从云中渡过黄河。秋季，七月初七日己巳，抵达上郡属国城。二十日壬午，大军留下辎重，部署分派各军，命令抚军大将军、永昌王拓跋健，与尚书令刘絜、常山王拓跋素为前锋，分两路同时进发；又命令骠骑大将军、乐平王拓跋丕和太宰、阳平王杜超为后备军；又命令平西将军源贺为向导。

北魏主拓跋焘曾向源贺询问攻取北凉的作战方案，源贺回答说："姑臧城的旁边有四个鲜卑部落，都是我祖父的老部下，我愿意在大军未到之前，向他们宣扬我国的威信，分析祸福利害，他们一定会相继归降。城外的援军一旦瓦解，然后攻取孤城，就易如反掌了。"拓跋焘说："太好了！"

八月初二日甲午，北魏永昌王拓跋健缴获北凉的各种牲畜共二十多万头。

北凉王沮渠牧犍听说北魏大军前来的消息，大吃一惊，说："怎么会是这样？"随后，他采用了左丞相姚定国的计策，不肯出城迎接，却向柔然汗国请求救兵。沮渠牧犍派他的弟弟征南大将军沮渠董来统兵一万多人，在城南出城迎战北魏军，北凉军望风崩溃。北魏前锋将领刘絜听信占卜人的预言，以为日子不吉利，所以召回军队没有乘胜追击，沮渠董来才得以逃进姑臧城。拓跋焘因此对刘絜十分恼怒。

八月初四日丙申，北魏主拓跋焘抵达姑臧城下，派人通知沮渠牧犍，让他迅速出城投降。沮渠牧犍听说柔然汗国就要进攻北魏的边境，所以他还希望拓跋焘率军东还，援救国内。于是，沮渠牧犍命令将士绕城固守。沮渠牧犍的侄儿沮渠祖，翻越城墙投降了北魏军。拓跋焘于是了解了北凉的真实情况，拓跋焘分军包围了姑臧城。源贺率兵招抚了他祖父的旧部三万多个帐落，所以拓跋焘得以集中全力攻城，没有顾虑。

拓跋焘看到姑臧城外水草茂盛，由此痛恨李顺，对崔浩说："你当年说过的话，今天果然应验了。"崔浩回答说："我不敢不讲实话，一向如此。"

拓跋焘决计攻打北凉，太子拓跋晃有些疑虑。这时，拓跋焘在诏书中告诉他："姑臧城东西门外边，有不断涌出的泉水，一直与北门外的泉水相接，水流之大，就像一条河。除供灌溉农田外，其余都顺着沟渠流到沙漠之中，因此这一带没有干田燥地。特意敕书告诉你，以解除你的疑虑。"

（以上为第六段，写北魏主拓跋焘率军攻打北凉，数路同出，剑指北凉都城姑臧；北凉主沮渠牧犍环城固守；北魏将领源贺招抚祖父旧部，拓跋焘集中全力攻城。）

八月初八日庚子，刘宋立皇子刘铄为南平王。

九月二十五日丙戌，北凉王沮渠牧犍的侄儿沮渠万年率领他的部众投降北魏。姑臧城随即被北魏军攻陷，沮渠牧犍率领文武官员五千人，双手反绑，亲自请降。

拓跋焘解开沮渠牧犍的绳索，以礼相待，共接收姑臧城内的居民二十多万户，仓库中的珍奇异宝不可胜数。拓跋焘又命令张掖王秃发保周、龙骧将军穆罴、安远将军源贺，分别向地方各郡宣布消息，各部胡人投降北魏的又有几十万人。

当初，沮渠牧犍任命他的弟弟沮渠无讳为沙州刺史、都督建康以西诸军事，兼任酒泉太守；任命沮渠宜得为秦州刺史、都督丹岭以西诸军事，兼任张掖太守；任命沮渠安周为乐都太守；还任命他的堂弟沮渠唐兒为敦煌太守。等到姑臧城被攻陷，北魏主拓跋焘，派镇南将军、代郡人奚眷袭击张掖；派镇北将军封沓进攻乐都。沮渠宜得烧毁仓库，向西逃往酒泉；沮渠安周则向南逃往吐谷浑。封沓裹胁数千户居民班师，奚眷则继续进攻酒泉，酒泉太守沮渠无讳与沮渠宜得一道，召集残部投奔晋昌，又前往敦煌投奔沮渠唐兒。拓跋焘命令戈阳公元驻守酒泉，武威、张掖两城也分别遣将驻守。

北魏主拓跋焘在姑臧城大宴群臣，他对文武百官们说："崔公足智多谋，我已经不再感到新奇。伊馛是一个擅长骑马射箭的武夫，他的见识竟能与崔公相同，实在是令人惊奇。"伊馛擅长射箭，力气也很大，能拖着牛倒着走，跑起来，能够赶上奔腾的马。同时伊馛又十分忠诚谨慎，拓跋焘特别喜爱他。

北魏主拓跋焘即将率军西征时，宜都王穆寿一直送他到黄河岸边。拓跋焘告诫他说："柔然汗国可汗郁久闾吴提与沮渠牧犍交情很深，他听说我要征讨沮渠牧犍，一定会来进犯我国边境，所以我故意留下精兵和壮马，使你辅佐太子。等到田里的庄稼收割完毕，我立即发兵征讨漠南，我军分别潜伏在要害地区，等待柔然贼兵到来，再诱敌深入，然后攻击他们，必能全部攻下。凉州离国内太远，我不能救你的危难，你千万不要违背我的嘱咐！"穆寿磕头接受了命令。穆寿一向信任中书博士公孙质，就把他当作自己的谋士。而穆寿、公孙质二人都相信占筮卜卦，认为柔然汗国的军队一定不会前来进犯，因此不加防备。公孙质，是公孙轨的弟弟。

柔然汗国敕连可汗郁久闾吴提听说拓跋焘西征姑臧，立即乘北魏国内空虚，大举入侵。当时，郁久闾吴提留他的哥哥郁久闾乞列归与北魏长乐王嵇敬、建宁王拓跋崇在北镇相持。郁久闾吴提自己则亲自率兵深入北魏腹地，直抵善无的七介山。北魏平城居民大为惊恐，争相逃进内城。穆寿不知所措，打算堵塞西城门，请太子拓跋晃逃往南山躲避，窦太后不让他这样处理，才告停止。随即，穆寿派遣司空长孙道生、征北大将军张黎在吐颓山阻击敌人。正巧赶上嵇敬和建宁王拓跋崇在阴山北面击败了郁久闾乞列归的军队，并生擒郁久闾乞列归及其伯父郁久闾他吾无鹿胡，以及柔然的将领五百人，斩杀士兵一万多人。柔然汗国可汗郁久闾吴提听说后，率部逃走。北魏的军队一直追到漠南才返回。

冬季，十月初一日辛酉，北魏主拓跋焘东返，留下乐平王拓跋丕以及征西将军贺多罗镇守凉州，强行迁移沮渠牧犍王室以及北凉的官员和老百姓共三万户到平城。

十月初三日癸亥，北魏张掖王秃发保周，据守张掖叛变。

（以上为第七段，写北魏主拓跋焘率军西征，北凉主沮渠牧犍无可奈何，率文武官员投降，北凉亡；柔然敕连可汗郁久闾吴提乘虚出兵攻打北魏，被击退。）

十二月十六日乙亥，刘宋太子刘劭举行冠礼，实行大赦。刘劭眉目清秀，喜欢读书，擅长骑马射箭，喜爱延接宾客。只要他有所要求，文帝都满足。于是，刘劭在东宫设置亲兵的数目与羽林军相等。

十二月二十三日壬午，北魏主拓跋焘返回平城。因柔然汗国的进攻没有造成重大的损失和伤亡，所以没有处决宜都王穆寿等人。拓跋焘仍把沮渠牧犍当作妹婿来对待，仍命沮渠牧犍像过去一样担任征西大将军、河西王。沮渠牧犍的母亲去世，拓跋焘下令用太妃的礼仪安葬。另外，又为北凉武宣王沮渠蒙逊专门设置守冢户三十家。

凉州自从前凉建立以来，一直号称人才济济。沮渠牧犍尤其喜欢文学，任命敦煌人阚骃为姑臧太守，张湛为兵部尚书，刘昞、索敞、阴兴为国师助教，金城人宋钦为世子洗马，赵柔为金部郎，广平人程骏及其堂弟程弘为世子侍讲。

北魏主拓跋焘攻克凉州以后，对这些士大夫都以礼相待，量才而用。于是，拓跋焘任命阚骃、刘昞为乐平王拓跋丕的从事中郎。安定人胡叟自幼便才华横溢，前往姑臧为沮渠牧犍效力，沮渠牧犍却不十分重视他。胡叟对程弘说："贵国的主人身居穷乡僻壤的小国，却敢滥用名分，超越礼制；以小国侍奉大国却又不诚心敬服；表面上仰慕仁义，实际上却不讲道德，他的灭亡就在眼前了。我将像鸟儿一样，择木而栖，先到魏国去。与你暂且辞别，不会久别的。"于是，胡叟来到北魏。一年之后，北凉灭亡。拓跋焘因为胡叟有先见之明，任命他为虎威将军，赐封爵位为始复男爵。

河内人常爽世世代代寓居凉州，从不接受北凉的礼遇和任官，北魏主拓跋焘任命他为宣威将军。河西人、北凉右丞相宋繇随从拓跋焘到平城，不久去世。

北魏主拓跋焘又委任索敞为中书博士。当时北魏朝廷正崇尚武功，贵族子弟都不把读书当作一件大事。索敞担任中书博士十余年，勤于诱导，对学生严肃而有礼节，贵族子弟们都敬畏他，大多数都能刻苦学习，建功立业，前后在朝中担任尚书、牧守的，就有几十人。常爽在温水西岸设置学馆，教授学生七百多人。常爽订立赏罚条例，弟子们服从他，就像侍奉严明的君主。从此以后，北魏的读书风气开始振兴。中书侍郎高允每每称赞常爽对待学生教训有方，说："汉代的文翁以柔取胜，而先生您却用刚直的方法取胜，方法虽然有异，但造就人才的功效是一样的。"

陈留人江强，寄居在凉州，他向北魏朝廷呈献经、史以及诸子百家的经典有一千多卷，另外还有研究文字学的书籍，亦被拓跋焘任命为中书博士。拓跋焘命崔浩监理秘书事，综合整理历史史料文献；又任命中书侍郎高允、散骑侍郎张伟参与处理掌管这些事并修撰史籍。崔浩奏称：“阴仲逵、段承根，都是凉州的才子，请征召他们共同修撰国史。”二人都被授予著作郎。阴仲逵，是武威人。段承根，是段晖的儿子。

崔浩收集各家历书，考订核对汉朝建立以来发生的日食、月食，以及金、木、水、火、土五星运行的度数，对从前史书的错误加以批评，又另行编纂了一部《魏历》，请高允过目。高允说：“汉高祖元年十月时，五星会聚在东方井宿，这是历书上的一个小错。现在你不满于汉朝人修的史书，却不明白这个谬误，恐怕后人也会像我们今天批评古人一样，来批评我们。”崔浩说：“你所谓的荒谬，指什么？”高允说：“根据《星传》：‘金星、水星，常常追随太阳运行。’十月，太阳早晨在尾宿、箕宿之间，黄昏时，在申位南方隐没不见，而井宿这时才在寅位北方出现。金星水火星怎么会背着太阳运行？这是史官为了增加事件的神秘色彩，不再加以客观推断和考究的结果。”崔浩说：“天文现象发生异常变化，怎么会不可能呢？”高允说：“这不是我们空口无凭地急辩所能解决的，应该更进一步地考察审断。”当时在座的人都认为高允的谈论怪诞，只有东宫少傅游雅说：“高允先生精通历法，应不会是空言虚论。”

一年多以后，崔浩对高允说：“上次我们谈论的，我没有仔细研究。等到重新考核推断，果然像你所说的那样。五星是在前三个月在井宿聚集，而不是在十月。”众人都赞叹佩服。高允虽然通晓天文历法，却从不推算并向众人论说，只有游雅知道他的学识。游雅多次就灾变询问高允，高允说：“阴阳灾变，很难明知，即使已经知道了，又害怕泄露天机，还不如不知道呢！天下值得探索的道理很多，何必偏问这个。”游雅才不再问下去。北魏主拓跋焘曾问高允：“治理国家，什么是第一位的？”当时北魏境内的许多良田，都被朝廷划为禁地，因此，高允说：“我幼年贫贱，只知道农事。如果国家扩大农田、积聚谷米，使朝廷和百姓都有粮食储备，就不忧虑饥馑了。”拓跋焘于是下令，解除被划为禁地的农田，让百姓耕作，国家收取田赋。

吐谷浑可汗慕容慕利延，听说北魏已经攻克凉州，大为惊恐，率领他的部众向西逃去，越过了沙漠。北魏主拓跋焘因为吐谷浑可汗的哥哥慕容慕璝有生擒并呈献赫连定的功劳，因此派使臣招抚逃走的吐谷浑可汗慕容慕利延，慕容慕利延才率部众返回故地。

氐王杨难当率兵几万人进犯北魏的上邽，很多秦州百姓响应他。东平人吕罗汉劝说北魏的守将拓跋意头说：“杨难当势力正强盛，现在不出城迎战，而向敌人示弱，我军士气将受挫，军民就会离散，那时城池就守不住了。”拓跋意头就派吕罗汉率领精锐骑兵一千多人，出城冲击杨难当的战阵，北魏骑兵所向披靡，斩杀杨难当左右亲兵共八人，杨难当大为惊慌。这时，拓跋焘斥责杨难当的命令也到了，杨难当于是率众退回了仇池。

刘宋南丰太妃司马氏去世。司马氏，是已故营阳王刘义符的王后。

被招抚的刘宋叛民首领赵广、张寻等，再度反叛朝廷，被斩首。

（以上为第八段，写北魏主拓跋焘重用北凉聚集的一批人才；听从谋臣高允的建议，解除被划为禁地的农田，让百姓耕作；氐王杨难当进攻北魏上邽，被打败。）

宋文帝元嘉十七年（庚辰，公元440年）

春季，正月二十日己酉，逃亡到敦煌的前北凉沙州刺史沮渠无讳进攻北魏国占领的酒泉。北魏弋阳公元絜轻视沮渠无讳，出城与敌人对话。二十三日壬子，沮渠无讳生擒元絜，然后包围了酒泉。

二月，北魏的假通直常侍邢颖，来刘宋访问。

三月，沮渠无讳攻下酒泉。

夏季，四月初一日戊午朔，出现日食。

四月二十三日庚辰，沮渠无讳继续进攻北魏占领下的张掖，张掖守将秃发保周屯驻在删丹。二十九日丙戌，北魏主拓跋焘派抚军大将军、永昌王拓跋健率领各路兵马，攻打沮渠无讳等。

刘宋司徒刘义康独揽朝政大权。宋文帝多年患病，稍微操劳，旧病就复发，多次病危。刘义康对文帝尽心侍奉，药物非经自己亲口尝过，绝不让文帝服用，有时一连几夜都不睡觉。朝廷内外的大小事务，他都一个人决定施行。刘义康生性就喜爱办理公务，所以，阅读公文、处理诉讼等政务，他都处理得无不精密妥善。文帝因此把很多大事都委派给他。刘义康只要有奏请，立即就被文帝批准。州刺史以下官员的人选，文帝都授权刘义康选拔任用。至于赦免和诛杀这类大事，有时刘义康就以录尚书事的身份裁决。因而，刘义康的势力倾动远近，朝野上下的各方人士，都集中在他周围。每天早晨，刘义康府第前面常有车数百辆，刘义康对来访客人亲自接待，从不懈怠。刘义康记忆力极强，一经耳闻目睹，终生不忘，他喜好在大庭广众的场合下，提起自己记忆中的事情，用来显示自己的聪明才干。许多有才能的士大夫，都被他委以重任。刘义康曾对刘湛说："王敬弘、王球这些人，有什么能力？坐享荣华富贵，真让人费解！"

然而，刘义康一向没有学问，不识大体，朝中有才干的士大夫都被他延聘到府中来，府中没有才能的，或冒犯他的幕僚，都被贬斥到朝廷机构任职。他自以为，兄弟之间是至亲手足，因此他也不严格用君臣的礼节约束自己的行为，常常任性行事，从不考虑他的行为是否会触犯禁忌。他在府中私养僮仆六千多人，未曾上奏朝廷。各地进贡的物品，都把上品呈献给刘义康，而把次等的呈献给文帝。有一年冬天，文帝吃柑子，叹息柑子的外形和味道太差。刘义康说："今年的柑子也有好的！”于是，派人到府中去取，取来的柑子比进贡文帝的直径大三寸。

（以上为第九段，写宋文帝刘义隆多病，朝政由其弟司徒刘义康把控，义康颇有才干，善于弄权，以致行事不顾君臣之礼，权倾朝野，为所欲为。）

领军将军刘湛与仆射殷景仁结怨很深。刘湛打算倚靠刘义康的势力，排挤殷景仁。当时刘义康的势力十分强盛，刘湛更加推崇他的权势，使刘义康对宋文帝不能再保持臣属的礼节，文帝的内心很不平静。刘湛刚刚进朝廷做官时，文帝对他十分优待。刘湛特别擅长谈论经邦治国的道理，熟悉前代的历史掌故，每每说起来，条分缕析，使人忘记疲劳。每次进宫朝见，一到云龙门，车夫就解开车马，刘湛的左右侍从及仪仗队伍也都各自散去。不到傍晚不出来，都习以为常了。等到后来，刘湛煽动和唆使刘义康恣意妄为，文帝对他心怀不满，但对他礼遇却仍不改变。文帝曾对他的亲信说："当年刘班（即刘湛）从西方回来，我与他谈话，常看时间早晚，唯恐他离去；最近他入宫，我也常看时间早晚，苦于他不快走。"

殷景仁秘密报告宋文帝说："相王刘义康权势太重，并非国家久远的考虑，应该对他稍加抑制！"文帝心里暗暗同意。

司徒左长史刘斌，是刘湛的同族，大将军从事中郎王履，是王谧的孙子，他们和主簿刘敬文，祭酒、鲁郡人孔胤秀都因为阴险谄媚、排挤别人，而深得刘义康的宠信。他们看到宋文帝多病，都说"皇上一旦驾崩，应该拥护年长的人为君主"。文帝一度病重，命刘义康起草托孤诏书。刘义康回到府中，痛哭流涕地告诉刘湛和殷景仁。刘湛说："治理国家，不胜艰难，怎么是年幼君主所能胜任的！"刘义康、殷景仁都没有搭腔。而孔胤秀等人擅自前往尚书议曹，索取当年晋成帝去世，改立他的弟弟晋康帝的旧档案，刘义康并不知道这件事。等到文帝愈后，略微听到这些情况。而刘斌等人却加紧活动，秘密策划，打算让刘义康最后登上帝位。于是，他们结成死党，窥视朝廷和宫中的变化，凡是与自己不同心的，就千方百计地陷害。同时，他们又百般搜集殷景仁的材料，或者捏造事实提供给刘湛。从此以后，文帝与宰相之间，离心离德。

刘义康打算任用刘斌为丹杨尹，说话中间向宋文帝报告刘斌家境贫寒，还没有说完，文帝就说："可以让他去当吴郡太守。"后来，会稽太守羊玄保请求调回京师，刘义康又打算让刘斌接替他，就上奏文帝说："羊玄保请求调回，不知用谁去管会稽的事？"文帝当时还没有考虑妥当，仓促之间回答说："我已任用王鸿！"从去年秋天开始，文帝就不再临幸刘义康的相府。

五月初六日癸巳，刘湛因母亲去世，按礼制离职回家守丧。刘湛自知罪行已经暴露，已没有再保全性命的可能，便对亲近的人说："今年一定失败！过去只靠口舌利为自己争辩，所以得以支吾拖延而已。如今人情事理发展到了尽头，就要遭受荼毒，不再有什么希望了，祸患到来的时间不会太久了！”

（以上为第十段，写宋文帝刘义隆与司徒刘义康离心离德，刘义康的党羽更是推波助澜，欲让义康登上帝位，无所不用其极，文帝有所警觉，稍加贬抑。）

五月十八日乙巳，前北凉州刺史沮渠无讳再次包围张掖，不能攻下，于是撤退，固守临松。拓跋焘也不再举兵进攻，只是下令让他投降归顺。

六月二十一日丁丑，北魏主拓跋焘的皇孙拓跋濬诞生。下令实行大赦，改年号为太平真君。因道士寇谦之的《神书》上有言“辅佐北方太平真君”，所以采用这个年号。

刘宋太子刘劭前往京口拜谒京陵。司徒刘义康、竟陵王刘诞等随同前往。南兖州刺史、江夏王刘义恭从江都前来会合。

秋季，七月初三日己丑，北魏永昌王拓跋健在番禾击败了秃发保周；秃发保周逃走，拓跋健派安南将军尉眷追击。

七月初十日丙申，北魏皇太后窦氏去世。

七月二十六日壬子，刘宋皇后袁氏去世。

七月二十七日癸丑，秃发保周走投无路，自杀。

八月二十九日甲申，沮渠无讳派他的中尉梁伟前往北魏永昌王拓跋健的营地，请求投降，归还酒泉郡，释放被俘的北魏将领元絜等人。拓跋焘命令尉眷留下，镇守凉州。

九月二十七日壬子，刘宋安葬元皇后。

（以上为第十一段，写前凉将领沮渠无讳反叛北魏，包围张掖；北魏将领打败秃发保周；拓跋焘皇孙拓跋濬出生，改元太平真君；刘宋太子刘劭前往京口祭祖。）

宋文帝认为司徒、彭城王刘义康的猜忌怨恨已经明显，势必酿成祸乱。冬季，十月，戊申（疑误），命令逮捕刘湛交付廷尉，并且下令公布刘湛的罪行，在狱中就地处决，同时斩杀了刘湛的儿子刘黯、刘亮、刘俨以及刘湛的党羽刘斌、刘敬文、孔胤秀等八人，下令将尚书库部郎何默子等五人，流放到广州，因此，下令实行大赦。

这天，宋文帝命令刘义康进宫值班，随即把他软禁在中书省。晚上，分别逮捕了刘湛等人。青州刺史杜骥统兵在金銮殿防备意外情况发生。最后，文帝派人把刘湛等人的罪状传达给刘义康。刘义康上疏请求辞职，文帝下令，任命刘义康为江州刺史，仍然保留侍中、大将军职，出京镇守豫章。

当初，殷景仁卧病五年，虽然不与文帝相见，但是密信往来，每天有十几次，朝廷大事小事，文帝都征求他的意见，行踪十分隐密，竟没有一个人发现蛛丝马迹。

逮捕刘湛那天，殷景仁命令家人打扫衣冠，左右家人都不明白他的用意。那天夜里，文帝前往华林园延贤堂，召见殷景仁。殷景仁仍然声称患有脚病，用小椅子抬进宫就座。文帝把诛杀攻打刘湛党羽的所有事情，全都委任殷景仁处理。

当初，刘宋将领檀道济举荐吴兴人沈庆之忠诚谨慎，通晓兵法，文帝命他领兵在东掖门驻防。刘湛为领军将军，曾经对他说："你留在这个职位上已经很久，最近应该考虑这个问题。"沈庆之神色严肃地说："我在这里已经十年了，自然应该调职，不敢麻烦你。"逮捕刘湛的那天晚上，文帝开启宫门召见沈庆之，沈庆之全副武装束紧裤管进门觐见，文帝说："你为什么这般装束？"沈庆之说："夜半召见队主，定有急事，不能宽服大袖。"文帝派沈庆之逮捕刘斌，将其斩首。

刘宋骁骑将军徐湛之，是徐逵之的儿子，与刘义康关系特别亲密，文帝刘义隆心里恼恨他。刘义康失败后，徐湛之被捕，罪当处死。他的母亲会稽公主，在兄弟姊妹中，她是敬皇后所生，年龄又最大，一向被文帝礼遇。皇室事务不论大小，一定征求她的意见以后再决定。刘裕贫贱的时候，曾经到新洲砍伐荻草，身穿补过的布衫棉袄，都是敬皇后亲手缝制的。刘裕即皇帝位以后，把穿过的旧衣服拿给公主看，说："后世子孙，如有人骄傲奢侈，不知节俭，你可以把这衣服拿给他们看。"现在，因为徐湛之，会稽公主入宫觐见皇上，大声哭号，不再向文帝行臣妾节，把用绸缎包裹的破衣服抛在地上说："你们家本来出身贫贱，这是我母亲为你父亲做的衣裳，才吃一天饱饭，就要杀我的儿子了！"文帝于是赦免徐湛之的死罪。

吏部尚书王球，是王履的叔父。他淡泊名利，一向俭朴，名声很好，为文帝所重。王履却生性务进好利，与刘义康及刘湛交情很深，王球多次劝告他，他不听从。诛杀刘湛的那天晚上，王履光着双脚，跑去把情况告诉了王球，王球命左右侍从为他取来鞋子，先温酒为他压惊，对他说："我平时都跟你说什么了？"王履吓得答不出来，王球慢慢地说："有你叔父我在，你还担忧什么！"文帝因为尊重王球的缘故，赦免了王履的死罪，免职回家。

刘义康权势鼎盛的时候，人们都争相奉迎，与他亲近。唯独司徒主簿江湛早有远见，与他疏远，要求出任武陵内史。檀道济曾经为他的儿子向江湛求婚，江湛坚决推辞。檀道济又请刘义康出面，江湛推辞的态度更加坚决。因此，没有受到檀道济、刘义康大祸的牵连。文帝听说后，对他加以奖励。江湛，是江夷的儿子。

刘宋彭城王刘义康被软禁在中书省十多天，觐见文帝并辞行，来到码头。文帝看到他时，悲伤痛哭，没有一句话。文帝派僧人慧琳去看望他，刘义康说："您看我还有回到京师的可能吗？"慧琳说："真遗憾，你不多读几百卷书！"

当初，吴兴太守谢述是谢裕的弟弟，多年辅佐刘义康，屡次规劝，不幸早死。刘义康将要南下豫章，叹息说："当初只有谢述劝我急流勇退，刘湛劝我不断进取，后来刘湛活着，谢述却死了，我身败名裂也是理所应当的了。"文帝也说："谢述如果活着，刘义康也不会落到这个地步。”

宋文帝任命征虏司马萧斌为刘义康的谘议参军，兼任豫章太守，大小事务都委任他决断。萧斌，是萧摹之的儿子。又命龙骧将军萧承之率军驻防戒备。刘义康左右亲信僚属，有愿追随的，都准许一同前往。文帝赐赏刘义康的财物十分丰厚，而且不断通信，朝中大事都告诉刘义康。

过了很久，宋文帝驾临会稽公主家赴宴，兄弟姐妹在一起非常愉快。突然，会稽公主起身跪在地上，再拜叩头，不胜悲伤。文帝不明白她的用意，亲自把她扶起来。会稽公主说：“义康到了晚年，皇上一定不能容他，今天特地求你饶他一命。”随后痛哭不止。文帝也泪流满面。他指着蒋山说：“你不必担心。我如果违背今天的誓言，就是辜负了高帝。”于是，把正在饮用的酒封起来，送给刘义康，附一封信说：“我与会稽姐宴饮，想起了你，把剩下的酒封起来送给你。”因此，会稽公主在世的日子里，刘义康得以平安。

臣司马光评论说：宋文帝与刘义康手足友爱的情意，开始时不是不重。但最后却以失去兄弟之间的感情，损害君臣之间的大义而告终。追溯祸乱的根源，正是由于刘湛贪权慕利的欲望没有止境。《诗经》说“贪婪的人败坏同类”，正是对这种情况的形容呵！

（以上为第十二段，写宋文帝刘义隆与其弟刘义康已是水火不容，便采取果断措施，逮捕帮凶刘湛，立即处死，以及斩杀刘湛之子与党羽，贬退刘义康为江州刺史。）

宋文帝征召南兖州刺史、江夏王刘义恭为司徒、录尚书事。

十月二十三日戊寅，宋文帝任命临川王刘义庆为南兖州刺史，殷景仁为扬州刺史，仍任仆射、吏部尚书。刘义恭吸取刘义康失败的教训，虽然担任录尚书事，却不敢过问政事，只在文书上签字而已，文帝这才放心。文帝每年拨付给相府的钱，有二千万，其他物品也与此差不多。但是刘义恭生性奢侈，费用常常不足，文帝又另外给他一些钱，每年高达一千万。

十一月初三日丁亥，北魏主拓跋焘前往山北。

刘宋扬州刺史殷景仁到任后，病情愈加严重。文帝下令，禁止西州道上有车马经过，以免发出声音。十一月二十九日癸丑，殷景仁去世。

十二月初九日癸亥，宋文帝任命光禄大夫王球为仆射。十四日戊辰，任命始兴王刘濬为扬州刺史。当时刘濬年纪幼小，州里具体事务全部委派给后军长史范晔和主簿沈璞。范晔，是范泰的儿子；沈璞，是沈林子的儿子。不久，范晔提升为左卫将军。同时，朝廷任命吏部郎沈演之为右卫将军，共同掌理皇家禁军。文帝还任命庾炳之为吏部郎，都参与处理朝廷机要。沈演之，是沈劲的曾孙。

范晔富有才干，却轻薄放荡，多次触犯礼教人伦规范，受到士大夫们的鄙视。他热衷名利，急于进取，自以为才能无法充分发挥，常常闷闷不乐。吏部尚书何尚之对文帝说："范晔野心太大，志趣与常人不同，应该派他出去担任广州刺史。如果留在朝廷，一旦犯下罪行，就不能不诛灭。不断诛杀，不是国家的好事。"文帝说："刚杀了刘湛，又把范晔赶出京师，别人会议论你们不能包容有才能的人，说我听信谗言。只要我们都知道范晔的问题，他就不能为害朝廷了。"

这一年，北魏宁南将军王慧龙去世。吕玄伯留守他的墓园，终身不肯离去。

北魏主拓跋焘打算任命伊馛为尚书，封郡公。伊馛辞让说："尚书职务繁忙重要，公爵地位崇高，不是像我这样的年少愚鲁的臣属所能胜任的。"拓跋焘问他想担任什么职位？伊馛回答说："中书省、秘书省中的官员大多是文士，如果承蒙赏赐的话，请允许我参加他们的行列。"拓跋焘欣然同意，就任命他为中护军将军、秘书监。

自称为大秦王的氐王杨难当，又恢复旧号，称武都王。

（以上为第十三段，写刘宋贬退刘义康，以刘义恭继之，义恭吸取义康失败的教训，不问政事，敷衍了事，宋文帝刘义隆放心朝政；殷景仁出山，担任扬州刺史。）

宋文帝元嘉十八年（辛巳，公元441年）

春季，正月二十日癸卯，北魏朝廷任命沮渠无讳为征西大将军、凉州牧、酒泉王。

刘宋彭城王刘义康抵达豫章，辞去江州刺史的职务。正月二十一日甲辰，文帝任命刘义康为都督江、交、广三州诸军事。前龙骧将军、巴东人扶令育前往皇宫，呈上奏疏，说："当年袁盎劝阻汉文帝说：'淮南王刘长如果在路上遇到风霜而死，皇上有杀弟的罪名。'汉文帝没有接受，后悔也来不及了。彭城王刘义康是先帝钟爱的儿子，是皇上的二弟。如果一时糊涂犯了错误，皇上可以用善恶的标准责备他，用道义来引导他，怎么可以相信未加证实的嫌疑，一日之间被罢官贬爵，贬谪到南方边地！荒野小民，都为皇上痛心。庐陵王被迁被杀的往事，足以引为借鉴。深恐刘义康一旦不幸丧命，死在南方，我虽然身份低微卑贱，也暗为皇上羞惭。皇上只知坏掉的枝叶应该砍掉，怎么不知道砍枝叶也会伤及树干呢？我诚心希望皇上把刘义康迅速召回京师，兄弟和睦友爱，君臣互相勉励。这样，四海之内的怨恨就会消除，诽谤的谣言也可以止息。并非一定要重新把彭城王置于司徒公、扬州牧的位子上啊！如果我的话对国家有害，我愿意被处死，向皇上谢罪。"奏疏呈上以后，朝廷便把他逮捕，投入建康监狱，命他自杀。

裴子野评论说：身居高位的人行善施恩，就如同聚集云彩，降下甘霖，天下万物都得到他的恩惠。可是，身居高位的人做下恶事，就如同天崩地裂，天下万物所受到的惊恐，谁不知道，谁看不到！岂是杀一个人的性命，钳一个人的口舌就能掩盖逃脱，就能消灭的？这都是因为不能克制自己的怒火，而加重已有的疾病啊！以刘义隆的宽宏大度，还要对杀害刘义康的劝谏掩耳不听。从此以后，谁还敢轻易说话！宋一朝几代，很少有直言谏诤的人，这岂是朝中正直刚正的大臣不如古人？还是当时政治、刑法不够开明造成的结果？张约冤死在权臣手中，扶令育却死在明君的手里。宋的杀人法网酷刑，唉，真可怕啊！

北魏新兴王拓跋俊荒淫不法。三月二十八日庚戌，降为公爵。拓跋俊的母亲在这以前因罪被杀，拓跋俊一直心怀怨恨，阴谋反叛朝廷。事情泄露，被赐死。

三月二十九日辛亥，北魏封柔然汗国郁久闾乞列归为朔方王，封沮渠万年为张掖王。

夏季，四月，敦煌太守沮渠唐兒背叛了沮渠无讳，沮渠无讳留下他的堂弟沮渠天周镇守酒泉，他亲自与他的弟弟沮渠宜得率兵追击沮渠唐儿，沮渠唐儿战败身死。北魏朝廷担心沮渠无讳早晚是边疆的隐患。二十八日庚辰，拓跋焘派镇南将军奚眷进攻酒泉。

秋季，八月初一日辛亥，北魏派散骑侍郎张伟出访刘宋。

九月十九日戊戌，北魏永昌王拓跋健去世。

冬季，十一月初十日戊子，刘宋仆射王球去世。二十一日己亥，刘宋朝廷任命丹杨尹孟颢为尚书仆射。

被北魏围困的酒泉城中粮食吃尽，一万多人饿死，守将沮渠天周杀掉自己的妻子，分送士兵们充饥。十一月二十二日庚子，北魏军将领奚眷攻克酒泉城，俘虏了沮渠天周，押送到平城斩首。沮渠无讳的军中也缺乏粮食，又害怕北魏的强大兵力，于是打算向西渡过沙漠，派他的弟弟沮渠安周向西进攻鄯善。鄯善王打算投降，正巧北魏的使臣赶到，劝他坚决防守。因此，沮渠安周难以攻克，只好撤退，固守已占据的东城。

氐王杨难当动员全国的兵马入侵刘宋，计划占据蜀地，派他手下的建忠将军苻冲从东洛出兵抵御刘宋梁州的军队。刘宋梁、秦二州刺史刘真道迎击苻冲，斩杀了苻冲。刘真道，是刘怀敬的儿子。杨难当攻陷葭萌，俘获了晋寿太守申坦，进而又包围了涪城。巴西、梓潼二郡太守刘道锡绕城固守，杨难当连续进攻十多日，不能攻下，于是返回。刘道锡，是刘道产的弟弟。

十二月十五日癸亥，宋文帝下令，命令龙骧将军裴方明等率领全副武装的士兵三千人，又征调荆、雍二州的兵力攻打杨难当，都由刘真道统一指挥。

刘宋晋宁太守爨松子谋反，宁州刺史徐循镇压了叛军。

天门蛮人酋长田向求等人谋反，攻下溇中。刘宋荆州刺史、衡阳王刘义季派遣代理参军曹孙念彻底平定叛乱。

北魏道士寇谦之对北魏主拓跋焘说："现在，皇上是以真君的名义统治天下，建立静轮天宫大法，这是开天辟地以来从未有过的事情。应该登台接受符书，表彰和宣扬皇上圣明的恩德。"拓跋焘同意了。

（以上为第十四段，写宋文帝刘义隆改迁刘义康，将其放置到蛮荒之地，前龙骧将军参军扶令育劝谏，被赐死；北魏主拓跋焘封沮渠无讳为酒泉王，又怕其反叛，故派兵攻打。）

【点评】

北方复归一统。前秦苻坚曾短暂统一了中国北方，淝水大战失败后，前秦土崩瓦解，北方群雄割据。公元 386 年，拓跋珪重建代国，不久改国号为"魏"，史称"北魏"。到公元 439 年，经过拓跋珪、拓跋嗣、拓跋焘三代国主的不懈努力，先后攻灭了后燕、后秦、大夏、北凉、西秦、北燕等割据势力，再度统一北方，具有划时代的意义。

首先，几代人坚持不懈。历史的机遇有时候青睐绝地逢生的人。北魏的前身代国，被前秦攻灭，时年六岁的拓跋珪被其母亲贺兰氏携走出逃，十六岁趁乱重兴代国，即位称代王，而后定国号为"魏"，正式称帝。拓跋珪即位初年，积极扩张疆土，励精图治，为北魏的兴起和强盛奠定了基础。其后，公元 409 年，十七岁的长子拓跋嗣继位，励精图治，整顿内政，在阴山以北地带兴筑长城，防止北方柔然的骚扰；在与刘宋的战争中获胜，攻占虎牢关，夺取刘宋领土三百里。再其后，公元 424 年，拓跋嗣十六岁的长子拓跋焘继位。他是杰出的军事统帅，善于使用骑兵，曾亲率大军先后攻灭大夏、北燕、北凉，攻打柔然，征讨山胡，降服鄯善，驱逐吐谷浑，夺取刘宋的虎牢、滑台等重镇要地，最终统一中国北方。有意思的是，这三代国主，大都是在十六岁左右即位，个个都是有为之主，具有雄才大略，既善于军事，也懂得治国，故能取得辉煌的成就。而当时的割据政权，大都是一代政权，到了儿子辈，就互相争权，闹得鸡犬不宁，因而很快灭亡；也有的是二代而亡，到了孙子辈国将不国了。而北魏三代兴盛，也很少出现内部分裂、争夺皇权的现象，这是北魏能够统一北方的关键因素。

其次，善于重用谋臣，借助谋臣智慧，推进统一事业。这其中突出的是三代北魏帝王重用谋臣崔浩。崔浩，自比张良，被誉为北魏第一谋士，长相如美貌妇人。他参与了北魏三代帝王的重大军事决策，多谋善断，屡建功勋，深受器重，在北魏统一北方的一系列战争中起了重要作用。在拓跋珪时，他为贴身秘书，勤奋工作，经常加班不回家。拓跋珪晚年，杀人如麻，而崔浩近在咫尺，独得恩宠，毫发无损；拓跋嗣、拓跋焘时，崔浩担任“帝王师”，为其出谋划策。例如，当东晋刘裕攻打后秦时，曾向北魏借道，群臣个个都不同意，认为后秦灭亡了，就轮到北魏了。而崔浩说：“晋军士气正旺，我们是挡不住的。应当等到刘裕入关以后，切断他的归路。让东晋和后秦打得两败俱伤，我们再动手，坐收渔翁之利，把他们两个国家都灭了。”多聪明的主意啊！可惜的是，北魏主拓跋嗣没有听从他的谋议，结果吃了败仗。再如，拓跋焘即位后，想攻打柔然，恰巧南方的宋文帝刘义隆放出话来，要北伐，夺回黄河以南的土地。当时，大臣们都主张南征，拓跋焘拿不定主意。而崔浩说：“北方柔然没事就来骚扰边境，百姓常年生活在恐惧之中。他们来去如风，以为我们追不上，肯定不做防备，只要我们北伐，就一定会灭了他们。南方人历来没有血性，只是嘴上发发狠，一定不会越过黄河，所以放心北伐。”拓跋焘听从了他的意见，大获全胜。而一直到北魏大军班师回朝，刘义隆还在起草作战方案！崔浩可谓料事如神，在一系列的战事中，都发挥了重要的作用，有些甚至是决定性的作用，也得到了国主的高度信任，拓跋焘曾经对大臣们说：“你们凡是有不能决断的国家大事，都要听听崔浩的意见。”

最后，东晋、刘宋的内讧、孱弱，是北魏能够统一北方的辅助因素。在北魏统一的数十年中，南方先是东晋，权臣专政，皇帝形同虚设；而后是刘裕建立刘宋，但他很快去世，儿辈们并没有他的雄风和大志。他们也有数次北伐，但绝大多数是以失败告终，只有刘裕北伐，还算是有些成效，但也没有坚持到底，长安等地得而复失。如此，北魏对南方政权不屑一顾，腾出时间和精力来一一消灭北方的割据政权。特别可恨的是，刘宋皇室为了所谓巩固皇权，而自毁“长城”，杀掉了能够震慑北魏的大将檀道济。檀道济被抓时，狠狠地把头巾拉下，摔在地上，说：“乃坏汝万里长城！”檀道济被处死的消息传到北魏，魏军将领互相庆贺，说：“檀道济一死，南方就再也没有可畏惧的人了！我们可以放心大胆了！”其后，刘宋在军事上转入守势，北魏屡次南征，铁蹄践踏到长江北岸的瓜步，宋文帝登上石头城向北望去，忧心忡忡，感慨地说：“如果檀道济还在，怎么会窝囊到如此地步！”早知如此，何必当初？悔之晚矣！

北魏之所以能够统一北方，还有许多因素，但以上三点是其主要因素，其他就不再一一叙说了。

资治通鉴（白话本） 卷第一百二十四

宋纪六

宋文帝元嘉十九年至二十三年（公元442—公元446）

【起玄默敦牂（壬午，公元442年），尽柔兆阉茂（丙戌，公元446年），凡五年】

【大事提要】

本卷记事起自公元442年至公元446年，凡五年，当宋文帝元嘉十九年至元嘉二十三年。本卷所载大事，分别述之如次。南朝刘宋大事主要有四个方面：其一，刘宋与北魏争仇池失利，刘宋御史中丞何承天上奏陈抗击北魏安边四策。其二，元嘉二十一年，刘宋颁行何承天《元嘉新历》，又修正音律。其三，沈庆之讨平溳山蛮的叛乱；振武将军宗悫以狮子阵大破林邑大象阵。其四，刘宋元嘉时期的文化繁荣，贡献最大的几个人物都在此卷出现。刘宋设立国子学，颜延之与何承天同为皇太子刘劭执讲《孝经》。刘义庆卒，生前著《世说新语》。《后汉书》作者范晔被诛。北朝大事分四个方面：其一，开篇即北魏太武帝拓跋焘巡视道教教坛接受符箓，并且规定今后每当皇帝即位都要照此办理，这反映了北魏道教的兴起。与之形成鲜明对比的是，太武帝诏令灭佛，颁布诏书禁绝私养沙门巫觋。其二，太武帝平灭关中盖吴叛乱，诛灭北凉残敌；恢复西域交通；用兵柔然，无功而返。其三，太武帝诛杀奸臣刘絜等人，重用忠臣古弼。其四，北魏太子拓跋晃监国，处理政务，十分有条理。

太祖文皇帝中之中

宋文帝元嘉十九年（壬午，公元442年）

春季，正月初七日甲申，魏太武帝备好车驾，巡视道教教法坛接受符箓，旗帜全部是青色的。自此，每当皇帝即位的时候都要接受符箓。寇谦之又上奏建议建造静轮宫，一定让它高到听不到鸡犬之声，想要向上接引到天神。崔浩劝说太武帝兴建，工程花费以万计算，过了好几年都没有建成。太子晃谏劝说："天与人的道途不同，低与高的名分已分，不可能互相连接。这是必然的事。如今虚耗国家府库，使百姓疲敝，做无益的事情，将有什么样的用处！一定要像寇谦之说的，请借助东山万仞之高，建造完成要容易得多。"魏太武帝没有听从。

夏季，四月，沮渠无讳率领一万多家，舍弃敦煌向西去与沮渠安周处会合。还没有到，鄯善王比龙感到害怕，率领民众奔向且末，鄯善王比龙的嫡长子投降了沮渠安周。沮渠无讳遂占据鄯善，但他的士卒经过沙漠时渴死的超过大半。

李宝自伊吾率领民众两千人占据了敦煌，修缮城墙府邸，安抚集结当地民众。

沮渠牧犍当初逃亡的时候，凉州人阚爽占据了高昌，自称为太守。唐契被柔然逼迫，率领民众向西奔赴高昌，想夺取这块地盘。柔然派遣其将领阿若追击唐契，唐契失败战死。唐契的弟弟唐和收集残余部众逃奔到车师前部王伊洛那里。这时，沮渠安周屯驻横截城，唐和攻取并占领了横截城，又拿下了高宁、白力两座城池，派遣使者向北魏投降。

（以上为第一段，写北魏主拓跋焘新封道教，接受符箓，大修静轮宫；沮渠无讳率领北凉残余势力西逃鄯善；西凉主李暠之孙李宝乘敦煌空虚之时，从伊吾打回敦煌。）

四月二十八日甲戌，宋文帝因病痊愈，大赦天下。

五月，刘宋将领裴方明等到了汉中，与刘真道等分兵攻取了武兴、下辩、白水。杨难当派遣建节将军符弘祖把守兰皋，派遣他的儿子抚军大将军杨和率领重兵作为后继部队。裴方明与符弘祖交战于浊水，大胜，斩杀了符弘祖。杨和退走，裴方明一直追击到赤亭，又一次击败杨和。杨难当逃奔到上邽，裴方明俘获了难当的侄子建节将军杨保炽。杨难当任命儿子杨虎为益州刺史，据守阴平。裴方明听说杨难当逃走，便率兵返回，到了下辩，就派他的儿子裴肃之拦截攻击，活捉了杨虎，押送到建康斩首，仇池平定。刘宋任命辅国司马胡崇之为北秦州刺史，镇守北秦州；又立杨保炽继承杨玄之位，镇守仇池。北魏派遣中山王拓跋辰迎接杨难当到魏都平城。秋天七月，宋文帝任命刘真道为雍州刺史，任命裴方明为梁、南秦二州刺史，裴方明辞谢没有拜受。

五月二十一日丙寅，北魏太武帝派安西将军古弼督统陇右各部队以及殿中虎贲的武士与武都王杨保宗会合从祁山向南进军，征西将军渔阳皮豹子和琅邪王司马楚之督统关中各部队从散关向西进军，一起会师于仇池。又派谯王司马文思督统洛、豫各支军队向南急赴襄阳，征南将军刁雍向东趋赴广陵，发布文告给徐州，宣称为杨难当报仇。

五月二十九日甲戌晦，发生日食。

唐契攻打阚爽的时候，阚爽派使者诈降于沮渠无讳，表示想要和他一起攻打唐契。八月，无讳率领其部众疾趋高昌；等到无讳赶来的时候，阚爽关闭城门抗拒。九月，无讳带领卫兴奴趁着夜晚袭击高昌，血洗全城。阚爽投奔了柔然。沮渠无讳占据了高昌，派遣常侍氾隽带着奏表前往建康。宋文帝颁布诏书任命沮渠无讳为都督凉河沙三州诸军事、征西大将军、凉州刺史、河西王。

冬季，十月初六日己卯，北魏立皇子拓跋伏罗为晋王，拓跋翰为秦王，拓跋谭为燕王，拓跋建为楚王，拓跋余为吴王。

十月十一日甲申，柔然派遣使者到建康。

十二月初九日辛巳，北魏襄城孝王卢鲁元去世。

十二月二十四日丙申，宋文帝颁布诏书下令鲁郡修整孔子庙以及学舍，免除孔子墓地附近五户人家的赋税徭役，以使他们承担洒扫的责任。

李宝派遣他的弟弟李怀达、儿子李承带着奏表到达平城；北魏任命李宝为都督西垂诸军事、镇西大将军、开府仪同三司、沙州牧、敦煌公，四品以下的官员听任李宝秉承皇帝的旨意授任官职。

雍州刺史晋安襄侯刘道产去世。刘道产善于为政，民众安分守业，无论大家还是小户都富足有余，因此民间流传着《襄阳乐歌》。在这之前不能制服的山蛮也都走出了深山，沿着沔水形成村落，户口繁盛。刘道产去世，山蛮追送丧车一直到沔口。刘道产死后不久，山蛮作乱，征西司马朱脩之讨伐，没有成功；宋文帝颁布诏书让建威将军沈庆之代替他去讨伐，杀死俘虏山蛮一万多人。

魏太武帝委任李顺品评大臣的等级，赏赐以爵位；李顺受贿，评定的等级不公平。这一年，凉州人徐桀告发了这件事，魏太武帝震怒，并且因为李顺庇护沮渠氏，当面欺瞒君主而耽误国家大事，赐死李顺。

（以上为第二段，写刘宋数路大军攻打仇池，将其打败，杨难当逃往北魏；北魏发兵宣称为难当报仇；刘宋将领沈庆之平定雍州山蛮；北魏李顺因受贿被赐死。）

宋文帝元嘉二十年（癸未，公元 443 年）

春季，正月，北魏皮豹子进攻乐乡，刘宋将军王奂之等战败，全军覆没。北魏军队前进到下辩，刘宋将军强玄明等战败而死。二月，胡崇之与北魏战于浊水，胡崇之被北魏俘虏，其余部众奔走回到汉中。刘宋将军姜道祖战败，投降了北魏。北魏便取下仇池。杨保炽逃走。

二月丙午，魏太武帝巡视恒山之南；三月二十日庚申，回到宫殿。

三月二十二日壬戌，乌洛侯派遣使者前往北魏。当初，北魏还居住在北方荒远之地的时候，开凿石头建立祖庙，在乌洛侯的西北祭祀祖先，庙高七十尺，深九十步。等到乌洛侯的使者到了北魏，说石庙完整保存，魏太武帝派遣中书侍郎李敞前往石庙祭祀，在石庙的墙壁上刻下祝告文字后返回。石庙距离平城有四千多里。

北魏河间公拓跋齐与武都王杨保宗各自扎营于雒谷两边，保宗的弟弟杨文德劝说保宗，让他闭守险要强固自己而叛变北魏。有人将此告发给拓跋齐，夏季四月，拓跋齐引诱杨保宗逮捕了他，将其送往平城并杀之。前镇东司马苯苻达，征西从事中郎任朏等此时起兵立杨文德为盟主，占据了白崖，分兵齐进，夺取各个戍守点，向前进军包围了仇池。杨文德自封为征西将军、秦河梁三州牧、仇池公。

三月二十四日甲午，立皇子诞为广陵王。

北魏大赦天下。

四月二十七日丁酉。

四月二十九日己亥，魏太武帝巡视阴山。

五月，北魏古弼调发上邽、高平、岍城各军队进攻杨文德，文德败退逃走。皮豹子督统关中各路人马到了下辩，闻听仇池已经解围，准备返回；古弼派人对皮豹子说："宋人羞耻于失败，必将回头再来。军队回去之后，再次举兵很难，不如练兵积蓄力量等待着。不出秋冬，宋军必然来到，你以逸待劳，无所不克。"皮豹子听从了建议。北魏任命皮豹子为仇池镇将。

杨文德派遣使者前来求援，秋季，七月十四日癸丑，宋文帝颁布诏书任命杨文德为都督北秦雍二州诸军事、征西大将军、北秦州刺史、武都王。杨文德屯守葭芦城，任命任朏为左司马，武都、阴平的氐族人大多归附于杨文德。

七月二十五日甲子，刘宋前雍州刺史刘真道，梁、南秦二州刺史裴方明因在仇池时侵吞金银珠宝及良马一事败露，被投进监狱而死。

九月初三日辛丑，魏太武帝巡视漠南。九月初六日甲辰，魏军放弃辎重，以轻骑袭击柔然，分兵四道：乐安王拓跋范、建宁王拓跋崇各自率领十五将军出发于东道，乐平王拓跋丕督统十五将军出发于西道，魏太武帝出发于中道，中山王拓跋辰督统十五将军作为后援。

魏太武帝到了鹿浑谷，遇见敕连可汗，太子拓跋晃谏言于魏太武帝说："敌人想不到我们的大军突然而至，应该趁其不备迅速前进攻击敌人。"尚书令刘絜极力谏言劝阻，他认为："敌人军营中尘土飞扬，其兵众必定很多，离开到平地与其交战，恐怕被其包围，不如在此地等待大军全部聚集，然后进击。"太子拓跋晃说："尘土飞扬乃是军士感到惊慌恐怖而形成的，否则军营上空哪里会有如此多的尘灰呢！"魏太武帝迟疑不定，没有紧急攻击。柔然逃遁而去，魏军追击到了石水，没有追上而返回。不久俘获了柔然的侦察骑兵，他们说道："柔然没有想到魏军突然而至，上下惊慌恐怖，率领众军向北逃窜，直到过了六七天，知道已经没有了追兵，方才缓步撤退。"魏太武帝对此深为悔恨。从这以后，军国大事都和太子谋划。

北魏琅琊王司马楚之另外率领军队督统粮草押运，镇北将军封沓逃亡后投降了柔然，劝说柔然攻击司马楚之以断绝魏军的粮草。不久，司马楚之的军营中有人报告说丢失了驴的耳朵，诸位将领都不知晓其中缘故，司马楚之说："这一定是敌人派遣奸细进入营帐窥伺，割下驴的耳朵作为信号。敌人马上就会来了，应当紧急准备好。"于是伐取柳树营造城墙，把水灌注在城墙上让它结冰。城墙刚造成，柔然军队果然赶到了，因冰雪城墙坚固而滑溜，不可进攻，于是引兵退走。

十一月，刘宋将军姜道盛与杨文德合兵共二万人，攻打北魏的浊水戍，北魏的皮豹子、河间公拓跋齐前来救援，姜道盛战败身亡。

十一月二十七日甲子，魏太武帝返回，到了朔方，颁布诏书令太子拓跋晃协助总理国家大事，总领文武百官，并且说："诸位功臣勤劳很久了，都应当按照爵位归回宅邸，随时参加朝廷聚会，与朕共聚饮酒，论说治理之道，陈述良策就可以了，不适宜再烦劳以繁重的事务了，另外推举贤俊之士来充备百官。”十二月初一日丁卯，魏太武帝回到平城。

（以上为第三段，写北魏与刘宋争夺仇池，北魏获胜；北魏随后出动大军攻打柔然，无功而返。）

宋文帝元嘉二十一年（甲申，公元444年）

春季，正月初三日己亥，宋文帝主持耕作籍田典礼，大赦天下。

正月初六日壬寅，北魏太子拓跋晃开始总领百官及天下事务，魏太武帝颁布诏书命令侍中、中书监穆寿、司徒崔浩及侍中张黎、古弼辅佐太子裁决日常事务。凡是上书给太子都要称臣，礼仪与表奏相同。

古弼的为人，忠实谨慎，性格朴实正直，曾经因为上谷苑囿占地太广，乞求减少大半来赏赐贫苦民众，入宫面见魏太武帝，想要报告此事。魏太武帝这时正好与给事中刘树下棋，心思不在古弼的身上，古弼侍奉坐等了很久，没有机会说话，他忽然起身，揪住刘树的头，拽下坐床，用手击打耳朵，用拳击脊背，说道：“朝廷不能治理好，实在是你的罪过！”魏太武帝大惊失色，丢下棋子说道：“不听奏事，是朕的过失啊，刘树有何罪，放了他！”古弼将所要奏请的事情报告，魏太武帝全部准奏。古弼说：“作为人臣，无礼到了如此地步，罪过大了！”出了宫殿，来到公车官署，脱下官帽，光着脚，请求加罪。魏太武帝召唤他入宫，对他说：“朕听说修筑社坛的工役，建造时蹇跛颠蹶着去干活，享祀时衣冠端正地侍奉它，神就会降福。这样一来你有何罪？还是戴好官帽，穿上鞋子，去做好自己的事务吧！只要有利于社稷，便利于百姓，竭力尽心地去做吧，不要有什么顾虑啊。”

太子拓跋晃督促民众致力农业，让没有牛的人家借别人家的牛耕种，而用为人家锄地的方法抵偿，大体是耕种二十二亩地，回报锄地七亩，按照这样的比例来进行。要求民众各自标注姓名在田间地头，用来考察百姓的勤劳与懒惰，禁止饮酒游戏的人。这时开垦土地的数量大量增加。

正月十二日戊申，魏太武帝颁布诏书说：“王、公以下直到平民，凡有私自供养僧侣、男女巫师的，都要送去官府。超过二月十五日而不交出的，僧侣、巫师处死，供养人家满门抄斩。”十四日庚戌，又颁布诏书说：“王、公、卿、大夫的儿子都要送到太学，而百工、商人的儿子，应当各自学习父辈的职业，不得私自设立学校，违反规定的，老师处死，当事人满门抄斩。”

二月初六日辛未，北魏中山王拓跋辰、内都坐大官薛辨、尚书奚眷等八位将领，因为攻击柔然的时候延误战机，处斩于城南。

当初，北魏尚书令刘絜，长期执掌机要事务，仗恃恩宠，独断专行，魏太武帝心中十分厌恶他。等到将要袭击柔然的时候，刘絜劝谏说：“蠕蠕迁徙无常无定居之所，先前出征，劳而无功，不如扩大农业，多集粮谷，等待他们前来投奔。”崔浩坚持劝说魏太武帝前往征讨，魏太武帝听从了崔浩的建议。刘絜耻于自己的建议不被采用，想要使北魏军队失败，魏太武帝与诸位将领约定时间集合在鹿浑谷，刘絜假借君主诏令改变了集合日期。魏太武帝到达鹿浑谷六天了，其他将领还没有到达，柔然于是有机会逃遁，追赶不及。军队回师，经过沙漠，粮食消耗殆尽，士兵大多死去。刘絜暗中派人惊扰北魏军队，劝说魏太武帝丢弃军队轻车返回，太武帝没有听从。刘絜提出军队出征没有功劳，请求治崔浩的罪。太武帝说：“诸位将领不能按期汇合，遭遇敌人却不能攻击，崔浩有什么罪过！”崔浩把刘絜假传诏令的事情告发给太武帝，太武帝到了五原，逮捕了刘絜，将其囚禁起来。当初太武帝北行的时候，刘絜私下里对所亲近的人说：“如果国君的车驾不能返回，我就要拥立乐平王为君。”刘絜听说尚书右丞张嵩家有图谶，问道：“刘姓的人应当称王，继承国家之后，上面有我的姓名吗？”张嵩回答说：“只有姓，没有名。”太武帝听闻了这件事，命令主管部门穷尽追究，搜索张嵩家，取得谶书。事情牵连到南康公狄邻，刘絜、张嵩、狄邻都被灭了三族，死者有上百人。刘絜处在权势要害的时候，喜欢作威作福，诸位将领击破敌人，所得到的财物都要和刘絜一起分配。刘絜死后，全部收缴家产，其家财巨多，太武帝每次说到都会咬牙切齿。

（以上为第四段，写刘宋文帝元嘉二十一年（444）的史事，主要写北魏大臣古弼，为民请命，敢于直言极谏；太子拓跋晃监国，处理政事井井有条；拓跋焘刚毅明断，诛杀了专权误国、干扰北魏的尚书令奸臣刘絜。）

二月初八日癸酉，乐平戾王拓跋丕因为忧愁恐惧而去世。当初，太武帝修筑白台，高二百多尺。拓跋丕在梦中登上台顶，四顾不见人影，命令术士董道秀卜筮，董道秀说：“大吉。”拓跋丕默不作声，面露喜色。等到拓跋丕去世，董道秀也被处以弃市的死刑。高允听到了这件事，说：“卜筮应当依附于《周易》的爻象，劝说以忠孝。当乐平王问董道秀的时候，董道秀应当回答说：‘高到极点就是亢，《易》说：“亢龙有悔。”又说：“高而无民。”都是不祥的征兆，大王不可以不警戒啊。’这样一来，则乐平王安全于上，董道秀身体保全于下了。董道秀反其道而用之，该当一死。”

二月十五日庚辰，魏太武帝巡幸庐邑。

二月二十四日己丑，江夏王刘义恭升任为太尉，兼领司徒的职务。

二月二十五日庚寅，宋文帝任命侍中、领右卫将军沈演之为中领军，左卫将军范晔为太子詹事。

二月二十六日辛卯，宋文帝立皇子刘宏为建平王。

三月初九日甲辰，魏太武帝回到宫中。

三月十八日癸丑，魏太武帝派遣司空长孙道生镇守统万城。

夏季，四月十一日乙亥，北魏侍中、太宰、阳平王杜超被部属杀害。

六月，北魏北部民众杀了立义将军衡阳公莫孤，叛乱首领率领五千多帐落的人向北逃去，北魏朝廷派兵追击，直至漠南，杀死叛民首领，其余的迁徙到冀、相、定三个州成为营户。

吐谷浑王慕容慕利延的侄子慕容纬世和北魏使者密谋投降北魏，慕利延杀了慕容纬世。这个月，慕容纬世的弟弟慕容叱力延等八人投奔北魏，北魏任命慕容叱力延为归义王。

沮渠无讳去世，弟弟沮渠安周代替为王。

北魏进入中原以来，虽然也多用古代的礼仪祭祀天地、宗庙、百神，但是仍然遵循其旧有的习俗，所祭祀的胡族的神很多。崔浩请求留下符合祭祀典章的五十七所，其余重复的以及小的场所都撤除掉。太武帝采纳了他的建议。

秋季，七月初十日癸卯，北魏东雍州刺史沮渠秉谋反，被处死。

八月初三日乙丑，太武帝游猎于河西，尚书令古弼留守平城。颁布诏书把最肥的马给游猎，古弼给的全是瘦弱的马。太武帝大怒道：“笔头奴竟然敢来限制朕，朕回到宫城，先杀了这个奴才！”古弼的头尖削，所以太武帝经常拿笔头称呼他。古弼的属下十分惊慌，害怕连坐被杀头，古弼说：“我作为皇上的臣子，不使人主迷恋于游猎之中，这个罪过小；如果对不测之事不做好准备，这个罪就大了。方今蠕蠕正在强盛，南方的贼寇还没有消灭，我用肥马供给军用，弱马送去游猎，是为了国家的长远考虑，虽然死了有何伤害！况且这一切都是我一个人所为，不应当成为诸位的忧虑。”太武帝听说了此话，感叹地说：“有臣子如此，国家的宝贝哪！”赐给古弼一身衣服、两匹马、十头鹿。

有一天，太武帝又游猎于山北，捕获了数千头麋鹿。颁布诏书给尚书调发车辆五百辆来运输。使者带着诏书已经离去，太武帝对左右的人说：“笔头公必定不会给我，你们不如用马匹来运输吧。”于是回程。太武帝向前行进了一百多里，得到古弼的表奏：“今年秋天谷穗下垂发黄，麻豆遍布田野，猪鹿偷吃，鸟雁侵害，加上风雨的消耗，延迟早晚一天损失三倍，乞求延缓运送麋鹿，使得庄稼得以收获完。”太武帝说：“果然像我所说的，笔公可谓是社稷之臣了！”

魏太武帝派遣员外散骑常侍高济出使刘宋交好。

（以上为第五段，写北魏主拓跋焘听从大臣建议，进行礼仪改革；尚书令古弼堪称“社稷之臣”，以国事为重，不以肥马供国主打猎，不给牛车给国主运麋鹿。）

八月初六日戊辰，宋文帝任命荆州刺史、衡阳王刘义季为征北大将军、开府仪同三司、南兖州刺史，南谯王刘义宣为荆州刺史。当初，宋文帝因为刘义宣没有才能，所以不予叙用，会稽公主多次提说此事，宋文帝不得已而任用他。先下手诏告诫刘义宣说：“师护因为在西边时间太久了，一再上表请求回京，今天想听从他的心愿，让你替代他。师护虽然没有特殊的功绩，但洁身自好，节约费用，胸怀宽广，不贪求财物，不放纵部下，声望闻名于西部，为士族与民众所拥戴，监管督查的人员没有提出调他离任的建议。现今朕用你换他回来，还因为你与师护同是一辈人，想要试试各自的能力。你去之后，如果有一件事不如刘义季，就会在西夏造成重大的不良影响，产生对于这次迁升替代的讥讽，必然归责任予朕了。此事也容易勉力做好，不要使人再生评论了吧！”刘义宣到了荆州，严格约束自己，十分勤勉，各种事务倒也办得有条有理。

八月十八日庚辰，会稽长公主去世。

吐谷浑叱力延等向北魏请兵去征讨吐谷浑王慕利延，北魏太武帝派遣晋王伏罗督统诸军攻击慕利延。

九月十二日甲辰，宋文帝任命沮渠安周为督统凉河沙三州诸军事、凉州刺史、河西王。

九月十五日丁未，魏太武帝巡视漠南，打算袭击柔然，柔然敕连可汗远远地逃走，就停止了行动。敕连可汗不久去世，儿子吐贺真继位，号称处罗可汗。

北魏晋王伏罗到了乐都，领兵从小道袭击吐谷浑，到达大母桥。吐谷浑王慕利延大惊，逃奔到白兰，慕利延侄子慕容拾寅奔向河西。魏军斩首五千多人。慕利延的堂弟慕容伏念等人率领一万三千帐落投降了北魏。

冬季，十月十七日己卯，宋文帝任命左军将军徐琼为兖州刺史，大将军参军申恬为冀州刺史。把兖州治所迁到须昌，冀州治所迁到历下。申恬，是申谟的弟弟。

十二月，魏太武帝回到平城。

这一年，沙州牧李宝到平城朝见魏太武帝，北魏朝廷将其留下，任命他为外都大官。

刘宋太子率更令何承天撰写《元嘉新历》，表奏给文帝。通过月食的对冲遮掩而知太阳之所在，又用中星进行检查，知晓尧的时候冬至日太阳在须女十度的位置上，今天已经在斗星十七度的位置上。又测量了太阳的影子来校正冬至和夏至的时刻，有三天多的误差，得知今天太阳最南的位置应该在斗星十三四度。于是另外订立新的历法，冬至向前移动了三天零五个时辰，太阳所在的位置，向原来的位置移动四度。又指出月亮的移动有快有慢，先前的历法与朔日相校，月食不在朔日和望日，现今都以盈缩的天数推定其月亮的小余，用来确定朔日和望日。宋文帝颁布诏书命令交付宫外的大臣详细议定。太史令钱乐之等人上奏，都赞同何承天的推定，只有月份有三个月连续为大月、连续两个月为小月的情况，比起旧的历法差异太大，认为大小月的设置仍然沿用旧的历法。宋文帝颁布诏书批准施行。

（以上为第六段，写宋文帝刘义隆任命其弟刘义宣为荆州刺史，训导其勉力政事；颁行天文学家何承天校正的《元嘉新历》。）

宋文帝元嘉二十二年（乙酉，公元 445 年）

春季，正月初一辛卯朔日，开始施行新的历法。当初，汉代的京房将十二音律中的中吕、上生、黄钟，不满九寸，都改到六十律。钱乐之进一步推演为三百六十律，每天符合一管乐器。何承天立议，认为上下相生，三分减少或增加其一，大体上是古人简易的方法，犹如古代历法中一周天三百六十五度四分度之一一样。而京房没有觉悟其中的道理，错误地改为六十度。于是重新设定新的音律，林钟长六寸一厘，便从中吕回到黄钟，每十二个音律又回到第一音级，声韵一点都没有损失。

正月初二日壬辰，宋文帝任命武陵王刘骏为雍州刺史。宋文帝想谋划收复函谷关、黄河以西地区，所以用刘骏镇守襄阳。

魏太武帝派遣散骑常侍宋愔出使刘宋交好。

二月，魏太武帝到达上党，向西到吐京，讨伐迁徙叛乱的胡人，将他们迁出发配到郡县。

二月十四日甲戌，宋文帝立皇子刘祎为东海王，刘昶为义阳王。

三月初一日庚申，魏太武帝回到宫城。

北魏颁布诏书："所有有疑问的案件都交付中书省，根据经书大义量定裁决。"

夏季，四月二十二日庚戌，魏太武帝派遣征西大将军高凉王拓跋那等出击吐谷浑王慕利延于白兰，秦州刺史代郡人封敕文、安远将军乙乌头出击慕利延侄子慕容什归于枹罕。

当初北凉王沮渠无讳从河西逃亡的时候，鄯善人就因为其地界和北魏相邻，十分害怕，说："如果让魏国的使臣来此，便知道了我国的虚实，灭亡必定加速。"于是闭锁关门，阻断与北魏和西域的道路，有使者往来时，便时时抄掠抢劫，由于这一原因，北魏和西域不能通达有数年之久。魏太武帝派遣散骑常侍万度归调发凉州以西的军队攻击鄯善。

六月初四日壬申，魏太武帝巡视北方。

宋文帝谋划讨伐北魏，撤销南豫州并入豫州，任命南豫州刺史南平王刘铄为豫州刺史。

秋季，七月初二日己未，宋文帝任命尚书仆射孟颉为左仆射，中护军何尚之为右仆射。

刘宋武陵王刘骏将要赴襄阳就任，当时沔水两岸各蛮人部族仍然时时为寇盗，水陆交通受到阻碍。刘骏分出部分军队派遣抚军中兵参军沈庆之袭击寇盗，大获全胜。刘骏到了襄阳，蛮人断绝了驿道，想要攻取随郡。随郡太守河东人柳元景招募到六七百人，拦腰截击，获得大胜，于是平定了诸蛮部族，俘获七万多人。涢山的蛮人部族最为强盛，沈庆之讨伐平定了，俘获三万多人，迁徙一万多人到建康。

吐谷浑的枹罕守将慕容什归听闻北魏军队将要到来，丢弃了城池，连夜逃走。八月初一日丁亥，北魏封敕文进入枹罕，分散当地居民一千多家迁入上邽，留下乙乌头驻守枹罕。

北魏散骑常侍万度归到了敦煌，留下辎重，率领轻骑五千人渡过流沙，袭击鄯善，八月初六日壬辰，鄯善王真达反绑着自己出来投降。万度归留下军队屯守，自己带着真达前往平城，西域交通又重新打通。

魏太武帝到了阴山以北，调发各州军队士兵的三分之一，各在本州戒严，等待以后的命令。迁徙各种族的杂民五千余家到北边去，命令在北边放牧，用以引诱柔然。

八月十六日壬寅，北魏高凉王拓跋那率军到达宁头城，吐谷浑王慕利延带领部落向西渡过流沙。吐谷浑前国王慕容慕璝的儿子慕容被囊迎战，被拓跋那击败。慕容被囊逃遁而去，中山公杜丰率领精兵追击，越过三危山，到了雪山，活捉了慕容被囊以及吐谷浑王的侄儿什归、乞伏炽磐的儿子成龙，都押送到平城。慕利延于是向西进入于阗。杀了于阗王，占据了于阗的土地，死的人有数万人。

（以上为第七段，写刘宋继颁行新历之后，修正音律；刘宋将领沈庆之讨平溳山地区少数民族叛乱；北魏主拓跋焘巡视北方，重新打通被鄯善堵塞的西域交通。）

九月十七日癸酉，宋文帝为衡阳王刘义季在武帐冈饯行。宋文帝将要出发的时候，告诫儿子们先不要急着吃饭，到了集合的地方再设宴进餐。太阳西斜了，刘义季还没有到来，众人都面有饥色。宋文帝这时才说：“你们从小成长在丰腴安逸的环境中，看不见百姓的艰难。今天想让你们知道还有饥饿困苦，要懂得用节俭来使用物产啊。”

裴子野评论说：宋太祖的训导真是太好了啊！奢侈兴起于富有，节俭产生于不足。想要他俭约，就要经历贫贱。艰难的环境，有利于担当；要明察民情的真伪，就必须亲身临莅。太祖如果能够遵循这一训示方法，磨炼儿子们的志向操守，降低给儿子们的礼遇品秩，让他们接受好的教育，树立优良品德，然后授给政事，那么就不会有怠惰，不会有荒废，这一传统就可施行于全国。

宋高祖刘裕想巩固自己子孙的地位，襁褓中的婴儿高高封赏，一代代遵守，轮流据守方镇。到了泰始初年至升明末年，被掐死在襁褓中的婴儿动辄数十人。国家的存亡，既然不是维系在那些婴儿身上，而很早让他们高居于民众之上，确实不是善的教诲啊！

（以上为第八段，写宋文帝教育诸子节俭，引用裴子野的评论，予以赞扬，而对高祖刘裕让年幼子孙占据方镇高位，则予以讥评。）

北魏民间有一种传言，说是“灭亡魏国的是吴”，卢水胡人盖吴聚众造反于杏城，各族胡人争相响应，拥有十几万众。盖吴派遣同党赵绾来到刘宋，上表请求归降。冬季，十月初三日戊子，长安镇副将拓跋纥率众讨伐盖吴，拓跋纥失败而死。盖吴的部众更加兴盛，民众都渡过渭河逃奔南山。魏太武帝调发高平敕勒骑兵急赴长安，命令将军叔孙拔统领并、秦、雍三州军队屯驻渭河以北。

十一月，北魏征调民众在黄河碻磝津造浮桥。

盖吴派遣另一支部队将领白广平向西掠取新平，安定的各部胡人都聚集响应。又分兵向东掠取临晋以东，被北魏将军章直打败，溺死在黄河中的有三万多人。盖吴又派兵向西掠取，到达长安，北魏将军叔孙拔与其交战于渭水以北，大获全胜，斩首三万多级。

河东迁居来的蜀人薛永宗聚集众人响应盖吴，袭击闻喜。闻喜县没有军队兵器，县令忧惧无计可施。县民裴骏率领激励本县豪绅攻击，薛永宗引兵撤走。

魏太武帝命令薛谨的儿子薛拔纠集宗族、同乡，在黄河岸上营造工事，阻断盖吴和薛永宗往来的道路。十一月十五日庚午，魏太武帝派遣殿中尚书拓跋处直等率领二万骑兵讨伐薛永宗，殿中尚书乙拔率领三万骑兵讨伐盖吴，西平公寇提率领一万骑兵讨伐白广平。盖吴自称天台王，设置文武百官。

十一月十六日辛未，魏太武帝回到宫殿。

北魏选调六州骁勇骑兵二万人，派遣永昌王拓跋仁、高凉王拓跋那兵分两路，掠取淮、泗以北的地方，迁徙青、徐的民众充实河北。

十一月二十八日癸未，魏太武帝巡视西疆。

（以上为第九段，写北魏卢水胡人盖吴听信“灭魏者吴”的传言，聚众造反，河东蜀人薛永忠聚众响应，一时声势浩大，拥众十几万，北魏调集大军才予以平定。）

当初，鲁国的孔熙先博学文史，并通晓数术，有纵横天下的才志，担任员外散骑侍郎，不被当时的人所知晓，愤愤不得志。父亲孔默之任广州刺史，因为贪赃而获罪，由于大将军彭城王刘义康援救得以免除判刑。等到刘义康贬谪豫章，孔熙先密谋报答。而且他认为天文、图谶都显示，宋文帝一定死于非命，死因是骨肉相残；江州应该出天子。因为范晔心怀不满，孔熙先想要拉拢他一起谋划，但是孔熙先素来不被范晔看重。太子中舍人谢综是范晔的外甥，孔熙先倾尽心力来侍奉他，谢综引荐孔熙先与范晔相识。

孔熙先家很富有，数次和范晔赌博，故意以笨拙的手法输钱给他。范晔贪财，又喜欢他的才华，因此关系亲切融洽。孔熙先于是找机会对范晔说：“大将军英武聪敏，百姓和天神都归心于他，失职被发往南方边陲，天下人无不愤怒。小人接受先君遗言，以死来报答大将军的恩德。近日人心骚动不安，天文运行错乱，这就是所谓的时来运转，不可推移的情况啊。如果顺从天人的心，结交英豪之士，里应外合，在宫中发起政变，然后杀掉不同心的人，推举英明圣人，号令天下，谁敢不从！小人请求以七尺之躯，三寸之舌，立下大功成了大事而归君子，长辈以为如何？”范晔听后非常惊愕。孔熙先接着说：“过去毛玠竭心尽力于魏武帝，张温贡献全部心意于孙权，这两个人，都是国中英杰人才，难道是言行不当有所缺失而后招致灾祸羞辱的吗？都因为廉直刚烈，不能被长久地容纳。长辈对于本朝而言，其信任不深于两位主公，人间的赞誉，不超过两位人才。谗害你的人对你侧目而视已经很久了，肩并肩的角逐，长辈的心愿怎么能够实现呢！近日，殷铁仅仅一句话，就使刘班掉了脑袋，他们两人难道有不共戴天的父兄之仇，或百代的怨恨吗？他们所争的不过是荣名势利谁先谁后罢了。到了最后，唯恐诬陷对方不深，揭露对方的罪行不早，皇上杀戮上百口人家，仍然没有解恨呢。这样使人寒心恐惧的事情，难道是书籍上记载的遥远的事情吗？今日建立伟大的功勋，敬奉贤哲之人，图谋困难的事情现今很容易做成，用安全置换危险，享受丰厚的利润，收取宏大的名声，一个早晨举兵就能拥有这些，难道可以弃置不取吗？”范晔犹豫不决。孔熙先又说：“还有比这更为厉害的事情，我不敢说出来。”范晔问：“是什么？”孔熙先说：“长辈世代都有名行，而不得与皇室联姻，人家像猪狗一样对待你们，而长辈却不以为羞耻，想要为皇帝献身，这不是使人疑惑的事情吗？”范晔家族内有人操行不端，所以孔熙先就用这话来刺激他。范晔默然不语，但是造反的决心已下。

范晔和沈演之一起受到宋文帝的知遇之恩，范晔先到了朝廷，一定要等待沈演之来后一起觐见，而沈演之先到的时候，曾经被单独接见，范晔因此而怨恨。范晔曾经长期做刘义康的部属，中间得罪过刘义康。谢综和父亲谢述，都被刘义康所亲厚，谢综的弟弟娶了刘义康的女儿。谢综担任义康的记室参军，从豫章回京，申述刘义康的心意于范晔，请求解除往日的嫌隙，重新交好。大将军府史仲承祖有恩宠于刘义康，听说孔熙先有阴谋，秘密交结。丹阳尹徐湛之素来被刘义康所喜爱，仲承祖因此结交徐湛之，告知了秘密谋划。道人法略、尼姑法静，都感激义康旧日的恩情，都与孔熙先往来。法静妹夫许曜，在宫廷中率领禁卫，答应为内应。法静前往豫章，熙先交给她信笺，陈说图谶的事。这时秘密布置，把那些平日不喜欢的人都列入处死名单。孔熙先又让弟弟孔休先写作檄文，称：“贼臣赵伯符肆意使用兵器冒犯皇帝，灾祸流及储君，徐湛之、范晔等不顾性命奋戈战斗，即日斩首赵伯符首级及其党羽。今日派遣护军将军臧质捧太上皇帝玉玺迎接彭城王登太上皇位。”孔熙先认为举办大事应当以刘义康的旨意宣示大众，范晔又假冒刘义康给徐湛之书信，命令徐湛之诛杀君主身边的坏人，宣示给同党。

（以上为第十段，写刘宋官员孔熙先为了报恩被贬的彭城王刘义康而谋反，他千方百计拉拢心有怨言的范晔，投其所好，范晔上了贼船。）

宋文帝巡视武帐冈，范晔等谋划在这一天作乱。许曜侍奉宋文帝，将佩刀微微拔出，用眼神向范晔示意。范晔不敢抬头仰视。一会儿，宴席散了，徐湛之恐怕事情不成功，秘密将其阴谋报告宋文帝。宋文帝让湛之详细地探取计划的全部，徐湛之将得到的号召天下的檄文、拟定的官署以及任命的名单，呈报给宋文帝。宋文帝命令有关部门逮捕穷尽追查。这一天晚上，召唤范晔在客省值班，先在外边逮捕了谢综和孔熙先兄弟，都认罪供服。宋文帝派遣使者审问范晔，范晔还试图隐瞒抗拒，熙先知道了，笑着说："所有的计划、符檄、书信，都是范晔所亲手制定，为什么到现今还这样抵赖呢？"宋文帝把范晔的墨迹拿来给他看，他才将事情的始末详细招供出来。

第二天，武士把他们交付给廷尉。孔熙先见风使舵，吐露真情，辞气没有一丝胆怯。宋文帝惊奇他的才能，派人慰问勉励道："以你的才气而滞留于集书省，理应有异样想法，这是朕辜负了你啊！"又责备先前的吏部尚书何尚之说："让孔熙先年将三十做散骑郎，哪能不做贼！"孔熙先从监狱里上书宋文帝谢恩，并且陈说图谶，宗室相残或将引发祸变，皇上要深以为戒。说："请求不要丢弃这封上书，要存档在中书。我因囚禁而死，或许可以想起来查看，我在九泉之下，也许可以减轻一些这次谋反的罪责。"

范晔在狱中赋诗道："虽然没有嵇康死时所弹的琴，但是可以像夏侯玄临刑而面色不变。"范晔本意以为入狱就会处死，而皇帝却在彻底追查，过了两旬，范晔又有了活命的希望，狱卒戏弄他说："外面传说詹事或者会长久关押。"范晔闻听此言，十分惊喜。谢综、孔熙先嘲笑他说："詹事往日捋袖瞪眼，跃马顾盼，自以为一世之雄，今日世情混乱纷扰，怕死到这等地步，假设被赐以再生，你作为臣子却图谋君主，有何面目活在人世呢！"

十二月二十一日乙未，范晔、谢综、孔熙先以及其子弟、党羽都被杀头。范晔的母亲来到刑场，流着泪责骂范晔，用手击打范晔的脖颈，范晔毫无羞愧之色。妹妹及妻妾来诀别，范晔涕泗横流。谢综说："舅舅一点都赶不上夏侯玄的气色啊！"范晔马上收起了眼泪。

谢约没有参与造反的谋划，看见兄长与孔熙先交游，经常劝说谢综："此人轻率从事，喜欢奇异，不近于常理，勇于做事而不检点，不可以和他太亲密。"谢综没有听从而导致失败。谢综的母亲因为儿子和弟弟陷于反叛作乱，独独没有去看视。范晔对谢综说："姐姐今天不来，超出常人多了。"

没收范晔家产，乐器、服饰、珍玩，都十分珍贵华丽，家妓小妾都有用不完的珠宝翠玉。而母亲居处的地方，十分简单破旧，唯有一间厨房盛放着木柴；侄子冬天没有棉被盖，叔父穿着单布衣服。

裴子野评论说：一个人有超过常人的才能，一定拥有一飞冲天的凭依；有盖过世俗的雄心，就不安于常人之下。这样的人如果能够用道来信守，行之以礼，大概很少的了。刘弘仁，范蔚宗，都心术不正而贪恋权势，矜持才能以谋叛逆，祖上一代代留存下来的家风，一旦就毁弃殆尽，平日所说的智慧与才能，反倒成为亡身的器具了。

徐湛之所陈述大多不详尽，被范晔等人的供词所牵连，宋文帝赦免不问。臧质，臧熹的儿子，先前做过徐、兖二州的刺史，和范晔友善，范晔失败，调他做了义兴太守。

有关部门奏请削去彭城王刘义康的爵位，将他逮捕交给廷尉治罪。十二月十三日丁酉，颁布诏书免去刘义康以及亲属的爵位，全部贬为平民，从皇家宗室中除名，迁徙交付安成郡看管。任命宁朔将军沈邵为安成相，领兵防守。沈邵，是沈璞的兄长。刘义康在安成，读书时看到淮南厉王刘长的事情，放下书感叹道："自古就有此等的事情，我乃不知，获得罪过是应该的啊！"

十二月二十六日庚戌，宋文帝任命前豫州刺史赵伯符为护军将军。赵伯符是孝穆皇后的侄子。

当初，江左在南北郊祭祀的时候没有音乐，宗庙虽然有登歌，但没有文武两种舞蹈。这一年，南郊开始设置登歌。

北魏的安南、平南西府送递书信给刘宋兖州，指责南国侨置各州大多滥用北方的名号；他们还想要去太湖游玩渔猎。兖州方面回复说："一定要依据土地而设立州郡，那你们魏国设立的徐州、扬州，难道有这块土地吗？你们想要来太湖游览渔猎，参观南方的教化，我们会开放邸馆，由有关部门接待；当时呼韩邪单于进入汉朝使用的那些礼仪尚未消失，用来款待你们的美食，十分丰厚。"

（以上为第十一段，写孔熙先策划范晔反叛朝廷的阴谋败露，宋文帝刘义隆穷治党羽，彭城王刘义康被牵连其中，将其削职，从宗室除名，流放安成郡。）

宋文帝元嘉二十三年（丙戌，公元 446 年）

春季，正月初六日庚申，刘宋尚书左仆射孟顗被罢官。

正月十四日戊戌，魏太武帝进军到河东的雍州，临近薛永宗所守的堡垒，崔浩说："薛永宗不知陛下亲自前来，众人之心放纵松弛。今时北风迅疾，我们应该趁机急速出击。"北魏太武帝听从了他的建议，正月十六日庚午，北魏军队包围了薛永宗的堡垒。薛永宗出战，大败，和家人一起都投入汾河自杀。薛永宗的族人薛安都此前占据弘农，这时丢弃城池投降刘宋。

正月十七日辛未，魏太武帝向南进军到汾阴，过了黄河，到了洛水桥。听说盖吴在长安以北，魏太武帝认为渭河以北没有粮食和青草，想要渡过渭水，沿着渭水向西。就此询问崔浩，回答说："打蛇的人先击蛇头，头破了则尾巴不能掉转。今天盖吴营帐距离此地六十里，派轻骑疾行，一天就可以赶到，到了就必定可以击破。击破盖吴，向南到长安也不过一天的里程。一天的疲乏，未至于有伤害。如果从南道，那么盖吴慢慢地进入北山，急迫之间不能平定。”魏太武帝没有采纳崔浩的建议，从渭河以南直向长安，正月二十六日庚辰，到达戏水。盖吴部众听到消息，全部分散藏到北地山中，军队一无所获。魏太武帝十分后悔。二月初二日丙戌，魏太武帝到了长安，二月十二日丙申，到了盩厔，经过陈仓，返回到雍城。所过之处，凡是和盖吴通谋的民众、夷人，全部杀掉。乙拔等多支部队大举击败盖吴于杏城。

盖吴又一次上表刘宋求援，宋文帝颁布诏书任命盖吴为都督关陇诸军事、雍州刺史、北地公，命令雍、梁二州发兵囤聚边境上，作为盖吴的声援；派遣使者赐给盖吴印信一百二十枚，允许盖吴根据需要以朝廷的名义封官。

当初，南海林邑王范阳迈，虽然派遣使者前来进贡，但是仍对刘宋侵扰抢夺，进贡的物品少而简陋，宋文帝派遣交州刺史檀和之讨伐。南阳的宗悫，家中世世代代都是清白的儒士，宗悫独自喜好武功，他经常说“愿乘长风破万里浪”。当檀和之讨伐林邑时，宗悫自告奋勇请求从军，宋文帝颁布诏书任命宗悫为振武将军，檀和之派遣宗悫为前锋。范阳迈听说宋军出动，派遣使者请求返还所抢夺日南郡的民众，交出黄金一万斤，银子十万斤。宋文帝颁布诏书给谭和之：“如果范阳迈确实有诚意，也允许其归顺。”檀和之到了朱梧戍，派遣府户曹参军姜仲基等人去见范阳迈，范阳迈扣留了他们。檀和之于是进军包围了林邑战将范扶龙于区粟城。范阳迈派遣其部将范毗沙达救援，宗悫暗中出奇兵迎击范毗沙达，大败范毗沙达。

（以上为第十二段，写北魏主拓跋焘率军攻打叛乱首领盖吴，没有听从崔浩的谋议，一无所获；林邑王范阳迈轻慢刘宋，刘宋派军讨伐。）

魏太武帝和崔浩都信任看重寇谦之，信奉其道教。崔浩平素不喜欢佛法，多次向魏太武帝进言，认为佛法虚幻荒诞，造成社会上的浪费和危害，应该全部清除掉。等到魏太武帝讨伐盖吴，到了长安，进入佛寺，僧人招待随从官员饮酒；随从官员进入僧人的宿舍，看见有大量兵器，出来以后向太武帝报告了这件事，太武帝大怒道：“这不是僧人应该使用的东西，一定是与盖吴通谋，想要造反。”命令各有关部门追查诛杀全寺院的僧人。检阅财产的时候，发现很多酿酒器具以及州郡的牧、太守还有富人所寄托的财物上万件，又造作了地下密室用以暗藏妇女。崔浩借机奉劝魏太武帝将天下的僧人全部诛杀，毁弃佛经佛像，魏太武帝听从了崔浩的建议。寇谦之和崔浩极力争辩，崔浩不听从。首先诛杀了长安的全部僧人，焚毁了经书佛像，并敕令留守京师以及全国四方，命令他们一切照长安的办法实行。太武帝颁布诏书说：“从前东汉荒唐的君主，信从迷惑于邪妄虚假的佛教，扰乱天常，自古以来九州之中，从未有过这样的情况。夸大虚诞的谎言，不合于人之常情，国家衰乱的时代，没有人不被眩惑。从此以后政治教化不能推行，礼仪大败坏，九服之内，成了荒丘废墟。朕继承上天的统绪，想要除去伪善，回归纯真，恢复伏羲、神农的治国之道，将佛教彻底荡除，灭掉其踪迹。自今以后，敢有信奉胡神以及塑造胡神形象的泥人、铜人的，满门抄斩。只有非常之人，然后能行非常之事，不是朕，谁能够铲除这一历代的虚伪之物！有关部门布告各征讨镇守的所有将军、刺史，那些佛像以及佛经，都一律击破焚烧，僧人无分少长一律活埋！”太子晃素日喜好佛法，屡次进谏不听，乃从缓宣示诏书，使得远近预先听到这一消息，得以各自为计，僧人大多藏身而免除一死，有的把经像收藏起来，整个北魏境内的塔庙不复遗存。

（以上为第十三段，写北魏主拓跋焘灭佛、诛杀僧人、焚毁经书佛像。）

魏太武帝迁徙长安工艺巧匠两千多户到平城。回师京城，到了洛水，分兵诛杀李闰为首叛乱的羌人。

刘宋侨置太原郡人颜白鹿私自进入北魏，被魏人抓到，将要杀他的时候，颜白鹿欺诈说青州刺史杜骥派他来投诚。魏人将颜白鹿送到平城，魏太武帝高兴地说：“我外家的人哪！”让崔浩写书信给杜骥，并且命令永昌王拓跋仁、高凉王拓跋那率领军队迎接杜骥，攻打历城的冀州刺史申恬。杜骥派遣府司马夏侯祖欢等率兵援救历城。北魏军于是寇略兖、青、冀三州。直达清水之东才回师。杀掠甚多，北边边境骚动不安。

宋文帝深为北魏寇扰而忧虑，咨询众大臣。御史中丞何承天上表认为：“凡是准备抵御匈奴的策略，不过两点：武夫们穷尽了征战的谋划，儒生讲和亲的约定。今天想要追踪卫青、霍去病的做法，除非大规模垦田于淮河、泗水流域，内地充实青、徐二州，使民众有盈余，田野有积攒的粮食，然后调发精兵十万，一举荡灭夷敌，不这样就不会有什么作为。如果只是想派遣军队追讨，报复北魏的侵扰残暴，那么北魏军一定会轻骑逃走，不肯交战，只是白白地消耗巨额费用，不会损害北魏分毫。报复的战争，将会无止无休，这是最下等的办法。安定边境，固守边防，这是最长远的计策。臣私下认为，当时曹操、孙权争霸，两人的才能平均，智慧相当，江淮之间，没有居民的各有数百里。为什么呢？因为那是双方侦察兵出没的地方，不是耕种放牧的地方，所以双方坚壁清野来等待对方的到来，整顿铠甲，修缮武器用以等待对方的可乘之机；保护民众，保全边境，不外乎这一途径。概要归纳，其策略有四条：其一，移远就近。现今青州、兖州既有民众以及冀州新附属的民众，在边境的有三万多家，可以全部迁徙安置在大岘以南，用以充实内地。其二，是多多修筑城邑，用以安置新近迁徙来的民众，借给费用，春夏耕田放牧，秋冬进入城邑接受保护。敌寇来到的时候，一处城邑一千家，能够参战的人，不少于两千人，其余老弱病残，仍然能够登上城垛呐喊助威，足以抵抗敌寇三万人。其三，编集搭配百姓的车辆和牛，用来运载粮食器械。计算一下，一千户的资产，不下五百对牛和五百辆车，聚合搭配起来，用以保护一千家民众。假如城池不能固守，就安全进入险要地方，贼寇也不能侵犯，遇上情况紧急临时征发，两个夜晚就可以聚合起来。其四，统计丁壮、配备武器。大凡两千名战士，按照其能力特长，要各自都有武器，平日练习，刻上记号，送还库房保管，出战时各自磨砺自己的武器锋利如新。弓箭刀枪这些兵器，可由官府逐渐补充。数年之间，军用就可以大体完备了。靠近京师各郡的军队，远去屯戍清水、济水，费钱费力，抱怨牢骚加深，按臣子的估计，还不如用当地的民众简易有效。现今借助民众自己的有利形势，引导而统领民众自卫，我方兵力强盛而敌人不加戒备，使国家富足而民众不劳困，比起对常备兵要减免赋税，坐吃国库，不可同年而相比较了。”

北魏金城人边固、天水人梁会，和秦、益二州的杂民一万多户占据上邽东城造反，攻打逼近西城。秦、益二州刺史封敕文抗拒击退了叛军。氐人、羌人一万多，休官、屠各二万多人，都起兵响应边固、梁会，封敕文攻击边固，斩首示众。其余众人推举梁会为首领，与封敕文交战。

（以上为第十四段，写北魏气焰嚣张，宋文帝刘义隆向群臣咨询防御之策，御史中丞何承天上书，献上“移远就近”等抗击北魏的安边四策。）

夏季，四月初一日甲申，魏太武帝到了长安。

四月二十四日丁未，刘宋大赦。

仇池人李洪聚众造反，自称应当为王。梁会求救于氐王杨文德，杨文德说：“两雄不能并立，如果需要我来救援，必须先杀了李洪。”梁会引诱李洪，杀了他，将他的首级送给杨文德。五月十一日癸亥，魏太武帝派遣安丰公闾根率领骑兵奔赴上邽，还没有到，梁会放弃东城逃走。封敕文先挖掘重重沟壕于城外，重兵把守，格斗从夜晚直到清晨。封敕文说：“贼人知道没有了生路，和我们以死相拼，更多的杀伤士兵，就不容易克敌制胜了。”便用白虎幡旗宣示给梁会部众，投降的人就可以赦免，梁会部众崩溃了。这时分兵追击，全部平定了。洛阳人王元达聚集众人屯驻松多川，封敕文又前往讨伐平定了。

盖吴收兵屯驻杏城，自己称号秦地王，声势重新兴起。魏太武帝派遣永昌王拓跋仁、高凉王拓跋那督率长安以北的各路屯军讨伐。

刘宋交州刺史檀和之等攻占区粟，斩首范扶龙，乘胜进入象浦。林邑王范阳迈倾其国力前来应战，用马匹的皮甲披在大象身上，象队前后看不到边。宗悫说：“我听说国外有狮子，威风使百兽顺服。”便制作了狮子的模样，与大象相对抗，大象果然吓得逃走，林邑军队大败。檀和之于是战胜林邑，范阳迈父子脱身逃走。宋军缴获了许多说不出名称的宝物，难以计数，宗悫一无所取，回家的时候，衣冠服饰简朴如常。

六月初一日癸未朔，有日食。

六月初二日甲申，北魏结集冀、相、定三州兵士二万人，屯驻长安南山各谷口，用以防备盖吴逃窜。六月初四日丙戌，又调发司、幽、定、冀四州士兵十万人修筑京畿外围的要塞，起于上谷，西到黄河，纵深上千里。

宋文帝修筑北堤，建玄武湖，在华林园垒起了一座景阳山。

秋季，七月二十日辛未，宋文帝任命散骑常侍杜坦为青州刺史。杜坦，杜骥的兄长。当初，杜预的儿子杜耽，为躲避晋朝祸乱，居住在河西，在张氏的前凉做官。前秦攻克凉州，杜耽的子孙才开始返回关中。刘宋高祖灭了后秦，杜坦兄弟跟着高祖过了长江。当时江东的王氏、谢氏家族正在兴旺时期，北方南渡稍晚的人，朝廷都用“伧荒”来称呼，即使是人才，也不能任清流的官。宋文帝曾经和杜坦谈论汉朝的金日磾，皇上说：“可恨今天没有这样的人才了！”杜坦说：“金日磾如果生在今天，养马都来不及呢，岂能够为人所知遇呢！”宋文帝变了脸色说：“你为何裁量本朝会如此刻薄呢？”杜坦回答说：“请求允许以臣下来说：臣本来是中华高贵之族，晋家王室丧乱，流离迁徙凉地，世代之业永相承继，不使其陨落。只是因为南渡的时间不早，便被看作‘伧荒’之人而被隔绝。金日磾，原本是匈奴人，自身不过是个养马的人，却能够越级当上内侍高官，地位与名贤能同列，当今圣朝，即便再次选拔人才，恐怕未必能够轮到我啊！”宋文帝默不作声。

（以上为第十五段，写刘宋自告奋勇从军出征的南阳义士宗悫用狮子阵战胜林邑王范阳迈的大象阵；大臣杜坦与文帝刘义隆讨论人才问题，直陈刘宋用人不公的弊端。）

八月，北魏高凉王拓跋那等击破盖吴，俘获了盖吴的两个叔父。各位将领想要把他们送往平城，长安镇将陆俟说：“长安地势险要坚固，风俗豪壮强悍，平时也不可忽视，更何况在荒乱之后呢！今天不杀了盖吴，则长安的变乱不会停息。盖吴一个人潜逃，不是他的亲信，谁能抓获他！如果留下十万之众去追捕一个人，这不是好办法。不如私下许诺盖吴的两个叔父，赦免他的妻子和儿子，让他们自己去追寻盖吴，擒获盖吴是一定的。”诸位将领都说：“今天贼人的同党和部众已经打散，盖吴一个人逃走，能逃到什么地方呢？”陆俟说：“诸位没有看见过毒蛇吗！不斩断它的头，仍然能够为害。盖吴天性凶狠狡猾，今天若是能够逃脱，必然自己宣扬说称王的人不会死亡，用此迷惑无知百姓，造成的祸患更大。”诸位将领说：“你说得对，但是抓到了贼人却不杀死，反而遣送走了，如果一去不复返了，谁来承担这一责任？”陆俟说：“此一罪过，我为诸位承担就是了！”高凉王拓跋那也认为陆俟说的有道理，于是赦免了盖吴的两个叔父，和他们约定返回的时限就放掉了。到了期限，盖吴的叔父没有回来，诸位将领都怪罪陆俟，陆俟说：“他们窥伺时机还没有得到机会，一定不会辜负我们的。”过了几天，盖吴的叔父果然带着盖吴的首级回来，用驿车送到了平城。永昌王拓跋仁攻讨盖吴的余党白广平、路那罗，全都平定了。北魏任命陆俟为内都大官。

正好遇上安定卢水胡刘超等人聚众一万人造反，魏太武帝因为陆俟威势恩德显著于关中，再加陆俟都督秦、雍二州诸军事，镇守长安，就对陆俟说：“关中承奉教化的时日不长，恩信尚未树立，官吏民众多次造反叛乱。今日朕将重兵交给你，刘超等人一定同心协力，据守险要，不容易攻取。如果给你的兵少，则不能制服敌人，你应以自己的谋略取胜。”陆俟于是单人独骑前往镇所长安。刘超等人听说之后，大喜，认为陆俟不能有所作为。

陆俟到了长安之后，用成败的道理劝谕，以娶刘超女儿为诱饵，通过结为姻亲来实现招纳的目的。刘超自己仗着人多势众，依然没有投降的意思。陆俟便率领帐下人马亲自前往拜见，刘超派人迎接并且对陆俟说：“跟从的人超过三百人，就用弓箭战马相待；不到三百人，当用酒肉款待。”陆俟便率领二百骑兵前往刘超营帐。刘超戒备十分严密，陆俟放纵饮酒，酩酊大醉方才回营。不久，陆俟又选择敢死队五百人出外射猎，顺便到了刘超的营帐，与随从约定说：“动手的时机应该以我喝醉为限度。”开始饮酒，陆俟佯装喝醉了，上马大声呼喊，亲手斩下刘超首级，士卒应声纵击，杀伤一千多，于是平定了刘超。魏太武帝召回陆俟，任命为外都大官。

这一年，吐谷浑又回到故地。

（以上为第十六段，写北魏平定盖吴、刘超的反叛，长安镇将陆俟机智、勇敢，用力少而建功多。）

【点评】

本卷点评两事：其一，北方民族融合的混战；其二，南北对峙叙事的春秋笔法。

一、北方民族融合的混战。魏晋南北朝时期是民族融合与矛盾突出的时期，这一卷代表性很强。一开卷就是北魏与西部少数民族所建立割据政权之间的矛盾斗争。匈奴、羯、氐、羌、柔然、吐谷浑等相继登场。先是敕勒匈奴分裂后的沮渠无讳舍弃敦煌向西去进攻鄯善，鄯善王比龙率领民众奔向且末，他的嫡长子投降了沮渠无讳的先锋沮渠安周。沮渠安周遂占据鄯善。西凉李宝乘沮渠无讳西征，敦煌空虚，自伊吾率领民众两千人回来占据了敦煌。沮渠牧犍当初逃亡的时候，凉州人阚爽占据了高昌，自称为太守。唐契被柔然逼迫，率领民众向西奔赴高昌，想夺取这块地盘。柔然派遣其将领阿若追击他，唐契失败战死，唐契弟弟唐和收集残余部众逃奔到车师前部王伊洛。这时，沮渠安周屯驻横截城，唐和攻取并拿下了横截城，又拔取了高宁、白力两座城池，派遣使者向北魏投降。以吐谷浑又回到故地为结束。

二、南北对峙叙事的春秋笔法。南北对峙是历史大趋势与主流。在司马光的眼里，北魏与刘宋的对立才是最大的“夷夏之辨”，刘宋是正统，北魏是鲜卑，是夷。从写作手法上来说，司马光用的是春秋笔法，一字一句，从字法句法上区分夷夏。宋是从中原来的，代表着真命天子，在每一事项的表述上，宋的表述总是省略去“宋”，比如“甲戌，上以疾愈，大赦”一句，此处的“上”即是宋文帝，不需要注明。再如“甲申，柔然遣使至建康”一句，“建康”之前的“宋”是省略的。再如“甲午，立皇子诞为广陵王”一句，是谁立？在司马光的叙事系统里若不说明，那就是“宋”。而对于“魏”的表述，总是要加上一个“魏”字，魏的君主称作“魏主”，绝对不能省略称作“主”。这就是记叙文法中的“夷夏之辨”，是司马光的“春秋笔法”。

宋纪七

宋文帝元嘉二十四年至二十七年（公元447—公元450）

【起强圉大渊献（丁亥，公元447年），尽上章摄提格（庚寅，公元450年），凡四年】

【大事提要】

本卷记事起自公元447年至公元450年，凡四年，时当宋文帝元嘉二十四年到元嘉二十七年。本卷所载大事，着重两个方面：其一，北魏太武帝大破柔然，俘获人户畜产百余万，柔然从此衰落。其二，刘宋与北魏两个全盛的国家，爆发了决存亡的大战争。公元450年，北魏太武帝自率步骑十万攻刘宋悬瓠城（今河南上蔡县东），宋将陈宪坚守苦战，北魏军死伤甚重，败退。接着，宋文帝发大军，分水陆数路北伐，北魏太武帝也发兵号称百万渡黄河来应战。宋将王玄谟率主力军攻滑台，被北魏主力军击败。柳元景、薛安都破北魏洛州守军，收复陕城和潼关。宋文帝因王玄谟溃败，召还柳元景等军。

太祖文皇帝中之下

宋文帝元嘉二十四年（丁亥，公元447年）

春季，正月二十六日甲戌，刘宋大赦天下。

北魏吐京胡和山胡酋长曹仆浑等反叛。二月，征东将军武昌王拓跋提等人平定了反叛。

二月初五日癸未，魏太武帝巡视中山。

北魏军攻克敦煌时，沮渠牧犍派人劈开了府库，取走了金银珠宝及玉器，府库大门再也没有关上过。当地百姓争相进入偷盗，有关部门搜捕盗贼，没有抓到一个人。到此时，沮渠牧犍的亲信及守护府库的人才向北魏朝廷告发，并且说沮渠牧犍父子藏了许多毒药，偷偷杀掉的人前后有一百多。况且，沮渠牧犍的姐妹们都学会邪门歪道的法术。有关部门搜查了沮渠牧犍的家，得到了沮渠牧犍匿藏的东西。北魏太武帝大怒，下令沮渠昭仪自杀，并诛灭了沮渠宗族，只有沮渠祖由于先前已经投降而免于一死。又有人告发说沮渠牧犍还和旧时部属秘密来往，图谋反叛，三月，魏太武帝派崔浩去沮渠牧犍家，让他在家里自杀，谥号为哀王。

北魏将定州丁零部落的三千户迁到了平城。

六月，北魏西征的诸位将领扶风公拓跋处真等八名大将，因盗卖和吞没军用物资，以及抢夺掳掠赃物每人各得钱财数以千万计，一并被处死。

当初，宋文帝因为钱币太重而物品很轻，下令改铸新的四铢钱，很多老百姓把古钱剪破凿烂，取用铜自己偷偷铸造新钱，文帝为此很忧虑。录尚书事江夏王刘义恭建议，请求用一个大钱当两个小钱。右仆射何尚之议论说："钱币的兴起，是以估量货物的价值为根本，这种事情只要有买卖交易就会存在，怎能依凭多铸钱币呢！钱币数量少钱币价值就高，钱币数量多货物价值就高，数量多少虽然不同，但使用功能却没有不同。何况用一个大钱当作两个小钱，只是增加了表面价值呢！如果今天这个制度实行，富人的财物自然会成倍增加，贫苦百姓则会更加贫困，担心这样做不是我们要使社会达到贫富均衡的好办法。"宋文帝最终采纳了刘义恭的建议。

秋季，八月二十日乙未，徐州刺史衡阳文王刘义季去世。自从彭城王刘义康被贬后，刘义季就开始纵酒，不做什么事情。宋文帝写信讥讽责备，并且劝诫他，刘义季还是一如既往地豪饮自如，以致成疾而死。

北魏乐安宣王拓跋范去世。

冬季，十月初八日壬午，胡藩的儿子胡诞世杀了豫章太守桓隆之，占据豫章郡反叛。胡诞世想要拥戴前彭城王刘义康做皇帝，前交州刺史檀和之卸任回京，路过豫章，击败斩杀了胡诞世。

十一月初十日甲寅，封皇子刘浑为汝阴王。

十二月，北魏晋王拓跋伏罗去世。

杨文德占据了葭芦城，并招抚诱降氐、羌人，武都等五个郡的氐人，全部归附。

（以上为第一段，写投降北魏的原北凉主沮渠牧犍被告发，逼令自杀；北魏西征的八位大将因侵吞军资和抢劫财物被处死；刘宋更改钱币，以一大钱当两小钱。）

宋文帝元嘉二十五年（戊子，公元 448 年）

春季，正月，北魏仇池镇将皮豹子率领各路大军攻讨杨文德，杨文德军队战败，放弃葭芦城，逃回汉中。皮豹子逮捕了杨文德的妻子、孩子、幕僚臣属，没收了军用物资，同时又逮捕了杨保宗所娶的北魏公主，大胜而回。

当初，杨保宗要反叛时，公主劝说鼓励。有人问公主说："为什么要背叛父母的国家？"公主回答说："此事成功，就是一国之母，岂是小县公主能够相比的啊！"魏太武帝命她自杀。

杨文德因为失去所镇守的土地，被罢免了官职，削去了爵位和封地。

二月初一日癸卯，魏太武帝前去定州，解散在京畿外围修筑要塞工事的役夫。又巡视上党，下令诛杀潞县反叛民众两千多户，迁徙河西郡、离后镇百姓五千多户到平城。

闰二月初七日己酉，宋文帝在宣武场举行阅兵大典。

当初，刘湛被诛杀后，吏部郎庾炳之受到宠信，官职不断升迁到吏部尚书，威势朝野上下无人能及。庾炳之没有才学，性情暴躁又浅薄。他担任了选拔人才的吏部尚书，却喜欢侮辱谩骂宾客，并且大肆接受贿赂，士大夫们都厌恶他。

庾炳之在个人私宅留宿两名令史，受到有关部门的弹劾，而宋文帝想忽视他们的过失，想不闻不问。仆射何尚之因此竭力揭发庾炳之的短处说："庾炳之看见别人有蜡烛盘、好驴等，没有不去要的；选人用人不公正事例不可一二计数。结交培养党羽，拨弄是非，离间他人，伤风败俗，超过了范晔，所少的就是还没有做贼人而已。纵使不加罪，也应该降职外放。"宋文帝想要任命庾炳之做丹杨尹。何尚之说："庾炳之陷于罪过，辜负恩德，方且享有京尹这样煊赫的赐官，这进一步促成他的气势了。古人说：'有功不赏，有过不罚，即使是尧、舜也不能治理天下！'我过去在陛下面前谈论范晔，也害怕会冒犯龙颜，可是只要表白心怀，纵然九死也是不后悔的。历观古今，从没有过恶迹昭彰，收受贿赂达几百万，而能进一步得到高官厚禄像庾炳之这样的人啊。"宋文帝这才罢免了庾炳之的官职，任命徐湛之做丹杨尹。

刘宋彭城太守王玄谟上书文帝说："彭城位兼水陆交通要道，请求派皇子亲临主持州事。"夏季，四月十四日乙卯，宋文帝任命武陵王刘骏为安北将军、徐州刺史。

五月初四日甲戌，北魏任命交趾公韩拔为鄯善王，镇守鄯善，征收老百姓赋税和劳役，将鄯善当作郡县看待。

一个大钱顶两个小钱的办法实行了一段时间，朝廷和个人都认为不方便。五月初九日己卯，下令废除这一规定。

六月二十六日丙寅，刘宋荆州刺史南谯王刘义宣晋升为司空。

六月二十一日辛酉，魏太武帝巡视广德宫。

秋季，八月二十五日甲子，宋文帝封皇子刘彧为淮阳王。

西域般悦离平城一万多里，派使节到北魏，请求和北魏联合从东西夹攻柔然国。魏太武帝同意，下令京城内外戒严。

九月初二日辛未，宋文帝任命尚书右仆射何尚之为左仆射，领军将军沈演之为吏部尚书。

九月十七日丙戌，魏太武帝巡视阴山。

北魏成周公万度归攻击焉耆，大败焉耆。焉耆王鸠尸卑那逃奔到龟兹。魏太武帝颁布诏书，命令唐和与前部王车伊洛率领所部军队，与万度归会师讨伐西域。唐和不战劝降了柳驴等六座城池，于是又共同攻打波居罗城，攻下了城池。

冬季，十月初三日辛丑，北魏弘农昭王奚斤去世，儿子奚它观继承王位。魏太武帝说："奚斤在关西战败，论罪本该处死。朕因为奚斤辅佐过先帝，所以恢复了爵位和封邑，这才使得他能够寿终天年，国君与臣子的情分也足够了。”于是将奚它观爵位降为公爵。

十月二十五日癸亥，北魏大赦天下。

十二月，北魏万度归从焉耆向西征讨龟兹，留下唐和镇守焉耆。柳驴城戍守官员乙直伽阴谋反叛，唐和攻杀了乙直伽。从此，诸胡人全都畏服于北魏，西域重新平定。

北魏太子拓跋晃到行宫朝见北魏太武帝，于是跟着父亲征伐柔然。进军到受降城，却看不见柔然的影子，便将粮食囤积在城内，设置戍边军队后返回。

（以上为第二段，写宋文帝刘义隆纳谏，罢免了宠信的贪官庾炳之，废除了一个大钱当作两个小钱使用的政令；北魏派将领万度归平定西域，留下将领唐和镇守。）

宋文帝元嘉二十六年（己丑，公元 449 年）

春季，正月初一日戊辰朔，魏太武帝在漠南犒劳各位大臣。正月初七日甲戌，再次讨伐柔然。高凉王拓跋那从东路进军，略阳王拓跋羯儿由西路挺进，北魏太武帝和太子拓跋晃进军指向涿邪山，行军几千里。柔然处罗可汗郁久闾吐贺真非常恐惧，远远逃走。

二月初三日己亥，宋文帝前往丹徒，拜谒京陵。三月丁巳，大赦天下。招募各个州郡愿意迁居的几千家民户充实京口。

三月二十四日庚寅，魏太武帝返回平城。

夏季，五月十七日壬午，宋文帝回到建康。

五月二十五日庚寅，魏太武帝巡视阴山。

宋文帝想要收复中原，文武百官们争相献计献策去迎合取宠。彭城太守王玄谟尤其喜好进言，宋文帝对侍臣说：“仔细琢磨王玄谟的陈述，使人顿时有封狼居胥的感觉。”御史中丞袁淑对文帝说：“陛下今天应该席卷赵、魏旧土，去泰山封禅。我正赶上这千载难逢的机会，愿意奉上封禅书。”宋文帝很高兴。袁淑是袁耽的曾孙。

秋季，七月初七日辛未，刘宋任命广陵王刘诞为雍州刺史。宋文帝认为襄阳向外与函谷关、黄河相接壤，打算扩大充实雍州的实力，便撤销了江州军府，把该州的文武百官全都配备给雍州；又把湘州人向朝廷交纳的田租税款也全都转拨给了襄阳。

九月，魏太武帝讨伐柔然，高凉王拓跋那从东路率军挺进，略阳王拓跋羯兒从中路进军。柔然处罗可汗将国内所有精锐部队调集，把拓跋那包围了几十层，拓跋那挖深沟坚守。相持数天后，处罗可汗几次向拓跋那挑战，都被拓跋那打败。处罗可汗认为拓跋那士卒人数少却很顽强，怀疑援助大军将要来到，撤去包围，连夜离开。拓跋那带领士卒追击了九天九夜。处罗可汗越发害怕，丢下辎重物资，越过穹隆岭远远逃走。拓跋那缴获了处罗可汗的辎重物资，率领大军返回，同魏太武帝在广泽会合。略阳王拓跋羯兒俘虏了柔然百姓和牲畜差不多有一百多万。从此，柔然国力衰败，屏息踪迹不再敢侵犯北魏边塞。冬季，十二月十七日戊申，魏太武帝回到平城。

沔水北部居住的各山地蛮人侵犯雍州，刘宋建威将军沈庆之率领后军中兵参军柳元景、随郡太守宗悫等二万人讨伐山蛮，分为八路同时进军。此前，各将领讨伐蛮人时，都在山下驻扎营地来挤压他们，蛮人得以占据陡峻山势，发射乱石利箭来攻击，官军多次失利。沈庆之说："去年，蛮人的庄稼大获丰收，粮食囤积于重山之间，不能和他们长期对峙。不如出其不意，冲击其腹心，一定会打败他们。"便命令各路大军砍伐树木，向山上攀登，擂着战鼓呐喊，向前进攻，蛮人各部震惊恐慌。宋军趁机发起总攻，所向之处，蛮人四处逃窜，全线崩溃。

（以上为第三段，写北魏主拓跋焘率领八路大军攻打柔然，空前大胜，柔然可汗远遁；宋文帝刘义隆谋划北伐，加强雍州实力，扫荡了雍州北部作乱的少数民族。）

宋文帝元嘉二十七年（庚寅，公元 450 年）

春季，正月二十四日乙酉，魏太武帝巡视洛阳。

刘宋沈庆之从去年冬季到今年春季，多次击败雍州境内的蛮人，缴获蛮人囤积的粮食，充实军队的粮草，前后共杀蛮人三千人，俘虏二万八千多人，收降二万五千多户。幸诸山的大羊蛮人凭借险要地势构筑城堡，防守工事都很牢固。沈庆之前来攻打，命令军队在山里连营扎寨，营门都打开相通，各自在营地内挖掘水池，从早到晚都不外出取水。不久，刮起了大风，蛮人偷偷派兵在夜里潜入放火烧营。沈庆之用蓄水池中的水浇灭大火，用大批弓弩两边夹射，偷袭的蛮人大败逃回。蛮人所占据的位置险要坚固，无法攻破。沈庆之又设六个戍所来监守。时间一长，蛮人军队的粮食吃完了，慢慢地有人请求归降，朝廷便把他们作为营户全部迁到了建康。

魏太武帝将要侵犯刘宋。二月初三日甲午，魏太武帝先到梁川进行大规模的打猎。宋文帝听说后，立刻诏令淮河、泗水沿岸的各个州郡："如果魏寇小规模进犯，就各自坚守；如果大规模进犯，就带着老百姓全部撤到寿阳。"边境侦察不准确而情况不明。二月二十日辛亥，魏太武帝亲自率领十万骑兵突然来到，南顿太守郑琨、颍川太守郑道隐全都弃城逃跑。

这时，豫州刺史、南平王刘铄镇守寿阳，派遣左军行参军陈宪代理汝南郡事务，驻守悬瓠。悬瓠城中士卒不到一千人，魏太武帝率兵包围了悬瓠。

三月，刘宋因为战事兴起，减少朝廷内外文武百官俸禄的三分之一。

北魏军队昼夜围攻悬瓠，造了许多楼车，临近城池进行射击，箭如雨下。守卫悬瓠的士卒都身背门板，到井里提水。魏军在冲车顶抛出大铁钩来勾住城楼围墙，再用冲车牵引大铁钩，南部城墙被扯倒了。陈宪又赶快在围墙内筑了一层小墙，小墙外部再加设一层木栅，继续抵抗。魏军将护城壕沟给填平了，登上城墙进行肉搏战。陈宪督统将士苦苦奋战，战死将士的尸首堆积得同城墙一样高。魏军踏着尸首向城上攀登，双方短兵相接，陈宪锐气不减，愈战愈勇，战士无不以一当百，杀死及击伤北魏将士数以万计，守城将士也死了一多半。

魏太武帝派永昌王拓跋仁率领步、骑兵一万多，驱赶着在六郡所掠虏的百姓北上屯驻汝阳。这时徐州刺史武陵王刘骏正镇守彭城，宋文帝派遣秘密使节去通知刘骏，命令他出动骑兵，带上够三天吃的粮食去偷袭汝阳魏军。刘骏发动方圆百里的马，得到一千五百匹，分成五路，派参军刘泰之率领安北骑兵行参军垣谦之、田曹行参军臧肇之、集曹行参军尹定、武陵左常侍杜幼文、殿中将军程天祚等分别统率，直奔汝阳。魏军只顾虑援军从寿阳来，对彭城方面毫无防备。丁酉，刘泰之等率兵偷偷向前推进，突然袭击魏军，杀死三千多人，烧毁了辎重物资，北魏士卒四处逃散，被俘虏的民众得以乘机向东逃走。魏军侦探到刘泰之等没有后援部队，便又领兵反攻。垣谦之首先退却，士卒为此惊恐，大乱，丢下武器逃走。刘泰之被魏军杀死，臧肇之在河里溺水身亡，程天祚被魏军抓获，只有垣谦之、尹定、杜幼文及一些士卒共计九百多人得以逃脱，马匹生还的有四百匹。

魏太武帝围攻悬瓠达四十二天，宋文帝派南平内史臧质到寿阳，让他和安蛮司马刘康祖一同率兵援救悬瓠。魏太武帝派遣殿中尚书任城公拓跋乞地真率军抗击，臧质等人迎击并杀了拓跋乞地真。刘康祖是刘道锡的堂兄。

夏季，四月，北魏太武帝率军撤退，四月十三日癸卯，抵达平城。

四月二十二日壬子，安北将军、武陵王刘骏被贬为镇军将军，垣谦之被杀，尹定、杜幼文交付尚方做苦役，提升陈宪为龙骧将军，汝南、新蔡二郡的太守。

（以上为第四段，写北魏主拓跋焘发动对刘宋的大战，亲率十万大军南下，受挫悬瓠城，无功而还；而刘宋方面，南顿、颍川太守弃城逃跑，刘骏的五路援兵全军覆没。）

魏太武帝送信给宋文帝说：“先前，盖吴反叛逆行，煽动关、陇叛乱。你又派人前去诱导他们，把弓箭赠送给男人，把耳环金钏馈赠给女人。这些人正想用说假话来骗取你的财物，否则，哪里会有相距甚远却甘愿服从你的道理！作为大丈夫，为什么不自己前来夺取你熟悉的地方，却用金银财宝诱惑我边境百姓？又招募前往投奔的人，免除七年的捐税，这是奖赏奸诈的人。我现在来到你们的国土上，得到的百姓数量，和你在此前得到的我国百姓的数量相比，谁多谁少？

“你还想保存刘氏家族的香火，就应当把长江以北的土地全部割让给我，收集长江以北的守兵撤到江南，我放弃长江以南让你居住。不这样，你就应该好好命令方镇、刺史、太守、宰令准备好床帐、饮食器具，明年秋天将前去攻取扬州。大好形势已经来到，绝不放弃。说到先前，你北边与柔然汗国来往，西边与赫连、沮渠和吐谷浑勾结，向东又与冯弘、高丽联系，这些国家如今都被我消灭了。由此看来，你怎么能够独立存在呢？

“蠕蠕郁久闾吴提、郁久闾吐贺真都已死去，如今我就要向北征伐，首先铲除这些骑马的贼寇，你如果不从命，明年秋天我当再次亲自前来攻取。因为你没有那么多骑马贼寇，所以我没有先讨伐你。当我巡视那一天，你有何打算？挖壕沟自守，还是构筑城墙作为屏障，我都会大大方方地前去攻取扬州，而不像你偷偷摸摸地行动。你派来的侦探我已经抓获，又把他放回去了。这些人亲眼看到了我们这里的一切情况，想了解可以仔仔细细地询问。

“你以前派裴方明前去攻取仇池，得到之后，却嫉妒其勇略和战功，自己不能容纳。有这么好的大将，你尚且要杀了他，又有什么资格前来同我较量呢！你不是我的对手了。你经常想要同我交战，我不是白痴，也不是自大骄横的苻坚，什么时候合适与你决战呢？到了那个时候，我白天派轻骑围绕你营地，晚上就在远离你们一百里以外的地方宿营。吴人有砍斫对方营帐的伎俩，但是，你募集的士卒前来，走不了五十里，天色已经大亮了。你所募集的这些士卒的头颅，又怎么能不被我砍下呢？

“你父亲时代的旧臣属虽然年纪已老，都还是很有智谋的，我知道他们已经被你斩尽杀绝了，这难道不是天助我吗？取你的脑袋用不着我动刀，这里有很会念咒的婆罗门，应当派鬼神前去把你绑送来。”

（以上为第五段，写北魏主拓跋焘亲率大军南侵失败，恼羞成怒，致信刘宋皇帝刘义隆，予以恫吓，扬言来年再度南下，饮马长江，要砍下宋文帝人头。）

刘宋侍中、左卫将军江湛升任吏部尚书。江湛秉性公正廉洁，他和仆射徐湛之同时受文帝所宠信，当时并称“江、徐”。

北魏司徒崔浩，自恃才能谋略很高，并受到魏太武帝的宠信，独揽朝廷大权。曾经推荐冀、定、相、幽、并五州的士人几十人直接做了郡守。太子拓跋晃说：“早先征聘的人才，也是州郡推选的，担任职务很久了，辛勤劳苦没有得到报答，应该首先补充他们做郡县守令，让新征聘的人代替他们做郎吏。而且太守、县令管理百姓，应该由经历过世面有经验的人来担当。”但是，崔浩坚持力争，派这些人就任。中书侍郎兼著作郎高允听说后对东宫博士管恬说：“崔公恐怕难免遭祸了，为了掩饰做错的事还同上位的人对抗争胜，崔浩将怎么来承受这份面子上的胜利呢？”

魏太武帝任命崔浩兼管秘书事务，让他和高允等人共同撰写《国记》，对他们说："务必从实撰写。"著作令史闵湛、郗标，性情乖巧、奸佞，很受崔浩宠信，崔浩曾经注解《易经》、《论语》、《诗经》、《书经》，闵湛、郗标上疏说："马融、郑玄、王肃、贾逵都不如崔浩的精微，恳求没收国内这些人的书，颁布崔浩的注本，命令全国都来学习。还请求皇上敕令让崔浩注解《礼传》，使后人能看到正确的释义。"崔浩也极力推荐闵湛、郗标有著书立说的才能。而闵湛、郗标反过来又建议崔浩把他所撰写的《国史》刻在石碑上，以此来显示秉笔直书。高允听说这件事后对著作郎宗钦说："闵湛、郗标所做的事，只要有一丁点错误，恐怕就会给崔家带来万世的灾祸，我们这些人也活不了啦！"崔浩最终采纳了闵湛、郗标的建议，把《国史》刻在石碑上，立在郊外祭祀的神坛东侧，占地一百步见方，这一工程耗费劳工三百万。崔浩写北魏祖先事迹非常详细真实，他把这些陈列在交通要道上，来来往往过路的人看见后都用这些作为谈论的材料，北方鲜卑人对此没有不愤怒的，一起向魏太武帝说崔浩的坏话，认为这是大肆张扬祖先的过错和污点。魏太武帝大怒，派有关部门调查惩办崔浩和其他秘书郎吏的罪。

当初，辽东公翟黑子被魏太武帝所宠信，奉命出使并州，接受一千匹绢布的贿赂，事发后，翟黑子谋划于高允说："主上审问我时，是把实情说出来呢，还是不承认呢？"高允说："你是朝廷宠臣，犯了罪就应该讲实话，或许还会被皇上赦免，不能再次欺骗皇上。"中书侍郎崔览、公孙质则说："如果你讲实话自首，罪责难以预测，不如隐瞒不说。"翟黑子埋怨高允说："你为什么要引诱我去置身于死地呢？"翟黑子入宫拜见北魏太武帝，没有把实情讲出来，魏太武帝大怒，斩了翟黑子。后来，魏太武帝又派高允教授太子拓跋晃经书。

等到崔浩被捕入狱，太子拓跋晃召高允到东宫，留他过夜。第二天早晨，一同进宫朝见，二人来到宫门时，拓跋晃对高允说："我们进去拜见皇上，我自会引导你该做些什么。一旦皇上有什么问话，你只管按照我的话去回答。"高允问他说："为什么这样呢？"太子拓跋晃说："你进去自然就知道了。"太子拜见魏太武帝说："高允做事小心审慎，而且地位卑贱，人微言轻，都是由崔浩主管制定的，请求赦免他的死罪。"魏太武帝召见高允，问高允说："《国书》都是崔浩一人写的吗？"高允回答说："《太祖记》由前著作郎邓渊撰写，《先帝记》和《今记》是我和崔浩两人共同撰写的。但是崔浩兼事很多，只裁决可否而已，至于撰写，臣子比崔浩多。"魏太武帝大怒说："高允的罪行比崔浩要严重，怎么能让他活着呢？"太子拓跋晃恐惧地说："陛下盛怒之下威严凝重，高允小臣，迷乱而语无伦次了。我以前曾经问过他，都说是崔浩一人所为。"魏太武帝质问高允说："真的像东宫所说的那样吗？"高允回答说："臣的罪过应该灭族，不敢虚假妄言。殿下因为臣子侍奉讲书很久了而可怜臣，想要放我一条生路。确实没有问过臣，臣也没有说这些话，不敢迷乱。"魏太武帝回过头去对太子说："正直啊！这在人情上很难做到，而高允却能做得到！马上就要死了却也不改变言辞，诚信哪！作为臣子，不欺骗君主，忠贞哪！应该特别免除他的罪过而褒扬。”于是，赦免了高允。

（以上为第六段，写北魏司徒崔浩与著作郎高允受命，撰写《国记》，崔浩贪求名声，刻于石碑，暴扬北魏先主隐私，触怒拓跋焘，被满门诛灭，而高允忠直，被赦免。）

此时，魏太武帝又召崔浩前来，亲自审问他。崔浩恐慌迷惑不能回答。高允却是件件事申述明白，且有条理。魏太武帝于是命令高允写诏书：诛斩崔浩和他的幕僚宗钦、段承根等人，以及他们的部属、僮仆，共有一百二十八人，全都夷灭五族。高允犹豫不能下笔，魏太武帝多次派人催促，高允恳求再晋见一次，然后再写诏书。魏太武帝命人将他带到跟前，高允说：“崔浩被捕入狱，如果还有其他别的原因，我不敢多说。如果仅仅是因为他冒犯了皇族，他的罪过还达不到被处死的程度。”魏太武帝大怒，命令武士逮捕高允。太子拓跋晃为他求情，魏太武帝的怒气稍稍消除，说：“没有这个人，就该会有几千人被处死。”

六月初十日己亥，魏太武帝颁布诏书，诛杀清河崔氏老幼以及与崔浩同一宗族的人，无论血缘远近；与崔浩有姻亲关系的范阳卢氏、太原郭氏、河东柳氏，都被诛灭全族，其他人都只诛斩罪犯一人。崔浩被放在一个四周都是栏杆的囚车里，押送到平城南郊，押送士兵几十人在崔浩的头上撒尿，崔浩悲惨地嗷嗷呼叫，路上行人都听得清清楚楚。宗钦临刑时感叹说：“高允差不多是个圣人啊！”

过了几天，太子拓跋晃责怪高允说：“人应该知道见机行事，我想替你开脱死罪，已经开了端绪，可是你始终不遵从，使皇上气愤到那种程度。每次回想，都令人心有余悸。”高允说：“史官，是要记载人主的善恶，作为对后来的劝诫，因此，人主心生畏忌，对自己的行为举止都十分小心谨慎。崔浩辜负了圣上的大恩，用他自己的私欲盖过了他的廉洁，用他个人的爱憎好恶遮住了他的公正秉直，这是崔浩的责任。至于书写皇上的起居生活，谈论国家行政的得失，这是作史的根本，没有多少违背之处。臣和崔浩一同从事这项工作，生死荣辱，道义不应该不一样。接受殿下使我再生的大恩，如果违背自己的良心得以幸免，这不是我所愿意的。”太了拓跋晃容颜感动而赞叹。高允退下后对人说：“我之所以不按照太子的引导去做，就是怕辜负了翟黑子。”

当初，冀州刺史崔赜、武城男爵崔模和崔浩属于同一祖宗，但不是同一族系。崔浩经常侮辱怠慢他们，因此，感情一直不和。等到崔浩被斩、诛灭全族，只有这两家得以幸免。崔赜是崔逞的儿子。

六月十二日辛丑，魏太武帝北去阴山巡察。魏太武帝诛杀了崔浩后就很后悔，恰逢北部尚书李孝伯患病很重，有人传说他已经去世了。魏太武帝哀悼他说：“李宣城可惜！”不一会儿，又说：“朕失言，崔司徒可惜，李宣城令人哀痛！”李孝伯是李顺的堂弟，自从崔浩被斩后，国家军政大事的谋划都由李孝伯决定，魏太武帝对他的宠信次于崔浩。

（以上为第七段，写北魏大臣高允受到崔浩牵连，面临死罪，太子拓跋晃为他求情，他不为所动，直叙其事，毫不隐讳，并劝说北魏主拓跋焘宽宥无辜之人。）

当初，车师大帅车伊洛世代臣服于北魏，北魏任命车伊洛为平西将军，封为前部王。车伊洛将要入朝，沮渠无讳拦断了道路，车伊洛几次与沮渠无讳交战，打败了沮渠无讳。沮渠无讳去世时，他的弟弟沮渠安周夺了沮渠无讳儿子沮渠乾寿的军队，车伊洛趁此机会派人前去游说沮渠乾寿，沮渠乾寿于是率领他手下五百多户投奔北魏。车伊洛说服了李宝的弟弟李钦等五十多人投降，全都送到了北魏。车伊洛乘胜西征，攻打焉耆，留下自己的儿子车歇固守车师城。沮渠安周率领柔然兵从小路偷袭车歇，攻克了车师城。车歇逃到了父亲车伊洛所在地，共同收集残余部众，守卫已经取得的焉耆城，车伊洛派使节前去平城上书给魏太武帝，说：“车师被沮渠氏围攻袭击，前前后后已经八年了，老百姓挨饿受苦，没有办法生存。臣现今放弃国家逃奔在外，免于一死的人仅剩下了三分之一，已到达焉耆东部边界，乞求垂恩救济我们。”北魏太武帝颁布诏书打开焉耆的粮仓，赈济车师将士。

吐谷浑王慕容慕利延被北魏逼迫，上书给宋文帝请求进入到越巂地自保。宋文帝同意，可慕容慕利延到底没有去越巂地。

宋文帝想要攻伐北魏，丹杨尹徐湛之、吏部尚书江湛、彭城太守王玄谟等人都赞同，只有左军将军刘康祖认为：“今年已过半，等到明年再说吧。”宋文帝说：“北方老百姓苦于北方蛮虏的虐政，反抗义军不断兴起，你却要推迟一年进攻，大大损伤北方民众的向义之心，不能这么做。”

太子步兵校尉沈庆之进谏说：“我方是步兵，敌方是骑兵，形势上不敌。檀道济两次出兵都没有成功，到彦之也失利而回。如今，我估计王玄谟等人的能力也不会超过前两位将领。我国全军的强势也不如以前，恐怕会再次羞辱王师。”宋文帝说：“王师两次受挫，另有原因：檀道济保存贼寇以抬高自己，到彦之半路上眼病加重。北敌蛮虏所能依仗的只有马匹。今年夏天雨水很多，河道畅通无阻，如果我们乘船北上，碻磝守军一定会逃走，而驻守滑台的小批军队，也很容易攻取。攻克了这两座城，就地取用粮仓里堆积的粮秣去安抚老百姓，虎牢、洛阳自然也就保不住了。等到冬天到来，城池之间已经相互连接，蛮虏的战马敢于跨过黄河，全都成为我军的俘虏。”沈庆之还是坚持不能出征。宋文帝就让徐湛之、江湛同他辩论。沈庆之说：“治理国家就像治理自己的家一样，耕田种地的事，应该请教种地农夫，纺织的事该问纺织婢女。陛下您现今想要去讨伐一个国家，却和白面书生们谋划，这一战事怎能成功呢？”宋文帝大笑。

太子刘劭和护军将军萧思话也竭力劝谏，宋文帝都没接受他们的建议。

魏太武帝拓跋焘听说宋文帝将要大举北伐，就又一次送信给文帝：“我们两国和好的时间已经很长了，可你却贪得无厌，引诱我边境的老百姓。今年春季我南下巡察，看望我的子民，驱赶走扰我边民的宋军后即刻回到平城。现今听说你打算亲自北来，倘若你能到达中山以及桑乾川，就请随便走一走。来不迎接，走时也不相送。如果你已厌倦你所居住的国土，那么，你可以到平城来居住，我也前去扬州居住，相互交换国土。你已有五十岁了，还未曾迈出过家门口，虽然你自己有力量前来，不过如同三岁的孩子，哪能和我们生长在马背上的鲜卑人相比！我们也没有多余的东西可以相送，现今送给你十二匹猎马和毛毡、药物等。你从远道而来，马力不足，可以乘我送给你的马。或许会水土不服，可以吃我送给你的药自己治疗。”

秋季，七月十二日庚午，宋文帝颁布诏书说：“北方蛮虏虽然近来受到挫败，但是兽心没有改变。最近，得到河朔、秦、雍等州的汉族和戎族上奏的表，都诉说了自己的痛苦，举踵翘首地等待前去拯救，暗中秘密联合，等待王师队伍。甚至柔然汗国也派遣秘密使节，从小路赶来表达诚意，发誓联合夹击。北伐的机会，就在今天。委派宁朔将军王玄谟率领太子步兵校尉沈庆之、镇军谘议参军申坦率领水军进入黄河，受青、冀二州刺史萧斌的节制。太子左卫率臧质、骁骑将军王方回进军直指许昌、洛阳。徐、兖二州刺史武陵王刘骏，豫州刺史南平王刘铄各自统领部众，东西并举。梁州、南秦、北秦三州刺史刘秀之大肆骚扰汧、陇一带。太尉、江夏王刘义恭进驻彭城，担任各路大军的前线总指挥。”申坦是申钟的曾孙。

此时，全国军队大规模动员，上起王公、王妃、公主及朝廷官员、牧守，下到富有的民众，每人都捐献金银、玉帛及其他物品来援助国家的用度。因为兵力不足，又全部调发了青州、冀州、徐州、豫州、北兖、南兖六个州郡的青壮年，以每三个壮丁抽一人、每五个壮丁抽二人的比例进行征召，也可以雇用他人代替应征。命令到达之日起，十天之内装束停当。沿长江五郡的应征青年在广陵集合，淮河一带三郡的应征青年在盱眙集合。又征召国内有骑兵、步兵专长的勇武壮士，对他们都加以厚赏。有关部门又向朝廷启奏说军资不足，因此扬州、南徐州，南兖州、江州四州，凡是富足人家家产超过五十万钱的，积蓄满二十万钱的僧人尼姑，都要借出四分之一来供军队急用，战事结束即予偿还。

（以上为第八段，写宋文帝刘义隆不听劝谏，坚持大举北伐，进行全国总动员，声势浩大。）

建武司马申元吉率领军队向碻磝挺进。七月十七日乙亥，北魏济州刺史王买德弃城逃跑。青、冀二州刺史萧斌派遣将军崔猛攻打乐安，北魏的青州刺史张淮之也弃城逃走。萧斌和沈庆之留下据守碻磝，派出王玄谟进攻包围滑台。雍州刺史、随王刘诞命令中兵参军柳元景、振威将军尹显祖、奋武将军曾方平、建武将军薛安都、略阳太守庞法起率军进攻弘农。后军外兵参军庞季明，年纪已七十多岁，他自认为是关中的豪门望族，请求允许他偷偷进入长安招募夷、汉民众，刘诞同意，庞季明就从赀谷进入卢氏，卢氏人赵难收容了他。庞季明就诱劝说服当地的士大夫和老百姓，响应他的人非常多，薛安都等人借此机会从熊耳山通过，柳元景率领士卒随后跟进。豫州刺史南平王刘铄命令中兵参军胡盛之从汝南出发，梁坦从上蔡出发向长社进军。北魏荆州刺史鲁爽镇守长社，弃城逃走。鲁爽是鲁轨的儿子。军幢主王阳兒进击北魏豫州刺史仆兰，仆兰被打败逃奔虎牢。刘铄又派出安蛮司马刘康祖率兵援助梁坦，进逼虎牢。

北魏众大臣起初听到有宋军出动，报告给了魏太武帝，请求派遣兵力抢救黄河沿岸的粮食、布帛。太武帝说：“现今战马还没有养肥，天气还炎热，急速出击，不会取胜。倘若宋军不断地前进，我们暂且撤退到阴山躲避一下。我们鲜卑人本来就是穿羊皮裤子的，哪里用得着棉布丝帛！拖到十月，我就没有什么可忧虑的了。”

九月辛卯，魏太武帝率领军队南下援助滑台，命令太子拓跋晃屯驻漠南，以防备柔然的进攻，又命令吴王拓跋余留守平城。九月十三日庚子，北魏征召各州郡五万士卒分配给各支军队。

王玄谟军队的士众很多，武器精良，但是，王玄谟刚愎自用，喜好杀戮。最初包围滑台时，城里有很多茅草房，众士卒请求用火箭把这些茅草房烧掉。王玄谟说：“那些茅草房是我们的财产，为什么急着烧了它们？”城里的北魏守军就赶快撤出茅草房而挖掘洞穴住进去。当时，黄河、洛水沿岸的老百姓都争先恐后地给宋军送粮秣，而且，每天拿着武器前来投奔的义军人数以千计，王玄谟不任用义军原来的首领，而把他们分配给与自己关系密切的人。王玄谟发放给每家一匹布，却强求每家交出八百个大梨，于是民众大失所望。进攻滑台，几个月都没有攻下，听说北魏救援军队就要来到，众将士请求用马车作为营垒，王玄谟没有听从。

冬季，十月初七日癸亥，魏太武帝来到枋头，派关内侯代郡人陆真在深夜同几个人穿过包围，偷偷进入滑台，安抚那里的守城军队，登上城头察看王玄谟军营虚实，返回报告。十月初九日乙丑，魏太武帝渡过黄河，号称百万士兵，战鼓震天动地。王玄谟害怕了，赶快逃走。魏军追击宋军，杀死一万多人，王玄谟部下逃跑战死，全军覆没，丢弃的军用物资及武器堆积如山。

在此之前，王玄谟派遣钟离太守垣护之率领一百只小船作前锋，据守石济，在滑台西南一百二十里处。垣护之听说魏军就要到来，急信劝王玄谟发动紧急攻势，说：“从前，武皇帝围攻广固时，死亡的人很多，何况现今面临的事比那时急迫得多，怎能再顾虑士卒的死伤劳苦！希望把屠灭滑台作为最紧急事务。”王玄谟不听从。等到王玄谟战败撤退，他来不及向垣护之通报。魏军把缴获王玄谟的战舰用铁链锁拴了三道，切断了黄河，断绝了垣护之的退路。黄河河水湍急迅猛，垣护之从中流顺流而下，每遇到铁锁链，就用长柄大斧砍断，魏军无法制止，只损失了一只小船，其余都完好无损地返回。

萧斌派遣沈庆之统领五千士卒前去救援王玄谟。沈庆之说："王玄谟的士卒身体疲惫、士气不足，而寇虏逼近，必须有了几万人的兵力才可前进。一小部分军队轻率前去，没有好处。"萧斌坚持派遣他去。这时正赶上王玄谟逃回来，萧斌要斩王玄谟，沈庆之坚决劝阻说："佛狸威震天下，军士百万，岂是王玄谟能够抵挡！况且斩杀战将削弱自己的力量，这不是好办法。"萧斌才停止。

萧斌打算固守碻磝，沈庆之说："如今青、冀二州内部防务空虚，坐守孤城。假如蛮虏向东经过，那么，清水以东的土地就不是我国所有了。碻磝孤立隔绝，那么，恐怕又是一个朱脩之的滑台了。"这时，正巧传达诏书的使者来到，不许萧斌他们撤退。萧斌又召集各将领商讨，都说应该留下来坚守，沈庆之说："宫城以外的大事，将军完全可以自行决断。诏书从很远的地方传来，并不了解这里的形势。手下有一个范增却不用他，空谈又会有什么用处呢？"萧斌和在座的各位将领都忍不住大笑说："沈公的学问真是有长进啊！"沈庆之厉声说道："你们虽然通古博今，却不如下官我用耳朵仔细地学习。"萧斌便派王玄谟戍守碻磝，申坦、垣护之据守清口，自己率领大军返回历城。

（以上为第九段，写北魏主拓跋焘面对刘宋北伐大军，先示怯引退，然后率领大军出击，刘宋北伐主将王玄谟仓促逃奔，失去战机，全线崩溃，功亏一篑。）

闰十月，庞法起等各路大军进入卢氏，斩了卢氏县县令李封，任命赵难为卢氏令，让赵难率领他手下的将士担任向导。中兵参军柳元景从百丈崖跟随各路大军来到了卢氏。庞法起等开始攻打弘农，闰十月十五日辛未，攻克了弘农，活捉了北魏弘农太守李初古拔。薛安都留守弘农。闰十月三十日丙戌，庞法起向潼关进军。

魏太武帝命令各位大将率领士卒分道全线进攻。永昌王拓跋仁从洛阳向寿阳挺进，尚书长孙真指马头，楚王拓跋建突进钟离，高凉王拓跋那从青州奔向下邳，北魏太武帝率军从东平直入邹山。

十一月初五日辛卯，魏太武帝抵达邹山，鲁郡太守崔邪利被北魏生擒。魏太武帝看见秦始皇石刻，命令士卒把它推倒，又用太牢的礼仪祭祀孔子。

楚王刘建从清河向西挺进，屯驻萧城，步尼公从清河向东挺进，屯驻留城。武陵王刘骏派遣参军马文恭率军援赴萧城，江夏王刘义恭派遣军主嵇玄敬率军援赴留城。马文恭被魏军击败，步尼公途中跟嵇玄敬相遇，率军转而急赴苞桥，打算渡过清水向西。沛县百姓放火烧了苞桥，半夜在树林里敲鼓，魏军以为是宋的大部队来了，争先恐后地抢渡苞水，淹死的差不多有一半。

宋文帝任命柳元景为弘农太守。柳元景派薛安都、尹显祖先率领士卒靠拢庞法起合兵攻击陕城，柳元景则在后方督促征收租赋。陕城险峻坚固，诸军围攻没能攻下。北魏洛州刺史张是连提率军二万翻过崤山，救援陕城。薛安都等在陕城城南迎战。北魏派出突击骑兵，诸军抵挡不住。薛安都勃然大怒，脱去头盔，解下铠甲，只穿着红色的无袖汗衫，战马也除掉了护甲。薛安都瞪大眼睛，手持长矛，单枪匹马，大声呐喊着突入魏军中，所向无敌，魏军左右夹射也未能射中。薛安都这样突入敌阵几次，杀死杀伤不可胜数。正巧天黑了，别将鲁元保率领军队从函谷关赶到，魏军才退走。柳元景派军副柳元怙率领二千步骑兵救援薛安都等，深夜抵达，魏军并不知道。第二天，薛安都等在陕城西南地带排列兵阵，曾方平对薛安都说："今天强敌当前，坚城在后，正是我们战死的时候。你不前进，我就斩了你；我不前进，你就斩了我！"薛安都说："好，你说得对！"于是，两军交战。柳元怙率领士卒从陕城南门营地击鼓呐喊，旌旗众多，北魏将士非常恐惧。薛安都一马当先，挺身奋战，血流在肘部凝结，长矛也断了，换了一杆长矛又重新进入战场搏斗，各路大军一起奋勇。从早晨太阳出来直到黄昏，魏军大败，斩了张是连提及其将士三千多人，其余北魏将士跳进河沟，也死了很多，另有两千多人投降。第二天，柳元景抵达，责备投降的人说："你们原本就是中原百姓，现今却替胡虏卖力，力量穷尽了才投降，为什么要这样做？"都说："胡虏驱赶我们民众为他们打仗，晚一步的要被诛灭全族，用骑兵来挤压步兵，有的未打仗前就死去了，这是将军你亲眼见到的事情。"各将领打算将他们全部杀掉，柳元景说："现今，王师的旗帜指向北方，我们应该让仁爱做先导，为我们开路。"于是，把这些投降者全都释放遣散，他们全都喊着万岁离去。十一月初八日甲午，攻克陕城。

庞法起等进攻潼关，北魏守将娄须闻讯弃城逃走，庞法起等占据了潼关。关中豪杰侠士所在之处纷纷起兵，居住在四山的羌、胡人也都来投诚归附。

宋文帝认为王玄谟战败退逃，使魏军深入国境，柳元景等人不应该单独进攻，便把他们都召唤回来。柳元景派薛安都断后，率军回到了襄阳。文帝颁布诏书任命柳元景为襄阳太守。

北魏永昌王拓跋仁进攻悬瓠、项城，夺取了两城。宋文帝害怕魏军攻到寿阳，就命令安蛮司马刘康祖班师回朝。十一月十七日癸卯，拓跋仁率领八万骑兵追击刘康祖到了尉武。刘康祖只有八千将士，副将胡盛之打算依靠山势的险要，从小路到达寿阳。刘康祖大怒说："到黄河搜索敌人，没有见到；庆幸自己送上门来，怎么能躲避战斗呢！"于是，让军队结成一个个车阵前进。刘康祖对军队下令说："回头看的人斩首，转过身去的人砍断双脚。"魏军从四面包抄围攻，将士殊死战斗。从早晨一直战斗到下午，击杀了北魏士兵一万多人，血流没过人的脚踝。刘康祖身上十处受伤，斗志更加高昂。北魏将剩下的将士一分为三，采用车轮战术，边休息边作战。正赶上夜幕降临，风力很大，魏军借此就用战马驮草，火烧宋军营寨，刘康祖修补营寨。一支流箭穿透刘康祖的脖子，从马上坠下身亡，其余士众不能继续战斗，随即崩溃，魏军追击堵截，几乎斩尽杀绝。

南平王刘铄派左军行参军王罗汉率领三百名将士戍守尉武。魏军突然而至，众将士想要依靠附近的矮林进行自卫，王罗汉则认为自己接受命令驻守于此，不能离开。魏军攻入尉武，结果生擒了王罗汉，用铁链锁住了他的脖子，让三郎将看守。深夜，王罗汉砍掉三郎将的头颅，抱着铁锁逃到了盱眙。

北魏永昌王拓跋仁向寿阳进军，焚烧劫掠了马头、钟离。南平王刘铄环城固守。

（以上为第十段，写北魏主拓跋焘乘胜分道全线南侵，刘宋名将薛安都强攻陕城，脱盔解铠，攻下陕城；刘康祖率军与强敌决战，流矢贯颈，为国捐躯。）

魏军在萧城，距离彭城十多里。彭城军队数量虽多，但军粮不足，太尉、江夏王刘义恭打算放弃彭城，返回南方。安北中兵参军沈庆之认为历城兵少粮多，想要用箱式战车装载，派精锐部队做外侧羽翼，夹道护送江夏王刘义恭、武陵王刘骏二王及他们的妃子和女儿，直奔历城。分出部分士卒给护军萧思话，让他留守彭城。太尉长史何勖想要席卷人马财物奔向郁洲，从海路返回京师。刘义恭离开的决心已定，只是对这两个提议有争议，讨论了一天最终也未决定。安北长史沛郡太守张畅说："如果历城、郁洲有可以到达的道理，我怎么敢不高声赞成！而如今城内缺少粮食，老百姓都有逃命的想法，只是由于城门紧闭，不能出城而已。老百姓一旦动脚，就会各自四处逃散，想到达应该到达的地方，又怎么能够办得到呢？现今，军中粮食虽然不多，但短期内还不会吃完，哪里有抛却安全的办法而奔往危险死亡的路上去的道理呢？如果弃城离去，下官我请求用自己颈项上的鲜血去玷污大王的马蹄。"武陵王刘骏对刘义恭说："阿父你既然身为统帅，要走要留不是我敢干预的。我身为一城之主，如果也放弃城池奔命逃生，实在没有脸面奉职朝廷，一定要和彭城共存亡，张长史所说的话不能有不同主张。"刘义恭制止了争议。

十一月二十六日壬子，魏太武帝抵达彭城，在戏马台上设立毡屋行宫来瞭望城内情况。

参军马文恭在萧城战败时，队主蒯应被魏军俘获，魏太武帝又派蒯应到小市门向宋军索要酒和甘蔗，武陵王刘骏给了蒯应，并向魏太武帝索要骆驼作为回报。第二天，魏太武帝派尚书李孝伯来到彭城南门，送给刘义恭貂裘，送给刘骏骆驼及骡子，李孝伯说："魏主向安北将军致意，可以暂时走出城门相见，我也决不攻打这座城，又何必使手下将士辛苦劳累，严加防备到如此地步？"于是，刘骏派张畅打开城门出去跟李孝伯见面，张畅对李孝伯说："安北将军向魏主致意，期待会面，只因为身为臣属，不能与境外的人交往，很遗憾不能暂时尽情地敞开心怀。军事防备是边境城镇正常的事，只要使当地百姓平安快乐地生活，就是劳苦受累我们也无所怨恨。”魏太武帝又索求甜橘和赌具，宋军都送给了他。魏太武帝又派人送去了毛毯和九种盐及胡豆豉作为回报。北魏又借乐器，刘义恭回答说：“受任身在军旅，没有带乐器。”李孝伯问张畅：“为什么匆匆忙忙关闭城门，拉起吊桥？”张畅回答说：“两位王爷认为魏主还没有扎稳营地，将士疲惫。我们这里有十万精锐甲士，唯恐轻率凌辱相互践踏，所以关上城门。等待你们将士休整好了，然后共同治理战场，决定交战日期。”李孝伯说：“客人彬彬有礼，就可由主人任意来选择。”张畅说：“昨天我们看见大批客人涌到城门附近，似乎并不彬彬有礼。”正在这时，魏太武帝派人前来说：“向太尉、安北将军致意，为什么不派人到我们这里来？我们彼此之间的感情，虽说不能尽情倾诉，但你们也应该出来看看我是大是小，知道我是老是少？观察一下我的为人。如果左右助手不可派遣，也可以派童仆前来。”张畅以两王的名义回答说：“魏主的外貌和才能，早已从来往的使节口中知道了。李尚书又亲自衔命而来，就不用担心彼此之间不能全面了解了，所以也不用再派遣使节了。”李孝伯又说：“王玄谟只是一个普通将才罢了，为什么要将如此大的事情委托他，以致溃败逃命。自从进入你们境内七百多里，作为主人竟连一次真正的抵抗都没有过。邹山险要坚固，你们作为屏障依靠，而我们的先头部队刚刚与你们交接，崔邪利马上就藏进了洞穴，将士们把他倒着拖了出来。我们北魏太武帝赐他不死，饶了他一命，如今，他也跟随我们的军队来到了这里。”张畅说：“王玄谟仅仅是南方国土上的一位偏将，不能称得上是有才之士，不过任命他做军队的先锋罢了。我们的主力大军还未赶到，黄河已经封冰，所以，王玄谟决定乘夜班师回朝，以致兵马发生小小骚乱。崔邪利被俘，对国家又有什么损失呢？魏主亲自率领十万大军，仅仅制服了一个崔邪利，这有什么值得夸耀的呢？知道进入我国境内七百里而没有看到有抵抗行动，这正是太尉的神机妙算，以及镇军将军的高明策略，用兵就有用兵的机密，不能拿来谈说。”李孝伯说：“魏国国君不会围攻彭城，亲自率领大军直接造访瓜步。南方事务办理妥当，彭城也不用围攻；如果没有取得胜利，彭城也不是所需要的。我们现今该南下去喝长江水来解渴了。”张畅说：“要去要留，由你们自己决定。如果胡虏的马匹能够喝到长江水，那就是没有天理了。”先前有童谣说：“虏马饮江水，佛狸死卯年。”因此，张畅说了上述一番话。张畅言谈举止文雅庄重，李孝伯和他的左右都叹息称赞。李孝伯也滔滔雄辩，临离开时对张畅说：“张长史您多加保重，相距只有几步，遗憾却不能握手。”张畅说：“你也要好好保重自己，我们希望一统天下指日可待，如果你能回到宋朝，今天就是我们相识的开始。”

宋文帝擢升杨文德为辅国将军，率领军队从汉中的西边进入北魏边境，骚扰汧、陇一带。杨文德的同族人杨高率领阴平、平武的氐人抗拒杨文德的进攻，杨文德击败杨高，杀了他，阴平、平武全部平定。梁、南秦二州刺史刘秀之派杨文德讨伐啖提氐部落，没有攻克，逮捕了杨文德，把他押送到了荆州，派杨文德同曾祖父的哥哥杨头戍守葭芦。

（以上为第十一段，写北魏主拓跋焘南侵彭城，刘宋江夏王刘义恭在张畅、刘骏的劝说下坚守彭城；两军相持，双方阵前展开外交战，北魏没有占到上风。）

十一月二十一日丁未，刘宋大赦天下。

魏太武帝进攻彭城，没有攻克。十二月初一日丙辰朔，率军南下，派中书郎鲁秀出击广陵，高凉王拓跋那出击山阳，永昌王拓跋仁出击横江，魏军途经之处无不抢掠烧杀，所有城池听见风声就奔逃溃散。十一月初三日戊午，建康实行戒严。十一月初四日己未，魏军抵达淮上。

宋文帝派遣辅国将军臧质率领一万士卒援救彭城，行军到盱眙，魏太武帝率领大军已经渡过淮河。臧质赶快派冗从仆射胡崇之、积弩将军臧澄之扎营东山，又派建威将军毛熙祚据守前浦，臧质扎营在盱眙城南。十一月初十日乙丑，北魏燕王拓跋谭围攻胡崇之等，三个营寨都被击破，臧质不敢前去援救。胡澄之是胡焘的孙子。毛熙祚是毛脩之的侄子。当天夜晚，臧质也被击溃，臧质抛弃辎重器械，只带了七百人投奔盱眙城。

当初，盱眙太守沈璞到任时，王玄谟还在围攻滑台，江淮没有警情。沈璞认为盱眙郡正处在交通要道上，于是修缮城池，加固城墙，疏通并挖深环城壕沟，积蓄财力粮食，储备利箭石头，做城防的准备。幕僚臣属们都认为没有必要，朝廷也认为过分了。现今北魏军队向南进攻，各地太守、宰丞大多都放弃城池各自逃命，有人也劝说沈璞应该撤退回到建康去，沈璞说："如果胡虏认为我们是个小城而不加理会的话，我们又有什么可怕的呢？如果他们要肉搏攻城，这正是我报答国家的时机，也是各位封侯之日呀，为什么要逃走呢！各位曾经看见过几十万大军聚集在一个小城之下而不失败的例子吗？昆阳、合肥都是明显的验证啊！"众心稍稍安定。沈璞征集了二千名精锐士卒，说："足够了。"此时，臧质逃奔盱眙，众将对沈璞说："如果胡虏不来攻城，就用不着这么多人；如果前来围攻，城里也只能容得下现有的兵力。地方狭小而人却很多，很少有不成为忧患的。况且敌众我寡，这是人人皆知的。如果臧质的军队能够击退敌人保住城池，功劳就不都是我们的；如果逃避罪过回到都城，都要依靠船只，这样又必然会相互争船而导致缺船，足以带来危害。不如关闭城门不接收他们。"沈璞叹息说："胡虏肯定不能登上城池，我敢向各位保证。我们乘船撤退的计划，本来早就否定了，胡虏的凶狠残暴却是自古至今都没有过的。屠杀掠夺的苦难，众人有目共睹，其中最幸运的人，最终也只不过是被驱赶到北魏做奴隶、婢女。臧质虽然率领的是一批乌合之众，难道不怕敌军残害吗？常说的

‘同舟共济，胡越一心’正是指眼前的事。现今我们兵多，胡虏就会很快退却，兵少，他们退却就慢。难道我们可以为了独占这份功劳，而让胡虏留下为患吗？”于是城门打开，接纳了臧质部众。臧质看到盱眙城内准备充实，生活富足，十分高兴，手下将士都欢呼万岁，臧质于是就与沈璞一同驻守盱眙城。

（以上为第十二段，写北魏主拓跋焘不能攻克彭城，绕道南下，剑指江南，盱眙太守沈璞未雨绸缪，修城挖壕，储蓄粮食，立意坚守，北魏军不能下。）

魏军南下进犯，不携带粮食用品物资，只靠掳掠来维持生活。当渡过淮河时，老百姓大多都逃窜躲藏，他们打家劫舍没有得到什么东西，人马饥饿困乏。听说盱眙有存粮，就打算把盱眙的粮食作为回国的资用。当击败了胡崇之后，魏军大举围攻盱眙没有攻克，就留下大将韩元兴率领几千人驻守在盱眙城外，自己率领大军南下。为此，盱眙得以进一步完善防备工程。

十二月十五日庚午，魏太武帝抵达瓜步，毁掉老百姓的房舍，又砍伐芦苇建造小筏，声言要南渡长江。建康震动，一片恐怖，老百姓都挑着担子站在那里，随时准备逃走。十二月二十七日壬午，刘宋京师内外戒严。丹杨统属境内所有的壮丁以及王公以下的子弟，全都服役从军。宋文帝又命令领军将军刘遵考等率军分别据守渡口险要，巡逻上起于湖，下到蔡洲，排列船只，连接营寨，从采石矶一直到暨阳，长达六七百里。太子刘劭出京镇守石头城，总领水军。丹杨尹徐湛之镇守石头所属仓城。吏部尚书江湛兼任领军，军事部署全都委任于他。

宋文帝登临石头城，有忧惧之色，对江湛说：“北伐的计划，赞同的很少。如今将士、百姓劳顿怨苦，不得不感到惭愧。带给大夫们忧虑，我的过失啊！”又说：“如果檀道济仍然在世，岂能让胡虏军马到这里！”宋文帝又登上莫府山，观察形势，颁布诏书悬赏购买魏太武帝及其王公的首级，许诺封赏爵位、金银绸缎。文帝招募人员把用野葛酿成的毒酒放在空无人烟的荒村，想毒死北魏将士，到底没能伤到他们。

魏太武帝开凿瓜步山，修筑盘山路，在山上搭毛毡帐篷屋。魏太武帝不喝黄河以南的水，用骆驼驮着黄河以北的水相跟随。派人送给宋文帝骆驼、名马等礼物，要求和解，并请求联姻。宋文帝也派遣奉朝请田奇带着奇珍异果送给魏太武帝。魏太武帝得到黄柑，拿过来就吃，并痛饮酃酒。左右侍从的人向魏太武帝附耳低语，怀疑食物有毒。魏太武帝不理睬，举手指着天，把孙子叫过来给田奇看，说：“我从很远的地方来到这里，不是想要成就功业功名，其实是想维持过去的友好，安定百姓，永远结成婚姻。宋国皇帝如果能够把女儿嫁给我这个孙子，我也把自己的女儿许配给武陵王为妻，从今以后不会再让一匹马南下骚扰。”

田奇回到建康，宋文帝召集太子刘劭及各位大臣前来商议，大家一致认为应该答应北魏的联姻，江湛说：“戎狄没有亲情，答应了无益。”刘劭发怒，对江湛说：

"如今，三位王都在危险境地，怎么能够拒绝坚持异议！"声色俱厉。大家商议完毕，都一同走出来，刘劭指使持剑人和左右侍从推撞江湛，江湛几乎被撞昏倒地。

刘劭又对宋文帝说："北上讨伐失败，招来羞辱，几个州郡沦陷残破，只有杀了江湛、徐湛之，才能够向天下老百姓谢罪。"宋文帝说："北上征伐这本来是我一个人的意思，江湛、徐湛之只是不表示异议罢了。"从此，太子刘劭同江湛、徐湛之结下怨仇，北魏所提出的皇家联姻最终也没能实现。

（以上为第十三段，写北魏主拓跋焘率军南侵，受阻于大江，求和北还。此役两败俱伤。）

【点评】

本卷值得点评的有两件大事：其一是北魏《国史》文字狱；其二是刘宋元嘉北伐。

一、北魏《国史》文字狱。北魏崔浩因为撰写《国史》而被杀。公元439年，魏太武帝命崔浩以司徒监秘书事，叮嘱写国史一定要根据实录。修毕后，参与其事的著作令史闵湛、郗标建议把《国史》刊刻在石上，以彰直笔，同时刊刻崔浩所注的《五经》。《国史》秉笔直书，尽述拓跋氏的历史，详备而无所避讳，其中直书了拓跋氏一些不愿为人知的早期历史。而石碑树立在通衢大路旁，引起往来行人议论。鲜卑贵族看到后，无不愤怒，先后告状，指控崔浩有意暴扬国恶。崔浩被捕，承认自己曾经接受过贿赂，被诛杀。史称"国史之狱"。

二、刘宋元嘉北伐。宋文帝之治又称为"元嘉之治"，志满意得之后雄心膨胀，欲想"经略中原"，而遂有赞成者，文武百官们争相献计献策去迎合取宠。彭城太守王玄谟尤其喜好进言，宋文帝对侍臣说："仔细琢磨王玄谟的陈述，使人顿时有封狼居胥的感觉。"宋文帝的这种感觉就是效法西汉武帝派霍去病出征匈奴"封狼居胥"，则向秦皇汉武看齐了，但是最后结果正如辛弃疾所谓"元嘉草草，封狼居胥，赢得仓皇北顾"。最初怂恿北伐的王玄谟只是一个草包，又是一个贪官，他把归附的义民拆散，编入自己的嫡系，每家发一匹布当奖励，却又命每家交出八百个大梨，运到江南赚钱，老百姓大失所望，纷纷弃宋军而去。又营货利，因此大失人心。王玄谟围攻滑台两个月也没打下来，及拓跋焘军至，乃奔退，麾下散亡略尽。宋文帝还算是有自知之明，自己承担了失败的责任，回想当时也承认赞成的人很少。司马光对于这一历史事件寓评论于叙事之中，在宋文帝策划北伐一节得到最好的体现。本卷是这样记载的："帝欲经略中原，群臣争献策以迎合取宠。彭城太守王玄谟尤好进言。"其用词"迎合取宠"四字就将"争献策"的目的交代清楚了，将宋文帝的决策和决心置放在感情色彩而不是客观判断，进而失之千里。对于王玄谟尤其表达了不屑，故而谓之"尤好进言"。

宋纪八

宋文帝元嘉二十八年至二十九年（公元451—公元452）

【起重光单阏（辛卯，公元451年），尽玄黓执徐（壬辰，公元452年），凡二年】

【大事提要】

本卷记事自公元451年至公元452年，凡二年，时当宋文帝元嘉二十八年至元嘉二十九年。本卷所记特大事件是继上卷记载刘宋与北魏元嘉之战的结束与后果。战争以刘宋失败告终，没有赢家。北魏一共击破了刘宋南兖、徐、北兖、豫、青、冀等六个州，杀死杀伤的人无法统计。本卷总结刘宋失败时提到两点：第一，宋文帝每次出兵作战，总要预先制订计划，限制将帅的机动性。交战的日期和时刻，也必须由宋文帝亲自决定。朝廷离战阵路途遥远，常常坐失时机，可以说这是招致失败的一个主要原因。第二，就是“江南白丁，轻易进退，此其所以败也”。白丁者，本无军籍临时征集起来的壮丁。司马光在行文中指出：“自是邑里萧条，元嘉之政衰矣。”这句话表达两点意思：其一，认为有“元嘉之政”，肯定这是一个政治清明的时期；其二，认为这次战争是元嘉之治的终结，刘宋自此走向衰落。本卷还揭示了战争的残酷性，北魏胡虏将刘宋的青壮年斩首或拦腰砍断，婴幼儿则用铁矛刺穿，然后挥动铁矛进行游戏。所经过的郡县，千里赤地，没有遗留。春天，燕子回来了，只能在树林里筑巢。北魏的战士马匹也死伤了一多半，北魏国人也大有怨言。

太祖文皇帝下之上

宋文帝元嘉二十八年（辛卯，公元451年）

春季，正月初一日丙戌朔，魏太武帝拓跋焘在瓜步山上召集全体官员，按照功劳大小，分别封爵升官，进行奖赏。魏军沿长江岸燃起烽火，太子左卫率尹弘对宋文帝说：“胡虏这种行动，一定是要撤走。”正月初二日丁亥，魏军劫掠居民，焚烧房屋，向北而去。

胡诞世聚众反叛的时候，江夏王刘义恭等人奏报彭城王刘义康多次有怨言，摇动百姓的视听，使那些废黜放逐不得志的人产生了野心。请求将刘义康贬斥到广州。宋文帝将要放逐刘义康时，先派使臣告诉了刘义康。刘义康说：“人的一生终归要死，我怎能贪生活着！如果一定说我是动乱的因由，即使把我放逐到很远的地方，又会有什么好处呢？我请求死在这里，不愿意受到再次贬谪的耻辱。”刘义康到底没有被贬到广州。北魏大军开到了瓜步，老百姓万分惊恐。宋文帝担心不能得志的人会再次拥戴刘义康进行叛乱，太子刘劭、武陵王刘骏，以及尚书左仆射何尚之也不断提醒文帝应该尽早为他找个处所，宋文帝这才派遣中书舍人严龙赍携带毒药命令刘义康服药自杀。刘义康拒绝服药，说：“佛教不允许人自杀，你们随便找一个合适的办法将我处置吧。”使者就用被子捂住刘义康的头，把他活活闷死了。

江夏王刘义恭认为不能继续坚守碻磝，就征召王玄谟退回历城。北魏追击王玄谟军队，并把他们击败，于是夺取了碻磝。

当初，宋文帝得到北魏将要入侵的消息，命令广陵太守刘怀之预先烧掉城内官府、水上船只，率领广陵全体老百姓渡过长江。山阳太守萧僧珍将广陵所有老百姓都收聚在山阳城中；朝廷运送粮食、武器到盱眙和滑台去的官兵，因为道路不能通行，也都留在了山阳城。萧僧珍下令将山阳城附近的山坡池塘全都灌满水，等魏军到达时，好决水淹灌魏军。因此，魏军在撤退路过山阳城时，不敢滞留，顺势去攻取盱眙。

魏太武帝派人向盱眙守将臧质索要好酒，臧质在罐子里撒了泡尿送给他。魏太武帝大怒，修筑长围墙，一个晚上就连在了一起。又搬来东山上的泥土石头填平壕沟，在君山上造起了浮桥，彻底切断了水陆通道。魏太武帝给臧质写信说：“我现今派遣的军队，都不是本国人，城东北是丁零人和匈奴人，城南是氐人和羌人，假如丁零人死了，正可以减少常山、赵郡的贼寇；匈奴人死了，正好减少了并州的贼寇；氐人、羌人死了，当然也就减少了关中的贼寇。你如果真的杀掉了他们，对我们没有什么不利的地方。”臧质回信说：“读了你的信，完全明白了你的奸诈之心。你自己依仗着四条腿，多次侵犯我边境。王玄谟退守在东边，申坦军分散在西边，你知道这是为什么吗？你难道没有听说一首童谣里所说的吗？只因卯年还没有来到，所以用两路军队引导着你们走上饮长江水的道路罢了。冥冥之中注定如此，并不是人事啊！寡人奉命前来消灭你们，原来预定要到达白登，可是，军队还没有走出多远，就遇到你们自己前来送死了，怎么能让你再活着回去，享饮桑乾的土地呢？你幸运的话，会被乱军所杀；如果不幸，被活捉用锁链锁住，用一头小毛驴驮着你，把你一直押送到都城。我本来就不打算全尸，如果天地没有显灵，力量屈尽于你，即使被剁成肉酱，碾成粉末，宰割了，车裂了，也都不足以向朝廷谢罪。你的智慧见识以及军队的力量，哪里超得过苻坚呢！如今，已经下起春雨，大军正要从四方云集起来，你只管一心一意去攻城吧，不要立刻逃走！如果你们粮食不够吃，可以告诉我们，一定会打开粮仓相馈赠。送来的刀剑已经收到，你的意思是不是想让我挥刀斩了你身子呢？”

魏太武帝大怒，制造了一张大铁床，铁床上布满刺锥，说："攻破城池，抓住臧质，一定让他坐在这张铁床上。"臧质又给魏军写了封信，说："你们告诉胡虏中各位士人百姓：拓跋焘在给我写的信上，这样对待你们。你们本来是中原奉从正朔的民众，为什么要去自取灭亡呢？怎么能不知道转祸为福呢？"同时，臧质又将朝廷的悬赏公布给他们说："砍下佛狸人头的，封为万户侯，赏赐绵布、丝绸各一万匹。"

（以上为第一段，写北魏主拓跋焘率领大军南侵，受阻于大江，全军败退，途中攻打盱眙，遭到臧质嘲讽，而徒叹奈何。）

魏军用钩车钩住城楼，城内军队就用铁环制成的大铁链拴住钩车，几百士卒高声呼喊拉住铁链，北魏的钩车无法后退。入夜以后，守军用大桶把军士从城上放下，砍断魏军的车钩，缴获了这种工具。第二天天亮，魏军又改用冲车攻城，但城墙坚硬牢固，冲车每次冲撞，撞下墙土也不过几升。魏军就采用肉搏战术攻城，把士卒分为几个梯队，轮番攻击，从城上坠落下来又继续向上爬，没有一个人后退，死伤士卒数以万计，尸体堆积得跟城墙一样高。前后围攻了三十天，仍未攻下。赶上北魏军中瘟疫流行，有人报告说，建康的水军从东海进入淮河了，又下令彭城守军切断魏军回归的道路。二月，丙辰朔，魏太武帝下令焚毁攻城器具后撤退。盱眙守军想要追击，沈璞说："现今兵力并不多，虽然可以固守城池，却不可出城讨战。不过，我们仍然要整治好船只，做出要北渡淮河的样子，促使他们更快地离开，计策如此并不需要真的去做。"

臧质认为沈璞是盱眙一城之主，就请他将沈璞获胜的经过写在不缄封的文书上，启奏朝廷，沈璞坚决辞让，而把功劳归于臧质。宋文帝听说后，对沈璞更是倍加嘉许。

魏军经过彭城，江夏王刘义恭震惊恐惧，不敢出击。有人来报告说："胡虏正驱赶着南方一万多口人，晚上将住在安王陂，离彭城只有几十里，现今去追击，正可以全部解救。"各大将都纷纷请求出击，刘义恭下令制止，不许出兵。第二天，朝廷信使抵达，宋文帝命令刘义恭全力追击，魏军这时已经走远，刘义恭就派镇军司马檀和之奔向萧城追赶。魏军事先已经得到了这一消息，于是将所驱赶的南方百姓全都杀掉，然后北上。程天祚逃了回来。

北魏一共击破了南兖、徐、北兖、豫、青、冀等六州，杀死杀伤的人无法统计。青壮年立即斩首或拦腰砍断，婴幼儿则用铁矛刺穿，然后挥动铁矛进行游戏。所经过的郡县，都成了千里赤地。春天，燕子回来了，只能在树林里筑巢。北魏的战士马匹也死伤了一多半，北魏国人也大有怨言。

宋文帝每次命令将领们率兵作战，常常把已制订好的作战计划交给他们，交战的日子，也都要等待文帝的命令，因此，军中将帅总是犹豫迟疑，不敢自己决定。

加之没有经过训练的江南士卒，轻率地前进或后退，这就是刘宋军之所以战败的原因。从此以后，刘宋村镇萧条衰败，元嘉时代的盛况日趋衰落了。

（以上为第二段，写刘宋北伐失败的主要原因，一是宋文帝遥控节制，丧失战机；二是主帅畏敌无能，刘义恭连狼狈逃跑的北魏退兵都不敢出击。北伐失败，导致元嘉之治从此衰落。）

二月十九日癸酉，宋文帝颁布诏书，赈济抚恤遭到抢劫的各郡县百姓，免除田赋捐税。

二月二十日甲戌，将太尉刘义恭降职为骠骑将军、开府仪同三司。

二月二十四日戊寅，魏太武帝渡过黄河。

二月二十七日辛巳，将镇军将军武陵王刘骏降职为北中郎将。

二月二十八日壬午，宋文帝巡视瓜步。这一天，解除戒严。

当初，北魏中书学生卢度世，他是卢玄的儿子，由于受崔浩事件的牵连逃亡，躲藏到高阳人郑罴家里，官吏囚禁了郑罴的儿子，酷刑拷打。郑罴告诫儿子说："君子应当杀身成仁，即便被打死了也不要说出来。"郑罴的儿子遵奉父亲的命令坚守秘密。官吏们用火烧他的身体，他最终没有招供而被折磨致死。魏太武帝抵达长江北岸时，宋文帝派遣殿上将军黄延年出使北魏，魏主问道："卢度世逃走了，应该已经逃到你们那里。"黄延年说："我从来没有听说过有卢度世。"魏太武帝便下令赦免卢度世以及同族中逃亡外地或被除去户籍的人，卢度世这才自动露面，魏太武帝任命卢度世为中书侍郎。卢度世让弟弟娶了郑罴的妹妹，以此来报答郑家的恩德。

三月初一日乙酉，宋文帝从瓜步返回了朝廷。

三月十五日己亥，魏太武帝回到了平城，在祖庙内设下祭祀酒席，向祖宗报告南下征讨的经过，把投降的五万多户人家分别安置在平城附近。

（以上为第三段，写北魏结束南侵，大肆掳掠，回到平城，在祖庙举行祭告酒席，把掳掠而回的人安置在平城周围；刘宋追责，处罚了相关将帅，解除戒严。）

当初，魏太武帝经过彭城时，派人告诉城中的人说："我们把粮食吃完了，暂且回去，等到麦熟了再来。"麦子成熟时，江夏王刘义恭想把小麦全部割光，把民众都转移到城堡里聚集。镇军录事参军王孝孙说："胡虏不会再来，民众可以自己保全。如果真的又回来了，这一动议也不能实行，老百姓被关在城内，忍饥挨饿很久了，正当春月时节，可以挖些野菜摘些野果来供养自己。一旦迁入城堡，那么，马上就会饿死。老百姓知道自己必定饿死，怎么能控制住他们呢？倘若胡虏一定前来，那时割麦子也不晚。"在座的人都默默地坐着，没有人敢回应。长史张畅说："王孝孙说的道理，完全可以采纳。"镇军府典签董元嗣侍立在武陵王刘骏的身边，进言说：

"王录事的意见不可改变。"别驾王子夏说："这一见解，当然有理。"张畅拱手持版，对刘骏说："下官正打算让王孝孙弹劾王子夏。"刘骏吃惊地问："王子夏别驾有什么事了？"张畅说："收割麦子，让老百姓转移到城堡里，这些都是很重要的决策，一地安危，都悬系于此。王子夏身为州端，竟然没有意见，等到听了董元嗣的话，才欢笑表示赞同。这种阿谀奉迎左右的人，怎么能够为您做事呢？"王子夏、董元嗣听了张畅的话，都深为惭愧。刘义恭的计划于是被取消了。

当初，鲁宗之投奔北魏，他的儿子鲁轨做了北魏的荆州刺史、襄阳公，镇守长社，经常想回到南方，只是由于当年曾经杀了刘康祖和徐湛之的父亲，所以不敢回来。鲁轨去世后，他的儿子鲁爽承袭了父亲的官爵职位。鲁爽从小就有武略才能，和弟弟鲁秀都深受魏太武帝的宠信。不久，他们兄弟二人都犯了罪，受到魏太武帝盘问责备，鲁爽和鲁秀害怕会被诛杀，当跟从魏太武帝从瓜步返回到湖陆时，向魏太武帝请求说："奴才与南方有深仇大恨，每次大军南下，都害怕这种灾祸会殃及祖坟，因此，我们请求一起把祖先的棺木请到平城安葬。"魏太武帝答应了他们的请求。鲁爽到长社后，杀了几百名北魏戍守士卒，率领自己的军队以及愿意跟着自己的一千多家部众投奔了汝南。夏季，四月，鲁爽派鲁秀前往寿阳，送信给刘宋南平王刘铄，请求投降。宋文帝听说后，大喜，任命鲁爽为司州刺史，镇守义阳，鲁秀为颍川太守，其余的弟弟、侄子等也一并被封官授爵，赏赐格外厚重。北魏捣毁了鲁爽家族的坟墓。徐湛之认为朝廷是为了国家的长远利益打算，对他们特别嘉奖优待，所以自己也不敢计较个人的恩怨，请求辞官回乡隐居，没有被批准。

青州平民司马顺则宣称自己是东晋皇家的近属，聚众造反，自称齐王。梁邹守将崔勋之前去州府办事，五月初二日乙酉，司马顺则趁城中防守空虚偷袭了梁邹城。同时，又有一和尚自称司马百年，也聚众造反，号安定王，响应司马顺则。

五月十九日壬寅，北魏大赦天下。

五月二十二日乙巳，任命江夏王刘义恭兼任南兖州刺史，将州府迁到了盱眙，加授督统十二州诸军事。

五月二十五日戊申，任命尚书左仆射何尚之为尚书令，太子詹事徐湛之为仆射、护军将军。何尚之因为徐湛之是皇亲国戚，深受宠信和重用，所以每件事都推给徐湛之。宋文帝颁布诏书，命令徐湛之与何尚之共同受理裁决公务。何尚之虽然身为尚书令，而朝廷事务全由徐湛之去裁断。

六月初九日壬戌，北魏改年号为正平。

魏太武帝命令太子少傅游雅、中书侍郎胡方回等人改订国家法律，进行了大量的更定和补充，修订完的法律共有三百九十一条。

（以上为第四段，写刘宋江夏王刘义恭，作为朝廷首辅大臣，害怕北魏再度南侵，提出割麦清野的荒唐主张，因部属抵制而作罢；北魏鲁爽、鲁秀投奔刘宋。）

北魏太子拓跋晃主持国家事务，十分信任自己左右近侍，又经营庄园农田，收取利润。高允劝谏说："天地不存私心，所以能覆盖承载万物；帝王没有私心，所以能宽容养育百姓。如今殿下您是一国的储君，是国家作为典范的人，却经营个人的田地，养鸡养狗，甚至派人去集市上摆摊贩卖，与民争利，以至于诽谤话到处流传，无法去追回或掩盖。全天下，都是殿下的天下，富裕到拥有四海，想要什么有什么，怎么去与街头小贩、售卖之妇去争夺这尺寸的微利呢！西周时虢国快要灭亡时，神灵将土地赐给了它；汉灵帝私自设立钱庄，这些都招来了颠覆的灾祸。前车之鉴如此，令人敬畏啊！周武王宠信周公姬旦、召公姬奭、齐公姜子牙和毕公姬高，所以称王天下；而殷纣王由于宠信飞廉、恶来，所以国家灭亡。如今，太子宫内的俊杰之士不少，但近来侍奉左右的人，恐怕并不是当朝的合适人选。希望殿下斥退奸邪谄佞，亲近忠厚善良。将所占有的田地庄园，分给贫苦百姓；将贩卖的东西，按照时令价格买卖，方便民众。这样去做，那么美好的声誉将会一天天增多起来，诽谤的议论就能够消除了。"太子晃不听劝谏。

太子拓跋晃为政精明，洞察细微，而中常侍宗爱个性阴险暴躁，有很多违法行为，因此，拓跋晃很讨厌他。给事中仇尼道盛、侍郎任平城很受太子的宠信，掌握不少权力，都跟宗爱不能和睦相处。宗爱恐怕自己会被仇尼道盛等检举揭发，于是构陷控告二人有罪。魏太武帝大怒，下令将仇尼道盛等绑到街市上斩首示众，东宫官员们有很多被牵连进去，也都被斩首，魏太武帝非常气愤。六月十五日戊辰，太子拓跋晃因忧虑过度去世。六月十九日壬申，安葬在金陵，谥号景穆。魏太武帝后来慢慢知道太子并没有罪过，非常后悔。

（以上为第五段，写北魏主拓跋焘南下，太子拓跋晃监国，私心有所泛滥，贤臣高允谏而不听，并遭中常侍宗爱谗害，忧虑过度去世，北魏上演了一曲宫廷悲剧。）

秋季，七月初五日丁亥，魏太武帝巡视阴山。

刘宋青、冀二州刺史萧斌派遣振武将军刘武之等平叛攻打司马顺则、司马白年，二人都被斩首了。八月十一日癸亥日，梁邹也被平定了。

萧斌、工玄谟都因为退缩打了败仗而被免去职务。宋文帝问沈庆之："萧斌打算斩了王玄谟，你却阻止他，这是为什么？"沈庆之回答说："大将们都纷纷后退逃走，谁都害怕治罪。假如有一个人自己回来了却要被处死，那么，其余将领们肯定会四处逃亡不再回来了，因此我阻止了萧斌。"

九月十二日癸巳，魏太武帝回到平城。冬季，十月初九日庚申，再次巡视阴山。

宋文帝派使节到北魏，北魏则派殿中将军郎法祐前来恢复交好。

十月十八日己巳，北魏的上党靖王长孙道生去世。

十二月二十七日丁丑，魏太武帝封景穆太子拓跋晃的儿子拓跋濬为高阳王。不久，因为拓跋濬是皇室中的嫡亲皇孙，不应该封为藩王，因而取消。这一年，拓跋濬四岁，聪明通达过人，魏太武帝很喜爱拓跋濬，常常把他带在身边。魏太武帝迁徙秦王拓跋翰为东平王，燕王拓跋谭为临淮王，楚王拓跋建为广阳王，吴王拓跋余为南安王。

宋文帝派沈庆之迁徙彭城难民几千家到瓜步，派征北参军程天祚迁徙江西难民几千家到姑孰。

宋文帝任命吏部郎王僧绰为侍中。王僧绰是王昙首的儿子，从小就有成就大事的气度，众人也都期许他是国家的栋梁之材。王僧绰刻苦好学，思维细致缜密，熟悉国家的典章制度。娶了宋文帝的女儿东阳献公主为妻。在吏部任职时，了解并熟悉各种各样的人物，推荐选拔人物也都非常恰当。他当上侍中时才二十九岁，沉着稳重有度量，而且不因为自己才能高人一等而对他人傲慢无礼。宋文帝一直挂记身后的事情，因王僧绰年纪轻，所以想把国家重任全部托付，朝廷内无论讨论大大小小事情，都让王僧绰参与进去。宋文帝刚开始亲自处理政事时，最宠信王华、王昙首、殷景仁、谢弘微、刘湛，其次就是范晔、沈演之、庾炳之，最后则是江湛、徐湛之、何瑀之及王僧绰，总计十二人。

北魏唐和前往平城朝见魏太武帝，魏太武帝用优厚的礼仪来款待他。

（以上为第六段，写北魏主拓跋焘非常钟爱嫡孙拓跋濬；宋文帝刘义隆宠幸任用王华等十二人，逐渐考虑身后人事安排，重用年轻有为的王僧绰。）

宋文帝元嘉二十九年（壬辰，公元 452 年）

春季，正月，北魏所俘获并安置在中山的刘宋百姓五千余家图谋造反，该州军队前去讨伐诛杀。冀州刺史张掖王沮渠万年与反叛者相互勾结，魏太武帝赐死沮渠万年。

魏太武帝因为追念伤痛太子拓跋晃而不能抑制。中常侍宗爱害怕自己被杀，二月初五日甲寅，刺杀了魏太武帝。尚书左仆射兰延、侍中和疋、薛提等人保密不宣布丧事。和疋认为皇孙拓跋濬年纪尚小，打算立年龄稍大的君王，于是征召秦王拓跋翰入宫，把他安置在一个秘密房间里。但薛提却认为拓跋濬是嫡亲皇孙，不应该废黜，长久不能决定下来。宗爱得到消息，自认为已经得罪了景穆太子，而平时一向就讨厌秦王拓跋翰，只跟南安王拓跋余友善，于是就把拓跋余秘密迎来，从中宫小门进入后宫，然后，他假传赫连皇后的命令，召见兰延等人。兰延等人认为宗爱平素低贱，根本没有怀疑，全都跟随宗爱进宫。宗爱已经派三十个宦官手持武器在宫中埋伏起来，兰延等人入宫，就被这些伏兵一个个抓起来杀了。在永巷把秦王拓跋翰杀掉，而拥护南安王拓跋余登基。拓跋余登基后，大赦天下，改年号为承平，将皇后赫连尊立为皇太后，任命宗爱为大司马、大将军、太师、都督中外诸军事及领中秘书，封为冯翊王。

二月二十一日庚午，宋文帝立皇子刘休仁为建安王。

三月十三日辛卯，北魏埋葬魏太武帝于金陵，庙号为世祖。

（以上为第七段，写北魏宫廷政变，太武帝拓跋焘被自己宠幸的中常侍宗爱刺杀，拥立南安王拓跋余入主大位。）

宋文帝听到魏太武帝去世，打算再次向北讨伐，鲁爽也劝勉这样做。宋文帝咨询其他文武官员的意见，太子中庶子何偃认为："淮河、泗水几个州郡，受到魏国入侵的创伤，至今还没有恢复，不宜轻举妄动。"宋文帝不听从。何偃是何尚之的儿子。

夏季，五月十九日丙申，宋文帝颁布诏书说："残暴的胡虏穷凶极恶，自古至今都很少见，不用使用武力，已经遭到上天的诛杀。拯救快要淹死的人，荡涤世间污泥浊水，今天正是好机会。下令骠骑将军刘义恭、司空刘义宣二镇各自统率自己的军队，东西相互呼应。起义立功、回到故土的，按照功劳大小奖励酬劳。"这时派遣抚军将军萧思话、督统冀州刺史张永等，向碻磝进攻；派鲁爽、鲁秀、程天祚率领荆州甲士四万人指向许昌、洛阳；雍州刺史臧质率领所部向潼关进军。张永是张裕的儿子。沈庆之竭力劝谏文帝不要北征，宋文帝因为沈庆之与自己意见不同，就没有派他率军出征。

青州刺史刘兴祖上疏认为："黄河以南饥饿受苦，在荒野掠取不到可以充饥的东西。万一各城守军坚持固守，这就不是十天半月能够攻克的。浩浩大军滞留，粮食物资运送也会很烦劳。抓住时机，乘势而为，事之成败在于速战。现今，伪魏的最高统帅刚刚死去，又加上正是炎热酷暑之际，国内相互怀疑猜忌，来不及派兵远征。我个人以为应该直趋中山，占领其险要关卡。冀州以北，老百姓的生活尚且丰裕，加上麦子快要成熟，借敌人的物资，轻而易举。响应号召的义士也一定会纷纷起来归附。倘若中原震动起来，黄河以南自然而然就会消解崩溃。臣请求征召青、冀二州七千名士卒，派大将率领，直接攻入敌人的心脏。如果前锋克敌制胜，张永以及黄河以南的各路大军，也应该同时渡黄河北上，使得进攻的声势与实际力量并举。同时在当地建立州府牧守，安抚刚刚归附的百姓。在西部依据太行山，北部阻隔把守住军都山，按照情况的变化进行指挥，根据所宜加封官职，无论是敬畏威严，还是欣喜得宠，人们感怀恩典，将超过平时一百倍。如果能够获得成功，则黄河南北混一之功可以成功；如果没有取得胜利，也不会有什么大的伤害。已经整理好装束，恭敬地等待圣上的命令了。"宋文帝只是想夺回黄河以南的土地，也没有接受刘兴祖的建议。宋文帝又派员外散骑侍郎琅邪人徐爰，随同大军一起向碻磝进军，承奉着皇帝的旨意把方针策略授予各个将领，到时候再宣布。

尚书令何尚之因为自己年纪大了，就请求退职，退居方山。有议论的人认为何尚之不会固守信念一直隐居。不久，四次颁布诏书，征召敦促何尚之回来。六月初一日戊申朔，何尚之又出来处理事务。御史中丞袁淑搜集了自古以来有隐居事迹而不留姓名的隐士，编撰《真隐传》，以此表达对何尚之的嘲笑。

秋季，七月，张永等到达碻磝，率兵包围了该城。

（以上为第八段，写宋文帝刘义隆听不进正面意见，趁北魏主拓跋焘被杀之际，再次轻躁出兵北伐。）

七月十六日壬辰，宋文帝将汝阴王刘浑改封为武昌王，淮阳王刘彧改封为湘东王。

当初，潘淑妃生下始兴王刘濬。元皇后生性嫉妒，因为潘淑妃很受皇上的宠爱，元皇后怨恨而死，潘淑妃专断了宫内事务。因此太子刘劭十分厌恶潘淑妃和刘濬。刘濬害怕成为将来的祸患，于是就委曲求全，极力讨好刘劭，刘劭跟刘濬友好。

吴兴巫婆严道育，自称辟谷有服食养生法，能够驱使鬼神。通过东阳公主刘英娥的婢女王瓔鹉的推荐，得以出入公主家宅。严道育对东阳公主说："神灵有神符要赏赐给公主。"晚上，东阳公主躺在床上，果然看见一道像萤火样的流光闪过，飞进书箱，打开一看，得到两颗青色宝珠。自此以后，公主和刘劭、刘濬三兄妹，都深信不疑而被迷惑。刘劭、刘濬二人犯了很多错误，为此也多次受到皇上的责怪盘问，于是，二人就请严道育祈求鬼神帮忙，让他们犯的过失不再传入皇上耳朵。严道育说："我已经向上天请求，上天答应以后一定不会再泄露。"刘劭等更加尊敬侍奉她，号为天师。从此以后，刘劭、刘濬就跟严道育、王鹦鹉以及东阳公主刘英娥的家奴陈天与、黄门陈庆国一起从事巫术活动，用玉石雕刻了宋文帝的形象，埋在含章殿前面。刘劭又增补陈天与为太子宫卫队的队主。

东阳公主刘英娥去世，王鹦鹉应该出嫁，刘劭、刘濬害怕巫术活动泄露出去。刘濬府中的辅佐吴兴人沈怀远一向受刘濬的厚爱，就把王鹦鹉嫁给了沈怀远为妾。

宋文帝听到陈天与担任领队，责怪刘劭说："你所任用的队主、队副，都是家奴吗？"刘劭害怕了，用书信告诉了刘濬。刘濬回信说："那个人如果一直这样而不停止，正可以缩短他的余生，或许值得大庆的日子即将到来了。"在刘劭和刘濬二人相互往来的信件上，常把宋文帝称为"彼人"，或者"其人"，而把江夏王刘义恭称为"佞人"。

王鹦鹉以前曾和陈天与私通，嫁给沈怀远以后，害怕奸情败露，就把此事告诉了刘劭，让刘劭秘密把陈天与杀了灭口。陈庆国害怕了，说："巫术的事，只有我同陈天与上下传达。如今陈天与死了，我就岌岌可危了。"就一五一十地把所有事情全都报告了宋文帝。宋文帝大吃一惊，马上派人逮捕了王鹦鹉，搜查封存了王鹦鹉的家，并搜出了刘劭、刘濬二人的几百封往来信件，都是诅咒巫术害人的话。又挖出了埋藏的玉石人。宋文帝下令有关部门严加追查。严道育闻风逃命，没有抓到。

在此以前，刘濬从扬州被调到京口镇守，等到庐陵王刘绍因病辞去扬州刺史时，刘濬心想，一定会再次得到扬州刺史这一官职。不久，文帝却任命南谯王、荆州刺史刘义宣为扬州刺史，刘濬很不高兴，于是，便请求去镇守江陵，宋文帝答应了。刘濬就从京口回到京师朝见，文帝让刘濬再回京口，办理交接事情。刘濬回到京口没几天，巫术害人的事就败露了。宋文帝为此整天惋惜、惊叹，对潘淑妃说："太子刘劭贪图荣华富贵，还可以理解，但虎头也做出这样的事来，不是我所能想到的。你们母子二人怎么可以一天没有我呢？"又派中使严厉斥责刘劭、刘濬，二人惶遽无法回答，只有一再谢罪。文帝虽然愤怒异常，但最终还是不忍心加罪处罚他们。

（以上为第九段，写太子刘劭与其弟刘濬合谋，利用巫术蛊诅咒其父，奸情暴露后，文帝姑息，祸起宫闱而不能整肃，使得刘劭与刘濬变本加厉，滑向深渊。）

刘宋各路大军进攻碻磝，兵分三条攻城。张永等从城东进攻，济南太守申坦等从城西，扬武司马崔训则从城南进攻。攻击几十天也没能攻下。八月初五日辛亥夜里，魏军从地道里偷偷出来，烧毁了崔训的军营以及进攻所使用的器械。八月初七日癸丑夜晚，魏军又烧毁了围攻东城的兵营和攻城器械。不久，又摧毁了崔训攻城的地道。张永率领军队乘夜后撤，没有通知其他将领，士卒大为惊慌。魏军乘机反攻，宋军死伤者遍地。萧思话亲自督战，增兵攻城，十几天仍未攻克。这时，又赶上青州、徐州庄稼收成不好，军内缺少粮食。八月二十一日丁卯，萧思话下令各路大军全都撤退到历城驻扎，斩了崔训，逮捕张永、申坦，送进监狱。

鲁爽抵达长社，北魏守将秃髪幡弃城逃走。臧质驻扎军队在襄阳近郊，没有及时发兵，而只派了冠军司马柳元景率领后军行参军薛安都等向前攻占了洪关。梁州刺史刘秀之派司马马汪和左军中兵参军萧道成统领军队向长安进攻。萧道成是萧承之的儿子。北魏冠军将军封礼从洹津渡过黄河南下，赶赴弘农。九月，司空高平公兒乌干屯驻潼关，平南将军黎公辽屯驻河内。

吐谷浑汗王慕容慕利延去世，慕容树洛干的儿子慕容拾寅承继王位，刚即位时居住在伏罗川，派使节到刘宋请求封命；同时也派使节到北魏请求封命。七月十一日丁亥，刘宋任命慕容拾寅为安西将军、西秦河沙三州刺史、河南王。北魏则任命慕容拾寅为镇西大将军、沙州刺史、西平王。

七月十四日庚寅，鲁爽与北魏豫州刺史拓跋仆兰在大索交战，击败了拓跋仆兰，而后又进攻虎牢。此时，他听说宋军在碻磝城打了败仗撤退下来，于是就和柳元景一同率军撤退返回。萧道成、马汪等听到北魏的增援部队就要到来，也撤回仇池。七月十三日己丑，宋文帝颁布诏书，解除了萧思话的徐州刺史职务，改兼冀州刺史，镇守历城。

宋文帝认为各个将领屡次出击都没有建立功绩，不能仅仅责怪张永等人，就颁布诏书给萧思话说："胡虏已经乘机取得了胜利，正要进入隆冬季节，如果胡虏胆敢前来送死，我们父子兄弟自当共同抵挡。说到这里，只让人增加气愤。可以把诏书给张永和申坦看看。"又给江夏王刘义恭写信说："早知道各位将领们如此，真恨没有亲自提刀在背后督战。现今后悔又能干什么呢！"刘义恭奏请免除萧思话的官职，宋文帝批准了。

（以上为第十段，写宋文帝再次派兵北伐，诸将无功而返。）

北魏南安隐王拓跋余自认为没有按照长幼顺序当的皇帝，就用极为优厚的东西赏赐给下属，想以此收买人心，一个月的时间，国库空虚。拓跋余又喜欢喝得酩酊大醉，纵情声色犬马，去野外狩猎，而不过问国家大事。宗爱身为宰相，总管三省政务，负责皇家的安全事务，安坐而将公卿呼来唤去，专权恣意一日比一日厉害。拓跋余深为忧患，就谋划夺取宗爱的大权，宗爱知道后甚为愤怒。冬季，十月初一日丙午朔，拓跋余夜里去东庙祭祀，宗爱命令小黄门贾周等人，接近并杀死拓跋余。一直封锁消息，只有羽林郎中代郡人刘尼知道。刘尼劝宗爱拥戴皇孙拓跋濬做皇帝，宗爱大吃一惊说："你简直是个大白痴，如果皇孙被立为皇帝，怎么能够忘记正平年的事呢！"刘尼说："如果这样，那么应该立谁呢？"宗爱说："等回宫之后，在各王中选拔有贤能的人做皇帝。"

刘尼深怕宗爱变卦，就把这些事情都偷偷告诉了殿中尚书源贺。源贺此时和刘尼同时领兵负责宫廷内部禁卫，就同南部尚书陆丽商量说："宗爱拥戴南安王做了皇帝，又把他杀了。现今又不立皇孙，将不利于社稷。"源贺就和陆丽商量定计，共同拥戴皇孙。陆丽是陆俟的儿子。

十月初三日戊申，源贺同尚书长孙渴侯率兵严密把守皇宫，派刘尼、陆丽把皇孙接到宫苑里。陆丽将皇孙抱上马，驰入平城，源贺、长孙渴侯打开宫门，迎接皇孙一行。刘尼骑马奔回到东庙，大声呼喊说："宗爱谋杀了南安王，大逆不道，现今嫡皇孙已登上了皇位，颁布诏书，宿卫士卒赶快回宫！"大家都高喊万岁，逮捕了宗爱、贾周等人，部勒兵将入宫，拥戴嫡皇孙即帝位，登上永安殿，大赦天下，改年号兴安。斩了宗爱、贾周，二人被施用了五刑，诛灭三族。

（以上为第十一段，写北魏在一年中连续发生两次政变，权臣宗爱又弑杀国主拓跋余，源贺、陆丽等拥立皇孙拓跋濬，即位后，诛杀奸党宗爱，灭三族。）

西阳五水一带的蛮人各部起兵反抗，从淮河、汝水，到长江、沔水，都深受其害。宋文帝颁布诏书命令太尉中兵参军沈庆之统率江、豫、荆、雍四州的士卒前去讨伐。

北魏朝廷任命骠骑大将军拓跋寿乐为太宰、都督中外诸军、录尚书事，任命长孙渴侯为尚书令，加封为仪同三司。十一月，拓跋寿乐和长孙渴侯因争夺权力，同时被赐死。

十月初八日癸未，北魏广阳简王拓跋建、临淮宣王拓跋谭去世。

十月初九日甲申，魏文成帝母亲郁久闾氏去世。

北魏南安王拓跋余即帝位时，任命古弼为司徒、张黎为太尉。等到魏文成帝继位，古弼和张黎的见解不合圣旨，二人被贬为外都大官。因为有怨恨言论，又被家人告发从事巫术诅咒活动，二人都被诛杀。

十月二十七日壬寅，庐陵昭王刘绍去世。

北魏追尊景穆太子拓跋晃为景穆皇帝，母亲郁久闾氏为恭皇后，尊封乳母常氏为保太后。

陇西郡匈奴屠各部落人王景文聚兵反叛北魏，设立王爵侯爵。北魏统万镇将南阳王拓跋惠寿，外都大官于洛拔统率四个州的军队，前去讨伐，平定了叛乱，迁徙其党徒三千多户到赵、魏地区。

十二月初四日戊申，安葬恭皇后郁久闾氏于金陵。

北魏世祖拓跋焘晚年时，对佛教的禁令稍稍放松了些，民间往往有人私下信奉佛教。高宗拓跋濬即位后，很多大臣都请求恢复佛教。十二月十一日乙卯，诏令各州郡县老百姓在集中居住的地方，允许建立一座寺庙；老百姓有打算当和尚、做尼姑的，允许自由出家，大州郡限五十人，小州限四十人。这时各地先前所摧毁的寺庙佛像大都修复。魏高宗还亲自给和尚师贤等五人剃了发，任命师贤为道人统。

十二月十三日丁巳，北魏朝廷任命乐陵王拓跋周忸为太尉，南部尚书陆丽为司徒，镇西将军杜元宝为司空。陆丽因为有迎接奉立的功劳，所以被当作心腹，朝廷内没有一个官员比陆丽更受宠信的。赐陆丽平原王爵位，陆丽辞让说："陛下是我们国家的正统，理当继承帝位，奉迎圣上登上帝位，这是臣下分内之事，不敢贪天之功，接受这样的重赏。"一再辞让不接受，魏文成帝不答应。陆丽只好说："臣下的父亲事奉先帝，忠厚、勤奋，享有很高的声誉。如今已近晚年，愿意把我的爵位让给父亲。"魏文成帝说："朕身为国家的主宰，难道不能让你们父子二人都封为王爵吗！"七月十四日戊午，封赐陆丽的父亲建业公陆俟为东平王。又封赐陆丽的妻子为王妃，免除陆丽子孙们的田赋捐税，陆丽竭力推辞，不肯接受。魏文成帝对陆丽越发嘉许。

任命东安公刘尼为尚书仆射，西平公源贺为征北将军，二人同时被晋升为王爵。魏文成帝又按照各个官员的功劳大小，依次封赏，对源贺说："你可以任意取用。"源贺辞谢说："南面和北面还没有服从，国库不能空虚啊。"魏文成帝还是坚持送给他点儿什么，源贺只好取了一匹战马。

魏文成帝能够登上皇位，高允也参与了谋划。陆丽等人都受到了重赏，只有高允没有得到，而高允本人终身没有吐露这件事。

十二月二十日甲子，拓跋周忸有罪，命令他自杀。当时北魏刑法非常严酷，源贺就奏请说："造反叛乱者的家属，男子在十三岁以下没有参加谋反的，应该免除死刑，交给官府当奴隶。"拓跋濬批准了这一建议。

刘宋江夏王刘义恭从盱眙返回朝廷。十二月二十七日辛未，宋文帝任命刘义恭为大将军、南徐州刺史，仍然保留录尚书事之职。

当初，北魏入侵中原时，使用《景初历》。世祖战胜北凉沮渠氏后，得到赵敺所著的《玄始历》，当时人们认为很精密。从这一年开始，北魏纪年推行《玄始历》纪年。

（以上为第十二段，写北魏废除禁佛令，推行赵敺《玄始历》纪年。）

【点评】

北魏残暴。本卷点评揭露北魏的残暴。魏军南侵，一见青年就杀，刺婴儿在长矛上，舞矛以为戏乐，这不仅仅是胡虏众军的残虐，他们的最高统帅魏太武帝拓跋焘也恬不知耻自我炫耀残虐本性，太武帝在给臧质的信中说："我现今派遣的军队，都不是本国人，城东北是丁零人和匈奴人，城南是氐人和羌人，假设丁零人死了，正可以减少常山、赵郡的贼寇；匈奴人死了，正好减少了并州的贼寇；氐人、羌人死了，当然也就减少了关中的贼寇。你如果真的杀掉了他们，没有什么不利的地方。"胡虏的残虐是上行下效，他们毫无人性，烧杀抢掠，通过战争残杀其他民族，所以每次南侵作战，总是驱迫汉民在前阵，鲜卑骑兵在后面驰逐，汉民前进得慢一点，就被骑兵踏死。魏兵所过之处，屠杀百姓异常残酷，少数人被捕捉到北方去做奴婢，算是幸运，多数人都被杀死。攻城尤其避免用鲜卑人。北魏军队作战就是这样灭绝人性，而且以此为荣，加以炫耀。魏太武帝南侵失败，充分暴露了其野蛮性。宋朝南兖、徐、北兖、豫、青、冀六州地方，都遭受严重破坏，变成一片白地。刘宋从此国力大损，北魏兵马死伤也过半数，南北两朝都疲惫，不敢再轻易较量兵力。

资治通鉴（白话本） 卷第一百二十七

宋纪九

宋文帝元嘉三十年（公元 453）

【昭阳大荒落（癸巳，公元 453 年），凡一年】

【大事提要】

本卷记述公元 453 年一年的大事，时当宋文帝元嘉三十年。这一年的大事都是围绕着刘宋宫廷斗争展开的，宋文帝刘义隆长子刘劭为了篡夺皇位，杀害了父亲。宋文帝第三子武陵王刘骏，遂戒严誓众，以沈庆之领府司马，柳元景、宗悫为谘议参军领中兵，命颜竣传檄四方，共讨刘劭。州郡承檄，纷纷响应。刘骏又杀刘劭及其四子，即位为孝武帝。宋孝武帝对太祖以来的政治制度多所改易。之后皇室诸子争位，混战不止，帝王荒淫残暴，朝政日益腐败，刘宋从此一蹶不振。

太祖文皇帝下之下

宋文帝元嘉三十年（癸巳，公元 453 年）

春季，正月初四日戊寅，宋文帝任命南谯王刘义宣为司徒、扬州刺史。

刘宋萧道成等人率领氐、羌各部落进攻北魏的武都。北魏高平镇将苟莫于率领骁勇骑兵二千人救援。萧道成等人率兵退回到南郑。

正月初八日壬午，刘宋任命征北将军、始兴王刘濬为荆州刺史。宋文帝的怒气一直未消，所以刘濬长时间被留在京口。直到任命做了荆州刺史，才允许进京朝见。

正月十四日戊子，刘宋诏令江州刺史、武陵王刘骏统率各路大军，讨伐西阳蛮族。刘骏率军进驻五洲。

女巫严道育逃走的时候，宋文帝派出人马，到各地严加搜捕。严道育把自己打扮成尼姑的样子，一直躲藏在太子宫内，后来又随始兴王刘濬到了京口，有时，她也去当地居民张旿家里。刘濬进京朝见，又把她偷偷带回太子宫，打算带她一道前往江陵。二月十四日丁巳，宋文帝升殿，刘濬入殿，接受荆州刺史之职。当天，有人向朝廷告发严道育藏在张旿家，宋文帝派人突然前去搜捕，抓到了严道育的两个婢女，供说严道育已经跟着征北将军刘濬回到了都城。宋文帝一直认为刘濬和太子刘劭已经赶走了严道育，现今忽然听说他仍然和严道育秘密来往，不禁大为惊异叹惋，非常伤心。宋文帝命令京口官府把两个婢女押送到京师，等到调查完后，再决定如何处理刘劭和刘濬的罪过。

潘淑妃抱住刘濬哭着说："你上次与严道育一起进行巫咒蛊惑的事情败露，希望你能仔细反省自己的过失，哪里想到还把严道育窝藏起来了！皇上气得不得了，我跪下叩头乞求他开恩，都不能使他平息愤怒，现在我为什么还活着？你先把毒药给我送来，我该先走一步，不忍心看见你闯祸而身败名裂啊。"刘濬拂袖而起说："天下大事都要靠自己来解决裁断，希望您能稍放宽心，必定不会连累到您。"

二月十六日己未，北魏京兆王杜元宝因谋反，被斩。建宁王拓跋崇和他的儿子济南王拓跋丽，都被杜元宝所牵连，被赐自杀。

宋文帝打算废黜太子刘劭，并要赐死始兴王刘濬，事先和侍中王僧绰商议。让王僧绰查找汉魏以来废黜太子、诸亲王的事例，分别送给尚书仆射徐湛之和吏部尚书江湛。

武陵王刘骏平时得不到宠爱，总是到外地藩镇做官，而不能留在建康。南平王刘铄、建平王刘宏二人都受宋文帝的宠爱。刘铄的妃子是江湛的妹妹，随王刘诞的妃子是徐湛之的女儿。江湛鼓动宋文帝立刘铄为太子，徐湛之则想立刘诞为太子。王僧绰说："封立太子这件事，应由陛下决定。我以为应该立即决断，不应等待拖延了。'当断不断，反受其乱。'但愿陛下用国家大义去割舍骨肉亲情，不要在小事上不忍。不然，就该像当初那样以父情对待儿子，不再去纠缠怀疑不定的事。事情虽然极需保密，最终还是容易泄露，不应该让灾难发生在意料之外，而被后世所耻笑。"宋文帝说："你真可以说是能够决断大事的人。可是，这件事关系重大，不能不小心谨慎，三思而后行。而且，彭城王刘义康刚刚去世，别人将会说我是不再有慈爱之心。"王僧绰说："我恐怕千年以后，人们会说陛下您只能裁决弟弟，而不能裁决儿子。"宋文帝沉默无语。江湛一同陪坐，出了宫门后对王僧绰说："你刚才说的那些话，恐怕过于直切了！"王僧绰回答说："我也很遗憾你太不直切了。"

刘铄从寿阳回朝到京之后，很令宋文帝失望。宋文帝打算立刘宏为太子，可是又担心废长立幼，因而，商议了许久也决定不下来。每天夜里，宋文帝都要跟徐湛之回避他人秘密商谈，有时是连日整夜。还经常让徐湛之亲自举着蜡烛，绕着墙壁进行检查，唯恐有人窃听。宋文帝把立刘宏为太子的计划告诉了潘淑妃。潘淑妃告诉了刘濬，刘濬飞驰去告诉了刘劭。刘劭于是和他的心腹、队主陈叔兒及斋率张超之等人谋划制造叛乱。

当初，宋文帝认为皇室力量强大，顾虑内部发生变难，特别加强了东宫的兵力，使其与羽林军的兵力差不多，实际兵力达到了一万人。刘劭性情狡猾而又刚强勇猛，宋文帝一直深深地依赖着他。将要作乱时，每天夜里都要设宴犒劳将士们，有时甚至亲自敬酒。王僧绰秘密报告了宋文帝。这时正赶上严道育的两个婢女就要被押到。二月二十日癸亥夜晚，刘劭伪造皇帝诏书说："鲁秀图谋反叛，命令你清晨守住门阙，率领众兵入宫。”便命令张超之等集合起平时特别关照的士卒两千多人，全部披上盔甲。又召集内外幢队的正副队长，事先加以安排布置，声称有紧急征讨。这天夜里，刘劭传唤前中庶子右军长史萧斌、左卫率袁淑、中舍人殷仲素和左积弩将军王正见，一同进入东宫。刘劭涕泪横流说：“主上听信别人的谗言，要把我治罪废黜。自己内省并没有什么过失，不能接受冤枉了。明天一早，应当做出一件大事，一起同心戮力。”便站了起来，向在座的一一下拜。大家都极为惊愕震撼，没有谁敢于对答。过了很久，袁淑和萧斌都说：“自古以来没有这样的事情，希望善加思虑。”刘劭勃然大怒，变了脸色。萧斌害怕，就和众人一起说：“自当竭尽全力执行命令。”袁淑叱责他们说：“你们以为殿下是真要这样吗？殿下小时候曾经得过失心风，大概是发病了。”刘劭愈加发怒，斜着眼睛看着袁淑说：“事能不能成功？”袁淑回答：“你处在不可怀疑之地，哪里忧虑做不到呢！只是担心做成之后，不被天地所容，大祸急速而来。假使真有这种图谋，还可以收回。”左右把袁淑拉出去说：“这是什么事，怎么可以说半途而废呢？”袁淑回到官署，绕着床铺来回走动，直到四更才上床睡觉。

正月二十一日甲子，皇宫宫门还未打开，刘劭把朝服加在戎装上，乘坐画轮车，与萧斌一同乘坐，侍卫随从们与平时入朝一样。十分紧急地呼叫袁淑，袁淑沉睡不起，刘劭将车停在奉化门，不断派人前去催促。袁淑慢腾腾地起了床，来到刘劭车后，刘劭让他上车，袁淑又推辞不肯上去，刘劭命令左右斩了袁淑。等着宫门打开，刘劭从万春门进去。按照以往的宫廷制度，太子宫卫队不能进入宫城。刘劭把伪造的皇帝诏令拿给守卫看，说：“我奉皇上旨令，要讨伐宫中逆贼。”又催促后面的队伍赶快前来。张超之等几十人从云龙门跑进了斋阁，拔出佩刀直接上到合殿。宋文帝那天夜里和徐湛之屏退旁人秘密商谈，直到第二天早上，蜡烛还没有熄灭，门前、台阶、窗外值班的卫士还在睡觉没有起床。宋文帝看见张超之进入，举起身旁的小几案来抵挡，五个手指全部被砍掉了，张超之就把宋文帝杀了。徐湛之吃惊起身，向北窗奔去，还没有打开北窗，士卒们就杀了他。刘劭走到合殿中屋，听说宋文帝已死，立刻出来登临东堂。萧斌持刀站在一旁侍卫。传唤中书舍人顾嘏，顾嘏大为震惊，没有按时到，来到之后，刘劭问道：“我们要被一齐废了，为什么不早点儿告诉我？”顾嘏未及回答，刘劭就上前斩了他。江湛此时正在上省值班，听到喧哗嘈杂声，就叹息着说道：“不听王僧绰的话，以致到这种地步。”江湛藏到了旁边的一间小屋里，刘劭派兵搜查到他便立刻斩了。皇宫卫队原来的将领罗训、徐罕都望风归降。左细仗主、广威将军吴兴人卜天与来不及披上铠甲，拿刀持弓，大声呼唤左右人出来迎战。徐罕说：“殿下入宫，你想要做什么？”卜天与大声骂他说：“殿下常常入宫，为何今天才说这种话？你就是逆贼！”卜天与手持弓箭射向刘劭，几乎射中刘劭。刘劭党羽群起而攻之，卜天与被砍断手臂身亡。皇宫卫队将领张泓之、朱道钦、陈满等人和卜天与一起战死。左卫将军尹弘惊惶恐惧，晋见刘劭，请求处罚。刘劭又派人从东閤门闯入后宫，杀了潘淑妃以及太祖亲信左右共计几十人。同时，又紧急传召始兴王刘濬前来，让他率领手下士卒屯扎中堂。

（以上为第一段，写宋文帝见太子刘劭怙恶不悛，决意废除，刘劭得知，矫诏入宫杀父自立。）

此时刘濬正在西州，府舍人朱法瑜飞奔前来报告说："宫内人声喧哗得很，宫门都紧闭着，路上传说太子谋反，还不知灾祸变化如何呢。"刘濬听后，假装大吃一惊，说："现今我们应该怎么办？"朱法瑜鼓动占据石头城。刘濬没有得到刘劭的消息，不知道事变成功与否，所以，情绪烦乱，不知如何是好。将军王庆说："现今宫内发生变故，还不知主上安危与否，凡是臣属和儿子，都应当义无反顾地去救难。据守城池，不是人臣所应有的气节。"刘濬没有听他的话，就从南门出去，一直奔向石头城，文武官员跟从的一千多人。此时，南平王刘铄正戍守石头城，士卒也有一千多。不一会儿，刘劭派张超之骑马召唤刘濬，刘濬屏退左右问张超之什么情况，然后就穿上戎服骑马而去。朱法瑜极力阻止刘濬，刘濬不听。出了中门，王庆又劝谏说："太子反叛，天下人怨恨愤怒。明公你应该紧闭城门不出，坐吃积储的粮食，不超过三天，凶党自然会土崩瓦解。此事如此明了，你怎么能去呢？"刘濬说："皇太子命令，有人胆敢再劝阻，定斩不饶！"入宫拜见刘劭，刘劭对刘濬说："潘淑妃已被乱兵所害。"刘濬说："这正是我一直盼望的事。"

刘劭假称宋文帝的诏令，征召大将军刘义恭、尚书令何尚之入宫，囚禁在宫内。又召集文武百官，但来的人才几十人。刘劭匆忙继承帝位，颁布诏令说："徐湛之、江湛二人图谋逆弑，无礼之甚。我率领士卒入殿，已经来不及挽回，只能悲号痛哭，心肝欲裂。现在，罪恶之徒已被杀，元凶也被消灭，所以大赦天下，改年号为太初。"

刘劭登基即位后，立即宣称自己有病，回到永福省。不敢亲自主持父亲的葬礼，只是手持佩刀自卫，夜里则灯火通明，以防备左右。任命萧斌为尚书仆射、领军将军，何尚之为司空；命前右卫率檀和之镇守石头城，征虏将军、营道侯刘义綦镇守京口。刘义綦是刘义庆的弟弟。二月二十二日乙丑，刘劭将以前发放各处的兵器全都收缴，放入武器仓库。诛杀江湛、徐湛之的亲信党羽尚书左丞荀赤松、右丞臧凝之等人。臧凝之是臧焘的孙子。任命殷仲素为黄门侍郎，王正见为左军将军。张超之、陈叔兒也都按照功劳大小，分别封了官职，赏赐了东西。辅国将军鲁秀这时正在建康，刘劭对鲁秀说："徐湛之过去经常想作乱，我已经为你除掉了这一祸害。"然后，他命令鲁秀和屯骑校尉庞秀之一起掌握左右军队。刘劭不知道王僧绰也参与了废立的密谋，任命王僧绰为吏部尚书，司徒左长史何偃为侍中。

武陵王刘骏屯驻五洲，沈庆之从巴水前来请教军事方略。三月初二日乙亥，典签董元嗣从建康来到五洲，详细报告太子反叛弑逆的事情。刘骏让董元嗣把这一消息告诉手下僚属。沈庆之偷偷对心腹说："萧斌像个妇道人家。其他将帅都很容易对付。东宫中死心塌地地与刘劭一同作恶，超不过三十个人，除此而外都是被逼迫屈从的，决不会为刘劭效死力。如今，我们辅佐顺应天下人心，讨伐叛逆之贼，不用担心不会成功。"

三月初九日壬午，魏文成帝尊乳母保太后常氏为皇太后，并追赠常氏的祖父和父亲，对常氏的兄弟们也都加官晋爵，跟外戚一样。

太子刘劭把浙江东部的五郡分出，设立会州，在扬州立司隶校尉以统察京畿。命妃子殷氏的父亲殷冲为司隶校尉。殷冲是殷融的曾孙。又任命大将军刘义恭为太保，荆州刺史南谯王刘义宣为太尉，始兴王刘濬为骠骑将军，雍州刺史臧质为丹杨尹，会稽太守随王刘诞为会州刺史。

刘劭整理检查宋文帝的巾箱以及江湛家的奏疏和信件，查到了王僧绰曾呈报关于犒劳勇士和前代废黜太子、诸王的材料。三月十一日甲申，逮捕王僧绰，并将其斩首。王僧绰的弟弟王僧虔为司徒左西属，他的亲近僚属们都劝他赶快逃走，王僧虔哭着说："我哥哥以自己的忠贞报效国家，以慈爱之心将我抚养成人，今天发生的事，怕的是它不波及于我。如果能和他一同归去九泉，那就好像飞升成仙了一样。"刘劭乘机诬陷住在台城以北的各王、侯，说他们和王僧绰一块儿参与图谋反叛的阴谋，杀了长沙悼王刘瑾、刘瑾的弟弟临川哀王刘烨、桂阳孝侯刘觊和新渝怀侯刘玠，都是刘劭平时最厌恶的人。刘瑾是刘义欣的儿子，刘烨是刘义庆的儿子，刘觊和刘玠都是刘义庆的侄儿。

刘劭给沈庆之写亲笔信，命令他杀掉武陵王刘骏。沈庆之请求晋见刘骏，刘骏极为害怕，就以生病为借口拒绝和他见面。沈庆之强行闯入，把刘劭的信拿给刘骏看，刘骏看后，哭着请求沈庆之允许他到内室跟自己的母亲诀别。沈庆之说："我承受先帝的厚恩，今天的事情，会尽力而为，殿下您为什么有如此重的疑心呢？"刘骏起身再次参拜说："个人和国家的安危，全在将军了。"沈庆之下令内外收拾武器，整肃军队。王府内的主簿颜竣说："如今四面八方并不知道仁义大军即将举义，刘劭占据着天府，如果首尾不能相互接应，可是一条危险的路啊。应该等到各路将帅共同谋划好后，再一起举兵起事。"沈庆之厉声说道："现今是做大事，黄毛小子都可以参与，怎么能不被打败？应该斩了示众！"刘骏赶忙命令颜竣向沈庆之赔罪道歉。沈庆之说："你只知道执笔写文件的事情。"刘骏就把军务交给沈庆之全权处理。十天之内，把军队内外事务整办，人们都以为是神兵。颜竣是颜延之的儿子。

三月十七日庚寅，武陵王刘骏下令戒严誓师，任命沈庆之任领府司马；襄阳太守柳元景、随郡太守宗悫为谘议参军，统领中军；江夏内史朱修之被授予平东将军；

记室参军颜竣为谘议参军、领录事并兼理内外全局；谘议参军刘延孙为长史、寻阳太守，并署理王府留守事宜。刘延孙是刘道产的儿子。

南谯王刘义宣、雍州刺史臧质都不接受刘劭的委任命令，同司州刺史鲁爽一起举兵响应刘骏。臧质、鲁爽全都来到江陵晋见刘义宣，并且又派人前去鼓动刘义宣，劝他早日登基称帝。三月十八日辛卯，臧质在建康的儿子臧敦等人听到父亲臧质举兵起义的消息，都逃走了。刘劭仍打算安慰、取悦于他们，颁发诏令说："臧质是皇亲国戚、有功之臣，正要辅助一同治理京师，他的子弟们却要四处逃散，这真令人奇怪、叹惜啊！可以派人转达我的意思，让他们回来，全都官复原位。"不久，刘劭抓到了臧敦，命令大将军刘义恭打臧敦三十大棍以示教训，然后再厚赏他。

三月二十日癸巳，刘劭把宋文帝安葬在长宁陵，谥号为景皇帝，庙号为中宗。

三月二十二日乙未，武陵王刘骏从西阳出发，三月二十四日丁酉，到达寻阳。三月二十七日庚子，王命令颜竣向四方发布讨伐檄文，让他们共同讨伐刘劭。各州郡接到檄文，全都起来响应。南谯王刘义宣派臧质率领军队前往寻阳，和刘骏一同东下，只留下鲁爽在江陵镇守。

（以上为第二段，写武陵王刘骏得知太子刘劭杀父自立，就戒严誓师，以沈庆之领府司马，柳元景、宗悫为干将，传檄四方，共讨刘劭；州郡承檄，纷纷响应。）

刘劭任命兖、冀二州刺史萧思话为徐、兖二州刺史，起用张永为青州刺史。萧思话从历城率领自己的部曲回到了平城，起兵响应寻阳武陵王刘骏。建武将军垣护之此时正在历城，也率领自己的军队赶到那里。南谯王刘义宣任命张永为冀州刺史。张永派遣司马崔勋之等人率领军队奔赴刘义宣处。刘义宣担心萧思话同张永之间解不开以前的怨气，就亲自给萧思话写了一封信，又命令长史张畅给张永也写了一封信，劝他们二人能够坦诚相待。

随王刘诞打算接受刘劭的任命，参军事沈正对司马顾琛说："国家这场灾祸，自开天辟地以来还没有听说过。如今，用长江以东骁勇精锐的军队，倡导国家的大义于天下，又有谁能不去响应呢？怎么可以让殿下面向北方叩拜凶恶叛逆，接受伪命呢！"顾琛说："江东之地已经很长时间没有战争了，但太子刘劭凶逆而兵强，江东忠顺而兵弱，应当等到四方都有人起义讨伐后再起来响应也不算晚。"沈正说："天下还未曾有过无父无君的国家，怎么可以自己安于大仇大耻，而责求别人呢？如今，正是由于弑父叛逆，冤死酷刑，道义上不共戴天，仗义起兵之日，岂能乞求一定准备周全！冯衍曾说过：'大汉王朝的尊贵高官，难道都不如楚国、南齐卑贱之士吗！'何况殿下不仅仅是臣属，而且还是儿子，事情既关系到国家又关系到个人哪！"顾琛就和沈正一起进府，劝说刘诞，刘诞接受了他们的建议。沈正就是沈田子哥哥的儿子。

刘劭认为自己从小就熟悉军事，对朝廷官员们说："你们只要帮助我整理文件书信就可以了，不必担心战场上的事情。如果有什么贼寇灾难，我自己就能抵挡得了。只是怕贼寇们不敢有所举动罢了。"听到四方起兵讨伐时，才开始忧虑害怕起来，实行戒严，将轮流值勤的将士全都召集起来，把秦淮河南岸的百姓全都迁到秦淮河北岸居住，而把所有王和大臣全都聚集在建康城里。让江夏王刘义恭搬到尚书下舍，把刘义恭的几个儿子分别软禁在侍中下省处。

夏季，四月初一日癸卯朔，柳元景统领宁朔将军薛安都等十二路兵马，从湓口出发，司空中兵参军徐遗宝率领荆州军队在后面接续。四月初五日丁未，武陵王刘骏从寻阳发兵，沈庆之总领中军跟随。

刘劭封立王妃殷氏为皇后。

四月初八日庚戌，武陵王刘骏的声讨檄文传到建康，刘劭拿给太常颜延之说："它是出自谁的手笔？"颜延之看后说："这是颜竣写的。"刘劭又说："言辞为什么到了这种地步？"颜延之回答说："颜竣尚且连我都不考虑了，哪里还能顾虑陛下呢？"刘劭的怒气稍稍平息了些。把武陵王刘骏在建康的儿子全都抓起来囚禁在侍中下省，南谯王刘义宣的儿子都关在太仓空舍。刘劭还打算把三州将士们家属全都杀死，江夏王刘义恭和何尚之都说："凡是图谋大事的人，都不会顾念自己的家，而且大多又是出于无奈被逼使，现今突然把他们的家属亲人全都杀了，这正好坚定了他们的心志。"刘劭认为是这样子的，就下书一无所问。

刘劭怀疑朝廷内前朝大臣们都不愿意效忠自己，于是就特别厚待鲁秀和右军参军王罗汉，并把军事全都委任给他。又让萧斌做主要谋划者，殷冲掌管府内文告兵符。萧斌劝刘劭亲自率领水军西上迎战，不然就据守梁山。江夏王刘义恭认为南边来的讨伐军队起兵仓促，所使用的船只简陋狭小，不利于水上作战，进献计策说："逆贼刘骏年少不熟悉军事，远道而来，疲惫不堪，应该以逸待劳。现今如果远去梁山，京师就空虚无兵，东边的叛军乘虚而入，可能出现祸患。假如兵分两路，分别迎战，又会分散兵力，势力孤单，不如养精蓄锐，等待机会。割弃秦淮河以南的地区，用木栅隔断石头城，这也是先朝对付外来入侵的老办法，不用担心贼寇不会被打败。"刘劭听后表示赞同。而萧斌却声色俱厉地说："刘骏是个二十岁的少年，却能领导如此大的行动，怎能小看他？三州同时作乱，而且占据着上游有利地形。沈庆之在军事方面非常练达，而柳元景、宗悫也曾屡次建立战功，目前情势如此，实在不是小敌。唯一的办法就是趁军心没有分崩离析，尚且可以拼死决战一次。稳坐在台城等着，怎能够长久存活呢？如今，主上和宰相都没有打仗的决心，难道这不是天意吗？"刘劭没有听从。有人劝刘劭保住石头城。刘劭说："过去人们之所以能够固守石头城，是因为能够等待其他援军前来援助王室。我固守石头城，有谁能前来援救呢？只有全力与敌人决一死战，不然，就不会取胜。"刘劭每天都亲自巡视军营，慰劳将士，亲自督促都水制造船只。壬子，刘劭放火烧毁了秦淮河南岸所有的房屋建筑和秦淮河上的游船画舫，把老百姓全部赶到了秦淮河以北。

刘劭立儿子刘伟之为皇太子，任命始兴王刘濬的岳父褚湛之为丹杨尹。褚湛之就是褚裕之的侄子。任命刘濬为侍中、中书监、司徒和录尚书六条事，加授南平王刘铄为开府仪同三司，任命南兖州刺史建平王刘宏为江州刺史。太尉司马庞秀之从石头城投奔南军，使得人心因此震惊。又任命营道侯刘义綦为湘州刺史，檀和之为雍州刺史。

（以上为第三段，写刘宋各州郡响应义旗，讨伐弑君贼刘劭，大势所趋，连刘劭身边的亲信庞秀之都投奔义军。）

四月十一日癸丑，武陵王在鹊头屯兵。宣城太守王僧达收到武陵王声讨檄文后，不知道何去何从。一位门客劝他说："如今，叛逆罪恶滔天，古今未曾有过。为你未来着想，不如接受讨逆军队的檄文，转告给邻近各郡。假若有心，谁能不响应呢？这是上策。如果办不到，还可以率领归附正义的人，仔细选择水路和陆路的交通便道，全身而退，逃往南方，这也不失为中策。"王僧达选择了中策，从候道向南方逃奔，在鹊头正遇上了武陵王刘骏，刘骏任命他为长史。王僧达是王弘的儿子。刘骏刚刚从寻阳出发时，沈庆之就曾对人说："王僧达一定前来响应大义之举。"别人问这是为什么，沈庆之说："我曾经看见他在先帝面前发表议论，阐述己见，头脑很清楚，志向很坚决。由此来推断，他前来是一定的。"

柳元景因为船舰不坚固，害怕在江上作战，于是日夜兼程，四月十四日丙辰，到达江宁江边码头，派薛安都率领铁甲骑兵在秦淮河畔炫耀兵威，又给朝廷官员们写信，分析陈述叛逆与讨逆之间的区别和大义。

刘劭加授吴兴太守汝南人周峤为冠军将军。就在此时，随王刘诞的声讨檄文也到了，周峤平时就胆怯无能，处于慌惑惊恐之中，不知所从。府司马丘珍孙杀了周峤，率领本郡响应刘诞。

四月十六日戊午，武陵王抵达南洲，前来归降的人络绎不绝。四月十七日己未，军队又到溧洲驻扎。武陵王从寻阳出发时，就因为身患疾病而不能接见将领辅佐，只有颜竣一人可以出入刘骏的卧室，把刘骏抱在自己的膝上，亲自料理刘骏的生活起居。病情几次加重，无法接受请示听取报告，所有这一切都由颜竣独自决断。军事政治大事外，还要处理公文、信件，并亲自接待远近人士，黄昏和拂晓，一天两次代替刘骏到宋文帝灵前致哀恸哭，就好像刘骏本人一样。这样有几十天，就是船舰上的全副武装的士兵们都不知道刘骏病重。

四月二十一日癸亥，柳元景秘密到了新亭，依山筑起营垒。新归降的人们都劝柳元景火速进攻，柳元景说："不能这样。情理顺达往往难以依靠，共同作恶反而可以一起渡过难关。我们草率进攻，没有防备，一旦失败，反而会激发贼人的野心。”

柳元景的营垒还没有建好，被刘劭的部下龙骧将军詹叔兒侦察到了，劝说刘劭出兵迎战，刘劭没有答应。四月二十二日甲子，刘劭派萧斌率领陆军出去作战，又命令褚湛之统领水军，与鲁秀、王罗汉、刘简之率领精锐兵士共计上万人，进攻新亭的营垒，刘劭亲自登上朱雀门督战。柳元景连夜命令军中将士说：“战鼓擂得过多，声气就容易衰退，呐喊助威时间太久，力量就容易枯竭。你们只管口衔木棍，不要声唤，全力作战，只听我的鼓声进攻。”刘劭的将士都贪图刘劭许下的重赏，都殊死作战。柳元景水路、陆路都受敌，意气更加强盛，大旗下的勇士，全都被派出投入战斗，左右只留下几个人，用来传达号令。刘劭军队马上就要大获全胜，鲁秀击鼓撤退，刘劭的将士立即停止进攻。柳元景却趁此攻击营垒大门，战鼓齐鸣，乘胜进攻，刘劭军队崩溃败退，掉到秦淮河里淹死的人很多。刘劭重新率领剩下的将士，亲自前来攻打柳元景的营垒，柳元景率兵再次大破刘劭，杀死杀伤士卒超过了前一仗，将士们争先恐后地投身死马涧，涧水溢出。刘劭亲手诛杀后退逃命的士卒，不能阻止。刘简之战死，萧斌身受重伤，刘劭只身逃脱，回到了宫内。鲁秀、褚湛之和檀和之一齐投奔南军。

四月二十四日丙寅，武陵王抵达江宁。四月二十五日丁卯，江夏王刘义恭单枪匹马，南下投奔。刘劭杀了刘义恭留在建康的十二个儿子。

刘劭、刘濬焦虑忧心，束手无策，就用皇帝专用的辇车，把蒋侯庙的神像迎接到宫内，叩头乞求恩典，并拜为大司马，封为钟山王。又拜苏侯神为骠骑将军。任命刘濬为南徐州刺史，命令他和南平王刘铄同为录尚书事。

（以上为第四段，写武陵王刘骏首举义旗，率领大军抵达南洲，柳元景率领先锋部队到达新亭，刘劭率领上万精兵前往迎战，惨败。）

四月二十六日戊辰，武陵王驻军新亭，大将军刘义恭上表，劝说刘骏登基即位。散骑侍郎徐爰在宫内哄骗刘劭说，自己要去追击刘义恭，于是去投奔了武陵王。这时，武陵王府内军事总部草草成立，大家还都不知道朝廷法令规章。这正是徐爰平时最熟悉的事，就让徐爰兼任太常丞，拟定皇帝即位的礼仪。四月二十七日己巳，刘骏登上皇帝位，大赦天下，文武官员赐爵一等，随从讨伐的升二等。改正大行皇帝谥号为文，庙号为太祖。又任命大将军刘义恭为太尉、录尚书六条事、南徐州刺史。

这一天，刘劭也登临金殿平台，封皇子刘伟之为太子，大赦天下，只有刘骏、刘义恭、刘义宣和刘诞不在赦免之列。四月二十八日庚子，任命南谯王刘义宣为中书监、丞相、录尚书六条事、扬州刺史，随王刘诞为卫将军、开府仪同三司、荆州刺史，臧质为车骑将军、开府仪同三司、江州刺史，沈庆之为领军将军，萧思话为尚书左仆射。四月三十日壬申，又任命王僧达为右仆射，柳元景为侍中、左卫将军，宗悫为右卫将军，张畅为吏部尚书，刘延孙和颜竣同为侍中。

五月初一日癸酉朔，臧质率领雍州将士二万人，抵达新亭。豫州刺史刘遵考派将领夏侯献之率领步、骑兵五千人，驻扎在瓜步。

以前，世祖曾派宁朔将军顾彬之率领军队从东边进入，接受随王刘诞的管辖和调遣。刘诞派参军刘季之率领军队与顾彬之的军队一同前往建康。刘诞自己率兵驻守西陵，作为后继部队。刘劭派殿中将军燕钦等抵抗，两军相遇在曲阿奔牛塘，燕钦等大败。刘劭于是沿着秦淮河竖立栅栏以自卫，又掘开破岗、方山埭的河堤，以阻断东边来的军队。此时，成丁的男子已经征尽，就征召妇女充当使役。

五月初二日甲戌，鲁秀等人招募敢死的勇士去进攻大航，攻克大航。王罗汉听到声讨大军已渡过秦淮河，就放下武器投降了，秦淮河北岸沿岸所有守军，接二连三奔逃离散，刀枪弓箭、战鼓仪仗，充塞了街道。这天夜里，刘劭关闭台城六个城门，紧紧防守。又在门内挖掘了壕沟、立起栅栏。京城内部沸腾混乱，丹杨尹尹弘等文武将士们都争先恐后地跳出城墙去投降。刘劭在宫中焚烧了辇车以及加冕时的冠帽衣裳。萧斌命令所统率的部队全体将士放下武器，脱下盔甲，从石头城顶着白旗前来投降。颁布诏书在军门外将萧斌斩首。刘濬劝说刘劭带着金银财宝逃向大海，刘劭认为众叛亲离，没有走成。

五月初三日乙亥，辅国将军朱脩之攻克刘劭所据守的东府。五月初四日丙子，各路大军又攻克了台城，之后，分别从各门涌进，在殿前会师，抓获了王正见，斩了他。张超之匆匆逃到合殿皇帝御床的地方，被军中将士杀死，开肠挖心，各路将士争着割下他的肉，一块块地吃了。建平王等七王号哭着出来。刘劭挖通西墙，藏到了武器仓库的井里，被卫士队队副高禽抓住，刘劭问他说："天子在哪里？"高禽说："就在附近的新亭。"高禽将刘劭押送到殿前，臧质看见刘劭，不禁失声恸哭，刘劭说："天地不再覆载我，老人家为何痛哭？"又对臧质说："刘劭能不能请求流放到远方之地呢？"臧质说："主上如今就近在大航的南边，自会对你裁决。"把刘劭捆绑在马上，护送到了军营大门。当时找不到传国玉玺，就问刘劭，刘劭说："在严道育处。"去取，果然拿到玉玺。在牙旗下将刘劭和他的四个儿子全部斩首。

刘濬带领随从几十人挟持着南平王刘铄向南逃去，走到越城时遇到了江夏王刘义恭。刘濬翻身下马，说："南中郎现今做什么？"刘义恭回答："皇上现今已君临万国。"刘濬又问："虎头来得不晚吗？"刘义恭回答说："遗憾的是太晚了。"刘濬又问："我该不会被判死罪吧？"刘义恭说："可以去行宫自行请罪。"刘濬又问："不知道皇上还能不能赐给一个官职，让我效忠尽力？"刘义恭回答说："这不清楚。"刘义恭就带着刘濬一起返回，走到中途就把他斩了，同时也斩了他的三个儿子。刘劭和刘濬父子的头都被砍下来悬挂在大航，尸体在集市上示众。

刘劭的妃子殷氏以及刘劭、刘濬所有的女儿、姬妾也都在监狱里被命令自杀。

在刘劭的住处挖了一个大土坑，里面灌满了污水。刘劭的妃子殷氏在自杀之前，曾对狱丞江恪说："他们刘家亲骨肉之间相互残杀，为什么枉杀了没有犯罪的人？"江恪说："你被立为皇后，这不是罪过又是什么呢？"殷氏说："只不过是暂时的罢了，马上就该封王鹦鹉为皇后了。"褚湛之南奔的时候，刘濬就同褚妃断绝了关系，所以得以不死。严道育、王鹦鹉全都被押到街上，用皮鞭抽打至死，又焚烧了她们的尸体，骨灰被扬弃到长江里去。殷冲、尹弘、王罗汉以及淮南太守沈璞也全被诛杀。

（以上为第五段，写武陵王刘骏新亭即皇帝位，是为孝武帝，继而攻下都城建康；刘劭在众叛亲离的形势下作垂死挣扎，最终与刘濬都被枭首示众。）

五月初八日庚辰，解除戒严。五月初九日辛巳，宋孝武帝巡视东府，文武百官请求治罪。宋孝武帝颁布诏书不再追究。五月十二日甲申，尊封母亲路淑媛为皇太后。太后是丹杨人。五月十三日乙酉，封立妃子王氏为皇后。王皇后的父亲王偃是王导的玄孙。五月十六日戊子，任命柳元景为雍州刺史。五月十九日辛卯，追赠袁淑为太尉，谥号为忠宪公；追赠徐湛之为司空，谥号为忠烈公；追赠江湛为开府仪同三司，谥号为忠简公；追赠王僧绰为金紫光禄大夫，谥号为简侯。五月二十日壬辰，任命太尉刘义恭为扬、南徐二州刺史，并晋升为太傅，兼领大司马。

当初，刘劭任命尚书令何尚之为司空，兼任尚书令，提升何尚之的儿子征北长史何偃为侍中，父子都居于要位。刘劭失败后，何尚之的左右人员也都四处逃散，只好自己动手清洗黄阁。殷冲等人被诛杀以后，大家都为何尚之寒心。孝武帝认为何尚之和何偃一直都有很好的名声，而且在刘劭朝中都能用智慧迎接讨逆大军，经常救助他人免于大祸，因此特别赦免了何氏父子。同时，恢复何尚之原来的尚书令职务，何偃为大司马长史，地位待遇都没有改变。

五月二十二日甲午，宋孝武帝祭拜初宁、长宁二陵，追赠卜天与为益州刺史，谥号为壮侯，与袁淑等共计四家，长期供给俸禄。张泓之等人各自都被追赠为郡守。五月二十四日戊戌，任命南平王刘铄为司空，建平王刘宏为尚书左仆射，萧思话为中书令和丹杨尹。六月初五日丙午，孝武帝返回宫内。

当初，孝武帝奉命前去讨伐西阳蛮人的时候，雍州刺史臧质派遣柳元景率领军队前往汇合。臧质起兵反抗刘劭，打算拥戴南谯王刘义宣为皇帝时，又偷偷派人让柳元景率领自己的军队赶快向西返回，柳元景把臧质的密信呈报给了宋孝武帝，并告诉那个送信的人说："臧冠军将军一定是还不知道殿下的大义之举吧。现今应当讨伐叛逆之人，不容许我撤退回师。"臧质因此对柳元景非常痛恨。到了朝廷任命柳元景为雍州刺史的时候，臧质十分担心他将来会成为荆州和江州的后患，因此建议柳元景应当是朝廷的爪牙，不应该让他远出。宋孝武帝难以违背其建议，六月初七日戊申，改任柳元景为护军将军，兼任石头城戍事。

六月初八日己酉，刘宋任命司州刺史鲁爽为南豫州刺史。六月初九日庚戌，任命卫军司马徐遗宝为兖州刺史。

六月十九日庚申，刘宋颁布诏令，命令有关部门按照将士们功劳的大小，分别给予赏赐。封颜竣等人为公爵和侯爵。

六月初一日辛未，刘宋改封南谯王刘义宣为南郡王，改封随王刘诞为竟陵王，封刘义宣的次子宜阳侯刘恺为南谯王。

闰六月初二日壬申，刘宋任命领军将军沈庆之为南兖州刺史，镇守盱眙。闰六月初三日癸酉，任命柳元景为领军将军。

闰六月初五日乙亥，北魏太皇太后赫连氏去世。

丞相刘义宣坚决辞让自己在朝廷所担任的职务以及他儿子刘恺所封的王爵爵位。闰六月二十三日甲午，改任刘义宣为荆、湘二州刺史，刘恺为宜阳县王，将佐以下一律加以赏赐。任命竟陵王刘诞为扬州刺史。

（以上为第六段，写宋孝武帝解除戒严，论功行赏，进行人事任免。追悼被害朝臣，而听从臧质的建言，将功臣柳元景由雍州刺史改为护军将军。）

秋季，七月初一日辛丑朔，出现日食。七月十四日甲寅，刘宋颁布诏书，要求文武官员畅所欲言。七月二十一日辛酉，再次颁布诏书，裁减细作署并入尚方署，其所制作的宫廷雕刻和装饰，以及皇亲贵戚竞相贪利的行为，一律加以禁绝。

中军录事参军周朗上疏，认为："如果毒素在身体内，就一定要从缓要处割去。历下和泗水之间，用不着派重兵戍守。谈论国事的人必定认为胡虏已经衰退，不用躲避，却不知道我们的弊病比胡虏要严重得多。现今空守这么一座孤城，白白浪费财力、物力和人力。假使胡虏只派出三千轻骑兵，轮番进入，春天来践踏麦苗；秋天掠夺禾稼，水路和陆路输运，被两次切断。对于胡虏来说，一点不感到劳累，而边境却已困苦不堪，不出二年时间，士卒四散逃光，老百姓也会搬家逃走，这是踮起脚跟就可以等来的。当今之人都知道不可以用羊追狼，不可以用蟹捕鼠，可却恰恰是在让那些笨重的战车和衰弱不堪的士卒同肥壮的战马和强悍的胡虏追逐厮杀，这样做不会成功，本是情理之中的事。而且，三年丧礼，是遍及天下的大丧，汉王朝命令臣下节制丧期是可以的，但假如当儿子的节制丧期，就乱了礼数。大凡对古代之法有所改变而薄于人情，没有一个是能够顺利进行的。可是，对于败坏礼教使自己安逸的事，一定匆匆忙忙地奉行丧礼。如今陛下以大孝作为基础，就应该反对这种错误。另外，竭尽普天之下的财富来侍奉一个君主，哪里用得着担心会供应不上？一身的黄金装饰，也用不上一百两。一年都穿华贵漂亮的衣服，也不过几套就够了。可却非要收集珠宝全都锁在柜子里，一件件漂亮的衣服藏起来放在箱子里，眼睛岂能天天看着这些东西，身上也不能经常穿一穿，最终却是这些柜子箱子拥有这些珠宝、穿戴这些衣服了。为什么要浪费到这种地步？为什么这么糊涂呢？而且，细作署刚刚和尚方署合并，这是为了实行勤俭节约。可是，市面上所制造的华丽奇巧的东西，已经传到了老百姓中间。这些华丽奇巧的东西只是从宫廷传到了民间，转移了地方，却并没有把它消灭。凡是民间百姓的制度习俗，一天天奢靡起来，从他们乘坐的车马上看，不能分辨出地位的高低贵贱，从他们所戴的帽子、所穿的衣服上不能了解职位的尊卑。尚方署如果今天制造了一个小小的器物，民间第二天就能知道它的制作方法；宫内如果在早晨缝制了一件衣服，老百姓家里晚上就能知道怎么裁剪。民间奢侈华丽的源头，实际上是在皇宫里。再者，朝廷设立官位，官位应当和管理的事务相称，官员应当和官位相称。如果王侯的才能不能胜任某一职位，就不应该强迫他们做官。况且，皇帝的儿子不做官又有谁说他低贱呢？只是应该仔细地为他们设置属官，选择正直、有才能的人，何必一定要设置长史、参军、别驾从事这些官职，然后才能算是尊贵的人呢？另外，如今的风气是喜欢诽谤而埋没人的才能，而不去详查所以被诽谤的原因；喜欢根据赞誉的话去提升某人，而不去详查所以被赞誉的原因。诽谤者卑鄙无耻，就应该提升被他诽谤的人。赞誉者平庸无能，就应该辞退被他们赞誉的人。这样一来，诽谤或赞誉不致虚妄错误，善与恶也就很分明了。没有一个时代没有直言上书的事，也没有一个时代没有询问下情的事。可是，如果太平盛世并没有出现，而昏暗危险却相继来临，是什么原因呢？颁布征求直言并不是出于真心。”奏章呈报，违背孝武帝的旨意，他自行辞职回家了。周朗是周峤的弟弟。

侍中谢庄上书说：“诏书说：‘皇亲贵戚竞相贪利的行为，一律加以禁绝。’实在是满足了老百姓的愿望。假如有人违反了这一规定，就应该按照法律制裁他。如果不按照法律去制裁，而只是强调宽大厚恩，那就表明诏令虽然已经颁下来，而名声和实际不相符合。臣冒昧地认为，有俸禄有地位的大臣，更不应该同老百姓争夺小利。这点意见，不知道是否符合诏令的本意。”谢庄是谢弘微的儿子。

宋孝武帝对宋文帝所制订的典章制度，大都予以改变。郡、县长的任职期限以三年为限。刘宋良好的政治，从此走向衰败。

（以上为第七段，写孝武帝颁布诏令，杜绝与民争利，只是口惠而未施行。周郎、谢庄上书，提出独到见解，不合旨意，离职而去。刘宋一些良好的典章制度，又多变易，从此走向衰败。）

七月二十五日乙丑，北魏濮阳王闾若文和征西大将军、永昌王拓跋仁，都因为谋反罪，拓跋仁在长安被赐自杀，闾若文被斩首。

南平穆王刘铄对自己的才华能力一向很自负，所以平时在言谈举止之间多少有点轻视孝武帝，又曾接受刘劭的任命，出来投降最晚。孝武帝派人偷偷向刘铄下毒。

七月二十九日己巳，刘铄去世，追赠为司徒，并用商臣的谥号作为刘铄的谥号。

南海太守萧简占据广州城反叛。萧简是萧斌的弟弟。颁布诏书，派遣新任南海太守南昌人邓琬和始兴太守沈法系前去讨伐。沈法系是沈庆之的堂弟。萧简欺骗他手下的人说："朝廷来的军队，是叛贼刘劭派遣来的。"他的手下相信了萧简的谎言，所以为他卖命固守广州城池。邓琬率兵首先到达，只做一面攻击。随后，沈法系赶到，说："应该从四方同时进攻，如果只是从一面攻战，什么时候才能攻下来呢？"邓琬没有接受建议。沈法系说："把约定进攻期限延长五十天。"五十天的期限到了，他们仍然没有攻下广州，邓琬这才接受沈法系的建议，军队从八路同时围攻，只一天就攻克了广州城。九月二十八日丁卯，将萧简斩首，广州平定。沈法系查封了广州城内的仓库，把它交付给邓琬，自己率领军队返回。

冬季，十一月初八日丙午，刘宋任命左军将军鲁秀为司州刺史。

十一月二十三日辛酉，魏文成帝巡视信都、中山。

十二月十五日癸未，刘宋因为将要设置东宫，撤销太子率更令等官职，中庶子等官职按旧编制减少一半。

十二月二十六日甲午，魏文成帝返回平城。

（以上为第八段，写孝武帝排除异己，毒杀后降的南平王刘铄；南海太守萧简据广州城反叛，始兴太守沈法系八道进攻，只用一天时间，平定了叛乱。）

【点评】

刘宋皇室内讧。宋文帝刘义隆，是刘宋王朝的第三位皇帝，宋武帝刘裕第三子，宋少帝刘义符之弟，于公元 424 年即位，在位 30 年，年号元嘉，谥号文皇帝，庙号太祖。在位期间，颇有作为，在东晋义熙土断的基础上清理户籍，下令免除百姓欠政府的“通租宿债”，又实行劝学、兴农、招贤等一系列措施，使百姓得以休养生息，社会生产有所发展，经济文化日趋繁荣，“盖宋世之极盛也”，史称“元嘉之治”。本卷所记宋文帝与太子的矛盾，实是权力之争。宋文帝先是因为严道育的事情而想治罪太子，后来又想要废掉太子，立建平王刘宏，却又久拖不决，是为事机。再者，宋文帝顾虑诸王，增强东宫警卫，使太子刘劭所领精兵“实甲万人”，这无疑为虎添翼，增长了太子的势力。又书中所记太子个性有明显的缺陷，刘劭性情狡猾而又刚强勇猛，而宋文帝一直深深地依赖着他。宋文帝刘义隆被太子刘劭弑杀，时年四十七岁。不久，宋文帝的第三子刘骏起兵推翻刘劭而继位，是为宋孝武帝。对于武陵王刘骏杀兄，本卷亦有提示，谓他素来不受宠爱，总是外放，不得留建康。父皇被杀时，刘骏在五洲，沈庆之自巴水来，听授指示。刘劭秘密与沈庆之书信，命令他杀掉刘骏，沈庆之力劝刘骏行“义师之举”，惊慌失措的刘骏听从了，又得天下翕然响应，遂得成事。

宋纪十

宋孝武帝孝建元年至大明二年（公元 454—公元 458）

【起阏逢敦牂（甲午，公元 454 年），尽著雍阉茂（戊戌，公元 458 年），凡五年】

【大事提要】

记事起自公元 454 年至公元 458 年，凡五年，当刘宋孝武帝孝建元年至大明二年。本卷所载大事，南朝刘宋大事有五：其一，刘宋皇室内部互相残杀，刘骏叔父南郡王刘义宣起兵反叛朝廷，废武昌王刘浑为庶人，逼迫其自杀。其二，记叙孝武帝之荒淫无耻。其三，下令沙汰佛徒。其四，皇帝收权、揽权；吏部尚书设置二人以分权，强化了典签制度。其五，林邑遣使向刘宋奉献。北魏大事有三：其一，设酒禁。其二，魏文成帝尚能容忍高允切谏。其三，伐柔然而取胜。

世祖孝武皇帝上

宋孝武帝孝建元年（甲午，公元 454 年）

春季，正月初一日己亥朔，宋孝武帝南郊祭天，改年号为孝建，大赦天下。正月初六日甲辰，任命尚书令何尚之为左光禄大夫、护军将军，左卫将军颜竣为吏部尚书、领骁骑将军。

正月二十四日壬戌，刘宋改铸孝建四铢钱。

正月｜七日乙丑，北魏任命侍中伊馛为司空。

二月初九日丙子，刘宋立皇子刘子业为太子。

当初，江州刺史臧质自认为自己的才能，足以为一代英雄。太子刘劭作乱时，臧质暗中有其他的打算。认为荆州刺史南郡王刘义宣昏庸无能，容易受人控制，所以，准备表面拥戴刘义宣称帝，再趁机推翻他。臧质是刘义宣的表哥，到了江陵以后，就自称名字去叩拜刘义宣，刘义宣极为惊愕，问他什么原因，臧质回答说："国家多事的时候，理应如此。"当时刘义宣已明确表示拥护宋孝武帝为国主，臧质的计划没有实现。到达新亭的时候，臧质又用同样的礼仪去叩拜江夏王刘义恭，并且说："天下危机四伏，礼仪也应跟平时的日子不一样。"

刘劭被斩以后，刘义宣和臧质的功劳都列为第一等，因此骄横跋扈起来，做事大都独断专行，凡是所要求的东西，没有不被依从的。刘义宣在荆州十年期间，财富兵强。朝廷颁布的法令章程，只要不同意，一律不遵照执行。臧质从建康前往江州就任时，带了一千多艘船，船队前后相接有一百多里。皇帝此时也正独揽威权，可是臧质却把他当成少年君主来对待，因此，有关行政、刑法和庆贺奖赏之类的事情，一律不奏请批准。臧质又擅自动用湓口和钩圻粮仓里的粮食，朝廷多次调查追问，渐渐相互猜忌对立起来。

宋孝武帝奸淫了刘义宣的所有女儿，刘义宣听说后，十分气愤和怨恨。臧质就偷偷派遣密使前去游说刘义宣，认为："立下无法奖赏的大功，挟持使皇帝都感到震惊的威望，自古以来能够保全的有几个人呢？如今，万众一心，归向于您，名声和功绩已经显赫，这样好的机会不采取行动，就会被别人抢先。假如您命令徐遗宝、鲁爽驱使西北精锐部队前来驻屯长江，臧质就率领九江的船只做您的前锋，那样就为您得到一半天下。您可以率领八个州的军队，缓慢地向前推进，兵临建康，那么，即使是韩信、白起转世再生，也不能为建康想出什么好的办法来。况且，少主丧失道德，广闻于道路。沈庆之和柳元景各位将士，也都是我旧日的朋友，又有谁肯于替少主效力呢？无法留住的是岁月，而不可失去的是时机。我经常害怕自己在朝露还没有消失之前就死去了，而无法施展自己的才能抱负，替你扫除障碍，到时后悔都来不及了。"刘义宣的心腹将领、谘议参军蔡超和司马竺超民等人都希望自己能得到更多的荣华富贵，也想依仗臧质赫赫威名来成就大业，他们也都来劝说刘义宣听从建议。臧质的女儿是刘义宣的儿子刘采之的正室，刘义宣认为臧质肯定不会有其他想法，便同意了。竺超民是竺夔的儿子。臧质的儿子臧敦，此时担任黄门侍郎，宋孝武帝派臧敦去刘义宣那里办事，经过寻阳，臧质再次命令臧敦前去游说、劝诱刘义宣，刘义宣的决心终于下定。

（以上为第一段，写刘宋江州刺史臧质自恃才力，骄横自大，劝说荆州刺史刘义宣反叛；刘义宣才能庸碌，但可调动八州兵力，加之怨恨皇帝刘骏，遂生反叛之心。）

豫州刺史鲁爽勇敢有武力，刘义宣、臧质平时一直跟他结交。刘义宣派密使偷偷把他自己的决定告诉给了鲁爽和兖州刺史徐遗宝，约定在这年的秋季共同发兵起义。使者到达寿阳时，正赶上鲁爽喝醉，他听错了意思，而在当天就起兵反叛了。鲁爽的弟弟鲁瑜此时正在建康，听到这一消息，吓得逃走。鲁爽命令他手下的士卒们戴上黄色标帜，偷偷缝制皇帝穿的礼服，然后登上高坛誓师。自称年号为建平元年。他怀疑长史韦处穆、中兵参军杨元驹和治中庾腾之同自己不一心，于是把这三个人全都杀了。徐遗宝也率领军队向彭城进攻。

二月，刘义宣得到鲁爽已经反叛的消息，也只好狼狈起兵。鲁瑜的弟弟鲁弘是臧质的府佐，宋孝武帝命令臧质逮捕鲁弘。臧质却把宋孝武帝派来的使节抓了起来，也起兵反叛。

刘义宣和臧质都上表，宣称自己受到皇帝左右小人的谗言陷害，因而起兵，打算清除君主之侧。刘义宣提升鲁爽为征北将军，鲁爽又把他所缝制的皇帝穿的礼服送到了江陵，派征北府户曹向刘义宣公布各方临时人事任命，文告说："丞相刘，现今要递补为天子，名为义宣。车骑将军臧，递补为丞相，名叫质。平西将军朱，现今递补为车骑将军，名叫脩之。这一命令从到达之日起生效执行。"刘义宣看完这篇文告后，吓得直发呆，命令将鲁爽所送的皇室专用的东西，全都留在竟陵，不允许继续带着前进。与此同时，臧质又加授鲁弘为辅国将军，在大雷屯兵。刘义宣派遣谘议参军刘谌之率领一万名士卒增援鲁弘，将司州刺史鲁秀召回，想要让他做刘谌之的后续部队。鲁秀到达江陵，见到了刘义宣，出来后，不禁捶胸顿足地说："我哥哥害了我，我竟要和这种白痴一块儿做贼，今年一定会失败！"

刘义宣兼有荆州、江州、兖州、豫州四个州的军事力量，其声势浩大，威震远近四方。宋孝武帝打算奉太上皇帝专用的法驾和专用器物迎接，竟陵王刘诞坚决反对，说："你怎么能把帝位轻易地让给他人？"方才停止。

二月十二日己卯，刘宋以领军将军柳元景为抚军将军；二月二十四日辛卯，以左卫将军王玄谟为豫州刺史。命令柳元景统王玄谟等诸将讨伐刘义宣。二月二十六日癸巳，进据梁山洲，于两岸筑偃月形堡垒，从水路和陆路同时准备，等待迎战。刘义宣自称都督中外诸军事，命令手下人彼此之间全都称名字而不称官衔。

（以上为第二段，写鲁爽充当了刘义宣反叛的急先锋，杀了异己分子，赶制了皇帝的礼服，并冒失起兵，宣布人事任命；刘骏派遣抚军将军柳元景严阵以待。）

二月二十七日甲午，魏文成帝来到道教神坛，接受道教符。

二月二十九日丙申，刘宋任命安北司马夏侯祖欢为兖州刺史。

三月初二日己亥，内外戒严。三月初四日辛丑，任命徐州刺史萧思话为江州刺史，柳元景为雍州刺史。三月初六日癸卯，任命太子左卫率庞秀之为徐州刺史。

刘义宣传布檄方到各州郡，给各州郡长加官晋爵，让他们一起出兵响应。雍州刺史朱脩之假装响应，私下里却派遣使者向皇帝表示忠诚。益州刺史刘秀之斩了刘义宣派来的使者，派中兵参军韦崧率领一万人袭击江陵。

三月十一日戊申，刘义宣率领十万大军从江津出发，船只相继连绵几百里。任命自己的儿子刘慆为辅国将军，命令他与左司马竺超民留下镇守江陵。又下令朱脩之出兵一万名随后前进，朱脩之没有听从。刘义宣深知朱脩之跟自己不是一条心，于是又任命鲁秀为雍州刺史，并派鲁秀率领一万多人前去进攻朱脩之。王玄谟听说鲁秀不会前来进攻自己，不禁高兴地说："臧质容易对付了。"

冀州刺史垣护之的妻子是徐遗宝的姐姐，徐遗宝邀请垣护之与他一起起兵反叛，垣护之不听从，出动军队攻击徐遗宝。徐遗宝派遣军队袭击徐州长史明胤于彭城，没有攻下。明胤和夏侯祖欢、垣护之共同在湖陆袭击徐遗宝的军队。徐遗宝丢下将士，放火焚烧了湖陆城，投奔了鲁爽。

刘义宣抵达寻阳，命令臧质做前锋率军前进，鲁爽率领军队直奔历阳，与臧质从水路和陆路同时发兵。殿中将军沈灵赐率领一百艘船只，在南陵大败臧质的先头部队，活捉了军主徐庆安等人。臧质率军抵达梁山，夹水在两岸建筑了营垒，与朝廷的军队相抗衡。

夏季，四月初二日戊辰，宋孝武帝任命后将军刘义綦为湘州刺史。四月十八日甲申，又任命朱脩之为荆州刺史。

宋孝武帝派左军将军薛安都、龙骧将军南阳人宗越等人戍守历阳，同鲁爽的先头部队杨胡兴等大战，斩了杨胡兴。鲁爽因此不能前进，驻留在大岘，派鲁瑜屯兵小岘。皇上又派遣镇军将军沈庆之渡过长江，督统各路将士讨伐鲁爽。鲁爽的粮食越来越少，率军稍稍向后撤退，自己留下断后。沈庆之派薛安都率领轻骑部队追击鲁爽。四月二十日丙戌，薛安都在小岘追上了鲁爽，鲁爽将要出去迎战，却饮酒过度，酩酊大醉，薛安都看到鲁爽，立刻飞马上前，大声呐喊，直刺鲁爽，鲁爽应声栽倒马下，其左右随从范双砍下鲁爽的人头。鲁爽的士卒四处奔跑逃命，鲁瑜也被他的部下所杀。于是向寿阳进攻，攻克寿阳。徐遗宝向东海逃去，被东海人杀了。

李延寿评论说：凶恶之人，能够获得成功，如果不是世道混乱那是没有可能的。鲁爽以乱世之情，拿到太平的社会里来施用，他自取失败，也是理所必然的呀！

南郡王刘义宣抵达鹊头，沈庆之将鲁爽的人头送给刘义宣看，又给他写了一封信说：“我负责管理一方土地，而命我征伐臧质等队友，近日，姑且率领轻骑部队，前去消除事端，锐利的刀锋一到，一奸贼鲁爽便献出了人头。您与他有很深的友情，或许想见他一面。趁着可以辨别的时候，特别呈送。”鲁爽家几代为将，骁勇悍猛，善于交战，号称万人敌。刘义宣和臧质听说鲁爽已死，都极为震惊害怕。

柳元景驻兵在采石。豫州刺史王玄谟因为臧质的军队力量强大，就派遣使节前往建康请求增加兵力，宋孝武帝派柳元景进入姑孰屯扎。

太傅刘义恭给刘义宣写信说：“以前，殷仲堪将兵权交给了桓玄，不久桓玄就杀害了殷仲堪全族。王孝伯对刘牢之推心置腹、坦诚相待，刘牢之不及转身就击败王恭。臧质从小就没有好的德行，弟弟你是最清楚他的。如今凭借着楚地的强大兵力，谋划满足私欲。如果他凶恶的阴谋得以实现，那么，恐怕他也就不再是池塘里的一条小鱼了。”刘义宣从此对臧质起了疑心。

五月初八日甲辰，刘义宣到达芜湖，臧质献计说：“现今出动一万人的兵力攻取南州，梁山就会被完全隔断，如果用这一万人把守住梁山，王玄谟肯定不敢轻举妄动。下官率领船队，沿着长江中流划行，直奔石头城，这才是上策。”刘义宣想按照此计执行，谘议参军刘谌之偷偷对刘义宣说：“臧质自己请求做先头部队，其目的很难推测。不如集中精锐全力进攻梁山，攻克梁山之后，再长驱直入建康，这才是万安之计啊！”刘义宣便没有接受臧质的提议。

（以上为第三段，写荆州刺史刘义宣率领叛军向建康进军，孝武帝调集兵马，予以抵御；雍州刺史暗中背叛刘义宣，叛军干将鲁爽因醉酒被杀。）

冗从仆射胡子反等固守梁山西部营垒，正赶上西南风很强，臧质就派他手下的将领尹周之进攻梁山西部营垒。胡子反正巧在梁山东岸，在王玄谟处商量军务，得到报告后，即飞奔返回西部营垒。尹周之攻击西垒十分凶猛，偏将刘季之率领水军殊死搏斗，向王玄谟求救，王玄谟没有派出军队前去营救。大司马参军崔勋之竭力争取，王玄谟才派遣崔勋之和积弩将军垣询之前去救援。到达时，西部营垒已经失陷，崔勋之和垣询之全都战死。垣询之是垣护之的弟弟。胡子反等人逃回东岸。臧质又派遣他的将领庞法起率领几千名士卒，直取南浦，打算从后面偷袭王玄谟。游击将军垣护之率领水军与之交战，结果大败臧质。

雍州刺史朱脩之切断了马鞍山的交通，依靠险要坚守阵地。鲁秀发起攻势，未能攻克，却屡次被朱脩之击败，于是回到了江陵。朱脩之率军尾随追击。有人劝朱脩之加快追击，朱脩之说：“鲁秀是骁勇将士；野兽在走投无路时，就要不顾一切地抓人咬人，不能迫近追击。”

王玄谟派垣护之向柳元景告急说：“西城不能防守，只剩下东城的一万人。贼寇的兵力高达几倍，强弱不敌，打算撤退返回姑孰防守，在您的指挥下齐心协力抵抗，然后再商议下一步如何进取。”柳元景不答应，说：“贼寇的势力正在强盛时期，我们绝对不可以先行后退，我率领全部兵马跟你会合。”垣护之说：“贼寇以为南州有三万大军，可将军您麾下才有十分之一，假如您率兵奔赴贼寇营垒，兵力的虚实就会都暴露出来。王豫州一定不能前来，不如分几路前去救援。”柳元景说：“好！”于是，柳元景留下一些老弱病残的士卒在大营守卫，而把精锐兵力全都派遣去援助王玄谟，到处都张扬着旗帜。从梁山一眼望去，好像有几万大军一样，以为建康的大军全都赶来援助了，众心才安定下来。

臧质自己请求去进攻东城。谘议参军颜乐之劝刘义宣道：“如果臧质攻克东城，那么大战功就全归在他一人身上了。您最好派自己手下的将士前去。”刘义宣就派遣刘谌之和臧质一起出兵进击东城。五月十八日甲寅，刘义宣到达梁山，在西岸安营扎寨，臧质和刘谌之向东城发起进攻。王玄谟督统各路大军出来迎战，薛安都率领突击骑兵首先冲入敌方东南方的阵营，攻下那里，砍下刘谌之的人头。刘季之和宗越又攻陷了敌方的西北阵地，打败了臧质的大军。垣护之放火焚烧了长江上的船只，江上大火熊熊，火焰盖住了江水，又蔓延到西岸的堡垒，大火几乎将其烧为灰烬。

各路大军乘胜前进，刘义宣的大军也一败涂地。刘义宣只身一人乘小船逃走，紧闭舱门哭泣，追随他的荆州将士还有一百多艘船跟在后边。臧质打算去见刘义宣商议战事，可是，刘义宣已经逃走，臧质不知接下来做什么也逃走了，手下士卒也都投降或逃散。五月二十三日己未，朝廷解除戒严。

五月二十七日癸亥，刘宋任命吴兴太守刘延孙为尚书右仆射。

六月初一日丙寅，魏孝武帝巡视阴山。

臧质逃到寻阳，焚烧了州府房舍，带着妻妾继续向西逃命。派最宠信的人何文敬率领剩余的士卒前边开路，到达西阳。西阳太守鲁方平欺哄何文敬说："诏令说只逮捕元凶，对其余的人不再追究，不如逃走吧。"何文敬抛弃军队，独自一人逃走。臧质原来让他的妹夫羊冲担任武昌郡守，便前往投奔。羊冲已经被郡丞胡庇之杀死，臧质找不到立足安身之处，只好又逃到南湖，采摘湖里的莲子充饥。追兵到来，他就用荷叶盖住头，整个身子沉到湖水里，只露出鼻子喘气。六月初三日戊辰，军主郑俱兒发现了他，用弓箭射向他，正中心脏，士卒们乱刀齐下，肠胃流出缠绕水草。砍下他的头送到了建康。臧质的子孙也都被斩首示众。还诛杀了臧质的党羽豫章太守任荟之、临川内史刘怀之、鄱阳太守杜仲儒。杜仲儒是杜骥哥哥的儿子。对有功之臣如柳元景等，全都按照功劳进行封赏。

丞相刘义宣逃到了江夏，听说巴陵有军队，回头又向江陵逃去，追随将士差不多都散逃了，只是与左右十几个人徒步前进，脚疼得不能继续走，向当地老百姓租了没有厢盖的车辆，沿路讨饭充饥。到达江陵城郊外，就派人前去通报留守在江陵的左司马竺超民，竺超民派出华丽的仪仗部队前去迎接刘义宣。此时荆州还有一万多名武装将士，左右侍从翟灵宝劝刘义宣出来安抚慰劳手下将士，说："臧质违反了作战命令，以至于失利。现今再重新整治武器、训练将士，再做进一步的图谋。从前，汉高祖刘邦百次失败，最终成就了大业……"刘义宣在犒劳士卒时，却忘记了翟灵宝对他说的话，竟误说成"项羽失败了一千次"，手下将士全都掩口窃笑。鲁秀、竺超民等人还打算收拾好残余士卒，再一次进行决战，刘义宣却沮丧无志，总是魂不守舍，进入后宅后就躲起来，不再出来见人，左右心腹之人逐渐背叛离去。鲁秀向北逃去。刘义宣不能自己独立，打算跟着鲁秀一块儿逃走，于是带着自己的儿子刘慆以及自己喜欢的五个爱妾，让她们改穿男装，随同自己逃走。城内一片混乱，白刃相接，刀枪横飞，刘义宣害怕，从马上掉了下来，改作步行前进。竺超民把这一行人送到城外，换了一匹马让刘义宣骑，然后自己回到城里坚守。刘义宣寻找鲁秀，没有找到，左右侍从们也全都抛弃了他。深夜，刘义宣走投无路，只得回到空无一人的南郡太守官舍里待着。第二天早晨，竺超民派人把他抓了起来，送到监狱。刘义宣在监狱里，坐在地上不住叹息说："臧质这个老奴才害了我！"刘义宣的五个爱妾不久就被遣送出去了，刘义宣忍不住悲号哭喊，对狱吏说："平时的日子并不算苦，今天和她们分别才是真苦啊！"鲁秀的手下将士也都四散一空，不能再向北前进，只好返回到江陵，江陵城上的守军一齐向鲁秀射箭。鲁秀投水自尽，江陵守军砍下了他的头。

（以上为第四段，写叛首臧质气势汹汹，来攻建康，王玄谟出动精兵迎战，打败叛军，臧质在南湖被杀，刘义宣被俘获关押，干将鲁秀投水死，反叛失败。）

宋孝武帝诏令右仆射刘延孙巡视荆州和江州，调查甄别忠奸曲直，就地奖赏和惩处。并且，将这二州的地区进行分割，拟议再设置一个新州。

当初，晋朝向南迁移时，曾经把扬州作为京畿，所需要的布帛粮食等，都由扬州提供。又把荆州、江州作为军事要镇，全国的精锐部队全都聚集在这两个州，常派大将驻守。这三个州的人口数目，占了长江以南地区的一半。孝武帝嫌这三地的军力、民力过于强大，所以打算把它们分割开来。六月十八日癸未，在扬州分出浙江以东五个郡，设立东扬州，治所设在会稽。又从荆州、湘州、江州、豫州中分出八个郡，设立郢州，治所设置在江夏。撤销南蛮校尉，将其所属部队调回建康。太傅刘义恭打算让郢州州府设在巴陵，尚书令何尚之说："夏口位于荆州和江州中间，正对着沔口，又直接通向雍州和梁州，实在是一个险要的津口，自古以来就是军事重镇，基础难以动摇，既有现成的城池，又有很大的港湾可以容纳很多船只，在此设立州府，是再合适不过的了。"孝武帝批准了。不久，荆州和扬州由于这种变动而财力消耗很多。何尚之请求重新恢复这二州原来的辖地，孝武帝不允许。

六月二十三日戊子，孝武帝下令撤掉录尚书事。孝武帝对皇室的力量不断强大深为厌恶，不想让臣属们把持着大权。太傅刘义恭看准了皇上的心思，所以请求撤掉。

孝武帝下令王、公以及八座，给荆州刺史朱脩之写信，让刘义宣自己做打算。信还没送到，六月二十五日庚寅，朱脩之已经进入江陵，杀了刘义宣，同时诛杀了刘义宣的十六个儿子以及刘义宣的同党竺超民、从事中郎蔡超、谘议参军颜乐之等。竺超民兄弟在以前就应该斩首，何尚之上书说："贼寇已经远远逃走，一个人就可以抓获他。如果竺超民是个反复无常、贪图小利的人，就应该逮捕刘义宣，这样，不但自己可以免于惩处，而且，还可以得到不义的封赏。但是，竺超民却并没有这种想法，从他的这一细微处足以看到他的仁义之心。而且为朝廷保住了江陵城池，小心地坚守江陵的仓库，端坐在那里等待被抓。如果今天连他的兄弟也要杀了，同其他叛贼逆党一样对待而无区别，刑罚是过于重了。"孝武帝赦免了竺超民兄弟。

秋季，七月初一日丙申朔，出现日食。

七月初五日庚子，北魏皇子拓跋弘出生。七月初六日辛丑，北魏大赦天下，并把年号改为兴光。

七月二十一日丙辰，刘宋大赦天下。

八月初十日甲戌，北魏赵王拓跋深去世。

八月十一日乙亥，魏文成帝返回平城。

冬季，十一月初五日戊戌，魏文成帝巡视中山，顺路又去了信都。十二月十四日丙子，魏文成帝启程返回，经过灵丘，又到了温泉宫。十二月十八日庚辰，回到平城。

（以上为第五段，写刘宋孝武帝平定叛乱后，改变行政区域，分割大州，防止尾大不掉；撤掉录尚书事，抑制宗室，分散权力。）

宋孝武帝孝建二年（乙未，公元455年）

春季，正月，北魏车骑大将军、乐平王拓跋拔因有罪被赐死。

镇北大将军、南兖州刺史沈庆之请求告老还乡。二月初五日丙寅，朝廷任命沈庆之为左光禄大夫、开府仪同三司。沈庆之坚决辞让，几十次上表奏章，同时，又当面自己陈说，言辞恳切，甚至于叩头哭泣，宋孝武帝无法改变他的意志，只好让他以始兴公爵的身份退休还家，优厚地供给他的用度和俸禄。不久，孝武帝想要再次起用沈庆之，就派何尚之前往去劝说。何尚之一次次地反复陈述皇上的想法，沈庆之笑着对何尚之说：“我不致仿效何公您，离开了又再次回去。”何尚之听后，面有愧色，也就不再去劝说沈庆之。二月二十日辛巳，朝廷任命尚书右仆射刘延孙为南兖州刺史。

夏季，五月初八日戊戌，刘宋朝廷任命湘州刺史刘遵考为尚书右仆射。

六月初二日壬戌，北魏改年号为太安。

六月初四日甲子，下令大赦。

六月二十四日甲申，魏文成帝返回平城。

秋季，七月初四日癸巳，刘宋立皇弟刘休祐为山阳王、刘休茂为海陵王、刘休业为鄱阳王。

七月二十七日丙辰，魏文成帝巡视河西。

雍州刺史、武昌王刘浑和左右侍从写了檄文，自己号称楚王，改年号为永光，设置文武百官，以此作为嬉笑。长史王翼之把刘浑亲笔写的文告手迹，呈报给了朝廷。八月初一日庚申，朝廷下令把刘浑贬为平民，放逐到始安郡。孝武帝又派遣员外散骑侍郎东海人戴明宝前去严加盘问斥责刘浑，并因此强令他自杀，这一年，刘浑十七岁。

八月二十八日丁亥，魏文成帝返回平城。

宋孝武帝颁布诏书，要去南郊祭祀。朝廷首次设置规模比较完备的音乐，这是接受了前殿中曹郎荀万秋提出的建议。

宋孝武帝打算削弱皇家王公侯爵的权力。冬季，十月初一日己未，江夏王刘义恭、竟陵王刘诞启奏，请求裁减王爵、侯爵使用的车马、服饰、用具器物以及歌舞制度，一共有九条。孝武帝就暗示有关部门，再进一步增加到二十四条，诸如：在处理事务时，不能直接面向南坐；剑柄不能做成辘轳的形状；内史、宰相以及所封的其他官员对王、侯自称为下官，不能称臣，罢官以后，不再追加敬称。颁布诏书许可。

十月十二日庚午，北魏任命辽西王常英为太宰。

十月二十四日壬午，刘宋任命太傅刘义恭兼任扬州刺史，竟陵王刘诞为司空，兼任南徐州刺史，建平王刘宏为尚书令。

这一年，朝廷任命已故氐王杨保宗的儿子杨元和为征虏将军，杨头为辅国将军。杨头是杨文德的同门兄长。杨元和虽然是氐王杨保宗家族的嫡系正统，但是，朝廷却因为他年纪太小、才能又弱，所以，一直没有给他正式封号，致使氐人部落也一直没有一个固定的首领。杨头先前戍守葭芦时，他的母亲、妻子、孩子及兄弟们都被北魏军队抓走了，但是杨头仍然为刘宋坚守，忠贞不渝。雍州刺史王玄谟上疏说："请求加封杨头为假节、西秦州刺史，以此来安抚集结氐部落的老百姓。等几年以后，杨元和年纪稍稍长大一些，再使他继承祖先大业。如果杨元和的才能承担不了这一重任，那么就可以按照常理由杨头承担。杨头能够誓死藩蔽汉川，使该地没有胡虏的祸患，他所管辖的只有四千户人家的荒凉的州郡，似乎并不足以爱惜，如果一旦葭芦守不住，敌人入侵，那么汉川一地也就不可能有继续存在下去的道理了。"孝武帝没有听从王玄谟的劝告。

（以上为第六段，写刘宋名将沈庆之一再请求告老还乡，不再出仕；武昌王刘浑戏称自己"楚王"，被赐死；孝武帝欲削弱皇家王侯权力，公布了二十四条禁令，束缚其手脚。）

宋孝武帝孝建三年（丙申，公元 456 年）

春季，正月初四日庚寅，刘宋立皇弟刘休范为顺阳王，刘休若为巴陵王。正月十二日戊戌，立皇子刘子尚为西阳王。

正月二十六日壬子，宋孝武帝为太子刘子业娶右卫将军何瑀的女儿何令婉为太子妃。何瑀是何澄的曾孙。正月二十八日甲寅，大赦天下。

正月二十九日乙卯，北魏立贵人冯氏为皇后。冯皇后是辽西郡公冯朗的女儿。冯朗做秦州和雍州刺史时，因罪被诛，冯皇后于是也被发配到宫中做奴婢。

二月初一日丁巳，魏文成帝立皇子拓跋弘为皇太子。先让拓跋弘的亲生母亲李贵人把要托付给兄弟们的事一一记下来，然后按照旧规矩赐死了她。

二月初八日甲子，刘宋任命广州刺史宗悫为豫州刺史。按照惯例，地方州府部内开会讨论事务，都要在一纸条上写出自己的看法，然后，把这张条子送到典签那里，由典签负责整理。各位皇子出任地方行政首领的时候，大多年纪很小，皇帝就都派自己左右亲近的人去担任典签，这样一来，典签的权力就比别的官职权力大些。到了这时，即使是年长的皇子去藩镇地方担任首领，或者是出身贫民的官员去地方镇守，典签也都接受报告，传达命令，执掌枢要，刺史不能独自去行使权力。等到宗悫任豫州刺史后，临安人吴喜做了典签。宗悫在刑法政令上的一些决定，吴喜往往违抗不执行。宗悫大怒说："我已经快六十岁了，为国家竭忠尽力，到现今才得到了豫州这么一个斗大的地方，我不能再和典签一起处理州府事务。"吴喜吓得磕破了头，才将宗悫的怒气平息了。

（以上为第七段，写刘宋孝武帝刘骏继续原有的典签制度，典签成为皇帝耳目，借此控制州镇，增强皇权；但是，被监视、削权的地方官吏与之对抗，形成矛盾。）

北魏丁零部落几千户人家，躲藏到井陉山做强盗，北魏选部尚书陆真和州郡联合出兵，消灭了这伙强盗。

闰三月初三日戊午，刘宋朝廷任命尚书左仆射刘遵考为丹杨尹。

闰三月十八日癸酉，刘宋鄱阳哀王刘休业去世。

太傅刘义恭因为南兖州刺史、西阳王刘子尚受皇上的宠爱，打算回避，就辞去扬州刺史的官职。秋季，七月，批准解除了刘义恭扬州刺史的职务。闰三月二十一日丙子，任命刘子尚为扬州刺史。此时，正值荧惑星守在南斗星的旁边，孝武帝下令废除西州的旧日官府，命令刘子尚把官府移到东府城，以此镇压这一凶兆。扬州别驾从事沈怀文说："天道显示变化，应该以推广德政作为反应，现今即使是把西州空出来恐怕也不会有什么好处。"孝武帝没有听沈怀文的话。沈怀文是沈怀远的哥哥。

八月，北魏平西将军、渔阳公尉眷进击伊吾，攻克了伊吾城，大获全盛而返回。

九月初十日壬戌，刘宋任命丹杨尹刘遵考为尚书右仆射。

冬季，十月初二日甲申，魏文成帝返回平城。

十月二十四日丙午，太傅刘义恭晋升为太宰，兼任司徒。

十一月，北魏任命尚书、西平王源贺为冀州刺史，改赐爵位为陇西王。源贺上书说："如今，北方蛮虏游魂骚扰，南方贼寇也凭恃长江天险的险固，边疆一带，还必须要增加兵力，严加防守。我个人认为：除了大逆不道图谋造反、徒手杀人犯，其余凡是因贪赃、偷盗以及犯有罪过应该被判死刑的，都可以得到宽恕，发配到边境上戍守。这样做，等于使已经断了的身体接受朝廷的再生之恩，负担徭役的人家，也因此能够得到歇息的实惠。"北魏文成帝表示听从。很久以后，对众大臣说："我采纳源贺的建议，一年之内，救活了不少人，边防的守卫兵力也增强了许多。你们这些人如果也像源贺这样，朕还有什么可担忧的呢？"偏巧，此时正赶上武邑人石华控告源贺要阴谋反叛，有关部门把这一消息报告。文成帝说："源贺竭心尽力为国家做事，朕敢于向你们担保他，不会有这样的事发生，这是很明显的。"命令详细查访验证，石华果然承认自己是诬告源贺，文成帝诛杀了石华，然后，对左右说："像源贺这样忠心耿耿，还免不了被别人诬蔑诽谤，而那些赶不上源贺的人，又怎么能不小心谨慎呢！”

十二月，濮阳太守姜龙驹、新平太守杨自伦放弃镇守的郡城，逃奔到了北魏。

（以上为第八段，写北魏主拓跋濬接受源贺的建议，适当放宽刑罚，宽恕那些除大逆不道图谋造反、徒手杀人以外的被判死刑的犯人，发配他们到边境戍守。）

宋孝武帝打算把青州和冀州州府全都迁到历城，参与讨论的人大多都不同意。青州、冀州二州刺史垣护之说：“青州北面有黄河、济水，又有很多河泽湖泊，不是胡虏所想要去的地方。每次前来寇略，一定经由历城。二州同时镇守历城，确实是长远之计啊。北近黄河，前来归降容易。从近处说，可以消除老百姓的忧患，从远处看，是伸扬国威、安定边疆的上策。”于是，这一方案就定下来了。

元嘉时期，官方铸制了四铢钱，四铢钱的轮廓、外形、样式和五铢钱一样，铸造这种钱没有什么赢利，因此，民间老百姓就没有人偷偷仿制。到宋孝武帝即位，又继续铸制孝建四铢钱，外形又薄又小，轮廓也不明显。仿造的人很多很多，有的又在钱币里掺杂上铅、锡；敲凿古钱，致使钱币又薄又小。守宰等地方官们禁绝不了，为此，被处死或被免职的事接连不断发生。偷铸钱币的反而越来越多，物价飞涨，朝廷深为忧患。去年春季，朝廷颁布诏书，说钱太薄太小而且轮廓不清的，一律不能使用，民间喧嚷骚动。这一年，始兴郡公沈庆之提出建议：“应该允许老百姓自己铸造钱币，郡县都设立钱署，把愿意铸造钱币的人家全都安排在钱署里，制定一定的标准，不准他们在钱内掺加杂物。去年春天所查禁的钱币也都拿出来，允许继续使用一段时间，而从此以后，铸造钱币全都按照新制定的规格标准进行，一万钱收取税三千，严格约束偷偷铸币的人。”丹杨尹颜竣反驳说：“五铢钱币的轻重，汉代就规定了标准，魏晋以后，没有谁能够更改。这实是由于钱币的价值和货物的价值已经相等，改变就一定会出现掺假的钱币。现今说去年春天所禁止使用的钱币还可以继续使用，如果让这些大小薄厚不均的钱币，全都可以流通，而不用由朝廷监制，可以说，利益很大，作奸犯事的就会没有穷尽，私自铸造钱币和偷偷剪凿破旧钱币的，也就永远不能禁绝。财货还没有增加，而大钱却已用尽，几年时间，四铢钱全都会变成尘土了。现今，新的禁令刚刚开始实行，市面上流通的钱币的样式标准还没有统一。不久就会停止，这不足以让皇上忧虑。库藏出现亏空，才是最令人担忧的事。放纵使用小钱，朝廷也没有增加赋税的道理。即使老百姓富足起来了，也解决不了朝廷财力物力上的短缺。只有崇尚俭朴、反对浪费奢华，把心思都用在勤俭节约上，寻求富裕之路，没有比这更好的了。”讨论这个问题的人中，又有人认为：“铜矿不容易找到，应该改铸二铢钱。”颜竣说：“提这一建议的人都认为现今国库财物缺乏，应该改铸钱币。天下铜很少，就应该减轻钱币的重量，以此来制止恶性循环，使国家富足，老百姓宽裕。我认为不是这样的。现今铸造二铢钱，只是一味地使用新的小钱，这样做，并不能解决朝廷的困难，而民间作奸取巧的事就会大肆泛滥，天下的所有财货也将会被靡费用尽。只是空口说应该严格禁绝，但是获利大，就很难禁绝。不用一两年，这一弊病就会达到令人无法挽救的地步。老百姓已经察觉到了我们要把大钱改为小钱，加之，他们害怕近日颁布的新的禁令，在市井街巷肯定会发生混乱、纠纷。我们还没有看到长远的利益，而急切的弊端就已经显露出来了。致使豪富的商贾们越来越有钱、越来越逞心，而贫苦百姓们的生活却是越来越穷困、越来越艰难，这样做，是绝对不行的。”朝廷便停止了改铸小钱的计划。

北魏定州刺史高阳人许宗之贪赃没有节制，深泽平民马超毁谤许宗之，许宗之把马超活活打死了。许宗之害怕马超家里人告状，就上书文成帝，说马超攻击诋毁、讥讽朝政。北魏文成帝说：“这一定是虚假的。朕为一国之主，怎么会被马超痛恶，而说出那样难听的话来！一定是许宗之自己害怕被告受罚，而先行诬陷马超。”命令详细调查，果然是那样。许宗之在城外南郊被斩首。

金紫光禄大夫颜延之去世。颜延之的儿子颜竣人贵位重，颜延之对于儿子所送给他的财物等，一律都不接受。仍身穿粗陋的布衣，住在茅草房里，清贫地生活，一如往昔。经常乘坐由羸弱的老牛拉着的破车，在街上碰见颜竣的开路卫队仪仗，就马上躲藏在路边。颜延之还经常对儿子颜竣说：“我平生都不喜欢看见身居要位的重要人物，今天不幸的是我看见了你。”颜竣要兴建宅邸，颜延之对他说：“好自为之，不要让后代耻笑你笨拙无能。”颜延之曾经在某天早上前去看望儿子颜竣，看见宾客挤满了屋子，可是颜竣却还没有起床。颜延之勃然大怒，说：“你出身于粪土之中，升到了云霄之上，就立刻骄横傲慢到如此地步，你怎么能够持久呢？”颜延之去世后，按照规定，颜竣应该离职回家，为父亲服孝三年，可是，才刚刚过了一个月，就征召起用为右将军，同时仍旧保留丹杨尹的官职。颜竣坚决推辞，写了十次奏章，皇上不答应，派中书舍人戴明宝把颜竣抱上驿车，将他拉到了丹杨郡府。赐给颜竣一身布织衣服，布衣絮上彩色粗丝，派主衣官亲自送上门去，给颜竣穿上。

（以上为第九段，写刘宋把青州和冀州的州府都移到历城；听从颜竣建议，停止改铸小钱的计划；颜延之面对儿子的富贵，纤尘不染；孝武帝对颜竣十分宠幸。）

宋孝武帝大明元年（丁酉，公元 457 年）

春季，正月初一日辛亥朔，刘宋改年号，宣布大赦。

正月十二日壬戌，魏文成帝到崞山狩猎，正月十八日戊辰，返回平城。

北魏任命渔阳王尉眷为太尉和录尚书事。

二月，北魏进攻兖州，指向无盐。击败了东平太守南阳人刘胡。颁布诏书派太子左卫率薛安都率领骑兵，东阳太守沈法系率领水军，一同向彭城挺进，以防御入侵，一同受徐州刺史申坦的指挥调遣。赶到彭城时，魏军已经离开。在此之前，成群的盗寇聚集在任城的荆榛树林里，几代以来一直成为当地的祸患，当地人称为

"任榛"。申坦请求趁大军班师回朝的机会，前去讨伐。宋孝武帝同意了。任榛听到这一消息后，全都四下逃散。此时，正赶上大旱季节，申坦的军队人马干渴困乏，无功而返。为此，薛安都和沈法系免去官衔，以平民的身份担任现职。申坦应该被判死刑，文武官员替申坦求情，没有结果。沈庆之在刑场上抱住申坦，失声痛哭，说："你没有罪却被判死刑。我在这里哭你，等你走了，我也就跟着你到地下去了。"有关部门把这些话报告了，孝武帝才赦免了申坦。

三月十一日庚申，魏文成帝到松山狩猎。三月二十日己巳，返回平城。

魏文成帝封立他的弟弟拓跋新为阳平王。

宋孝武帝自从为父亲服丧期满后，奢侈糜烂，随心所欲，大兴土木。丹杨尹颜竣自以为是旧臣，所以，一连几次诚恳地劝谏，无所保留和回避，孝武帝渐渐对他不满起来。但颜竣自认为自己才能卓越，才华盖世，他和皇上的交情，是其他文武官员无法相比的，觉得自己应该在朝廷永远把持大权。但是，他所建议的事情，孝武帝大多不采纳，怀疑皇上有意要疏远他，就上书请求调到外地郡府任职，以试探皇上的想法。夏季，六月初九丁亥，颁布诏书，任命颜竣为东扬州刺史，颜竣才开始害怕起来。

六月二十五日癸卯，魏文成帝巡视阴山。

雍州境内，设有很多侨置的郡县，刺史王玄谟进言说："侨置郡县没有真正的领地，新旧错乱，田赋捐税无法按时征收，请求统一所居郡县编著户口，纳税服役。"秋季，七月二十四日辛未，朝廷颁布诏书，将雍州的三个郡十六个县合并成一个郡。侨郡、侨县一些流亡百姓不愿意归属于当地的户籍，就制造谣言，谎称王玄谟打算起来反叛朝廷。当时，骠骑将军柳元景家族势力很强。族兄族弟中有很多人在王玄谟手下做官，这些人也想利用这些谣言声讨王玄谟。王玄谟马上命令内外安静以解除大家的疑虑。派人骑马奔回建康，向孝武帝详细陈述了事情的始末。孝武帝知道所谓王玄谟图谋反叛的消息是虚假的，就派主书吴喜前去安慰王玄谟，告诉王玄谟说："已经是七十岁的老翁了，谋反想要得到什么呢？君臣之间，足可以相互作保。姑且跟你开个玩笑，把你紧锁的眉头伸展开吧。"王玄谟生性严肃，从未开过玩笑，所以，孝武帝就借此事跟他开玩笑。

八月二十二日己亥，魏文成帝返回平城。

八月二十七日甲辰，刘宋任命司空、南徐州刺史、竟陵王刘诞为南兖州刺史，太子詹事刘延孙为南徐州刺史。当初，高祖刘裕曾留下遗诏，认为京口是战略要地，距离建康非常近，除非皇室近亲，其他人不能驻守。刘延孙的祖先虽然和高祖是同一宗族，但是，高祖刘裕是彭城支系，刘延孙的祖先属于莒县支系，因此，两家从来不谈论血缘远近。孝武帝命令刘延孙去镇守京口后，才颁布诏书，跟刘延孙家合为一族，并让诸王和刘延孙家族之间排列辈分和长幼。

宋孝武帝在深宫内，荒淫无礼，不论女子的亲疏、尊卑关系如何，丑闻流传到民间，无人不知，无人不晓。刘诞却是生性宽厚，待人有礼，又在诛杀太子刘劭和讨伐丞相刘义宣的战事中立下了大功，因此，大家在心里都暗暗向着他。刘诞募集了许多有才能、有勇力的人，收藏了精良的甲胄、锐利的兵刃，宋孝武帝因此对刘诞又是害怕又是猜忌，所以，他不希望刘诞还留在朝廷，便令他镇守京口。还是嫌京口太近，又把他调到了广陵。由于刘延孙是心腹大臣，所以派他镇守京口，防备刘诞。

魏文成帝将要去东部巡查，冬季十月，颁布诏书，命太宰常英在辽西黄山兴建行宫。

十二月十二日丁亥，改封顺阳王刘休范为桂阳王。

（以上为第十段，写孝武帝疏远敢于直谏的丹阳尹颜竣；采纳王玄谟建议，实行土断，将侨置郡县按照领地划分；孝武帝的闺门丑闻广为流传。）

宋孝武帝大明二年（戊戌，公元 458 年）

春季，正月初一日丙午朔，北魏颁布禁酒令，酿酒、卖酒、饮酒的人，一律斩首；遇到喜事、丧事的时候，暂时可以开禁，有日期限制。魏太武帝因为士民、百姓常常由于酗酒而导致相互殴打，或者议论国家政事，因此颁布了禁酒令。北魏朝廷又增加设置了内外候官，监察各曹、州、镇，有时还换上平民百姓穿的家常衣服，混杂在政府机关，侦查文武百官是否有什么过失，一旦发现，有关部门就会严加追究、盘查，抓起来，严刑逼供。文武百官收受贿赂赃物，若赃物价值折合够二丈帛时，即予斩首。又增加七十九章法律条文。

正月初十日乙卯，魏文成帝巡视广宁温泉宫，顺便巡查平州。正月二十五日庚午，抵达黄山宫。二月初二丙子，登临碣石山，远眺茫茫大海。二月初四日戊寅，又南下巡视信都，再到广川狩猎。

二月十一日乙酉，刘宋任命金紫光禄大夫褚湛之为尚书左仆射。

二月十二日丙戌，建平宣简王刘宏因为病重，免去了尚书令一职。三月初三日丁未，刘宏去世。

（以上为第十一段，写北魏颁布禁酒令，凡是造酒、卖酒、饮酒的人，一律杀头，还设置候官，明察暗访，并增加法律条文；拓跋濬曾巡视平州，东临碣石，以观沧海。）

三月十二日丙辰，魏文成帝返回平城，兴建太华殿。当时，给事中郭善明生性乖巧善变，游说皇帝大肆兴筑宫殿。中书侍郎高允劝谏说："太祖时开始兴建城池街市，兴建时一定利用农闲的时节。何况建国已经很久了，永安前殿足够朝会时使用。宴请、歇息，西堂、温室也足够了。紫楼足可以用来登高远眺。纵然要扩大建设工程，也应该循序渐进，不能仓促行事。现今核算一下，要抽调差役二万人，而羸老、病弱供应饭食的，又得增加一倍，预期半年可以完工。一个农夫不种田，就会有人挨饿，何况现今是动用四万人，劳力和费用是无法计算的。这是陛下所应该留心的事。”文成帝接受了高允的劝谏。

高允喜欢直言相谏，朝廷有什么事做得不适当时，高允就立刻请求晋见，文成帝常常屏退左右侍从，单独和他商谈。有时，二人相谈从早晨直到晚上，甚至一连几天都不出来，各位大臣不知他们谈些什么。有时，高允上奏表激烈地揭发过错，文成帝听不下去，就命令左右侍从把高允搀扶下去，但是始终对高允很好。当时，有人上书措辞激烈地批评朝政，文成帝看完后对大臣们说：“君王和父亲是完全一样的。父亲有错，儿子为什么不把它写在纸上，在大庭广众之中进行劝谏，而偏偏私下在隐蔽之处劝谏？这难道不是不想让他父亲的罪恶昭彰在外，让天下人都知道吗？至于说臣子侍奉君主，又何尝不是这样？君主有了得失，不能当面直言劝谏，却要上书进行公开指责，这是想要使君主的短处昭彰于世，显示自己的正直，这难道是一名忠君之臣所应该做的事吗？像高允那样的人，才是地地道道的忠君之臣。朕有了过失，他没有不当面直接批评的，甚至有时有些话，朕已经难以接受，但高允并不回避。朕由此知道了自己的过失，但天下人却不知道，难道这不能说是忠心吗？”

与高允同时被征召的游雅等人，全都做了大官，被封为侯，部下们官至刺史，有二千石俸禄的人也有几十成百名了，可是，高允还仍然为著作郎，二十七年从来没有升过官。文成帝对各大臣说：“你们这些人虽然每天手持刀箭，站在朕旁边侍候，却不过是白白地站着，没有一个人劝谏过我一句话。而只是在看到我心情高兴时，要求赏赐一官半爵，现今，你们全都没有什么功劳，却做了王公。高允仅用一支笔辅佐朕治理国家几十年了，贡献不小，可他仍然不过是个郎官，你们难道不感到惭愧吗？”于是，提拔高允为中书令。

当时，北魏文武百官们都没有俸禄，高允常让自己儿子们上山砍柴，来维持家里的生计。司徒陆丽对文成帝说：“高允虽然蒙受您的优待，但是家中贫困，妻子和孩子没有家业。”文成帝说：“你为什么不早说？偏偏看朕重用了高允，才告诉我说他穷吗？”当天，来到高允家，看见高允家里只有几间草房，几床粗布被褥和用旧麻絮做的袍子，厨房里也只有一些青菜和盐。文成帝忍不住叹息，赏赐五百匹绢帛，一千斛粟米，任命长子高悦为长乐太守。高允竭力推辞，但文成帝不同意。文成帝很器重高允，平时经常称高允为令公，而不叫他的名字。

游雅常说：“从前史书上曾经称赞汉代卓茂、刘文饶的为人，心地狭窄的人不相信那是真的。我和高允相处为官四十年了，从未看见他把喜怒哀乐表现在脸上，才知道古人说的都不是假的。高允内心文采光明，外表温和柔顺，他说话慢腾腾的，好像表达不出一样。从前，司徒崔浩曾经对我说：‘高允博才多学，是一代俊杰，所缺乏的，恐怕只是超凡脱俗的风骨。’我也是这样认为的。直到崔浩犯了罪，不过是因为一些细微小事，太武帝亲自审问时，崔浩吓得声音嘶哑，大腿发抖，十分恐惧。宗钦以下的官员，也都吓得趴在地上，汗流浃背，个个都面无人色。高允一人站在那里详细陈说事件的经过，进一步阐述是非曲直，表达清晰而有条理，阐明的事理清楚有深度，声音高亮，连皇上听着都为之动容，听的人没有不为之神色耸动，这不是超凡脱俗的风骨又是什么呢？宗爱把持着大权的时候，其威风凛凛，震撼四海。曾经召集文武百官到朝堂论事，王公以下的官员，全都小步前行到宗爱面前，向宗爱叩拜，只有高允一人走上台阶，只对宗爱长揖了一下。从这件事上看，汉代汲黯可以躺在床上会见卫青，行对等的礼节，有什么不可以的？这难道不就是我们所说的高风亮节吗？了解一个人，本来就不是一件容易的事。我已经看错了他的内心，而崔浩又看漏了他的外在气质，这就是管仲之所以恸哭鲍叔牙的原因啊！”

（以上为第十二段，写北魏贤臣高允敢于直言极谏，也善于直谏，不伤皇上颜面，又具有铮铮硬骨，拓跋濬由衷称赞，提升其为中书令。）

三月二十一日乙丑，北魏东平成王陆俟去世。

夏季，四月十一日甲申，刘宋立皇子刘子绥为安陆王。

宋孝武帝不希望把大权交给自己的臣属。六月初六日戊寅，吏部尚书分设两名，任命都官尚书谢庄、度支尚书吴郡人顾觊之分别担任，同时，撤销了五兵尚书这一官位。

当初，晋朝时期，散骑常侍官职的选授很被天下人看重，和侍中没有两样。后来，这一官职的工作清闲松散，所以，担任这一职务的人也变得越来越无足轻重了。孝武帝打算提高它的地位，所以，便任用当时很有名望的临海太守孔觊、司徒长史王彧担当这一职务。侍中蔡兴宗对人说：“吏部地位重要，而常侍工作清闲、无关紧要，如果仅仅是更改名称，而不是增加实权，虽然皇上想要提高它的轻重分量，人心又怎么能够改变过来呢？”不久，散骑常侍的地位再度降低，而吏部的尊贵，却与从前没什么两样。孔觊是孔琳之的孙子。王彧是王谧哥哥的孙子。蔡兴宗是蔡廓的儿子。

裴子野论说：选用适当的人任某一官职的困难，前代君王早已说过，这已经很久了。按周朝的礼仪来说，从学校开始就注重人才的培养，首先在家乡加以评论，把评论的结果告诉给各个州郡的六事，再呈报给朝廷。在汉王朝时代，各个州郡搜集有才能有功劳人的情况，再由五府任命他们为辅佐。三公考察工作的得失，尚书把考察结果呈报给天子。一个人才，经过了这么多道的审查，因此，为官者能够称职，人尽其才，很少把事情做坏。魏、晋时代改变了这种做法，选用官员的失误特别多。有些人长着一副忠厚诚恳的面孔，但内心却是阴险好像那万丈深渊。即或是听其言、观其行，恐怕也还是不能全面了解。何况现今万种品级千种类别，只靠偶尔见过一面的印象，就要决定是晋升还是削免；成百的僚属的任用，由一个部门独断专行。于是投机钻营的恶劣风气猖獗，不能遏止。为了能升官，满足自己的贪欲，就用尽一切手段去谄媚、渎职枉法，廉耻之风荡然无存，不再有谨慎宽厚的操行。官吏作恶多端，国家政局混乱，不能有所纲纪。纵使是让龙做尚书，舜帝面南主持朝政，要想使国家达到太平盛世，恐怕也未必做得到，更何况后代那些选拔为官的人呢？如今，皇上虽然把吏部尚书一分为二，却已无法再回到周、汉时代了。仅仅是朝三暮四更改名称，这岂不是变本加厉吗？

（以上为第十三段，写刘宋孝武帝欲大权独揽，分设礼部尚书，裁撤五兵尚书，司马光引用裴子野的评论予以批评，指出刘宋用人制度的失误与弊端。）

六月二十四日丙申，魏文成帝到松山狩猎。七月二十八日庚午，巡视河西。

南彭城平民高阇、僧人昙标用妖邪虚妄的语言胡言乱语，煽动人心，同殿中将军苗允等人阴谋叛乱，拥护高阇做皇帝。事情被发觉，七月初二日甲辰，全被抓起来处死，同时受牵连被斩首的人有几十个。为此颁布诏书，清除所有和尚，并公布各种禁令，严格执行株连制度。除了能严守戒规、苦心修行的高僧外，其余的都要还俗。可是，有很多尼姑经常出入深宫，这项规定终究没有执行下去。

中书令王僧达，自幼聪明伶俐，写得一手好文章，却是放荡行事，不拘小节。孝武帝刚刚登上帝位，曾提拔他做仆射，官位在颜竣、刘延孙二人之上，王僧达自负才能和门地，认为当世之人没有谁能比得上他，一二年的功夫，他就寄望能升为宰相。不久，他却被贬为护军将军，郁郁不得志，几次上书请求到外地任职。孝武帝很不高兴，从此以后慢慢把他降级，五年之间，连贬七次，最后，又被弹劾。王僧达既觉得耻辱，又心怀不满和怨恨，每次所上的奏章，言辞之间多有褒贬，又喜欢指责朝政的弊端，孝武帝早已积着一股怨气。偏巧，皇太后路氏哥哥的儿子曾经拜访王僧达，坐到王僧达的床上，王僧达下令把床扔出去，路太后因此非常恼怒，把孝武帝叫来让他一定把王僧达杀了。这时，正赶上高阇谋反，孝武帝顺势陷害王僧达与高阇是同谋。八月十五日丙戌，逮捕了王僧达，交付廷尉，将他赐死。

沈约评论说：所谓君子与小人不过是对一类人物的通称。走正道，就是君子；违反了它，就是小人。所以，姜太公起于屠夫渔夫之中做了周朝的太师，傅说放下筑屋垒墙的工作，做了殷朝的宰相。贤明者升扬，愚暗者卑贱，完全取决于他本人是否有才能。直到两汉时期，这个选官法还没有革除：胡广出身于世代务农的农夫家里，却能高升到公相；黄宪不过是牛医的儿子，名声竟然也威震京师。并不像魏晋以来把人分成士族和庶族两等。魏武帝开始建立九品中正制度，依此来评价人才的优劣，却不是用来评价家世的高低贵贱，但是选拔人才的都正和俗人却依随时势，任意抬高和贬抑，依仗着自己门第的高贵、出身的显赫，以此高踞于他人之上，并由此而相沿成习，竟然成为约定俗成的法规。周、汉的方法，是有才智的人役使愚昧无知的人。魏、晋以后则是出身高贵、地位高贵的人驱使出身卑贱的人。士族与庶族的不同品类就有明显的区别了。

裴子野论说道：古代，有道德讲仁义的人，都会受到尊敬，不分是贩夫还是走卒。如果不是应当任用的，即使出身世族，又有什么可取的呢？名公高位的人的子孙们和普通老百姓是一样的。虽然士族和庶族有所区别，但却没有什么豪华与凡素的对立。从晋代以来，这一潮流渐渐改变，出身草野荒泽的寒士，还可以在清正的仕途中得到显贵。到了晋末，就专门注意人的门第出身了。从此，三公的儿子瞧不起一般官宦人家；朝中官员的子孙，更看不起地方官吏的后代。彼此之间相互傲慢骄矜，争比高低，斤斤计较。只看出身门第，而不问贤德才能。像谢灵运、王僧达这种身负才华轻狂骄躁的人，即使让他们生在寒门之家，也仍然要覆亡摧折，何况他们还要仗恃着自己出身显贵的特权，最终招来杀身之祸，是理所当然的事啊！

（以上为第十四段，写刘宋处死意欲谋反的僧人昙标等，对佛教采取各种禁令，最终未能施行；赐死王僧达；引用沈约、裴子野的评论，抨击依凭出身的用人制度。）

九月初四日乙巳，魏文成帝返回平城。

九月二十五日丙寅，北魏大赦天下。

冬季，十月初四日甲戌，魏文成帝向北巡察，想要讨伐柔然，走到阴山，正赶上下雪，北魏文成帝打算回去。太尉尉眷说："现今，我们发动全军去威震北狄，离开都城还没有多远，却突然班师回朝，蛮虏们一定怀疑我们国内发生了动乱。将士们虽然寒冷，但却不能不继续前进。"文成帝接受了劝告。十月二十一日辛卯，北魏大军屯扎在车仑山。

积射将军殷孝祖，在清水东岸建造了两座城池。北魏镇西将军封敕文向那里发动进攻，清口戍主、振威将军傅乾爱率军抵抗，大败封敕文。殷孝祖是殷羡的曾孙。孝武帝派遣虎贲主庞孟虬援助清口，青州、冀州刺史颜师伯派遣中兵参军苟思达也赶来相助，在沙沟大败北魏大军。颜师伯是颜竣的族兄。孝武帝又派遣司空参军卜天生率领大军傅乾爱及中兵参军江方兴会师，一起抗击魏军，几次大败敌军，并斩了北魏大将窟瓌公等几人。十一月，北魏征西将军皮豹子等人率领三万骑兵援助封敕文，入侵青州，颜师伯抵御，辅国将军焦度刺中皮豹子致使其从马背上摔下，获得皮豹子的铠甲、长矛等全套装备，亲手杀死几十人。焦度本来是南安氐人。

魏文成帝亲自统率十万骑兵、十五万辆战车，进攻柔然。穿过大沙漠，旌旗绵延千里。柔然处罗可汗郁久闾吐贺真远远逃走。其支派乌朱驾颓等人率领几千帐落向北魏投降。魏文成帝刻石记下战功，然后班师回朝。

当初，宋孝武帝在江州时，山阴人戴法兴、戴明宝、蔡闲担任典签，到登基后，就把这三人全都任命为南台侍御史兼任中书通事舍人。这一年，这三位典签官都因为最初起兵讨伐刘劭时参与了密谋，而被赐为县级男爵。蔡闲已经去世，被追赠给这一爵位。

当时，宋孝武帝亲自上朝处理政务，而不信任手下大臣，而心腹、耳目不能无所寄托。戴法兴非常熟悉古代历史和当代政治，平时一直受到亲近和厚待。鲁郡人巢尚之出身寒门，通览文史，深为皇上所了解，也任命为中书通事舍人。凡是官员的遴选、任免迁徙、赏赐、诛杀等重大事情，皇上都要和戴法兴、巢尚之商量讨论，宫廷内外事务大都委托戴明宝处理。三人权力重大一时。但戴法兴、戴明宝大肆收受贿赂，凡是推荐上达的官员，从来没有不通过的。天下的人都像车轮的辐条一样集中，家门外像闹市一样人来人往，家产也都积累到了千金。

吏部尚书顾觊之独不降尊巴结戴法兴等人，侍中蔡兴宗和顾觊之关系不错，但他嫌顾觊之风骨气节太刚直，顾觊之说："辛毗有句话：'孙资、刘放顶多让我当不上三公罢了。'"顾觊之经常认为："人的天赋和命运，上天都是有定分的，不是靠才智、聪慧就能够改变的，所以，人只应该恭良克己、严守正道。但是，愚蠢的人不了解这一点，胡思乱想侥幸得到这些。结果损害正道，却对得与失没有什么关系。"便按照这种想法，让弟子顾原撰写了《定命论》，用以阐释其中道理。

（以上为第十五段，写北魏征服柔然；刘宋孝武帝刘骏不信任大臣，而亲信戴法兴、戴明宝、巢尚之等小人，吏部尚书顾觊之刚正不阿。）

【点评】

孝武帝淫虐。本卷主要点评以孝武帝的种种丑行为线索，历数其执政的无能与荒淫忌刻，主要有三个方面。第一，荒淫无耻，奸淫南郡王刘义宣女儿；在深宫内，荒淫无礼，不论女子的亲疏、尊卑关系如何，都与之淫乱，丑闻流传民间，无人不知。第二，任用不当，如刘诞生性宽厚，待人有礼，又在诛杀太子刘劭和讨伐丞相刘义宣的战事中立下了大功，却让孝武帝又是害怕又是猜忌，所以，把他调到了广陵。由于刘延孙是心腹大臣，所以派他镇守京口，防备刘诞。第三，为了分割臣下的权力，吏部尚书设置二人，互相掣肘。

资治通鉴（白话本） 卷第一百二十九

宋纪十一

宋孝武帝大明三年至八年（公元459—公元464）

【起屠维大渊献（己亥，公元459年），尽阏逢执徐（甲辰，公元464年），凡六年】

【大事提要】

本卷记事起自公元459年至公元464年，当宋孝武帝大明三年至大明八年，凡六年。本卷所载六年大事，南朝刘宋大事主要有六个方面：其一，皇室的内乱进一步发展。本卷开卷即是竟陵王刘诞被怀疑要起兵反叛，被孝武帝杀害。这是本卷的要点。接着海陵王刘休茂起兵反叛，失败被杀。宋孝武帝想要加重对其兄弟们的控制。其二，朝廷规定，凡是豪门士族与平民人家通婚的，都要补为武职。与平民通婚的一些豪门士族，大都为躲避兵役而逃往他处。朝廷为此又进一步严格制定了法律。其三，有司奏僧徒凌越典章制度，所以规定僧徒晋见皇帝，应当恭敬、虔诚，然而诏令颁下不过四载就被废除了。其四，颁下诏令："任何官将，如果不是在战场上与敌人作战，一律不得随便利用权力杀人。罪行严重，应该重判斩首的罪犯，必须先向朝廷呈报，等候批准。如有违犯这一诏令的，即以杀人罪处罚。"其五，孝武帝去世，太子刘子业登基即位，即前废帝。刘宋太子刘子业继位后的执政。刘宋的行政区划情况。其六，祖冲之奏上新的历法，但是未能施行。北魏大事主要有两件：其一，吐谷浑与刘宋、北魏都交好。柔然攻高昌，以阚伯周为高昌王，高昌称王始于此，揭开了高昌王国的序幕。其二，昙曜复兴佛教，并主持开凿云冈石窟。

世祖孝武皇帝下

宋孝武帝大明三年（己亥，公元459年）

春季，正月初一日己巳朔，刘宋兖州军队同北魏征西将军皮豹子在高平大战，刘宋兖州军失利。

正月二十一日己丑，宋孝武帝任命骠骑将军柳元景为尚书令，右仆射刘遵考为领军将军。

二月十一日己酉，北魏河南公伊馛去世。

三月初二日乙卯，刘宋把扬州六郡划为王畿，把东扬州改称为扬州，州府迁到了会稽，这样做，是由于天上星象变化的缘故。

三月二十三日庚寅，刘宋任命义兴太守垣阆为兖州刺史。垣阆是垣遵的儿子。

夏季，四月初八日乙巳，魏文成帝封立弟弟的儿子拓跋推为京兆王。

竟陵王刘诞知道孝武帝猜忌他，也私下里做好了应变的准备。刘诞利用魏军侵入的时机，修筑城墙，疏通护城河，积蓄粮食，整治兵器。刘诞的记室参军江智渊知道刘诞有谋反的打算，就向刘诞请假，先回到了建康，宋孝武帝任命江智渊为中书侍郎。江智渊是江夷弟弟的儿子，从小就很有操行，沈怀文常常称赞说："人所应该具有的，都能具有，人所应该没有的，全都没有，这样的人，恐怕就只有江智渊了吧！"

这时，路上都在传言，说刘诞很快就要反叛了。偏巧，赶上吴郡平民刘成上书声称："我的儿子刘道龙过去在刘诞那儿做事，看见刘诞在石头城修治皇帝专用的马车和仪仗器物，并练习皇帝出宫时的出行清道。刘道龙又惊又怕，私下里跟伙伴们说了，刘诞斩了刘道龙。"又有豫章平民陈谈之也上书称："我的弟弟陈咏之服侍于刘诞左右，看见刘诞写下陛下的年龄、讳名等，前往巫师郑师怜家诅咒。陈咏之马上把这一秘密呈报，但刘诞却反咬一口说陈咏之借酒辱骂了他，就把陈咏之杀了。"孝武帝便命令有关部门奏报刘诞的罪行，有关部门请求把刘诞抓进监狱，判刑惩治。四月十八日乙卯，颁布诏书，将刘诞贬为侯爵，遣回所在的封国。诏书还没有颁下，先把羽林禁卫军配给兖州刺史垣阆，让垣阆以前往广陵镇守的名义和给事中戴明宝联合袭击刘诞。

垣阆到达广陵，刘诞还没有醒悟过来。戴明宝连夜通知刘诞的典签蒋成，让蒋成第二天早晨打开城门作为内应。蒋成马上把这事报告给了府舍人许宗之，许宗之又赶快进入内室报告给了刘诞。刘诞大吃一惊，呼唤左右人员和平常训练蓄养的将士几百人，逮捕了蒋成，下令军队进入临战状态，进行自卫。天色将要破晓时，戴明宝和垣阆率领精锐士卒几百人突然到来，可是，城门却没有打开，刘诞则已登上城垛，列好队形，亲自在城楼上斩了蒋成，赦免了那些做奴工和关押的囚徒，打开城门，迎击垣阆，将垣阆杀死。戴明宝从小路逃回去。

孝武帝颁布诏令，全国戒严。并且任命始兴公沈庆之为车骑大将军、开府仪同三司、南兖州刺史，率领大军，讨伐刘诞。四月二十七日甲子，孝武帝亲自统领禁卫军，驻扎宣武堂。

司州刺史刘季之是刘诞以前的部将，平时和都督宗悫有仇，听说刘诞起兵反叛，害怕被宗悫陷害，就放弃了官职，从小路一个人奔回朝廷，到盱眙时，盱眙太守郑瑗怀疑刘季之和刘诞是同谋，就在中途截杀了刘季之。

（以上为第一段，写竟陵王刘诞被孝武帝猜忌，心不自安，好事之徒纷纷传言刘诞欲反，孝武帝派将领秘密逮捕刘诞，事发，刘诞果真反叛，又掀起了一场腥风血雨。）

沈庆之率军赶到欧阳，刘诞派沈庆之的同族人沈道愍带着自己的亲笔信，前去游说，并送给沈庆之一把玉环刀。沈庆之将沈道愍送了回去，并向沈道愍数说刘诞的种种罪状。刘诞放火烧了城邑、村落，将老百姓全部驱赶到了城里，然后关闭城门坚守。刘诞分路送出文告，邀约远近起来响应。当时，山阳内史梁旷家在广陵，刘诞把他的妻子、孩子抓了起来，派使者邀请梁旷出兵响应，梁旷斩了使者，拒绝刘诞的邀约。刘诞大怒，灭了梁旷全家。

刘诞把呈送给孝武帝的奏章，投到了城外，说："陛下听信谗言，于是派无名小辈突然前来偷袭。我忍受不了这种枉杀，就把他们诛杀了。麻雀、老鼠尚且贪生怕死，我不得不违抗圣旨。今天，我亲自率领部下，镇守保卫徐州、兖州。以前，我有什么样的福分，和您一同生在了皇家？如今，又有什么过失，同您如同胡、越一样的玄远隔绝？投身于刀剑之中，脚踩戈矛，万死不顾，荡定的日子，希望就在早晚间实现。"又说："陛下宫帷内的丑闻，又怎么三缄其口而不语啊！"孝武帝大怒，下令凡是刘诞的左右、心腹、同籍的家人、依丧服制应服齐衰期年之服的亲戚在建康城内的，全都杀头，当时被杀的数以千计。有些人的家人被杀以后，本人才从广陵城内逃出来。

沈庆之率军来到广陵城下，刘诞登上城楼对他说："沈公白发下垂之年，何苦前来此地呢！"沈庆之回答说："朝廷认为你狂妄愚蠢，不足以烦劳那些青壮年出马了！"

孝武帝担心刘诞会投奔到北魏，就派沈庆之切断了刘诞的逃路。沈庆之把军营移到了白土，离广陵城有十八里。又进军新亭。豫州刺史宗悫、徐州刺史刘道隆，也一同率领大军和沈庆之会师。兖州刺史沈僧明，是沈庆之哥哥的儿子，也派遣兵力前来援助沈庆之。在这之前，刘诞诳骗部下说："宗悫可以援助我们。"宗悫抵达之后，骑马绕城一周，大声呼喊："我就是宗悫。"

刘诞眼看各路大军聚集，打算弃城向北逃走，留下中兵参军申灵赐坚守广陵。自己率领几百名步骑兵，让亲信一并跟随，声称要出城作战，顺着斜路奔向海陵。沈庆之派遣龙骧将军武念前去追击。刘诞走了十几里，大家都不愿意同刘诞一起离开，纷纷请求再回广陵城。刘诞说："我回去是很容易的事，回去之后，你们能为我竭心尽力吗？"大家都许下诺言。于是，刘诞又返回广陵，建起一座高台，与众将士歃血为盟。凡是府州的官员都提升一级，任命主簿刘琨之为中兵参军。刘琨之是刘遵考的儿子，他推辞说："忠与孝不能两全，我的老父还在，不能接受任命。"刘诞把刘琨之囚禁了十几天，刘琨之最终还是不接受任命，就把他给杀了。

右卫将军垣护之、虎贲中郎将殷孝祖等进击北魏后班师回朝，走到广陵，孝武帝让他们一并听从沈庆之的指挥。沈庆之进军扎营，直逼广陵城。刘诞派人将饭菜和美酒等送给沈庆之，由一百多人提着抬着，从北门出来，沈庆之不打开看一眼，就全都烧掉毁弃了。刘诞从城楼上把给皇上的奏章拿给他看，请求沈庆之代为呈送。

沈庆之说："我是接受诏令前来讨伐叛贼的，不能替你呈送奏表。如果你一定要回到朝廷，接受死罪，你自己就应该打开城门，派遣使者，我为你护送前往。"

东扬州刺史颜竣正逢母亲去世，送母亲的灵柩回建康，孝武帝待他还是很好。颜竣时常对亲信旧友们满腹怨言，有时会说到朝廷的得失。恰巧王僧达犯罪被捕，怀疑是颜竣陷害了自己，就在临被斩首前，上书详细叙述了颜竣前前后后对朝廷怨恨、非议的话。孝武帝就派御史中丞庾徽之弹劾，将颜竣免职。颜竣越发害怕，就上书皇上谢罪，并且乞求饶他一命。孝武帝更加气愤，下诏书回答说："你讥笑怨恨，已经辜负了朕对你的期望。如今，又过分烦扰思虑，害怕保不住性命，这哪里是臣子侍奉君主的忠诚、守节的榜样呢？"等到竟陵王刘诞起兵反叛，孝武帝顺势诬陷颜竣与刘诞是同谋，五月，将颜竣抓进廷尉，先砸断了颜竣的双脚，然后再命他自杀。颜竣的妻子、孩子被放逐到交州，走到宫亭湖，又将颜竣家中所有男子都投到湖中淹死。

（以上为第二段，写刘宋车骑大将军沈庆之率军平叛，不受竟陵王刘诞的慰劳，不为其传话；刘诞意欲逃跑，被迫返回；孝武帝乘机陷害大臣颜竣与刘诞同谋，置其于死地。）

六月十二日戊申，魏文成帝巡视阴山。

宋孝武帝命令沈庆之在桑里建造三座烽火台，如果攻克了外城，就燃起一堆烽火；攻克了内城，就点起两堆烽火；活捉了刘诞，就点起三堆烽火。督促进攻的诏书一个接着一个，沈庆之焚烧了广陵城的东门，填平了护城河，修了进攻的道路，竖起攻城楼车，造起土山，制造了其他攻城工具。正赶上大雨连绵不断，不能攻城。孝武帝就让御史中丞庾徽之上书要求罢免沈庆之的官职，同时又颁布诏书说不要追究沈庆之，想用这个办法刺激沈庆之攻战。从四月直到秋季七月，大雨停止了，广陵城还没有攻克下来。孝武帝大怒，命令太史选择日期，他要亲自渡过长江去讨伐刘诞。太宰刘义恭竭力劝谏，才停止没有前去。

刘诞当初关闭城门，拒绝会见朝廷派来的使者，记室参军山阴人贺弼坚决劝谏阻止，刘诞大怒，抽出佩刀，直接刺向贺弼，贺弼才不再劝谏。刘诞多次派兵出战，屡战屡败，手下将士也大多越出城墙投降。有人劝贺弼应该早点儿出城去，贺弼说："刘公起兵反抗朝廷，这件事本不应该跟从的；可是平日承蒙刘公大恩厚遇，所以大义上不能背叛。我只有一死来表明自己的心迹罢了。"说完，就喝毒药自杀了。参军何康之计划打开城门，将朝廷大军引进城内，没有成功，就砍杀看守城门的士兵，出城投降了。刘诞在城楼上建起一座高楼，把何康之的母亲绑在楼上，暴露在风雨之中，不给饭吃，母亲呼喊着何康之的名字，几天后才死去。刘诞任命中军长史濮阳人范义为左司马。范义的母亲、妻子和孩子此时都在广陵城里，有人对范义说："事情必定不能成功，你还是走吧！"范义说："我是人家的佐吏，孩子不能抛弃母亲，官吏不能背叛君主。如果一定要像何康之那样才能活下来，那么，我不能那样做。”

沈庆之率领士卒攻城，身先士卒，亲自冒着城上射下的箭和石头向前冲杀。七月初三日乙亥，攻克广陵外城。乘胜向前攻击，又攻克小城。刘诞听说朝廷大军已攻入城内，就马上逃到后花园里。队主沈胤之等人追上，把刘诞击伤。刘诞掉到水里，被拉上来斩首。刘诞的母亲、妻子全都自杀。

孝武帝听说广陵叛乱被平定，走出宣阳门，下令左右一起高呼万岁。侍中蔡兴宗陪坐辇车，孝武帝回头问蔡兴宗：“你为何不喊？”蔡兴宗严肃地说：“陛下今天正应该哭着诛杀兄弟表示不得已而大义灭亲，怎么都喊万岁呢？”孝武帝很不高兴。

孝武帝颁布诏书，贬刘诞改姓留。将广陵城内的所有居民，无论男女老少，全部杀掉。沈庆之请求留下身高五尺以下的人不杀，其余的男子全都处死，女子全都赏给将士们，最后还是杀了三千多人。长水校尉宗越，在执行这项诛杀任务时，对将要处死的人，宗越都要首先剖开肚子，挖出肠胃，再挖出眼珠，用鞭子抽打脸和肚子，再在这些创口上浇上苦酒盐水，然后再杀了他们。宗越面对此情，欣欣然好像从中得到了什么。孝武帝下令，将死人的头颅送到石头城南岸，堆成一座大坟。侍中沈怀文劝阻不要这样做，但孝武帝不听从。

当初，刘诞自己知道将会失败，就派黄门吕昙济及左右平时所宠信的人，带着世子刘景粹躲藏到了民间，对他们说：“此事如果不成功，就请想法逃走。如果真的逃不了，就请把尸体深深埋起来。”然后，分别送给这些人一些金银财宝。可是，这些人走出城门后，全都逃散了，只有吕昙济一人不肯逃命，把刘景粹背在背上，走了十几天，被抓获后，杀了头。

临川内史羊璿因为平时与刘诞关系很好，被逮捕下狱而死。

刘宋提升梁旷为后将军，追赠刘琨之为给事黄门侍郎。

蔡兴宗奉旨前去广陵慰劳将士。蔡兴宗和范义平素关系很好，所以，他把范义的尸体收殓起来，送回豫章下葬。孝武帝责问他说：“你怎么敢故意触犯王法？”蔡兴宗高声说：“陛下杀的是您的贼寇，我葬的是我的朋友，有什么不可以呢？”孝武帝面有愧色。

宗越治理军队十分严格，尤其擅长摆营阵。每当数万人安营扎寨时，宗越自己骑马走在前面，让浩浩大军跟在身后，等到他骑马停下时，营阵已经摆好，不曾有一点儿混乱和差错。

七月初五日辛未，刘宋大赦天下。

七月初十日丙子，刘宋任命丹杨尹刘秀之为尚书右仆射。

七月二十日丙戌，刘宋任命南兖州刺史沈庆之为司空，仍旧兼任刺史。

八月十五日庚戌，魏文成帝巡视云中。八月二十七日壬戌，返回平城。

九月二十七日壬辰，刘宋在玄武湖北兴建上林苑。

当初，东晋建了祭天的土坛在都城南郊巳方位置上，尚书右丞徐爰认为这样做不合古礼，诏令将土坛迁到牛头山的西部，面对宫城的午位。等到后来废帝刘子业即位时，认为原来的位置是吉利的，又把它迁回到了原地。孝武帝又命尚书左丞荀万秋，制作玉、金、象、革、木五种座车，并按照金根车的样子，在每辆车上都加上羽毛装饰的顶盖。

（以上为第三段，写沈庆之平下叛乱，斩杀了孝武帝之弟竟陵王刘诞，孝武帝令臣民高呼万岁，还下令屠杀广陵城的平民，简直是桀纣之主。）

宋孝武帝大明四年（庚子，公元 460 年）

春季，正月初一日甲子朔，北魏大赦，改年号为和平。

正月十二日乙亥，宋孝武帝举行扶犁耕田典礼，大赦天下。

正月十六日己卯，宋孝武帝颁布诏书祭祀郊外皇家祖庙，第一次乘坐玉路车。

正月二十七日庚寅，宋孝武帝立皇子刘子勋为晋安王，刘子房为寻阳王，刘子顼为历阳王，刘子鸾为襄阳王。

北魏散骑侍郎冯阐前来刘宋聘问交好。

二月，北魏卫将军、乐安王拓跋良讨伐河西反叛的胡人。

三月，北魏军侵犯北阴平，朱提太守杨归子迎击，并大败敌人。

三月二十二日甲申，刘宋皇后王氏亲自到建康西郊行采摘桑叶典礼，皇太后路氏观礼。

夏季，四月，北魏保太后去世。五月二十二日癸丑，北魏葬昭太后于鸣鸡山。

五月二十五日丙戌，刘宋尚书左仆射褚湛之去世。

吐谷浑可汗慕容拾寅，分别接受刘宋和北魏所赐封的官爵，无论是住所，还是使用的车马，都可以和皇帝相比拟。北魏人对他很愤恨。定阳侯曹安上奏表说："慕容拾寅现今守卫白兰，如果我们兵分两路，从左右夹攻，他们一定会逃往南山固守，超不过十天，他们人和牲畜缺少吃的，就可以一举平定。"六月初四日甲午，北魏派遣征西大将军、阳平王拓跋新成等人督统统万、高平各路大军从南路出发，南郡公中山人李惠等督统凉州各路大军，从北路出发，同时向吐谷浑发起攻击。

自从崔浩被诛杀，北魏的史官也就被废除了，到这时才恢复这一官职。

河西反叛胡人的首领前往长安自首认罪，北魏派出使者安抚、慰问。

秋季，七月，刘宋派出使节前往北魏。

七月十四日甲戌，刘宋开府仪同三司何尚之去世。

七月二十二日壬午，魏文成帝巡视河西。

魏军到达西平，吐谷浑可汗慕容拾寅逃往南山守卫。九月，魏军南渡黄河，前往追击，正赶上瘟疫流行，魏军返回，掠获了各种牲畜三十多万头。

九月十一日庚午，魏文成帝返回平城。

九月二十八日丁亥，刘宋改封襄阳王刘子鸾为新安王。

冬季，十月初一日庚寅，刘宋颁布诏书命令沈庆之率军讨伐长江沿岸的夷蛮。

前庐陵内史周朗，说话直率急切，孝武帝一直对他怀恨在心，让有关部门弹劾周朗，说他在为母亲守丧期间言行不合礼法，用驿车将他发配到宁州，在路上把他杀了。周朗出发前辞行时，正赶上侍中蔡兴宗在值班。蔡兴宗请求和周朗道别，于是，蔡兴宗也被判有罪削去官职，以平民的身份代理现职。

十一月，北魏散骑常侍卢度世前来刘宋通问致意。

这一年，宋孝武帝征调青州、冀州二州刺史颜师伯担任侍中。颜师伯因为善于谄媚、阿谀奉迎被信任，其他臣属无法相比。颜师伯大肆收受贿赂，家产累计达一千金。孝武帝曾经和他一起下樗蒲棋赌博，皇上掷下骰子，五个全是"雉"，认为自己一定赢了。颜师伯第二个掷骰子，竟掷出了五个"卢"。孝武帝大惊失色，颜师伯赶忙把骰子一收，然后说："差一点全是'卢'了。"这一天，颜师伯一次就输了一百万钱。

柔然进攻高昌，杀了沮渠安周。灭了沮渠氏，任命阚伯周为高昌王。高昌称王，从这时开始。

（以上为第四段，写吐谷浑国王拾寅，与刘宋、北魏都交好，两边受封，而后遭北魏攻打；柔然攻打高昌国，消灭沮渠安周，以阚伯周为高昌王。）

宋孝武帝大明五年（辛丑，公元 461 年）

春季，正月初一日戊午朔，刘宋朝拜庆贺。雪花飘落在了太宰刘义恭的衣服上，雪花有六个瓣，刘义恭启奏孝武帝，说这是一种吉祥的兆头。孝武帝大为高兴。刘义恭因为皇上善于猜忌，又很残暴，害怕自己不能被容纳，所以每次都言辞谦恭，面色恭顺，曲意奉迎，因此宋孝武帝在位时期，刘义恭得以免于大祸。

二月初四日辛卯，魏文成帝巡视中山。二月十九日丙午，到达邺城，尔后又巡视信都。

三月，刘宋派遣使节前往北魏。

魏文成帝征发并州、肆州五千名民工，修建河西狩猎的专用道路。三月二十五日辛巳，返回平城。

夏季，四月初七日癸巳，刘宋改封西阳王刘子尚为豫章王。

四月十四日庚子，刘宋诏令开始兴建明堂，大殿必须建在丙、己方位，形制如同皇家祖庙，只有十二间的间数与祖庙不同。

雍州刺史海陵王刘休茂，这年十七岁，当时，司马新野人庾深之主持王府事务。刘休茂生性急躁，总是想要自己专权决断，庾深之和主帅每次都禁止，所以刘休茂对他们二人一直怀恨在心。左右侍从张伯超受宠信，经常作恶，主帅多次斥责他。张伯超很害怕，就游说刘休茂说："主帅偷偷把你的过失写在奏疏上，打算奏报上去，这样，恐怕您不会有什么好结果。”刘休茂说：“那该怎么办呢？”张伯超回答说：“只有杀了庾深之和主帅，尔后起兵自卫。这里距离京都几千里，即使是大事办不成，仍然不失逃到胡虏那里做王。”刘休茂依从了这一提议。

四月二十日丙午深夜，刘休茂和张伯超率领左右护车卫队，先杀了在城里的典签杨庆，然后出金城，杀了庾深之和典签戴双。征集兵众，竖起旗帜，向全国发表檄文。又让自己的左右侍从们，拥立自己为车骑大将军、开府仪同三司，加授黄钺。侍读博士荀诜劝谏，刘休茂杀了他。张伯超把持军政事务，掌握生杀大权，刘休茂的左右侍从曹万期挺身用刀猛砍刘休茂，但未能成功，曹万期被杀死。

刘休茂走出襄阳城，巡查军营。谘议参军沈畅之等率领众人关闭了城门，拒绝刘休茂回城。等刘休茂乘马回来，不能进城。义成太守薛继考为刘休茂全力攻城，最终攻克，斩了沈畅之以及他的同谋几十个人。这一天，参军尹玄庆又起兵围攻刘休茂，活捉了刘休茂，将其斩首。刘休茂的母亲、妻子全都自杀，党羽也全被诛杀了。襄阳城内一片混乱，彼此之间不相统摄。中兵参军刘恭之，是刘秀之的弟弟，被大家推举代理府州事。可是，薛继考却用武力威逼刘恭之写奏报说“薛继考扶立正义”，然后，薛继考就拿着这封奏报，乘坐驿车返回建康都城。孝武帝便任命薛继考为北中郎谘议参军，赐爵位为冠军侯。这事不久泄露出去，薛继考被诛杀，提升尹玄庆为射声校尉。

宋孝武帝自从即位以后，一直压制、贬黜各位兄弟。攻克广陵后，想使管制宗室的法令更加严厉。沈怀文说：“汉明帝不让自己的儿子比照光武帝的儿子，从前的史书上，都把它作为美谈来记载。陛下已经诛杀了管叔、蔡叔那样的人，但愿仿效周成王封叔虞于唐，封康叔于卫，用来保卫王室。”等到襄阳被平，太宰刘义恭探知皇上心思，便先行上疏，请求进一步裁减、限制各个亲王，不允许他们统领沿边各州，并且收缴卫队的所有铠甲、武器，禁止结交宾客朋友。沈怀文坚决劝阻，认为不可这么做，孝武帝最后没有这样做。

宋孝武帝打猎、游山玩水没有节制。有一次出城，深夜才回来，敕令打开城门。侍中谢庄正在值班守城，认为这一个传信的符证也许是虚假的，坚持不奉旨意，必须要看到皇帝亲笔命令才开城门。孝武帝后来在一次宴请上，安闲自若地说：“你是想仿效汉代的郅君章吗？”回答说：“臣听说皇帝祭祀、狩猎，出入都有节度。如今陛下清晨出去，深夜才回来，臣怕有心怀不满企图闹事的家伙假造圣旨，因此一定要等待陛下的神笔，才敢打开城门。”

（以上为第五段，写刘义恭身为太宰，曲意逢迎孝武帝，免于大祸；海陵王刘休茂起兵反叛，失败被杀；孝武帝更加骄奢淫逸，欲加重对兄弟的控制，被沈怀文劝止。）

北魏大旱。颁布诏书：“各州郡境内，无论神庙大小，全都要打扫干净，焚香祷告。等到庄稼丰收后，各自按照等级，分别祭祀。”这时各州郡废掉的神庙，全都恢复了昔日的样子。

秋季，七月二十四日戊寅，魏文成帝封立弟弟拓跋小新成做济阳王，加授征东大将军，镇守平原；拓跋天赐为汝阴王，加授征南大将军，镇守虎牢；拓跋万寿为乐浪王，加授征北大将军，镇守和龙；拔跋洛侯为广平王。

七月二十八日壬午，魏文成帝巡察山北。八月丁丑，返回平城。

八月初四日戊子，刘宋立皇子刘子仁为永嘉王，刘子真为始安王。

九月初一日甲寅朔，出现日食。

沈庆之坚决辞让司空的职务，柳元景也坚持辞去开府仪同三司的职务，君主颁布诏书批准了。仍然让沈庆之在朝会时排在司空之下，俸禄比照三司；柳元景的地位在从公之上。

沈庆之目不识丁，家里素来富有，家产累计有一万金，童仆、家奴数以千计。他再次献给朝廷一千万钱和一万斛粮食。原来有四座宅院，在娄湖又有园舍。有天傍晚，沈庆之领着儿孙以及内表亲戚，迁居到娄湖居住，而把四座宅院献给了官府。沈庆之蓄养了许多舞伎和小妾，闲暇无事时，就尽情地和她们娱乐，不是朝贺时，绝不走出家门。车马都很朴素，侍从也超不过三五个人，走在路上遇到沈庆之的人，都不知他位居三公的高位。

九月二十一日甲戌，刘宋将南豫州的治所迁移到于湖。九月二十四日丁丑，任命浔阳王刘子房为南豫州刺史。

闰九月初五日戊子，刘宋皇太子的妃子何令婉去世，谥号为献妃。

九月十九日壬寅，刘宋改封历阳王刘子顼为临海王。

冬季，十月初二日甲寅，刘宋任命南徐州刺史刘延孙为尚书左仆射，右仆射刘秀之为雍州刺史。

十月初三日乙卯，刘宋任命新安王刘子鸾为南徐州刺史。刘子鸾的母亲殷淑仪在后宫最受皇帝的宠爱，刘子鸾受到的宠爱也超过了其他皇子。凡是皇上看上或喜欢的东西，没有不进入刘子鸾府内的。等到刘子鸾被任命为南徐州刺史后，划割吴郡归南徐州管辖。

当初，巴陵王刘休若做北徐州刺史时，任命山阴人张岱为谘议参军，代理府、州、封国的事务。后来，临海王刘子顼做广州刺史，豫章王刘子尚为扬州刺史，晋安王刘子勋为南兖州刺史时，张岱历任这三个州府的谘议参军，为这三位王署理事务，和典签、主帅共同处理事务，事务都处理得很成功，跟同属僚们的关系并不受影响。有人问张岱说："主王的年纪小，能主事的部门又有很多，而你能把公私的关系都协调好，是如何做到的？"张岱说："古人说：'一颗心可以侍奉百位君主。'我为政端正公平，待人接物以礼仪，灾祸也就没有机会发生了。精明或者昏暗，是短是长，更不过是才能的多少罢了。"等到刘子鸾做了南徐州刺史后，又起用张岱为别驾、行事。张岱是张永的弟弟。

北魏派遣员外散骑常侍游明根等人，前来刘宋聘问交好。游明根是游雅堂从祖父的弟弟。

北魏广平王拓跋洛侯去世。

十二月二十日壬申，刘宋任命领军将军刘遵考为尚书右仆射。

十二月二十二日甲戌，刘宋发布命令每户人家每年向朝廷缴纳四匹布。

这一年，刘宋规定凡是豪门士族与工商杂户人家通婚的，都要补为武职。豪门士族大都为躲避兵役逃往他处，为此又进一步严格制定了法律，抓到逃亡者，立即斩首，逃亡者常常是投奔江河山泽之中，当了强盗。沈怀文劝阻不要这样做，宋孝武帝没有接受。

（以上为第六段，写刘宋大臣沈庆之辞让高官，追求悠游闲适的生活；谘议参军张岱八面玲珑，历事三王，如鱼得水；刘宋发布新规，士族与平民通婚，要补武官，为了避役而往往奔窜湖山。）

宋孝武帝大明六年（壬寅，公元462年）

春季，正月初二日癸未，北魏乐浪王拓跋万寿去世。

正月初十日辛卯，宋孝武帝在明堂第一次祭祀五帝，大赦天下。

正月二十六日丁未，宋孝武帝在中堂举行秀才孝廉甄选考核。扬州秀才顾法回答策问时说："水源清澈，则河流洁净；精神振奋，则身体健康；身体力行，则举国顺从于上风；以身作则，则比野草倒伏的速度更快。"孝武帝看后讨厌顾法的大胆诚实，把他的卷子扔到了地上。

二月初四日乙卯，刘宋恢复文武百官的俸禄。

三月初十日庚寅，刘宋立皇子刘子元为邵陵王。

当初，侍中沈怀文几次都因为直言劝谏而违背旨意。沈怀文平日和颜竣、周朗关系不错，孝武帝对沈怀文说："颜竣如果知道我会杀他，也应当不敢这样放肆无礼了。"沈怀文沉默无语。侍中王彧在言谈之间称赞颜竣、周朗才华出众，沈怀文和他一唱一和。颜师伯把这一情况报告给了孝武帝，孝武帝更加不高兴。孝武帝曾经出外打野鸡，突然，风雨交加，沈怀文和王彧、江智渊约定进言劝谏。正巧，召他们来到射猎野鸡的围场，沈怀文说："风雨如此急迫，不是圣体所应该承受。"王彧说："沈怀文的启奏，应该听从。"还未等江智渊接着说，孝武帝盯着弓箭，面带怒色说："你想仿效颜竣吗？为什么要管别人的事情！"接着，又说："颜竣这小子，我至今仍恨不得用鞭子先抽他的脸！"孝武帝每次在宴请时，都下令在座的人必须喝得酩酊大醉，极力嘲讽、戏谑他们。沈怀文一向不喝酒，而且又不喜欢戏弄玩笑，孝武帝认为沈怀文是故意和自己作对。谢庄曾经警告沈怀文："你每次都和别人不一样，这样，又怎么能长久呢？"沈怀文回答说："我从小就这个样子，难道一个早晨就能改变过来！我不是要故意和别人不一样，不过是天性所致罢了。"孝武帝命令沈怀文出京任晋安王刘子勋的征虏长史，兼领广陵太守。

沈怀文到建康参加朝廷举行的元旦朝会后，接到命令让他返回任所。当时，沈怀文因为女儿生病，请求延长在京城的期限，直到这时他还没有启程。朝廷免除了沈怀文的官职，禁止从政十年。沈怀文将自己在京城的房宅卖了，想要东下回到吴兴老家。孝武帝听说后，怒不可遏，下令逮捕他收交廷尉，三月二十七日丁未，命令沈怀文自杀。沈怀文的三个儿子，沈澹、沈渊、沈冲，一路哭着奔走，为父亲沈怀文请求饶命，沿途看见的人，无不为之伤心。柳元景想要救沈怀文，就对孝武帝说："沈怀文的三个儿子，如同坠入炭火之中，祈愿陛下快点为其定罪。"孝武帝到底还是杀了沈怀文。

夏季，四月，刘宋宠姬殷淑仪去世，追赠为贵妃，谥号为宣。孝武帝为殷淑仪的死伤心不已，以至于精神恍惚，无心处理朝廷政事。

五月二十三日壬寅，刘宋太宰刘义恭被解除司徒的兼职。

六月十二日辛酉，刘宋东昌文穆公刘延孙去世。

六月二十一日庚午，魏文成帝巡视阴山。

北魏石楼胡人贺略孙反叛，长安镇将陆真前去讨伐平定。魏文成帝命令陆真兴建长蛇镇。氐人豪族仇傉檀反叛，陆真前去讨平，修建完长蛇镇后返回。

（以上为第七段，写刘宋大臣沈怀文敢于直谏而被杀；北魏石楼胡人、氐人豪族反叛，长安镇将陆真将其平定，并修筑长蛇镇。）

秋季，七月二十四日壬寅，魏文成帝巡视河西。

七月十七日乙未，刘宋立皇子刘子云为晋陵王。当天，刘子云去世，谥号孝。

当初，东晋中书监庾冰建议，让僧徒恭敬帝王，太尉桓玄以后又再次提出这项建议，最后都没有实行。到了这时，命令有关部门上奏，说："儒家和法家是不同的支派，名家和墨家也是不同的枝条，但是说到崇拜祖先、尊敬皇帝，其法则却没有细微的差别。只有佛教的教义反对经典，偏离经意，拘泥文字，蒙蔽道义，近来，这种行为更加猖狂。佛是用谦卑来约束自己，是以忠诚作为自己行事的尺度，怎么能只对四圣跪拜，而对自己的父母却简慢无礼呢？怎么能对着老僧叩头，而见了皇上却挺直身板呢？臣等建议，要让僧徒晋见皇帝，应当恭敬、虔诚。至于礼节上的恭敬程度，可以依照原有的习俗进行。"九月初一日戊寅，制定了僧徒恭敬皇帝的一些实施办法。废帝即位后，又恢复如初了。

九月十八日乙未，刘宋任命尚书右仆射刘遵考为左仆射，丹杨尹王僧朗为右仆射。王僧朗是王彧的父亲。

冬季，十月二十五日壬申，刘宋安葬宣贵妃于龙山。在山上开凿山路几十里，老百姓忍受不了艰苦的劳役，死亡、逃走的人很多。自从江南有葬礼以来，这一葬礼的盛大，还从来没有过。又给宣贵妃另建了一座祭庙。

北魏派遣员外散骑常侍游明根等前来刘宋聘问交好。

十一月初五日辛巳，刘宋加授尚书令柳元景为司空。

十一月二十六日壬寅，魏文成帝返回平城。

南徐州从事史范阳人祖冲之上书说，何承天制定的历法错误、疏漏的地方还是很多，他又另外制定了一部新历法，他认为："旧的历法，将冬至太阳的位置固定在某一天，这样一来，不到一百年，就会相差二度。新历法，是把冬至放到年终，每年只有微小的差距，将来长期使用下去，那么就不用再多次改动。另外，子作为辰的开头，位置在正北方。虚又排列在北方各个星座之中。将要制订的历法，则是把上元放在年终，从虚一开始。记载日月星辰的标志，以甲子作为开头，放在最前面。新的历法，将上元每年放在甲子上。另外，何承天的历法，是日、月、五星各自都有自己的开始。而新的历法则是将日、月、五星的交会以及运行的快与慢，全都以上元的岁首作为开始。"孝武帝命令对历法有研究的人同祖冲之辩论，不能驳倒他。正赶上孝武帝驾崩，所以，祖冲之的新历法也没能实施起来。

（以上为第八段，写刘宋大臣重提东晋时事，认为僧徒晋见皇帝，应当恭敬、虔诚，制令僧门必须致敬人主，后废帝时便废止了；祖冲之奏请颁布新历法，未能施行。）

宋孝武帝大明七年（癸卯，公元463年）

春季，正月十二日丁亥，刘宋任命尚书右仆射王僧朗为太常，卫将军颜师伯为尚书仆射。

孝武帝每次在宴请饮酒时，命令臣属们彼此之间嘲讽、攻击，以此取乐。吏部郎江智渊平素安静、文雅，慢慢地不合圣上的心意了。孝武帝曾经命令江智渊拿王僧朗来嘲笑戏弄王僧朗的儿子王彧，江智渊严肃地说："恐怕不应当有这种戏弄。"孝武帝发怒说："江僧安是痴人，同是痴人的儿子当然会互相怜爱。"江僧安是江智渊的父亲。江智渊听了这话，不禁伏在座席上流泪，从此孝武帝对他的恩宠大大减退。还有，当孝武帝命群臣讨论殷贵妃的谥号时，江智渊上奏，认为应当谥为怀。孝武帝认为这不足以彰显殷氏的美德，因此心中怀恨。有一天，孝武帝与群臣骑马到殷贵妃墓地，孝武帝用马鞭指着墓地石柱对江智渊说："这上面不容许有'怀'字！"江智渊更加惶恐害怕，最后竟因忧虑过度去世了。

正月十四日己丑，刘宋任命尚书令柳元景为骠骑大将军、开府仪同三司。

二月初九日甲寅，宋孝武帝巡视南豫州、南兖二州。二月十二日丁卯，在乌江比试狩猎。二月十七日壬戌，大赦天下。二月十九日甲子，巡视瓜步山。二月二十七日壬申，返回建康。

夏季，四月二十日甲子，刘宋颁布诏书："任何官将，如果不是在战场上与敌人作战，一律不得随便利用权力杀人。罪行严重，应该重判斩首的罪犯，必须先向朝廷呈报，违犯这一诏令的，即以杀人罪处罚。"

五月初二日丙子，刘宋再次颁布诏书："从今以后，刺史、守宰动员百姓发起军队，都必须按照手诏实行。只有边疆偏远地区有敌人进犯，或奸佞作乱在宫廷内，事变突然发生时，可以不在此限。"

五月初四日戊寅，刘宋任命左民尚书蔡兴宗、左卫将军袁粲为吏部尚书。袁粲是袁淑哥哥的儿子。

孝武帝喜欢捉弄、侮辱手下臣属们，从太宰刘义恭以下的大臣，没有一个人没被污言秽语侮辱过。经常把金紫光禄大夫王玄谟叫作"北方佬"，把仆射刘秀之叫作"老抠门"，把颜师伯叫作"大板牙"，其他无论是矮、高、肥、瘦，都有外号。黄门侍郎宗灵秀身体肥胖，叩拜时起身不便，每次聚会，孝武帝偏偏不断赏赐给他东西，就是想要看他叩头谢恩时跌跌撞撞的样子，以此为乐。又宠爱一个昆仑奴，让昆仑奴拿着棍棒殴击各位官员，自尚书令柳元景以下，都不免挨打。昆仑奴只忌惮蔡兴宗的方正严肃，不敢戏弄。颜师伯对仪曹郎王耽之说："蔡尚书能经常免遭戏弄，和普通人相距实在太远。"王耽之回答说："以前，蔡豫章在宰相府时，也是以方正严肃、不苟言笑而免于嘲弄，但是武帝私人欢宴时，也从不邀请蔡豫章参加。蔡尚书今天可以说是能够继承其父的品行了。"

五月二十八日壬寅，魏文成帝巡视阴山。

（以上为第九段，写刘宋孝武帝刘骏的病态，戏弄、侮辱群臣。宴饮时，令群臣相互嘲笑、攻击；取绰号，予以羞辱；江智渊不苟言笑，忧惧而死。）

六月二十五日戊辰，刘宋任命秦郡太守刘德愿为豫州刺史。刘德愿是刘怀慎的儿子。

宋孝武帝安葬了殷贵妃后，几次带着臣属来到墓前凭吊。对刘德愿说："你哭殷贵妃吧，哭得悲伤了，就厚赏你。"话没有说完，刘德愿已经失声痛哭起来，捶胸顿足，眼泪、鼻涕都流到了一起。孝武帝非常高兴，就把豫州刺史的官职赏赐给了他。孝武帝又命令医师羊志也哭殷贵妃，羊志呜咽地哭得极其悲痛。过了些日子，有人问羊志："你从哪里这么快弄来了这些眼泪？"羊志回答说："我当天不过是哭自己死去的小妾罢了。"

孝武帝为人机警、勇敢、果断、迅速，学问渊博，文章写得敏捷华丽，阅读书信奏章能一目七行。又善于骑马和射箭，但是，奢侈、纵欲没有节制。自从东晋渡江南下以来，宫殿都是草草建造的，朝会或宴请也不过在东堂或西堂而已。晋孝武帝末年才建造了清暑殿。刘宋兴起后，也没有什么增加或改动。孝武帝开始大兴土木，扩建宫室，墙上和柱子上都用锦绣装饰。对宠爱的妻妾和臣属的赏赐，倾尽国库内的东西。毁掉武帝刘裕住过的屋子，在那里兴建了玉烛殿，和大臣一起前去观看，旧屋床头上还留有一截土墙，墙上挂着麻葛灯笼和麻线蝇拂。侍中袁顗看完，盛赞武帝先祖节俭朴素的品德。孝武帝没有回应什么，只是自言自语地说："庄稼汉得到这种享受已经是很过分的了。”袁顗是袁淑哥哥的儿子。

秋季，八月二十三日乙丑，刘宋立皇子刘子孟为淮南王，刘子产为临贺王。

八月二十四日丙寅，魏文成帝在河西打猎。九月初九日辛巳，返回平城。

九月十八日庚寅，刘宋任命新安王刘子鸾兼任司徒。

九月二十四日丙申，刘宋立皇子刘子嗣为东平王。

冬季，十月二十二日癸亥，刘宋任命东海王刘祎为司空。

十月二十八日己巳，宋孝武帝到姑孰围猎。

北魏员外散骑常侍游明根等前来刘宋聘问交好。游明根担任北魏使节，曾三次出使刘宋，孝武帝因为他年龄大，对他特别礼遇。

十一月二十二日癸巳，宋孝武帝在梁山训练水军。

十二月初六日丙午，宋孝武帝巡视历阳。

十二月十四日甲寅，刘宋大赦天下。

十二月十九日己未，刘宋加授太宰刘义恭为尚书令。

十二月二十三日癸亥，宋孝武帝回到建康。

（以上为第十段，写刘宋孝武帝刘骏十分宠信殷贵妃，到了无以复加的地步；孝武帝刘骏，机警干练，学问渊博，善于骑射，但是奢侈、纵欲没有节制。）

宋孝武帝大明八年（甲辰，公元 464 年）

春季，正月十七日丁亥，魏文成帝封立弟弟拓跋云为任城王。

正月十八日戊子，刘宋任命徐州刺史、新安王刘子鸾兼任司徒。

夏季，闰五月初五日壬寅，刘宋任命太宰刘义恭兼任太尉。

宋孝武帝到了晚年，更是贪财好利，凡是刺史、二千石官员免官回京时，一定限令他们进献贡奉，同时，还和他们一块儿樗蒲赌博，直到把他们的钱赢光才停止。孝武帝整天开怀畅饮，很少有清醒的时候。经常是伏在案几上昏睡过去，但是一旦外面有急事呈奏，就马上十分庄重地整理好容装，没有一点醉酒的神态，因此内臣外属们都十分畏惧，没有一个人敢做事懈怠。五月二十三日庚申，孝武帝在玉烛殿去世。遗诏说：“免去太宰刘义恭的尚书令一职，加授中书监。任命骠骑将军、南兖州刺史柳元景兼任尚书令，进入台城内居住。朝廷事务，无论大小，全都要启奏这两个人。国家大事要和始兴公沈庆之商量决定。如果有军务，就全都委托沈庆之处理。尚书府的事务，托付给仆射颜师伯处理。统领外监事务，委托领军将军王玄谟处理。”这一天，太子刘子业登基即位，这一年十六岁，下令大赦天下。吏部尚书蔡兴宗亲自将玉玺捧上来，交给太子刘子业，太子刘子业接了过来，可是，态度傲慢懈怠，脸上一点悲哀的样子都没有。蔡兴宗退出来，对人说：“从前，鲁昭公即位时，毫无悲伤之色，叔孙穆子就知道他不会有什么好结果。国与家的灾祸，莫非就在这里吗？”

五月二十七日甲子，刘宋诏令太宰刘义恭再任录尚书事。加封柳元景为开府仪同三司，兼任丹杨尹，免去南兖州刺史之职。

六月二十日丁亥，魏文成帝巡视阴山。

秋季，七月初二日己亥，刘宋任命晋安王刘子勋为江州刺史。

柔然处罗可汗郁久闾吐贺真去世，儿子郁久闾予成继立，号为受罗部真可汗。改年号为永康。受罗部真可汗率军南下侵犯北魏。七月初四日辛丑，北魏北方镇守的流动军队击败了受罗部真可汗。

七月初五日壬寅，魏文成帝巡视河西。高车五个部落聚集在一起，举行祭天仪式，人员有数万之多。魏文成帝亲自巡视观看，高车人大为高兴。

七月初九日丙午，刘宋在景宁陵将孝武皇帝安葬，庙号为世祖。

（以上为第十一段，写刘宋孝武帝刘骏晚年十分贪财好利，贪饮沉醉，去世后，太子刘子业继位，一副傲慢无礼而无悲伤的样子，大臣们断定他不会有什么好结果。）

七月十三日庚戌，刘宋尊祖母皇太后为太皇太后，尊母亲皇后王氏为皇太后。

七月十八日乙卯，刘宋下令废掉南北两条驰道，以及孝建年间以来更改的规章制度，全都恢复为元嘉时代的制度。吏部尚书蔡兴宗在会议的都堂上不禁感慨地对颜师伯说："先帝虽然并不是盛德的君主，总的说来始终遵循着道。三年不改父亲的制度，这是古代经典认为难能可贵的事。如今，先帝的祭堂刚刚撤掉，先帝下葬不久，但是却要将那时所有的规章制度，不管它对错、好坏，都要一律削砍改变。虽然这是帝位的替代，也不至于到如此地步啊！天下有识之士，可以根据这个来窥视一个人了。"颜师伯却不赞同蔡兴宗的看法。

太宰刘义恭平素一直害怕戴法兴、巢尚之等人，虽然接受遗命辅佐朝政，但他总是避身不愿多管政事，因此政权实际上是握在皇帝身边的宠臣手里。戴法兴等人专权独断，威势通行于远近，皇帝的诏令、文告，一概出自他们之手。尚书事务，无论大小巨细，也都由他们全权决定。刘义恭和颜师伯实际上不过是守个空名而已。

蔡兴宗自认为自己的职权是管理铨选授官，每到上朝时，他都要向刘义恭谈论举荐贤能人才的意思，又不时地检讨得失，多方议论朝政。刘义恭性格怯懦、屈从，对戴法兴极尽阿谀顺从，常常害怕不合他们的心意。每当听蔡兴宗讲话，刘义恭就战战兢兢，不敢回答一句。蔡兴宗每次呈奏要任命的名单，戴法兴和巢尚之等人就圈圈点点、反复更换，很少能保住名单上所列的人选。蔡兴宗在朝堂上对刘义恭和颜师伯说："主上正值守丧期间，不能亲自处理纷繁的朝政，而选任官员是朝廷秘密大事，可是，每次都要被删除、涂改，涂改的笔迹又不是你们的，也不知这是不是天子的意思。"蔡兴宗多次跟刘义恭等争论铨选职官的事情，来来回回，各执己见。刘义恭和戴法兴等人都很讨厌蔡兴宗。于是，就把蔡兴宗贬到新昌去任太守。不久，又因蔡兴宗声望太高，又留在了建康。

七月十九日丙辰，刘宋追封已去世的太子妃何令婉为献皇后。

七月二十八日乙丑，刘宋新安王刘子鸾被解除司徒。戴法兴等人讨厌王玄谟的刚毅严正，八月初一日丁卯，任命王玄谟为南徐州刺史。

皇太后王宪病势严重，派人去叫废帝刘子业。废帝说："病人房子里鬼多，我怎么能去！"王太后气得大怒，对侍者说："拿刀来，剖开我肚子看看，我怎么会生出这种东西！"八月二十三日己丑，王太后去世。

九月初五日辛丑，魏文成帝返回平城。

九月初七日癸卯，刘宋任命尚书左仆射刘遵考为特进、右光禄大夫。

九月十九日乙卯，刘宋安葬文穆皇后在景宁陵。

冬季，十二月二十八日壬辰，把王畿各个郡划为扬州，把扬州称为东扬州。十二月二十九日癸巳，任命豫章王刘子尚为司徒、扬州刺史。

这一年，刘宋又把青州州府移回东阳。

刘宋境内，总共有二十二个州、二百七十四个郡、一千二百九十九个县、九十四万多户。东边各郡经常连年干旱，出现饥荒，买一升米要几百钱，建康也要一百多钱，因此，十分之六七的人都被饿死了。

（以上为第十二段，写刘宋太子刘子业继位后的治政，太宰刘义恭不问政事；大臣戴法兴独揽朝权，恣意妄为；吏部尚书蔡兴宗耿直被贬；概述刘宋行政区划。）

【点评】

论沈庆之平叛与固位。本卷记载刘宋所发生的重要事件就是竟陵王刘诞的所谓造反，而平定此难的竟是一位没有文化，"目不知书"的沈庆之。更令人惊异的是他竟位至三公。沈庆之是怎样登上高位的，又是如何保持荣华富贵的，能够在充满妒忌杀害了众多大臣的宋孝武帝手下立功建树，真是不容易。

竟陵王刘诞被指造反，宋孝武帝任命始兴公沈庆之为车骑大将军、开府仪同三司、南兖州刺史，率领大军，讨伐刘诞，这才开始了沈庆之对刘诞的作战，是他立功的机会。打仗时，沈庆之率领士卒攻城，身先士卒，亲自冒着飞箭和石头，向前冲杀，这是他作战屡屡成功的原因。

沈庆之与刘诞之间除了军事斗争还有外交上的巧妙周旋，破解了刘诞的一个个圈套。当沈庆之率军赶到，刘诞派沈庆之的同族人沈道愍带着自己的亲笔信，前去游说，并送给沈庆之一把玉环刀。沈庆之很聪明，没有接受游说，也没有杀来使，而是很客气地将沈道愍送了回去，并向沈道愍列举了刘诞的种种罪状。这里沈庆之列举的罪状，只是朝廷告知他的那些，自己并没有增添什么新的内容，这说明他只是表明自己奉命行事而已。再进一步，沈庆之率军来到广陵城下，刘诞登上城楼对他说："沈公头发斑白之年，何苦还来此地呢！"刘诞之问，礼貌文明，沈庆之的回答十分睿智聪明："朝廷认为你狂妄愚蠢，不足以烦劳那些青壮年出马了！"既回答了所问，又对对方做了评价，还以揶揄自己的手法暗含机关，深含的意思是像你这样的狂妄愚蠢，虽然我已经衰老无用，但是对付你已经足够了，所以朝廷将我们拴在了一起。

沈庆之进军扎营，直逼广陵城。刘诞给了沈庆之一重又一重的考验，先是派人将饭菜和美酒等送给沈庆之，沈庆之不打开，就全都烧了。接着刘诞又从城楼上把给皇上的奏章拿给他看，请求沈庆之代为呈送。沈庆之公事公办地说："我是接受诏令前来讨伐叛贼的，不能替你呈送奏表。如果你一定要回到朝廷，接受死罪，你自己就应该打开城门，派遣使者，我为你护送前往。"既不伤对方的面子，又维护了原则立场，真是巧妙的回答。设若沈庆之代替转呈奏章，就会被误认为同党，这表明沈庆之有足够的政治经验，知道避嫌。他的政治头脑还表现在攻下广陵之后，朝廷颁布诏书，将广陵城内的所有居民，无论男女老少，全部杀掉。这时沈庆之请求留下身高五尺以下的人不杀，这是刀下留人，保留了劳动力，生产力，是社会最重要的构成。沈庆之建议把女子全都赏给将士们，解决了将士的家庭问题，同样也解决了社会问题，又获取人心。一个文盲会想到这么多，已经难能可贵了。

沈庆之的聪明，还在于他的政治生存技能。他知道位子高了会带来危险，所以坚持让去司空的位子。他财富极广，但是不贪爱财物，向国家捐献一千万钱，谷子一万斛。他虽然不读书，但是知道输出得越多自己得到的越多的道理，明白贪得再多最后都不是自己的。他的生存之道还表现在远离政治。在政治漩涡中生存的最好办法就是远离政治，漠不关心政治。他多蓄养姬妾，整日悠游无所事事，尽情欢愉，不是朝贺的时候不出门，这样就不会被怀疑结帮拉派，搞政治团伙。他的作风低调，随从的车马稀少，跟从的不过三五人，路上遇见了绝对不知道他位列三公。这是他深刻研究了当朝的政治生态之后，尤其是亲眼看见同僚一个个被皇帝杀掉，所采取的保位的办法，一个文盲，不能直接从历史中获取经验，但是却如鱼得水地生活在险恶的政治环境中，的确是奇才。

关于竟陵王刘诞是不是造反，本卷没有明确记载，但是行文却十分清楚地表达了作者的立场。本卷一开始就写竟陵王刘诞只是知道宋孝武帝猜忌他，私下里做好了应变的准备而已。刘诞是被动的，不是主动的造反。那么，刘诞采取了什么应变措施？利用北魏大军侵入的时机，修筑城墙，疏通护城河，积蓄粮食，整治武器。就是准备一旦朝廷派人收拾自己时能够抵挡一阵。那么，造反的话是从什么地方来的？行文特别提醒说是路上都在传言，说刘诞就要反叛。偏巧，赶上吴郡平民刘成上书，与此同时，豫章平民陈谈之也上书，说的都是捕风捉影的事情，按说应该调查才是。可是，孝武帝立刻命令有关部门奏报刘诞的罪行，有关部门请求把刘诞抓进监狱，判刑惩治。事情明白无误，宋孝武帝需要这样的上书，借此成事而已。书中还记载了一个细节，足以说明刘诞并没有造反的准备，那就是朝廷派来抓自己的垣阆已经到达广陵，刘诞还没有醒过来，措手不及。手下人赶快报告给了刘诞。刘诞大吃一惊，从床上跳起，这都不是有预谋的样子。结论自然是宋孝武帝猜忌他，要他死！

宋纪十二

宋明帝泰始元年（公元465）

【旃蒙大荒落（乙巳，公元465年），凡一年】

【大事提要】

本卷记事公元465年，凡一年，当宋明帝泰始元年。本卷所载大事，南朝刘宋发生四件大事。其一，皇室的内部残杀仍未止步。其二，宋废帝掩杀沈庆之，时年八十。其三，废帝继位时，将诸位叔父召回朝廷，不准离开建康。调回较为年长手握重兵的湘东王刘彧、建安王刘休仁、山阳王刘休祐三人。其四，废帝被杀，湘东王刘彧立为皇帝。北朝北魏发生一件大事，文成帝去世，皇太子拓跋弘继位，是为献文帝。

太宗明皇帝上之上

宋明帝泰始元年（乙巳，公元465年）

春季，正月初一日乙未朔，刘宋废帝刘子业改年号为永光。大赦天下。

正月初二日丙申，北魏大赦天下。

二月十四日丁丑，魏文成帝巡视楼烦宫。

自从孝建以来，民间私自滥造劣等钱币越来越多，在商业贸易中不能流通。二月二十七日庚寅，改铸二铢钱，样式上转为细小。朝廷铸制的官钱，每次流通起来，民间就立刻模仿铸制，更薄更小，没有轮廓，也不加工磨平，被称为“耒子”。

三月十二日乙巳，魏文成帝返回平城。

夏季，五月十一日癸卯，北魏高宗文成帝拓跋濬去世。当初，魏太武帝四处出兵，扩大疆土，致使国力空虚，再加上朝廷内部不断发生变乱，使朝廷官属与老百姓都十分痛苦。文成帝即位后，按照节令，休养生息，以静为治理宗旨，安抚内外，民心又安定下来了。五月十二日甲辰，太子拓跋弘继承帝位，下令大赦，尊皇后冯氏为皇太后。

魏献文帝这一年十二岁，侍中、车骑大将军乙浑专揽朝廷大权。乙浑假传圣旨杀害尚书杨保年、平阳公贾爱仁、南阳公张天度于宫禁中。侍中、司徒、平原王陆丽正因病在代郡温泉治疗，乙浑就派司卫监穆多侯前去征召陆丽回京。穆多侯对陆丽说："乙浑已有反叛之心，如今，先帝刚刚去世，大王您素来德高望重，被奸佞贼臣所忌恨，您还是暂时留在这里观察观察再说。待朝廷安静下来再回去也不晚啊。"陆丽说："哪有听说君父死了，担心祸患而不前去奔丧的人？"说完，就骑马赶往平城。乙浑所作所为大多不合法制，陆丽多次和他争辩。五月十六日戊申，乙浑又杀了陆丽和穆多侯。穆多侯是穆寿的弟弟。五月十七日己酉，北魏任命乙浑为太尉、录尚书事，东安王刘尼为司徒，尚书左仆射代郡人和其奴为司空。殿中尚书顺阳公拓跋郁图谋诛杀乙浑，乙浑把拓跋郁杀了。

五月二十日壬子，北魏任命淮南王拓跋它为镇西大将军、仪同三司，镇守凉州。

北魏解除禁酒令。

六月二十一日壬午，刘宋加授柳元景为南豫州刺史，加授颜师伯为丹杨尹。

秋季，七月初二日癸巳，北魏任命太尉乙浑为丞相，位居各位王之上。朝廷事务无论大小，都要由乙浑决定。

（以上为第一段，写北魏文成帝拓跋濬去世，十二岁的太子拓跋弘即位，一切大权都掌握在权臣乙浑的手中，乙浑肆意杀戮陆丽等大臣，刘尼等人谋诛乙浑，事泄，被杀。）

刘宋废帝年幼时就急躁粗暴。即位后，开始时还多少畏惧母亲王太后以及大臣戴法兴等人，不敢放任。王太后去世后，废帝年纪渐长，想要有所作为，但每次戴法兴都加以阻挠，对废帝说："你这么乱做，难道是想要当营阳王吗？"废帝听到这种威吓，心里越来越不高兴。所宠信的小太监华愿兒，赏赐金银财宝不计其数。戴法兴经常加以限制，减少这一支出，华愿兒因此怨恨戴法兴。废帝令华愿兒到宫廷外打听老百姓对朝廷的议论，华愿兒对废帝说："外面人们都说'皇宫内有两个天子，戴法兴是真天子，陛下是假天子'。况且住在深宫之内，和外边没有接触，戴法兴和太宰刘义恭、颜师伯、柳元景结为一体，门下来往的宾客，总数有百人之多，内外官民对他们没有不畏惧服从的。戴法兴又是世祖的亲信，在宫廷内已经很久了，如今，戴法兴和别人合为一家，我深怕您这个位子不再会属于官家所有。"废帝立刻颁布诏书罢免了戴法兴，遣送戴法兴回到农村老家，又把戴法兴放逐到边远的郡县。八月初一日辛酉，废帝又命令戴法兴自杀，免去巢尚之的中书通事舍人之职。

员外散骑常侍东海人奚显度，也受过孝武帝的宠信，曾负责建筑方面的事务，监督苛刻，暴虐肆行，动不动就捶扑鞭打，人们都苦不堪言。孝武帝曾嬉笑说："奚显度是老百姓的祸患，不久就该除掉他。"而左右竟趁机答应下来，马上传达圣旨，杀了奚显度。

尚书右仆射、领卫尉卿、丹杨尹颜师伯把持朝廷大权很久了，骄奢淫逸，受到士族的忌恨。废帝打算亲自处理朝政，八月初十日庚午，任命颜师伯为尚书左仆射，免去卫尉卿和丹杨尹的职务，又任命吏部尚书王彧为右仆射，和颜师伯分权行事。颜师伯这才开始感到害怕。

当初，孝武帝生性多疑，王公大臣们叠足站立，屏住呼吸，没有谁敢随便来往。等到孝武帝去世时，太宰刘义恭等人都互相庆贺，说："到今天才可免于横祸而死了。"刚刚将孝武帝安葬完毕，刘义恭就和柳元景、颜师伯等人观歌听曲，开怀畅饮，不分昼夜。废帝心中愤愤不平。戴法兴被杀以后，各位大臣无不感到震动，人人自危，这时柳元景和颜师伯秘密策划，要废掉皇帝，立刘义恭为皇帝。柳元景等日日夜夜聚集筹谋，但始终犹豫不定。柳元景把这一密谋偷偷告诉了沈庆之，沈庆之和刘义恭平日关系就不好，而颜师伯又经常独断专行，从不和沈庆之商议，颜师伯对令史说："沈公不过是个爪牙而已，哪里能参与朝廷政事！"所以，沈庆之对颜师伯怀恨在心，为此，沈庆之竟把柳元景等人的预谋告发了。

八月十三日癸酉，废帝亲自率领羽林军讨伐刘义恭，杀了刘义恭及他的四个儿子。将刘义恭的身体肢解，把胃肠挑出来，把眼睛剜出来，然后用蜜糖浸渍，称为"鬼目粽"。又另外派遣使者前去柳元景家里征召，并派士兵跟随。柳元景左右侍从报告说："兵刃非同往常。"柳元景知道大祸来临，进去和母亲辞别，然后，镇定自若，穿上朝服，乘车前去应召。柳元景的弟弟、车骑司马柳叔仁穿着戎服，率领左右壮士打算拒绝听命，柳元景苦苦劝阻。等到柳元景走出巷口，行刑军士已经到达，于是，柳元景下车，接受斩首。临刑前，柳元景面色安然，从容镇定。柳元景的六个弟弟、八个儿子及各个侄子也同遭杀戮。同时，又在路上抓获了颜师伯，将其斩首，颜师伯的六个儿子也被诛杀。又杀了廷尉刘德愿。改年号为景和，文武官员全都提升二级。派遣使者杀了湘州刺史、江夏王世子刘伯禽。从此，公卿以下官员都随时会像奴隶一样被捶打拖拽。

（以上为第二段，写前废帝刘子业执政时的宫廷矛盾与斗争，戴法兴专权，被罢逐杀；刘义恭与柳元景、颜师伯合谋废帝，被沈庆之告发，被斩首，祸及子孙。）

当初，废帝在东宫时，经常有过失，孝武帝想要废黜他，而立新安王刘子鸾为太子。侍中袁顗大肆称赞说"太子好学，有日日求新的美德"，孝武帝这才作罢。废帝为此十分感激袁顗。等到各位大臣被诛杀以后，废帝就打算引用并提升袁顗，让袁顗掌管朝政，提升为吏部尚书，和尚书右丞徐爰一同因诛杀刘义恭等人有功，被赐爵为县子。

徐爰精于逢迎谄媚，也涉猎过很多诗书史传，自从元嘉初年，就进入皇宫服侍于皇帝左右，参与顾问，既长于附和逢迎，而且又能用一些经典词句装饰自己，因此，很受宋文帝的信任。大明的时候，对徐爰更为信任。当时，宫廷的旧人大多被他诛杀或被放逐，只有徐爰一人工于心计，巧于迎合，自始至终没有忤逆过。废帝对他更加优厚，每次出去，经常和沈庆之及山阴公主乘坐同一辆辇车，徐爰也往往同乘。

山阴公主刘楚玉是废帝的姐姐，嫁给了驸马都尉何戢。何戢是何偃的儿子。山阴公主尤为恣意放荡，她曾经对废帝说："妾与陛下，虽然男女性别不一样，但都是一个父亲所生。陛下的六宫可以有上万美女，可妾却只有驸马一人，实在是太不公平了。"于是，废帝就为山阴公主选了三十个面首，并加封山阴公主为会稽郡长公主，俸禄和郡王一样。吏部郎褚渊容貌漂亮，公主就去废帝那里请求让褚渊侍奉自己。废帝答应了她。褚渊侍奉了公主十几天，备受公主的威逼，但褚渊宁死不屈，最后才得以幸免放回。褚渊是褚湛之的儿子。

废帝命令在太庙另外绘制祖先的画像，画成之后，废帝进入庙内观看，指着高祖刘裕画像说："这可是一位大英雄，活捉了几个天子。"又指着太祖刘义隆的画像说："这个人也不恶，只可惜晚年被儿子砍了头。"然后，指着世祖刘骏的画像说："此人是个大酒糟鼻子，可怎么没有了酒糟？"废帝立刻叫画匠把刘骏的酒糟鼻子画出来。

任命建安王刘休仁为雍州刺史，湘东王刘彧为南豫州刺史，但全都将其留在建康，不派遣他们到任。

八月十四日甲戌，任命司徒、扬州刺史、豫章王刘子尚兼尚书令；始兴公沈庆之为侍中、太尉。沈庆之坚决推辞。又征调青、冀二州的刺史王玄谟为领军将军。

北魏在金陵安葬了魏文成帝，庙号为高宗。

九月初三日癸巳，刘宋废帝巡视湖熟。九月初八日戊戌，返回建康。

新安王刘子鸾很受世祖的宠爱，废帝很嫉恨。九月十一日辛丑，派遣使者命刘子鸾自杀，同时还杀了刘子鸾的同母弟弟南海王刘子师以及同母妹妹，掘发了殷贵妃的坟墓。又打算掘开孝武帝陵墓，太史认为这样做会对皇帝不利，才停止了。

当初，金紫光禄大夫谢庄为殷贵妃写悼词，说："辅佐引导圣明如唐尧的皇帝。"废帝认为谢庄把殷贵妃比作了汉武帝的钩弋夫人，所以打算杀了谢庄。有人对废帝说："死这件事，人人都是一样的，一下子就死的痛苦，不足以不能忍受。谢庄生长于富贵人家，如今，关押在尚方做苦工，让谢庄尝尝天下最大的痛苦，然后再杀也不晚。"废帝依从了这一建议。

（以上为第三段，写刘宋废帝的种种恶行；皇室内部残杀在继续，废帝杀江夏王刘义恭，死后还加以百般凌辱，又杀新安王刘子鸾。）

徐州刺史义阳王刘昶，平时就令孝武帝厌恶，民间经常讹传刘昶终有一天会造反。这一年，这种谣传更为厉害，废帝常对左右侍从说："自从我登基即位以来，还没有实行过戒严，这使人抑郁。"刘昶派典签蘧法生到建康呈递奏章，请求入朝晋见。废帝对蘧法生说："刘昶和太宰刘义恭谋反，我正打算前去讨伐刘昶。现今知道刘昶请求回来真是太好了！"接着又不断责问蘧法生："义阳图谋造反，你为什么不报告？"蘧法生听后很害怕，马上逃回了彭城。废帝为此动用军队前去讨伐刘昶。九月十九日己酉，诏令讨伐刘昶，京师内外实行戒严。废帝亲自率领大军渡过长江，命令沈庆之率领其他各路大军做前锋。

蘧法生回到彭城，刘昶就起兵反叛，派人将檄文送到自己管辖的各郡，可是这些郡却拒绝接受命令，斩杀了刘昶派去的使者；手下的文武将士也都怀有二心。刘昶知道此事不会成功，就抛弃了母亲和妻子，只带着自己宠爱的小妾，在深夜和几十名骑兵，打开北门，逃奔到北魏。刘昶颇有学问，下笔成文，北魏很器重刘昶，让他娶了北魏公主，拜为侍中、征南将军、驸马都尉，赐爵为丹杨王。

吏部尚书袁颢，开始时很受废帝的宠信，不久因为不合心意，礼遇一下子就变了，并下令有关部门弹劾袁颢，仅以平民的身份担任现职。袁颢深为恐惧，就编了一些理由，请求调任外地。九月二十四日甲寅，朝廷任命袁颢为督雍梁诸军事、雍州刺史。舅舅蔡兴宗对袁颢说："襄阳的星象不利，怎么能去？"袁颢说："白刃相交于胸前，流箭射来已无法自救了。今天这次出行，只盼活着逃出虎口罢了。况且，天之道深远难测，吉凶怎么能一定都应验！"

这时，临海王刘子顼是都督荆湘等八州诸军事、荆州刺史。朝廷任命蔡兴宗为刘子顼的长史、南郡太守，代理府州事，蔡兴宗推辞不去。袁颢就劝蔡兴宗说："朝廷目前的形势，人人都看得很清楚。留在这里的大臣，常常是朝不保夕。舅父出居荆州，管八州军事，我在襄、沔一带，那里地势优越，兵力强大，离江陵只有咫尺之远，水路和陆路交通便利。如果朝廷有变化，可以一起建树齐桓公、晋文公的功业，比起在朝廷受残暴之人压制、总是面对不测之祸岂不是更好吗？如今你有机会出去而不肯走，以后你再请求外出，怎么能得到呢？"蔡兴宗说："我出身于一般门第，一步步得以升迁，和主上很疏远，不见得会有什么大的祸患。朝廷内外，人人都岌岌可危，这样看来，一定会发生变故。如果朝廷内的祸难得以消除，地方上的祸患却不好估计。你打算在外地保求自己，我则想在朝廷内免于灾祸，我们各行己志，不也是很好嘛！"

袁颢这时匆匆忙忙上路，还担心会被追捕。一直走到寻阳，才高兴地说："现今才开始免于大祸了。"邓琬是晋安王刘子勋的镇军长史、寻阳内史，执行江州事务。袁颢与邓琬交往游玩，亲密异常，一有空闲就整天整夜地在一起。袁颢和邓琬的人品门第本来就不一样，看见的人，都知道他们有了异样的意图。不久，朝廷又任命蔡兴宗为吏部尚书。

九月二十八日戊午，解除戒严。废帝就从白下过长江，到了瓜步。

沈庆之再次启奏，请求允许民间自行铸钱。从此以后，钱币混乱。一千钱串起来还不满三寸之高，其大小也与此相当，人们称之为“鹅眼钱”，比“鹅眼钱”更差的叫“綖环钱”。这种“綖环钱”，用线串起来后，放到水里也不沉底，而只要用手一捏，立刻破碎。集市上都不计算钱的重量，十万钱都不满一捧，一斗米就要一万钱，商贸交易已无法进行。

（以上为第四段，写义阳王刘昶被迫造反，被皇帝刘子业镇压；吏部尚书袁颉宠幸稍衰，想方设法逃出朝廷；沈庆之再次提出听民私铸，一片混乱，商货不行。）

冬季，十月初七日丙寅，废帝回到建康。

废帝的舅父、东阳太守王藻娶了世祖的女儿临川长公主刘英媛。公主生性嫉妒，在废帝面前进谗言陷害王藻。十月二十日己卯，王藻被捕入狱而死。

会稽太守孔灵符，所到之处，都有政绩，但是，只因为他冒犯了废帝的左右亲信，这些人诬陷他，废帝竟派人用鞭子抽死了孔灵符，同时，还诛杀了孔灵符的两个儿子。

宁朔将军何迈是何瑀的儿子，娶了废帝的姑母、新蔡长公主刘英媚。废帝却把刘英媚留在后宫，称她为谢贵嫔。对外又谎称刘英媚死了。杀了一个宫女，送给何迈，用公主的礼仪发葬。十月二十一日庚辰，封谢贵嫔为夫人，并特别许可，允许乘坐有龙旗鸾铃的御车，出入时，所过街市实行戒严。何迈平素豪爽，有侠士风范，而且蓄养了许多为自己效死的人。何迈不能忍受这种侮辱，就计划趁废帝出游时，把废帝废了，拥立晋安王刘子勋为皇帝。事情走漏风声，十一月初三日壬辰，废帝亲自率兵杀了何迈。

当初，沈庆之在揭发了颜师伯、柳元景的谋反事件后，主动向废帝表示亲近，多次直言劝谏，废帝对沈庆之渐渐不满起来。沈庆之为此很害怕，闭门不接待客人。有一次派侍从范羡去吏部尚书蔡兴宗那里，兴宗就让范羡转告沈庆之说：“您闭门谢客，不过是要逃避无休止的请托罢了。像我蔡兴宗，对您并无所求，为什么也要拒绝不见呢？”于是，沈庆之立刻派范羡去请蔡兴宗。

蔡兴宗前去探望沈庆之，游说说：“主上近来的所作所为，已丧尽人伦天道。改变德行，已经没有什么指望了。如今所忌惮的，只有你一人。老百姓所仰望的，也只有你一个人了。你威名素来传播很远，天下之人都佩服。而如今，举朝人士都惶惶不可终日，人人自危，如果举起大旗，有谁能不热烈响应呢？如果犹豫不能决断，只是打算坐观国家的兴衰，岂止是大祸将临，而且，将来四海之内都会为此责骂你。我承蒙厚爱，所以把话全都说出来。希望你能仔细考虑。”沈庆之说：“我已经知道现今面临的危险和忧患，我已不能再保全自己了，只是想尽忠报国，始终如一罢了。一切只能听从天命了。加上我年事已高，退职在家，手无军权。即使是想这样做，恐怕也不能成功了。”蔡兴宗说：“当今身怀谋略、寻求奋起的人，都不是想要贪图功名富贵，而只是想摆脱随时被诛杀的险地。殿中将帅都在倾听外界的消息，如果有一个人领头起来，那么俯仰之间，大局就可以确定。何况您历经三朝统领大军，昔日的部下将士，大多都分布在宫廷和朝廷里，蒙受您的大恩的有很多。沈攸之等人，又是沈家的子弟，怎么会怕他们不响应呢。况且，您的门徒、义附，又都是三吴地区的勇士。殿中将军陆攸之，是您的同乡，如今去东部讨伐逆贼，拥有大量武器，现今正在青溪停留。您可以拿着陆攸之的武器，配备部下，派陆攸之做前锋。我在尚书内，自会率领文武百官，按照前代旧例，另立贤君，治理国家，那么，天下大事从此也就确定了。另外，朝廷所做的很多事情，民间都讹传说有您参与谋划。您现今迟疑不决，当有人在您之前起兵了，那么，您也免不了被当作帮凶，惹下大祸。我听说，主上多次来您这里，每次都是大醉，停留的时间很长。又听说，主上除去左右侍从，经常单独进来，这是万世难寻的好机会，我们不可失去这一机会。”沈庆之说：“听了你的至理之言，令我非常感动。可是这样大的事情，不是我一人能做得了的。事到临头，我也只能怀抱忠贞，一死而已。”

青州刺史沈文秀，是沈庆之弟弟的儿子。他要到州所就任，率领部下屯兵在白下，便也前来劝说沈庆之：“主上如此狂妄暴虐，祸乱不久就会来到，而独一家受到宠信，人们都认为我们和主上同心。况且这个人喜怒爱憎变化无常，非常残暴无情，无法预测的灾祸，进也难免，退也难免。现今，趁着众多力量去谋废这废帝，是易如反掌的事。好机会千载难逢，不能失去。”沈文秀再三劝沈庆之，直到落泪。但沈庆之到底也没答应。沈文秀只好前去赴任。

废帝杀了何迈后，估计沈庆之一定前来劝谏，就先关闭了青溪各桥，断了来路。沈庆之听说何迈被杀后，果然前往劝谏，没有被允许进宫，只好返回。废帝让沈庆之的堂侄、直阁将军沈攸之赐沈庆之毒药，命沈庆之自杀。沈庆之不肯喝，沈攸之就用被子将沈庆之闷死，沈庆之这年八十岁。沈庆之的儿子、侍中沈文叔打算逃走，又怕像太宰刘义恭那样被肢解，就对弟弟、中书郎沈文季说：“我可以去死，你能报仇。”于是，喝下给沈庆之的毒药而死。沈文叔的弟弟、秘书郎沈昭明也上吊自杀。沈文季挥刀飞马逃走，追赶的人不敢紧逼，于是免于一死。废帝对外诈称沈庆之病死，追赠为侍中、太尉，谥号为忠武公，葬礼也很隆重。

（以上为第五段，写八十高年的司空沈庆之忠于刘子业，数人劝他反叛，终不从；就是这样的忠臣，还是被暴君赐死；其子一学伍尚，尽孝；一学伍员，逃奔。）

领军将军王玄谟几次痛哭流涕地劝谏废帝，说皇帝刑杀过度，废帝大怒。王玄谟是一员老将，很有威望，民间都谣传王玄谟已被诛杀。蔡兴宗曾担任过东阳太守，而王玄谟的典签包法荣也家住东阳。王玄谟就派包法荣到蔡兴宗那里。蔡兴宗对包法荣说：“领军恐怕此时更为忧虑、恐惧。”包法荣说：“领军近日白天不想吃饭，晚上也睡不着觉。总是说逮捕自己的人就在大门外边，自己不久就保不住命了。”蔡兴宗说：“领军忧虑、恐惧，应该想出好办法自救，怎么能坐等大祸临头呢！”蔡兴宗顺势让包法荣劝说王玄谟起兵。王玄谟又让包法荣向蔡兴宗道歉说：“这也不是容易办得到的，但我决不会泄露你说的话。”

右卫将军刘道隆，受废帝宠信重用，专门管领禁卫军。蔡兴宗曾经一块随从废帝在夜里出游，刘道隆走过蔡兴宗车后，蔡兴宗说：“刘君，近来我想找个清闲的日子，和您谈谈。”刘道隆明白蔡兴宗的意思，就掐了一下蔡兴宗的手，说：“蔡公不要多言！”

十一月十三日壬寅，刘宋立路氏为皇后。路皇后是太皇太后的弟弟路道庆的女儿。

废帝畏惧嫉恨各位叔父，唯恐他们在外制造祸患，就把他们全都聚集在建康，拘禁在殿内，殴打鞭笞欺辱，不再有人伦道德。湘东王刘彧、建安王刘休仁、山阳王刘休祐，长得都很肥壮，废帝就编了竹笼，把他们盛放起来放到秤上称量。刘彧最胖，就称为“猪王”，称刘休仁为“杀王”，刘休祐为“贼王”。又因为这三个叔父年纪较大，所以更讨厌他们，而且常常押着他们跟随着自己，不离左右。东海王刘祎品性顽劣，就称为“驴王”。桂阳王刘休范、巴陵王刘休若年纪还小，所以二人还可以自由。曾经在一个木槽里放上饭，里面又搅拌些杂食，在地上挖了一个坑，里面灌满泥巴、脏水，把刘彧剥光，放到泥坑里，让他用嘴吃槽子里的饭，以此来取笑。废帝前前后后十几次要杀了这三位叔父，每次都亏得刘休仁机智，谈笑之间，用谄佞阿谀的话去讨好，三人才得以苟延残喘，保住性命。

少府刘曚的妾怀孕即将临产，废帝就把她接到后宫，等到生下男孩后，就立为太子。刘彧曾经触怒过废帝，废帝就命令把刘彧剥光，捆住手脚，用一个木棍穿起来抬着，交给太官说：“今天杀猪。”刘休仁笑着说：“猪不该杀。”废帝问为什么，刘休仁说：“等到皇子生下来，再杀了猪，掏出肝肺来。”废帝这才息怒，说：“暂时交给廷尉处理。”经过一夜才放了刘彧。十一月十八日丁未，刘曚的妾生了一个儿子，废帝就称之为皇子，并为此下令大赦。与此同时，全国凡是有了儿子的都赐爵一级。

废帝又因为太祖刘义隆、世祖刘骏在兄弟中都排行在三，而江州刺史晋安王刘子勋也是排行老三，所以很讨厌刘子勋。又由于何迈事件，命令侍从朱景云给刘子勋送去毒药，命刘子勋自杀。朱景云走到湓口，故意停下不再前进。刘子勋的典签谢道迈、主帅潘欣之、侍书褚灵嗣听说后，立即飞马去报告长史邓琬，哭着请求邓琬想个办法。邓琬说：“我是南方的寒门子弟，承蒙先帝大恩，把爱子托付给我，我怎么可以顾惜自家的性命而不以死相报呢！幼主昏庸残暴，国家危在旦夕，虽称是天子，实际上也不过是个独夫。现今，我就率领文武官员直接前去京城，和各位公卿朝臣一起废了这个昏君，另立明主。”

十一月十九日戊申，邓琬声称受刘子勋指派，令部下实行戒严。刘子勋也是全副武装，出来主持，召集僚属，然后让潘欣之口述刘子勋旨意。看四座没有反应，录事参军陶亮首先出来，请求做前锋，其余将士也都响应起来。于是，刘子勋任命陶亮为谘议参军，领中兵，总管军事；功曹张沈为谘议参军，统领制造船只；南阳太守沈怀宝、岷山太守薛常宝、彭泽令陈绍宗等为将帅。

当初，废帝命荆州抓捕前军长史、荆州行事张悦，押送建康，走到湓口时，邓琬宣称奉刘子勋之命，放了张悦，接着又用自己的坐车迎接张悦，任命为司马。张悦是张畅的弟弟。邓琬和张悦二人共同掌管内外事务，派将军俞伯奇率领五百士卒前去切断大雷道路，禁止商人、旅行往来者以及办理公私事情的人通行。又派遣使者去各个郡招收兵力，征集武器，十多天之内，就征召了五千带甲士卒，驻守大雷，在大雷两岸构筑工事。又任命巴东、建平二郡的太守孙冲之为谘议参军，兼领中兵参军，和陶亮一起统领前锋部队，发布文告，号召远近各郡响应。

十一月二十九日戊午，废帝召集所有妃子、公主排列在自己面前，然后强迫左右侍从侮辱她们。南平王刘铄的妃子江氏不从命，废帝大怒，杀了江氏的三个儿子：南平王刘敬猷、庐陵王刘敬先、安南侯刘敬渊，抽了江氏一百鞭。

（以上为第六段，写前废帝刘子业的种种暴行，在死亡的路上渐行渐远，把诸位叔父刘彧等当作猪狗一样看待，把三弟刘子勋当作劲敌，予以赐死，激起反叛。）

在这之前，民间讹传说湘中要出天子，所以，废帝打算南巡荆州、湘州，以压制这种灾难。第二天天亮，想先杀了湘东王刘彧，然后出发。

当初，废帝杀了很多文武官属，所以他害怕臣属们谋害自己，又因为直閤将军宗越、谭金、童太一、沈攸之等人武勇有力，就把他们提拔起来做爪牙，赏赐的美女、金帛，多得塞满他们家宅。宗越等人在朝廷保护废帝已有很长时间，被大家所畏服，都为废帝尽心尽力。废帝倚仗他们，更加无所忌惮、有恃无恐、无所不为，使宫内外人心为之骚动。左右的宿卫将士也都有背叛之心，只是害怕宗越等人，所以没敢发动。此时，刘彧等三王被幽禁已经很久了，不知道该怎么办。湘东王刘彧的主衣会稽人阮佃夫、内监天兴人王道隆、学官令临淮人李道儿，同直閤将军柳光世以及废帝侍从、琅邪人淳于文祖等一起图谋杀废帝。废帝因为册封皇后的缘故，就调各王府宦官入宫帮忙。刘彧的侍从钱蓝生也在其中，刘彧就暗中命令钱蓝生观察废帝的动静。

在这之前，废帝出游华林园竹林堂时，命令宫女赤身裸体相互追逐、嬉笑，有一宫女拒不从命，就杀了她。夜里，废帝梦见自己在竹林堂，有一个女子骂道："皇帝悖逆不道，活不到明年小麦成熟的时候。"废帝在宫中找到一个和自己梦中所见模样相仿的女子杀了。夜里，又梦见了所杀的女子骂道："我已经向上帝控诉你了！"

这时巫师巫婆们都说竹林堂里有鬼。这天中午过后，废帝从华林园出来，建安王刘休仁、山阳王刘休祐和会稽公主一并跟随，湘东王刘彧一人在秘书省里，未被征召，心里越发担忧恐惧。

废帝一向讨厌主衣吴兴人寿寂之，一见便咬牙切齿，阮佃夫把密谋告诉了寿寂之和外监典事东阳人朱幼、细铠主南彭城人姜产之、细铠将晋陵人王敬则、中书舍人戴明宝，寿寂之等人一听，全都响应。朱幼在宫廷内外先做安排，让钱蓝生秘密向刘休仁、刘休祐报告。此时，废帝正打算南巡，心腹宗越等人也被允许回家准备行装，只有队主樊僧整防守在华林阁。柳光世和樊僧整是同乡，秘密邀请樊僧整参加，樊僧整一口答应下来，参与预谋有十几人。阮佃夫害怕力量太小，打算吸收更多的人参与，寿寂之说："筹谋的人过多，会泄露出去，不用那么多人。"这天晚上，废帝赶走所有的侍从、卫士，和一群女巫及宫女，约计几百人在竹林堂射鬼。射杀完毕，要演奏舞乐，寿寂之立刻抽刀来到废帝面前，姜产之跟在寿寂之后面，淳于文祖等人也都紧随其后。刘休仁听见路上有急切的脚步声，就对刘休祐说："事情已经开始了。"二人于是也相跟着奔到了景阳山。废帝看见寿寂之突然来到，就开弓射寿寂之，但没射中。宫女们全都向外逃散，废帝也跟着逃，大呼三声"寂寂"，寿寂之追上杀了皇帝。然后就向宿卫宣布："湘东王接受太皇太后的命令，铲除发狂的主上，现在已经平定。"殿省内的人，上下无不惶恐迷惑，不知是怎么回事。

（以上为第七段，写湘东王刘彧的主衣阮佃夫暗中联络寿寂之等人谋杀暴虐的前废帝刘子业，经过周密谋划，一举成功。）

刘休仁在秘书省看见了湘东王刘彧，随即称臣，把刘彧引到西堂，登上帝位，并且立即召见各位大臣。因为这件事来得太突然了，以至于湘东王连鞋都不知丢在哪儿了，只好光着脚来到西堂，头上还仍然戴着一顶黑帽子。等湘东王坐定后，刘休仁立刻喊主衣换一顶白帽。又下令准备好羽林仪仗队，虽然还没有登基即位，但所有的事情都用命令方式执行。接着，就开始宣称奉太皇太后令，列举废帝的罪行，命令湘东王刘彧继承帝位。等到天明，宗越等人才进宫。湘东王对他们好言安抚、极为宽厚。废帝的同母弟弟、司徒、扬州刺史、豫章王刘子尚，顽劣残暴，很有哥哥的风气。十一月三十日己未，湘东王又以太皇太后的名义，赐刘子尚和会稽公主刘楚玉自杀。建安王刘休仁等这才得以出宫，回到了自己的家。湘东王下令把在狱中的谢庄释放。废帝的尸体仍然放在太医阁前。蔡兴宗就对尚书右仆射王彧说："此人虽然凶残暴虐，也还是做过天下之主，应该举行个简单的葬礼。如果一直这样放着，四海之内肯定会有投机者趁机起事。"于是将废帝葬在秣陵县南部。

当初，湘东王母亲沈婕妤死得早，路太后抚养了湘东王。湘东王对路太后也很恭谨小心，路太后也很疼爱湘东王。湘东王杀了废帝，打算安慰路太后的心，下令任命路太后的侄儿路休之为黄门侍郎，路茂之为中书侍郎。

刘宋论功行赏，寿寂之等十四个人都分别被封为县侯、县子。

十二月初一日庚申朔，刘宋任命东海王刘祎为中书监、太尉，提升镇军将军、江州刺史、晋安王刘子勋为车骑将军、开府仪同三司。十二月初四日癸亥，任命建安王刘休仁为司徒、尚书令、扬州刺史，山阳王刘休祐为荆州刺史，任命桂阳王刘休范为南徐州刺史。十二月初六日乙丑，改封安陆王刘子绥为江夏王。

十二月初七日丙寅，湘东王刘彧登基即位，宣布大赦，改年号。废帝制定的一些荒唐的法规和封赏全都废除。

十二月十一日庚午，宋明帝任命右卫将军刘道隆为中护军。刘道隆受废帝宠信，曾经无礼于建安太妃。建安王刘休仁请求辞职，于是，明帝命刘道隆自杀。

宗越、谭金、童太一等人虽然被宋明帝抚慰，内心惴惴不安。明帝也不想让他们继续待在宫里，就私下对他们说："你们遇到这样凶狠残暴的皇帝，辛苦这么久了，应该有个休养的地方。国内实力强盛的大郡，由你们随便选择。"宗越等人已疑心自身难保，听完这话，相顾失色，就在一块筹划叛乱，计划告诉了沈攸之。沈攸之听后，立刻报告了朝廷。于是，宋明帝下令逮捕宗越等人，投入狱中处死。而沈攸之却重新被召入任直阁将军。

十二月十二日辛未，刘宋改封临贺王刘子产为南平王，晋熙王刘子舆为庐陵王。

十二月十三日壬申，刘宋任命尚书右仆射王景文为尚书仆射。王景文就是王彧，因避讳皇帝刘彧的名字，所以就用字称呼。

十二月十六日乙亥，刘宋追尊沈太妃为宣太后，陵园称为崇宁。

当初，豫州刺史、山阳王刘休祐入朝，让长史、南梁郡太守殷琰代理府州事。等到刘休祐被迁至荆州任职，就任命殷琰为督豫、司二州诸军事，豫州刺史。

有关部门奏请，路太后应该恢复以前的称号，迁到外宫居住，明帝没有批准。十二月十九日戊寅，尊路太后为崇宪皇太后，住在崇宪宫里，一切供奉和礼仪，和原来没有两样。又立王妃王氏为皇后。王皇后是王景文的妹妹。

（以上为第八段，写湘东王刘彧即位为刘宋皇帝，进行了一系列的处置，立即处死前废帝刘子业的同母弟妹；恢复路太后的称号，将寿寂之等十四人封为王侯。）

刘宋废除二铢钱，禁止使用鹅眼钱和綖环钱，其余的钱币仍然允许使用。

江州官员得到宋明帝下达的命令后，都很高兴，一起去造访邓琬说："暴君已被铲除，殿下又开黄阁，这实在是件公私都该庆祝的事。"邓琬却认为，晋安王刘子勋在兄弟排行中是老三，而寻阳起兵，和孝武帝刘骏当初的情形是一样的，大事一定成功。他就拿过命令扔在地上说："殿下应该打开端门，开黄阁是我们的事。"众人一听，大吃一惊。邓琬更加积极地和陶亮整治武器铠甲，向四方征兵。

袁顗到了襄阳后，就立刻同谘议参军刘胡一起整治修缮兵器，拣选收集士兵，谎称奉太皇太后的命令，让大家起兵。竖起大旗，急传文告，向各州郡发出檄文；又表奏刘子勋，劝说刘子勋登基称帝。

十二月二十二日辛巳，刘宋改命山阳王刘休祐为江州刺史，荆州刺史、临海王刘子顼还留任原职。

在此之前，废帝曾任命邵陵王刘子元为湘州刺史，中兵参军沈仲玉为道路行事，走到鹊头时，听说寻阳已起兵，就不敢再往前走了。邓琬派几百士卒去劫持，又让刘子勋在桑尾竖起大旗，把檄文送交到建康，声称："我立志遵奉传统，罢黜愚昧，拥戴贤明。"又骂明帝："假传太皇太后命令，害死至亲道德高尚的人，篡夺了皇帝的宝座，违背祖宗，孤立兄弟。我们兄弟虽然弱小，可还有十三个人，祖宗的圣魂有什么过失，而竟要断绝他们的祭享？"

郢州刺史安陆王刘子绥接到刘子勋第一次发来的文告时，打算进攻废帝。听说废帝已死，也就下令解除武装，停止招兵买马。不久又听说江州、雍州仍然在招兵买马，郢州行事荀卞之大为恐惧，就派遣谘议、领中兵参军郑景玄率领众军迅速赶来，并运送军用粮秣。荆州行事孔道存拥奉刺史临海王刘子顼，会稽将佐拥奉太守、寻阳王刘子房，全都起兵响应刘子勋。

（以上为第九段，写湘东王刘彧即位为帝后，各地欲起兵反对前废帝的军队却又孕育着反对刘彧的暴风雨。）

【点评】

宋废帝之乘戾。宋废帝的举止极为怪异乖戾，这和他年幼时就急躁粗暴的个性有关。为山阴公主置面首三十人就已经非常乖背人伦，又把刘曚小妾所生的儿子作为自己的儿子；又将诸位妃子、公主排列于面前，让左右随意奸污她们，岂不是令人发指；将刘彧扒光了衣服，想要像杀猪一样杀了刘彧，岂不是胡作非为！也不是没有人劝谏，废帝知道沈庆之会来劝谏，就想办法让他来不了宫殿。皇帝拥有绝对的权力，谁也说服不了他，除非杀掉他，实在没有别的办法。倒行逆施终于激起众怒，身边的人刺杀了宋废帝。湘东王刘彧在混乱之中登上皇帝宝座。

宋纪十三

宋明帝泰始二年（公元466）

【柔兆敦牂（丙午，公元466年），凡一年】

【大事提要】

本卷记事公元466年，凡一年，当刘宋明帝泰始二年。本卷所载大事，南朝刘宋大事一件，掌握江州实权的长史邓琬拥立刘宋孝武帝第三子刘子勋即帝位，年号义嘉。文帝系诸王和孝武帝系诸王夺帝位斗争由此展开。北朝北魏大事三件：其一，胡太后设计诛杀乙浑，临朝称制，重用高允、高闾、贾秀等汉人官员治理政务。其二，高允建议设立郡学，并制定整套方案，设博士，助教等。其三，刘宋与北魏交战于徐州，刘宋败于北魏。

太宗明皇帝上之下

宋明帝泰始二年（丙午，公元466年）

春季，正月初一日己丑朔，北魏宣布大赦，改年号天安。

正月初五日癸巳，刘宋征召会稽太守寻阳王刘子房任抚军将军，命巴陵王刘休若接替刘子房的职位。

正月初六日甲午，刘宋内外戒严。任命司徒建安王刘休仁为都督征讨诸军事，命车骑将军、江州刺史王玄谟做副手。刘休仁驻军南州，任命沈攸之为寻阳太守，带兵驻扎虎槛。当时，王玄谟还没有出发，前锋部队共十路兵马，络绎相继到达前线。每天晚上，各军营用自己的号令，谁也不听谁的。沈攸之对众将领说："现今各军营的号令不同，如果有农夫、渔夫夜里互相喊叫，便可能引起军中的惊慌，发生混乱，这是取败之道。建议以一个军营的号令作为全军的号令。"众将领都同意。

邓琬以上天显示的种种祥瑞为借口，诈称接到路太后的密诏，率领各将领、僚佐等向晋安王刘子勋奉太上皇帝尊号。正月初七日乙未，刘子勋在寻阳登基称帝，改年号为义嘉。任命安陆王刘子绥为司徒、扬州刺史，寻阳王刘子房、临海王刘子顼，都加封为开府仪同三司，还任命邓琬为尚书右仆射，张悦为吏部尚书，加封袁觊为尚书左仆射。其他各将领、僚佐以及各州郡等地方长官，按等级加官晋爵。

（以上为第一段，写湘东王即位为帝，着手平定州郡；而邓琬则拥立孝武帝刘骏第三子刘子勋即帝位，改年号为义嘉，爆发了一场旷日持久的内乱。）

正月初八日丙申，刘宋任命征虏司马申令孙为徐州刺史。申令孙是申坦的儿子。在义阳建立司州府，提升义阳内史庞孟虯为司州刺史。

徐州刺史薛安都，冀州刺史清河人崔道固，都起兵响应寻阳。宋明帝向青州刺史沈文秀征兵，沈文秀派遣将领刘弥之等率军赶赴建康。正逢薛安都派人邀请沈文秀，沈文秀于是改命刘弥之中途去接应薛安都。济阴太守申阐据守睢陵，效忠建康。薛安都派遣侄儿直閤将军薛索兒和太原太守清河人傅灵越等攻打申阐。申阐是申令孙的弟弟。薛安都的女婿裴祖隆驻守下邳，刘弥之到达下邳后，带着部众，效忠于建康，袭击裴祖隆。裴祖隆战败，会同征北参军垣崇祖逃奔彭城。垣崇祖是垣护之的侄儿。刘弥之的同族人北海太守刘怀恭、侄儿刘善明都起兵响应刘弥之。薛索兒知道后，放弃对睢陵的攻击，发兵转攻刘弥之。刘弥之战败，逃到北海据守。申令孙前进据守淮阳，请求薛索兒允许投降。庞孟虯也背叛了朝廷，起兵响应寻阳。

宋明帝征召寻阳王长史、代理会稽郡事孔觊为太子詹事，另派平西司马庾业接替孔觊的职位，又派都水使者孔璪到东方各郡慰劳。孔璪游说孔觊："建康力量虚弱，不如以所管辖的东方五个郡来响应袁、邓。"孔觊遂发兵，宣布拥护寻阳。吴郡太守顾琛、吴兴太守王昙生、义兴太守刘延熙、晋陵太守袁标都占据郡城响应。宋明帝又命庾业接替刘延熙为义兴太守，庾业走至长塘湖，就与刘延熙会合。

益州刺史萧惠开，听到晋安王刘子勋起兵，召集将领对大家说："湘东王是太祖的儿子，晋安王是世祖的儿子，无论哪一个继承皇位，都没什么不合法的。但废帝刘子业虽然昏暴，本是世祖的后嗣，虽不胜任国事，却还有很多弟弟。我受世祖的恩宠，应当遵奉九江晋安王刘子勋。"于是就派遣巴郡太守费欣寿带领五千人东下。这时，湘州行事何慧文、广州刺史袁昙远、梁州刺史柳元怙、山阳太守程天祚都归附刘子勋。柳元怙是柳元景的堂兄。

（以上为第二段，写建安王刘子勋与明帝刘彧争夺帝位，一个是文帝之子，一个是孝武帝之子，都有合法的继承权，各地举兵响应刘子勋，声势浩大。）

这一年，刘宋各地的贡品和上计都送往寻阳。朝廷所保有的，只剩下丹杨、淮南等几个郡，而这几个郡中又有很多县起兵响应刘子勋，东线的反朝廷军队已到达永世，朝廷惊恐危急。宋明帝召集群臣讨论成败。蔡兴宗说："当今，几乎举国一起反叛，应该镇静，以诚待人。叛臣的亲戚，很多在宫廷或朝廷任职，如果绳之以法，我们就会立刻土崩瓦解。应该强调父子兄弟之间，犯罪互不株连的大义，民心安定之后，将士才能有斗志。朝廷的六军精练勇猛，武器犀利，用来对付没有经过训练的部队，形势相差很多，请陛下不要忧虑。"宋明帝认为蔡兴宗的分析有道理。

建武司马刘顺劝说豫州刺史殷琰，让殷琰响应寻阳政权。殷琰因家人都在建康，没有答应。右卫将军柳光世从朝廷逃出来，投奔彭城，路过寿阳，说建康一定保不住。殷琰相信柳光世的判断，而且，殷琰一向没有自己的部曲，受到当地的豪族、前任右军参军杜叔宝等人的挟持，不得已归顺刘子勋。殷琰任命杜叔宝为长史，里里外外一切军事要事，都由杜叔宝独断专行。宋明帝对蔡兴宗说："各地的叛乱，还没有平息，殷琰又起兵附逆，近日来人情如何？事情能够成功吗？"蔡兴宗说："谁是叛逆，谁是正统，我不必分辨。现今，商贸旅行断绝。可是粮食丰富，米价便宜。四面八方风起云涌，而民心反而更加安定。由此预测，动乱一定可以平息。我所担忧的不是眼前，而是未来，正如羊祜所说的：'夺取胜利之后，才更要劳烦陛下多多思虑。'"宋明帝说："正像你所说的！"宋明帝知道殷琰归附寻阳政权并非本意，于是对殷琰留在建康的家人特别安抚厚待，招引他们重新归顺。

汝南、新蔡二郡太守周矜，在悬瓠起兵宣布效忠建康。袁颛引诱周矜的司马、汝南人常珍奇活捉周矜，将其斩首。于是任命常珍奇接任太守。

宋明帝派冗从仆射垣荣祖回徐州游说薛安都。薛安都说："如今，建康势力范围，不到百里地，无论攻城还是野战，都可以在拍手大笑中取胜。而且，我不想辜负孝武皇帝。"垣荣祖说："孝武皇帝的行为，足以留下祸殃。现今虽然天下响应，不过是加快灭亡的速度，不可能有什么作为。"薛安都不接受，反而留下垣荣祖任职。垣荣祖是垣崇祖的堂哥。

兖州刺史殷孝祖的外甥司法参军葛僧韶，请求征召殷孝祖来京朝见，宋明帝派葛僧韶前往。当时，薛索兒驻军各渡口和各要道，葛僧韶绕小路北上，才得以到达，劝说殷孝祖说："废帝刘子业凶暴疯狂，自从开天辟地以来，从未有过。朝野面临崩溃，人人生命危在旦夕。主上翦险凶暴，重建天下。国家混乱，朝廷危急，应该拥护年长者为君王。想不到众人迷惑，互相煽动，无缘无故地制造事端，贪利于年幼无知，各有各打算。假使上天帮助叛逆，坏人如愿以偿，而主上年幼，时势艰难，权柄不能集中，兵变事变不断发生，天下之大，岂有容身之地！舅父自小就有建功立业的大志，如能率领济水一带的义勇将士，回京保卫朝廷，不但可以扶助君王平定叛乱，而且可以名垂青史。"殷孝祖详细询问了朝廷的情况，葛僧韶随机应变，陈述士卒强壮，武器精良，主上准备任命殷孝祖为前锋总领。殷孝祖当天就把妻子儿女留在瑕丘，率文武官员及士卒两千人，随同葛僧韶返回建康。此时，所有的郡县都归附寻阳政权，朝廷所保留的仅丹杨一郡。而永世县令孔景宣，也在这时背叛。义兴军队将要到达延陵，建康内外忧虑惊恐，大家都想逃走。正在此时，殷孝祖忽然到达，部队浩浩荡荡，而且都是北方及荆州的精壮战士，人心大为安定。正月十六日甲辰，刘宋提升殷孝祖为抚军将军、持节、都督前锋诸军事。派殷孝祖进驻虎槛，恩宠赏赐十分优厚。

当初，宋明帝派遣东平人毕众敬到兖州招兵买马，经过彭城时，薛安都以利害关系说服毕众敬，还假借皇上的诏书，任命毕众敬管理兖州事务，毕众敬接受。殷孝祖让司马刘文石据守瑕丘，毕众敬率军袭击，杀了刘文石，薛安都一向与殷孝祖有矛盾，命令毕众敬把殷孝祖所有儿子全部杀掉，兖州全境全部归附毕众敬。只有东平太守申纂据守无盐，不听从。申纂是申钟的曾孙。

（以上为第三段，写举国绝大部分郡县都拥护刘子勋政权，建康朝廷孤危，蔡兴宗冷静分析形势，提出以静制动方略；殷孝祖率领部队到建康，人心开始安定。）

正月十二日丙午，宋明帝亲自统率全军到中堂驻扎。正月十七日辛亥，任命山阳王刘休祐为豫州刺史，指挥辅国将军彭城人刘勔、宁朔将军广陵人吕安国等各路人马，向西讨伐殷琰。命令巴陵王刘休若指挥建威将军吴兴人沈怀明、尚书张永、辅国将军萧道成等各路人马，向东讨伐孔觊。当时，建康的许多将领是东方各郡人士，父子兄弟全都投靠了孔觊。宋明帝送他们出征时，宣布说："朕正在推行皇家恩德，减轻刑罚，使父子兄弟之间的罪行，互不株连，是护佑朝廷，还是跟随叛逆者，都以你自己的行为作判断标准。你们要理解朕的用意，不要替亲戚担忧。"军心为此欢欣鼓舞，凡是叛党留在建康的亲属，都让他们像过去那样，保持原来的官职。

正月十八日壬子，刘宋路太后去世。

孔觊派将领孙昙瓘等驻军晋陵九里，军容盛大。建康将领沈怀明抵达奔牛，率领的军队人数很少，修筑堡垒固守。张永前进到曲阿，不知道前方的沈怀明胜败如何，不敢再进，而民心又惶恐，张永便退回延陵，与巴陵王刘休若会师，所有将领都劝刘休若撤退到破冈据守。这天，天气严寒，狂风卷起大雪，池塘堤岸崩裂，军心动摇。刘休若下令："有敢说撤退者，斩首。"军心才稍稍安定，于是兴筑营垒，士卒得以解甲休息。不久，接到沈怀明报告，知道敌人仍然停止不前，军主刘亮又前来增援，兵力转强，人心终于安定。刘亮是刘怀慎的侄孙。

殿中御史吴喜，以主事的官职侍奉世祖，逐渐升到河东太守之职。到了这时，请求调给精锐部队三百人，到东战场去效命。宋明帝暂时任命吴喜为建武将军，在羽林禁卫军中挑选勇士配备给吴喜。有人认为："吴喜是个拿笔杆子的文官，从来没有当过将领，不可派遣。"中书舍人巢尚之说："当年，吴喜曾跟随沈庆之，屡次出征，性情勇敢果决，见惯疆场阵战，如果能起用，一定会有战绩，大家议论纷纷，都是由于不识人才。"于是派遣了吴喜。吴喜过去曾任过朝廷的使节，多次去过东方吴地。性情宽厚，所到过的地方，民众对吴喜都很怀念，因此听到吴喜来，都闻风投降解散，所以吴喜所到之处，总能战胜，传出捷报。

永世人徐崇之攻打孔景宣，杀了孔景宣，吴喜任命徐崇之代理永世县令。吴喜抵达国山，遇到东战场的叛军，进攻并把敌人打得大败。从国山推进到吴城驻扎，叛军刘延熙派将领杨玄等抵抗，吴喜兵力较弱，杨玄兵力强大，吴喜奋勇攻击，杀了杨玄，进逼义兴。刘延熙立木栅拒马，阻断长桥，自保郡城。吴喜修筑营垒，同刘延熙对峙。

庾业在长塘湖夹湖口两岸修筑城堡，部队有七千人，与刘延熙遥相呼应。沈怀明、张永与据守晋陵的东战场叛军正面对峙，很长时间不能决出胜负。皇宫外监朱幼推荐司徒参军督护任农夫骁勇胆大。宋明帝配给任农夫四百人，让其增援东战场。任农夫自延陵出发，攻击长塘湖，庾业筑城还没有完工，任农夫率军急行挺进，奋力作战，大破庾业军。庾业放弃城堡，逃回义兴。任农夫接收遗留下来的武器、船只，向义兴进军，增援吴喜。二月初一日己未朔，吴喜渡水攻打义兴城池，同时派出军队，分别攻打其他营垒。吴喜站在高处指挥，像是指挥很多军队同时进攻的样子。义兴城大为恐惧，各营垒霎时崩溃，刘延熙投河自杀，于是攻克义兴。

北魏丞相太原王乙浑，专制独裁，许多人被诛杀。安远将军贾秀掌管吏曹事务，乙浑多次告诉贾秀，想办法封贾秀的妻子为公主，贾秀说："公主怎么能是异姓的女儿所应该称呼的！我宁肯今日去死，也不可为后世讥笑。"乙浑大怒，骂道："老奴官，死抠门！"正巧，侍中拓跋丕控告乙浑谋反，二月初二日庚申，冯太后下令逮捕乙浑，把乙浑斩首。贾秀是贾彝的儿子。拓跋丕是皇族祖先烈帝的玄孙。冯太后主持朝政，代皇帝行使职权。把中书令高允、中书侍郎高闾及安远将军贾秀引进中枢机构，共同参与朝政。

（以上为第四段，写刘宋朝廷派殿中御史吴喜东攻，安定吴地；北魏冯太后斩杀权臣乙浑，主持朝政，重用贤臣中书令高允、中书侍郎高闾、安远将军贾秀等。）

沈怀明、张永、萧道成等驻防九里以西的地方，与东战场军队僵持。东方军听到义兴战败，都非常惊恐。宋明帝派积射将军济阳人江方兴、御史王道隆前往晋陵，视察东战场形势。孔觊的部将孙昙瓘、程扞宗修筑五个城堡，互相连接。程扞宗城堡的泥土还没有凝固的时候，王道隆与各位将领谋划说："程扞宗的城堡尚未完成，正是下手的良机，上符圣旨，下振士气。"二月二十七日辛酉，王道隆率各将领发动急攻，攻克城堡，杀了程扞宗。张永等乘胜进攻孙昙瓘等。二月二十八日壬戌，孙昙瓘等大败，与晋陵袁标一起弃城逃跑。晋陵被攻克。

吴喜军队到达义乡。孔璪驻防吴兴南亭，吴兴太守王昙生到孔璪处商议事情。孔璪听说建康官军逼近，从床上跌下来，说："悬赏捉拿的就是我，今天再不赶快逃走，就要被活捉。"于是与王昙生投奔钱唐。吴喜进入吴兴。任农夫率军进攻吴郡，顾琛也弃郡投奔会稽。皇上因四郡都已平定，便命吴喜率领沈怀明等诸将领继续东征，攻打会稽，命张永等北上，攻打彭城；命江方兴等南下，攻打寻阳。

宋明帝任命吏部尚书蔡兴宗为左仆射，侍中褚渊为吏部尚书。

二月初九日丁卯，吴喜到达钱唐，孔璪、王昙生逃往浙东。吴喜派强弩将军任农夫等，率军奔向黄山浦，东军沿岸安营扎寨，任农夫等攻击，打败了东军。吴喜自柳浦渡水，攻下西陵，斩庾业。会稽人心恐惧，将领士卒大多逃亡，孔觊不能制止。二月二十日戊寅，上虞县令王晏起兵攻击郡城，孔觊逃往嶀山，车骑从事中郎张绥，查封州府仓库，等待吴喜。二月二十一日己卯，王晏入城，杀张绥，在其他官署中逮捕寻阳王刘子房，放纵士兵，大肆抢劫，官府仓库全被抢空。抓获孔璪，斩首。二月二十二日庚辰，嶀山村民捆绑孔觊，送给王晏。王晏对他说："这次事情都是孔颛策划的，与你并不相干，只要你写一份自首状书，我当替你向上面申诉。"孔觊说："东战场发号施令，都由我一人做主，把责任推给别人，自己求得活命，那是你这种人才做得出来。"王晏于是斩孔觊。顾琛、王昙生、袁标等人都向吴喜投降，请求处分，吴喜都予以宽大处理。东战场军官共七十六人，作战阵亡的有十七人，其他的人都得到宽恕。

（以上为第五段，写刘宋将领吴喜率领精锐部队攻打东军，一路势如破竹，迅速平定浙东地区，控制钱塘，为明帝刘彧消灭寻阳刘子勋政权奠定了坚实的基础。）

薛索兒围攻申阐，久攻不克。薛索兒派申令孙入睢陵城说服申阐，申阐出来投降。薛索兒把申令孙、申阐一并杀掉。

山阳王刘休祐，驻防历阳，辅国将军刘勔进军小岘。殷琰委任的南汝阴太守裴季之，献出合肥前来投降建康朝廷。

邓琬昏庸，人品卑劣，贪财而又吝啬。掌握大权之后，父子二人卖官鬻爵，派家中的婢女奴仆到市场上贩卖货物。畅饮狂歌，日夜不停。傲慢自大，不可一世，宾客上门求见，有达十天之久见不到面的。内部事务全部委托中书舍人褚灵嗣等三人，这一群卑劣小人，横行霸道，竞相作威作福。这时官员百姓无不忿怨，内外都与他离心。

邓琬命孙冲之任前锋，率龙骧将军薛常宝、陈绍宗、焦度等部队一万人作为前锋，进驻赭圻。孙冲之在行军途中上疏给晋安王刘子勋说："船只已准备妥当，粮秣武器已配备齐全，三军踊跃，人人争先恐后。现今就要张满篷帆，直取白下。请速命陶亮率兵马随后接续，分别占领新亭、南州，一次攻击即可平定。"刘子勋加授孙冲之为左卫将军，任命陶亮为右卫将军，指挥郢、荆、湘、梁、雍五个州的部队，共计两万人，同时东下。陶亮本无谋略才干，听说建安王刘休仁亲自逆江而上，殷孝祖又随后赶到，便不敢前进，驻扎在鹊洲。

殷孝祖自负其最为忠心，侵侮作践其他将领，建康军中有父子兄弟在寻阳政权辖区的，殷孝祖打算都逮捕审判，由此而军心涣散，将士愤懑，不为所用。宁朔将军沈攸之，对内安抚官兵，对外同其他将领和睦相处，大家十分信赖。殷孝祖每次出战，常常携带云盖和战鼓，军中都互相说："殷孝祖可谓'死将'，跟敌人作战，却带着豪华的仪仗队，如果挑出十个射箭能手，同时射箭，想不死，怎么可能呢？"三月初三日庚寅，水陆并进，攻打赭圻。陶亮等率军前来增援，殷孝祖在交战中被流箭射中，阵亡。军主范潜率五百人投降陶亮，军心震惊，人们都说沈攸之应该接替殷孝祖的指挥权。

（以上为第六段，写刘宋朝廷与刘子勋政权的形势发生逆转，刘子勋政权主帅邓琬昏庸贪财，人品卑劣，不得人心；刘彧的将领沈攸之与士卒同心，备受信赖。）

当时，建安王刘休仁驻军虎槛，派宁朔将军江方兴、龙骧将军襄阳人刘灵遗各率三千人马，前往赭圻。沈攸之认为殷孝祖既已阵亡，陶亮等一定会乘胜进攻，第二天如果再不主动发起攻势，就会向敌人暴露出自己力量薄弱。江方兴的名望和地位跟自己相等，绝不可能受自己的指挥。而军事行动不能统一，是导致失败的原因。于是，就率部下各将领拜访江方兴，说："现今，四面八方都起兵叛乱，朝廷所占据的不过百里之地。朝廷所依赖的也只有殷孝祖一人，不料，刚刚兵戈相接，殷孝祖就载着尸体返回，文武官员全都沮丧，朝野人士提心吊胆。大事能否成功，只看明天一战。如果战而不胜，大事就去了。有关明天的作战，将领中有人说应该由我指挥，可是我自问魄力不够，才能和谋略都不如你。所以我们现今打算推举你为统帅，大家同心协力。"江方兴十分喜悦，满口承诺。沈攸之告辞出来，各将领抱怨沈攸之，沈攸之说："我只希望拯救国家，岂能计较官职高低！而且我能处在江方兴之下，江方兴却一定不肯处在我之下，怎么可以自相争斗高下呢？"

孙冲之对陶亮说："殷孝祖是一员悍将，一战就能杀死，天下大事已经定了，不必再战，现今就应该直接进攻京都。"陶亮不同意。

三月初四日辛卯，江方兴率领各将领进攻，建安王刘休仁又派军主郭季之、步兵校尉杜幼文、屯骑校尉垣恭祖、龙骧将军济北人顿生、京兆人段佛荣等三万人前去增援助战。自凌晨厮杀到中午，大破东军，向北追击到姥山而回。杜幼文是杜骥的儿子。

东军孙冲之在巢湖口和白水口修筑两座城池，军主竟陵人张兴世进攻并攻克。

三月初五日壬辰，刘宋颁布诏书提升沈攸之为辅国将军、假节，接替殷孝祖的督前锋诸军事。

陶亮听到巢湖口、白水口失守的消息，大为恐惧，急令孙冲之撤回鹊尾，而留薛常宝等驻防赭圻。在此之前在姥山及各山冈修建的营垒要塞，也分别解散撤回，共同保卫浓湖。

当时，战乱四起，朝廷财源不足，号召民众捐钱捐粮，依照捐献多少，分别任命他们担任荒凉偏远地区的郡守、县令以及五品至三品的散官不等。

刘宋军中粮秣缺乏，建安王刘休仁安抚军心，鼓励将士，平均分配物品，哀悼死者，慰问伤员，休戚与共。所以十万大军，未曾离心。

邓琬派遣豫州刺史刘胡率领三万人，铁骑兵两千人，东行进驻鹊尾，加上原有士卒，共十余万人。刘胡是一员老将，勇敢而有谋略，屡次建立战功，将领、士卒都十分敬畏。司徒中兵参军冠军人蔡那的儿子和弟弟都在襄阳。刘胡每次作战，都将蔡那的儿子悬挂城外，蔡那照样猛烈攻击毫无顾忌。吴喜平定三吴之后，又率军队五千人，连同军用物品，向西增援刘休仁，进驻赭圻。

薛索兒率步、骑兵一万多人，自睢陵渡过淮河，进逼青、冀二州刺史张永的营寨。三月初九日丙申，宋明帝诏书命令南徐州刺史桂阳王刘休范统领北讨诸军事，进驻广陵，又命萧道成率兵援救张永。

（以上为第七段，写刘宋朝廷将领殷孝祖阵亡后，沈攸之从大局出发，推举江方兴统兵，取得胜利。叛首薛索兒率军渡淮，进逼青、冀刺史张永营，朝廷将领萧道成率兵援救。）

三月十一日戊戌，寻阳王刘子房由会稽押解到建康。宋明帝下令赦免，贬为松滋侯。

三月十三日庚子，北魏任命陇西王源贺为太尉。

宋明帝派遣宁朔将军刘怀珍率领龙骧将军王敬则等步兵、骑兵五千人，增援刘勔攻打寿阳，杀了庐江太守刘道蔚。刘怀珍是刘善明的侄儿。

中书舍人戴明宝向宋明帝推荐派军主竟陵人黄回招兵买马，杀了寻阳政权任命的马头太守王广元。

前任奉朝请寿阳人郑黑，在淮河流域起兵，响应建康，东拒寿阳的殷琰，西拒驻扎悬瓠的常珍奇。三月十八日乙巳，刘宋任命郑黑为司州刺史。

殷琰派部将刘顺、柳伦、皇甫道烈、庞天生等骑兵、步兵八千人，驻守东面的宛唐。刘勔率各路人马，同时并进，在距刘顺阵营数里处安营扎寨。当时殷琰所派各方军队统一由刘顺指挥。而因皇甫道烈原是当地的土豪，柳伦是朝廷派遣，刘顺出身卑微，所以不让刘顺统率这两支军队。刘勔刚到，营垒还没有筑成，刘顺想出击，可皇甫道烈、柳伦不同意，刘顺不能孤军出击，只好作罢。等刘勔筑营完成，已不能再攻，两军对峙坚守。

三月二十五日壬子，刘宋下令禁止用元嘉和孝建四铁钱，专用古钱。

沈攸之率领各路人马包围赭圻。薛常宝等粮食用尽，向刘胡求救。刘胡用布袋装米，绑在浮木和船舱上，假装船只翻覆，船底朝天顺流而下去接济薛常宝。沈攸之怀疑这么多翻船有异样，派人打捞翻船及木排，得了好多袋米。三月二十九日丙辰，刘胡率领步兵一万人，趁着黑夜，开山凿道，用布袋装米，运送给赭圻。天亮时，来到赭圻城下，还隔着一条小沟，进不了城。沈攸之率领各军截击，拼死战斗，刘胡大败，丢粮弃甲，沿山逃走，被杀被抓的很多。刘胡受伤，只身回营。薛常宝等惊慌恐惧，夏季，四月初四日辛酉，开城门突围，逃回刘胡军营。沈攸之攻破了赭圻城，杀了宁朔将军沈怀宝等，接受降军数千人。陈绍宗乘一只小船逃走投奔鹊尾。建安王刘休仁从虎槛进驻赭圻。

刘胡的兵力仍然十分强大，宋明帝想安抚军心，派吏部尚书褚渊前往虎槛，征选提拔有功将士。由于有战功而被封官的人多，以至任命版不够用，开始用黄纸。

（以上为第八段，写刘宋朝廷平叛形势逐步好转，名将沈攸之攻下重镇赭圻；明帝刘彧欲抚慰人心，大肆封赏有功之人，书写任命的方版不足而改用黄纸。）

邓琬根据晋安王刘子勋的命令，征召袁顗下寻阳。袁顗率领雍州所有兵将急行军南下。邓琬任命黄门侍郎刘道宪掌管荆州，任命侍中孔道存掌管雍州。上庸太守柳世隆，乘襄阳空虚，发动攻击，没有攻克。柳世隆是柳元景的侄儿。

散骑侍郎明僧暠起兵，攻打青州刺史沈文秀，以响应建康。四月二十五日壬午，任命明僧暠为青州刺史。平原、乐安两郡太守王玄默占据琅邪，清河、广川两郡太守王玄邈占据盘阳城，高阳、勃海两郡太守刘乘民占据临济城，全都起兵响应建康。王玄邈是王玄谟的堂弟，刘乘民是刘弥之的侄儿。沈文秀派部将解彦士攻击并攻克北海，杀了刘弥之。刘乘民的堂弟刘伯宗，集结地方武装，再夺回北海，接着，便攻打青州州府所在地东阳城。沈文秀抗拒，刘伯宗战死。明僧暠、王玄默、王玄邈、刘乘民合兵攻打东阳城，每次攻击都被沈文秀击败，士兵被打散又重新集结再攻，这样反复十余次，最后还是不能攻克。

杜叔宝认为官军驻扎历阳，不能马上向前推进，刘勔等人到达后，历阳部队上下惊恐震动。部将刘顺等开始东下驻防宛唐，只带一个月的粮食，跟刘勔相持不下，粮食吃完了。杜叔宝派运输车一千五百辆，装满米送给刘顺，亲自率五千精兵押送。吕安国得到消息，就对刘勔说："刘顺拥精甲八千，我们的兵力不到刘顺的一半。相持的时间一长，强弱的差距将会更大，再拖延下去，不能自存。希望的是对方的粮食将要枯竭，我们的粮食还有余。若是让杜叔宝的米运到，我们不但难以打胜仗，而且也难以久守。现今只有从小道出发，袭击他们的运米车队，出其不意，如果能摧毁对方，那么他们便会不战而走。"刘勔认为说得对，选精兵一千人配备给吕安国和龙骧将军黄回，令他们从小路绕到刘顺的背后，在横塘包抄刘顺。

吕安国出发时，仅带两天熟食。熟食吃光，还不见杜叔宝到来，将士们纷纷要求回军，吕安国说："你们早上已吃过一顿。依我看，今晚运米车队不会不来，如果不到，我们夜里撤退，也为时不晚。"杜叔宝果然到来，米车布成"函箱阵"，杜叔宝在函箱阵外游动防护。幢主杨仲怀率五百人在车队前开路。吕安国、黄回等发动袭击，杀了杨仲怀，连同杨仲怀的部下全部斩尽。杜叔宝赶到时，黄回打算乘胜追击，吕安国说："杜叔宝会自己逃掉，用不着再动手。"于是，撤退三十里，停下来住宿。夜里派骑兵前去侦察，杜叔宝果然丢下运米的车队逃跑。吕安国夜里返回去，纵火烧毁米车，缴获牛两千余头而还。

五月初一日丁亥朔，夜晚，刘顺的部队崩溃，向淮西投奔悬瓠的常珍奇。此时刘勔擂鼓前进，向寿阳进军。杜叔宝把城外居民及散兵聚集城内，据城自守。刘勔与各路部队，分别在城外扎营。

山阳王刘休祐写信给殷琰，分析利害得失。宋明帝又派御史王道隆携带诏书，赦免殷琰罪过。刘勔也写信给殷琰，并附上殷琰哥哥殷瑗的儿子殷邈的一封家书。殷琰和杜叔宝都有投降之意，可是，大家意见不一，又继续守城。

弋阳西山蛮人首领田益之起兵，响应建康。刘宋颁布诏书任命田益之为辅国将军，统领弋阳西蛮的事务。五月初六日壬辰，任命辅国将军沈攸之为雍州刺史。五月二十一日丁未，任命尚书左仆射王景文为中军将军。五月二十四日庚戌，任命宁朔将军刘乘民为冀州刺史。

五月二十八日甲寅，刘宋在修宁陵安葬路太后，谥号为昭。

张永、萧道成等与薛索兒作战，大破薛索兒军，薛索兒退守石梁，粮尽，大军溃散，薛索兒投奔乐平，被申令孙的儿子申孝叔击杀。薛安都的儿子薛道智逃往合肥，到裴季之处投降。傅灵越逃到淮水之西，被武卫将军沛郡人王广之活捉，押送给刘勔，刘勔指责傅灵越叛逆，傅灵越说："全国各地纷纷起义，岂止我一人！薛安都不能任用贤才，只信任儿子和侄儿，这是薛安都失败的原因。人生在世总归一死，实在没脸求活。"刘勔把傅灵越押送到建康，宋明帝打算赦免傅灵越，傅灵越始终不肯改口，便杀了傅灵越。

邓琬因刘胡跟建康官军沈攸之等对阵僵持，分不出胜负，于是加授袁颛为督征讨诸军事。六月十八日甲戌，袁颛率楼船一千艘，士兵两万人，抵达鹊尾。袁颛本无大将的才略，又性情卑怯。军营中从不穿军服，谈话也不涉及战阵，而只吟诗作赋，谈论义理，对各将领既不安抚鼓励，又不肯接见。刘胡每次讨论军事，袁颛对他的回答和应酬都很简略。因此袁颛大失人心，刘胡对他恨之入骨。刘胡因后方补给未到，士卒缺粮，向袁颛借襄阳的存粮，袁颛拒绝，说："京师还有两处住宅没有完工，正要经营用度。"又相信过路人的传言，说："建康米价飞涨，一斗高达数百钱。"认为用不着进攻，建康将自行崩溃，所以拥兵不动，坐等胜利。

（以上为第九段，写刘宋争夺帝位的斗争形势已不利于刘子勋，而替刘子勋主持大局的邓琬却任用坐谈议理的袁颛为督帅，不利形势更是雪上加霜。）

田益之率西山蛮人军队一万多人包围义阳。邓琬派司州刺史庞孟虬率精锐五千人援救，田益之不战而溃逃。

安成太守刘袭、始安内史王识之、建安内史赵道生，全部献出城池，投降朝廷。刘袭是刘道怜的孙子。

萧道成的儿子萧赜任南康赣县令，邓琬派人前去逮捕了萧赜。萧赜的门客兰陵人桓康，带着萧赜的妻子裴氏和萧赜的两个儿子萧长懋、萧子良逃到山中。跟萧赜的同族萧欣祖等结集佃客一百余人，袭击郡城，攻破监狱，救出萧赜。南康相沈肃之率将士追赶萧赜，萧赜迎战，活捉了沈肃之。萧赜自称宁朔将军，据南康郡起兵，与安成郡的刘袭等呼应。邓琬任命中护军殷孚为豫章太守，督统赣江上游五个郡，防御刘袭等。

衡阳内史王应之起兵，响应建康，袭击在长沙的湘州行事何慧文。王应之与何慧文离开兵士单独决斗，王应之砍伤何慧文八处，何慧文砍断了王应之一只脚并杀了他。

始兴人刘嗣祖等占据郡城以响应建康。广州刺史袁昙远派部将李万周等去讨伐。刘嗣祖欺骗李万周说："寻阳战乱已平。"李万周回军袭击番禺，活捉袁昙远，将其斩首。宋明帝任命李万周掌管广州事务。

最初，武都王杨元和把王府设在白水，力量薄弱，不能自存。于是抛弃部族，投奔北魏。杨元和的堂弟杨僧嗣又自立为武都王，驻扎在葭芦。

费欣寿率军东下进抵巴东。巴东人任叔兒占据白帝城，自称为辅国将军，迎战费欣寿，杀了他。任叔兒封锁防守三峡。萧惠开第二次派治中程法度带领兵士三千人北上梁州。杨僧嗣率氐族各部落切断了程法度的道路，派人由小路奏报朝廷。秋季，七月十二日丁酉，刘宋任命杨僧嗣为北秦州刺史、武都王。

各路官军与袁颉在浓湖对峙，很久不能决出胜负。龙骧将军张兴世建议说："叛贼盘踞上游，兵力强大，地势险要，我们的力量与叛贼对峙是绰绰有余，但不足以剿灭他们。若是派出数千奇兵偷偷地进入叛贼的背后，在险要的地方筑城，伺机进攻，就会使叛贼首尾难顾，进退两难。中流被梗塞，粮食运输艰难，这是克制叛贼的奇妙良策。钱溪江岸最为狭窄，又距大军不远，下临旋涡，船只经过必须紧靠岸边，又有天然的码头可以停船。有一千人把守，一万人便不能通过。要害之地，不能超过此地。"沈攸之、吴喜全都赞成这个计谋。正逢庞孟虬率兵前来增援殷琰，刘勔派人请求援兵说很紧急。建安王刘休仁打算派张兴世援救，沈攸之说："庞孟虬的部队，像一群蚂蚁聚集，一定没什么作为，派遣另一位将领，交给步兵、骑兵数千人，足以把庞孟虬制服住。张兴世之行，是安危成败的关键，不可半途而废。"于是命段佛荣率军增援刘勔，而挑选战士七千人，轻快小船二百艘，配给张兴世。

张兴世率众逆流而上，接着又返回，一连数天，都是如此。刘胡听到，取笑说："我尚且不敢越过他们阵地，夺取扬州，张兴世是什么东西，居然想占领我的上游阵地。”不做防备。一天晚上四更，正好风向为顺风，张兴世的船队，向西举帆前进，穿过湖口、白水口，再过鹊尾。刘胡发觉之后，急忙派将领胡灵秀领兵在东岸追赶，紧跟前进。七月十三日戊戌晚，张兴世宿营景洪浦，胡灵秀也留在此处。张兴世暗中派遣部将黄道标，率七十条快艇直插钱溪，安营扎寨。七月十四日己亥，张兴世率主力西进，直接进驻钱溪新营，胡灵秀无法阻止。七月十五日庚子，刘胡亲自率领水陆联合的二十六支军队，前来攻击钱溪，张兴世的将士打算迎战，张兴世阻止说：“贼寇离我们还远，气势旺盛，箭如雨下。然而气太盛，容易衰弱，箭太多，容易枯竭，不如等待。”命令将士照旧加强工事。不久，刘胡船队接近，进入漩涡，张兴世命寿寂之、任农夫率精壮军士数百人攻击，众军相继跟进，刘胡败退，斩首数百，刘胡收兵而回。

当时，张兴世营寨还不够坚固，建安王刘休仁担心袁颉回军与刘胡合力再攻钱溪，打算分散袁颉与刘胡的势力。七月十六日辛丑，命沈攸之、吴喜等用牛皮包在船上攻击浓湖，杀数千人。当天，刘胡率步兵两万人，披甲骑兵一千人，打算再攻张兴世，距钱溪数十里时，袁颉因浓湖吃紧，紧急追击，钱溪的营寨因此得以建成。刘胡派人散布说：“钱溪已经平定。”众人大为恐惧，沈攸之说：“不对，钱溪如果确实战败，众人中至少会有一人逃亡回来，必定是钱溪攻击失利，散布假情报扰乱军心。”下令军中不得妄动。不多时，钱溪捷报传到。沈攸之把钱溪送来的刘胡士卒耳朵、鼻子，送给浓湖守军，袁颉异常惊恐。沈攸之黄昏时回军。

（以上为第十段，写刘宋争帝位的双方展开最后斗争，两军对峙浓湖，胜负难分，朝廷将领张兴世出奇兵，越过寻阳，轻据上游，占领钱溪，奠定胜利之基。）

龙骧将军刘道符，进攻山阳，程天祚请降。

庞孟虬前进到弋阳，刘勔派吕安国等在蓼潭迎击，大破庞孟虬军。庞孟虬逃往义阳。王玄谟的儿子王昙善聚众起兵，夺取义阳以响应建康朝廷。庞孟虬逃到蛮族居住的山区，死在那里。

刘胡派遣辅国将军薛道标袭击合肥，杀了汝阴太守裴季之。刘勔派辅国将军垣闳反击。垣闳是垣阆的弟弟。薛道标是薛安都的儿子。

淮西人郑叔举起兵攻击常珍奇，响应郑黑。七月二十六日辛亥，任命郑叔举为北豫州刺史。

崔道固受到当地百姓围攻，闭城自守。宋明帝派人安抚，崔道固请求投降。七月二十九日甲寅，又任命崔道固为徐州刺史。

八月，皇甫道烈等听到庞孟虬战败，开城投降。

张兴世占领钱溪之后，浓湖大营粮食缺乏。郑琬打算运送大量军需物资接济，但怕张兴世截击，不敢前进。刘胡率轻装船只四百艘，从鹊头江中内航道前进，打算攻打钱溪，然后对长史王念叔说：“我从小习惯于陆战，不熟悉水战。如果步兵作战，我总在数万人中间，而水上作战，只能在一条船上，船与船各自行进，无法互相照应，我在船上不过在三十人中间，这不是万全之计，我不去干。”刘胡于是推托得了疟疾，停靠鹊头不前进。派龙骧将军陈庆率三百艘船驶向钱溪，吩咐陈庆不要与敌人接战，说：“我非常熟悉张兴世，他会自动逃走的！”陈庆抵达钱溪，驻扎梅根。

刘胡派部将王起率一百余艘船攻打张兴世，张兴世大败王起。刘胡率其余的船队撤回浓湖，对袁颛说：“张兴世已经建成营寨，不可突然攻击。昨天小小交战，谈不上损失。陈庆已与南陵、大雷各军共同扼住张兴世的上游，大营在此，鹊头诸将领又切断了张兴世的下游，已坠入包围圈中，不必再为此忧虑。”袁颛对刘胡不作战十分恼怒，对刘胡说：“运粮路线被切断，应该怎么办？”刘胡说：“张兴世能越过我们逆流而上，这次运粮为什么不能越过张兴世顺江而下呢？”于是派遣安北府司马沈仲玉带领一千人徒步前往南陵，迎接军粮。

沈仲玉到达南陵，把三十万斛米装上船，又装军饷、布匹等共数十船，船上用木板钉成围墙，打算突围。可是船队行至贵口，不敢前进，派人抄小路报告刘胡，请求增派重兵前来迎接。张兴世命寿寂之、任农夫等率三千人直奔贵口，攻击沈仲玉。沈仲玉逃回袁颛大营，所有军用物资全被夺走。刘胡的部队惊恐万状，部将张喜前来投降。

镇东中兵参军刘亮向前推进，逼近刘胡军营，刘胡抵挡不住，袁颛惊慌地说：“敌人已侵入人的肝脾重地中间，还能活吗？”刘胡准备暗中逃走，八月二十四日己卯，谎报袁颛说：“打算率步兵、骑兵两万人，到上游夺回钱溪，并运回积存在大雷的余粮。”要求袁颛挑选马匹全都配备给自己。当天，刘胡丢下袁颛，直奔梅根。先命薛常宝征集船只，又命南陵各军全部出发，焚烧大雷各城而逃。到夜晚，袁颛才得知消息，勃然大怒，骂道：“今年可被这小子耽误了！”呼唤侍从牵来平日所骑的马，名叫“飞燕”，对部属说：“我要亲自追击刘胡！”于是也乘机逃走。

八月二十五日庚辰，建安王刘休仁率兵进入袁颛遗弃的大营，接受十万人投降，同时派沈攸之等追捕袁颛。袁颛逃到鹊头，与镇守那里的主将薛伯珍会合，并带薛伯珍所属的部队数千人打算前往寻阳。夜晚，住宿山间，袁颛杀马慰劳将士，回头对薛伯珍说：“我并不是不能死，只不过想到寻阳，在主上面前请罪，然后自刎！”慷慨激昂，吆喝左右侍从取来刘子勋赐给的符节，左右侍从无人理他。等到天亮，薛伯珍请求与袁颛单独谈话，遂砍下袁颛人头，前往钱溪，向骑兵军主襄阳人俞湛之投降。俞湛之斩薛伯珍，连同袁颛的人头一起上交，作为自己的功劳。

刘胡率两万人奔回寻阳，谎报晋安王刘子勋的话说：“袁颛已经投降，全军溃散，只有我率领我的部属，单独逃回。应紧急采取措施，决一死战，驻防湓城，誓死不背叛。”于是，率船队从江中外航道西上，连夜直奔沔口。

邓琬听到刘胡逃走，惊恐忧虑，无计可施，急忙召集中书舍人褚灵嗣等策划对策，都不知如何是好。吏部尚书张悦假装有病，请邓琬到私宅商讨大事，密令左右全副武装，在帐后埋伏，吩咐：“听见我命你们拿酒，便出来动手。”邓琬到后，张悦说：“你第一个坚持称帝，今天事已吃紧，你有什么办法？”邓琬说：“应当杀掉晋安王，查封府库，以此来赎罪。”张悦说：“现今你宁可出卖殿下，也要保全自己活命吗！”于是呼唤拿酒，张悦的儿子张洵，提刀冲出，砍下邓琬人头。中书舍人潘欣之听说邓琬被杀，率兵抵达。张悦派人告诉潘欣之说：“邓琬打算谋反，已被斩首。”潘欣之才撤回。张悦逮捕了邓琬的儿子，一并杀掉。张悦于是单乘一只小船提着邓琬的人头东下，向建安王刘休仁投降。

寻阳大乱，蔡那的儿子蔡道渊被囚禁在寻阳专门制造兵器的作坊里，这时挣脱枷锁，进入寻阳城，抓住刘子勋，囚禁起来。沈攸之等大军抵达寻阳，杀掉晋安王刘子勋，把人头送到建康。刘子勋时年十一岁。

（以上为第十一段，写刘子勋政权将领刘胡、袁颉，看到大势已去，纷纷临阵脱逃，双双毙命；主帅邓琬优惶无计，兵败，与其主年仅十一的刘子勋，均被杀。）

当初，邓琬派遣临川内史张淹从鄱阳山路进入三吴，驻扎在上饶。听到刘胡战败，张淹部队的副统帅鄱阳太守费晔，杀掉张淹投降。张淹是张畅的儿子。

宋废帝在位时，士族为了避免灾祸，都打算离开京师，远到他乡。以至于在寻阳起兵的外难中流离，一百人中不见得有一人，大家这才佩服蔡兴宗的先见之明。

九月初九日壬辰，刘宋任命山阳王刘休祐为荆州刺史。

九月初十日癸巳，刘宋解除戒严，宣布大赦。

九月十七日庚子，刘宋司徒刘休仁抵达寻阳，派吴喜、张兴世进攻荆州，沈怀明进攻郢州，刘亮及宁朔将军南阳人张敬兒进攻雍州，孙超之进攻湘州，沈思仁、任农夫进攻豫章，平定残余力量。

刘胡逃到石城，被捕并被斩首。郢州行事张沈化装成和尚，暗中逃走，被追缉抓获，斩首。荆州行事刘道宪听说浓湖平定，便解散部众，派人到官军驻所请求处罚。荆州治中宗景等率军进城，诛杀刘道宪，逮捕临海王刘子顼后投降。孔道存得知寻阳已经平定，派人到官军驻所请求投降。不久听说柳世隆、刘亮大军将要到来，孔道存和三个儿子一同自杀。宋明帝因为何慧文文武全才，特地命令吴喜传旨赦免何慧文，何慧文说：“既然已陷入叛逆，杀死王应之，还有什么脸面去见天下人士！”于是自杀。安陆王刘子绥、临海王刘子项、邵陵王刘子元，都被赐死。刘顺及其余党，全部被斩首。颁布诏书追赠守节而死的官员，并对有功的官员依照等级封赏。

九月二十五日己酉，北魏开始在每个郡设立学校，设置博士、助教、生员，这是采纳中书令高允、相州刺史李䜣的建议。

宋明帝已经诛杀晋安王刘子勋等，对孝武帝的其他儿子仍然善待如故。司徒刘休仁从寻阳返回京师，对宋明帝说："松滋侯刘子房的兄弟仍活着，将来对社稷恐怕不利，应该及早打算如何处置。"冬季，十月初一乙卯，松滋侯刘子房、永嘉王刘子仁、始安王刘子真、淮南王刘子孟、南平王刘子产、庐陵王刘子舆、刘子趋、刘子期、东平王刘子嗣、刘子悦等全部赐死，镇北谘议参军路休之、司徒从事中郎路茂之、兖州刺史刘祗、中书舍人严龙等人都受株连被杀。世祖共有二十八个儿子，至此全部都被杀尽。刘祗是刘义欣的儿子。

（以上为第十二段，写北魏在各郡设立学校，设置博士、助教、生员；刘宋明帝刘彧平定刘子勋之乱，下令将刘骏的二十八个儿子全部杀死。）

刘勔围困寿阳，垣闳攻打合肥，都没攻克。刘勔大为忧虑，召集各位将领开会，马队主王广之说："有了将军的马，我就能夺取合肥。"幢主皇甫肃大怒说："王广之竟敢夺下统帅的马，应该斩首！"刘勔却笑着说："看王广之的意思，一定可以立功。"于是连同马鞍一齐送给王广之。王广之前去攻打合肥，只用三天时间便把它攻克。守将薛道标突围，逃往淮西，投奔常珍奇。刘勔提升王广之为军主。王广之对皇甫肃说："将军如果听你的话，怎么能平定盗贼？你不赏识人才，到了如此地步啊！"皇甫肃很有学问，后来，刘勔去世，皇甫肃投靠王广之为门客。王广之把皇甫肃推荐给齐世祖萧道成，为东海太守。

沈灵宝自庐江率军攻打晋熙，晋熙太守阎湛之弃城而逃。

徐州刺史薛安都、益州刺史萧惠开、梁州刺史柳元怙、兖州刺史毕众敬、豫章太守殷孚、汝南太守常珍奇，都派使节请求归降。宋明帝认为南方已经平定，打算向淮河以北炫耀威力。十月二十一日乙亥，命令镇军将军张永、中领军沈攸之率大军五万人北上迎接薛安都。尚书左仆射蔡兴宗说："薛安都归顺朝廷，绝对不假，现今正需派一个人，手拿一封信，前去迎接。现今用重兵迎接，一定会惊疑忧虑，甚至可能招引北方的胡虏，灾患势必更深。如果说薛安都身为叛逆，罪恶深重，非诛杀不可，那么从前所赦免的人可太多了。何况薛安都在外，据守要镇，紧接边界，地势险要，兵力强大，无论包围还是攻击，都难以克制。为了国家的利益，尤其应该使用和平手段安抚。一旦薛安都外叛，将要成为朝廷宵衣旰食的后患了。"宋明帝不接受他的意见，对征北司马代理南徐州事务的萧道成说："我正想利用薛安都反抗的机会加以讨伐，你认为如何？"萧道成回答说："薛安都十分狡猾，今天如果用大军逼薛安都，恐怕对朝廷没有好处。"宋明帝说："各路人马精锐，无往而不胜！你不要多说了！"薛安都听到大军北上的消息，果然非常恐惧，派遣使节向北魏投降。

常珍奇也向北魏投降，献出郡城悬瓠，同时请北魏发兵救援。

十月二十四日戊寅，刘宋立皇子刘昱为太子。

薛安都把儿子送到北魏作为人质，北魏派镇东大将军代郡人尉元、镇东将军魏郡人孔伯恭等率骑兵一万人，向东援救彭城；派镇西大将军西河公拓跋石，都督荆、豫、南雍州诸军事张穷奇向西援救悬瓠。任命薛安都为都督徐雍等五州诸军事、镇南大将军、徐州刺史、河东公；任命常珍奇为平南将军、豫州刺史、河内公。

兖州刺史申纂向北魏诈降，尉元接受但暗中严密戒备。北魏军抵达无盐，申纂关闭城门，登城固守。

薛安都向北魏求兵时，毕众敬不赞同，派人来刘宋请求投降。宋明帝任命毕众敬为兖州刺史。毕众敬的儿子毕元宾原在建康，在此之前，因别的罪名被杀。毕众敬听到这个消息，怒气冲天，拔出佩刀猛砍庭柱，说："我白发苍苍，就这么一个儿子，却不能保全，我怎么还能一个人活着！"十一月二十九日壬子，魏军抵达瑕丘，毕众敬向魏军请求投降。尉元派部将先占领这座城池，毕众敬后悔愤恨，几天不进饮食。尉元长驱直入，十二月初六日己未，驻扎秺县。

西河公拓跋石抵达上蔡，常珍奇率文武官员前去迎接。拓跋石打算驻扎汝水北岸，没有立刻进城，中书博士郑羲说："今日常珍奇虽然出来迎接，但内心诚意难以预测。不如直接进城，夺取城门钥匙，占领仓库和官府，夺取要害，这是最安全的策略。"拓跋石于是策马入城，在城内摆下筵席，饮酒欢乐。郑羲说："观察常珍奇的脸色，有些愤愤不平，不可不做暗中戒备。"于是严加守卫。当天晚上，常珍奇派人纵火焚烧官府房屋，打算发动变乱，但因拓跋石有严密戒备，只好中途停止。郑羲是郑豁的曾孙。

淮西七郡百姓大多不愿归附北魏，联营向南逃奔。北魏派建安王陆馛前来宣慰安抚新近归附的地区。百姓中有被军队掠夺当奴仆婢女的，陆馛下令全部释放，新近归附地区的百姓才欢欣鼓舞。

（以上为第十三段，写徐州刺史薛安都原来支持刘子勋政权，现欲归降建康，刘彧不听蔡兴宗劝说，欲显扬武力，派出五万大军受降，薛安都一怒而奔降北魏。）

十二月十二日乙丑，颁布诏书凡因拥护寻阳政权而被免除官爵囚禁起来的人，一律赦免，量才任用。

刘勔包围寿阳，自首年初春到冬末，无论进攻还是抵抗，每战皆捷，因心肠宽厚，深得将士的拥护。寻阳政权灭亡后，宋明帝命中书发出诏书，向守将殷琰招降。蔡兴宗说："天下已经平定，正是殷琰思过的时候，陛下只要亲笔写几行字，安抚宽慰，加以引导，殷琰就可以归降。今天由中书颁发诏书，殷琰一定怀疑不是真的，这不是迅速消灭一方灾难的办法。"宋明帝不接受。殷琰看到诏书，认为是刘勔设下的圈套，不敢投降。杜叔宝严密封锁寻阳失败的消息，凡是传递消息的人立刻杀掉，城防越发坚固。后来，凡有人出城投降，宋明帝都让他们到寿阳城下，使他们与城中守军对话，由此军心离散沮丧。

殷琰打算投降北魏，主簿谯郡人夏侯详劝殷琰说："我们今天的举动，本意是效忠皇家。如果江山有主，就应该归附朝廷，怎么可以投向北方，穿胡服呢！而且现今魏军已接近淮水一带，官军还不知道我们的意向，如果派使节去表示诚心，一定会高兴接纳，岂止是免死而已。"殷琰于是派夏侯详出城晋见刘勔，夏侯详劝刘勔说："现今城中军民，虽然知道陷入困境仍然固守的缘故，是害怕将军诛杀，大家都打算降魏。希望将军不要再攻击，下令赦免，那么他们自然没有不相继来归降的了。"刘勔答应，让夏侯详到寿阳城下，呼唤城中人，转告刘勔的承诺。十二月十三日丙寅，殷琰率领他的部将自己反绑双手，出城投降。刘勔全都加以安抚，不杀一个人，进城之后，对军队严格约束，秋毫无损，寿阳人欢天喜地。北魏的军队到达师水，将要救援寿阳，听到殷琰已经投降，于是掳掠义阳数千人而回。后来，殷琰再次做官，担任少府时去世。

萧惠开在益州时，刑罚杀人太多，蜀地民众猜疑怨恨。听到东下的费欣寿全军覆没，北上的程法度无法前进，这时晋原郡首先反叛，其他各郡纷纷响应，各郡联军包围成都。成都城内萧惠开随行军队不满两千人，萧惠开把当地居民全部放出，自己单独与随行军队登城固守。蜀人听说寻阳政权已经灭亡，个个争先打算屠城，众人多达十余万。萧惠开每次派兵出战，都传出捷报。

宋明帝派萧惠开的弟弟萧惠基，从陆路前往成都，赦免萧惠开。萧惠基行至涪城，蜀人阻止萧惠基前进。萧惠基率领部曲发动攻击，杀了蜀人的首领，然后才得以前进。萧惠开接受诏书，开城归降。成都的包围这才得以解除。

宋明帝派萧惠开的同族萧宝首从水路前往益州，宣慰安抚。萧宝首打算把平息叛乱作为自己的功劳，于是从中挑拨、煽动蜀人攻击萧惠开。这时各处战火重燃，已经解散了的各郡联军，再度集结，追随萧宝首，进攻成都，部众号称二十万人。萧惠开打算攻击，将领们说："萧宝首是天子所派的慰劳使节，我们如果抗拒，怎么说明自己的心意！"萧惠开说："我们前往京师的道路被切断，不打这一仗，怎么能沟通与京师的联络？"于是派宋宁太守萧惠训等率大军一万人，出城迎战，大破联军，活捉萧宝首，囚禁于成都。然后派使臣到朝廷报告情况。宋明帝命令将萧宝首押回建康，同时征召萧惠开返京。宋明帝问他为何响应寻阳政权，萧惠开说："我只知道什么是逆，什么是顺，却不识天命所在。况且，乱因我而致，也因我而平。"宋明帝赦免了他。

这一年，设立侨置南方的兖州，治所在淮阴；徐州治所设在钟离；青、冀二州共设一个刺史，治所在郁洲。郁洲在大海之中，方圆数百里，用石头筑城，高八九尺，虚设郡县，荒民所剩无几。

张永、沈攸之率军逼近彭城，驻军下礚。另派羽林监王穆之率兵五千人，在武原守备军用物资。

北魏尉元抵达彭城，薛安都出城迎接。尉元派部将李璨跟薛安都先行入城，控制所有城门，另派孔伯恭率精锐部队两千人，巡逻于城内外，然后进城。当天晚上，张永攻击南门，不能攻克，回军。

尉元对薛安都很不礼貌，薛安都后悔投降，打算再度背叛北魏。尉元得到报告，薛安都因此没敢发动。薛安都重重地贿赂尉元等，而把罪责推给女婿裴祖隆，把他杀了。尉元命李珠协助薛安都守卫彭城，自己率军攻打张永，切断了张永的粮道，又攻破王穆之留守的辎重基地武原。王穆之率残余部队投奔张永，尉元率军追击他。

（以上为第十四段，写刘宋将领刘勔解寿阳之围，叛将殷琰归降朝廷；益州刺史萧惠开被赦罪，征召返京；徐州刺史后悔投降北魏，事发，以女婿裴祖隆顶罪。）

【点评】

刘宋皇室骨肉相残。孝武帝共有二十八个儿子，宋明帝杀死世祖的十个儿子，至此孝武帝儿子全部丧命。株连被杀者数人，家室内残，同室操戈，无过于此矣。其实一开始明帝诛杀晋安王刘子勋等，并没有动念杀死世祖的其他儿子，仍然和善如故。转折点在司徒刘休仁从寻阳返回京师，挑唆说："松滋侯刘子房的兄弟仍活着，将来恐怕对社稷不利，应该及早处置。"历史上这样的例子实在太多了，就看如何推导，善于抚慰，兄弟一家，为天下示范，自然是和谐景象；如果乱加揣测，疑神疑鬼，自然不会安生，冤冤相报，何时是一个了结？胡三省评论认为此一杀机既开，是亡国的先兆，遂致"萧齐易姓，刘氏歼焉，骨肉相残，祸至此极。有国有家者，其鉴于兹！"

宋纪十四

宋明帝泰始三年至六年（公元 467—公元 470）

【起强圉协洽（丁未，公元 467 年），尽上章阉茂（庚戌，公元 470 年），凡四年】

【大事提要】

本卷记事起公元 467 年至公元 470 年，凡四年，时当宋明帝泰始三年至泰始六年。本卷所载大事，南朝刘宋大事有三，其一，写刘宋的衰败，突出表现在国土丧失，北魏军队长驱直入，刘宋张永战败，失去淮北四州和豫州的淮西地区，国土日蹙。其二，宋明帝之昏聩无道日甚，君臣离心离德。其三，宋明帝设立总明观，任命祭酒一人，儒学、玄学、文学、史学学士各十人，名为五部学，加阴阳学，实则缺阴阳学，只有四部，与此前的四部分类法不同。北朝北魏大事一件，立拓跋宏为太子。

太宗明皇帝中

宋明帝泰始三年（丁未，公元 467 年）

春季，正月，张永等弃城，连夜逃走。正赶上天下大雪，泗水封冻，张永命部队放弃船只，徒步南奔。士卒冻死的有一大半，手脚毁断的有十分之七八。尉元半路在前面堵截，薛安都在后面追杀，在吕梁的东面大败张永军，被杀者数以万计，尸体重叠六十多里，抛弃的军用物资及武器，无法计数。张永的脚趾也被冻掉，仅仅与沈攸之逃出。梁、南秦二州刺史垣恭祖等被北魏俘虏。宋明帝得到消息，召见尚书左仆射蔡兴宗，把大军战败的报告拿给他看，说："在你面前，我深感惭愧。"贬张永为左将军。免除沈攸之的官职，命他以贞阳公的名义兼任现职，返回淮阴驻扎。从此，刘宋失去淮北四州和豫州的淮西地区。

裴子野论说道：从前，齐桓公傲慢于葵丘会盟，九个国家同时背叛。曹操没有礼遇张松，竟使中国三分天下。一失毫厘，相差甚远。太宗刚刚登基的时候，统治的地域不超过百里，士卒有离散之心，士大夫情绪也不稳定。但能够敞开诚心，吐露真言，人们没有不感念太宗的恩德的，为太宗效忠，誓死不渝。所以才能西讨北征，宇内平一。不久，六军频传捷报，割据束手就降。就在这时，太子想显示余威，而师出无名，以致淮北之地，霎时间落入北魏之手，实在可惜呀！如果能像当初那样，虚怀若谷，不骄不躁，不夸耀功劳，那么三个叛贼，何至起兵对抗！高祖创业时，盔甲上都生了虮虱，开辟疆域，可是后代子孙，每天几乎都要丧失百里之地。要保住祖先的基业，谈何容易！

（以上为第一段，写刘宋明帝泰始三年的史事，主要写刘宋将领张永惨败，失去淮北四州和豫州的淮西地区；裴子野评论，认为明帝刘彧不能像当初太宗那样虚怀若谷，应负主要责任。）

北魏尉元因彭城兵荒马乱之后，无论官府还是民间，财力全都枯竭，所以特地向朝廷请求拨发冀、湘、济、兖四州的粮食，用张永所抛弃的九百艘船只，顺清河运载，赈济新并入版图的居民，北魏朝廷批准了。

北魏东平王拓跋道符在长安叛变，诛杀副将驸马都尉万古真等。正月二十四日丙午，司空和其奴等率宫廷禁卫军讨伐他。正月二十五日丁未，拓跋道符的司马段太阳攻击拓跋道符，将其斩首。任命安西将军陆真为长安镇将，安抚军民。拓跋道符是拓跋翰的儿子。

闰正月，北魏任命顿丘王李峻为太宰。

沈文秀、崔道固受到当地民众围攻，派使节前往北魏，请求归降，并请求派兵解救。

二月，北魏西河公拓跋石自悬瓠率军攻击汝阴太守张超，没有攻克，退回陈项驻扎，打算撤到长社，等到秋季再进攻。郑羲说："张超如蚂蚁聚集，走投无路，粮食已经用尽。不是投降，就是逃走，可以翘首等待。现今放弃而远远离去，张超加固城墙，挖深壕沟，储备粮草，恐怕将来更难对付。"拓跋石不听，于是返回长社。

当初，寻阳政权平定后，宋明帝派遣沈文秀的弟弟沈文炳，携带诏书晓谕沈文秀，又派遣辅国将军刘怀珍率步骑兵三千人，与沈文炳同行。还未到达，正赶上张永大军溃败，刘怀珍退回山阳镇守。沈文秀攻击青州刺史明僧暠，宋明帝命刘怀珍指挥龙骧将军王广之率骑兵五百人、步兵两千人，渡海前往救援。进抵东海，明僧暠已退守东莱。刘怀珍进入朐城，军心十分不安，有人主张退保郁洲，刘怀珍说："沈文秀打算以青州归附魏虏，想来南方的士民，怎么甘心接受异族人的统治？当今驱兵直入，宣扬皇帝的恩德和威严，各地城池，送去一封书信，便可收复，何必守在这里，不肯出动，自己阻败自己。"于是继续前进，抵达黔陬。沈文秀所任命的高密、平昌二郡太守弃城逃跑。刘怀珍把沈文炳送到东阳，传达朝廷旨意，沈文秀仍然拒绝投降。百姓听到刘怀珍到来，皆大欢喜。沈文秀任命的长广太守刘桃根率数千人，驻防不其城。刘怀珍率军驻扎洋水，众将领都主张筑城备战，刘怀珍说：“现今兵众人少，粮草又不足，孤军深入，正应当命精锐部队迅速进攻，突袭其不备。”于是派王广之率一百名骑兵，袭击不其城并攻克。沈文秀听到各城全部失败的消息，派使节请求投降，宋明帝任命沈文秀仍为青州刺史。崔道固也请求投降，宋明帝也任命崔道固为冀州刺史。刘怀珍随即退回。

北魏济阴王拓跋小新成去世。

沈攸之从彭城败回时，留下长水校尉王玄载驻守下邳，积射将军沈韶驻守宿豫，睢陵、淮阳也都留下部队驻守。王玄载是王玄谟的堂弟。当时，东平太守申纂驻守无盐，幽州刺史刘休宾驻守梁邹，并州刺史清河人房崇吉驻守升城，辅国将军清河人张谠驻守团城，兖州刺史王整、兰陵太守桓忻，还有肥城、糜沟、垣苗等戍守军队，都不归附北魏。刘休宾是刘乘民的侄儿。

北魏派平东将军长孙陵等领兵奔赴青州，征南大将军慕容白曜率领骑兵五万人跟进。慕容白曜是前燕国燕太祖的玄孙。慕容白曜抵达无盐，想要攻城，部属将领及僚佐都认为攻城的器具还不完备，不宜马上进攻。左司马范阳人郦范说：“今天用轻装部队远途偷袭，深入敌人领土，怎么能作久留的打算！而且申纂一定认为我们来得太快，来不及围攻，所以没有戒备，现今如果出其不意，可以一战而胜。”慕容白曜说：“司马的主意很对。”于是率兵假装撤退。申纂果然不再戒备，慕容白曜在午夜时分进行部署。三月初三日甲寅凌晨，向无盐城进攻，在上午攻破。申纂逃走，被追捕生擒并斩首。慕容白曜打算将无盐全城人一律当作战利品赏赐部下，郦范说：“南齐地区是形势重要之地，应当长远经营。而今，王师刚刚入境，人心还没有归顺，城池相连，互相观望，都有固守不降的志向，假如不以恩德和信誉安抚，不容易平定啊。”慕容白曜说：“好！”便把百姓一律赦免。

慕容白曜将要进攻肥城，郦范说：“肥城虽然很小，但攻打起来，很费时间，胜了不能增加声势，失败则有损于军威。肥城看到无盐城被攻陷的惨状，遍地死伤，也不能不感到恐惧，如果送去一封警告信，即使不投降，也会四处逃散。”慕容白曜同意，肥城果然崩溃，缴获粟米三十万斛。慕容白曜对郦范说：“这次出征，有你出谋，三齐不怕不能平定。”于是夺取垣苗、糜沟二城。十天之内，一连攻克四城，声威震撼齐地。

（以上为第二段，写刘宋明帝平叛，处理不当，北部边境动乱不安，北魏大将长孙陵、慕容白曜乘机大举南侵，攻取肥城、无盐等四城，威震齐地。）

三月二十五日丙子，刘宋任命尚书左仆射蔡兴宗为郢州刺史。

房崇吉坚守升城，能作战的士卒不过七百人。慕容白曜兴筑长墙，发动攻击，自二月攻到夏季四月，才攻陷城池。慕容白曜对这么一座小城誓死不投降，大为愤怒，打算把城内百姓全部活埋，参军事昌黎人韩麒麟劝阻说："眼下强敌在前，而坑杀此城百姓，恐怕从此向东，各城都会坚守，无法攻克。军队出征太久，粮食吃尽，外面贼寇乘机进攻，这可是危险之道。"慕容白曜便抚慰百姓，使人人恢复旧业。

房崇吉只身逃亡，母亲傅氏及申纂的妻子贾氏，与北魏济州刺史卢度世原是表亲，不过关系早已疏远。等到傅、贾两人被北魏军俘虏，卢度世对待她们十分恭敬，生活供给也非常优厚。卢度世家门之内，祥和而有礼节，虽然时势有时动乱有时安定，家有时贫穷有时富有，但百口之家，心情欢快，苦乐共同承担。

崔道固关闭城门抗拒魏军。沈文秀却派人向北魏投降，请求派兵增援，慕容白曜打算派兵前往。郦范说："沈文秀的家室和祖先坟墓，都在长江以南，拥兵数万，城墙坚固，武器精良，强大时挺身作战，衰弱时起身逃走，我军并未逼到沈文秀的城下，沈文秀还没有燃眉之急，有什么畏惧而请求我们派兵增援？并且，我看沈文秀的使节，眼睛一直向下看，脸色惭愧，说话啰唆而胆怯，这一定心怀奸诈，引诱我们，不可轻信。不如先夺取历城、盘阳，再拿下梁邹、乐陵，然后慢慢向前推进，不怕他们不屈服。"慕容白曜说："崔道固等兵力单薄，不敢出战，我们可以通行无阻，一直抵达东阳，沈文秀自知必亡，所以望风投降，又有什么可怀疑的！"郦范说："历城兵力雄厚，粮食充足，不是早晚之间就能攻克的。沈文秀雄踞东阳，是各城的根本。现今派兵太多，则无法攻打历城；派兵太少，又不足以制服东阳。如果前进遭沈文秀抵御，后退又被各城联军阻击，腹背受敌，绝对没有安全的道理。请再三考虑，不要落入贼寇的圈套。"慕容白曜才停止，而沈文秀果然没有投降。

北魏尉元上书说："彭城是贼寇的要地，不驻防重兵，储存粮草，就不能守住。如果军用物资丰富，就是刘彧出动全部军队，也不敢窥伺淮北之地。"又说："如果贼寇攻击彭城，一定经由清水、泗水，穿过宿豫、下邳。如果攻击青州，也要从下邳顺着沂水，穿过东安。这几个地方，都是贼寇用兵的要地。现今，如果能先平定下邳，安定宿豫，驻防淮阳、戍守东安，那么青州、冀州各个据点便可以不攻而破。如果这四个城池不肯屈服，那么即使攻下了青州、冀州，居民仍然会不停地回顾张望，怀有侥幸的念头。以我愚见，应该放开青、冀二州的部队，先平定东南地区，断了刘彧北伐的念头，清除愚民回归南方的愿望。使刘彧和愚民都明白：夏季雨水虽大，却没有河道可走；冬天陆路虽通，没有高大的城墙可以固守。这样，淮河以北的土地就可以占领。暂时辛劳，可以换来永久安逸。兵贵神速，时间长了就容易发生变化。如果进入雨季，对方因河路畅通，得以运送粮食，增派军队，再去进攻，恐怕淮河两岸居民将改变立场，青、冀二州仓促之间也就无法攻克了。"

五月十二日壬戌，刘宋任命太子詹事袁粲为尚书右仆射。

沈攸之亲自运粮到下邳。魏军不断派清水、泗水间居民向沈攸之谎报说："薛安都打算回归朝廷，请求派兵迎接。"军副吴喜请沈攸之派一千人前往，沈攸之不允许。不久，通风报信的人越来越多，吴喜坚持不止，沈攸之就把来报信的那些人集中起来，宣布说："各位既有这份诚心，如果有能与薛安都的子弟同来的，我就任命为本乡本县的地方官，满足意愿。如果不能，就不必跑来跑去。"从这以后一去不复返。沈攸之命军主彭城人陈显达率领一千人进驻下邳协助防守，自己返回基地。

（以上为第三段，写刘宋将领沈文秀假意投降北魏，被北魏谋士郦范识破；北魏将领尉元主张放下青、冀二州，先平定东南地区，断绝刘宋北伐念头，谋略高明。）

薛安都的儿子薛伯令，亡命梁州、雍州之间，纠集党羽数千人，攻陷郡县。秋季七月，雍州刺史巴陵王刘休若，派南阳太守张敬兒等击斩薛伯令。

宋明帝再次颁布诏书，命中领军沈攸之等攻打彭城。沈攸之认为清水、泗水干涸，粮食无法源源不断地供应，坚持认为不可采取军事行动。派去的使节往返七次，宋明帝大怒，强迫沈攸之出兵。

八月二十三日壬寅，任命沈攸之代理南兖州刺史，率军北上，派代理徐州事务的萧道成率一千人进驻淮阴。萧道成广交各路豪杰，宾客开始兴盛。

魏军进入彭城时，垣崇祖率部曲投奔朐山，派人到朝廷请求归降。萧道成便任命垣崇祖为镇守朐山的主将。朐山紧邻大海，荒凉孤单，与世隔绝，人心不安。垣崇祖把船集中在海边，打算一旦发生意外，就从海上逃走。北魏东徐州刺史成固公驻防圂城。垣崇祖一个部将因为犯罪，逃跑去投降了北魏军。成固公派步兵、骑兵两万人袭击朐山，距城只有二十里。垣崇祖恰恰出城送客，城中百姓惊恐万状，全都跑到船上，准备乘船逃走。垣崇祖回城后，对心腹官员说："胡虏并不是有计划的行动，不过是听了叛贼的报告而临时发兵，容易欺骗啊。现今，只要有一百余人回到城里，事情就可以成功。不过，人心惊骇，不可集结，你们迅速跑到一里以外，大声呼喊，飞奔而来说：'艾塘义勇军已攻破胡虏，等待驻防军的支援，共同追击。'"船上的人果然大为兴奋，争相登岸。垣崇祖引导他们回城，将病弱者送到海岛，每人手持两火把，登山擂鼓、呐喊。北魏骑兵军官以为守军力量强大，于是撤退。宋明帝任命垣崇祖为北琅邪、兰陵二郡太守。

垣荣祖也从彭城逃到朐山，因奉命游说薛安都不成，恐怕怪罪，不敢露面，前往淮阴投靠萧道成。垣荣祖少年时就学习骑马、射箭，曾有人对垣荣祖说："舞枪弄刀，十分危险，为什么不走读书之路呢！"垣荣祖说："从前，曹操父子上马手舞长矛，下马提笔写诗，这样生在天地之间，才可说是不辜负吃的一碗饭。你们保护自己的能力都没有，跟犬羊有什么区别！"刘善明的堂弟刘僧副，率自己的军队两千人逃避北魏，躲到一个海岛上。萧道成对他们招降，加以安抚。

北魏在天宫寺铸造巨大佛像，高四十三尺，共用铜十万斤，黄金六百斤。

北魏尉元派遣孔伯恭率步兵、骑兵一万人，抗拒沈攸之，把正月作战中俘虏的双脚冻烂、只能膝行的部属送还给沈攸之，来打击他的士气。宋明帝不久后悔派遣沈攸之等，又派人让沈攸之回军。沈攸之前进到焦墟，距离下邳只有五十余里。陈显达率军迎接沈攸之，在睢清口会师，孔伯恭发动攻击，大破陈显达。沈攸之引兵撤退，孔伯恭尾随追击，沈攸之大败，龙骧将军姜产之等战死，沈攸之也身负重伤，逃入陈显达的营垒。八月十八日丁酉深夜，众人崩溃，沈攸之乘轻骑向南逃走，丢弃的军用物资和武器数以万计。沈攸之逃回淮阴驻扎。

（以上为第四段，写刘宋盲目地出兵攻打北魏，主将沈攸之认为河水干枯，不具备北伐的条件，而明帝刘彧强迫其出兵，结果沈攸之大败，全军覆没，只身逃归。）

尉元写信给刘宋徐州刺史王玄载，王玄载放弃下邳逃走。北魏任命陇西人辛绍先为下邳太守。辛绍先处理事情不烦琐苛刻，只把握纲要。教百姓生产，以及防御贼寇，如此而已。从此，下邳百姓安居乐业。

孔伯恭进攻宿豫，宿豫守将鲁僧遵也弃城逃跑。北魏将领孔大恒等率一千多骑兵，南下攻击淮阳，淮阳太守崔武仲纵火烧城后逃走。

慕容白曜进兵驻扎瑕丘。崔道固还没有投降时，绥边将军房法寿担任王玄邈的司马，屡次击败崔道固军，历城人对房法寿非常畏惧。等到崔道固归降朝廷后，双方停战。崔道固害怕房法寿煽动百姓继续与他为难，所以，用压力迫使房法寿返回建康。正巧，房法寿的堂弟房崇吉从升城逃来，因母亲和妻子被北魏俘虏，向房法寿请教对策。房法寿内心不愿去江南，所以对崔道固逼迫自己南下十分怨恨。当时，崔道固派遣兼治中房灵宾任督清河、广川二郡事，驻防磐阳。房法寿于是与房崇吉袭击磐阳，占领那里，向慕容白曜投降，用来赎回房崇吉的母亲和妻子。崔道固派军进攻他们，慕容白曜从瑕丘派将军长孙观，解救磐阳，崔道固撤退。慕容白曜表奏北魏，推荐冠军将军韩麒麟与房法寿同时任冀州刺史，任命房法寿的堂弟房灵民、房思顺、房灵悦、房伯怜、房伯玉、房叔玉、房思安、房幼安等八人，都当了郡守。

慕容白曜自瑕丘率军攻击崔道固据守的历城，派平东将军长孙陵等攻击沈文秀于东阳。崔道固登城抵抗，不肯投降，慕容白曜筑起长墙包围了他。长孙陵等抵达东阳，沈文秀请求投降，长孙陵等进入东阳西门外城，放纵士卒横行抢夺。沈文秀既后悔又愤怒，关闭城门，攻击长孙陵等，击溃击破了长孙陵的部队。长孙陵等撤退屯驻清水以西，屡次攻城，没有攻克。

八月二十四日癸卯，宣布大赦。

八月二十九日戊申，魏献文帝的李夫人生下皇子拓跋宏。夫人是李惠的女儿。冯太后亲自抚养拓跋宏；不久，把国家政事重新交还给魏献文帝，魏献文帝开始亲自处理国事，辛勤治理国家，奖罚严明，提拔清廉有操守的人，罢黜贪官污吏。这时北魏州、郡地方官中开始有人因为政廉洁而闻名了。

太中大夫徐爰，从宋文帝时开始掌权，素来对宋明帝不以礼相待。皇上一直记恨在心，于是颁布诏书，一条条列出其奸诈的罪状，贬谪到交州。

冬季，十月初三日辛巳，刘宋颁布诏书改封义阳王刘昶为晋熙王，派员外郎李丰带一千两黄金，向北魏赎回刘昶。北魏不答应，但让刘昶写信给宋明帝，以兄弟相称。宋明帝斥责刘昶竟不称“臣”，拒绝回信。魏献文帝命刘昶再写信给明帝，刘昶推辞说：“臣本是刘彧的哥哥，从来没当过他的臣属。如今更改前一封信上的称呼，是我向两国君王同时称臣。如果不改，他又不肯接受。我不敢奉命。”这时才罢休。北魏人器重刘昶，前后将三位公主许配给他。

十一月初八日乙卯，分出徐州若干郡县，设立东徐州，任命辅国将军张谠为东徐州刺史。

十二月初三日庚辰，刘宋任命幽州刺史刘休宾为兖州刺史。刘休宾的妻子是崔邪利的女儿，生子刘文晔，与崔邪利同时被北魏俘虏。慕容白曜把他的妻子和儿子送到梁邹城下给他看。刘休宾秘密派主簿尹文达前往历城晋见慕容白曜，并代表其探望妻子和儿子。刘休宾打算投降，可是侄儿刘闻慰反对。慕容白曜派人在城下呼喊：“刘休宾几次派人来见仆射，相约投降，为什么过了约定时间，还不实行？”于是城中守军都知道这件事，把刘休宾软禁起来，不准投降。北魏军于是包围梁邹。

北魏西河公拓跋石再次进攻汝阴，因汝阴防守严密，无功而返。常珍奇虽然投降北魏，实际怀有二心。刘勔又写信招抚。正赶上北魏西河公拓跋石攻打汝阴，常珍奇乘虚纵火焚掠悬瓠城，驱逐掳掠上蔡、安成、平舆三县百姓，聚集在灌水。

（以上为第五段，写北魏献文帝拓跋弘亲政，奖惩严明，提拔清廉之人，贬退贪官污吏；刘宋欲赎回义阳王刘昶，刘昶不愿回朝称臣，北魏又器重他，故长留。）

宋明帝泰始四年（戊申，公元468年）

春季，正月十三日己未，宋明帝到南郊祭天，大赦天下。

北魏汝阳司马赵怀仁率军攻击武津。豫州刺史刘勔派龙骧将军申元德迎战，击败赵怀仁军，在汝阳台东又斩北魏于都公阏于跋，缴获运输车一千三百辆。北魏军再攻义阳，刘勔派司徒参军孙昙瓘迎战，挫败北魏军。

淮西百姓贾元友上书，陈述攻伐北魏及夺取淮西陈、蔡的策略，宋明帝把这份奏书交给刘勔看。刘勔上言说：“贾元友指出：‘胡虏主上年幼，能力薄弱，内外交困，上天注定它灭亡的日子为期不远。’臣认为胡虏自去年冬季，踏入我国领土后，盘踞几个郡，百姓大量伤亡。本年自春季以来，城池连接，被围被逼，对已失去的国土都无力收复，哪有力量消灭胡虏？贾元友所陈述的意见，很多地方荒谬狂妄，无事实根据，谈起来甚是容易，做起来非常艰难。臣私下认为，自元嘉年间以来，北方归附的流民，都爱议论国家大事，肩挑负荷回到建康，都规劝伐胡虏。可是，朝廷接受的结果，每次都是失败后悔。边境居民，只看谁强谁弱，朝廷军队到达之处，一定送茶送饭，在路旁恭候迎接，可是，大军一退，居民就拿起刀箭，抄掠的事情又不断发生。这是大家常见的事，事实已清楚证明不是一次了。”宋明帝这才作罢。

北魏尉元派人劝说东徐州刺史张谠，张谠拱手献出团城投降了。北魏任命中书侍郎高闾与张谠一起做东徐州刺史；又任命李璨与毕众敬一起做东兖州刺史。尉元又派人劝兖州刺史王整，及兰陵太守桓忻，王整、桓忻都投降了北魏。北魏提升尉元为开府仪同三司、都督徐南北兖三州诸军事、徐州刺史，镇守彭城。北魏朝廷征召薛安都、毕众敬入朝。抵达平城，北魏以上宾之礼款待他们，同族的兄弟，都封侯晋爵，赏赐住宅，供给物资及金钱，待遇十分优厚。

慕容白曜包围历城已有一年。二月十四日庚寅，攻陷东门外城。二月十七日癸巳，崔道固自己反绑双臂，出城投降。慕容白曜派崔道固的儿子崔景业与刘文晔一同前往梁邹，刘休宾也出城投降。慕容白曜把崔道固、刘休宾及其僚属，送到平城。

二月二十五日辛丑，刘宋任命前龙骧将军常珍奇为都督司北豫二州诸军事、司州刺史。北魏西河公拓跋石攻击常珍奇，常珍奇单人匹马投奔寿阳。

二月二十九日乙巳，刘宋车骑大将军、曲江庄公王玄谟去世。

三月，北魏慕容白曜进军包围东阳。

宋明帝任命崔道固的侄儿崔僧祐为辅国将军，率军数千人从海路北上，援救历城，到达不其城，听说历城已经沦陷，崔僧祐也投降北魏。

刘宋交州刺史刘牧去世。交州人李长仁聚众起兵，把刘牧从北方带来的部曲杀光，占领州城反叛，自称刺史。

刘宋广州刺史羊希派晋康太守沛郡人刘思道讨伐俚人部落。刘思道违背上级命令，作战失败。羊希派人逮捕他，刘思道率领部队反攻，羊希兵败被杀。龙骧将军陈伯绍率兵征伐俚人部落，得到消息后，还击并活捉刘思道，将其斩首。羊希是羊玄保的侄儿。

夏季，四月初四日己卯，刘宋又免减郡县一半田赋。

刘宋改封东海王刘祎为庐江王，山阳王刘休祐为晋平王。宋明帝因废帝称刘祎是驴王，所以把庐江封给他。

刘勔在许昌击败魏军。

北魏任命南郡公李惠为征南大将军、仪同三司、都督关右诸军事、雍州刺史，晋爵为王。

五月十一日乙卯，魏献文帝巡视崞山打猎，遂又到繁峙。五月十七日辛酉，回宫。

六月，北魏任命昌黎王冯熙为太傅。冯熙是冯太后的哥哥。

（以上为第六段，写刘宋将领刘劻与北魏迎战，挫败北魏军；北魏将领尉元劝说东徐州、兖州刺史投降，兰陵、历城也相继投降，刘宋北境大片土地沦丧，陷入敌手。）

秋季，七月十六日庚申，刘宋任命骁骑将军萧道成为南兖州刺史。

八月十五日戊子，刘宋任命南康相刘勃为交州刺史。

宋明帝任命沈文秀的弟弟、征北中兵参军沈文静为辅国将军，指挥高密等五郡军事，从海路北上，援救东阳。大军行至不其城，被魏军截断，便守城自保。魏军进攻，没有攻克。八月十八日辛卯，朝廷分出一部分青州地域，设置东青州，任命沈文静为刺史。

九月初八日辛亥，北魏封皇叔拓跋桢为南安王，拓跋长寿为城阳王，拓跋太洛为章武王，拓跋休为安定王。

冬季，十月初一日癸酉朔，出现日食。刘宋征发各州军队，开始北伐。

十一月，交州叛变民众的首领李长仁派遣使节向刘宋请求投降，自贬为代理州事，刘宋朝廷批准了。

十二月，魏军攻克不其城，杀了沈文静，又攻入东阳西郭门。

义嘉年间战乱的时候，巫师请求挖掘刘子勋的祖母昭太后的修宁陵，摧毁地宫，压服刘子勋的叛乱。到了这一年，才改葬昭太后。

元嘉以前，中书侍郎、中书舍人都是由社会上知名度很高的人士担任的。宋文帝开始录用寒门出身的秋当。孝武帝时还混杂遴选士族和庶族出身的人联合担任，巢尚之、戴法兴都掌握大权。到了明帝即位，任用的全是左右地位低微的侍从。游击将军阮佃夫、中书通事舍人王道隆、员外散骑侍郎杨运长等，都参与政事，权力仅次于皇帝，当年巢尚之、戴法兴的权势也远不及他们。阮佃夫尤其骄纵横暴，肆无忌惮，顺从违背，祸福立时兑现。大肆收受贿赂，送给他的绢如少于二百匹，则连封信都不回。住宅、园林、饮食等，都超过诸王。歌女乐工的服饰，连宫廷里的人都赶不上。朝中士人无论贵贱，没有一个不巴结奉承。他的奴仆差役，纷纷被破格提拔为官吏，车夫甚至当上了虎贲中郎将，马夫甚至成了员外郎。

（以上为第七段，写刘宋的用人制度有所变化，文帝刘义隆开始任用寒士；孝武帝刘骏混用士族和庶族；明帝刘彧重用地位低微的侍从，沈佃夫等人权倾朝野。）

宋明帝泰始五年（己酉，公元 469 年）

春季，正月二十二日癸亥，宋明帝举行亲耕典礼，大赦天下。

沈文秀据守东阳，北魏军队围城已经三年。外无援兵，士卒日夜抵抗，头盔铠甲不能离身，都生了虱子，但无背叛之心。正月二十四日乙丑，魏军攻下东阳，沈文秀脱下戎服，换穿文职官服，整理周正，手拿皇帝颁发的符节，端坐在屋里。北魏士卒先后涌到，问："沈文秀在哪里？"沈文秀大声说："我就是。"北魏士卒上去把他捉住，剥下他的衣服，捆绑着押送给慕容白曜，强迫他下拜，沈文秀说："都是各自国家的大臣，为什么要我下拜！"慕容白曜还给他衣服，为他设宴，加上脚镣手铐，押送平城。魏献文帝列举他的罪过，然后赦免，把他当作下等宾客相待，给他粗劣的衣食。不久，因为敬重他决不屈服的气概，稍稍以礼相待，任命他为外都下大夫。从此，青、冀之地全部并入北魏的版图。

正月二十七日戊辰，北魏平昌宣王和其奴去世。

二月初九日乙卯，北魏任命慕容白曜为都督青齐东徐三州诸军事、征南大将军、开府仪同三司、青州刺史，晋爵济南王。慕容白曜安抚有方，东齐的人民安定下来。

北魏自天安年间以来，连年大旱饥荒，再加上对青、徐等州用兵，崤山以东百姓疲惫于田赋徭役。献文帝命令根据百姓的贫富分为三等，作为征收赋税的标准，每等再分三级，上三级运到平城，中三级运到其他各州，下三级则运到本州州府。另外，北魏旧制度规定：正常的田赋之外，还有十五种杂调。这一年全部废除，从此民众生活稍稍可以自给了。

河东郡人柳欣慰等聚众谋反，打算拥立太尉庐江王刘祎。刘祎自认为是宋明帝的哥哥，但宋明帝和其他兄弟都对他很轻视，于是刘祎与柳欣慰等结交，制订计划互相呼应配合。征北谘议参军杜幼文向朝廷告发。二月二十六日丙申，宋明帝颁布诏书贬黜刘祎为车骑将军、开府仪同三司、南豫州刺史，出京镇守宣城。宋明帝派心腹侍从杨运长率军防卫。柳欣慰等人全被诛杀。

三月，魏军进攻汝阴。汝阴太守杨文苌击退北魏的进攻。

夏季，四月二十七日丙申，北魏大赦天下。

五月，北魏把青州、齐州的百姓迁移到平城，把升城、历城的豪门望族安置在桑乾，设立平齐郡安置他们。其他居民则被当作奴婢，分别赏赐给文武百官。

北魏沙门统昙曜奏请："平齐户及其他百姓，凡能够每年捐赠谷米六十斛给寺庙的，称'僧祇户'，所捐献的谷米，称'僧祇粟'。遇到饥荒，拿出来赈灾，救济饥民。"又请求："民间的重刑犯和发配到官府的奴隶，可以当作'佛图户'，到各寺庙当差洒扫。"魏献文帝全部批准。于是僧祇户、僧祇粟、佛图户遍及各州镇。

六月，北魏立皇子拓跋宏为太子。

（以上为第八段，写北魏攻占东阳，沈文秀被俘不屈，从此青、冀之地并入北魏；北魏安定东齐，按等级收取民赋，废除杂调；同意沙门统昙曜奏请，佛图遍于州镇。）

六月初五日癸酉，刘宋任命左卫将军沈攸之为郢州刺史。

宋明帝命下属有关部门启奏说庐江王刘祎愤恨不满，口出怨言，请求彻底处理他。不许。六月初九丁丑，免除刘祎官爵，派大鸿胪持节带着诏书前去斥责刘祎，逼令刘祎自杀。儿子辅国将军刘充明也被废黜，放逐到新安。

冬季，十月初一日丁卯朔，出现日食。

北魏顿丘王李峻去世。

十一月十一日丁未，北魏再次派使节来请求宋魏两国和亲。自此，两国信使年年相通。

闰十一月二十二日戊子，任命辅师将军孟阳为兖州刺史，开始时治所设在淮阴。

十二月初三日戊戌，刘宋解除司徒、建安王刘休仁的扬州刺史职务。刘休仁跟明帝年龄相仿，互相友爱。废帝景和时，明帝依赖刘休仁的机智救他不死。到了泰始初年，全国四处兵起，刘休仁率军出征，亲冒滚石飞箭，最后终于建立大功，总管文武百官，寄托隆重。因此朝野都奔走在他的门下，宋明帝渐渐有些不高兴。刘休仁察觉到明帝的心思，所以上疏请求解除扬州刺史的职务。十二月二十四日己未，任命桂阳王刘休范为扬州刺史。

刘宋分割荆州的巴东郡、建平郡，益州的巴西郡、梓潼郡，设立三巴校尉，治所设在白帝。此前，三峡一带蛮人及獠人，年年抢劫抄掠，所以设立三巴府镇压他们。宋明帝任命司徒参军东莞人孙谦为巴东、建平二郡太守。孙谦将要前去上任，准许招募一千人同去，孙谦说："蛮夷所以叛乱，是官府对他们太苛刻，何必兴师动众，消耗国家经费！"坚决不肯接受。孙谦抵达郡府，开诚布公，推广恩德信义，蛮、獠全都心服口服，纷纷争着进献金银财宝。孙谦用好话进行安慰解释，不受馈赠。

临海郡强盗首领田流自称东海王，抢劫海盐，杀了鄞县县令，东方各郡大为震惊。

（以上为第九段，写刘宋设立三巴校尉以镇抚三峡一带少数民族，校尉孙谦，以恩信抚之，全部心悦诚服；临海流民首领田流率众起义，纷扰东部。）

宋明帝泰始六年（庚戌，公元 470 年）

春季，正月初十日乙亥，刘宋建立祭礼规定：每隔二年，到南郊祭天；每隔一年，在明堂祭祀祖先。

二月初八日壬寅，刘宋任命司徒刘休仁为太尉，仍兼任司徒。刘休仁坚决辞谢。

二月十九日癸丑，宋明帝娶江智渊的孙女江简为太子妃。二月二十日甲寅，大赦天下。命文武百官呈献礼物，始兴太守孙奉伯只呈献弦琴、书籍。宋明帝大怒，派人送去毒药，赐孙奉伯一死，但马上又下令原谅了他。

北魏任命东郡王陆定国为司空。陆定国是陆丽的儿子。

魏献文帝派征西大将军上党王长孙观攻打吐谷浑。

夏季，四月初八日辛丑，北魏大赦天下。

四月十五日戊申，北魏长孙观与吐谷浑王慕容拾寅在曼头山大战，慕容拾寅战败逃走，派别驾康盘龙到北魏进贡，北魏献文帝囚禁了他。

四月三十日癸亥，刘宋立皇子刘燮为晋熙王，继承晋熙王刘昶为其后嗣。

五月，北魏立皇弟拓跋长乐为建昌王。

六月十一日癸卯，刘宋任命江州刺史王景文为尚书左仆射、扬州刺史，尚书仆射袁粲为右仆射。

宋明帝在宫中大摆宴席，命令妇女脱光衣服，让大家欣赏。皇后用扇子挡住面庞，明帝大怒说："真是穷家的寒酸相！今天大家一同取乐，为什么只有你不看！"皇后说："寻求欢乐的方法很多，哪有姑嫂姐妹聚在一起观看裸体妇女取乐的！我们穷人家的欢乐，与此不同。"明帝大怒，赶皇后出去。皇后的哥哥王景文听说这件事，说："皇后在家时胆小怕事，想不到这次竟如此刚正。"

南兖州刺史萧道成在军旅中已经很长时间。民间有人传言说萧道成有异常的相貌，应当做天子。宋明帝疑虑，颁布诏书征召萧道成回京任黄门侍郎、越骑校尉。萧道成很恐惧，不想回京，可是又没有办法留下来不走。冠军参军广陵人荀伯玉劝萧道成派数十个骑兵，深入北魏国境，张贴布告，号召居民起义。北魏果然派出游骑兵数百人，沿边境巡逻。萧道成紧急报告朝廷，明帝才恢复萧道成的原职。秋季，九月，命萧道成迁驻淮阴。任命侍中、中领军刘勔为都督南徐州、兖州等五州诸军事，镇守广陵。

九月十七日戊寅，刘宋设立总明观，任命祭酒一人，儒学、玄学、文学、史学学士各十人。

（以上为第十段，写刘宋明帝悖行，行径更加不可理喻；萧道成在僚属荀伯玉的谋划下，机智应对明帝征召，不进京城。）

柔然汗国部真可汗侵犯北魏，魏献文帝集合群臣商议。尚书右仆射南平公拓跋目辰说："如果御驾亲征，京师将陷入惊恐，不如慎重固守。胡虏孤军深入，粮秣运送不能持续，不久就会自行撤退；到那时派将士追击，一定会把柔然击败。"给事中张白泽说："愚蠢丑类，轻率冒犯边界，如果御驾亲征，望见我们旗帜，就会一哄而散，怎么能坐在这里放纵敌人横行！陛下以万乘之尊，而环城自守，这样不能威服四方夷族。"北魏献文帝同意。张白泽是张衮的孙子。

魏献文帝命京兆王拓跋子推等率各军从西路进击，任城王拓跋云等率各军从东路进击，汝阴王拓跋天赐等率各军为前锋，陇西王源贺等率各军为后继部队，镇西将军吕罗汉等留守朝廷。各将领与魏献文帝在女水河畔会合，迎战柔然汗国军队，柔然军队大败。乘胜追击，杀了五万人，受降一万多人，缴获战马、武器数不胜数。魏军在十九天中，往返六千多里。女水从此改名为武川。司徒东安王刘尼因酒醉昏迷，军阵混乱，被罢了官。九月十一日壬申，返回平城。

当时，北魏的文武百官没有俸禄，很少有人能清正廉洁，魏献文帝颁布诏书："官员接受所管辖的一只羊、一斛酒的，处死；行贿的人以从犯论处。如果有人揭发尚书以下官员犯罪，则免除被揭发官员的职位，由揭发人接任。"张白泽劝谏说："从前周王时，最低级的官，都有足够他雇人耕田的薪俸。而今朝廷贵臣，辛勤工作却无报酬。如果让接受礼物的官员受到刑罚，而由揭发者代替他的职位，臣恐怕奸邪之辈，乘机制造事端，忠臣懈怠，不保节操。想如此而求得简政民安，那不也是太难了嘛！请依照过去所颁布的法令，发给俸禄，以酬谢清廉官吏。"魏献文帝便撤销新办法。

（以上为第十一段，写北魏派出三路大军反击柔然侵扰，大获全胜；北魏群臣没有俸禄，而制定了严厉的肃贪政策，张白泽予以劝说，而后予以撤销，予百官俸禄。）

冬季，十月初一日辛卯，宋明帝颁布诏书说：世祖的儿子，因为身犯国法，全被诛杀。命皇子刘智随过继到世祖名下为子，封为武陵王。

当初，北魏丞相乙浑当权时，慕容白曜对他很是巴结奉承。魏献文帝忌恨在心，就说慕容白曜阴谋反叛，杀了他和他的弟弟慕容如意。

当初，北魏南部尚书李敷、仪曹尚书李䜣从小感情亲密，两人与中书侍郎卢度世都因为有才能而受太武帝及献文帝的宠爱信任，参与机密决策，负责撰写、发布诏书。后来，李䜣任相州刺史，接受贿赂钱财，被人告发，李敷为他掩饰。献文帝听说后，用囚车押李䜣回平城，审理结果，贪赃枉法的证据确凿，应当处死。当时，李敷的弟弟李奕受冯太后的宠爱，献文帝心里已对李奕疏远。有关部门奉献文帝之命，暗示李䜣，如果能出面揭发李敷兄弟二人的隐私，就可以免死。李䜣对女婿裴攸说："我与李敷虽然不同族，但二人的恩情超过亲兄弟。如今主管官员劝我做这种事，我于心不忍。几次拔下头簪刺自己，解下腰带上吊自杀，终究不得死。而且我怎么能知道他们的隐私呢！应该怎么办？"裴攸说："你何必做替死的事呢？有个叫冯阐的人，先前被李敷败害，冯阐的家里人深恨李敷，现今去问问冯阐的弟弟，一定能探得李敷的隐私。"李䜣同意。正巧，赵郡人范𢕟上书告发李敷兄弟三十余条罪状，有关部门奏报，献文帝大怒，诛杀李敷兄弟。李䜣得以免死，判为鞭打、剃发和流放到边远地方服劳役。稍后，又命为太仓尚书，兼管南部事务。李敷是李顺的儿子。

北魏阳平王拓跋新成去世。

这年，刘宋命令龙骧将军义兴人周山图率兵进驻浃口，讨伐变民首领田流，并且平定了。

柔然进攻于阗，于阗派使臣素目伽携带奏章，前往北魏请求救援。魏献文帝命王公大臣讨论，都说："于阗距京师近万里，蠕蠕只知道野地抢劫，不会攻城，如果蠕蠕会攻城，于阗早就灭亡了，就是想派兵救援，也来不及了。"魏献文帝把大家的意见拿给于阗使臣看，使臣也认为是这样，于是命使者带回诏书："朕自当紧急命令各路大军，援救你的灾难，但是既距离你们遥远路又难行，一定无法解救你们眼前的紧急情况，你应该知道。朕现今正在严格训练部队，一两年间，当亲率雄兵猛将，为你除患。你应谨慎警戒，等待大规模军事行动。"

（以上为第十二段，写北魏的宫廷矛盾，因李敷之弟李奕宠幸于冯太后，献文帝拓跋弘故欲置之于死地，让李䜣检举揭发，以免其死罪；北魏决定不救援于阗。）

【点评】

刘宋丢失淮北，国势式微。刘宋的衰落已经日渐明显，在北魏的攻势下，丢掉了淮北四州及豫州淮西之地，这是刘宋的一个转折点。无怪乎裴子野感叹道："高祖虮虱生介胄，经启疆埸；后之子孙，日蹙百里。"此处"日蹙百里"引用《诗经·召旻》："昔先王受命，有如召公，日辟国百里，今也日蹙国百里。於乎哀哉！维今之人，不尚有旧！"感叹先王受命昔为君，有像召公一样的辅佐大臣。当初日辟百里地，如今国土日受损。可叹可悲真痛心！不知如今满朝文武，是否还有旧忠臣？

宋纪十五

宋明帝泰始七年至苍梧王元徽三年（公元471—公元475）

【起重光大渊献（辛亥，公元471年），尽旃蒙单阏（乙卯，公元475年），凡五年】

【大事提要】

本卷记事起自公元471年至公元475年，凡五年，时当宋明帝泰始七年到苍梧王元徽三年。本卷所载大事，南朝刘宋大事一件，宋明帝在诛杀了一批自认为会对后代不利的宗室、大臣之后，却料不到奸雄已在卧榻之侧。北朝北魏大事亦一件，魏献文帝自动退位当太上皇，魏孝文帝即位，北魏最为重要的一段历史由此展开。

太宗明皇帝下

宋明帝泰始七年（辛亥，公元471年）

春季，二月初十日戊戌，分出交州、广州的郡县，设立越州，州治设在临漳。

当初，宋明帝还是亲王时，性情宽厚平和，有良好的声誉，只有他深受孝武帝的宠爱。即位之初，对拥护义嘉之乱的官员，大多数都宽宥，按照各人的才干，分别任用，像对旧有臣下一样对待。到了晚年，却猜疑、嫉妒、残忍、暴虐，迷信鬼神巫术，忌讳多端。无论言论、文书，对祸、败、凶、丧以及含混难辨的话和字有成百上千条，都要回避，如有触犯，一定惩罚和诛杀。把“騧”改成“马瓜”，因为“騧”看起来像“祸”字。左右官员只要违背心意，常常有被挖心或砍断肢体的人。

当时，宋魏常在淮河、泗水一带交战，府库空竭，朝廷内外的百官，全都断了俸禄。但明帝却过度奢侈浪费，每次制造器物用具，都要分为正用、备用、次备用，各制三十件。侍候左右的亲信当权，贪赃枉法，贿赂公行。

宋明帝一直没有儿子，就把各亲王怀有身孕的姬妾秘密接到宫中，生了男孩，就把生母杀掉，由宠幸的妃子认作儿子。

宋明帝患病，因为太子年纪还小，深深地畏忌弟弟们。南徐州刺史晋平剌王刘休祐，从前镇守江陵时，贪污暴虐，无法无天。这次调任路过京师，宋明帝不让刘休祐赴任，留在建康，派刘休祐的高级属官代理府州事务。刘休祐性情暴烈凶恶，前后冒犯明帝不止一次，宋明帝都记在心中，无法平息，考虑到将来不能控制刘休祐，所以准备找个机会把刘休祐除掉。二月二十六日甲寅，刘休祐随同明帝前往岩山射猎野鸡，左右侍从被抛在后面。天将昏暗，明帝派亲信寿寂之等数人，把刘休祐从马背上挤下来，一拥而上，痛打一气，直至死亡，然后传呼："骠骑将军落马！"明帝假装吃惊，派出御医，一个接一个地前往诊视。等到刘休祐左右侍从赶到，刘休祐已气绝身亡，把刘休祐所乘车的轮子拆掉，抬回了家。颁布诏书追赠刘休祐为司空，按照丧礼安葬。

建康民间有谣言，说荆州刺史巴陵王刘休若，有尊贵的面相。宋明帝写信将此言告诉了刘休若，刘休若忧虑恐惧。二月三十日戊午，任命刘休若接替刘休祐为南徐州刺史。刘休若心腹将领都说，刘休若只要回到建康，就难逃大祸。中兵参军京兆人王敬先劝刘休若说："现今，皇上正处在将死之际，朝廷大权握在皇上亲近之臣之手，那群奸恶之徒，来势汹汹，准备把皇上的兄弟全部铲除，以此来满足自己的私欲。殿下的名声，传播海内，如接受诏书，前往京师朝见，一定有去无回。荆州武装部队十余万，土地数千里。上可以辅佐天子，铲除奸臣；下可以保全一州，救自己一命。这和回到建康家宅，接受皇上赐给你自杀的佩剑，你的臣妾饮泣吞声而不敢安葬，两者相比较，哪个好呢？"刘休若一向谨慎胆怯，于是假装答应。王敬先一出王府，立刻派人把王敬先抓起来，把王敬先说的话奏报宋明帝，并且将王敬先处死。

三月初三日辛酉，北魏代理员外散骑常侍邢祐前来刘宋聘问交好。

魏献文帝派殿中尚书胡莫寒选拔西部敕勒部落中的武士，担任宫廷警卫。胡莫寒大肆收纳贿赂，激起民愤，民众诛杀胡莫寒及高平代理镇将奚陵。夏季，四月，敕勒部落全都反叛。献文帝派汝阴王拓跋天赐率军讨伐，以给事中罗云为前锋。敕勒部落诈降，袭击罗云，将其斩首，拓跋天赐免于一死。

（以上为第一段，写刘宋明帝刘彧，原本宽和，有好名声，到了晚年，又没有生育能力，心态扭曲，非常变态，尤其是卧病后，担忧诸弟在身后抢夺皇位，首先残杀了个性刚强的晋平剌王刘休祐。）

晋平剌王刘休祐被杀之后，建安王刘休仁越发惶恐不安。宋明帝常跟亲信杨运长等商讨身后之计，杨运长等也担心明帝去世之后，刘休仁当政，自己这些人不能独断专行，所以都赞成宋明帝的计划。明帝一度病危，内外都把希望寄托在刘休仁身上，连主书以下的低级官员，都往东府拜访刘休仁的亲信，想预先结下交情。有些人正巧当班，不能出来从事结交活动，都很恐惧。明帝听说后，更为厌恶。五月初一日戊午，召刘休仁进宫朝见，不久又通知他说："今晚你可在尚书下省安歇，明天一早再来。"当夜，派人送去毒药，强迫刘休仁吞服。刘休仁骂道："皇上得到天下，是谁的力量！孝武帝因为诛杀兄弟的缘故，子孙灭绝，今天你又要诛杀兄弟，宋的统治岂能长久！”明帝担心有变，强打精神，乘轿到皇城端门坐镇，直到刘休仁气绝，才回后宫，颁布诏书称：“刘休仁计划结交宫廷禁卫官兵，阴谋叛乱，朕不忍心把他交付法庭审判，而只颁布诏书严厉斥责，刘休仁对自己的忘恩负义，畏惧羞愧，不能自容，服毒自杀。可以宽恕刘休仁的两个儿子，贬刘休仁为始安县王，由其子刘伯融继承爵位。”

宋明帝害怕人心不服，便颁发诏书给朝廷各大臣及地方官员，说：“刘休仁与刘休祐相交很深，刘休仁对刘休祐说：‘你只管奉承皇上，这妙法足可以安身，我一向很得益于这种办法。’刘休祐之死，本来想为民除害，可是刘休仁却从此越发恐慌，我每次传他进宫，刘休仁都进去向杨太妃告别。春天，我常常与刘休仁一块去打野鸡，偶遇阴天下雨，不能外出，刘休仁就告诉左右：‘今天又多活了一天。’刘休仁曾经因为南征的缘故，与皇家禁卫将领在一起共事，情投意合。我以前有好些日子身体不适，刘休仁出入宫廷，见到这些将领，一律和颜悦色，进行安抚慰劳。像刘休仁这样的意图，别人无法加以估量。事情已经不能阻止了，反复思考，不得不做这项处置，担心内中缘由你们不一定马上都明白，所以告知内情。”

宋明帝与刘休仁素来十分友好，虽然杀了他，每每对人说：“我与建安王刘休仁，年纪差不多，幼年时候，便在一起玩耍，景和、泰始年间，刘休仁一片忠心，建功立业，功勋的确不小。可是，到了利害关头，不得不除掉刘休仁，哀痛想念之至，不能控制自己。”于是，流泪哭泣。

当初，宋明帝在藩属时，因褚渊风度翩翩，气质雅素，而成为至好的朋友。宋明帝即位后，彼此也十分信赖依托。明帝病重，褚渊正任吴郡太守，急召入宫。褚渊到京后，入宫晋见，明帝痛哭流涕说：“我的病情危险，所以召见你，打算让你穿上黄襹（即托孤）！”黄襹是乳母的衣服。明帝与褚渊谋划诛杀建安王刘休仁，褚渊认为不能那样做，明帝大怒说：“你是个呆子，不足与你共计国家大事。”褚渊惧怕，只好从命。于是，明帝再任命褚渊为吏部尚书。五月十三日庚午，又提升尚书右仆射袁粲为尚书令，褚渊为左仆射。

宋明帝厌恶太子屯骑校尉寿寂之的勇敢雄健，正巧有关部门奏报寿寂之擅自诛杀巡逻军官，就把寿寂之贬到越州，在途中把寿寂之杀掉。

五月二十九日丙戌，宋明帝将已杀死的晋平王刘休祐追废为庶人。

巴陵王刘休若抵达京口，听到建安王刘休仁被毒死的消息，更加恐惧。明帝认为刘休若性情温和，品格憨厚，能调解纠纷，各方人士对刘休若都十分敬重，害怕刘休若将来有一天夺取幼主刘昱的帝位，打算派使臣前往诛杀刘休若，怕刘休若拒不从命，打算征召到朝廷朝见，又怕引起刘休若猜疑震惊。六月初十日丁酉，宋明帝任命江州刺史桂阳王刘休范为南徐州刺史；任命刘休若为江州刺史。亲笔写信给刘休若，十分殷勤地召刘休若前来京师，参加七月七日的皇家盛宴。

六月二十日丁未，魏献文帝巡视河西。

秋季，七月，刘宋巴陵哀王刘休若，抵达建康。七月初九日乙丑，命刘休若自杀于宅邸。追赠刘休若为侍中、司空。再命桂阳王刘休范回任江州刺史。当时，宋明帝的所有兄弟全部铲除，只有刘休范因人品低劣，才能平庸，不为宋明帝所忌讳，故得以保全性命。

（以上为第二段，写宋明帝刘彧疑神疑鬼，连续诛杀诸弟，功劳卓著的刘休仁被赐死，又命刘休若自杀，只有凡庸的刘休范得以保全。）

沈约评论说：圣人制定法律，传布制度，之所以要称引古代明圣君王，是因为古代明圣君王遗留下来的教训和风范，足以为后世的榜样。太祖文帝治理国家的规划虽然宏大，可是使家族兴隆的办法却有不足。彭城王刘义康对历史一无所知，只看到兄弟之情，却不懂君臣之礼，想把家族中的亲情，用于治国之道。人主已经猜忌，仍然冒犯；恩情已经衰竭，仍然不醒悟。以致犯了只需斥责训诫的小罪，却招来杀身灭门之大祸。开启端绪，树下衅隙，垂示后人。太宗武帝借因容易猜忌之情，依照已经施行的典则，剪落宽大的枝叶，无所顾忌。随后，树根无所庇护，幼主孤孤单单，国家神器因为势弱而转移，命运也随着人心而改变。这就同降霜之后严寒再至，就会结冰一样，刘宋的灭亡，其苗头很早就已出现了。

裴子野评论说：吞食猛虎的野兽，知道爱护儿子；搏斗狸猫的飞鸟，不保护异类鸟的巢穴。太宗明帝保护螟蛉之子，却屠杀一母同胞兄弟，迷失兄弟相属的天性，不晓得父子伦常之自然。宋朝德运的败亡，并不是上天废弃。亡国之君，没有一个不是先砍断本枝，而去养育旁枝的。推心置腹于邪恶的亲信，对父亲或兄弟却深恶痛绝。前面的车子倾覆，后面的车子仍并驾齐驱。如果兄弟继承帝位，祖先的灵位仍可配享上天，而他人登上宝座，七座祖庙的祭祀将全部断绝。不将此事挂怀，甘心剪落。晋武帝违背文明皇后的托付，结果贾后使中原沉沦。太祖文帝违背初宁陵的誓言，而登上合殿的却是刘召力。祸福无门，哪能事先选择；兄弟相亲相爱，岂不平安！

（以上为第三段，写司马光引用沈约、裴子野的评论，抨击明帝刘彧残酷杀害诸弟的丑行；沈约指出兄弟相残源于刘义隆杀害义恭；裴子野认为兄弟相残是亡国的祸根。）

七月初十日丙寅，魏献文帝抵达阴山。

当初，吴喜讨伐会稽郡时，报告宋明帝说："如果俘虏寻阳王刘子房与贼寇的将领，就在东部当场诛杀。”后来活捉了刘子房，押送建康，并释放了吴郡太守顾琛等。明帝因吴喜刚刚建立大功，没有追究，但内心深为痛恨。等到攻克荆州，大肆抢劫，贪赃以万计。寿寂之被诛杀时，吴喜正任淮陵太守，督豫州诸军事，得到消息，内心恐惧，上书请求调任中散大夫，明帝疑惧惊骇。这时，有人暗中指控萧道成在淮阴私通北魏。明帝用银壶装酒，加上封条，派吴喜亲自送给萧道成。萧道成惊恐，打算逃走，吴喜把实情告诉萧道成，并且先饮下，萧道成才敢喝下。吴喜回到京师，向明帝保证萧道成忠贞。然而，有人秘密检举，明帝认为吴喜计谋太多，而又素有人缘，恐怕不能侍奉幼主，于是召吴喜到后宫内殿，纵情闲谈，间或打趣开开玩笑，十分亲密。吴喜告辞出来，宋明帝又赏赐给名菜，接着命令吴喜自杀，但仍颁布诏书资助丧葬费用。

宋明帝又颁布诏书给刘勔等人说："吴喜轻浮狡狯万端，专会收买人心。从前大明年间，黟县、歙县有亡命徒数千人，攻击县城，杀戮官员，刘子尚派三千精锐讨伐，但两次都被击败。孝武帝命吴喜率领几十人抵达县城，游说诱降群贼，群贼立即归降。诡秘蛊惑之人，才能如此。到了泰始初年，命吴喜东征，吴喜只带三百人，竟能直入三吴，经过两次小小的搏战，自破冈以东，直至大海，共十郡，全部荡平。百姓听说吴喜到来，都望风自退，如果不是多年来赢得三吴人士的感情，怎么能服帖到如此地步。探寻吴喜的心迹，绝不会尊奉正统君主，而坐失千载难逢的良机！譬如吃药，当人虚弱发冷时，应服热身之药；当人发热时，应去掉丹石这类坚硬易积于内的药物。并非忘掉吴喜的功劳，确属迫不得已罢了。"

七月二十二日戊寅，刘宋把淮阴划归北兖州，征召萧道成回京。萧道成的亲信认为，朝廷正在诛杀大臣，劝萧道成拒绝征召。萧道成说："你们没有看透事体，皇上自因为太子年纪太小，所以把兄弟一一翦除，何关他人。今天必须立即出发，稍微延误观望，一定受到猜疑。而且，骨肉相残，政权势必难以长久，大祸将临，各位要与我同心协力。"回京师之后，任命萧道成为散骑常侍、太子左卫率。

（以上为第四段，写刘宋明帝刘彧杀掉诸弟，又转而对大臣下手，认为有潜在危害的，就一杀了之，寿寂之、吴喜都命丧黄泉，萧道成料事如神，冒险回到京城。）

八月初一日丁亥，魏献文帝返回平城。

八月初二日戊子，宋明帝把皇子刘跻过继给江夏文献王刘义恭。

八月初四日庚寅，宋明帝病势有所好转，宣布大赦。

八月十二日戊戌，宋明帝封皇子刘准为安成王，刘准实际上是桂阳王刘休范的儿子。

魏献文帝拓跋弘从小聪明天成，刚毅果断，喜好黄老之学和佛学，每次接见朝廷官员及僧侣，共同谈玄论理，看淡荣华富贵，常常有离家修行的想法。认为叔父中都大官京兆王拓跋子推沉稳文雅仁厚，一向有较高的声誉，打算把帝位禅让给拓跋子推。当时，太尉源贺督统各军驻防漠南，用传车召源贺回京。源贺抵达时，朝廷正举行公卿会议，没有一个人敢先发言。任城王拓跋云，是拓跋子推的弟弟，对答献文帝说："陛下正逢太平盛世，君临四海，怎么可以对上违背宗庙，下弃万民。而且父子相传，由来已久。陛下一定要放弃尘世上的俗务，那么皇太子理应继承大统。天下是祖宗的天下，陛下如果把朝廷授予旁支，恐怕不是先圣的意思，将要导引诱发奸人乱心，这是祸福的源头，不可不格外谨慎。"源贺说："陛下现今打算禅位给皇叔，我深恐紊乱祖庙祭祀昭穆顺序，后世必将讥讽错乱祭祀的顺序。请三思任城王之言。"东阳公拓跋丕等说："皇太子虽然神圣恩德早已显彰，但实在年幼，而陛下正当壮年，刚开始总揽万机，为何只顾独善其身，不以天下为心意？皇家祖庙将怎么办，亿万人民将怎么办！"尚书陆馛说："陛下若舍弃太子，另外议立诸位亲王，我宁可在殿廷上自刎，也不敢奉诏！"献文帝大怒并且脸色大变，转过头问宦官选部尚书酒泉人赵黑，赵黑说："臣以死效忠皇太子，不知其他。"献文帝沉默不语。这一年，皇太子拓跋宏出生五年了。献文帝因拓跋宏太小，所以准备传位给拓跋子推。中书令高允说："臣不敢多言，愿陛下不忘宗庙托付之重任，而追念周公怀抱而辅佐幼主成王的故事。"献文帝问："那么，让皇太子登基，由各位辅佐，有何不可！"又说："陆馛是忠直之臣，一定能保护我的儿子。"于是任命陆馛为太保，与源贺一同持节，把皇帝的玉玺呈献给太子拓跋宏。八月二十日丙午，魏孝文帝即位，宣布大赦，改年号为延兴。

魏孝文帝从小就很有孝心，两年前，父亲献文帝身上长毒疮，孝文帝亲自用嘴吮吸脓水。等到接受父亲禅让的时候，孝文帝悲痛哭泣，不能自已。献文帝问他缘故，他回答说："接替父亲的感觉，内心非常痛切。"

八月二十一日丁未，魏献文帝颁布诏书说："朕向往淳朴的古道，志向恬淡，特命太子升为大位，朕只求悠闲自得，栖心于浩渺的自然之中。"

群臣上奏说："从前，汉高祖当了皇帝，尊称他的父亲为太上皇，表明不由自己统治天下。而今，皇上年纪幼小，朝廷大政仍宜由陛下掌管，谨恭上尊号太上皇。"献文帝同意。

八月二十三日己酉，太上皇迁到崇光宫居住，用刚刚采来的还没有削整的木材为房椽，台阶仍为土质，宫室设施十分简朴，朝廷大事，仍向他禀闻。崇光宫在北苑中，又建鹿野浮图在苑中西山，供僧侣居住。

（以上为第五段，写北魏献文帝拓跋弘一心向佛，欲自动退位，让位于其叔父拓跋子推，众大臣一致反对，不得已传位给太子拓跋宏，自为太上皇。）

冬季，十月，北魏沃野、统万二镇敕勒部落叛乱，派太尉源贺率军讨伐，归顺两千多个帐篷，追击残余势力到枹罕、金城时，大破敕勒军，杀八千余人，俘虏男女一万余人，牲畜三万余头。颁布诏书命令源贺统领三路各支军队，驻扎漠南。

在此之前，北魏每年秋冬之季，分东、中、西三路同时发兵，防备柔然，直到次年春季中期才撤退。源贺认为："一往一来，士卒疲惫不堪，无法支持长久。请求招募各州、镇壮士三万余人，兴筑三座城以据守，冬季练兵，春季种地。"魏主没有采纳。

十月初五日庚寅，北魏任命南安王拓跋桢为都督凉州及西戎诸军事，兼护西域校尉，镇守凉州。

宋明帝命令北琅邪、兰陵二郡太守垣崇祖经营淮北。垣崇祖率领数百人，从郁州出发，深入北魏七百里，占领蒙山。十一月，北魏东兖州刺史于洛侯反攻，垣崇祖带兵撤回。

宋明帝把原来的府邸改为湘宫寺，极为壮观华丽。准备兴建十层佛塔，未能成功，于是便分成两座。新安太守巢尚之解除职务回京朝见，宋明帝对他说："你去过湘宫寺没有？那可是我的大功德，花费不少钱。"通直散骑侍郎会稽人虞愿正在一边侍立，说："那是百姓用卖子、卖妻的钱所建造的，佛如果有灵，应当慈悲哀叹。罪恶高过佛塔，有什么功德！"侍座的人全都脸色大变，宋明帝大怒，命人把虞愿驱逐下殿。虞愿不慌不忙地慢慢离开，没有恐惧的表情。

宋明帝喜欢下棋，但棋艺非常拙劣，与第一等的下棋高手彭城丞王抗对弈。王抗暗中让棋，说："皇上是飞棋，臣无法切断。"宋明帝始终不知内情，越发爱不释手。虞愿又说："尧用这个教他儿子丹朱，不是人主所应该嗜好的。"宋明帝怒不可遏，但由于虞愿是自己任亲王时的旧属，总是非常宽容他。

王景文一直为官职高、地位重而忧虑，屡次辞让官职，宋明帝都不准许。然而内心却因王景文是皇家外戚，高贵昌盛，而孝昌侯张永长期经历战争，怀疑他们将来难以信任，于是亲自写首歌谣："一士不可亲，弓长射杀人。"王景文越发恐惧，再一次上书请求辞去扬州刺史，情意恳切。颁布诏书回答说："一个人身居尊贵、重要职位，只要看他存心如何罢了。大明之世，巢尚之、徐爰、戴法兴、戴明宝官职不过是个手持长矛的侍从，其权力竟大于人主。而今，袁粲任仆射兼管吏部，人们往往不知道袁粲是谁？袁粲提升为尚书令，没有丝毫猜疑，人们都亲近袁粲，而袁粲淡漠得跟平常一样，以这种态度身居高位重职，难道会感到惶惶不安？高贵固然有倾危的恐惧，卑贱也会有被填沟壑的忧虑。用尽心机避祸，不如不用心机听候命运，存亡的关键，大小的道理相同。"

（以上为第六段，写刘宋明帝刘彧建造湘宫寺，劳民伤财，虞愿直谏，令刘彧大怒；外戚王景文位高权重，刘彧以为难信，编造谣言，使其辞去扬州刺史职位。）

宋明帝泰豫元年（壬子，公元 472 年）

春季，正月初一日甲寅朔，宋明帝因患病不能痊愈，于是改年号泰豫。正月初五日戊午，皇太子刘昱在东宫接见四方前来朝贺的官员，并接受贡品及上计。

太阳蛮酋长桓诞，率领沔水以北，滍水、叶县以南，共计八万余帐落，投降北魏。桓诞自称是桓玄的儿子，当初逃到蛮族之中，用智慧和谋略，受到各蛮族部落的推崇。北魏任命桓诞为征南将军、东荆州刺史、襄阳王。可自己挑选郡太守、县令。朝廷派起部郎、京兆人韦珍同桓诞一起安抚新来居民，处理各种事务，各得其所。

二月，柔然汗国南下入侵北魏。北魏太上皇派将领迎击，柔然军撤退。东部敕勒部落叛变，投奔柔然汗国，太上皇亲自率军追击到石碛，没有追上，便回师了。

宋明帝的病情加重了，考虑到自己去世后皇后会临朝主政，而她的哥哥江安侯王景文凭借国舅的势力必定会官至宰相，这样王氏家族强大起来，可能会有异图。于是三月初七日己未，派人送毒药给王景文，命他自杀，并亲写诏书说："我与你是多年朋友，为了保全王家一门，所以有这个处置。"使节到时，王景文正与客人下棋，打开封套看罢，放到棋盘下，神色不变，正想着与客人争先打劫。一盘棋下完，把棋子收到盒内，王景文慢慢地说："接到圣旨，命我自尽。"这才把明帝的亲笔诏书拿给客人看。中直兵焦度、赵智略非常愤怒，说："大丈夫怎么能坐以待毙，州中文武官员数百人，足以一拼。"王景文说："知道你们的心，如果要想帮助我，应当为我家男女老少一百余口想一想！"于是研墨写奏，回敬诏书，引罪自责，饮药而死。宋明帝追赠王景文为开府仪同三司。

宋明帝梦见有人报告他说："豫章太守刘愔谋反。"梦醒后，就派人前往郡城，杀了刘愔。

魏孝文帝返回平城。

三月十八日庚午，魏孝文帝亲自主持耕田仪式。

夏季，四月，刘宋任命垣崇祖为代理徐州事，迁往龙沮戍守。

四月十七日己亥，宋明帝病危，任命江州刺史、桂阳王刘休范为司空，又命尚书右仆射褚渊为护军将军，加授中领军刘勔为右仆射。颁布诏书指定褚渊、刘勔和尚书令袁粲、荆州刺史蔡兴宗、郢州刺史沈攸之同时接受托孤遗命。褚渊与萧道成的关系一向十分亲密，就把萧道成推荐给皇上，再次颁布诏书任命萧道成为右卫将军兼卫尉，与袁粲等共同掌管朝廷大事。当晚，宋明帝去世。四月十八日庚子，太子刘昱即皇帝位，宣布大赦。此时苍梧王刘昱年仅十岁。袁粲、褚渊主持朝政，在宋明帝奢侈糜烂之后，力求节俭，想革除积弊。但是，阮佃夫、王道隆等掌权，贿赂公开施行，不能禁止。

（以上为第七段，写明帝刘彧临死前杀掉太子元舅王景文，又杀掉豫章太守刘惜；刘彧去世，太子刘昱即帝位；宿将萧道成进入朝廷核心岗位，地位上升，执掌大权。）

四月二十三日乙巳，刘宋任命安成王刘准为扬州刺史。

五月二十七日戊寅，将宋明帝安葬在高宁陵，庙号太宗。六月二十四日乙巳，尊皇后王贞风为皇太后，封太子妃江简为皇后。

秋季，七月，柔然汗国部落酋长无卢真率领骑兵三万人，攻击北魏的敦煌，被镇守将领尉多侯击退。尉多侯是尉眷的儿子。又侵犯晋昌，守将薛奴把他击退。

七月初七日戊午，魏孝文帝巡视阴山。

七月十七日戊辰，刘宋尊后废帝生母贵妃陈妙登为皇太妃。改称各亲王的太妃为太姬。

右军将军王道隆因为蔡兴宗刚强正直而不愿意让他扼守长江上游。闰七月二十四日甲辰，任命蔡兴宗为中书监，调任沈攸之为都督荆襄等八州诸军事、荆州刺史。蔡兴宗推辞中书监的官职不肯就任。王道隆每次拜访蔡兴宗，都缓步轻行到面前，不敢就席，很久才离开，蔡兴宗也不请他入座。

沈攸之自认为才能胆略过人，自从镇守夏口以来，心中有不轨的想法。等调任荆州，把郢州的兵士战马以及精良武器，尽量携带同往。到官之后，借口讨伐蛮族，大肆招兵买马，召集才能勇武之士，整肃严厉，好像大敌当前一样。加重田赋捐税以制造武器铠甲，原来应向朝廷缴纳的一律留下，养战马多到两千多匹，制造船舰近一千艘，粮仓、钱库无不充实。读书人、旅客和商人，经过荆州的，大多被留下不放。各地的亡命之徒，投奔荆州的都受到庇护藏匿。自己的部属中，如果有人逃亡，无论逃到哪里，都穷追不舍，逮捕到手才停止。各项措施，全都独断专行，不再接受朝廷的命令。朝廷怀疑但又有所忌惮。为政刻薄凶暴，有时甚至鞭打士大夫，对高级僚属以下的官吏，往往当面就诟骂侮辱。然而，行政事务精明，别人不敢欺骗沈攸之。荆州境内，盗贼屏住呼吸，夜不闭户。

沈攸之征收各蛮人部落赎罪款项繁重，又禁止五溪一带居民捕鱼、贩盐，各蛮族怨愤，起兵叛乱。酉溪蛮族首领田头拟去世，弟弟田娄侯篡位，儿子田都逃到獠族地区。这时众蛮族部落大乱，抢掠至武陵城。武陵内史萧嶷派队主张英儿击破蛮族各部落军，杀了田娄侯，恢复田都王位，众蛮人部落才得安定。萧嶷是萧赜的弟弟。

八月初八日戊午，刘宋乐安宣穆公蔡兴宗去世。

九月初二日辛巳，魏孝文帝返回平城。

冬季，十月，柔然汗国入侵北魏，逼近五原。十一月，北魏太上皇亲自率军讨伐，准备渡过沙漠，柔然军向北逃走数千里，太上皇这才班师回朝。

十一月初九日丁亥，北魏封太上皇的弟弟拓跋略为广川王。

十一月二十一日己亥，刘宋擢升郢州刺史刘秉为尚书左仆射。刘秉是刘道怜的孙子，性情温和懦弱，没有才干，只因在皇族内清善美好，所以袁粲、褚渊推荐他。

中书通事舍人阮佃夫被加授为给事中、辅国将军，权势责任更大。打算任用自己的亲信吴郡人张澹为武陵郡太守，袁粲等都不同意，阮佃夫声称是奉圣旨，袁粲等不敢坚持。

北魏有关部门奏报：全国寺庙共一千零七十五所，每年祭祀用牲畜七万五千五百头。太上皇厌恶杀害牲畜太多，颁布诏书："从今以后，除了祭祀天地、祖庙、土神谷神，不准用牲畜，进献祭品用酒和肉干就可以了。"

（以上为第八段，写刘宋宿将沈攸之为都督荆襄等八州诸军事、荆州刺史，位高权重，产生非分之想；北魏的寺庙大量增加，太上皇帝拓跋弘下令不准用牲畜祭祀。）

苍梧王上

苍梧王元徽元年（癸丑，公元 473 年）

春季，正月初一日戊寅朔，刘宋改年号元徽，大赦天下。

正月初三日庚辰，北魏员外散骑常侍崔演来聘问交好。

正月二十一日戊戌，北魏太上皇率领大军回师，抵达云中。

二月初六日癸丑，北魏诏命太守、县令都要鼓励农民耕田种桑，一部之中，贫富互相帮助，家里有两头牛的，借给没有牛的。如果不遵守诏书规定，全家人终身不能做官。

二月十一日戊午，北魏太上皇返平城。

二月二十七日甲戌，北魏颁布诏书："县令如果能平定一县的盗匪，准许他管辖两个县，并发双份俸禄。如果能平定两个县的盗匪，准许他兼管三个县，三年之后，提升为郡守。俸禄二千石的如果能平定二郡、三郡，也按照这个规定，三年升为刺史。"

桂阳王刘休范一向平凡庸俗，口舌木讷，不学无术，兄弟们都瞧不起刘休范，舆论也不予以赞誉。所以，太宗末年得以幸免。到太子刘昱即位时，年纪幼小，寒门平民出身的官员主持朝政，左右亲近掌握大权。刘休范自认为无论是地位尊贵还是皇家血统，都没有人能超过他，应该入朝担任宰相。意愿未得实现，就异常怨愤。典签新蔡人许公舆是主要谋士，教刘休范礼贤下士，广交朋友，给优厚的待遇，于是，无论远近，许多人前来投奔，一年之中数以万计，并收养勇士，制造武器。朝廷察觉其行为异常，因此也暗中戒备。正赶上夏口无人镇守，朝廷认为那里位居寻阳上游，打算派亲信去镇守。二月二十八日乙亥，任命晋熙王刘燮为郢州刺史。刘燮才四岁，任命黄门郎王奂为长史，代理府州事，配备军事物资和兵力，镇守夏口，又唯恐刘燮等经过寻阳时被刘休范强行劫留，便让从太洑的小路前去。刘休范得知后，勃然大怒，跟许公舆密谋袭击建康。上疏朝廷，要求整修城池，但背地里却把很多筑城用的木板储藏起来。王奂是王景文的侄儿。

吐谷浑王慕容拾寅，攻击北魏的浇河郡。夏季，四月初二日戊申，北魏任命司空长孙观为大都督，发兵讨伐。

北魏任命孔子的第二十八代孙孔乘为崇圣大夫，拨付十户人家以供孔庙的清洁洒扫。

（以上为第九段，写北魏施行发展农业、澄清吏治的举措，准备大举南犯；刘宋明帝刘彧剪灭诸弟，只留下才能凡庸的桂阳王刘休范，休范以老大自居，因未能担任丞相而有异心。）

秋季，七月，北魏诏令“黄河以南六州百姓，每户人家，收征绢一匹，绵一斤，谷米三十石”。

七月初一日乙亥，魏献文帝巡视阴山。

八月十六日庚申，北魏太上皇巡视河西。

北魏长孙观进入吐谷浑境内，割取秋季的庄稼。吐谷浑王慕容拾寅窘困着急而请求投降，派儿子慕容斤充当人质。从此，吐谷浑每年都向北魏进贡。

九月初八日辛巳，北魏太上皇返回平城。

刘宋派使节前往北魏。

冬季，十月三十日癸酉，刘宋分割南兖州、豫州境内，设立徐州，州治在钟离。

北魏太上皇将要大举进攻，下令州郡，每十个丁壮征召一人入伍，每户征收五十石粮食，作为军粮储备。

北魏武都氐族部落谋反，攻击仇池。颁布诏书令长孙观回师讨伐。

武都王杨僧嗣在葭芦去世。堂弟杨文度自立为武兴王，派人投降北魏。北魏任命杨文度为武兴镇将。

十一月初四日丁丑，刘宋尚书令袁粲母亲去世，辞职守丧。

十一月二十日癸巳，北魏太上皇南下巡视，抵达怀州。枋头镇将代郡人薛虎子，先前因冒犯了冯太后，贬为门禁卫。当时山东大饥荒，盗贼竞相涌现。相州人孙海等五百人联名上疏，称薛虎子在任时境内清平，请求送还薛虎子。太上皇再次任命薛虎子任枋头镇将。薛虎子当天即行上任，几个州盗贼平息。

十二月初一日癸卯朔，刘宋出现日食。

十二月初三日乙巳，刘宋江州刺史桂阳王刘休范升任太尉。

诏令征召袁粲以卫军将军的身份，代理尚书令，袁粲坚决推辞。

十二月初十日壬子，柔然汗国南下侵入北魏，柔玄镇两个敕勒部落起兵响应。

北魏十一个州镇水旱成灾，相州百姓两千八百余人饿死。

这一年，北魏妖人刘举聚众自称皇帝。齐州刺史武昌王拓跋平原讨伐，杀了刘举。拓跋平原是拓跋提的儿子。

（以上为第十段，集中写北魏政务太上皇帝拓跋弘欲大举南下讨伐刘宋；北魏重新起用枋头镇将薛虎子，数州盗贼平息；武都氐族部落以及魏郡人刘举反叛，均被讨平。）

苍梧王元徽二年（甲寅，公元474年）

春季，正月初五丁丑，北魏太尉源贺因病解除职务。

二月初三日甲辰，北魏太上皇返回平城。

三月十六日丁亥，北魏员外散骑常侍许赤虎来刘宋聘问交好。

夏季，五月十二日壬午，桂阳王刘休范反叛。掠夺百姓船只，让各军各队根据实力申报所需数量，发给木板，依照规格装配船只，数日就办理完毕。五月十六日丙戌，刘休范率军两万人，骑兵五百人从寻阳出发，昼夜前进。写信给各位执政官员，宣称："杨运长、王道隆蛊惑先帝，使建安、巴陵二位亲王无罪被杀，请逮捕这两个小子，向冤魂谢罪。"

五月二十日庚寅，大雷戍主杜道欣飞驰东下，报告事变，朝廷惶恐震惊。护军褚渊、征北将军张永、领军刘勔、仆射刘秉、右卫将军萧道成、游击将军戴明宝、骁骑将军阮佃夫、右军将军王道隆、中书舍人孙千龄、员外郎杨运长在中书省紧急商讨，没有人肯发言。萧道成说："过去凡是长江上游发动的叛乱，都因为行动迟缓，导致失败，刘休范一定吸取前人的教训，轻装部队，急流东下，乘我没有防备。当今应变的策略，不宜远方出征，如果主力之外的一支军队被击败，军心就会沮败。应该防守新亭、白下，坚守宫城、东府、石头城，等待贼寇攻击。千里而来的孤军，粮秣供应不上，求战不得，自然就会瓦解。我请求驻防新亭，首先抵挡叛军的前锋，征北将军驻守白下，领军屯扎宣阳门作为各军指挥。其他尊贵官员，可安坐殿中，不必争着出来，我一定能够击破贼寇。"于是，索取笔墨，写下记录，大家全都签注"同意"。孙千龄秘密与刘休范通谋，独自说："应该按照过去的办法，派军据守梁山。"萧道成严肃地说："贼寇已逼近，梁山怎么能赶到！新亭是必争之地，我打算以死报效国家罢了。平时我可以委曲求全，听你的意见，今天不行！"大家散会离座，萧道成回头看一下刘勔说："领军已经完全同意我的意见，不可变更！"袁粲听到消息，让人扶着来到殿中。当天，京城内外戒严。

萧道成率领前锋军进驻新亭，张永进驻白下，前南兖州刺史沈怀明戍守石头城，袁粲、褚渊进驻宫城，加强防卫。时间紧迫，来不及点发武器，只好打开南北两个大军械库，由将士自己随意挑选。

萧道成抵达新亭，修筑工事，但没有完成。五月二十一日辛卯，刘休范前锋军已到新林，萧道成脱衣大睡，以安定军心，然后从容不迫地拿出白虎幡，登上西城墙，派宁朔将军高道庆、羽林监陈显达、员外郎王敬则，率舰队迎战刘休范，杀死俘获很多。五月二十二日壬辰，刘休范自新林舍弃舟船登岸，他的部将丁文豪，请求刘休范直接攻打台城，刘休范不同意，另派丁文豪手下其他将领攻打台城，而自己率大军攻击新亭萧道成的营垒。萧道成率军拼全力抵抗，从上午巳时苦战到午时，外面攻势越来越猛，部众全都惊骇失色。萧道成说："贼寇虽然多，可是杂乱无章，不久就会击破。"

刘休范身穿白色便服，坐着两人抬的轻便小轿，亲自登上新亭南面的临沧观，数十名卫士护卫。屯骑校尉黄回与越骑校尉张敬兒，商量向刘休范诈降，以便偷袭他。黄回对张敬兒说："你可以取刘休范的性命，我曾发誓绝不诛杀亲王！"张敬兒报告萧道成，萧道成说："你能够成事，就把本州赏赐给你。"张敬兒于是跟黄回出城南下，放下武器，边跑边大喊"投降"。刘休范大喜，把二人叫到轿旁，黄回假装传达萧道成的秘密旨意，刘休范信以为真，把两个儿子刘德宣、刘德嗣，送给萧道成作为人质。两个儿子一到，萧道成立即把他们斩首。刘休范把黄回、张敬兒留在左右，亲信李恒、钟爽劝阻，刘休范不听。这时刘休范每天饮醇酒，黄回看刘休范没有防备，便向张敬兒使一个眼色，张敬兒夺取刘休范的防身佩刀，砍下刘休范的人头，左右惊慌逃窜，张敬兒骑马飞奔，带着刘休范的人头跑回新亭。

萧道成派队主陈灵宝，把刘休范的人头送回宫城。陈灵宝途中遇到刘休范的军队，把刘休范的人头丢弃到水沟里，脱身抵达宫城，大声高喊："乱事已平！"可是没有验证，大家都不相信。刘休范的将士也不知道主帅已死，将领杜黑骡对新亭攻击非常紧急。萧道成在射堂，司空主簿萧惠朗率敢死队数十人，突破东门，至射堂下。萧道成上马，率部下奋战，萧惠朗这才退走，萧道成得以再次保住新亭城池。萧惠朗是萧惠开的弟弟；姐姐是刘休范的妃子。萧惠朗的哥哥黄门郎萧惠明此时任萧道成的军副，驻防城中，一点也不自疑。

（以上为第十一段，写桂阳王刘休范举兵反叛，从寻阳顺江而下，气势汹汹，朝廷一片惊惶，萧道成率军迎敌，进至新亭，用诈降计杀了刘休范。）

萧道成与杜黑骡酣战，自午后一直战到次日天明，流箭飞石，始终不停。当天夜晚，天下大雨，战鼓和呐喊声音互不相闻，将领士卒整日整夜不吃不睡。而军中马匹忽然夜惊，跑出马厩，满城乱跑。萧道成手持蜡烛，正襟危坐，不断地厉声呵责，竟达四五次之多。

丁文豪，在皂荚桥击败官军，一直挺进到朱雀桁南。杜黑骡也舍弃新亭北上，到朱雀桁。右军将军王道隆率羽林禁卫军的精锐，驻防在朱雀门内，看到形势危急，马上召回驻守石头城的鄱阳忠昭公刘勔增援。刘勔到后，命令撤除朱雀桁阻止攻击之势。王道隆大发雷霆，说："贼兵到了，只应紧急痛击，怎么能撤除浮桥先削弱自己！"刘勔不敢再说什么。王道隆催促刘勔进攻，刘勔过朱雀桁南下，战败身亡。杜黑骡等乘胜渡过秦淮河，王道隆弃军而逃，奔向台城，杜黑骡追击，杀了王道隆。黄门侍郎王蕴身负重伤，倒在御水河旁，幸而有人扶起他逃走，才保住性命。王蕴是王景文哥哥的儿子。这时朝廷内外，人心震惊。民间到处传言："宫城已经陷落。"白下、石头城驻军全都溃散，张永、沈怀明逃回。宫中传言新亭也已陷落，皇太后王贞风握着小皇帝的手，哭泣说："天下败了！"

在此之前，月亮侵犯右执法星，太白金星侵犯上将星，有人劝刘勔辞职。刘勔说："我凭心而行，无愧天地神明，灾难一定要来，岂能躲避得了！"刘勔晚年追求高雅，建立林荫花园、修筑亭台楼阁，名叫东山，远离世俗杂务，遣散部曲。萧道成劝告刘勔说："将军接受先帝遗命，辅佐幼主，当此艰难的日子，却醉心于悠闲生活，翦除自己的羽翼，一旦发生大事，追悔莫及！"刘勔不以为然，果然失败。

五月二十四日甲午，抚军长史褚澄打开东府门，迎接南军，拥戴安成王刘准占领东府，宣称桂阳王刘休范有令："安成王本是我的儿子，不可侵犯。"褚澄是褚渊的弟弟。杜黑骡径直挺进到杜姥宅。中书舍人孙千龄打开承明门投降，宫中和朝廷惊恐骚扰。当时，国库已经枯竭，皇太后、皇太妃把宫中金银财宝器物都捡剔出来，用作赏赐，可是众军士已经没有斗志。

不久，丁文豪部队得知刘休范已死的消息，稍稍后退，打算解散。丁文豪厉声说："我独自不能夺取天下吗！"许公舆许诈称桂阳王刘休范在新亭，官民恐惧困惑，纷纷奔往萧道成的大营，呈递求见名片的人数以千计。萧道成看到后，把名片都烧掉，登上北城门，对大家说："刘休范父子昨天已经被杀，尸体抛在劳山南冈下。我是平南将军萧道成，诸位仔细看。名片已被烧掉，不必担心害怕。"

萧道成派陈显达、张敬兒和辅师将军任农夫、马军主东平人周盘龙等率兵自石头城渡淮河，从承明门入宫保卫宫廷及朝廷各机构。袁粲慷慨对各将领说："现今，贼寇紧逼而人心离散，我受先帝托孤，不能安定国家，请求跟各位一道为国家效死。"穿上铠甲，跨上战马，准备冲出，这时陈显达等率军出战，大破杜黑骡于杜姥宅，一支流箭射中陈显达的眼睛。五月二十六日丙申，张敬兒等又在宣阳门大破杜黑骡，杀了杜黑骡和丁文豪。前进攻克东府，余党全部平定。

萧道成整顿大军，返抵建康。百姓夹道观看，说："保全国家的就是这位将军啊！"萧道成与袁粲、褚渊、刘秉都上表引咎辞职，没有批准。五月二十七日丁酉，刘宋解除戒严，宣布大赦。

（以上为第十二段，写刘宋名将萧道成率领军队与叛军浴血奋战，愈战愈勇；名将刘勔长期追求脱俗雅致，一旦形势危急，受制于奸臣，阵亡；平叛终获全胜。）

柔然汗国派使节来刘宋访问。

六月初一日庚子，刘宋任命南平将军萧道成为中领军、南兖州刺史，留守京师建康，并与袁粲、褚渊、刘秉轮流进宫值班，裁决政事，当时称四人为“四贵”。

桂阳王刘休范发动政变时，让道士陈公昭撰写《天公书》，上面题写着“沈丞相”，送交给荆州刺史沈攸之的看门人，沈攸之没有打开看，追查到陈公昭，送到朝廷。等到刘休范谋反，沈攸之对同僚门客说：“刘休范一定声称我响应他的行动，如果不奋身勤王，必将增加朝野对我的疑惑。”便会同南徐州刺史建平王刘景素、郢州刺史晋熙王刘燮、湘州刺史王僧虔、雍州刺史张兴世，共同举兵，讨伐刘休范。刘休范留下中兵参军毛惠连等守卫寻阳。刘燮派中兵参军冯景祖率军袭击。六月初四癸卯，毛惠连等开门投降，诛杀刘休范的两个儿子，各州撤军。刘景素是刘宏的儿子。

六月十六日乙卯，北魏颁布诏书说：“卑劣的小民，凶恶暴戾，不顾及亲属，一人作恶，祸及全家。朕为百姓的父母，深感怜悯哀痛。从今以后，除非是谋反、大逆、外叛，其他犯罪，只惩罚本人。”这时撤销灭门、灭房的诛杀令。

魏孝文帝勤于治理国家，赏罚严明，慎重选拔州、郡长官，奖进廉洁官员，罢黜贪官污吏。各部门疑难困惑之事，原来大多当面奏报，听候皇上裁决，然后口头转达皇上决定，有时会歪曲或假传圣旨。太上皇命令不管案件大小，都要根据法律辩证判断，不可以作为疑难上疏请示。合于法律的，朝廷会批准，违背法律的，朝廷会批驳，都用墨诏发出。从此以后，事情办得认真周密。尤其重视刑事判决，凡是死罪，很多下令复审，有些囚犯在监狱中关押好几年没有定案。群臣颇有意见，太上皇说：“长久羁押诚然不是好办法，但是不比草率乱杀要好吗？人在监狱中受到痛苦，就会全心向善，所以聪明的人把监狱当作福堂。朕特使其受苦楚，希望他们悔过自新，然后再对他们宽恕！”从此，虽然囚禁的时间较长，但处罚大多能够恰当。太上皇还认为赦免罪犯，反而鼓励犯罪，所以自延兴以后，北魏不再大赦天下。

（以上为第十三段，写北魏下诏撤销灭门、灭房的诛杀令；太上皇帝拓跋弘勤于为治，赏罚分明，慎选牧守，注重刑罚的公正性，依法断案，并不再大赦天下。）

秋季，七月十一日庚辰，刘宋封皇弟刘友为邵陵王。

七月十六日乙酉，刘宋加授荆州刺史沈攸之为开府仪同三司，沈攸之坚决辞让。执政官员打算征召沈攸之回到京师，却不敢发布调令，于是以太后的名义派宦官前去对沈攸之说：“你长久在外辛劳，应该返回京师。交付你的责任实在重要，并没有打算减轻之意。所以，进退与否，由你决定。”沈攸之说：“臣没有担任朝廷大臣的天赋，供职京师非我能力所及。至于去讨伐蛮人、蜑，平定江汉一带的叛乱，不敢推辞。虽然是自己提出的请求，但应去应留，仍听候朝廷的安排。”这才作罢。

七月二十四日癸巳，柔然汗国攻击北魏敦煌，尉多侯击败。尚书奏称：“敦煌地方偏僻遥远，夹在西方、北方两大强寇之间，恐怕不能自保。不如放弃城池，内迁到凉州。”群臣集会商议，都认为很对，给事中昌黎人韩秀独自认为：“敦煌设置城池，为时已久，虽然逼近强大的贼寇，但百姓对沙场战斗，已经习以为常。即使有几个小贼，也不成大害。按照平常的驻防，足以保全自己。而且，敦煌的地理位置非常重要，可隔断西方、北方二敌的接触，使得他们不能相通。今天迁徙到凉州，不但蒙受丧失国土的名声，而且姑臧距离敦煌有千里之遥，布防巡逻很是困难，两个强敌一定有交通窥视的野心。如果骚动了凉州，那么关中百姓就无法安枕。同时，官员或百姓如果有人因安土重迁而招引外寇前来，里应外合，势必成为国家深远的祸患，不可不考虑。”乃停止。

九月二十九日丁酉，刘宋任命尚书令袁粲为中书监，兼任司徒；褚渊为尚书令；刘秉为丹阳尹。袁粲坚决推职，请求回到墓园，不被批准。

褚渊任命褚澄为吴郡太守，司徒左长史萧惠明在朝廷公开说：“褚澄大开城门，招引叛贼，现今却又主管重要的大郡。王蕴奋身力战，几乎送命，却被抛置脑后，没人理他。赏罚这样，何愁天下不乱！”褚渊大为惭愧。冬季，十月二十三日庚申，刘宋任命侍中王蕴为湘州刺史。

十一月十九日丙戌，刘宋后废帝刘昱行加冠礼，大赦天下。

十二月二十七日癸亥，刘宋后废帝刘昱封皇弟刘跻为江夏王，刘赞为武陵王。

这一年，北魏建安贞王陆馛去世。

（以上为第十四段，写刘宋朝廷欲征召荆州刺史沈攸之入朝，又不敢发布调令；褚渊弄权，任人唯亲；柔然侵扰北魏敦煌，北魏反击，坚守敦煌。）

苍梧王元徽三年（乙卯，公元 475 年）

春季，正月十五日辛巳，刘宋后废帝祭祀南郊、明堂。

萧道成认为襄阳是重镇，张敬兒人品与地位低微，不打算让张敬兒据守襄阳。但张敬兒不断请求，对萧道成说：“沈攸之在荆州，你知道沈攸之想干什么勾当，不让我出任，去建立内外夹攻的局势，恐怕对你并没有益处。”萧道成会心微笑，不再言语。三月初四日己巳，任命骁骑将军张敬兒为都督雍梁二州诸军事、雍州刺史。

沈攸之听到张敬兒西上的消息，害怕被袭击，暗中戒备。张敬兒到任所之后，对沈攸之十分恭敬，一举一动都向沈攸之请示，书信和礼物，络绎不绝。沈攸之认为张敬兒出自真心，回报也十分丰厚。曾经几次建议，两人一块出城打猎，在两州疆界上会晤。张敬兒回信说：“只要心在一起，形迹最好不要过于亲近。”沈攸之对张敬兒越发信任，而张敬兒得知沈攸之的行动，都秘密报告萧道成。萧道成写信给沈攸之，问：“张敬兒调职的时候，由谁来接替合适？”沈攸之就让张敬兒过目，打算离间他们。

夏季，五月十二日丙午，魏孝文帝派员外散骑常侍许赤虎来访。

五月十三日丁未，魏孝文帝巡视武州山。五月二十七日辛酉，巡视车轮山。

六月初七日庚午，北魏第一次下令禁止屠宰牛马。

袁粲、褚渊都坚决辞让新封的官职。秋季，七月十七日庚戌，再次任命袁粲为尚书令。八月，庚子，加授护军将军褚渊为中书监。

冬季，十二月初六日丙寅，北魏改封建昌王拓跋长乐为安乐王。

十二月二十九日己丑，北魏城阳王拓跋长寿去世。

南徐州刺史建平王刘景素孝敬父母，与兄弟友爱，有清高的名声，服饰和日常生活节俭朴素，又喜爱文学，以礼接待士大夫，受到一致称誉。宋明帝对刘景素特别喜爱，给予异常的礼遇。这时宋文帝的儿子已全部死去，孙子辈中只有刘景素年纪最大。后废帝凶暴疯狂，毫无品德，朝廷和民间都寄望于刘景素。然而，皇帝外家的人对刘景素十分厌恶。杨运长、阮佃夫等人打算专掌权势，不希望拥立年纪大的君王，因此也打算铲除。刘景素的心腹将领，都劝刘景素举兵，只有镇军参军济阳人江淹劝止，刘景素很不高兴。这一年，防阁将军王季符冒犯了刘景素，单枪匹马逃到建康，告发刘景素谋反。杨运长等立刻就要出动军队讨伐，袁粲、萧道成认为不可这样做。而刘景素也派他的嫡长子刘延龄，到建康向朝廷说明真相。于是将王季符贬逐到梁州，免去刘景素征北将军、开府仪同三司的官职。

（以上为第十五段，写刘宋权臣萧道成以张敬兒为都督雍梁二州诸军事、雍州刺史，监视名将沈攸之的一举一动；北魏下令禁杀牛马，以重视农业；刘宋建平王刘景素有美名，被免职。）

【点评】

宋明帝好杀。宋明帝晚年可以说是一个心理变态的恶魔。年轻做王的时候，他还是很正常的，待人宽容和善，有很好的声誉。即位初年，尚能保持好的心态，对那些义嘉年间拥戴刘子勋的人亦能随才叙用，犹如旧日所跟随的臣子一样。可是到了晚年心态发生很大变化，尤其卧病之后更是疑神疑鬼，是什么使他发生根本的转变？是皇帝的权力，是将权力传递千秋万代的欲望。皇帝被杀被害的例子太多了，儿子被杀被害的也太多了，即便是当朝惨烈的教训就足以使他毛骨悚然。为自己计，为子孙万代计，必须消除一切可能觊觎皇权的人，凡是可能危及子孙后代的人也必须翦除净尽。这可能是高高在上、独掌权力所给予人的心理扭曲，是无法改变的。更重要的是，宋明帝是一个没有生育能力的人，没有生育能力的男人尚且可能使人心理增加负担，更何况一个皇帝，什么都可以拥有，想要什么就可以得到什么的地位扭曲了他。于是，诸位王爷家的男孩都被他夺来。继而，诸位兄弟都被他斩杀殆尽。

资治通鉴（白话本）卷第一百三十四

宋纪十六

宋苍梧王元徽四年至宋顺帝昇明二年（公元476—公元478）

【起柔兆执徐（丙辰，公元476年），尽著雍敦牂（戊午，公元478年），凡三年】

【大事提要】

本卷记事起公元476年至478年，时当苍梧王元徽四年至宋顺帝昇明二年。本卷所载大事，南朝刘宋大事一件。本卷写苍梧王刘昱在历史上算是顶尖的暴戾残忍，种种恶行，令人发指，最后被萧道成杀死。北朝北魏大事两件：其一，本卷的主要内容写了冯太后的执政，北魏进入了冯太后专权的时期。冯太后不从女德，毒死了献文帝拓跋弘，偏偏生性聪察，知书能计，通晓政事，习惯于大小政事独断专行，本卷的解释是"至孝，能承颜顺志，事无大小，皆仰成于太后"，这样冯太后就顺理成章地出口称敕，其残忍毒行得以尽情发挥。其二，北魏诸帝多佞佛，献文帝对于佛道理论颇有兴趣，而孝文帝虽善谈老庄，但受其母崇佛的影响，亦提倡佛教。"但确于佛义有研求提倡者，北魏终当推孝文帝。"（汤用彤《汉魏两晋南北朝佛教史》）

苍梧王下

苍梧王元徽四年（丙辰，公元476年）

春季，正月初九日己亥，刘宋后废帝刘昱主持耕田典礼，大赦天下。

二月，北魏司空东郡王陆定国因仗恃皇恩违犯国法，被免除官爵为士兵。

北魏冯太后行为不正，因李奕之死，深深怨恨献文帝，秘密下毒。夏季，六月十三日辛未，献文帝去世。六月十四日壬申，大赦天下，改年号承明。安葬在金陵，谥号献文皇帝。

北魏大司马、大将军、鲜卑人万安国因假传圣旨诛杀神部长奚买奴罪，被命令自尽。

六月二十日戊寅，北魏任命征西大将军、安乐王拓跋长乐为太尉，尚书左仆射、宜都王拓跋目辰为司徒，南部尚书李䜣为司空。尊皇太后为太皇太后，再次摄政。任命冯熙为侍中、太师、中书监。冯熙自认为是皇家外戚，坚决辞让朝内官职，于是任命冯熙为都督、洛州刺史，但仍保留侍中、太师职位。

北魏献文帝的牌位进入太庙这一天，有关部门上奏说：依照前例，太庙中有关官员都应加封爵位。秘书令广平人程骏上疏说："加封爵位，分裂土地，是帝王最重视的事情，或是皇上的亲戚、贤才，或是对国家有功劳，从来没有听说因为皇帝牌位进庙而有关官员接受封爵的。皇家前例，只是一时的恩宠，怎么可以作为后世的法则！"冯太后认同采纳了程骏的意见，对群臣说："凡讨论问题，都应当依照古典正确的言论，不可一味援引前例！"赏赐程骏衣服一套，绸缎二百匹。

冯太后生性聪慧，读过书，会算术，通晓政事，衣着简单朴素，饮食要比旧日规定减省十分之七八，但生性猜忌残忍，工于权术。高祖至为孝顺，尽量使她高兴欢乐。事情无论大小，都仰仗她决定。太后往往独断专行，所做决定不再告诉皇帝。她所宠爱的宦官高平人王琚、安定人张祐和杞嶷、冯翊人王遇、略阳人苻承祖、高阳人王质，都依仗权势在朝廷中掌权。张祐官至尚书左仆射，爵位新平王；王琚官至征南将军，爵位高平王；杞嶷等也都官至侍中、吏部尚书、刺史，封公爵、侯爵，赏赐钱财数万之多，发给铁券，承诺绝不处死。另外，太卜令姑臧人王叡受冯太后的宠幸，破格提拔至侍中、吏部尚书，爵位太原公。秘书令李冲，虽然以才华而得官位，但也是由于得到冯太后的宠爱，给他们的赏赐多得无法计算。表面上，冯太后对众望所归的大臣东阳王拓跋丕、游明根等，也都特别礼敬优厚。每次褒扬王叡等时，一定把拓跋丕等列入，表示没有私心。拓跋丕是烈帝拓跋翳槐的玄孙。李冲是李宝的儿子。

冯太后自己也知道其行为有过失，害怕别人讥讽议论，官员言谈中只要话语被疑为对她的讽刺，就立即诛杀。她所宠爱的左右侍从，即使有小小的过错，也一定鞭打，甚至打一百多鞭。冯太后对人从不记仇，第二天仍然善待左右，甚至左右因此而更富贵。所以左右虽受处罚，但始终没有离心的。

（以上为第一段，写北魏太上皇帝拓跋弘与太后有矛盾，被毒死，小皇帝拓跋宏仁孝，冯太后二次临朝听政，生性残忍，晓政事，多权谋，重用宦官，并诛杀异己。）

六月十七日乙亥，刘宋加授萧道成为尚书左仆射，刘秉为中书令。

杨运长、阮佃夫等越发忌恨建平王刘景素。于是刘景素与录事参军陈郡人殷沵，中兵参军略阳人垣庆延，参军沈颙、左暄等密谋保卫自己的办法。派人来往建康，结交有才能有勇力的人士。冠军将军黄回、游击将军高道庆、辅国将军曹欣之、前军将军韩道清、长水校尉郭兰之、羽林监垣祗祖，都与刘景素秘密通谋。所有未能满足志愿的军人，没有不归附刘景素的。当时，后废帝喜爱独自出外郊游。曹欣之打算占领石头城，趁皇帝外出时作乱。韩道清、郭兰之准备游说萧道成，利用后废帝夜间出游机会，抓获皇帝，迎接刘景素；萧道成如果拒绝，就杀掉萧道成。但刘景素每次都禁止这样做，嘱咐不可仓促发动。杨运长、阮佃夫稍稍得到一点风声，派一个北方人周天赐，假装投靠刘景素，劝刘景素起兵。刘景素查出他的底细，杀了周天赐，把人头送到朝廷。

秋季，七月，垣祇祖率数百人，从建康逃到京口，声称京师已经大乱，劝刘景素火速前往接收。刘景素信以为真，七月初一日戊子，占据京口起兵，士人和平民响应的数以千计。杨运长、阮佃夫得知垣祇祖叛变逃走的消息，下令戒严。七月初二日己丑，派骁骑将军任农夫、领军将军黄回、左军将军兰陵人李安民率领步军，右军将军张保率领水军，前往讨伐。七月初四日辛卯，又任命南豫州刺史段佛荣为都统。萧道成知道黄回怀有二心，所以故意派李安民、段佛荣跟他同行。黄回暗中警告他的士卒："途中遇到京口军，不要作战。"萧道成驻防玄武湖，冠军将军萧赜镇守东府。

始安王刘伯融、都乡侯刘伯猷，都是建安王刘休仁的儿子，杨运长、阮佃夫忌讳始安王刘伯融为皇家宗室，便假传圣旨，命始安王刘伯融等自尽。

刘景素打算以切断竹里来抵抗朝廷军队。垣庆延、垣祇祖、沈颙都说："今年天气干旱炎热，朝廷军队远道而来，疲劳困顿，吸引到城下，以逸待劳，可以一战取胜。"殷沵等坚决反对，但得不到支持。任农夫等抵达之后，纵火焚烧城市村落，垣庆延等互相观望，全无斗志。刘景素本来缺乏军事上的谋略和威望，惶恐惊扰，不知所措。黄回迫于段佛荣在旁，而且看到京口兵力薄弱，也不敢发动进攻。

张保停泊西渚，刘景素左右勇士几十人，互相约定以死相拼，攻击水军。七月初七日甲午，击斩张保，其他将领不肯接应，又被朝廷军队反攻击败。朝廷军队紧逼城下，沈颙首先率领部众逃走，垣祇祖也跟着逃走，其他各路人马相继逃走，只有左暄与朝廷军队奋战在万岁楼下，但因分配的兵力不足而溃散。七月初八日乙未，朝廷军队攻克京口。黄回军首先入城，因自己曾有"不杀诸王"的誓言，于是把刘景素交给殿中将军张倪奴。张倪奴生擒刘景素后，连同他的三个儿子及同党垣祇祖等数十人一齐斩首。萧道成释放黄回、高道庆不再追问，像往常一样抚慰他们。当天，解除戒严。七月初九日丙申，大赦天下。

（以上为第二段，写刘宋建平王刘景素反叛，失败被杀。）

当初，巴东、建平蛮人叛变，沈攸之派军讨伐他们。等到刘景素起兵反叛，沈攸之紧急追回已进入三峡的讨蛮军，直赴京师建康。巴东太守刘攘兵、建平太守刘道欣，认为沈攸之一定有阴谋，于是，下令戒严，封锁峡口，不让军队东下。刘攘兵的儿子刘天赐任荆州西曹，沈攸之派刘天赐前往说明原因，刘攘兵才知道刘景素真的已经起兵，乃下令各军撤退，向沈攸之道歉，沈攸之待他同往常一样。刘道欣仍继续固守建平，刘攘兵派人前去百般解释，刘道欣仍然不改。于是与讨蛮军一起发动攻击，斩了刘道欣。

七月十七日甲辰，北魏孝文帝追尊母亲李贵人为思皇后。

八月初十日丁卯，刘宋封皇弟刘翙为南阳王，刘嵩为新兴王，刘禧为始建王。

八月十三日庚午，刘宋任命给事黄门侍郎阮佃夫为南豫州刺史，仍留镇京师。

九月初二日戊子，刘宋下令赐死骁骑将军高道庆。

冬季，十月初五日辛酉，刘宋提升吏部尚书王僧虔为尚书左仆射。

十一月初三日戊子，北魏任命太尉、安乐王拓跋长乐为定州刺史，司空李䜣为徐州刺史。

（以上为第三段，写建平王刘景素谋反失败后的余波，荆州刺史沈攸之斩杀支持刘景素的建平太守刘道欣。）

顺皇帝

宋顺帝昇明元年（丁巳，公元 477 年）

春季，正月初一乙酉朔，北魏改年号太和。

正月二十五日己酉，略阳平民王元寿，聚集部众五千余家，自称冲天王。二月十七日辛未，北魏秦、益二州刺史尉洛侯击败王元寿。

三月十七日庚子，北魏任命东阳王拓跋丕为司徒。

夏季，四月十四日丁卯，北魏孝文帝巡视白登。四月十九日壬申，巡视崞山。

当初，苍梧王在东宫时，常常喜欢爬帐竿，能爬到距地面一丈多的高处。他喜怒无常，侍从官员无法劝阻。宋明帝屡次下令陈太妃痛打他。等到即帝位后，对内害怕皇太后、皇太妃，对外害怕各位大臣，不敢放纵。自从行过加冠礼后，内外对他无法控制，不断出宫游逛。最初出宫，还有整齐的仪仗卫队。不久，便丢下随从车马，只带身边几个人，或跑到荒郊野外，或出入街头闹市。陈太妃每次乘坐青盖牛犊车，尾随其后，监视约束他，他便轻装快马，一气奔跑一二十里，太妃便追赶不上。仪仗卫队也畏惧灾祸不敢追寻，只好驻扎在另外一个地方，远远眺望而已。

当初，宋明帝曾经把陈太妃赏赐给宠信的弄臣李道儿为妻，后来又把她迎接回去，生下后废帝。所以后废帝每次改穿便服外出，就自称“刘统”，或自称“李将军”。经常穿短裤、短衫，军营、官府、街巷、田野，无不出入。有时夜晚投宿旅店，有时白天就睡在马路旁边，与买柴做饭的人打架斗殴，跟买柴做饭的人做买卖，有时遭到怠慢侮辱也欣然接受。任何低贱的事情，像裁制衣服、制作帽子，只要看过一遍，就能够学会。他从来没有吹过篪，拿起来一吹便合音韵。等到京口事变平息，骄纵横暴尤为严重，没有一天不出宫，不是晚上出去，凌晨回来，就是凌晨出去，晚上回来。随从的人手持短刀长矛，路上的行人，不管是男是女，不管是狗、马、牛、驴，只要碰上，立即诛杀，无一幸免。民间骚扰恐惧，店铺商贩全都停业，家户白天闭门，行人绝迹。钳、锥、凿、锯，不离左右，只要稍微看着不顺眼，便杀人剖腹。一天不杀人，就闷闷不乐。朝廷大臣个个担忧惶恐，饮食作息，都不能安稳。阮佃夫与直阁将军申伯宗等，密谋趁后废帝到江乘打野鸡的时候，宣称奉皇太后命令，传唤仪仗卫队回京，关闭城门，派人逮捕后废帝，废黜掉，然后拥护安成王刘准。想不到密谋泄露了，四月二十一日甲戌，后废帝逮捕阮佃夫等，全部斩首。

皇太后数次教训后废帝，后废帝很不高兴。正逢端午节，太后赏赐给后废帝一把羽毛扇，后废帝嫌它不够豪华，下令太医配制毒药，打算毒死太后。左右劝阻说："如果真的这样做，陛下便要当孝子，怎么还能出入嬉戏？"后废帝说："你这话很有道理。"便打消主意。

六月二十二日甲戌，有人告发散骑常侍杜幼文、司徒左长史沈勃、游击将军孙超之，跟阮佃夫同谋。后废帝立即率领卫士，亲自突击三家，全部诛杀，剖解肢体，脔割肉块，婴儿也不能幸免。沈勃当时正在依庐守丧，左右还没有到，后废帝挥刀独自一人冲上前，沈勃知道不能避免，赤手空拳搏斗，猛击后废帝耳朵，唾骂道："你的罪恶，超过桀纣，被杀死没有几天了。"于是被砍死。当天，颁布诏书大赦天下。

（以上为第四段，写后废帝刘昱的种种恶行，出身不正，疑是李道儿之子；整天游手好玩，放肆至极；以杀人为乐，并欲毒杀太后；大臣惶恐，朝不保夕。）

后废帝有一次径直闯入领军府，当时天气炎热，萧道成白天正裸身睡觉。后废帝让萧道成站在室内，在他肚子上画一个箭靶，自己拉开了弓，就要发射。萧道成恭敬地说："老臣无罪。"左右侍卫王天恩说："萧道成肚子大，是一个绝佳的箭垛，一箭射死，以后就不能再射了。不如改用骨头或者木头制作的箭头，可以多射几次。"后废帝就改用骨头箭头射去，正中萧道成的肚脐，他把弓扔到地上，得意地大笑说："这手艺如何！"后废帝对萧道成的威名十分忌恨，曾亲自磨短矛，说："明天就杀萧道成。"陈太妃骂后废帝说："萧道成对国家有大功，如果害了他，谁还为你尽力！"后废帝才住手。

萧道成忧愁恐惧，与尚书令袁粲、中书监褚渊密谋废立皇帝。袁粲说："主上年幼，小小过失，容易改正。伊尹、霍光的往事，在这衰世已经难以实行。即使成功，最后仍无安身之地。"褚渊沉默不语。领军功曹丹阳人纪僧真对萧道成说："现今朝廷猖狂，无人可以自保，天下百姓的希望，不在袁粲褚渊，明公怎么能坐待剿灭？存亡的关键，请深思熟虑。"萧道成同意。

有人劝萧道成回广陵起兵。萧道成的大儿子萧赜正任晋熙王刘燮的长史，兼行郢州事，打算命萧赜率郢州军顺长江东下，在京口会师。萧道成派他的亲信刘僧副，秘密通告堂兄代理青、冀二州刺史刘善明，说：“很多人劝我北上据守广陵，恐怕不是长远的打算。现今秋风将起，你如果能跟垣东海联合，稍稍挑动胡虏，那么我的各种计划当可成立。”同时告诉东海太守垣荣祖。刘善明说：“宋国将亡，无论愚蠢人和明智人，都看得一清二楚。北虏如果有什么行动，反而会成为你的祸患。你的神明英武功高过当世，唯有安静地等待时机，趁机奋发，功业自然告成，不可远离根本之地，自致颠仆。”垣荣祖也说：“领府距离宫城不过一百步，你出奔，别人怎会不知道？如果单枪匹马，轻装前往，广陵人关闭城门，拒绝接纳，下一步将逃向哪里？你只要抬脚下床，马上就会有人敲宫城的城门，你的大事就完了。”纪僧真说：“主上虽然丧失天道，可是国家几世建立的政权还算坚固。你百口之家，必定不能同时向北出奔。即使进入广陵，天子居住深宫之中，发号施令，指控你是叛逆，有什么办法躲避！这不是万全之策。”萧道成的族弟镇军长史萧顺之，以及萧道成的次子骠骑从事中郎萧嶷都认为：“皇上喜爱单独出来乱窜，在这方面设计策，容易成功。外州起兵，少有奏捷的，徒然先于别人受祸。”萧道成这才取消原意。

东中郎司马、代理会稽郡事李安民，打算拥护江夏王刘跻，在会稽起兵，萧道成制止。

越骑校尉王敬则主动暗中结交萧道成，夜晚就换上青衣，匍匐路旁，替萧道成侦察后废帝的行踪。萧道成命王敬则秘密结交后废帝左右亲信杨玉夫、杨万年、陈奉伯等十五人于宫殿中，窥探机会以便行事。

（以上为第五段，写后废帝刘昱对名将萧道成耿耿于怀，欲置之死地；萧道成与心腹将领垣荣祖、纪僧真等将领反复谋划，最后决定不去广陵起兵，留在京城，伺机而动。）

秋季，七月初六日丁亥夜晚，后废帝身穿便装，走到领军府门口，左右侍从说：“一府里的人全都睡熟，为什么不跳墙进去？”后废帝说：“今晚想到别处玩个痛快，明晚再来。”员外郎桓康等在领军府大门后全都听到了。

七月初七日戊子，后废帝乘坐露天无篷车，跟左右侍从前往巡视台冈，打赌谁跳得高。接着前往青园尼姑庵。夜晚，来到新安寺偷狗，在昙度道人那里煮吃狗肉。吃过狗肉，醉醺醺地回仁寿殿睡觉。杨玉夫一向得到后废帝的宠信，而今天忽然痛恨起来，一看见就咬牙切齿地说：“明天就杀了你这小子，挖出肝肺！”这天深夜，命杨玉夫观察织女星渡河，说：“看见马上叫醒我；看不见，就杀了你。”当时后废帝出宫进宫，没有一定时间，省中各阁门，夜间都不关闭，负责宫廷保卫的官员，惧怕跟后废帝撞上，都不敢出门。禁卫军士卒都躲得远远的，内外互不统摄。当天夜晚，王敬则出外，杨玉夫等到后废帝睡熟，与杨万年合伙取下后废帝的防身佩刀，割下后废帝的人头。然后假传圣旨，命外庭演奏音乐。陈奉伯把人头藏在袍袖，跟往常一样，神色自若，宣称奉皇帝派遣，打开承明门出了宫，把后废帝的人头交给王敬则。王敬则飞马奔向领军府，敲门大喊，萧道成恐怕是后废帝的诡计，不敢开门。王敬则从墙上把人头扔进去，萧道成洗净后辨识，这才全副武装，骑马而出，王敬则、桓康等都随从其后，进了宫城，到了承明门，诈称皇帝御驾回宫。王敬则恐怕宫内人从门洞窥视，用刀柄堵住门洞，同时咆哮催促。门打开，进入宫城。从前，每逢夜晚，苍梧王闯出闯进，守门卫士震恐，从不敢抬头。所以这时没有一个人怀疑。萧道成进上殿，殿中官员惊慌恐怖。紧接着听到后废帝已死的消息，都高呼万岁。

（以上为第六段，写后废帝刘昱顽劣无比，偷鸡摸狗，被左右杨玉夫杀死，然后诈开城门，将人头送给萧道成；萧道成戎装入城，宣布刘昱已死，殿中官员高呼“万岁”。）

七月初八日己丑早晨，萧道成全副武装，站在殿前庭院槐树下，以太后的命令召集尚书令袁粲、中书监褚渊、中书令刘秉入殿会议。萧道成对刘秉说：“这是你们家的事，如何断处？”刘秉没有回答，萧道成胡子竖起，双目凶光如同闪电。刘秉说：“尚书省的事，可以交付给我。军事措施，全依靠你。”萧道成依次让给袁粲，袁粲推辞不敢当。王敬则拔出佩刀，在床侧旁跳起来说：“天下大事，全都要萧公裁决，谁胆敢说半个不字，血染我刀！”说着取出白纱帽，戴到萧道成头上，要求萧道成登基称帝，并威胁说：“今天谁敢乱动？要趁热打铁，成就大事！”萧道成板起面孔喝止说：“你什么也不明白！”袁粲打算讲话，王敬则喝止袁粲，袁粲只好闭嘴。褚渊说：“非萧公不足以了结此事！”就亲手将一切事务交给萧道成。萧道成说：“既然大家都不肯接受，我怎么可以推辞。”于是，提议准备法驾，前往东府城，迎接安成王刘准继任皇帝。萧道成卫士抽出佩刀，遮护袁粲、刘秉等人，各自惊慌失色地离去。刘秉出宫，路上遇到堂弟刘韫，刘韫打开车门迎问：“今天的事，该不该归你？”刘秉说：“我们已让给领军了。”刘韫捶胸说：“你肉里有没有血？今年，全族难逃屠杀。”

当天，萧道成以皇太后的名义发布命令，列举后废帝罪状说：“我密令萧领军暗中运用智略。安成王刘准，应君临万国。”追封刘昱为苍梧王。皇帝仪仗队抵达东府门前，刘准命令守门的人不要开门，等待袁司空的到来。袁粲到了之后，刘准才动身到金銮殿。七月十一日壬辰，刘准即皇帝位，时年十一岁，改年号，大赦天下。把苍梧王安葬在南郊祭天神坛的西边。

北魏京兆康王拓跋子推去世。

七月十三日甲午，萧道成亲自坐镇东府。七月十五日丙申，任命萧道成为司空、录尚书事、骠骑大将军；袁粲为中书监；加授褚渊开府仪同三司；刘秉迁升为尚书令，加授中领军；晋熙王刘燮为扬州刺史。刘秉原来以为尚书省总揽全国政务，由皇族主持，政权就可稳固。后来萧道成总领军国大事，心腹同党安排在重要位置，独断专行。褚渊又一向站在萧道成一边，刘秉与袁粲唯有两手相合，接受现成的决策而已。七月二十日辛丑，任命尚书右仆射王僧虔为尚书仆射。七月二十五日丙午，任命武陵王刘赞为郢州刺史，萧道成改领南徐州刺史。

（以上为第七段，写后废帝刘昱被杀后，领军将军萧道成与朝廷大臣商讨善后事宜，迎立安成王刘准为帝，萧道成则统管朝政、军事，刘氏天下从此变成萧氏天下。）

八月初一日壬子，北魏大赦天下。

八月十二日癸亥，刘宋诏书命令袁粲出京镇守石头。袁粲性情宁静，每次有朝廷任命，都要坚决辞让，实在迫不得已，才勉强就职。现今发现萧道成有不做臣子的野心，暗中秘密谋划除掉萧道成，所以立即接受。

当初，宋明帝命陈昭华抚养顺帝。八月十七日戊辰，尊陈昭华为皇太妃。

八月二十五日丙子，北魏颁布诏书说："工匠、商人、差役，都有各自的身份，而有关部门放任纵容，或者侵染风俗。从今以后，家庭里有人充当工匠的，官职最高只到各部的丞。如果有勋劳的，不在此限。"

萧道成坚决辞让司空。八月二十九日庚辰，任命萧道成为骠骑大将军、开府仪同三司。

九月初五日乙酉，北魏更改法令。

九月二十八日戊申，封杨玉夫等二十五人分别为侯爵、伯爵、子爵、男爵。

冬季，十月，氐人统帅杨文度派弟弟杨文弘袭击北魏仇池，攻克了。

当初，北魏徐州刺史李䜣，在献文帝时任仓部尚书，信用卢奴县令范檦，李䜣弟弟左将军李瑛警告说："范檦谦卑待人，给人钱财，收买人心，轻德义而重势利。听范檦说的话比蜜还甜，观察他的行为却十分邪恶，不及早断绝和他的来往，将后悔莫及。"李䜣不听从，把自己心里的秘密，全部告诉了范檦。

尚书赵黑，与李䜣都受宠信于献文帝，也同时担任吏部尚书。李䜣用自己的私人任职方州，赵黑向献文帝报告了这件事，从此二人产生了矛盾。不久，李䜣报复，检举赵黑在先前任职时，盗用国家财产，赵黑遂被罢免，充当城门看守人。赵黑对李䜣怀恨在心，为此，食不甘味，夜不能寐。过了一年，赵黑再次入内任侍中、尚书左仆射，兼任吏部。

献文帝去世后，赵黑向冯太后私下报告，说李䜣独断专横，于是李䜣被外放任徐州刺史。范檦知道冯太后怨恨李䜣，就告发李䜣密谋要外叛。冯太后把李䜣召回平城审问，李䜣回答根本没有此事。冯太后命范檦当面作证。李䜣对范檦说："你今天诬陷我，我还能说什么！然而，你受我的恩惠如此之厚，怎么忍心这样？”范𢷬说：“我受你的恩惠，哪里比得上你受李敷的恩惠？你忍心对李敷下毒手，我为什么不能忍心对你？”李䜣叹息说：“我不听李瑛的话，真是后悔莫及。”赵黑又在中间设谋陷害，使罪名成立。十月二十六日丙子，斩李䜣及他的儿子李令和、李令度。赵黑从此寝食才恢复安稳。

十一月初三日癸未，北魏征西将军皮欢喜等三名将军率军四万人攻击杨文弘。

十一月初七日丁亥，北魏怀州平民伊祁苟自称尧的后裔，在重山聚众作乱，洛州刺史冯熙出兵把伊祁苟征讨消灭了。冯太后打算屠杀全城的百姓，雍州刺史张白泽劝阻说：“凶恶的首领和叛党，已经杀光，城里难道没有忠良仁义之士？怎么可以不分青红皂白全部诛杀！”冯太后这才打消念头。

十二月，北魏皮欢喜的军队抵达建安，杨文弘弃城逃走。

（以上为第八段，写刘宋朝廷即将爆发新的矛盾，袁粲出镇石头城，意在谋除萧道成；北魏内部矛盾重重，徐州刺史李䜣与尚书赵黑交恶，互相攻击，被冯太后诛杀。）

当初，沈攸之与萧道成在大明、景和年间，同时轮流进入宫殿值班，互相友善。萧道成的女儿嫁给沈攸之的儿子中书侍郎沈文和为妻。沈攸之在荆州，直閤将军高道庆家住华容，请假回家，路过江陵，跟沈攸之用槊做赌具，发生了争执，高道庆返回建康，检举沈攸之叛变的准备已经完成，请求朝廷调拨三千人，袭击沈攸之。执政的官员都认为不可，萧道成仍然保证沈攸之不会谋反。杨运长等憎恶沈攸之，跟高道庆密谋派出刺客，刺杀沈攸之，失败了。正在这时，苍梧王被杀，主簿宗俨之、功曹臧寅，都劝沈攸之抓住这个机会起兵。沈攸之因他的长子沈元琰在建康任司徒左长史，所以没有发作。臧寅是臧凝之的儿子。

当时，杨运长等已不在朝廷，萧道成派沈元琰携带苍梧王杀人剖腹时所用的凶器，请沈攸之过目。沈攸之因萧道成的名望、官位一向比自己低，却一下子控制朝廷，心里愤愤不平，对沈元琰说：“我宁为王凌死，也不愿做贾充生。”也无暇起兵，乃上表祝贺，把沈元琰留下。

雍州刺史张敬兒，一向同沈攸之的司马刘攘兵友好，怀疑沈攸之将要发动兵变，派人秘密询问刘攘兵，刘攘兵不讲话，只送给张敬兒一只马镫，张敬兒便暗中戒备。

沈攸之写在白绢上十几行的信件，平常总是藏在背心衣角里，说是宋明帝和他的盟誓。沈攸之将要起兵，妾崔氏规劝说：“官家已经老了，怎么不为百口之家想一想！”沈攸之指指背心衣角。又称太后使节到来，赐给沈攸之蜡烛，剖开蜡烛，看见太后手令，说：“国家大事，全交给你。”这时沈攸之发动军队，发布檄文，派人邀请张敬兒和豫州刺史刘怀珍、梁州刺史梓潼人范柏年、司州刺史姚道和、湘州行事庾佩玉、巴陵内史王文和，一同起兵。张敬兒、刘怀珍、王文和都诛杀了派去的使节，快马奏报朝廷。王文和不久就放弃巴陵，投奔夏口。范柏年、姚道和、庾佩玉都首鼠两端。姚道和是后秦文桓帝姚兴的孙子。

十二月十二日辛酉，沈攸之派辅国将军孙同等，相继顺长江东下。沈攸之写信给萧道成，认为："幼主昏暴疯狂，应与朝中大臣秘密商议，共同报告太后，下令废黜。怎么可以勾结他的左右侍从，亲手弑杀，甚至不肯入殓下葬，以致流虫爬到门户上！身为臣属，谁不惋惜惊骇！另外，你把朝廷的旧臣，纷纷驱逐，全部安排党羽，宫殿官署的门禁钥匙，都由家人掌管。我不知道霍光、诸葛孔明的遗训，本来就是这样吗！足下既然有盗窃宋国的野心，我岂敢捐弃申包胥乞秦救楚的节操！"朝廷听到这个消息，惊恐万状。

十二月十八日丁卯，萧道成入宫坐镇，命侍中萧嶷代替自己镇守东府，抚军行参军萧映镇守京口。萧映是萧嶷的弟弟。十二月十九日戊辰，朝廷内外戒严。十二月二十日己巳，任命郢州刺史武陵王刘赞为荆州刺史。十二月二十一日庚午，任命右卫将军黄回为郢州刺史，率前锋各军，讨伐沈攸之。

（以上为第九段，写荆州刺史沈攸之忠于刘宋朝廷，起兵反对专权的亲家萧道成。）

当初，萧道成任命长子萧赜为晋熙王刘燮的长史，代理郢州事，整修武器，以防备沈攸之。到征召刘燮任扬州刺史时，任命萧赜为左卫将军，与刘燮同时东下。刘怀珍对萧道成说："夏口是军事要冲，应该有适当的人驻守。"萧道成写信给萧赜说："你既然前来京师，应该物色一个文武双全与你见解一致的人，委托走后的大事。"萧赜乃推荐刘燮的司马柳世隆代替自己。萧道成命柳世隆任武陵王刘赞的长史，代理郢州事。萧赜将要动身，对柳世隆说："沈攸之一旦叛变，纵火焚烧夏口战船，顺长江东下，就很难控制。如果把沈攸之引诱到郢州城下，留沈攸之攻城，一定不能立即攻下。你在城内，我在城外，一定可以击败沈攸之。"等到沈攸之宣布起兵，萧赜行至寻阳，还没有得到朝廷的指示，众人都打算兼程直回建康。萧赜说："寻阳地处中游，接近京师，如果留下来据守湓口，内可以做朝廷的屏藩，外可以援助夏口，占据有利地形，控制西南。今天恰好路过此地，是上天的安排。"有人认为湓口城池太小，难以固守。左中郎将周山图说："据守长江中游，声援四方，不可以把这种小事当作困难，只要众人心齐，江山到处都是城池。"十二月二十一日庚午，萧赜陪同刘燮镇守湓口，把军事的事情全部委托周山图。周山图截取行旅船上的木板，建造战船，树立水中木栅，十天时间，全部办成。萧道成听说后，高兴地说："萧赜不愧是我的儿子！"任命萧赜为西讨都督，萧赜又推荐周山图任军副。当时，江州刺史邵陵王刘友，镇守寻阳，萧赜认为寻阳城池不够坚固，上奏朝廷，命刘友同自己一起镇守湓口，留江州别驾豫章人胡谐之驻守寻阳。

湘州刺史王蕴因母亲去世，辞职回家守丧。路过巴陵，与沈攸之深相交结，建立了亲密关系。当时，沈攸之还没有起兵。王蕴路过郢州时，打算趁萧赜出来吊丧时下手，占据郢城。萧赜知道了，不肯出来。王蕴回到京师，前往东府，又打算趁萧道成出来吊丧时下手，而萧道成也拒绝出门。于是王蕴跟袁粲、刘秉密谋铲除萧道成。将帅黄回、任候伯、孙昙瓘、王宜兴、卜伯兴等都参与通谋。卜伯兴是卜天与的儿子。

萧道成听到沈攸之起兵的消息，亲自拜访袁粲，袁粲拒绝接见。通直郎袁达对袁粲说："不应该表示不同的态度。"袁粲说："如果萧道成以主上年幼，时局艰难，跟桂阳王时的情形没有差异，挟持我进宫，我用什么理由拒绝！有一天同行同止，想要不同又怎么可能呢！"萧道成又召褚渊，跟褚渊同席并坐，每一件事情都跟褚渊共同决定。当时，刘韫为领军将军，入值门下省；卜伯兴担任直阁，黄回等诸将领率军出京，驻防新亭。

当初，褚渊任卫将军，因母亲去世而离职，朝廷一再征召他，他都拒绝。袁粲一向有很高的声誉，亲自前去劝解，褚渊才接受。后来，袁粲任尚书令，因母亲去世离职，褚渊也去劝说复职，言辞恳切，袁粲始终不肯，褚渊于是很恨袁粲。及至沈攸之起兵，萧道成与褚渊共商对策，褚渊说："荆州闹事，事必不成，你应该戒备的是内部。"袁粲图谋确定，打算告诉褚渊。众人认为褚渊跟萧道成的关系一向密切，不能让褚渊知道。袁粲说："褚渊跟萧道成私交虽好，难道能大事上不同于我们！今天若不告诉褚渊，事情平定后，就应该把褚渊杀掉。"于是把计划告诉了褚渊，褚渊立刻告诉萧道成。

萧道成早已听到密谋，派军主苏烈、薛渊、太原人王天生，率军帮助袁粲守石头城。薛渊坚持推辞，萧道成强迫他，薛渊不得已，痛哭流涕告辞。萧道成说："你近在石头，早上去，晚上回来，何至如此悲伤？又何至要正式辞行？"薛渊说："不知道你能不能保全袁公一家？今天我奉命前往，辅助袁公，则辜负你；不辅助袁公，则立刻招来祸患，怎么能不悲伤！"萧道成说："所以派你去，是因为你能随机应变，使我解除西顾之忧。只管尽力，不要多说。"薛渊是薛安都的侄儿。萧道成又任命骁骑将军王敬则为直阁，与卜伯兴共同统领禁军。

（以上为第十段，写萧道成之子萧赜抗击沈攸之起了中坚作用；朝廷首辅袁粲借此机会，又乘机发难，欲偷袭萧道成，事泄未果。）

袁粲谋划假传皇太后的命令，派刘韫、卜伯兴率领宫廷禁卫军，攻打萧道成于宫中，黄回等率军响应。刘秉、任候伯等同时赴石头，约定十二月二十三日壬申夜晚动身出发。刘秉恐慌不安，不知如何是好，申时稍过，便收拾行李，临出发时紧张过度，喝的汤汁全都倾泻到胸脯上，双手发抖，不能自制。天还没黑，就用车马拉着妇女和全部财产，投奔石头城，私人卫队数百人，挤满街道。到达石头后，晋见袁粲，袁粲大惊说：“发生了什么事，提前赶来，今天必败无疑了！”刘秉说：“能见公一面，万死无怨！”孙昙瓘听说后，也逃奔到石头城。丹阳丞王逊等跑去报告萧道成，事情才彻底暴露。王逊是王僧绰的儿子。

萧道成秘密派人通知王敬则。当时，宫殿门户已经关闭，王敬则打算开门出去。而卜伯兴的部队已严加防备，王敬则用锯把木墙锯开一个洞逃出，冲入中书省去逮捕刘韫。刘韫已经严装，排列蜡烛照着自己。看见王敬则突然出现，惊慌起立迎去，说：“老兄，怎么能晚上来？”王敬则骂道：“小子怎么敢做贼！”刘韫抱住王敬则，王敬则用拳头猛击面颊，刘韫跌倒在地，被王敬则诛杀，王敬则又杀了卜伯兴。苏烈等据守仓城，抗拒袁粲。王蕴听到刘秉先行，叹息说：“事情成不了啦！”狼狈集结部众数百人，奔向石头。本来约定开南门进去，可是正值黑夜，薛渊在城楼上发箭射击，王蕴认为袁粲已经失败，部众霎时四处逃走。

萧道成派军主会稽戴僧静率数百人前往石头城，援助苏烈等，自仓门进入，联合攻击袁粲。孙昙瓘骁勇善战，朝廷军队阵亡一百多人。王天生殊死搏斗，才得以相持。从亥时苦战到丑时，朝廷将领戴僧静分出部分兵力，攻击府西门，纵火焚烧。袁粲与刘秉正在东门城楼上，望见起火，打算返回府中。刘秉跟两个儿子刘俣、刘陔，跃过城墙逃走。袁粲下城后，燃起火把，对儿子袁最说：“本来就知道，一根木头不能支持住大厦的倒塌，只是为了名义才到今天这个地步。”戴僧静在黑夜掩护下，跳进城墙，一个人独自前进。袁最发觉有外人，急忙用身体护住袁粲，戴僧静立刻上前，举刀猛砍，袁粲对袁最说：“我不失为忠臣，你不失为孝子。”父子同时被杀。百姓哀伤，流传歌谣说：“可怜石头城，宁为袁粲死，不做褚渊生！”刘秉父子逃到额檐湖，被追上捉拿，斩首。任伯候等一起率领战船，前往石头，到达时，朝廷军队已经聚集，不能进入，于是驰马撤回。

黄回严厉地约束部队，按约定在第二天天亮时，率部队从御道直奔宫城城门攻打萧道成，这时听说事情已经泄露，便不敢发动。萧道成待黄回跟从前一样。王蕴、孙昙瓘分别逃亡，先抓住了王蕴，把他斩首。袁粲的其他同党，则一律赦免。

袁粲的典签莫嗣祖为袁粲与刘秉的密谋充当联络，萧道成把莫嗣祖召来责问道：“袁粲叛变，为什么不报告？”莫嗣祖回答说：“小人没有见识，只知道报恩，怎么敢泄露大事？现今袁公已死，从道义上不求活命。”王蕴的亲信张承伯窝藏王蕴。萧道成一并赦免了莫嗣祖和张承伯，继续留任。

袁粲的作风平易朴素，但是没有治理国家的能力。嗜好饮酒，喜爱吟诗讽诵。身负天下重任，却不肯过问事务。有关要事，尚书省主事请求裁决时，袁粲甚至高声吟咏，作为回答。闲居高卧，门上没有闲杂宾客，对于人情世故，完全不懂，所以失败。

裴子野评论说：袁景倩是民众的期望，国家的精英，身负重大责任，但智能不足以铲除奸恶，权术不足以处理变局。萧条崩溃，危险却无力扶持。等到九鼎已经变轻，三才将要替换，困在斗大的城内，万死而不推辞，这只是匹夫的节操，而非栋梁之材啊。

（以上为第十一段，写司徒袁粲起兵讨伐权臣萧道成，明知不可为而为之，失败则是不可避免的，裴子野评论袁粲非栋梁之才。）

十二月二十五日甲戌，刘宋大赦天下。

十二月二十六日乙亥，刘宋任命尚书仆射王僧虔为左仆射，新任中书令王延之为右仆射，度支尚书张岱为吏部尚书，吏部尚书王奂为丹杨尹。王延之是王裕的孙子。

刘秉的弟弟刘遐任吴郡太守。司徒右长史张瓌是张永的儿子，因父亲去世，在吴郡守丧，家族向来势力强大，萧道成命张瓌伺机处理刘遐。正巧，刘遐邀请张瓌到郡府，张瓌率部曲十余人，径直进入刘遐的书房，捉住刘遐，斩首，郡中没有人敢起来反抗。萧道成得到报告，告诉了张瓌的叔父中领军张冲，张冲说："张冲以百口之家作一次赌注，出手就赢得满贯。"萧道成当即任命张冲为吴郡太守。

萧道成指挥部迁移到阅武堂，仍把重兵交给黄回，派他西上，也安插上自己的心腹。黄回一向跟王宜兴不和，唯恐王宜兴反告自己叛变，闰十二月初二日辛巳，寻找借口逮捕王宜兴，斩首。将领们都说黄回手握强兵，一定会谋反。宁朔将军桓康，请求独自前去观察刺探。萧道成说："你们有什么怀疑，黄回做不成什么事情的。"

沈攸之派中兵参军孙同等五位将领率三万人担任前锋，司马刘攘兵等五位将领率两万人随后出发，又派中兵参军王灵秀等四位将领分别攻击夏口，占据鲁山。闰十二月十四日癸巳，沈攸之抵达夏口城外，仗恃兵强，面露骄傲神色。认为郢城兵力薄弱，不值得攻打，只说："想要问询安西将军可好！"暂时停泊在黄金浦，派人通知行郢州事柳世隆说："奉皇太后命令，应暂时还都，你跟我一起效忠国家，一定能了解我的心意。"柳世隆说："东下军队的用意，早已听说。郢城不过是一个小镇，只求自保。"宗俨之劝沈攸之攻打郢城，功曹臧寅认为："郢城虽然兵力薄弱，可是地势险要，攻击和防守情势相反，不是十天半月就能攻下，如果不能马上夺取，锐气一挫，声威便告消失。而今，顺江而下，胜利的日子，可以预期。只要攻占京城，郢城岂能独存？"沈攸之接受了他的建议，打算留下一小部分军队围守郢城，亲自率大军东下。闰十二月十六日乙未，即将出发，柳世隆派人到西渚挑战，前军中兵参军焦度在城楼上对沈攸之破口大骂，用脏话侮辱。沈攸之被激怒，改计攻打郢州，命各军登陆，焚烧村庄，在郢州外城修筑长长的围城屏障，日夜攻打。柳世隆抵抗，沈攸之不能攻克。

萧道成命吴兴太守沈文秀为督吴、钱塘军事。沈文秀逮捕了沈攸之的弟弟、新安太守沈登之，诛杀沈家全族。

闰十二月十六日乙未，刘宋任命后军将军杨运长为宣城太守。至此，太宗刘彧的亲信宠臣，全部离开朝廷重位。

沈约评论说：君王面南而坐，皇宫九重，与民间隔绝。早晚奉陪，与大臣相距甚远。内侍的任用，应该由有关机构执行。到后来，由于生活上亲近而受到恩宠，信任由于宠爱而强固。左右侍从没有使人畏惧的力量，而只有取悦于人的脸色。孝建、泰始君主的威势运行，可是刑事案件和政治事件纠缠而复杂，不可能全部通达。耳目所寄托，事情依靠左右侍从。观察人主的喜怒哀乐，顺着人主的意思说话，言语行动，都迎合人主的心意，而且从来没有差错。人主认为他们地位卑微，身份低贱，权不得重。岂不知老鼠凭借土地庙而尊贵，狐假虎之威势而张扬。外面没有对人主造成伤害的嫌疑，内部却有独揽大权的效用。权势可以倾覆天下的时候，人主也许仍不能觉悟。太宗晚年，担心经历国家的盛衰，而专权的弄臣，也恐惧皇族的压迫，打算使幼主陷于孤立，永远控制朝廷。于是，制造矛盾，挑起猜忌，使皇帝的弟弟、皇家的亲王先后遭到屠杀。帝位过早倾覆，原因就在于此。

（以上为第十二段，写沈攸之发兵进建康，被驻守夏口的柳世隆截击，沈约评论刘宋衰落是由于宠幸侍从。）

闰十二月二十二日辛丑，刘宋尚书左丞济阳人江谧建议朝廷授给萧道成黄钺，听从了他的建议。

加授北秦州刺史、武都王杨文度都督北秦、雍二州诸军事，任命龙骧将军杨文弘为略阳太守。闰十二月二十三日壬寅，北魏征西将军皮欢喜攻陷葭芦，斩了杨文度。北魏封杨难当的族弟杨广香为阴平公、葭芦戍主。颁布诏书，命皮欢喜修筑骆谷城。杨文弘投降，上疏北魏请求处罚，派儿子杨苟奴前去充当人质。北魏任命杨文弘为南秦州刺史，封武都王。

闰十二月二十六日乙巳，萧道成外出顿兵于新亭，对骠骑参军江淹说："天下纷纷扰扰，你认为如何？"江淹说："成功失败在于德行，不在于人数的多少。你具有雄才大略，这是第一胜因。宽容而仁爱宽恕，这是第二胜因。贤能的人才，愿意为你竭尽全力，这是第三胜因。民心归附，这是第四胜因。奉天子之命，讨伐叛逆，这是第五胜因。沈攸之性情急躁，器量狭小，这是第一败因。只有威严，没有恩德，这是第二败因。士卒离心离德，这是第三败因。地方上的官宦不支持他，这是第四败因。深入敌境几千里，而无同党援助，这是第五败因。即使是十万只豺狼，最终也被我们活捉。"萧道成笑着说："你的议论太过了。"南徐州行事刘善明对萧道成说："沈攸之招兵买马，制造船只，铸造武器，包藏祸心，迄今已有十年。性情阴险而急躁，才能不是持重稳固那种人，起兵已经数十天，却迟迟不敢前进。一是不懂军事，二是军心离散，三是掣肘之患，四是上天夺取了沈攸之的魂魄。我本来担心沈攸之剽悍勇猛，轻装急进，袭击于不备，一战即会决定成败。而今我们六军齐集昂奋，诸侯同心，沈攸之已成笼中之鸟。"萧赜向周山图打听沈攸之，周山图说："沈攸之是我的邻乡，我们多次一同带兵出征，我非常了解这个人，性情阴险刻薄，士心不附。现今屯兵于坚城之下，正是离散逃亡的开始！"

（以上为第十三段，写叛军沈攸之滞留于郢城，萧道成驻兵新亭，江淹、刘善明为其出谋划策，分析两人的成败得失，建议萧道成注重德行，重用贤才，以收拢人心，沈攸之必败。）

宋顺帝昇明二年（戊午，公元 478 年）

春季，正月初一日己酉朔，刘宋文武百官全副武装入朝。

沈攸之出动全部精锐部队，猛烈攻击郢城，柳世隆利用对方弱点，屡次击败。萧赜派军主桓敬等八支军队占据西塞，作为柳世隆的声援。

沈攸之俘虏了郢城法曹南乡范云，命他带一封信回郢城，送给武陵王刘赞一只小牛，送给柳世隆三十条鱼，全都砍去头部。城中守军打算杀了范云，范云说："老母亲和小弟弟，都悬命在沈攸之的手中，如果拒绝他的派遣，灾祸一定降临到亲人身上，今天被杀，死也甘心。"于是，释放了范云。

沈攸之派将领皇甫仲贤攻打武昌，中兵参军公孙方平攻打西阳。武昌太守臧涣投降沈攸之，西阳太守王毓逃往湓城。公孙方平占据了西阳，豫州刺史刘怀珍派建宁太守张谟等率一万人反击。正月十三日辛酉，公孙方平战败逃走。平西将军黄回等军抵达西阳，逆流而上。

沈攸之一向丧失人心，只靠暴力来胁迫。刚从江陵出发时，便有人逃亡。后来攻击郢城，三十多天不能攻克，逃亡的人更多。沈攸之骑马日夜不停地视察各营，好言抚慰，可是逃亡者不见停息。沈攸之大怒，召集各军主说："我奉皇太后的命令，首唱大义，前往京都。大事如果成功，白纱帽一起戴。如果失败，朝廷自然会杀我满门百口，跟任何人无关。近日军人纷纷叛离，都是你们没有尽心。我也不能一一追捕，从今天起，军中士卒逃亡，军主承担罪责。”于是，一个人逃亡，派人追捕，追捕的人也跟着逃亡，没有一个人敢报告沈攸之，都开始另做打算。

司马刘攘兵将请降书射入郢城，柳世隆开门接纳。正月十九日丁卯夜晚，刘攘兵纵火烧营，率军离去。军中发现起火，士卒们纷纷弃甲逃命，将领们无法制止。沈攸之得到消息，暴怒，气得咬住自己的胡须。沈攸之立即逮捕刘攘兵的侄儿刘天赐、女婿张平虏，都斩首了。天明时，沈攸之率军过江，抵达鲁山，部众溃散，各将领也都逃走。臧寅说：“希望他成功而在失败时抛弃，我不忍心这样做。”便投水自杀。沈攸之身边仍有数十个骑兵侍卫，向军中士卒宣称：“荆州城有的是钱粮，你们可以回来，一同去取。”这时，郢城没有派兵追击，逃散的士卒又害怕遭到蛮人的劫杀，于是重新集结，约有两万人，跟随沈攸之，折回江陵。

张敬兒杀了沈攸之的策反使节，随即整顿部队。得到沈攸之东下的消息，立即袭击江陵。沈攸之命儿子沈元琰，与兼长史江乂、别驾傅宣共同守卫江陵城。张敬兒率军抵达沙桥，观望而不前进。城中夜晚听见鹤叫，传言说敌军已到，江乂、傅宣打开城门逃走，官民溃散。沈元琰逃到宠洲，被人诛杀。张敬兒进到江陵，诛杀沈攸之两个儿子、四个孙子。

沈攸之距江陵一百余里，得知城已被张敬兒占领，士卒再度逃散。沈攸之走投无路，跟他的儿子沈文和逃到华容边界，在栎树林中上吊自杀。正月二十一日己巳，乡民砍下沈攸之父子人头，送到江陵。张敬兒把沈攸之擎举到盾牌上，用青布伞覆盖上面，到各集市上展示，然后送到建康。张敬兒屠杀沈攸之亲友党羽，没收财产数十万，都中饱私囊。

当初，仓曹参军金城边荣被府录事参军所侮辱，沈攸之为了边荣将那个录事用皮鞭抽死。张敬兒快要进城时，边荣正任留守司马。有人劝边荣到张敬兒那儿投降，边荣说：“身受沈公厚恩，共同担负如此大事，一旦缓急，就改易本心，我不能啊！”城防崩溃，士卒捉住边荣，带到张敬兒面前。张敬兒说：“你为什么不早来？”边荣说：“沈公命我守城，不忍心丢下，自己逃走。本来就不希望活命，何必多问！”张敬兒说：“死有什么难的！”下令将边荣斩首。边荣含笑走出。边荣的门客太山人程邕之抱住边荣说：“与边先生交游多年，不忍心看到边先生被杀，宁愿先死。”刽子手不能下刀，报告张敬兒，张敬兒说：“求死容易得很，为什么不准？”先斩程邕之，再斩边荣，军卒们都流下了眼泪。孙同、宗俨之等全被诛杀。

（以上为第十四段，写沈攸之兵败被杀，是因为他素来失去人心，人们仅仅慑于其武力而服从。萧道成平叛成功，大获全胜，干将张敬兒立有大功，但怀有私心。）

正月二十八日丙子，刘宋解除戒严。任命侍中柳世隆为尚书右仆射，骠骑大将军萧道成返回，镇守东府。正月二十九日丁丑，任命左卫将军萧赜为江州刺史，侍中萧嶷为中领军。二月初二日庚辰，提升尚书左仆射王僧虔为尚书令，右仆射王延之为左仆射。二月初五日癸未，加授萧道成太尉、都督南徐等十六州诸军事。任命卫将军褚渊为中书监、司空。萧道成上疏交还了黄钺。

吏部郎王俭是王僧绰的儿子。很有精神风采，渊深旷达，学而不倦，见识博广，从小就有当宰相的志向，舆论对他很推崇。萧道成任命王俭为太尉右长史，待遇很高，事无大小都专门委托交付。

二月初九日丁亥，魏孝文帝巡视代郡温泉。二月二十五日癸卯，返回平城。

宕昌王梁弥机，刚刚继位。三月二十九日丙子，北魏派遣使者任命梁弥机为征南大将军、梁益二州州牧、河南公、宕昌王。

黄回不乐于留在郢州，坚持求任南兖州，擅自率部曲返回了。辛卯，刘宋朝廷改命黄回任都督南兖等五州诸军事，兼南兖州刺史。

当初，王蕴离职时，新任湘州刺史、南阳王刘翙还没有到任，由长沙内史庾佩玉代理府州事。刘翙先派遣中兵参军韩幼宗率军进驻湘州，与庾佩玉互相不容纳。等到沈攸之起兵反抗朝廷，二人互相猜疑，庾佩玉就袭击诛杀了韩幼宗。黄回到郢州时，派辅国将军任候伯代理湘州事。任候伯又斩了庾佩玉，希望能使自己幸免。湘州刺史吕安国到位后，接到萧道成命令，诛杀了任候伯。

夏季，四月初七日甲申，魏孝文帝巡视崞山。四月初十日丁亥，返回平城。

萧道成认为黄回终究是祸患，黄回有部曲数千人，打算遣散或收编，恐怕激起动乱。四月十四日辛卯，萧道成在东府召见黄回。黄回到后，留他在外斋，命桓康率数十人，一一列举黄回的罪状，连同黄回的儿子竟陵相黄僧念一并斩首。

四月十七日甲午，刘宋任命淮南、宣城二郡太守萧映代理南兖州事，仍然用他的弟弟萧晃接替。

五月，北魏禁止皇族、贵戚及官员、士大夫不顾门第，与下层不同阶层人通婚，违者以违抗诏书论处。

魏孝文帝随冯太后一起去虎圈，一只老虎逃出，登上阁道，几乎跑到御座前，左右侍卫吓得倒伏。吏部尚书王叡手拿长矛抵挡。冯太后赞扬他的忠心，更加信任重用他了。

六月二十一日丁酉，刘宋任命辅国将军杨文弘为北秦州刺史，封武都王。

六月二十四日庚子，北魏皇叔拓跋若去世。

萧道成认为，自大明年间以来，公私奢侈浪费，秋季八月，上疏奏请撤销御府、左右尚方署装饰及玩赏器物。八月十六日辛卯，再上疏奏请禁止民间使用华贵的衣饰和用品，共十七条。

八月二十日乙未，刘宋任命萧赜为领军将军，萧嶷为江州刺史。

（以上为第十五段，写刘宋平定了沈攸之叛乱，重新调整人事，萧道成将异己者全部清除，牢牢把控朝廷；萧道成采取了一些必要的措施，禁止奢侈浪费。）

九月初一日己巳朔，出现日食。

萧道成计划聘请当时德高望重的人才，共同帮助自己建立伟业。夜晚，召见骠骑长史谢朏，屏去左右侍从交谈，等了很久，谢朏却不说一句话。只有两个手举蜡烛的小儿在旁侍候，萧道成想到谢朏可能感到为难，于是自己手举蜡烛，把两个小儿打发出去，可是，谢朏仍一言不发。萧道成只好把左右唤回房内。谢朏是谢庄的儿子。

太尉右长史王俭知道萧道成的旨意，有一天，向萧道成请求密谈，说道："功劳太高，就没有赏赐，这种事情，从古到今，不止一人。以公今天的地位，想要始终面北称臣，怎么可以呢？"萧道成端正脸色阻止王俭，神情却很温和。王俭说："王俭蒙受公特殊期盼，所以吐说别人所难，为什么拒绝得如此坚决？宋氏失德，如果没有你，怎么能渡过难关？可是人心浇薄，无法持久，只要你稍加迁延，那么人望就会失去，岂止是大业永远沦丧，七尺之躯也不能自保。"萧道成说："你说的不是没有道理。"王俭说："你今天的名望和地位，本来是经常的宰相，最好在礼节上跟一般官员不相往来，略微显示政局将发生变化。不过此事应先告诉褚渊公，我愿意传达这个意思。"萧道成说："我亲自前往。"过了几天，萧道成亲自拜访褚渊，气氛融洽，谈了很久，萧道成才说："我梦见应当得官。"褚渊说："今天宣布的任命，恐怕一二年间不会再有变更，而且吉祥的梦未必应验在旦夕之间。"萧道成回来，告诉王俭，王俭说："褚渊还没有通达事理罢了！"王俭就建议加授萧道成为太傅，再赐给黄钺，命中书舍人虞整撰写诏书。

萧道成的亲信任遐说："这种大事，应该告诉褚渊。"萧道成说："褚渊万一不同意，怎么办？"任遐说："褚渊珍惜生命，爱护妻子儿女，并非有奇特的才能和高尚的节操，我能制住他。"褚渊果然不表示反对。

（以上为第十六段，写刘宋权臣萧道成与近臣谋划登基为帝，谢朏面对此问题一言不发，王俭却积极怂恿。）

九月初二日丙午，刘宋颁布诏书，萧道成进阶持有黄钺，大都督中外诸军事、太傅，兼扬州牧，上殿时可以穿鞋佩剑，入朝时不必快步小跑，奏事时不称名，使持节、太尉、骠骑大将军、录尚书、南徐州刺史等官职仍然如故。萧道成坚决辞让特殊的礼遇。

任命扬州刺史、晋熙王刘燮为司徒。

九月初四日戊申，太傅萧道成任命萧映为南兖州刺史。冬季，十月初三日丁丑，任命萧晃为豫州刺史。

十月初五日己卯，刘宋抓获孙昙瓘，斩首。

北魏员外散骑常侍郑羲前来访问。

十月二十八日壬寅，刘宋立皇后谢氏。皇后谢梵境是谢庄的孙女。

十一月二十日癸亥，刘宋临澧侯刘晃因为谋反罪，连同同党一并被诛杀。刘晃是刘秉的侄儿。

十一月二十一日甲子，刘宋改封南阳王刘翙为随郡王。

北魏冯太后猜忌青州刺史南郡王李惠，于是诬陷李惠将向南叛变。十二月二十日癸巳，诛杀李惠和他的妻子以及弟弟、儿子。冯太后因猜疑而屠杀灭掉十余家。李惠历任官职，都有成绩，北魏的百姓特别为李惠呼冤痛惜。

尚书令王僧虔奏称："朝廷所用的礼节和音乐，大多违反古代正典，大明中期，就用悬挂的钟磬来伴奏鞞舞和拂舞，节奏虽然可以合拍，但不够规范。另外，现今流行的清商乐，实际上来自铜雀台。曹氏三代帝王的风韵，遗留下来的乐声仍在耳际。京师洛阳，对它十分崇尚。到了长江以南，更显得高贵，没有再比它更中庸清雅的了。可是，人情变化，趣味转移，以后逐渐衰落。十几年之间，失传的将近一半，民间竞相制作新声与杂乐，杂芜淫荡，应该命令有关部门，加以整理补充。"朝廷批准。

这一年，北魏怀州刺史高允，因年老及患病请准退职，回到家乡。不久，又被朝廷用安车征到平城，任命为镇军大将军、中书监。高允坚决辞让，朝廷不准。准许他坐车直接上殿，朝贺时不用叩头行礼。

（以上为第十七段，写北魏冯太后杀害名将李惠等十余家；刘宋修订朝廷礼乐。）

【点评】

刘宋苍梧王刘昱乖戾残忍。刘宋苍梧王刘昱是刘宋第八任皇帝，乖戾残忍，皇帝无上的权力放大了他的种种恶行，使其成为中国历史上暴戾残忍皇帝中的奇葩。虽然刘昱小时聪敏，但是个性相当残虐，常常亲手杀人，并到街巷中扰民，杀人成瘾。杀人时剖解肢体，脔割肉块，婴儿亦不能幸免。刘昱喜怒无常，左右稍有令其不合心意之处，就拳脚相向。最奇怪的是他会突发奇想，用骨头当箭头射萧道成的肚脐，并且得意地大笑说："这手艺如何！"亲自磨短矛，说："明天就杀萧道成。"如果不招惹萧道成，恐怕还会多造孽一些时候。最后杀他的恰是平日最为得意的身边左右杨玉夫，致命的在于苍梧王的"忽憎之"，突然憎恨起杨玉夫，说道："明天就杀了你这小子，挖出肝肺！"结果不到第二天，就被杨玉夫杀死。殿中官员听到苍梧王已死的消息，都高呼万岁，这是异乎寻常的事情，说明天下的人容忍他已经很久了。

齐纪一

齐高帝建元元年至齐武帝永明元年（公元 479—公元 483）

【起屠维协洽（己未，公元 479 年），尽昭阳大渊献（癸亥，公元 483 年），凡五年】

【大事提要】

本卷起自公元 479 年至公元 483 年，凡五年，时当齐高帝建元元年至齐武帝永明元年。本卷所载大事，南朝齐大事两件：其一，南齐又以萧道成事迹为重。萧道成迫使宋顺帝禅位，刘宋灭亡。萧道成称帝，是为齐高帝，国号齐。齐高帝萧道成原来常说："能让我治理天下十年，就能让黄金与泥土同价。"他深谋远虑，宽宏大量，学识广博，能写文章，生性节俭。看见主衣库中有玉导，便敕令中书说："留着此物，正是滋长一切弊病的根源！"当即命令将玉导打碎，还检查库中存放着什么奇巧的物品，依照这一事例处理。其二，齐高帝死，太子赜即位，是为齐武帝。再次开始了因疑忌而诛杀大臣的事。荀伯玉、桓崇祖、张敬兒、谢超宗都死于非命。北朝北魏大事一件，萧道成称帝，改朝换代，北魏乘机以接纳刘昶恢复刘宋皇室为由向南齐发动进攻。几场仗打下来没有占到便宜，之后两国恢复外交关系。

太祖高皇帝

齐高帝建元元年（己未，公元 479 年）

春季，正月初二日甲辰，刘宋任命江州刺史萧嶷为都督荆湘等八州诸军事、荆州刺史，任命尚书左仆射王延之为江州刺史，任命安南长史萧子良为都督会稽等五郡诸军事、会稽太守。

当初，沈攸之想要聚集众人，开启百姓互相告发，因此获罪服役的士人和平民为数众多。萧嶷来到荆州，一天以内就遣散了三千多人。府州礼仪器物的陈设，萧嶷都力求俭省节约，减轻刑罚赋役，本州百姓大为欢悦。

正月初九日辛亥，刘宋任命竟陵世子萧赜为尚书仆射，晋升封号为中军大将军、开府仪同三司。

太傅萧道成因谢朏名声显著，一定要延引他参与辅佐，让他担任左长史。曾经摆上酒席，谈论魏晋时期的旧事，萧道成乘机对谢朏说："石苞没有及早劝说晋文王司马昭登基，等他死后，才去痛哭，与汉代冯异相比，还不算是通晓机宜的啊。”谢朏说：“晋文王世代事奉魏王室，必将终生北面称臣。假如曹魏依照唐尧把帝位传给虞舜的先例行事，晋文王也应当经过三次推让会更为崇高。”萧道成很不高兴。正月十二日甲寅，任命谢朏为侍中，另外任命王俭为左长史。

正月十四日丙辰，宋顺帝任命给事黄门侍郎萧长懋为雍州刺史。

二月初四日丙子，刘宋邵陵殇王刘友去世。

二月初九日辛巳，北魏太皇太后及孝文帝巡视代郡温泉。

二月二十二日甲午，刘宋颁布诏书重申以前的命令，太傅朝拜时，不必自己称名。

二月二十七日己亥，北魏太皇太后及孝文帝巡视西宫。

三月初一日癸卯朔，出现日食。

三月初二日甲辰，刘宋任命太傅萧道成为相国，总领百官，封给他十个郡，号称齐公，赐九锡，仍然担任骠骑大将军、扬州牧、南徐州刺史。三月三日乙巳，颁布诏令决定，齐国的官职爵位和礼典仪式，一概仿效刘宋朝廷。三月初四日丙午，任命萧道成的世子萧赜兼任南豫州刺史。

杨运长离开宣城郡解职回家，齐公萧道成派人将他杀死。凌源县令潘智与杨运长交情深厚。临川王刘绰，是刘义庆的孙子。刘绰派遣亲信陈赞劝诱潘智说：“您是先朝皇帝的故旧之人，我是宗室的近亲，在现今的形势下，难道能够长期得以保全吗？如果招揽聚集朝廷内外，估计会有许多人追随。宫城以内的人经常抱有这种想法，只是苦于没有人提出这一主张罢了。”潘智当即把这番话向齐公萧道成禀告。三月初八日庚戌，齐公萧道成诛杀了刘绰兄弟及其党羽。

三月十二日甲寅，齐公萧道成接受策书的任命，大赦齐国境内，以石头城为世子的宫室，与东宫完全一样。褚渊援引何曾由曹魏的司徒担任西晋的丞相的旧事，请求担任南齐的官员，齐公萧道成没有应允。任命王俭为齐国尚书右仆射，主管吏部。当时，王俭只有二十八岁。

（以上为第一段，写齐公萧道成抑制不住篡位的冲动，希望借重名臣谢朏的名望，带头劝进，而谢朏希望他以三让为高，萧道成转而重用王俭；刘氏宗室刘绰对其不满，萧道成将其诛灭。）

夏季，四月初一日壬申朔，宋顺帝进封齐公萧道成的爵位为王，增加十个郡的封地。

四月初三日甲戌，刘宋武陵王刘赞去世，并不是因病而终的。

四月十五日丙戌，刘宋以特殊的礼节对待齐王萧道成，进齐国世子为太子。

四月二十日辛卯，宋顺帝颁布诏书禅帝位于齐王。四月二十一日壬辰，宋顺帝应当亲临殿前会见百官，但是不肯出来，逃到佛像的宝盖下面。王敬则整肃军队来到宫殿的庭院中，抬着木板轿子入宫迎接宋顺帝。太后害怕了，率领宦官找到了宋顺帝，王敬则劝诱宋顺帝，让他从宝盖下面出来，领着他上了轿子。宋顺帝止住眼泪，对王敬则说："准备杀死我吗？"王敬则说："只是到另外的宫殿中居住罢了。官家先前取代司马家也是这样做的。"宋顺帝流泪弹指说："但愿今后生生世世不再出生在帝王家！"宫中都哭泣起来。宋顺帝拍着王敬则的手说："若不被杀害，就赠送辅国将军十万钱。"当天，百官为齐王陪席，侍中谢朏正在值班，应当解送玺印，假装不知道，问道："有什么公事吗？"有人传达诏旨说："解送玺印，交给齐王。"谢朏说："齐王自然应当另有侍中。"便拉过枕头，躺了下来。传达诏旨的官员害怕了，便让谢朏声称得了疾病，打算另找一个兼任侍中的人，谢朏说："我没有病，为什么这么说！"于是穿着朝服走出东掖门，上了车，回住宅去了。便让王俭担任侍中，解送玺印。礼典结束以后，宋顺帝坐着彩漆画轮的车子，出了东掖门，巡视东边的府邸。宋顺帝问："为什么今天没有器乐演奏？"左右都没有人回答。右光禄大夫王琨是王华的堂弟，在晋朝已经担任了郎中，到了此时，抓着车上悬着的獭尾痛哭着说："人们都为长寿高兴，老臣却为长寿悲哀。既然此身不能够早死如蝼蚁，方才屡次目睹今天发生的这种事情！"呜咽哭泣，难以自制，百官也都泪如雨下。

司空兼太保褚渊等人捧上皇帝玺印，率领百官前往齐王宫请萧道成即帝位，齐王推辞谦让，没有接受。褚渊的堂弟前任安成太守褚炤对褚渊的儿子褚贲说："今天司空在哪里？"褚贲说："在齐王宫大司马门奉献玺印。"褚炤说："我真不知道你家司空把一家的物件交给另一家，这又是怎么回事！"四月二十三日甲午，齐王在建康南郊登临帝位。回宫以后，大赦天下，更改年号为建元。尊奉宋顺帝为汝阴王，优待尊崇的礼典，完全效仿刘宋初年的做法。在丹杨为宋顺帝修筑宫室，设置兵力守卫。刘宋各位皇帝的神位都被迁移到汝阴庙中，诸王都降爵为公；如果没有为南齐皇室出力，公侯以下一律削除国号，唯独设置南康、华容、萍乡三国，以便奉养刘穆之、王弘与何无忌的后人；削除国号的诸王计有一百二十人。刘宋、南齐的台官要臣仍然保持原来的职位，名号不同以及超员的事，另外再加详细计议。

（以上为第二段，写齐王萧道成禅代建齐，即帝位，改元建元，开启了南朝新的篇章。）

褚渊被任命为司徒，前来祝贺的宾客挤满了座席。褚炤叹息着说："彦回从少年时便建树名望与操行，有谁料想得到他会猖狂到这般地步！褚家门户不幸，才会又有今天的拜官之举。假使彦回担任中书郎而死去，不应当成为一位名士吗！如今他的名誉与德行都败坏了，可是偏偏会长命百岁！"褚渊坚决不肯接受任命。

奉朝请河东裴颛上表指斥齐高帝萧道成的过失与丑行，挂了官帽径直离去。齐高帝大怒，杀了他。太子萧赜请求杀掉谢朏，齐高帝说："杀了谢朏，便成就了他的名望，正应该包容把他置之度外。"过了好长一段时间，谢朏终于因事被废免在家。

齐高帝向前任抚军行参军沛国人刘瓛询问如何治理国家，刘瓛回答说："政务就在《孝经》里面。大凡宋所以灭亡，陛下所以得国的原因，其中都包含在《孝经》里。倘若陛下能够将前事引以为戒，再加上待人宽和仁厚，即使国家已经垂危了，也可以安定下来；倘若陛下重蹈覆辙，即使国家很安定，也一定会招致危亡。"齐高帝感叹着说："儒士的话，真可以作为流传万世的至理名言啊！"

四月二十五日丙申，魏孝文帝巡视崞山。

四月二十六日丁酉，南齐任命太子詹事张绪为中书令，左卫将军陈显达为中护军，右卫将军李安民为中领军。张绪是张岱哥哥的儿子。

四月二十七日戊戌，南齐任命荆州刺史萧嶷为尚书令、骠骑大将军、开府仪同三司、扬州刺史，南兖州刺史萧映为荆州刺史。

齐高帝命令群臣各自进言朝政得失。淮南、宣城二郡太守刘善明说："请求废除宋氏大明、泰始以来的各项苛暴琐碎的政令与制度，以示崇尚简要平易。"还认为："交州地势险要而偏远，宋的末年政令苛暴，遂招致民怨而叛乱。如今大教化刚刚开创，应当以恩惠与德行感化。况且交州土地上出产的物品，只有珠宝，实在不是圣朝急需的东西。讨伐交州的事情，应当暂时停止下来。"给事黄门郎清河崔祖思进言认为："如果人们不肯求学，就不明白道理，这正是叛逆与祸乱所以产生的根由。现今，不在名额以内的官员，空受俸禄和人力，消耗民众的财富。应当开设文武两类学校，考核朝廷、府州、封国中编制以外的官员，使各自按照本人意愿，学习课业。如果有人荒废怠惰者，便遣返本郡；如果有人经学优异，便不拘等次地任用。再者，如今虽然陛下亲自奉行节约俭省的风尚，但是群臣仍然安于奢侈浪费。应当表彰进用节俭朴素、持身清正的朝廷官员，贬抑斥逐那些骄横奢侈、耽于佚乐的官员，风尚习俗就可以改变了。"刘宋元嘉年间，凡事务都督责郡县去完成。世祖凡事都要求火速办理，认为郡县行动缓慢，便开始由朝廷派遣使者督责郡县。从此，派出的使者到处交错而行，竞相恃势弄权，谋求私利，收受贿赂，官府与百姓都疲劳困扰。会稽太守闻喜公萧子良上表，极力陈述其弊病，认为："朝廷有所需求，只要公开颁发诏书敕令，指定期限，人们自然就会想方设法。如果耽误期限，自然应该依照法令纠察判罪。现今，虽然朝廷的使者遍布，可是仍然需要通过州县官员去办理。结果，徒然使得朝廷的使者与负责其事的官员相互猜疑怀恨，反而更为迟缓松懈。应当将派出的使者全部停罢。"员外散骑郎刘思效进言说："宋自从大明年间以来，逐渐显现出凋敝的迹象。虽然征收赋税不断增加，但是天子的库存却愈见贫乏。小民嗷嗷待哺，几乎已经没有生机。然而贵族富户，以生活奢侈豪华相炫耀，却使山林湖泽间的百姓，不敢采摘食用他们的水草。陛下应当刷新王者的政教，改正其过失。”皇上都给予奖励，还将有的表奏交付外廷，让有关部门详细斟酌适用的办法，然后上奏施行。四月二十八日己亥，颁布诏书说：“两宫诸王，一律不允许营建宫室，封存霸占山林湖泊。”

（以上为第三段，写谢朏不屈从萧道成，被废免在家；萧道成令群臣进言朝廷得失，刘善明、崔祖思、萧子良、刘思效等上书言事，大部分被萧道成采纳。）

魏孝文帝返回平城。

北魏秦州刺史尉洛侯、雍州刺史宜都王拓跋目辰、长安镇将陈提等人都因贪婪残暴不法而获罪，尉洛侯与拓跋目辰被判死刑，陈提流放边远地区。

又颁布诏令说：“候官有一千多人，犯有重罪收到贿赂，就不再论列，犯罪较轻吹毛求疵地检举的情况，应当全部罢除。”北魏重新设置数百名恭谨正直的人员，让他们在城邑的街道上巡逻防卫，捉拿任意喧闹打斗的人。从此，官吏与百姓才得以各安本业。

自从泰始年间以来，国家不断内忧外患，将帅各自募集部曲，集结在建康周围。李安民上表认为：“如果不属于淮北常备军，其余各军应当全部遣送回去。倘若属于与主帅亲密接近、适合随侍身旁的兵士，可以限定人数。”齐高帝听从了建议。五月初十日辛亥，颁布诏书命令禁止将帅招募部曲。

五月十一日壬子，齐高帝封赏辅佐建立新朝的功臣，褚渊、王俭等人晋升爵位，增加封户，各有等差。隐士何点对人说：“我写作《齐书》完毕，赞是这样说的：‘褚渊既是世家大族，王俭也是国家的精英。不依赖舅父，又哪里顾惜得国家！’”何点是何尚之的孙子。褚渊的母亲是刘宋的始安公主，继母是吴郡公主，又娶了巴西公主，王俭的母亲是武康公主，又娶了阳羡公主。所以，何点才有这种说法。

五月十八日己未，有人骑马经过汝阴王家门，卫士们便恐惧起来。有一个作乱的人跑进去杀死了汝阴王，却以汝阴王生病上报，齐高帝不但没有治罪，反而奖赏了他。五月二十日辛酉，杀害了刘宋宗室阴安公刘燮等人，无论老少，一律处死。前任豫州刺史刘澄之是刘遵考的儿子，与褚渊交好，褚渊便替刘澄之再三讲情说：“刘澄之兄弟并不通晓军事，况且他们与刘氏的宗支关系又很疏远！”所以，只有刘遵考的家族得免于一死。

五月二十五日丙寅，齐高帝追尊亡父为宣皇帝，亡母陈氏为孝皇后。

五月二十六日丁卯，齐高帝将皇子萧钧封为衡阳王。

齐高帝对兖州刺史垣崇祖说：“我新近才得到天下，魏虏肯定会以收容刘昶为说辞，前来侵犯边界地区。寿阳地当魏虏南下的交通要道，没有你无法制服这些胡虏了。”便将垣崇祖改任为豫州刺史。

（以上为第四段，写南齐萧道成听从谋臣建议，禁止将帅招募部曲；怂恿不法之徒杀害刘宋顺帝刘准以及宗室；并有先见之明，预见北魏以纳刘昶为由侵犯南齐。）

六月初六日丙子，南齐诛杀游击将军姚道和，由于他附和沈攸之的缘故。

六月十四日甲子，南齐立王太子萧赜为皇太子，皇子萧嶷为豫章王，萧映为临川王，萧晃为长沙王，萧晔为武陵王，萧暠为安成王，萧锵为鄱阳王，萧铄为桂阳王，萧鉴为广陵王，皇孙萧长懋为南郡王。

六月十五日乙酉，南齐安葬宋顺帝在遂宁陵。

齐高帝因为建康居民成分复杂，多奸恶盗贼，打算设置符信，编制军民户籍，以五人为伍，以便互相检举监督。右仆射王俭进谏说："京城地区，四方人员汇集，如果一定要手执符信，事体很烦琐，在情理上说，难以持久，这就是谢安所说的'不这样怎么可以叫作京城'的意思啊。"取消了原来的打算。

当初，交州刺史李长仁去世以后，堂弟李叔献代替他统领州中事务，由于不能够有效地发号施令，便派遣使者向刘宋朝廷请求任命刺史。刘宋朝廷任命南海太守沈焕为交州刺史，以李叔献为沈焕的宁远司马，武平、新昌二郡太守。李叔献得到朝廷的任命以后，人心顺服了。于是，李叔献调集兵力，防守险要，不让沈焕进境到任。沈焕在郁林停留下来，因病逝去。

秋季，七月初七日丁未，齐高帝颁布诏令："只有交趾、比景没有接受朝廷颁布的历法，这是由于前朝国运正当末路，迷惘遂往的做法。应当赦免交州，任命李叔献为交州刺史，前去安抚南疆。"

北魏葭芦镇主杨广香请求归降。七月十六日丙辰，任命杨广香为沙州刺史。

八月初六日乙亥，魏孝文帝巡视方山。八月初八日丁丑，返回宫中。

齐高帝听说北魏准备前来侵犯，九月初六日乙巳，任命豫章王萧嶷为荆、湘二州刺史，仍旧担任都督的职务，还任命临川王萧映为扬州刺史。

九月初七日丙午，南齐任命司空褚渊兼任尚书令。

九月十三日壬子，北魏任命侍中、司徒、东阳王拓跋丕为太尉，侍中、尚书右仆射陈建为司徒，侍中、尚书代郡人氏苟颓为司空。

九月二十日己未，北魏安乐厉王拓跋长乐谋反，赐他自杀。

九月二十一日庚申，北魏陇西宣王源贺去世。

冬季，十月初一日己巳朔，北魏大赦。

十月十五日癸未，汝阴王太妃王氏去世，谥号宋恭皇后。

当初，晋寿百姓李乌奴与白水氐人杨成等人进犯梁州，梁州刺史范柏年劝说李乌奴归降，前去进击杨成，并打败了他。及至沈攸之举兵反抗朝廷，范柏年派兵由魏兴进发，声称前去援助朝廷，实际是观望事态的形势。事情平息，朝廷派遣王玄邈去接替，命令范柏年与李乌奴一起南下京城，李乌奴劝说范柏年不要接受替代。

范柏年没有决定下来，王玄邈已经来到。范柏年乃将李乌奴留在汉中，自己回到魏兴，有意逗留，不再进发了。左卫率豫章人氏胡谐之曾经到范柏年那里索取马匹，范柏年说：“马可不是狗啊，怎么能够满足无止境的要求！”对使者待遇菲薄，使者回去以后，告诉胡谐之说：“范柏年说：‘胡谐之是什么狗！索求起来，永不满足！’”胡谐之记恨范柏年，便向齐高帝诬陷说：“范柏年凭借险要，聚集徒众，打算割据一州。”皇上让雍州刺史南郡王萧长懋劝诱范柏年，奏请任命为本州长史。范柏年来到襄阳以后，皇上打算不再追究，胡谐之却说：“老虎捕获到手，难道还要放虎归山吗？”十月二十六日甲午，赐范柏年自裁而死。李乌奴叛逃到氐人居住的地区去，依附杨文弘，带领着氐人的兵马一千多人侵犯梁州，攻陷了白马戍。王玄邈让人佯装投降，引诱李乌奴上钩。李乌奴率领兵马轻装偷袭梁州城，王玄邈埋伏着的兵马拦击阻截，大破李乌奴。李乌奴脱身又逃到氐人中间去了。

当初，王玄邈担任青州刺史的时候，齐高帝正在淮阴，遭到宋明帝的猜疑，准备北上依附北魏，写信结交王玄邈。王玄邈的长史清河房叔安说：“将军担负着一州的重任，没有道理将忠孝之道抛弃，三齐地区的人们宁肯跳到东海中淹死，也不敢随从将军的。”王玄邈便没有回复齐高帝的书信。及至王玄邈解职州官返回，行至淮阴，让军队严密警戒，径直开了过去。到达建康以后，报告了宋明帝，声称萧道成怀有异志。及至萧道成担任骠骑大将军，延引王玄邈担任司马，王玄邈非常恐惧，但萧道成却仍然像往常一样地对待他。到了打败李乌奴的时候，齐高帝说：“王玄邈果然没有辜负我对他的心意啊。”房叔安担任宁蜀太守，齐高帝赏识房叔安的忠诚正直，打算任用他去梁州，却正赶上他因病去世。

（以上为第五段，写南齐高帝萧道成欲对京城设置符伍，编制民户，五人为伍互相检举监督，右仆射王俭反对而罢；梁州刺史范柏年得罪左卫率胡谐之，被报复致死；王玄邈忠诚正直，平定梁州乱事。）

十一月十三日辛亥，南齐立皇太子妃裴氏。

十一月十五日癸丑，北魏派遣假梁郡王拓跋嘉督统两员将领出兵淮阴，陇西公拓跋琛督统三员将领出兵广陵，河东公薛虎子督统二员将领出兵寿阳，共同辅佐丹杨王刘昶前来侵犯。北魏答应让刘昶恢复昔日的基业，世世代代统辖江南，做北魏的藩属之国。蛮人酋长桓诞请求担任前锋，便任命桓诞为南征西道大都督。义阳平民谢天盖自称司州刺史，准备率领全州归附北魏，北魏乐陵镇将韦珍领兵渡过淮水，前来接应。豫章王萧嶷派遣中兵参军萧惠朗带领两千人，帮助司州刺史萧景先讨伐谢天盖，韦珍劫掠人口七千多户离去。萧景先是齐高帝的侄子。南兖州刺史王敬则得知北魏将领渡过淮水，便丢下本镇，返回建康，百姓惊惶失散，但北魏军队始终没有到来。齐高帝因王敬则是有功之臣，没有追究罪责。

齐高帝辅佐刘宋王室的时候，派遣骁骑将军王洪范出使柔然，约定共同进攻北魏。王洪范从蜀中出发，过了吐谷浑，历经西域，才得以到达柔然。至此，柔然十多万骑兵侵犯北魏，直抵塞上，才撤军而回。

这一年，北魏颁布诏书，命令中书监高允计议并制定刑律法令。高允虽然老迈年高，但是神志清楚，记忆不衰。颁布诏书由于高允家境贫寒，供养菲薄，命令乐队每隔五天便派十个人前往高允处演奏，以便使高允心情愉快；供给早晨与晚间的膳食，每逢初一和十五日便送去牛肉与美酒，每月供给衣服、丝绵和绢帛。高允入朝进见的时候，为高允准备几案与手杖，询问治理国家政务的意见。

契丹莫贺弗勿干率领部落一万多人归附北魏，在白狼水以东居住下来。

（以上为第六段，写北魏出动数路大军攻打南齐，南兖州刺史王敬则弃镇而跑；北魏敬重德高望重的老臣高允，请他审定刑法律令，并给予高允以周到的关怀与抚慰。）

齐高帝建元二年（庚申，公元 480 年）

春季，正月初一日戊戌朔，南齐大赦天下。

南齐任命司空褚渊为司徒，任命尚书右仆射王俭为左仆射。褚渊没有接受任命。

正月初四日辛丑，齐高帝于南郊祭祀。

北魏陇西公拓跋琛等人攻克马头戍，杀南齐太守刘从。正月十八日乙卯，诏令朝廷内外戒严，调集兵力，抵御北魏，征召南郡王萧长懋出任中军将军，镇守石头。

北魏广川庄王拓跋略去世。

北魏军队进攻钟离，徐州刺史崔文仲将北魏军打败。崔文仲派遣军主崔孝伯渡过淮水，攻打北魏在眉戍主龙得侯等人，将他们杀掉。崔文仲是崔祖思的同族。

各部蛮人凭依着高山深谷，连带荆州、湘州、雍州、郢州、司州五州的边境，听说北魏军队前来侵犯，征集所有的人丁参军。南襄城蛮人秦远趁着空虚无备侵犯潼阳，杀掉县令。司州蛮人带领北魏军队进犯平昌，平昌戍主苟元宾将他们击败。北上黄蛮人文勉德侵犯汶阳，汶阳太守戴元宾丢下城池，逃奔江陵。豫章王萧嶷派遣中兵参军刘伾绪率领一千人讨伐，来到当阳的时候，文勉德请求投降，秦远逃走了。

北魏将领薛道标领兵奔赴寿阳，齐高帝让齐郡太守刘怀慰假借将军薛渊之名送出书信，招抚薛道标。北魏方面闻讯以后，便将薛道标召回，让梁郡王拓跋嘉替代他。刘怀慰是刘乘民的儿子。二月初二日丁卯朔，拓跋嘉与刘昶侵犯寿阳。在将要交战的时候，刘昶面向东西南北四方，对将士们叩头行礼，泪流纵横地说："愿大家齐心合力，为我报仇雪耻！"

北魏的步兵骑兵号称二十万，豫州刺史垣崇祖召集文武官员商议，打算整治外城，在肥水上修筑堤坝以强固自己。大家都说："以往，佛狸拓跋焘前来侵犯，南平王兵多将广，士气高昂，兵力是现今的好几倍，尚且认为外城太大，难以守卫，所以退入内城防守。而且自从有肥水，从不曾筑过堤坝，恐怕此举也是徒劳无益。”垣崇祖说：“如果放弃外城，胡虏肯定会占领外城，在外面修建望高台，在里面筑成长墙，那就会坐以待擒了。防守外城，修筑堤坝，这是任何人也不能谏止、改变的既定计策啊！”于是在豫州城的西北方修筑堤坝，拦截肥水，在堤坝的北面修筑一座小城，四周是深沟，派遣好几千人守卫，垣崇祖说：“胡虏看到此城狭小，以为一举可得，肯定会全力攻打此城，企图破坏堤坝。我放水冲击，就全都成了漂着的尸体了。”果然，魏军像蚁群般地趋附并攻打小城，垣崇祖头戴白色的纱帽，乘着轿子，登上城来。到了黄昏时分，垣崇祖命令决开堤坝，放水冲灌，攻城的魏军全都被冲进沟堑，淹死的人员马匹数以千计。魏军撤退走了。

（以上为第七段，写北魏南侵大军，在徐州、秦阳连吃败仗，狼狈撤退。）

谢天盖的部曲将谢天盖杀掉，归降了南齐。

刘宋自孝建年间以来，政治纲纪废弛紊乱，田簿户籍谬误。齐高帝颁布诏书命令黄门郎会稽人虞玩之等人重新核查审定，说道：“户籍，是百姓的基本记载，是国家治理的端绪。近来弄虚作假日益严重，应当怎样改正呢？”虞玩之上表认为：“元嘉年间，已故的光禄大夫傅隆年过七十，仍然亲手缮写户籍，亲自核实。现今，要想使户籍得到整顿纠正偏失，一定要使各县长官精勤廉明。我认为应当以元嘉二十七年的户籍为基准，重新制订明确的法令，允许违法者自首悔过。执迷不悟，就依照命令必然杀戮。倘若谎报隐瞒，州县与违法者一同治罪。”齐高帝听从了他的建议。

齐高帝因为各部蛮人屡次制造叛乱，从荆州与扬州两地分出一部分另设巴州，以便镇守。二月初六壬申，任命三巴校尉明慧昭为巴州刺史，兼任巴东太守。这时，南齐境内拥有二十三个州，三百九十个郡，一千四百八十五个县。

二月十九日乙酉，崔文仲派遣军主陈靖攻克了北魏的竹邑，杀了戍主白仲都。崔叔延攻破了北魏的睢陵，杀了淮阳太守梁恶。

三月初一日丁酉朔，齐高帝任命侍中、西昌侯萧鸾为郢州刺史。萧鸾是齐高帝的哥哥始安贞王萧道生的儿子。萧鸾幼年丧父，被皇帝收养，疼爱超过了亲生诸子。

北魏刘昶因为正当雨季，上表请求将军队撤回，朝廷允许了他的请求。三月初十日丙午，派遣车骑大将军冯熙率领军队前去迎接。

夏季，四月十六日辛巳，魏孝文帝巡视白登山。五月初一日丙申朔，巡视火山。五月初七日壬寅，返回平城。

自从晋朝以来，建康宫室的外城只是用竹篱环绕着，有六个大门。正好碰上了有个敢于提意见的人，饮酒进言说：“白门三重关，竹篱穿不完。”齐高帝感动于这句话，命令改建城墙。

李乌奴多次乘机出兵侵犯梁州，豫章王萧嶷派遣中兵参军王图南率领益州军队，由剑阁突袭李乌奴。梁州、南秦州两州刺史崔慧景调集梁州军队屯驻白马，与王图南覆背夹击李乌奴，将他打得大败，李乌奴逃往武兴，据城防守。崔慧景是崔祖思的同族。

秋季，七月十七日辛亥，魏孝文帝巡视火山。

七月二十四日戊午，南齐皇太子穆妃裴氏去世。

齐高帝颁布诏书命令南郡王萧长懋迁移到西州。

角城戍主率领全城归降北魏。秋季，八月丁酉，北魏派遣徐州刺史梁郡王拓跋嘉迎接角城戍主。又派遣平南将军郎大檀等三员将领出兵朐城，将军白吐头等两员将领出兵海西，将军元泰等两员将领出兵连口，将军封延等三员将领出兵角城，镇南将军贺罗出兵下蔡，一同南来侵犯。

甲辰，魏孝文帝巡视方山。戊申，游览武州山石窟寺。庚戌，返回平城。

崔慧景派遣长史裴叔保在武兴进攻李乌奴，被氐王杨文弘击败。

（以上为第八段，写南齐高帝萧道成听从谋臣建议，重新审核田簿户籍，并分设巴州；叛民李乌奴侵犯梁州，被打败，逃到武兴，据城固守；北魏再兴数路大军侵犯南齐。）

九月初一日甲午朔，出现日食。

九月十三日丙午，柔然派遣使者前来通问修好。

汝南太守常元真和龙骧将军胡青苟向北魏投降。

闰九月十八日辛巳，南齐派遣领军李安民前往清水、泗水一带的各个戍守点，防备北魏的进攻。

北魏梁郡王拓跋嘉率领十万兵马包围朐山，朐山戍主玄元度环城坚守，青州、冀州两州刺史范阳人氏卢绍之派遣儿子卢奂率兵援助。闰九月二十七日庚寅，玄元度大败魏军。朝廷派遣军主崔灵建等人率领一万余人由淮水入海，黑夜降临的时候，各举两把火炬，魏军远远望见，便逃走了。

冬季，十月，王俭再三请求解除执掌吏部的职务，朝廷允许了，加授王俭为侍中，任命太子詹事何戢主持铨选。齐高帝认为何戢的资望很高，便打算加授为常侍。褚渊说："皇上的旨意往往认为金蝉珥貂的侍从贵近的官员不应该过多。我与王俭已经在朝冠左方加饰貂尾，如果再给何戢挂貂，在八座中便有三人冠饰貂尾了。如果让何戢兼任骁骑将军、游击将军，也不算少的了。"乃任命何戢为吏部尚书，加任骁骑将军。

十月十二日甲辰，任命沙州刺史杨广香为西秦州刺史，又任命他的儿子杨炅为武都太守。

十月十五日丁未，北魏任命昌黎王冯熙为西道都督，与征南将军桓诞出兵义阳，另使镇南将军贺罗出兵钟离，一起南下。

淮北四州百姓不愿意归附北魏，常想着返回江南地区。齐高帝派遣了许多间谍去诱导他们。这时徐州百姓桓标之、兖州百姓徐猛子等人到处蜂拥而起为寇盗，集结民众，防守五固，推举司马朗之担任首领。北魏派遣淮阳王尉元和平南将军薛虎子等人前去讨伐。

十一月十六日戊寅，丹阳尹王僧虔上言说："郡县的监狱历来沿袭用有毒的汤药杀死有病罪囚的做法，名义上说是要救活病人，实际上是用暴行冤杀囚犯。岂有将人命关天的大事，交由地方官暗中控制！我认为，如果罪囚病了，一定要先向郡主禀告，要求主管官员会同医生一齐前去诊断验查。对于家住僻远各县的罪囚，家人前来探望，然后才能处治。"齐高帝听从了王僧虔的建议。

十一月二十六日戊子，南齐任命杨难当的孙子杨后起为北秦州刺史、武都王，镇守武兴。

十二月初七日戊戌，南齐任命司空褚渊为司徒。褚渊入朝进见，用折扇遮蔽阳光，征虏功曹刘祥从他身边经过的时候说："做出这样的举动，羞于当面见人，用扇子遮掩有什么用！"褚渊说："寒酸士人出言不逊！"刘祥说："不能诛杀袁粲和刘秉，怎么能免于当寒酸士人呢？"刘祥是刘穆之的孙子。刘祥喜爱文献经典，性情刚正，才调疏狂。撰修了《宋书》，讥讽诋斥帝位禅让，王俭暗中上报，因此获罪，贬到广州死了。

南齐太子萧赜在玄圃宴请朝廷百官，右卫率沈文季与褚渊话不投机，沈文季生气地说："褚渊认为自己是一个忠臣，不知道死后怎么还能有脸去见宋明帝！"太子萧赜笑着说："沈率是喝醉啦！"

十二月二十一日壬子，南齐任命豫章王萧嶷为中书监、司空、扬州刺史，任命临川王萧映为都督荆、雍等九州诸军事和荆州刺史。

这一年，北魏尚书令王叡晋升爵位为中山王，加任镇东大将军。王府设置官员二十二人，由中书侍郎郑羲担任王傅，郎中令以下都是当时的知名之士。还将王叡的妻子丁氏封为王妃。

（以上为第九段，写南齐高帝萧道成派军救援朐山，北魏军望风而逃；褚渊曾三让司徒，卖身投靠萧道成，受到讥评，刘祥、沈文季等人极尽嘲讽，褚渊无地自容。）

齐高帝建元三年（辛酉，公元 481 年）

春季，正月，齐高帝将皇子萧锋封为江夏王。

北魏侵犯淮阳，把军主成买包围在角城，齐高帝派遣领军将军李安民担任都督，与军主周盘龙等人前去援救。魏军在淮水沿岸大肆劫掠，江北百姓纷纷惊惶逃走渡过长江，成买奋力战斗而死。周盘龙的儿子周奉叔，率领二百人冲入北魏军阵的深处，北魏派出一万多人的骑兵，分成左右两翼，包围周奉叔。有人向周盘龙报告说："周奉叔已经阵亡。"周盘龙跃马疾驱，奋力挥动长矛，径直冲入北魏军阵，所向披靡。周奉叔冲出敌阵以后，又进去寻找周盘龙。周氏父子两人骑马奔驰冲撞，北魏好几万人中无人敢抵挡。魏军败了下来，死伤的人马数以万计。魏军撤退的时候，李安民等人又率领军队前去追击，在孙溪渚发生战斗，又一次打败魏军。

正月十八日己卯，魏孝文帝南下巡视，司空苟颓留守。正月二十六日丁亥，魏孝文帝来到中山。

二月一日辛卯，北魏大赦。

二月初七日丁酉，游击将军桓康在淮阳再次打败魏军，接着进攻樊谐城，攻取了。

魏孝文帝从中山巡视信都。二月十三日癸卯，再次巡视中山。二月二十日庚戌，启程返回，来到肆州。

僧人法秀以妖术迷惑民众，密谋作乱于平城。苟颓率领禁卫军前去收捕掩袭，全部捉获。魏孝文帝回到平城以后，有关部门将法秀拘禁起来，戴上笼头，但是笼头上的铁锁自动打开了。看守人员准备用铁链穿透法秀的颈骨，便诅咒说："倘若果真神通广大，铁链就应该穿不进皮肉。"结果看守人员用铁锁链穿着法秀的颈骨示众，历时三天才死去。有人提议将道人全部杀掉，冯太后不同意，于是停止。

垣崇祖打败魏军以后，担心北魏再来侵犯淮水北岸地区，便将下蔡戍迁移淮东。不久，魏军队果然前来，准备攻打下蔡，得知下蔡内迁，便打算铲平下蔡旧城。二月十九日己酉，垣崇祖率领军队渡过淮水，进击北魏，将魏军打得大败，杀死和俘获人员数以千计。

在晋、刘宋时期，荆州刺史往往并不兼任南蛮校尉，另外委派重要官员担任此职。豫章王萧嶷担任荆、湘两州刺史的时候，却兼任了南蛮校尉。萧嶷罢职以后，又让侍中王奂出任两州刺史兼南蛮校尉，王奂再三推辞着说："西部疆土在经受战火以后，遭到的破坏已经难以恢复。现今又要割舍太府，设置一些偏将。提高其名望不足以增强实力，说到实际却能交叉职能，造成弊病。何况物资与权力分散，职能部门增多，劳务一定成倍增加，公文案卷愈加繁复。我认为若为国家利益着想，这种做法并不允当。"二月二十三日癸丑，取消了南蛮校尉的建置。

三月初一日辛酉朔，魏孝文帝巡视肆州。三月初九日己巳，返回平城。

北魏法秀作乱牵连到兰台御史张求等一百多人，按照谋反的刑法应当全部灭族。尚书令王叡请求只诛杀罪魁祸首，而宽恕法秀残余的党羽。就颁布诏书说："应当诛灭五族的，降为诛灭三族；应当诛灭三族的，降为诛灭全家；应当诛灭全家的，只诛灭本人。"因此幸免的有一千多人。

夏季，四月初十日己亥，魏孝文帝巡视方山。冯太后喜爱这里的山川，便说："将来一定要把我安葬在此地，不必合葬在先帝的陵寝中。"乃为冯太后预修陵墓，又在方城山上修建永固石室，准备用作陵庙。

桓标之等人拥有好几万兵马，在险要处安营扎寨，向朝廷请求救援。四月十一日庚子，诏令李安民督统各位将领前去迎接，又让兖州刺史周山图由淮水转入清水，兼程赶路，前去接应。淮北百姓桓磊磈在抱犊固打败北魏军队。李安民前去救援，行动缓慢，桓标之等人全部被北魏消灭，得以返回南方的残余百姓还有好几千家。北魏人也掳掠了三万多人回到平城。

北魏任城康王拓跋云去世。

五月初三日壬戌，邓至王像舒派遣使者向北魏进贡。邓至是羌人的一个分支，在宕昌南面建立国家。

（以上为第十段，写南齐名将周盘龙父子英勇无双，冲入敌阵如入无人之境，打败数万敌军；淮北民反抗北魏统治，因救助迟缓，全军覆没；南齐撤销南蛮校尉建制。）

六月二十四日壬子，南齐大赦天下。

六月十六日甲辰，北魏中山宣王王叡去世。王叡患病期间，太皇太后和魏孝文帝多次到他家中探望病情。及至去世，追赠他为太宰，立陵庙在平城南，文学之士为王叡撰写哀诗与诔文的有一百多人。到了安葬的时候，自称是姻戚、故旧，穿着丧服哭泣送葬的，有一千多人。魏孝文帝让王叡的儿子中散大夫王袭代替王叡担任尚书令，总领吏部各曹。

六月三十日戊午，魏孝文帝封皇叔拓跋简为齐郡王，将拓跋猛封为安丰王。

秋季，七月初一日己未朔，出现日食。

齐高帝让后军参军车僧朗出使北魏。七月初六日甲子，车僧朗来到平城。魏孝文帝问道："齐辅佐宋的时间很短，为什么能够突然登上帝位？"车僧朗回答说："虞舜、夏禹登位称帝，是自身上升为天子。魏、晋辅佐前朝，是将帝位留给子孙后代。这是适应各自不同的时势罢了。"

七月初三日辛酉，柔然别帅他稽率领本部归降北魏。

北魏杨文弘派遣使者前来请求归降，颁布诏书重新任命他为北秦州刺史。此前，杨广香去世，部下一半投奔杨文弘，一半投奔梁州。杨文弘派遣杨后起进军占领了白水。齐高帝虽然授给杨文弘官职爵位，但是暗中又敕令晋寿太守杨公则趁便时除掉杨文弘。

刘宋昇明年间，派遣使者殷灵诞、苟昭先前往北魏。得知齐高帝接受帝位禅让以后，殷灵诞便对北魏的典客官说："宋、魏通问修好，忧患相同。宋国今天灭亡了，魏国却不肯相救，和睦相亲还有什么用处！"及至刘昶入寇，殷灵诞请求担任刘昶的司马，刘昶没有答应。九月十三日庚午，北魏在平城南郊检阅兵马，因而设宴招待群臣。北魏将车僧朗的座次安置在殷灵诞的下首，车僧朗不肯入席，他说：

“过去殷灵诞是宋国使者，现今却成了齐国平民。请求魏国皇帝按照礼节对待我。”殷灵诞遂与车僧朗相互怒骂。刘昶贿赂刘宋的降将解奉君在宴会上刺死车僧朗。北魏方面收捕解奉君，将他杀死，隆重地为车僧朗送葬，将殷灵诞等人放还南朝。及至齐武帝即位，荀昭先将殷灵诞说的话全部启奏武帝，殷灵诞获罪在牢狱中死去。

九月十四日辛未，柔然可汗派遣使者前来南齐通问致意，在国书中，称齐高帝为“足下”，自称为“吾”，向齐高帝赠送了狮子皮制成的一身骑装，约定共同讨伐北魏。

北魏尉元与薛虎子攻克五固，斩杀司马朗之，东南各州平定了。尉元回朝后担任侍中、都曹尚书，薛虎子担任彭城镇将，晋升为徐州刺史。当时戍守州镇的军队，都是将财物绢帛随军携带，不用上缴官库。薛虎子上表认为：“国家准备进取江东地区，就必须首先在彭城贮积谷物。我考虑安置在州镇上的兵力，不少于数万人，充当军资粮饷的绢帛，每人十二匹，开支没有标准，士兵们没等到被替换，不免忍饥受冻了，对官府与私人都是一种损害和浪费。现今，徐州拥有良田十万多顷，水源充足，土壤肥沃，清水与汴水流经全境，足够灌溉土地之需。倘若用军用的绢帛去购买耕牛，能够买到一万头，用来兴办屯田。在头一年里，暂且由官府供应食用。用一半的兵员开荒种地，用其余的兵员屯兵戍守，边耕种，边防守，并不妨碍保卫边疆。而一年的收获，要超过绢帛价值的十倍，短期的耕种，能够满足数年的食需。此后，军用物资全部贮存在官库，五年之后，谷物与绢帛便都会充盈起来，不仅可以使屯戍的士兵丰衣足食，而且会产生吞灭敌军的气势。”孝文帝听从了薛虎子的建议。薛虎子处理政务时有恩惠与慈爱，军民都归心于他。适逢沛郡太守邵安与下邳太守张攀贪污的案件由薛虎子查处，邵安与张攀便各自指使儿子上书，控告薛虎子暗通南齐。魏孝文帝说：“薛虎子肯定不是这样的。”追究调查，果然事属虚构，颁布诏书赐邵安与张攀一律自裁而死，二人的儿子分别笞打一百皮鞭。

吐谷浑王慕容拾寅去世，长子慕容度易侯即位。冬季，十月初一日戊子朔，任命慕容度易侯为西秦、河二州刺史，封为河南王。

北魏中书令高闾等人重新制定的律令告竣，共有八百三十二章。灭门灭族的律令有十六章，死刑的律令有二百三十五章，其他杂刑律令有三百七十七章。

当初，高昌王阚伯周去世，儿子阚义成即位。这一年，他的堂兄阚首归杀死阚义成，自立为王。高车王可至罗杀死阚首归兄弟，立敦煌张明为高昌王，国人又杀死张明，立马儒为国王。

（以上为第十一段，写北魏杨文弘派使者前来南齐请求归降；柔然派使者前来通好，相约共伐北魏；北魏重新制定律令；高昌国王位更迭，阚氏被高车王所灭。）

齐高帝建元四年（壬戌，公元482年）

春季，正月初七日壬戌，齐高帝颁布诏令设置学生二百人，任命中书令张绪为国子祭酒。

正月十九日甲戌，北魏大赦。

三月初六日庚申，齐高帝召见司徒褚渊和尚书左仆射王俭接受遗诏，辅佐太子。三月初八日壬戌，齐高帝在临光殿去世。太子即帝位，宣布大赦。

齐高帝深谋远虑，宽宏大量，学识广博，能写文章，生性节俭。看见主衣库中有玉导，便敕令中书说："留着此物，正是滋长一切弊病的根源！"当即命令将玉导打碎，还检查库中存放着什么奇巧的物品，依照这一事例处理。齐高帝经常说："能让我治理天下十年，就能让黄金与泥土同价。"

三月十一日乙丑，南齐任命褚渊为录尚书事，王俭为侍中、尚书令，车骑将军张敬儿为开府仪同三司。三月十三日丁卯，任命前任将军王奂为尚书左仆射。三月十六日庚午，任命豫章王萧嶷为太尉。

三月二十六日庚辰，魏孝文帝亲临虎圈，颁布诏书说："虎狼凶猛残暴，捕捉的时候，往往要伤害许多人，既没有什么好处，浪费又实在太多。从现今起，不要再捕捉进贡。"

夏季，四月初六日庚寅，南齐为大行皇帝上谥号称高皇帝，庙号称太祖。四月二十二日丙午，安葬在泰安陵。

四月初七日辛卯，齐武帝追尊穆妃为皇后。六月初一日甲申朔，武帝立南郡王萧长懋为皇太子。六月十三日丙申，立太子妃王氏。太子妃是琅邪人。封皇子闻喜公萧子良为竟陵王，临汝公萧子卿为庐陵王，应城公萧子敬为安陆王，江陵公萧子懋为晋安王，枝江公萧子隆为随郡王，萧子真为建安王，皇孙萧昭业为南郡王。

司徒褚渊卧病不起，上表请求退职，齐武帝没有答应。褚渊恳切地再三请求，六月二十日癸卯，任命褚渊为司空，兼任骠骑将军，依然担任侍中、录尚书事。

秋季，七月，北魏调集各州郡五万人修筑灵丘道。

史部尚书济阳人江谧，生性谄媚浮躁。齐高帝去世的时候，江谧怨恨没有参与接受遗命，齐武帝即位以后，又没有升官，因此他怨恨不满诽谤。适逢齐武帝身患疾病，江谧便前往豫章王萧嶷处请求秘密进言说："皇上已经得了不治之症，太子又没有帝王的才具，如今您准备做何打算？"齐武帝闻讯，指使御史中丞沈冲奏陈江谧历来犯下的罪恶。庚寅，赐江谧自裁而死。

八月二十一日癸卯，南康文简公褚渊去世。褚渊的长子、侍中褚贲为父亲失去节操而深感羞耻，服丧期满后便不再做官。将爵位让给弟弟褚蓁，终生在褚渊的坟墓旁隐居。

（以上为第十二段，写南齐高帝萧道成去世，遗命褚渊、王俭为顾命大臣，太子萧赜即帝位；司徒褚渊也一病不起，其子褚贲以其失节为耻，守孝后终身隐居不仕。）

九月初六日丁巳，南齐由于国丧，国子学停课。

氐王杨文弘去世，诸子都还幼小，乃以哥哥的儿子杨后起做后嗣。九月初十日辛酉，北魏任命杨后起为武都王，任命杨文弘的儿子杨集始为白水太守。不久，杨集始自立为氐王，杨后起将他打败。

北魏由于荆州的巴人与氐人骚扰叛乱，任命镇西大将军李崇为荆州刺史。李崇是显祖拓跋弘舅父的儿子。李崇准备上任的时候，敕令调集陕州与秦州两地兵马去护送他，李崇推辞说："边地的百姓有失和睦，本来是由怨恨刺史造成的。今天奉诏命去替代，当地百姓自然会安定下来。我只需要一纸诏书就足够了，不用麻烦派兵保护，使百姓心怀恐惧。"北魏朝廷听从了李崇的主张。李崇遂轻装率领数十人骑马急奔到上洛，宣布诏书，安慰劝导，当地的民户与夷人都心悦诚服。李崇命令边防据点将掳掠来的南齐百姓全部送还，因此南齐方面也将大约二百名俘虏送还北魏，两国边境和睦相处，不再有烽燧之惊。过了很长时间，改任为兖州刺史。以往，兖州境内经常出现抢劫的盗匪，李崇命令每村都设置一座楼，楼上都悬挂着大鼓。在强盗出现的地方，猛烈敲打，最初听到鼓声的邻近村庄，敲一下为信号，听到一下鼓声的村庄就击鼓两下，听到鼓声两下的村庄就击鼓三下，不一会儿，鼓声传遍百里，都派人防守险要地带。从此，只要强盗有所行动，没有不抓获的。后来，各州都效法，是由李崇首创的。

九月二十日辛未，南齐任命征南将军王僧虔为左光禄大夫、开府仪同三司，尚书右仆射王奂为湘州刺史。

已故刘宋建平王刘景素的主簿何昌寓和记室参军王摛以及王摛举荐的秀才刘琎，先后多次上书陈述刘景素品德高尚，为刘景素讼理冤屈。冬季，十月二十日辛丑，齐武帝颁布诏书准许以士人的礼仪将刘景素重新安葬在原来的坟墓中。刘琎是刘瓛的弟弟。

十一月，魏孝文帝准备亲自祭祀七庙，命令有关部门备办礼仪程式，依照古代的制度置办祭祀用的牲畜、礼器、礼服以及乐章。从此，一年四季中通常的祭祀都正常进行。

（以上为第十三段，写北魏名将李崇是个能人，担任荆州刺史，首创一套严密的防盗方法，把一个乱哄哄的地方治理得井井有条，使两国边境和平，和睦相处。）

世祖武皇帝上之上

齐武帝永明元年（癸亥，公元 483 年）

春季，正月初二日辛亥，齐武帝前往南郊祭祀，大赦天下，更改年号为永明。

南齐颁布诏令因为边境安宁，治民之官普遍恢复俸禄。

南齐任命太尉、豫章王萧嶷兼任太子太傅。萧嶷不参与朝廷政务，却经常暗中献计献策，齐武帝往往听从他的主张。

正月十三日壬戌，齐武帝立皇弟萧锐为南平王，萧铿为宜都王，皇子萧子明为武昌王，萧子罕为南海王。

二月初二日辛巳，南齐任命征虏将军杨炅为沙州刺史、阴平王。

二月二十二日辛丑，南齐任命宕昌王梁弥机为河、凉二州刺史，邓至王像舒为西凉州刺史。

刘宋末年，因州郡县官每任六年，时间太长，改为三年一任，称作“小满”。官吏升官改任，来来去去，不能够依照三年一任的制度办事。三月初四日癸丑，南齐颁布诏书规定从今以后，一概以三年一任为期限。

南齐有关部门认为天象运行失调，请求祭祀以禳除灾害。齐武帝说：“顺应天象以实际，而不在于虚文。我克制谋求为政清明，希望隆兴惠政。如果灾难是由我造成的，祭祷攘除又有什么用处！”

夏季，四月初四日壬午，齐武帝颁布诏书说：“袁粲、刘秉和沈攸之虽然没有保持晚节，但是最初的忠诚是可取的。”命令将三人一律按照礼法另行安葬。

齐武帝当太子的时候，认为自己年纪已大，而且与高帝一起创立帝业，对于朝廷中大大小小的事情，一概独断专行，常常违背制度。信任亲信张景真，张景真骄横奢华，所使用的被服和日常生活用品，都超越本分，可与皇帝相比。内外都畏惧他，没有人敢于讲话。

司空谘议荀伯玉，平时被齐高帝所亲近厚待，叹息着说：“太子做的事情，官家始终不知，难道我能畏惧一死，使官家受到蒙蔽吗？如果连我都不能够启奏，还会有谁肯上奏呢！”趁太子拜谒陵寝的时机，暗中向齐高帝启奏。齐高帝大怒，命令审查东宫。

齐太子祭拜陵寝回来，来到方山的时候，天色已经晚了。太子准备停船靠岸，豫章王萧嶷由东府骑着骏马飞鹭来东迎太子，将齐高帝发怒的情形告诉了他。太子连夜返回，进入宫中，齐高帝也让人别把大门上锁，等太子回来。第二天，高帝让南郡王萧长懋和闻喜公萧子良宣布敕书，责问太子，并且宣示张景真的罪状，让二人以太子的命令去收捕张景真，将他杀掉。太子忧愁恐惧，称病不起。

过了一个多月以后，齐高帝的怒气还是没有平息。一天白天，躺在太阳殿里，王敬则径直走进来，伏地叩头，向高帝启奏说：“官家拥有天下时间还短，太子无故遭受责备，人们担惊受怕。希望官家巡视东宫，解除太子的顾虑。”高帝沉默不语。王敬则便大声宣布圣旨，整装巡视东宫，又命令御厨摆设食品，呼唤周围的人要来轿子，但高帝还是没有一点要动身的意思。王敬则要来衣服，披在高帝的身上，这才勉强登上轿子。齐高帝迫不得已，来到东宫，召集诸王在玄圃宴饮。宴上，长沙王萧晃打着遮阳伞，临川王萧映摇着雉尾扇，闻喜公萧子良端着酒，南郡王萧长懋巡行酌酒劝饮，太子以及豫章王萧嶷、王敬则亲自献上酒食，直到天色擦黑的时候，大家都醉了，方才各自回去。

（以上为第十四段，写南齐进入萧赜时代，地方官员一律以三年为任期；追溯萧赜为太子时专权朝政，亲信奢僭，被萧道成责罚，大臣王敬则化解矛盾。）

齐高帝嘉许荀伯玉竭尽忠心，便更加亲近信任他了。军队与国家的机密要事，大多委派他去办理，权力震动朝班右侧的达官显贵。荀伯玉为母亲居丧，距离他的住宅还有二里地的道路上已经站满了官吏。左卫率萧景先和侍中王晏一起吊唁，从早晨等到日暮，才得以近前。等到出来的时候，又饿又累，连气都喘不上来，说话的口气，愤怒与沮丧外露于脸色与语气。第二天，向高帝进言说："我等所看到的皇子与皇孙两宫的情形，比起荀伯玉的宅邸来，真可谓门可罗雀了。"王晏是王敬弘的侄子。

骁骑将军陈胤叔，原先也曾禀告过张景真以及太子的过失，但他与太子谈话时却说："是荀伯玉报告的。"从此，太子便深深怀恨荀伯玉了。

齐高帝心中本有以豫章王萧嶷取代太子的想法。但是，萧嶷事奉太子更加谨慎，所以太子对他的友爱之情并没有衰减。

豫州刺史垣崇祖不肯亲近阿附太子。赶巧垣崇祖打败北魏军队，齐高帝召垣崇祖回朝，与他密商大事。太子起了疑心，对垣崇祖违心地以礼相待，对他说："对于外界流言，我已经不放在心上。从今以后，我把荣华富贵就托付给你了。"垣崇祖行礼致谢。适逢齐高帝派遣荀伯玉前来，命令垣崇祖前去处理边疆事务。垣崇祖接受圣旨，连夜出发，来不及向太子告别。太子认为垣崇祖对自己不能竭尽忠诚，愈加怀恨在心了。

齐高帝临终时，手指着荀伯玉，把太子托付给他。武帝即位以后，垣崇祖历经升迁，担任了五兵尚书；荀伯玉历经升迁，担任了散骑常侍。荀伯玉心怀忧虑疑惧。齐武帝因为荀伯玉与垣崇祖交好，担心他们有变，便留心安抚他们。四月初九日丁亥，颁布诏书诬陷垣崇祖招延结纳长江北岸的亡命之徒，准备与荀伯玉一起作乱，因而将他们二人都收捕杀害了。

四月二十二日庚子，魏孝文帝巡视崞山。四月二十四日壬寅，孝文帝返回宫中。

闰四月初五日癸丑，魏孝文帝后宫中的平凉人林氏生下儿子拓跋恂，大赦天下。文明太后因拓跋恂应当被立为太子，便赐林氏自裁而死，由自己来抚养拓跋恂。

闰五月初一日戊寅朔，魏孝文帝巡视武州山石窟佛寺。

南齐车骑将军张敬兒非常相信梦中的事情。当担任南阳太守的时候，妻子尚氏梦里觉得一只手灼热如火；担任雍州刺史的时候，妻子梦里觉得一边肩胛发热；及至担任开府仪同三司的时候，妻子梦里觉得半个身发热。张敬兒的欲望没有止境，常对亲近的人说："我的妻子梦里又觉得全身发热了。"张敬兒又说梦见家乡村庄中社庙旁的树木高耸入云。齐武帝听说之后就厌恶他了。垣崇祖死后，张敬兒内心疑惧。适逢有人告发张敬兒派人到蛮人那里进行贸易，齐武帝怀疑他有异志。恰巧齐武帝在华林园中设置八关斋，朝廷百官都去参加，便在座席上收捕了张敬兒。张敬兒脱掉貂尾的官帽丢在地上说："这个东西把我害了！"五月二十日丁酉，杀掉张敬兒和他的四个儿子。

张敬兒的弟弟张恭兒，经常担心哥哥招致祸殃会受到连累。张恭兒住在冠军县，从来不曾去过襄阳。村落山深水阻，居住的房舍墙垣重重。每当张敬兒送来书信的时候，张恭兒总是翻身上马手持弓箭，然后才会见送信人。张敬兒被杀的音讯传来以后，张恭兒席卷财产进入蛮人居住地区。后来，张恭兒自动返回，齐武帝宽恕了他。

张敬兒的女儿是征北谘议参军谢超宗的儿媳，谢超宗对丹阳尹李安民说："'往年杀韩信，今年杀彭越'，您做何打算呢？"李安民启奏了他的言论。齐武帝素来就讨厌谢超宗轻浮骄慢，便派兼御史中丞袁彖上奏弹劾谢超宗。五月十九日丁巳，齐武帝命令收捕谢超宗，交付给廷尉审问，贬到越嶲，在中途便赐他自裁而死。由于袁彖检举用语不够严厉苛刻，又让左丞王逡之上奏弹劾袁彖为文避重就轻，败坏法度，宽容罪犯，袁彖因此获罪，免除官职，禁锢十年。谢超宗是谢灵运的孙子。袁彖是袁颛弟弟的儿子。

（以上为第十五段，写南齐武帝萧赜为帝，秋后算账，荀伯玉原来检举他的专横跋扈，垣崇祖原来不支持他继承皇位，他便诬陷两人图谋作乱，两人均被收捕杀害。）

秋季，七月初一日丁丑，魏孝文帝和太后巡视神渊池。七月初八日甲申，巡视方山。

北魏派遣假员外散骑常侍顿丘人李彪前来南齐通问修好。

侍中、左光禄大夫、开府仪同三司王僧虔坚决辞让开府，他对侄子王俭说："你在朝廷中担负着重任，即将成为三公，如果我再接受这一任命，便是一家人中出现了两个宰相，我实在后怕得很哩。"接连几年王僧虔都没有接受任命，齐武帝这才答应下来。七月二十二日戊戌，加授王僧虔为特进。王俭营建了一座横梁跨度很大的书斋，稍微超过了有关规定，王僧虔看到以后，很不高兴，竟然没有进门，王俭当天便将书斋拆毁了。

当初，王弘与兄弟们在一起聚会，任凭儿孙游戏自适。王僧达跳下地来，装扮成小老虎的模样；王僧绰端正地坐着，用烛花做成一个凤凰，王僧达把凤凰抢过去打坏了，他也不感到可惜。王僧虔把十二个棋子累在一起，棋子既不倒落，也不用重垒两次。王弘叹息说："僧达英才豪爽，应当说并不比别人差。但是，我担心他终究会危害我家。僧绰会凭着自己的名声与品行而受到赞誉。僧虔必定是一个谨厚长者，会成为三公宰相。"后来果然和他预言的一样。

八月十四日庚申，南齐骁骑将军王洪范从柔然返回，经历的途程有三万多里。

冬季，十月二十一日丙寅，南齐派遣骁骑将军刘缵向北魏通问修好。北魏主客令李安世接待他。北魏把内宫收藏的珠宝拿出来，让商人在市肆中出售。刘缵说："魏国的金银珠玉价格极低，应当是山川出产这些东西吧。"李安世说："圣朝并不看重金银珠玉，所以它们的价格贱得如同瓦砾。"刘缵原来想多买一些，听到李安世这一席话以后，内心惭愧，便不再买了。刘缵屡次奉命出使去北魏，北魏冯太后于是与他私通。

十二月初一日乙巳朔，出现日食。

十二月初九日癸丑，北魏开始禁止同姓通婚。

王俭晋升官职名号为卫将军，参与执掌选拔官吏的事务。

这一年，南齐撤销巴州的建置。

北魏秦州刺史于洛侯，生性残酷，杀人的时候必定要砍断手腕，拔去舌头，分别悬挂四肢。全州担惊受怕，州中平民王元寿等人同时起来反抗。有关部门上奏弹劾他，北魏孝文帝派遣使者来到秦州，在于洛侯经常杀人的地方，向官吏与百姓宣布朝廷的决定，然后斩了他。

齐州刺史韩麒麟，处理政务崇尚宽和，从事刘普庆劝韩麒麟说："您为国家镇守一方，却从来不肯杀人，用什么来显示威严呢！"韩麒麟说："刑罚是用来制止犯罪的，仁爱之人，迫不得已的时候才使用。现今，百姓没有触犯法令，为什么杀人呢？倘若必须断问斩杀才能树立声威，那就由你做起吧！"刘普庆惭愧畏惧，起身离去。

（以上为第十六段，写南齐大臣王僧虔坚决辞掉开府的官位；北魏秦州刺史于洛侯残酷杀人，激起民愤；齐州刺史韩麒麟崇尚宽和，从不杀人，形成鲜明对比。）

【点评】

齐高帝萧道成重视总结刘宋亡国原因。齐高帝出自素族寒士，取得天下后很想长久保留它，便有了与刘瓛的对话。齐高帝请教刘瓛，刘瓛对刘宋灭亡原因的总结是不能宽和仁厚，指出治理天下的法宝是儒家的《孝经》。这一点得到齐高帝的肯定。又一段对话，齐高帝启发群臣总结经验教训。这说明，其一，齐高帝有清醒的头脑；其二，儒家治理天下的思想为南朝成功的统治者所首肯。

但是另一方面，汝阴王被杀一事却反映了齐高帝的重大失误。汝阴王的府门口有马匹驰过的声音，监视汝阴王的士兵恐怕有人想利用汝阴王作乱，就把汝阴王杀了，这件事是大事，一位王爷被杀死怎么也不能稀里糊涂地了事。而当上报说是汝阴王得病死了，齐高帝不但不怪罪，反而封赏了士兵。这种做法没有血性，实在难以接受。于是乎齐高帝的子孙之所以毫无反抗地死在萧鸾手里，似乎从此处也能找到原因。

齐纪二

齐武帝永明二年至七年（公元484—公元489）

【起阏逢困敦（甲子，公元484年），尽屠维大荒落（己巳，公元489年），凡六年】

【大事提要】

本卷记事起自公元484年至公元489年，当齐武帝永明二年至永明七年，凡六年。本卷所载大事，南朝齐大事一件，是关于神灭论的争论，这是中国佛教史也是思想史上非常重要的争论。南齐竟陵王萧子良笃信佛教，延请许多高僧讲论佛法，佛教之盛行，江左从来没有过。范缜认为世上没有佛，展开一场争论。本卷记事的重点已经转移到了北朝北魏，北魏的主线是孝文帝拓跋宏改革，具体而言是推行三长制、均田制。这一改革展示了均田制最典型的形态。在北魏，从道武帝时期的计口授田到孝文帝太和年间下达的太和令。还有就是，北魏改宗主督护为三长制。

世祖武皇帝上之下

齐武帝永明二年（甲子，公元484年）

春季，正月初二日乙亥，南齐任命后将军柳世隆为尚书右仆射；竟陵王萧子良为护军将军兼司徒，统领军队，设置辅佐官员，镇守西州。萧子良很小就有清高的品尚，倾心结交朋友，有才能的士大夫都聚集在萧子良的门下。萧子良建造西郊官邸，大力收集古代器物、服饰，充实官邸。记室参军范云、萧琛、乐安人任昉，法曹参军王融，卫军东閤祭酒萧衍，镇西功曹谢朓，步兵校尉沈约和扬州秀才吴郡人陆倕等，都因为辞章修养尤其受到萧子良的厚待，号称八友。法曹参军柳恽、太学博士王僧孺、南徐州秀才济阳人江革、尚书殿中郎范缜、会稽人孔休源，也都参与其中。萧琛是萧惠开的侄子，柳恽是柳元景的侄孙，王融是王僧达的孙子，萧衍是萧顺之的儿子，谢朓是谢述的孙子，沈约是沈璞的儿子，王僧孺是王雅的曾孙，范缜是范云的堂兄。

萧子良笃信佛教，延请许多高僧讲论佛法，佛教之盛行，江左从来没有过。有时，萧子良还亲自给众僧人端饭送水，世人都认为他有失宰相体统。

范缜认为世上没有佛。萧子良说："你不相信因果报应，那为什么会有贫贱、富贵之分别？”范缜说：“人生在世，就像树上的花朵一样，同时生长又都随风飘散，有的掠过竹帘帷幕落到了床席上，有的越过篱笆围墙落在了粪坑里。落到床席之上的好比是殿下，落到粪坑里的就是下官了。贵贱虽然道途相异，但因果究竟在何处呢？”萧子良无言以对。范缜又写了《神灭论》，认为：“形体，是精神的本质；精神则是形体的作用。精神对于形体来说，就好像锋利与刀子，从未听说过刀子没有了而锋利还存在，怎么会有形体消亡了而精神却还存在的事情呢？”此论一提出，朝廷上下哗然，屡加诘难，最终也没能使范缜屈服。太原人王琰写文章讥讽范缜说：“呜呼范子！竟然不知道他祖先的神灵在什么地方！”王琰想以此堵住范缜的嘴。范缜回答他说：“呜呼王子！知道祖先的神灵在什么地方，却不肯杀身相随哪！”萧子良派王融对他说：“以你这样的才华，还愁当不上中书郎，却故意标新立异发表怪论，太可惜了。应该赶快毁掉并放弃！”范缜大笑说：“假使范缜出卖我的理论换取官职，早已做到尚书令、仆射了，何止是一个中书郎！”

萧衍喜欢运筹谋略，有文武全才，王俭非常器重他，说道：“萧郎刚刚年过三十，贵不可言啊！”

（以上为第一段，写南齐竟陵王萧子良立意清高，与文士为群，形成“竟陵八友”；文士范缜笃信无神，撰写《无神论》，独树一帜；南梁开国帝王萧衍事迹于此发端。）

正月二十九日壬寅，任命柳世隆为尚书左仆射，丹杨尹李安民为右仆射，王俭兼领丹杨尹。

夏季，四月十二日甲寅，魏孝文帝巡视方山；四月十六日戊午，返回宫中。四月十八日庚申，又巡视鸿池；四月二十五日丁卯，返回宫中。

五月十二日甲申，北魏派员外散骑常侍李彪等来南齐访问。

六月初一日壬寅朔，南齐中书舍人吴兴人茹法亮封为望蔡男。此时共有四位中书舍人，分别派驻一省，称为“四户”，分别由茹法亮和临海人吕文显等人担任。总揽大权，声倾朝廷，地方官不断来去调换，四面八方送的礼物，一年就达几百万之多。茹法亮曾经在众人中说：“何必一定要求得外任官的俸禄。就在这一户里，一年就可弄到一百万。”所说的不过是个大概的数目。后来，天象星辰发生了变化，王俭坚决认为：“吕文显等人专断徇私，上天出现异变，灾难出自四户。”齐武帝亲自写诏酬答王俭，却不能改变这种现状。

北魏旧制度规定：每年户调为二匹布帛、二斤棉絮、一斤丝、二十斛谷米。另外，又增缴一匹二丈的布帛，存入本州州库，用来供应户调的需要。各州所征调的物品，可以按照本地所出产来缴纳。六月二十六日丁卯，颁布诏书说：“设置官吏，发放俸禄，实行得很早了，自从中原战乱，这一制度开始中断。朕依照旧有的典章制度，开始颁赐俸禄。每户户调应增缴三匹帛、谷米二斛九斗，作为官员们的俸禄。

再增调外帛二匹。俸禄制度实行以后，贪赃满一匹布帛的处死，改变法令制度，应该成为新的开始，为此大赦天下。”

秋季，七月十三日甲申，齐武帝立皇子萧子伦为巴陵王。

七月二十四日乙未，魏孝文帝巡视武州山石窟寺。

九月，北魏颁布诏书，官员们的俸禄制度，从本年十月开始，每个季度发放一次。以前的法律规定，贪污十匹布帛，受贿二十匹布帛的人，死罪。而现今，受贿一匹，以及枉法无论多少，都处以死刑。仍然分别派出检查官，到各地巡视纠举有贪污行为的官吏。

秦、益二州刺史恒农人李洪之自恃是皇亲国戚，身份显贵，为官贪婪残暴，实行俸禄制度后，李洪之第一个因贪污事露。魏孝文帝下令给李洪之戴上手铐脚镣，押赴平城；召集文武百官，亲自历数他的罪状，因为他是朝廷大臣，允许李洪之在家里自杀。其余有贪污受贿罪的地方官大约有四十多人，也全都处以死刑。那些接受过贿赂的人，无不恐慌害怕，行贿受贿几乎杜绝。然而，官吏和老百姓犯了其他罪时，魏孝文帝一般宽大处理。对缺少确凿证据的罪犯上报审核，多半免除死刑而流放到边疆，每年都数以千计。由朝中判处死刑的，一年也不超过五六个，州郡、边镇就更少了。

很久以后，淮南王拓跋佗奏请仍按旧制，停止发放俸禄。文明太后召集文武百官讨论这件事。中书监高闾认为：“饥寒交迫，慈母不能保护孩子。如今发放俸禄，廉洁的官吏不会滥取，而贪官污吏也足以劝过为善。不发放俸禄，贪官污吏会更加肆无忌惮，廉洁的人却不能维持生计。淮南王的建议，岂不是荒谬吗？”颁布诏书采纳了高闾的建议。

接着，高闾又上表认为：“蠕蠕凶悍愚昧，如同禽兽。所擅长的是在野外作战，所不擅长的是攻城。如果我们利用北狄的短处，遏止它的长处，那么，北狄人数再多也不会成为祸患，即使攻来也无法深入。况且，北狄人都是散居在旷野沼泽，跟着河水和绿草不断迁移，打仗时，带着全部家人财产一起，而撤退时又可以连同家畜一块儿逃走，用不着携带饮食就可以自给自足，因此历代成为中原边患。北方的六个重镇，使兵力分散。敌人的数目超过一倍，就不敢迎战。他们却可以互相援引围逼，这样敌人就很难制服。请求依照秦汉时期的边防策略，在六镇以北，修筑长城，选择要害地方开辟城门，旁边另修小城，派兵守卫。北狄人既不会攻城，郊野上也抢不到什么，青草吃光就会撤走，终究会受到惩罚。估计六个重镇的防线，东西不超过一千里，一个男子一个月的功夫，就可以筑起三步长的城墙，强壮老弱搭配，所用劳力也不会超过十万人，一个月就能完成。虽有暂时的辛苦劳累，却可以得到永久的安宁。兴筑长城有五个好处：第一，可以免除边防军巡逻的辛苦；第二，北方部落放牧不会有掳掠的祸患；第三，可以登上长城观察敌人的动静，以逸待劳；第四，免除平日无休止的戒备状态；第五，一年四季都可以将粮秣运往边塞，使要塞的物资永不匮乏。”孝文帝特地颁下褒美嘉奖的诏令来回应。

（以上为第二段，写南齐四位中书舍人各管一省，受贿无数，朝廷毫无办法；北魏恢复官员俸禄，严厉处置贪污官员；高闾建议修筑六镇以北长城，以防柔然。）

冬季，十月十八日丁巳，南齐任命南徐州刺史、长沙王萧晃为中书监。当初，齐高帝临终前，将萧晃托付给武帝，嘱咐把萧晃留在京城中或京城附近，不要派到边远的地方。又说：“宋氏如果不是亲骨肉之间互相残杀，外姓人怎么会有可乘之机？你应该深以为戒！”旧的制度规定：亲王们在京都时，只可以带四十名贴身带刀侍卫。萧晃喜欢武士的威仪，离开南徐州时，私下带着几百件个人用的武器返回建康，被负责防禁的部门发觉，扔进了长江。齐武帝闻知勃然大怒，打算将萧晃绳之以法。豫章王萧嶷叩头哭泣说：“萧晃的罪过，诚然不可以宽恕。陛下该想想先朝君主对萧晃的念想。”齐武帝也低头哭了，从此不再有其他想法，但也不再亲近和宠萧晃。议论的人说，齐武帝要比魏文帝曹丕好些，但不如东汉明帝刘庄。

武陵王萧晔多才多艺，但狂放不羁，也得不到齐武帝的宠爱。有一次侍奉齐武帝饮酒，大醉倒地，帽子上的貂尾都沾肉盘上了。齐武帝笑着说：“肉汤把貂尾弄脏了。”回答说：“陛下喜爱羽毛，却疏远亲生骨肉。”齐武帝很不高兴。萧晔把钱财看得很轻，喜欢施舍，所以没有积蓄。萧晔把后堂山叫作首阳山，应该是抱怨生活贫困、恩情甚薄。

高句丽国王高琏，派使节向北魏进贡，同时也向南齐进贡。此时，高句丽正处于强盛时期，北魏安置各国使节住所，南齐使节排在第一位，接着就是高句丽了。

益州大度獠人自恃险峻，骄横狂暴，恣意所为，先后许多刺史都不能制服。等到陈显达接任刺史，派遣官差去催缴田赋捐税，獠族首领说：“长着两只眼睛的刺史都不敢要我缴纳租调，何况这个独眼刺史？”杀掉了派去的官差。陈显达分别安排将领官吏，声称出去打猎，夜里，前去袭击，把大度獠男女老幼全部斩杀了。

自从东晋以来，益州刺史都是由著名将领担任。十一月十八日丁亥，齐武帝才开始任命始兴王萧鉴为督益宁诸军事、益州刺史。调陈显达任中护军。当初，劫盗头目韩武方聚集一千多名党羽，截断水流，横行霸道，郡县无法阻止。萧鉴赴任走到上明时，韩武方出来投降，长史虞悰等人都请求杀掉他，萧鉴说：“杀了韩武方，就失去了信用，也无法规劝别人改过从善。”便向朝廷报告宽恕韩武方。这时巴西一带从事抢掠的残暴、愚昧的蛮夷也都闻风投降。萧鉴这年十四岁，当走到新城时，路上纷纷传言，说：“陈显达正大肆征兵买马，不肯接受朝廷征召。”萧鉴在新城停留，派典签张昙晳前去观察形势。不久，陈显达派来的使者来见萧鉴，都劝萧鉴逮捕使者。萧鉴却说：“陈显达立节操于朝廷，一定不会有这种事。”过了两天，张昙晳返回，报告说：“陈显达已带领全家人离城，早晚都希望殿下到达。”这时萧鉴继续赶路。萧鉴喜欢文学，所使用的器具和服饰都和普通士大夫一样，因此，蜀地民众喜欢他。

十一月二十六日乙未，北魏员外散骑常侍李彪等人前来访问。

这一年，齐武帝颁布诏书，将豫章王萧嶷的封邑增加到四千户人家。刘宋元嘉时代，亲王进入宫内的斋阁内，可以穿白色便服、裙子，戴高屋帽拜见皇帝，只有出太极殿四个厢房时，才穿正式官服。元嘉以后，这种制度也就取消了。齐武帝对萧嶷友爱，凡在宫内歌舞饮宴，都允许按照元嘉时代的制度穿戴。萧嶷坚决辞谢不敢，只有车驾到自己的家里时，他才敢穿白色便服，戴乌纱帽陪宴。衣服、器具的标准，连同自己的一举一动，全部汇报，从不独断专行，开支务求节俭。齐武帝对萧嶷的做法并不赞成。萧嶷一直担心兴盛满溢，多次请求解除扬州刺史的职务，改授给竟陵王萧子良，齐武帝始终也没有答应，说："你要当一辈子的扬州刺史，不要再多说什么。"萧嶷身高七尺八寸，很善于修饰仪表，仪仗和侍从们的礼节规范，远远超过了其他官属，每次出入殿堂，旁边观看的人无不肃然起敬。

交州刺史李叔献接受了朝廷的任命，擅自截留外国的进贡，齐武帝打算去讨伐他。

（以上为第三段，写南齐武帝萧赜遵照其父遗言，对皇室家族予以宽容；豫章王萧嶷十分尊崇其兄，是历史上少有的兄友弟恭的情形；始兴王萧鉴颇有才能，安定益州。）

齐武帝永明三年（乙丑，公元 485 年）

春季，正月丙辰，齐武帝任命大司农刘楷为交州刺史，并发动南康、庐陵、始兴三地的军队，讨伐李叔献。李叔献得到消息后，立刻派使者跑到建康，乞求允许延长几年任期，进贡十二队纯银头盔和孔雀翎，齐武帝不允许。李叔献深怕会受到刘楷的袭击，就抄小路从湘州返回朝廷。

正月初十日戊寅，北魏颁布诏书说："图谶的出现，是从夏、商、周三代之末开始的。它不是治理国家的重要典章，只能被妖邪不正的人所利用。从现今开始，凡是图谶、纬书，一概烧掉，有私自保存的，处以极刑。"又严格禁止男女巫人以及街头巷尾占卦的人进行不是经典所记载的行径。

北魏太皇太后冯氏作《皇诰》十八篇。正月十五日癸未，冯氏在太华殿大规模宴请文武百官，正式颁布《皇诰》。

正月二十三日辛卯，齐武帝到南郊祭祀，实行大赦。

南齐颁布诏书恢复国学。用祭祀上公的礼仪祭祀孔子。

二月初二日己亥，北魏规定：皇子皇孙们有封爵的，每年俸禄按照不同标准发放。

二月初四日辛丑，齐武帝到北郊祭祀。

三月二十九日丙申，北魏封皇弟拓跋禧为咸阳王，拓跋幹为河南王，拓跋羽为广陵王，拓跋雍为颍川王，拓跋勰为始平王，拓跋详为北海王。文明太后冯氏又下令设置学馆，遴选师傅教授各位亲王。拓跋勰在所有兄弟中间最贤能，敏而好学，擅长写文章，魏孝文帝特别赏识喜欢他。

夏季，四月十七日癸丑，魏孝文帝巡视方山。四月十八日甲寅，返回宫中。

当初，宋明帝设立总明观，聚集学士，也叫东观。齐武帝认为国学已经建立，所以在五月二十九日乙未，撤销总明观。当时，王俭兼任国子祭酒，诏令在王俭住宅内开设学士馆，把总明观的甲、乙、丙、丁四部的图书移交给学士馆。又命令王俭把家作为办公的官署。

自从宋武帝喜欢文章辞采以来，士大夫也都以华丽的文辞章句互相推崇欣赏，没有专门研究经典的人。王俭小时候就喜欢《礼》和《春秋》，言谈随意时，也一定遵循儒家法则，由于这个原因士大夫追随模仿，崇尚儒家学说。王俭在撰写朝廷礼仪、国家大典时，对晋、刘宋以来的掌故，无不记忆如新，所以处理朝廷事务时，能够迅速做出决断。每次建言，都旁征博引，上自八坐，下到左右丞、各署曹郎，没有人能提出异议。拿着公文向王俭请示的令史经常有几十人，宾客盈门，王俭都从容接待，条分缕析，从不积压延迟，无论是口头发表见解，还是下笔批示，都有声有色，神采飞扬。王俭每十天去学监一次，测试学生，头戴葛巾、手拿试卷的学生布满庭院，佩剑的卫士和令史站在一旁，仪式非常隆重。王俭解散发髻，头簪斜插，朝廷内外都很仰慕，争相模仿。王俭经常对人说："江左风流宰相，只有谢安一人。"言下之意是把自己比作谢安。武帝非常器重他并委以要职。选用士人，只要是王俭奏请，齐武帝没有不批准的。

（以上为第四段，写北魏禁止图谶、纬书的流行；冯太后作《皇诰》；南齐大臣王俭主持学士馆，成为南齐初年文坛的核心人物，深为朝廷所倚重。）

六月十五日庚戌，北魏提升河南王慕容度易侯为车骑将军，派遣经事中、吴兴人丘冠先出使河南，同时护送柔然汗国使节。

六月十六日辛亥，魏孝文帝巡视方山。六月二十二日丁巳，返回宫中。

秋季，七月十八日癸未，北魏派遣使节任命宕昌已故国王梁弥机哥哥的儿子梁弥承为宕昌王。当初，梁弥机去世，他的儿子梁弥博继承王位，被吐谷浑汗国所逼迫，逃到了仇池。仇池镇将穆亮认为梁弥机侍奉北魏朝廷一向尽心谨慎，同情其灭亡。梁弥博性情凶狠，残暴悖逆，将士痛恨他，而梁弥承为众人拥护，穆亮奏请朝廷，允许护送梁弥承回国，颁布诏书批准。穆亮率领三万名骑兵驻扎在龙鹄，击退了吐谷浑，拥立梁弥承登上王位。穆亮是穆崇的曾孙。

七月二十三日戊子，魏孝文帝巡视鱼池，登临青原冈。七月二十九日甲午，返回宫中。八月初五日己亥，巡视弥泽。八月二十日甲寅，登上牛头山。八月三十日甲子，返回宫中。

北魏建国初年，很多人自动依附于豪门强族。荫附户都不用为官府服役，可是豪强横征暴敛，比官府征收的捐税高出一倍。给事中李安世上书说："年岁灾荒，老百姓四处逃散，田地大多都被豪强霸占掠夺。虽然桑田难以恢复，应该使土地平均些，使农夫耕种土地的面积和人口数量相当。另外，对发生争执的田产，应该限定日期裁断。事情太久又难以明断的田产，一律归现今使用人，以杜绝欺诈妄作。"北魏孝文帝赞赏，由此开始讨论均田方案。

冬季，十月十三日丁未，颁布诏书派遣使者分别去各州郡，与各州郡牧守一同推行均田制，十五岁以上的男子，每人可以得到四十亩没有种树的农田，女子每人二十亩，奴仆婢女，按照一般成年人所配给田地的待遇分配土地。一头牛，可得三十亩农田，但以四头牛为限。所配给的农田，如果是隔一年才能耕种一次的贫瘠田地，增加一倍；如果是隔两年才能耕种一次的田地，增加两倍。以此供耕种和还田、受田增减的需要。老百姓到了应该纳赋的年龄，就配给土地，年纪已老以及去世之后，土地归还官府。奴婢和耕牛，根据奴婢和耕牛数量多少，决定还田还是受田。初次受田的人，男子给田二十亩，规定种五十棵桑树，桑田是世代产业，死了也不用交回。应经常统计现有人口，土地盈余的，不受田也不还田。对土地不够的农家，则依照法令增加配给。世代经营的田地，有盈余的，可以出售。各地地方官就在官府附近，按照等级，配给一份公田，地方官更换时，移交给接任的官员。私自卖掉公田，按照法律追究定罪。

（以上为第五段，写孝文帝元宏推行均田制。）

十月二十七日辛酉，北魏魏郡王陈建去世。

北魏员外散骑常侍李彪等人来访。

十二月二十二日乙卯，北魏任命侍中淮南王拓跋佗为司徒。

柔然汗国进犯北魏边塞，北魏任城王拓跋澄率领将士抗击，柔然远逃。拓跋澄是拓跋云的儿子。氐人、羌人造反，诏命拓跋澄为都督梁益荆三州诸军事、梁州刺史，拓跋澄抵达，讨伐叛贼，安抚降附，氐人、羌人全都平息。

当初，刘宋明帝命令门下省黄门郎虞玩之等人重新校订黄籍。齐武帝即位后，又另行设立校籍官，设置令史，限定令史每天每人都要查出几件奸伪案件。这样连续几年不停止，老百姓为此愁苦不安，怨声载道。外监会稽人吕文度就此启奏齐武帝，凡是撤销户籍的，都要发配远方戍守边疆，百姓大都畏罪逃亡。富阳百姓唐寓之，趁机利用妖术，蛊惑人们起来作乱，攻陷了富阳。三吴一带被撤销户籍的人纷纷投奔，人数多达三万。

吕文度和茹法亮、吕文显都凭借奸邪谄媚，受到齐武帝的宠信。吕文度为外监，独揽禁军大权，领军成为挂名的虚职。茹法亮担任中书通事舍人，权势更盛。王俭经常说："我虽然有大位，但现今掌握的权力又哪里比得上茹公呢！"

这一年，柔然汗国可汗郁久闾予成去世，儿子郁久闾豆仑继位，号为伏名敦可汗，改年号为太平。

（以上为第六段，写南齐重新校订户籍，检查奸伪案件，致使矛盾激化，有人乘机反叛；吕文渡等受到皇帝的宠幸，为外监，权势炙手可热，连朝廷大臣都自叹不如。）

齐武帝永明四年（丙寅，公元 486 年）

春季，正月初一日癸亥朔，魏孝文帝召集百官朝见时开始穿戴汉族礼服和冕旒。

正月二十日壬午，柔然汗国进犯北魏边塞。

唐寓之攻陷了钱唐，吴郡各县县令大多弃城逃走。唐寓之在钱唐称帝，立太子，设置文武百官。派大将高道度等人攻陷东阳，杀东阳太守萧崇之。萧崇之是太祖的族弟。唐寓之又派将领孙泓进犯山阴，走到浦阳江时，浃口戍主汤休武击败了孙泓。齐武帝派几千名禁军，几百匹战马，往东进攻唐寓之。禁军抵达钱唐，唐寓之手下都是一群乌合之众，惧怕骑兵，一战即溃，抓获了唐寓之，斩首，进而平定叛乱各郡县。

朝廷军队乘胜大肆掳掠。班师后，齐武帝听到了这一情况，就下令逮捕军主、前军将军陈天福，在街市上把他斩首，左军将军刘明彻免职，削除爵位，发配到东冶。陈天福，齐武帝最宠爱的大将，他被处死后，内外人士无不感到震惊。齐武帝派通事舍人丹阳人刘系宗随军慰劳，走遍了遭到叛民进攻的郡县。对于被胁迫而参加叛乱的百姓，一概不予追究。

闰正月初一日癸巳，南齐立皇子萧子贞为郡陵王，皇孙萧昭文为临汝公。

氐王杨后起去世。闰正月十五日丁未，诏命白水太守杨集始为北秦州刺史，封为武都王。杨集始是杨文弘的儿子。又任命杨后起的弟弟杨后明担任白水太守。北魏封杨集始为武都王。杨集始到北魏京都朝见，北魏又任命为南秦州刺史。

闰正月十九日辛亥，齐武帝耕种籍田。

二月已未，南齐立皇弟萧铢为晋熙王，萧铉为河东王。

北魏没有乡党邻里的组织法规，只有大家族的宗主的监督保护。老百姓大多隐瞒或假冒户籍，三五十家才为一户。内秘书令李冲上疏说："应该依据古代的方法，五户设立邻长，五邻设立里长，五里设立党长，选派乡人中强干而又谨慎的人担任。邻长家免除一个人的差役，里长家免除二个人的差役，党长家免除三个人的差役。三年之内，没有过失，加升一级。对老百姓依照调法收税，一对夫妇征收一匹布帛，二石粟米。大体上十匹交给国库，二匹作为额外追加，三匹作为百官的俸禄。除此还有杂调。老百姓在八十岁以上的，可以免除一个儿子的差役。孤儿、孤寡老人、残疾人及久病不愈者、贫穷无法养活自己的人，要由邻长、里长和党长轮流供养。"奏章呈上之后，诏令文武百官讨论。中书令郑羲等人都认为不可。太尉拓跋丕说："臣认为此法如果实行，对朝廷和个人都有好处。但是，现今正是征收赋税的月份，校正户籍，百姓一定会因劳苦而生怨。请求过了秋季，等到冬季派官员到各地办理，这样做才合适。”李冲说：“‘民可使由之，不可使知之’，如果不趁现今征收赋税的时节去办理，老百姓只看到校正户籍的辛劳，却没有看到减免徭役赋税所带来的好处，心中必生怨恨。应该利用征收赋税的月份，使老百姓知道赋税平均。了解了事理，又得到好处，推行起来就容易了。”群臣大多说：“按照九个等级进行征税，实行了很长时间，一旦改变，恐怕会引起骚乱。”文明太后说：“设立邻长、里长、党长，田赋捐税有一定的标准，被包庇隐藏的户口就可以查出，侥幸逃脱的人也可以得到制止，为什么不可以呢？”二月十三日甲戌，开始建立党长、里长、邻长制度，核定百姓的户籍。老百姓开始为此愁苦不安，豪强士族们尤其反对。不久，赋税的征收额减少到过去的十几分之一，豪强、百姓才安下心来。

（以上为第七段，写南齐的军队平定唐寓之的叛乱，而大肆掳掠，被朝廷严惩；北魏在内秘书令李冲的建议下，立乡党之法，百官认为不可，冯太后拍板实施，效果很好。）

三月初五日丙申，柔然汗国派遣使节牟提前往北魏。这时，敕勒部落反叛，柔然可汗郁久闾豆仑亲自率领大军前去讨伐，一直追杀到西边大沙漠的尽头。北魏左仆射穆亮等人，请求乘虚出兵袭击。中书监高闾说：“秦汉时代，海内统一，所以能够远征匈奴。而如今南面有吴地的敌人，怎么能够不顾而深入胡虏腹心呢？”魏孝文帝说：“‘战争是凶器，圣人不得已而用之。’先帝多次出兵讨伐，是由于胡虏一直没有屈服。现今，朕所承继的是太平盛世的大业，怎么可以无缘无故发动战争呢？”以厚礼接待柔然汗国的使节，并送他回去。

夏季，四月初一日辛酉朔，北魏开始制作五等官服。四月初四日甲子，魏孝文帝第一次穿皇帝法服，乘坐皇帝专用的辇车，到南郊祭天。

四月十三日癸酉，魏孝文帝巡视灵泉池。四月十八日戊寅，返回宫中。

湘州蛮人叛乱，南齐湘州刺史吕安国有病，不能前往讨伐。四月二十七日丁亥，任命尚书左仆射柳世隆为湘州刺史，平息了叛乱。

六月初二日辛酉，魏孝文帝巡视方山。

六月二十日己卯，北魏文明太后给皇子取名拓跋恂。大赦天下。

秋季，七月初九日戊戌，魏孝文帝再次巡视方山。

八月十七日乙亥，北魏给尚书和五等爵以上的官员发放朱色官服、佩玉和佩带玉饰的丝带。

九月初三日辛卯，北魏兴建明堂、辟雍。

冬季，十一月，北魏议定地方官按照所辖户口发放俸禄。

十二月，柔然汗国进犯北魏边境。

这一年，北魏将中书学改称为国子学。重新划分设置州郡，共有三十八个州，其中有二十五个州在黄河以南，十三个州在黄河以北。

（以上为第八段，写柔然派使者出访北魏，北魏以厚礼接待，与柔然和好；北魏完善官制，作五等官服，兴建明堂、辟雍，地方官吏按照所管辖户口发放俸禄。）

齐武帝永明五年（丁卯，公元487年）

春季，正月初一日丁亥朔，魏孝文帝颁布诏书审定音乐，凡是不够典雅的一律除掉。

正月初二日戊子，齐武帝任命豫章王萧嶷为大司马，竟陵王萧子良为司徒。将临川王萧映、卫将军王俭和中军将军王敬则三人一并加授为开府仪同三司。萧子良起用记室范云担任郡守，齐武帝说："听说他经常卖弄才能，朕没有追究并惩罚他，应该宽宥并把他调到边远地区。"萧子良说："事实不是这样。范云经常对我进行规劝教诲，谏书仍然保存着。"说完，萧子良就拿出来呈上，大约有一百多张纸，言辞十分恳切直率。皇上不禁叹息，对萧子良说："没有想到范云能够这样，正需要这样的人辅助你，怎么让他去边远地区镇守呢！"文惠太子萧长懋曾经到东田观看田间收割，回过头对随从的宾客们说："收割是一件很可以一看的事。"大家都纷纷点头说："是，是。"只有范云回答说："春天耕种，夏天锄草，秋天收获，这三个季节的农田劳作，实在是长时期劳苦的事情。只愿殿下能够了解耕种和收获庄稼的艰难，不再贪图一时的享乐！"

边疆人桓天生自称是桓玄的族人，同雍州、司州两州的蛮人相互煽动，占据了南阳旧城，又向北魏请求出兵援助，要继续向南进犯。正月十一日丁酉，颁布诏书借给丹杨尹萧景先符节，统领步、骑兵，直接向义阳挺进，司州境内各路大军都接受萧景先的指挥。又借给护军将军陈显达符节，统率征虏将军戴僧静等水军向宛、叶两地进攻，雍州和司州的各路大军也都全部接受陈显达的指挥，共同讨伐桓天生。

北魏光禄大夫、咸阳文公高允，一生侍奉过五位皇帝，出入尚书省、中书省、秘书省，五十多年，从未有何过失。冯太后和魏孝文帝都非常尊重他，经常命令黄门苏兴服侍。高允仁义宽厚，简朴恬静，虽然处在尊贵重要的位置上，处事却跟普通士人一样。拿起书来吟咏浏览，不分白天黑夜总是书不离手。教诲别人向善学好，循循善诱。顾念亲人、故旧，无所遗弃。显祖拓跋弘夺取青州、徐州时，把当地望族全都迁到了代郡，有很多人都是高允的姻亲，流离失所、饥寒交迫地来到这里，高允拿出全部家产赈济，使他们各得其所。又根据才能品行的不同，推荐给朝廷。朝中许多人都因他们刚刚归附而不加信任。高允说："任用贤才，使用能人，为什么要分新旧呢？如果他们有用，怎么可以用这种理由去压制他们！"高允身体一向无病，到这一年，稍感不适，但起居仍如平日一样。几天之后去世，享年九十八岁。追赠侍中、司空，陪葬的财物十分丰厚。北魏建国以来，活着或者死去官员的赏赐，都没有赶得上他的。

（以上为第九段，写南齐大臣范云被武帝萧赜误会，认为他是善于卖弄之人，实际上他善于谏诤；北魏名臣高允曾侍奉五帝，历事三代，从未有过失，德高望重，无疾而终。）

桓天生引导北魏一万多名士卒到达沘阳，陈显达派戴僧静等人迎战魏军于深桥，大败魏军，杀死、俘虏数以万计。桓天生退守沘阳，戴僧静围攻，没有攻克而返回。边疆人胡丘生在悬瓠起兵来响应南齐军队，魏军击败了胡丘生，胡丘生逃奔南来。桓天生又引导魏军进犯舞阴，舞阴守将殷公愍抗拒奋击，击败魏军，斩杀魏军副将张麒麟，桓天生带伤逃走。三月二十二日丁未，任命领军将军陈显达为雍州刺史，显达进驻舞阳城。

夏季，五月初八日壬辰，魏孝文帝巡视灵泉池。

五月初九日癸巳，北魏南平王拓跋浑去世。

五月初十日甲午，魏孝文帝返回平城。颁布诏书免除皇家七庙的子孙以及五服以内外戚的赋役。

北魏南部尚书公孙邃、上谷公张儵率领部下和桓天生一起，再次进犯舞阴，殷公愍击败北魏大军。桓天生逃到了荒远之地。公孙邃是公孙表的孙子。

北魏在春夏之交大旱，代郡地区尤其严重，又加上牛的瘟疫流行，老百姓饿死的很多。六月二十九日癸未，诏令朝廷内外大臣畅所欲言，不要保留。齐州刺史韩麒麟上表说："古代贤哲君王，总是有九年的积蓄储存，到了中古时期，也推崇这种方法，缴纳粮食的人和在前线杀敌的人一样得到封爵。致力于耕种农田的人，与孝敬父母、友爱兄弟的人同样受到奖赏。而现今京师的民众百姓，不种田的人多，不劳而食的人三分居二。太平日子过久了，连年丰收，大家都争相夸耀自己的财富，奢侈浪费成了风气。高贵富裕的人家，就连孩童婢女都穿华美的衣服；手工作坊及商人家庭，奴仆差役也是山珍海味。可是种田的农夫却连酒渣糠皮都没有，养蚕的妇女连蔽体的粗布衣裳都穿不上。因此，种地的人一天天减少，田地一天天荒芜。国库内粮食布帛告罄，街市上却堆满了各种珍宝货物；衣食匮乏于家，华丽服装盈溢道路。饥寒交迫的根本原因也就在此。我认为，凡是奇异珍贵的东西，朝廷都应该坚决禁止买卖。吉凶的礼仪，应该规定完备的格式。鼓励耕田种桑，严格奖赏和惩罚。几年之内，定会有盈余。前几年校订户籍，减轻了不少田赋捐税。臣所管辖的齐州，所征收的粮食仅够发给官员俸禄，没有多余的入缴国库，虽然对老百姓有利，却不能长久，一旦有战事发生，或者遇到天灾，恐怕供给的人无从获取。可以减少布帛的征收，增加粮食的税收。丰收年份，就可以大量储存；歉收年份，拿出来赈济。这就是所谓的把老百姓的粮食寄存在官府。官府有了储存，老百姓就不会有荒年了。"

秋季，七月初六日己丑，孝文帝颁布诏书，命令有关部门打开官府府库，赈济或借贷，允许饥民出关逃生。派专人制作户籍，由老百姓自己决定去留。饥民们路过的地方，当地官府提供饮食，所到之处，由当地的三长负责安置。

（以上为第十段，写南齐民天生起兵反叛，勾结北魏，被打败；北魏主拓跋宏开门纳谏，齐州刺史韩麒麟上书，提出抑制奢侈、重视农业、丰储荒赈的建议。）

柔然可汗郁久闾豆仑残暴，大臣侯医垔、石洛侯多次劝谏、阻止他的行为，并且建议和北魏和好联姻。郁久闾豆仑勃然大怒，诛杀侯医垔、石洛侯全族，因此部众离心离德。八月，柔然汗国进犯北魏边境，北魏任命尚书陆叡为都督，迎击柔然军，大破柔然。陆叡是陆丽的儿子。

最初，高车部落首领阿伏至罗有部落十多万，役使领属于柔然。伏名敦侵犯北魏时，阿伏至罗竭力劝阻，不听。阿伏至罗大为气愤，和堂弟阿伏穷奇率领部落向西出走，抵达前部的西北，自立为高车王。部众们尊称他为"候娄匐勒"，汉语的意思就是天子。尊称阿伏穷奇为"候倍"，汉语的意思就是太子。二人感情非常好，分别统辖自己的部属。阿伏至罗住在北面，阿伏穷奇则在南面。伏名敦追击，却屡次都被阿伏至罗击败，乃率众向东迁移。

九月，辛未，北魏颁布诏书，撤销对民生无益的工程，宫中不做纺织的宫女一概出宫。冬季，十一月二十六日丁未，又颁布诏书撤去尚方署绫罗锦绣的工匠，士、农、工、商们如果打算自己织造，则听任不加禁止。这时北魏已很久没有战事了，所以，国库库藏充盈。朝廷颁布诏书，拿出皇家御库房内的衣物、珍奇宝物、太官杂器、太仆出外乘车用具及宫内库存的弓箭刀枪十分之八，以及宫外府库的衣服用具、丝绸、丝棉，不是朝廷使用的，其中的一大半赏赐给文武百官，下至工匠、商贾以及衙役，直到在六镇戍守的边防士兵，以及京畿内的鳏夫、寡妇、孤儿、老人、贫民、残疾人，按照等级分别赏赐。

北魏秘书令高祐、秘书丞李彪上奏请把《国书》的编年体例改为纪、传、表、志，魏孝文帝批准这一建议。高祐和高允是同一个曾祖父，高祐是高允的堂弟。十二月，颁布诏书，令丞李彪和著作郎崔光一起负责修订《国书》。崔光是崔道固的堂孙。

魏孝文帝问高祐："怎样才能防止盗贼？"回答说："汉明帝时宋均订立德政，就有猛虎渡河离去。汉平帝时卓茂推行教化，蝗虫不曾入境。更何况，强盗也是普通人。只要郡守、县宰的选派适当，治理教化得当，防止就十分容易了。"高祐又上书说："现今选用官吏，不是看治理地方的政绩优劣，只是看他任期的长短，资历的深浅，这不是人尽其才。应该停止这种浅薄的区别，摒弃那些没用的年资阅历，唯才是举，官吏才会清廉严正。另外，对于功勋老臣，虽然功劳资历可以记录，可没有治理安抚百姓的才能，朝廷可以增加他们的爵位封赏，不应该委任地方要员，这也就是所说的：王者可以因个人的喜好赏赐钱财，却不可以因个人的好恶委任官员！"魏孝文帝认为言之有理。

高祐出外任西兖州刺史，镇守滑台。认为郡和封国既然有学校，下边的县和党也应该有，于是下令各县设立讲学，各党设立小学。

（以上为第十一段，写高车部落首领阿伏至罗率众西迁，柔然遭屡攻败亡；北魏发布诏令，撤销与民生无益的工程；修改《国书》；听从高祐的建议，用人重德重才。）

齐武帝永明六年（戊辰，公元488年）

春季，正月十五日乙未，北魏颁布诏书："对犯有死罪的人，父母、祖父母年老，又无成年的子孙，没有穿一年以上丧服的亲属，可以奏报朝廷。"

最初，南齐皇子右卫将军萧子响过继给叔父豫章王萧嶷。后来，萧嶷有了儿子，就上疏请求留下萧子响作为世子。萧子响每次入朝时，车马衣服都跟其他亲王不一样，动辄用拳头猛击车壁。齐武帝知道后，颁布诏书令萧子响的车马衣服和其他皇子一样。这时有关部门又奏报萧子响应该恢复原来的宗属。三月二十日己亥，立萧子响为巴东王。

角城守将张蒲借着大雾的机会，乘船到清水一带砍伐木柴，秘密将北魏士兵带进国境，戍主皇甫仲贤发觉，率领部众在城门奋力抗击，仅仅能击退。三千多名魏军士兵已经到达护城河外，淮阴军主王僧庆等人率大军前来救援，魏军才撤退。

夏季，四月，桓天生再次引导魏军出兵占据了隔城。颁布诏书命令游击将军下邳人曹虎统率各路大军前去讨伐。辅国将军朱公恩率军做敌前搜索，遇上了桓天生的游击部队，双方激战，朱公恩大败桓天生的部队，就进军围攻隔城。桓天生引导一万多名北魏步兵、骑兵前来迎战，曹虎奋力抗击，结果大败魏军，俘虏、斩杀了两千多人。第二天，曹虎率军又继续围攻，攻克拿下隔城，斩了襄城太守帛乌祝，再次俘虏斩杀了两千多人，桓天生放弃平氏城逃走。

陈显达进犯北魏。四月初五日甲寅，北魏派豫州刺史拓跋斤率领大军抗击。

四月十五日甲子，北魏大赦天下。

四月十六日乙丑，魏孝文帝巡视灵泉池。四月十八日丁卯，巡视方山。四月二十日己巳，返回宫中。

北魏兴筑城池于醴阳，陈显达攻克该城，进军沘阳。城里的将士们都想出来迎战，镇将韦珍说："他们刚到士气旺盛，不可以争锋，暂且坚守，等到进攻得疲惫不堪时，再去攻击他们。"韦珍乃率领将士们据守沘阳城抵抗，十二天后，韦珍黑夜开门，突袭陈显达，陈显达撤退。

五月十五日甲午，南齐任命宕昌王梁弥承为河、凉二州刺史。

秋季，七月十一日己丑，魏孝文帝巡视灵泉池，遂去方山。七月二十一日己亥，返回宫中。

九月二十五日壬寅，齐武帝巡视琅邪城讲习武事。

九月二十六日癸卯，北魏淮南靖王拓跋佗去世。当时，魏孝文帝正在祖庙祭祀，刚刚献上第一道祭品，就得到拓跋佗去世的报告，当即就停止了祭祀仪式，亲自去拓跋佗遗体旁哀悼恸哭。

冬季，十月十四日庚申，立冬，齐武帝第一次亲临太极殿，宣读时令。

闰十月十五日辛酉，南齐任命尚书仆射王奂为领军将军。

十月二十五日辛未，魏孝文帝巡视灵泉池。十月二十七日癸酉，返回宫中。

十二月，柔然汗国的伊吾戍主高羔子率领三千名部属献出伊吾城，归附北魏。

（以上为第十二段，写刘宋角城守将张蒲将北魏兵引入城内，被奋力抗击而撤退；桓天生引导北魏兵攻入隔城，游击将军曹虎率领大军讨伐，大败魏军，天生逃走。）

齐武帝因为中外的粮食和帛匹的价格太贱，采纳了尚书右丞江夏人李珪的建议，拿出国库五千万钱和各州州库的现款，全部用来购买粮食。

西陵戍主杜元懿建议说："吴兴今年秋粮歉收，会稽五谷丰登，所以，商贾来来往往，比平常年份多了一倍。西陵牛埭的税收，朝廷规定每天三千五百钱，但据我观察，每天的税收可以加倍。连带浦阳南北两个渡口、柳浦四个堤坝，交给我管理一年，另外再多缴四百多万钱。在西陵戍守地前检查税收，不妨碍正常的戍守。剩下来的那三个关口，我自己选派可靠的人去负责。"

齐武帝把这项建议交给会稽郡研究讨论，会稽行事吴郡人顾宪之认为："最初设立牛埭的意思，并不是要强迫人民缴纳税收，而是因为江上风大浪急，危险很大，所以，为了救急和方便百姓才设立的。以后的负责官员并没有真正了解用意，仅仅是致力于自己的功效，有的切断了其他道路，只留下一个关口；有的则对那些江上未装货物的船只也征税。考查吴兴这几年农业一直没有丰收，今年尤其惨重，人们纷纷逃往富有的地方，这都是由于饥饿所迫。堤坝的官员却仍责求税收，并按照标准，不肯少收一点儿。旧有的税收标准应该减少，这一建议还没有决定是否采纳执行，税收却又加倍增长起来，这将是什么法术呢？皇上恩慈，怜悯老百姓的痛苦，提出打开粮仓，赈济人民，免除民众的田赋和其他杂税。但是杜元懿却利用苦难，获取小利，加重民众的困病。一个人没有仁爱之心，无论是在古代还是在今天，都会受到嫉恨！一旦事情没有符合预言，害怕朝廷的责罚、盘问，就一定要千方百计地侵夺勒索，就为朝廷招来怨恨。杜元懿秉性刻薄，以前已经有明显的事效，再把一个地方交给他管理，那就好像是让狼去领导羔羊。打算推选可靠的人，不过是戴着帽子的猛虎罢了。古书上说：'与其有搜刮财产的臣子，不如有偷盗财产的臣子。'这是说，偷窃国家财产所造成的损害要稍微小些，而搜刮民财所造成的伤害更大。我又认为，所谓方便适宜，是说对国家来说方便，对百姓来说适宜。我私下了解近来所提出的所有有关方便适宜的建议，都不能在使用民力之外，同时利用天时，竭尽地利，大体上这些建议都是眼前对百姓不合适，将来对朝廷不利。名与实相反，违反施政的根本。大凡像以上这类事情，实在应该深思熟虑。"齐武帝采纳建议，不考虑增加新税源。

（以上为第十三段，写南齐西陵戍主杜元懿建议增加牛埭关税，武帝萧赜下发讨论，会稽行事顾宪之提出强烈的反对意见，认为这是增加民生苦难，不利于国治而未施行。）

魏孝文帝向文武百官询问安定人民的办法。秘书丞李彪呈上密奏，认为："豪门富贵人家，奢侈挥霍没有限度。所以，对他们的住宅、车马和衣服，都应该制定一个标准进行限制。

"另外，国家是走向兴盛还是衰亡，关键在于继承人的善恶，而继承人的善恶，又在于教育训导的得失。高宗文成皇帝曾经对文武百官说：'朕刚刚学习的时候，年龄还小，心还不能专一。等到后来登上帝位，亲自日理万机了，没有时间温习功课了。今天想起来，岂能说只是我个人的过错，也是师傅不勤勉努力的结果。'当时，尚书李䜣立刻脱下帽子，请求处分。这是不久前发生的事，值得借鉴。臣认为应该以古代方法为准绳，也设立师傅这一官职，让他们专门教导太子。

"另外，汉朝在平时设置常平仓救济灾荒年月，去年，京城农作物歉收，如果把老百姓都迁移到丰收富裕地区，既荒废了正常的生活劳作，又要历经困境才能到达目的地，而且对于国家来说，损耗也很大。不如事先把粮食储存起来建立粮仓，安安稳稳地发放给灾民。这难道不比把老老少少驱赶到千里之外去更好些吗？朝廷应该在州郡正常的税收中抽出九分之二，将京城全年开支剩余的费用全部拿出来，分别建立管理机构，在丰收时买进粮食，全部储存在仓库里；歉收年月可以加两分利卖给老百姓。这样一来，老百姓一定会努力种田，用以购买官府的绢帛；积蓄钱财，用来购买官府的粮食。丰收年月，就一直储存，等到灾年，就直接出售给老百姓。几年之内，就会储存大量的粮食，而且老百姓人人充足，即使有灾荒，也不会造成多大灾难。

"另外，应该在黄河以南七州百姓中，选拔有才能的人，征召到京城，按照中州官员任用的程序，按照他们的能力分别加以任用。一来可以推广圣朝对新人、旧人平等对待、一视同仁的大义，二来可以安抚长江、汉水一带归附于有道的人心。

"另外，父子兄弟之间，虽然各有形体，但气息却是相通的。问罪并不牵连亲人，这是皇上的隆厚恩德。至于同忧愁、共恐惧，这本来是自然而然的常理。无情无义的人，父兄被囚禁狱中，儿子、兄弟们的脸上竟没有一点儿悲哀愁惨的神色。有的儿子、兄弟逃避刑罚，父亲、兄长的脸上竟也没有羞愧气愤的样子，继续安然享受荣华富贵，神态自若地游逛，不论骑坐的车马，还是穿的衣服、戴的帽子，仍然不变豪华的装饰，亲骨肉之间的恩情难道是这样子的吗！臣认为，父亲、哥哥犯了罪，应该让他们的儿子、弟弟穿白色衣服，袒露胸背，到皇宫门外请求处罚。儿子、弟弟犯罪入狱，也应该让他们的父亲、哥哥公开上书，引咎自责，请求解除他们所担任的官职，如果他们的职位确实重要，不适于批准辞职的，则不妨加以安慰，劝他们留任。这样一来，才可以督促那些庸俗薄情的人，让人们知道什么是羞耻。

“另外，朝廷大臣遭遇父母亲人去世的情况时，丧假一满，就得回来任职，穿绫罗锦段，乘坐高大车辆，跟随参加郊庙的祭祀，身佩宝玉，头垂帽穗，一样去参加庆贺赏赐的宴请，这样做，实在是在伤害做儿子的孝道之心，亏损了天地法则。我认为，大凡是遇上祖父母、父母去世的人，都应该允许他们守丧完结。如果没有他，职业旷废无法继续工作时，就应该下达安慰劝抚的诏书，劝他任职工作，但也只是让他负责总的大方面事情，上下沟通、奏报陈述而已，国家的吉庆大典，一律不予参加。如果军情紧急，那么穿上黑色丧服，跟随军队执行命令，虽然不合礼教，但情况急迫应该如此。”魏孝文帝全部接受。从此以后，公家与老百姓都充裕丰厚起来，虽然有时遇上水灾、旱灾，但老百姓并不困苦、贫穷。

北魏朝廷派人进攻百济，被百济打败。

（以上为第十四段，写北魏秘书丞李彪上书言事，提出了一系列建议，有教太子学习、设常平仓、任用河南七州人才、亲属犯罪而知耻、遵守孝道等，全被采纳。）

齐武帝永明七年（己巳，公元 489 年）

春季，正月初七日辛亥，齐武帝巡视南郊祭天，大赦天下。

魏孝文帝到南郊祭祀天神，开始使用大驾出行。

正月十八日壬戌，南齐临川献王萧映去世。

当初，齐武帝担任镇西长史时，主簿王晏因为谄媚阿谀受到武帝的宠信，从那以后就经常逗留在武帝的府中。齐武帝为太子时，王晏担任了中庶子。齐武帝惹怒高帝，王晏声称有病而疏远了。继位后，任命王晏为丹杨尹，感情和信任一如往日，每天早晨和晚上都要召见一次，商讨国家大事。从豫章王萧嶷到王俭以下的官员，都曲意奉迎，想方设法交往。二月二十八日壬寅，齐武帝任命王晏为江州刺史，王晏不想远离朝廷，又把他留下来，任命为吏部尚书。

三月十一日甲寅，齐武帝立皇子萧子岳为临贺王，萧子峻为广汉王，萧子琳为宣城王，萧子珉为义安王。

夏季，四月初四日丁丑，魏孝文帝颁布诏书说：“登到城楼上去散发救济品，接济灾民，致使人群与马匹相互践踏，很多人受伤致残。从现今起一律禁止，本来计划要散发给百姓的物品，发给孤寡老人、病人、穷人和孤儿。”

四月十四日丁亥，魏孝文帝巡视灵泉池，又巡视方山。四月十六日己丑，返回宫中。

齐武帝对南昌文献公王俭礼遇非常优厚，命他每三天上朝一趟，有事则由尚书令史外出去他那里咨询。齐武帝仍然认为这样做过于烦琐，又命令王俭回到尚书下省，每月有十天可以外出。而王俭则坚决请求辞去吏部，改命他为中书监，参与执掌选举人才的事务。

五月初三日乙巳，王俭去世。王晏掌握朝官任免大权后，在朝中任意行使，与王俭之间很不和。王俭去世后，礼官打算按照王导的先例，加王俭谥号为文献。王晏报告齐武帝说："过去只有王导才得到这一谥号，但自从宋朝以来，不曾把它加给皇族以外的人。"王晏从宫内出来，对亲近的人说："'平头宪'谥号的事情已经定下来了。"

徐湛之被杀时，孙子徐孝嗣还在母腹中得以幸免。八岁时，承袭了枝江县公的封号，娶了康乐公主为妻。齐武帝即位后，徐孝嗣担任御史中丞，风仪端庄干练。王俭对别人说："徐孝嗣将来肯定会做宰相。"齐明帝也曾经问过王俭："谁可以接任你的职位？"王俭回答说："臣致仕之日，恐怕就该是徐孝嗣了吧。"王俭去世时，徐孝嗣担任吴兴太守，征召他为五兵尚书。

五月初八日庚戌，魏孝文帝在沼泽中建筑方坛，祭祀地神。

齐武帝想要起用领军将军王奂为尚书令，征求王晏的意见。王晏和王奂之间彼此不相容，回答说："柳世隆建大功，有声望，恐怕不宜在王奂之下。"五月二十二日甲子，任命尚书左仆射柳世隆为尚书令，王奂为左仆射。

六月十五日丁亥，齐武帝巡视琅邪城。

（以上为第十五段，写南齐大臣王晏、王俭、徐孝嗣的行事，王晏为宠臣，风头盖过王俭，心术不正；王俭受到武帝萧赜的特别礼遇，武帝对其尊崇有加；徐孝嗣有宰相才。）

北魏怀朔镇将汝阴灵王拓跋天赐和长安镇都大将、雍州刺史、南安惠王拓跋桢二人，都因贪污罪当处死。冯太后和孝文帝为此亲自到皇信堂，召见王公要人。冯太后问道："你们认为应该顾念亲情、毁弃法律呢，还是应该大义灭亲严明法律呢？"大臣们都说："二王都是景穆皇帝的儿子，应该得到宽恕。"冯太后不予回应。魏孝文帝颁布诏书称："二王所犯的罪行，实在是难以宽恕。但是太皇太后追思高宗的大恩，顾念兄弟孔怀之情，再加上南安王侍奉母亲孝敬恭谨，内外闻名。特别赦免二王的死罪，撤销官职和爵位，终身监禁。"最初，北魏朝廷得知拓跋桢贪婪暴虐，就派中散闾文祖抵达长安调查，闾文祖接受了拓跋桢的贿赂，为他隐瞒。事情察觉以后，闾文祖也抵罪论刑。冯太后对大臣们说："闾文祖以前自称廉洁奉公，而今竟也贪赃枉法。从这看出，人心叵测，难以探知。"魏孝文帝说："古代有等待遣放的大臣。你们如果扪心自省，认为自己不能克制贪欲，允许辞职回家。"宰官、中散大夫慕容契进言说："小人之心无常而帝王的法律有常，以无常之心去应付有常的法律，不是我所能够担当的，我请求辞职免官。"魏孝文帝说："慕容契知道人心不可能持常不变，就一定知道贪婪的厌恶，何必请求辞职呢！"于是提升他为宰官令。慕容契是慕容白曜的侄子。

秋季，七月二十五日丙寅，魏孝文帝巡视灵泉池。

魏孝文帝召集文武百官讨论，"长期以来和齐国断绝交往，如今打算派人出使齐国，各位认为如何？”尚书游明根说：“朝廷没有派遣使者，又兴筑了醴阳城深入南齐境地，都是萧赜的想法。如今再派遣使节，这不是可以的吗？”魏孝文帝接受游明根的建议。八月初四日乙亥，派遣兼员外散骑常侍的邢产等人来南齐访问。

九月，北魏朝廷遣散大批宫女，把她们赏赐给北方六镇没有妻子的贫民。

冬季，十一月十九日己未，北魏安丰匡王拓跋猛去世。

十二月初七日丙子，北魏河东王拓跋苟颓去世。

南齐平南参军颜幼明等人前往北魏访问。

北魏朝廷任命尚书令尉元为司徒，左仆射穆亮为司空。

豫章王萧嶷自认为地位很高，深怀急流勇退之心。这一年，他上书请求辞职，返回旧邸。齐武帝命令萧嶷的世子萧子廉代替父亲镇守东府。

太子詹事张绪兼领扬州中正，长沙王萧晃托付他起用吴兴人闻人邕担任州议曹，张绪不同意。萧晃又派书佐坚持请求，张绪面色严肃地说：“这里是我的家乡，殿下怎么能这么逼迫我？”

侍中江敩担任都官尚书。中书舍人纪僧真得到齐武帝的宠信，举止仪容都具有士大夫风采，向齐武帝请求说：“臣不过是出身于本县的武官，幸运地赶上了清明盛世，官阶和荣耀才如此之高。我的儿子还娶了荀昭光的女儿。现今，已经不再有其他的需求，只请求陛下允许我加入士大夫行列。”齐武帝说：“这件事应该由江敩、谢瀹决定，我不能参与，可以自己去那里请求。”纪僧真承受旨意来到江敩那里，在榻席上坐稳后，江敩回过头命令左右侍从说：“把我的坐榻抬得远离客人！”纪僧真垂头丧气地退出来了，向齐武帝报告说：“士大夫原来不是皇上能够命令的！”江敩是江湛的孙子。谢瀹是谢朏的弟弟。

柔然汗国另外一部落首领叱吕勤率众投降北魏。

（以上为第十六段，写北魏处理贪污官吏拓跋天赐、拓跋桢以及接受贿赂的闾文祖；派出使臣与南齐通好；南齐宠臣纪僧真欲进入士大夫行列，碰了一鼻子灰。）

【点评】

北魏推行三长制与均田制改革。本卷重点已经转移到北魏，中心是魏孝文帝拓跋宏启动一系列改革。孝文帝以前，北魏没有俸禄，故官吏贪污、经商盛行，引起社会矛盾尖锐。公元484年，孝文帝颁布诏书实行俸禄制，同时将颁行俸禄与严惩贪赃紧密地联系起来，规定“禄行之后，赃满一匹者死”。颁行俸禄这一年，因贪赃而处死的地方官达四十多人。再者，北魏推行三长制与均田制是重大的历史变革，这里不做深入评析。特别是均田制，表现了中国北方在长期动乱、人口锐减、土地荒芜的历史背景下，国家重建经济，用超经济手段大规模干预社会最重要的土地生产资源与土地配置的一种尝试。这对于恢复北方的社会生态具有重要的意义。

齐纪三

齐武帝永明八年至十年（公元 490—公元 492）

【起上章敦牂（庚午，公元 490 年），尽玄黓涒滩（壬申，公元 492 年），凡三年】

【大事提要】

本卷记事起自公元 490 年至公元 492 年，凡三年，当齐武帝永明八年至永明十年。本卷所载大事，南朝齐大事两件：其一，皇子萧子响滥杀无辜，齐武帝萧赜发怒，最后导致萧赜无法保全儿子，萧子响无法见到父亲谢罪。其二，齐武帝命令太子家令沈约撰写《宋书》。北朝北魏大事一件，冯太后去世，孝文帝拓跋宏就其丧礼和孝道的问题与群臣往复讨论争执。

世祖武皇帝中

齐武帝永明八年（庚午，公元 490 年）

春季，正月，南齐颁布诏书释放在隔城战斗中俘虏的二千多名士卒，送还了北魏。

正月二十六日乙丑，魏孝文帝巡视方山，二月初三日辛未，又巡视灵泉；正月初四日壬申，返回宫中。

地豆干部落多次寇犯北魏边境。夏季，四月初七日甲戌，被北魏征西大将军阳平王拓跋颐击退。拓跋颐是拓跋新城的儿子。

四月二十七日甲午，北魏派遣兼员外散骑常侍邢产等人来南齐访问。

五月十二日己酉，库莫奚部落寇犯北魏边境，被北魏安州都将楼龙兒击退。

秋季，七月初五日辛丑，任命会稽太守、安陆侯萧缅为雍州刺史。萧缅是萧鸾的弟弟。萧缅留心诉讼案件，抓到小偷强盗，全都予以赦免释放，允许改过自新，如果第二次又犯法了，才加以诛杀。老百姓对他既敬畏又爱戴。

七月初七日癸卯，南齐大赦天下。

七月初十日丙午，魏孝文帝巡视方山；七月二十日丙辰，巡视灵泉池；八月初一日丙寅朔，返回宫中。

河南王慕容度易侯去世。八月二十日乙酉，任命他的世子慕容伏连筹为秦、河二州刺史，派振武将军丘冠先前往宣布任命，同时祭吊。慕容伏连筹逼迫丘冠先叩拜，丘冠先不同意，慕容伏连筹将丘冠先推下悬崖摔死。齐武帝丰厚地赏赐了丘冠先的儿子丘雄，并颁布诏书说丘冠先身死绝域，不能再找到尸体，对丘雄以后的仕途不会有影响。

（以上为第一段，写地豆干、库莫奚等侵扰北魏边境，均被击败；河南王度易侯去世，南齐派出使臣丘冠先前往吊祭，世子付连筹逼其叩拜而不从，丘冠先被推下悬崖摔死。）

荆州刺史巴东王萧子响，勇猛有力，善于骑马射箭，喜欢武艺，亲自挑选六十名贴身武装侍卫，这些人都很有胆量和才干。就任荆州后，多次在内宅设宴，用牛肉、美酒犒劳侍从。又私下制作了锦绣长袍、红色短袄，打算将这些东西送给那里的蛮族，换取武器。长史高平人刘寅、司马安定人席恭穆二人联名密报。齐武帝颁布诏书要求认真查实。萧子响听说官差到来但没看见诏令，把刘寅、席恭穆和谘议参军江悆，典签吴脩之、魏景渊召集在一起，盘问他们，刘寅等人仍保守秘密，不回答。吴脩之说："既然已经下了诏令，就随机应变，回答塞责。"魏景渊说："应先按诏令的要求老老实实接受调查。"萧子响勃然大怒，就抓了刘寅等一行八人在后堂给杀了，并报告给了齐武帝。齐武帝本来打算赦免江悆，但听说他们全都被杀死了，大怒。八月二十一日壬辰，任命随王萧子隆为荆州刺史。

齐武帝打算派淮南太守戴僧静率兵讨伐萧子响。戴僧静当面报说："巴东王年龄小，而长史刘寅等人逼得太急，所以，一时生气，而没有想到难处。天子的儿子过失误杀，有什么大罪！陛下忽然派大军西上，人们恐慌，就什么事都干得出来。我不敢接受圣旨。"齐武帝没有说什么，但心里赞赏戴僧静的话。遂派遣卫尉胡谐之、游击将军尹略和中书舍人茹法亮率领几百名武装侍卫前往江陵，搜捕那些小人。并且颁布诏书说："萧子响如果放下武器，主动回到建康请罪，还可以保全性命。"任命平南内史张欣泰做胡谐之的副手。张欣泰对胡谐之说："这次出行，胜利了没有什么名，失败了却成奇耻大辱。萧子响聚集一帮凶狠狡诈的人，之所以听从他的指挥，是因为他们既受到了物质方面的赏赐，又逼于巴东王的权势。因此，他们还不会自行溃败。如果我们在夏口驻扎军队，讲明利害、福祸关系，就可以用不着动武而能抓获罪人。"胡谐之没有接受张欣泰的建议。张欣泰是张兴世的儿子。

胡谐之等抵达江津后，在燕尾洲兴筑了城垒。萧子响也穿上便服登上城楼，多次派使者陈述说："天底下哪有儿子反叛父亲的呢？我不是想抗拒朝廷，只不过是做事粗心鲁莽。现今我就乘小船回到朝廷，接受杀人罪的处罚，你们何必兴筑城垒，派大军来抓我呢？"尹略一个人回答使者说："谁跟你这种叛变父亲的逆子讲话！"萧子响只是哭泣流泪。萧子响便杀牛备酒，要犒赏朝廷派来的大军，尹略却把这些酒菜丢弃到江里。萧子响又喊茹法亮，茹法亮疑虑畏惧也不肯前去。萧子响又请求会见传达诏令的宦官，茹法亮也不肯派官差前去，反而将萧子响派来的使者关押起来。萧子响大怒，将平时所训练出来的勇士和州衙、自己府上的两千多名士卒组织起来，从灵溪渡河向西进发。萧子响亲自率领一百多人，携带万钧弩箭，在长江江堤上驻防。第二天，府州军队和朝廷派来的大军展开激战，萧子响在江堤上用弩箭发射，朝廷军大败，尹略战死，胡谐之等人乘小艇逃走。

齐武帝又派丹杨尹萧顺之率军继续讨伐。萧子响当天就率领平民侍从三十人，乘坐小船顺江而下到达建康。太子萧长懋平日忌恨萧子响，当萧顺之从建康出发时，太子就秘密告诉他，早点儿给他个处所，不要让他回到建康。萧子响途中遇上萧顺之，打算自己申诉明白，但萧顺之没有答应，就在演习堂里用绳子把萧子响勒死了。

萧子响临死前，启禀齐武帝说："臣的罪过已超过了山河湖海，理应甘心接受斧钺。颁布诏书派胡谐之等人前来，竟然没有宣读圣旨，就树起大旗进入要塞地区，在城池相对的南岸筑城防守。臣几次派人送信呼唤茹法亮，乞求穿便服见他一面，但茹法亮却始终不肯。手下一群小人又恐惧害怕，导致双方的激战，这些都是臣的罪过。臣本月二十五日，放下武器，孤身一人投奔朝廷军队，希望能回到京城，在家里待一个月，然后，臣便自杀，可以不让人讥刺齐国这一代诛杀皇子，我也得以免去忤逆父亲的恶名。既然不能遂心如愿，今天我马上就要结束生命。临死前写信给你，哭泣哽咽，为之话塞，不知再说些什么！"

有关部门奏请断绝萧子响的属籍，削除爵位和封地，改姓氏为"蛸"，其他被牵连进去的，另行定罪。

（以上为第二段，写南齐武帝之子巴东王萧子响从嚣张犯事到被太子逼迫自杀的过程，发人深思。）

很久以后，齐武帝在华林园游赏，看见一只猿猴跌跌撞撞，跳着摔在地上，就询问左右是怎么回事，侍从说："它的猴崽前天从悬崖上摔下去死了。"齐武帝一下子就想起了萧子响，忍不住呜咽流泪。茹法亮受到齐武帝的严厉责备；萧顺之内心惭愧恐惧，发病去世。豫章王萧嶷上书，请求收殓安葬萧子响的尸体，齐武帝没有批准，贬萧子响为鱼复侯。

萧子响之乱后，各方镇纷纷指控萧子响的叛逆行为，兖州刺史垣荣祖说："不应该说这样的话，倒应该说：'刘寅等人辜负了皇上对他的恩典，以致逼迫巴东王，使他走上了这条路。'"齐武帝省察之后，认为垣荣祖有真知灼见。

朝廷军队放火焚烧江陵府建筑，官府的文书档案顿时烧掉。齐武帝因为大司马记室南阳人乐蔼多次任荆州幕僚，所以就特别召见他，向他打听荆州的事。乐蔼回答详尽敏捷，齐武帝大为高兴，任命他为荆州治中，下令负责修缮荆州州府。乐蔼修缮了几百栋州府官舍，很快全都修完了，而且也没役使一个老百姓，荆州府民众十分称赞他。

（以上为第三段，写南齐巴东王萧子响自杀后的余波，武帝萧赜见猿悲鸣，思子伤心，当事人茹法亮受到谴责，萧顺之惭惧而死，乐蔼很快整修好荆州府舍，受到赞誉。）

九月十八日癸丑，北魏太皇太后冯氏去世。为此，魏孝文帝五天没喝一口水，悲哀伤痛超过了礼数。中部曹华阴人杨椿劝阻说："陛下肩负祖宗留下的大业，亲临万国的重任，怎么可以像一个普通人一样，伤害自己而倒地不起呢？文武百官为此惶惑焦急，不知该说些什么好。况且，圣人的礼节要求，再大的悲哀也不可以毁伤性命。纵然陛下想要在万代之中树立贤人的榜样，皇家宗庙祭祀又怎么办呢？"孝文帝很受感动，并为此吃了一次稀粥。

这样一来，各王公大臣也都开始向朝廷上书，"请求赶快确定太皇太后的安葬地点，按照汉魏时期的惯例，并遵照太皇太后的临终遗嘱，安葬以后脱去丧服。"颁布诏书说："自从遭受灾祸和惩罚，恍惚之间，一切犹如昨天。我侍奉太皇太后的灵柩，好像看见了她的身影。山陵寝墓，我不忍听到这些。"冬季，十月，王爵、公爵们又一次上书，坚决请求安葬太皇太后，孝文帝颁布诏书说："山陵可以依照以往惯例。脱下丧服，感情上无法容忍。"孝文帝打算亲自到安葬的地方，十月初四日戊辰，颁布诏书说："平常跟随的各仪仗队，都不用跟从。武装保卫的侍官，像以往一样。"十月初九日癸酉，安葬文明太皇太后于方山永固陵。十月初十日甲戌，孝文帝祭拜陵墓，王公大臣坚决请求脱下丧服，孝文帝颁布诏书说："一并另外再叙说吧。"十月十五日己卯，再次祭拜太皇太后陵墓。

十月十六日庚辰，魏孝文帝走出皇宫，来到皇宫南门思贤门门西，和文武百官相见安慰。太尉拓跋丕等说："我们都已经到了老朽的年纪了，一直侍奉历代圣君明主，对于国家以往的旧典章，也相当熟悉。回想以前祖先们去世时，只有侍奉跟随灵柩的人才穿上丧服，其他人仍全都穿平时的衣服。四祖三宗都沿袭没有改变。如今，陛下以最孝敬的天性，毁害身体超过了礼法的要求。又听说陛下一日三餐的饭量，竟吃不满半碗，无论是白天还是夜晚，都不解下丧服。臣等扪心闭气，坐立不安。只愿陛下稍稍克制敬慕之情，奉行先朝典章。"孝文帝说："悲哀而伤害身体，这是经常发生的事，哪里值得挂嘴边说。早晚只吃稀粥，但身体大致还能维持下去，诸公有什么可忧虑恐惧的呢！祖宗专心于武装征伐，没有修治文明教化。如今，朕接受前代圣人留下的教训，平时不断学习古代典范常道，无论是论说世情还是排比事理，又和前代不同。太尉等都是国家元老，政治所依托，对前代经典和古代丧礼仪式，有的人可能还不十分熟悉，姑且先了解我大致的意思。其余古今丧礼仪式，朕暂且把想法提出来，与尚书游明根、高闾等人讨论，你们可以听从。"

（以上为第四段，写南齐武帝永明八年的史事；北朝写北魏太皇太后冯氏去世，孝文帝拓跋宏伤心至极，茶饭不思，政事不理，或许是为求名，"自贤于万代"，或许出于真感情，大臣纷纷劝说。）

孝文帝对尚书游明根等人说："古代圣人制定了卒哭的礼仪，丧服的变更，都是以哀痛的情绪为标准逐渐改变，如今仅在十天之内，就要脱下丧服，这实在违背情理。"游明根回答说："臣等得到太皇太后金册上留下的遗言，去世一个月后就立即安葬，下葬后就要立刻脱下丧服。因此在太皇太后安葬的时候，奏请脱下丧服。"

孝文帝说："朕认为，中古时代之所以不实行三年守丧的制度，是由于旧君主刚刚去世，而新君主刚刚即位，君主的恩德还没有传播开去，对臣属们的情义还没能和协周遍，因此，新君主才必须身穿礼服、头戴冕旒，举行登基即位大典。朕的德行还不够，但在位已经超过十二年了，足够让民众知道有君主了。在这种时候不能顺遂哀痛和怀念的心愿，使感情和礼节上全都丧失殆尽，这实在是令人沉痛遗憾的事。"高闾说："杜预是晋的饱学之士，论述自古以来天子没有实行守丧三年的制度。认为汉文帝所制定的制度和古代制度暗合，虽然是近世实行的制度，但可以跟着古人的脚步走。正因为如此，臣等才恭敬谨慎地请求。"

孝文帝说："认真领会太皇太后遗书的主旨，所以要夺取臣子悲哀之情，命令早点穿上平日的衣服，是担心会为此荒废了国家大事。大家的请求，其用心也在这里。如今，朕向上可以按照太皇太后的遗言去做，向下也顺遂文武百官的心愿，不敢沉默不语而致荒废政务。只是朕打算穿着麻布丧服，取消守丧十天就马上改穿日常衣服的制度。每逢初一和十五两天，尽到怀念的诚心，从情理上讲也是允许的，打算就这样去做。像杜预所议论的那些，对于深怀孺慕之思、处在服丧期间的君主来说，大概过分了。"秘书丞李彪说："汉明德马皇后辛勤抚养章帝，母慈子孝，二人的和睦关系是没有什么能把他们分隔开的，等到明德马皇后去世，下葬后还不满十天，章帝就穿上了日常衣服，但章帝并没有因此受到别人的讥刺，明德马皇后的声誉也没有受到丝毫毁损。愿陛下能遵照太皇太后的遗嘱去做，割舍哀思，接受建议。"

孝文帝说："朕之所以心甘情愿穿丧服，而不接受你们的建议，实在是感情无法忍受，哪里只是为了避免别人的讥刺批评而这么去做的呢！如今安葬的礼仪节俭、朴素，全都是遵照太皇太后的遗言去做的。可是，悲痛怀念之情，萦绕于心，盼望太皇太后的在天之灵不强迫朕的心愿。"高闾说："陛下在上边不除去丧服，臣等在下边脱去丧服，则臣属没有尽到责任。况且，陛下穿着丧服，亲自处理朝廷事务，吉利和不吉利的事情混杂一起，臣私下里感到疑虑。"

孝文帝说："太后关爱臣属，卿等悲伤怀念，犹然不忍心脱下丧服，奈何令朕对至亲这么做？如今，朕受遗嘱所迫，不敢违抗，只是希望能把丧服穿满一年，尽管还不合乎古礼，但内心的悲哀伤痛总算还能表示出来。各位大臣可以考虑自己与太皇太后关系的亲疏、贵贱、远近，来作为除去丧服的标准，这样既能稍稍接近古代仪礼，在今天也容易行得通。"高闾说："从前，杨王孙裸葬；皇甫谧去世安葬时不用棺椁，儿子也都遵从而不违背遗言。如今，陛下亲自接受遗嘱而有所不从，臣等才不断地打扰奏请。”李彪说：“三年之内不改变父亲之道，可以说是大孝。而如今，陛下不遵照册命，恐怕就有改变规定的嫌疑。”

孝文帝说：“杨王孙和皇甫谧都教诲他们的儿子节俭，他们的儿子遵奉遗训，这和今天朕做的有什么不同！改变父亲的规定，恐怕和朕所做的不是一回事。即使有所涉嫌，那么，朕也心甘情愿地接受后代人的讥讽批评，而不能忍受今天的请求。”

文武官员又说：“春秋的宗庙祭祀，无论如何是难以停止或废弃的。”孝文帝说：“自从祖先建立国家以来，皇家祖庙的祭祀活动，一直都是由有关主管部门办理的。朕有赖于慈爱的训导，才经常亲自前去祭拜。如今，苍天降下大灾惩罚，人与神灵都失去依赖，想皇家祖庙的神灵，也停止接受祭拜香火。假如朕一旦前去祭祀，恐怕会在冥冥之中违背圣灵的旨意。”

文武官员又说：“古代在下葬后就穿上日常衣服，不必等到守丧满三年，这就是两汉王朝所用来治理国家的准绳，是魏晋所用来推行的总则。”

孝文帝说：“下葬后就立即脱下丧服，这大概是在国家到了末代，动乱太多，所采用的权宜之计，以求拯救国家。而两汉的鼎盛和魏晋的兴隆，难道是由于他们丧礼简单、忘记了仁义和孝道吗？平常的时候，各位公卿大人每次都称赞当今四海安宁和平，礼仪、音乐一天比一天兴盛，甚至可以和尧舜及夏商时代媲美。可到了今天，就打算强迫改变朕的心愿，使得不能超越魏晋时代。这种用意，朕不明白为的是什么。”

李彪说：“今天虽然政治清明、教化普及，但长江以南仍有不肯宾服的吴人，沙漠以北还有不肯称臣的胡虏，所以臣等还深怀忧虑之心，唯恐发生不测，难以防守。”孝文帝说：“鲁公伯禽身穿丧服出兵作战，晋襄公把身上的白色丧服染黑，击败了敌人，这种情况本来就是圣贤们所允许的。如果遇到难以预料的事情发生，那么，即使是跳跃过牵引灵柩的绳索，也不会让人在意，更何况只是麻布丧服呢。岂可在祥和安宁的日子里就事先料到战争，以至于废弃守丧的礼教呢！古人中也有君王，脱下丧服后就处于谅闇之中，一直到三年服丧期满，如果今天你们不允许朕穿丧服，那么，我就应该在脱下丧服后开始保持沉默，将国家事务交给宰相们处理。这两种情况请你们选择。”游明根说：“保持沉默而不说话，那么，国家的重大事务将要被搁置荒废。顺从您的圣明心意，继续穿着丧服处理朝廷事务。”

太尉拓跋丕听后，说：“臣和尉元一共侍奉过五位皇帝，魏朝旧有的惯例都是，在特别忌讳的三个月过后，一定要向西方迎奉神灵，向北方禳除灾祸，全是穿着日常的衣服进行的，自从皇始年间以来到现今，都没有改动过。”孝文帝说：“如果能够用道义侍奉神灵，那么不用特意去迎接，神灵自然而然就会来到；假如丧失了仁义之心，即使是特意迎奉，神灵也不会来。此乃是以往本不应那么做，更何况是处在守丧时期呢！朕正处在守丧时期，应该闭口不讲话，不应该喋喋不休地说个没完。

只是各位公卿坚持要改变我的想法，于是，就变成了反反复复的争论，想起来真令人悲痛欲绝。”于是号啕大哭起来，文武官员也哭着告辞出来。

（以上为第五段，写北魏孝文帝拓跋宏坚持丧礼和孝道，似乎到了不近人情的地步，大臣反复劝谏，为此展开激烈地争辩，拓跋宏不为所动，坚持服丧。）

当初，太皇太后对孝文帝的聪敏机警很是忌讳胆怯，害怕会对自己不利，因此，就打算废掉他。严冬盛寒时，把他禁闭在一间空旷的屋子里，三天不给他吃的东西。冯太后又征召成阳王拓跋禧，打算立拓跋禧为皇帝。只是因为太尉东阳王拓跋丕、尚书右仆射穆泰和尚书李冲的竭力劝谏，冯太后才没有执行废立。但孝文帝一开始对冯太后就没有一点儿怨恨的想法，只是加深了对拓跋丕等人的感激之情。穆泰是穆崇的玄孙。

后来，又有宦官在冯太后面前陷害孝文帝，冯太后听后，下令打了孝文帝几十大棍，孝文帝默默忍受，而没有辩解。冯太后去世以后，也不再追究诬陷他的人。

十月二十日甲申，魏孝文帝祭拜冯太后陵墓永固陵。十月二十七日辛卯，颁布诏书说："文武百官因为国家大事，事关重大，多次请求朕亲自处理这些事务。只是朕哀痛缠绵，已经没有力量一个人去处理朝廷事务。近旁的侍从中有人从前主管过机要、处理过国家大事，也都是有智慧、有谋略的人，国家大事完全可以托付给他们。如果发生疑难，朕会不时和他们讨论决定。”

（以上为第六段，写北魏孝文帝赤心尽孝，胸怀博大，冯太后曾欲置其于死地，他一点不生气，遭大臣陷害，他也不记恨，不秋后算账。）

交州刺史清河人房法乘，特别喜欢读书，经常托病而不处理州事，就使得长史伏登之得以擅自运用大权，随意调动、更换官员武将，不让房法乘知道。后来，录事房季文把这一情况报告了，房法乘气愤异常，将伏登之逮捕入狱。关押了十多天，伏登之用厚礼贿赂房法乘的妹夫崔景叔后，才得以释放。伏登之便率领自己的部曲袭击了州府，将房法乘抓了起来，并对他说："你既然有病，就不应该再劳心费神地处理州事了。”囚禁在另外一间房子里。房法乘没什么事可做，就又向伏登之请求，送给他一些书来读。伏登之说："让你安安静静地待着，还害怕你万一发病了，怎么还可以让你继续看书呢。”就不给房法乘书看。伏登之就向朝廷奏报，说房法乘犯了心病，没有能力处理事务。十一月二十一日乙卯，任命伏登之为交州刺史。房法乘回建康，走到大庾岭时去世。

十二月十六日己卯，立皇子萧子建为湘东王。

当初，齐高帝认为南方的钱币缺乏，打算重新铸钱。建元末年，奉朝请孔觊上书，认为："食物与钱币相互交换，是理势之自然。李悝曾说：'米太贵会伤害老百姓，米太贱会伤害农夫。'米无论是昂贵还是便宜，伤害都是一样的。三吴是国家的关键与腹心，接连几年发生水灾而米不贵，是因为天下的钱币太少，而不是谷米价格太贱，这一点，不能不仔细加以考察。铸造钱币的弊病，在于钱币的轻重多次变化。钱太重，担心它不便流通，但流通不便所带来的损害不大。钱太轻的弊病在于容易伪造，伪造钱币所带来的灾祸却很严重。人之所以盗铸钱币，严格的法令都禁止不了，就是因为官府铸钱时，过于珍惜铜，又不能精心加工的缘故。爱惜铜又不精工铸造，就是认为钱币是没有用处的东西，用它作为交换媒介，那就一定要让它质地轻而且数量多，省工本而且容易铸成，却没有仔细考虑这样做所带来的后患。百姓追求利，就好像水往低处流一样。如今，打开了追求厚利的缺口，却又跟从以重刑，这是在引导他们犯法，又将他们置于死地，难道是在治理国家吗！汉朝兴起时，钱币铸造得很轻，所以偷偷伪造的人很多。到了元狩中期，才开始惩治这种弊病，于是，铸制了五铢钱，上下与周边凸出，使人无法磨取铜屑，而铸制工本费与使用得到的利益相比较不划算，所以偷偷铸钱的人也就越来越少了。这就是不吝啬铜和不惜精工铸造的效果。君王不必担心没有铜铸造钱，也不用担心做工不精，每次只要让人们不能仿造，那么，盗铸钱币也就断绝了。宋文帝时铸造四铢钱，到了景和年间，钱的重量也越发轻了，虽然钱币周边还有凸起的轮廓，可是冶炼得不够精细，那时盗铸钱币的风气又开始兴起，不再能禁止。这就是吝啬铜，又不能精工细做的效验。大凡铸造钱币，如果不能适中，则宁重勿轻。从汉代铸制五铢钱到宋文帝，历时五百多年，制度有立有废，但不变五铢钱，就是明白五铢钱轻重恰当、交易方便的缘故。考察当代钱币虽也都在花纹上仿制五铢钱，但别的钱币也时常有。自从宋文帝铸造四铢钱，又不禁止人们把钱削边凿孔，酿成的灾祸甚广，流弊至今，难道不令人悲哀吗？晋朝不铸造铢币，后来经过盗贼入侵、战乱、水灾、火灾，钱币耗损、失散、埋藏和销熔，每年都损失很多，就恰恰像是一块石磨或者磨刀石看不见它在减损，可终有一天会被磨完。天下的钱币，又怎么能不会枯竭呢！钱币枯竭，士、农、工、商都会失去他们的产业，老百姓又凭借什么生存呢？我认为，朝廷应该恢复以前的制度，大量铸造钱币，钱重五铢，全都依照汉朝的办法。如果官府铸造的钱币已经在民间广泛流通起来，就要严厉禁止磨缺、毁损钱币，对于那些轻、小、破碎、残缺、没有周边凸出和轮廓的钱币，都不能流通使用。官府铸造的钱币，如果有细小不合标准的，应查明重量，销毁改铸成标准大钱，有利于贫穷安分的老百姓，也堵塞了投机取巧、偷铸钱币的邪路。钱币和货物均等，远近如一，老百姓安居乐业，市场、路上都不会发生争执，衣食也就增加起来了。”齐武帝认为很有道理，就下令各州郡大量购买黄铜、煤炭，准备开工铸钱。不巧，齐武帝去世，这件事也就搁置下来了。

这一年，益州行事刘悛上书说：“蒙山下边有严道铜山，是过去铸钱的地方，可以经营。”皇上批准，派人到巴蜀铸造钱币。不久，由于开支太大，也就停止了。

自从齐高帝整理户籍，直到齐武帝，被贬谪的投机取巧、作奸犯科的人，要沿着淮河沿岸戍守十年，人们怨声载道。于是齐武帝颁布诏令说："在宋昇明年以前，都允许按照个人志愿，恢复户籍。其中被贬谪到边疆服役的人，一律释放，允许他们返回自己的故乡。从此以后，如果再犯，就将严厉惩治。"

南齐长沙威王萧晃去世。

吏部尚书王晏称自己患病多年，请求辞职，齐武帝打算任命西昌侯萧鸾接替王晏担任铨选人才的职务，就写手令征求王晏的意见。王晏报告说："萧鸾才干有余，但不熟悉豪门士族，恐怕不能担当这项职务。"齐武帝就没有任命。

南齐任命百济王牟大为镇东大将军，封为百济王。

高车王阿伏至罗和太子阿伏穷奇，派遣使者前往北魏，请求代替皇帝讨伐蠕蠕。北魏孝文帝将绣花袴褶以及各种各样颜色的丝绸共计一百匹赏赐给了使者。

（以上为第七段，写南齐交州刺史房法乘只知读书，丢掉性命；关于南齐五铢钱铸造争论的回顾；诏令沿着淮河沿岸戍守的人可以恢复户籍。）

齐武帝永明九年（辛未，公元 491 年）

春季，正月初八日辛丑，齐武帝巡视南郊祭祀。

正月丁卯日，魏孝文帝开始到皇信东室处理朝廷事务。

齐武帝颁布诏书确定皇家祖庙四季的祭品：进献宣皇帝，贡献起面饼、鸭肉羹；孝皇后，嫩笋和鸭蛋；高皇帝，细肉和菹羹；昭皇帝，清茶、粽子和烤鱼。都是他们生前最喜欢吃的东西。齐武帝梦见齐高帝对自己说："宋朝那些皇帝常常挤到太庙里，跟着我要食物，你可以另找一个地方祭祀我。"遂命令豫章王萧嶷的妃子庾氏，春夏秋冬四季，在清溪旧宅里祭祀二祖、二后，祭祀时所使用祭品以及服装，都按照家人的礼仪进行。

> 臣司马光评论说：从前屈到最喜欢吃菱角，但他的儿子屈建祭祀时把菱角撤掉了，认为不可以因为个人的嗜好而违反国家的祭典。更何况儿子做天子，却用平民的礼仪去祭祀父亲，违背礼教太甚了。卫成公打算祭祀相，大夫宁武子还责怪他不该这么做。更何况现今把祭祀祖父母和父母的仪式降到在私宅中进行，而且还让自己庶子的妻子来主持呢！

（以上为第八段，写南齐武帝萧赜按照祖父母、父母生前的嗜好举行祭祀，又让弟媳妇于其父故居举行私祭，史家司马光认为不合祭祀之礼，予以批评，提出非议。）

最初，魏孝文帝征召吐谷浑可汗慕容伏连筹入朝，慕容伏连筹声称有病，没有前来，接着就开始修缮洮阳、泥和两座城池，并派兵戍守。二月十二日乙亥，北魏枹罕的镇将长孙百年请求前去袭击洮阳、泥和两城，孝文帝批准了。

南齐散骑常侍裴昭明、散骑侍郎谢竣，前往北魏吊唁，准备穿朝服去祭祀。北魏的主客礼官说："吊丧有一定的礼节，怎么可以穿红色的官服进入正在办丧事的宫廷？"裴昭明等人回答说："受命本国朝廷，不敢轻易更换服装。"双方来来往往，反反复复争论了四次，裴昭明等人最后仍坚持不换服装。魏孝文帝下令尚书李冲挑选饱学之士和裴昭明等人辩论。李冲推荐了著作郎上谷人成淹。裴昭明等人说："魏朝不允许使节穿本国的官服，出自哪一部经典？"成淹说："喜事和丧事是不能同时并存的。羔羊皮袍、头戴朝冠，是不可以前去吊丧的，这一点三岁的孩子都明白。从前，季孙前往晋国就是学习了交往国遭遇丧事的礼节才动身的。如今，你们从江南远道而来吊丧，却要问出自哪一本经典。同样是使者，一个想得那么周到，一个却那么疏忽，怎么相差得这么远呢！"裴昭明说："两个国家的交往礼节，应该相互平等，有一个共同的标准。齐高帝去世时，魏国派李彪前去吊丧，他最初没穿白服，齐朝也并没有认为有什么不合适的地方，为什么今天却被紧紧逼迫呢？"成淹说："齐朝的君主不能严格地遵守居丧的礼仪，安葬以后，过了一个月，就穿上平日的衣服。李彪奉命出使齐朝，君主和官员们都佩戴着宝玉挤满了房屋，貂尾和黄金首饰闪闪发光，耀人眼目。李彪如果没有得到主人的许可，怎么敢穿着素服置身其间呢！我们皇上仁义孝敬，和圣明的虞舜差不多，遵从礼仪为亲人守丧，住简陋房子，喝稀粥，此与彼怎么能相比较呢？"裴昭明说："夏、商、周三代，制度礼仪各不相同，有谁知道哪个好、哪个坏呢！"成淹说："这么说来，难道虞舜、商代高宗都不对吗？"裴昭明和谢竣二人相互看了一眼，笑着说："责怪别人孝行的人，心中没有亲近的人，哪里敢当呢。"二人又说："我们前来吊丧，只带了便于骑乘的袴褶，这些都是武官穿的服装，不能穿它们去吊丧，只好请主人裁制丧服！可是，这样做违背朝廷的命令，回去后一定会被朝廷治罪。"成淹说："假使你们国家有君子之才，你们出使言谈举止恰当得体，就将会得到厚厚的赏赐。如果没有君子，你们代表朝廷出使他国，也使国家得到了荣耀，即使这么做你们受到了处罚，又有什么关系呢！这件事自会有优秀的史官把它记载下来的。"于是就把吊丧的丧服、帽子等给了裴昭明等人，让他们穿上这些丧服完成使命。二月二十六日己丑，成淹带着裴昭明等人进入，文武百官全都痛哭失声，极尽哀痛。魏孝文帝嘉许成淹的聪敏，提升他为侍郎，赏赐给他一百匹绢。裴昭明是裴骃的儿子。

（以上为第九段，写南齐使者裴昭明等穿着朝服到北魏吊唁冯太后之丧，北魏认为需换丧服，为此派著作郎成淹与之辩论，南齐使者最后遵从了北魏的规定。）

南齐始兴简王萧鉴去世。

三月十二日甲辰，魏孝文帝祭拜太皇太后的永固陵。夏季，四月初一日癸亥朔，在太和庙设置进献祭品，孝文帝开始进食蔬菜，追思伤感，一整天没有吃饭。侍中冯诞等人劝谏，过了一夜后，才开始吃饭。四月初二日甲子，停止早晚各哭一次的仪式。四月初三日乙丑，再次祭拜永固陵。

北魏从正月开始不下雨，一直持续到了四月十一日癸酉，有关部门请求向百神祈祷，孝文帝说："商代汤王遇到旱灾时，用至诚感动上苍，才下起了雨，本不在于曲意祈祷山川。如今，普天之下失去了赖以依仗的人，无论是阴间还是阳间都在哀痛，怎么可以在丧期未满周年时，就马上祭祀祈祷百神！只应该深深责怪、反省自己，等待上天对我们的惩罚。"

四月十二日甲戌，北魏员外散骑常侍李彪等人来访。为他们置办了宴席，安排了礼乐。李彪推辞礼乐仪式说："我们君主仁义孝敬之心无极，振兴遗失的典章，恢复被曲解误会的制度，遵守三年守丧的规矩。直到三月底，朝廷官员们才脱下丧服，仍然穿着白色衣服处理事务，为此，使臣我也不敢接受演奏音乐的赏赐。"朝廷听从了他的意见。李彪代表北魏朝廷前后出使南齐有六次之多，齐武帝对他十分敬重。李彪将要回国时，齐武帝亲自送到琅邪城，并下令文武官员赋诗相送，来表示对李彪的尊敬。

四月十七日己卯，北魏兴建明堂，改建太庙。

五月初八日己亥，魏孝文帝在东明观修订法律，亲自裁决有疑问的诉讼案件。命令尚书李冲裁定刑罚轻重，为判词润色，孝文帝亲自抄录。李冲忠诚勤奋，明智果断，加上又谨慎周密，为皇帝信赖和倚重，二人之间情义无间。旧臣贵戚，没有人不对他心服口服的，中外对李冲也一致推崇。

五月二十四日乙卯，北魏枹罕镇将长孙百年进攻洮阳、泥和两座城池，攻克城池，并俘虏了三千多人。

五月二十五日丙辰，北魏首次制造皇家专用的玉车、金车、象车、革车、木车五种车辆。

六月十三日甲戌，南齐任命尚书左仆射王奂为雍州刺史。

六月丁未日，北魏济阴王拓跋郁因为贪污残暴被赐自尽。

秋季，闰七月初五日乙丑，魏孝文帝祭拜永固陵。

闰七月十九日己卯，魏孝文帝颁布诏书，说："道武帝有开创大业的功绩，太武帝有拓展疆域的贡献，应该追尊他们为祖宗，祭庙永远不废。平文帝的功绩比昭成帝要小，可是他的庙号却是太祖。道武帝的功绩要比平文帝高得多，可是他的庙号却是烈祖，这在道义上不公允。朕现今尊奉烈祖为太祖，世祖、显祖作为应该迁移的远祖之庙。其余的都按照顺序迁移灵位。"

八月初三日壬辰，魏孝文帝又颁布诏书，讨论关于养老及祭祀天皇、五帝等六宗的礼仪。在这之前，北魏经常在正月吉日，在朝廷设立篷帐，其中摆上松树、柏树，供奉五帝座位祭祀。还有一种预卜世系多少的探策祭祀。孝文帝认为它们都不合乎古礼，所以下令取消。八月初九日戊戌，将道教祭坛迁移到了桑乾河南，改称崇虚寺。

八月十六日乙巳，魏孝文帝召见群臣，询问道："禘祭和祫祭，王肃和郑玄的解释不一样，谁对谁错？"尚书游明根等人跟从郑玄，中书监高闾等人则跟从王肃。颁布诏书："圜丘、宗庙都有禘祭的名义，可以依照郑玄的解释。禘祭和祫祭合在一块进行，可以依照王肃的解释。明令公布让大家都知道。"八月二十九日戊午，又颁布诏书："国内到处祭祀的各种神祇，共有一千二百多处，现今，打算减少，以求节约省俭。"又颁布诏书："明堂、太庙，配祭、配享，现今都已经完备了。白登庙、崞山庙、鸡鸣山庙由有关主管部门负责祭祀。冯宣王的祭庙在长安，下令雍州按时祭祀。"又颁布诏书："以前，祭祀水神、火神共计四十多位神，还有城北的星神。现今，圜丘下面祭祀了风伯、雨师、司中和司命之神，明堂祭祀了门神、户神、井神、灶神和院神，四十种神的祭祀全都罢除。"八月二十五日甲寅，颁布诏书："近来谈论朝日和夕月的祭祀，大家都主张在春分、秋分，分别在平城的东郊和西郊举行祭祀礼仪。可是，每个月有余有闰，没有固定的标准，如果统一按照春分、秋分的日子来确定，有的时候正赶上月亮在东方，而却在西方祭祀，这样一来，无论是在人情还是在道理上，都行不通。过去，秘书监薛谓等人认为，每月初一早上祭祀朝日，每月初三晚上祭祀夕月，你们认为初一和初三和春分、秋分，哪种办法为好？"尚书游明根等人请求初一、初三祭祀，批准实行。

八月二十七日丙辰，北魏有关部门上书，请求占卜周年除服的吉祥日子。孝文帝颁布诏书说："用占卜的方法决定吉祥的日子，既违背了谨慎敬事的原则，也违背了永远怀慕亲人的感情。现今就直接使用月末这一天。"九月十八日丁丑夜晚，孝文帝宿在皇家祖庙里，率领文武百官哀哭完毕，孝文皇帝换了衣服，戴上素色帽子，腰束皮带，脚穿黑色鞋子，文武官员们也都换上祭服，戴上黑色帽子，穿上白色绢丝单衣，腰束皮带，脚穿黑鞋。哀哭直到二更的时候。九月二十九日戊子晦，皇帝脱下祭服，戴上白带滚边的帽子，穿上上下一体白布做的连裤衣服，以及黑色麻鞋等祭祀服装。文武官员也跟着脱下黑色帽子，换上白纱帽子。祭祀典礼完成后，退出祭庙，孝文帝站在那里痛哭，过了很久，才起程回宫。

（以上为第十段，写北魏孝文帝拓跋宏采取一系列措施，修订法律，亲自裁决疑案；调整祖先庙号，尊奉道武帝拓跋珪为太祖；弄清禘祫，规范祭祀，抑制滥祭。）

冬季，十月，北魏明堂、太庙落成。

十月初二日庚寅，魏孝文帝祭拜永固陵，因哀伤过度，身体异常瘦削衰弱。司空穆亮规劝说："陛下服丧已经行过了小祥之祭，加了练冠，而悲哀痛苦之情，仍然和亲人刚刚去世时一样。君王，是天地神灵的儿子，是万民的父母。从来没有儿子过于悲伤而父母不悲戚的，也没有父母忧虑而儿子高兴快乐的。如今，和气不应接，狂风、大旱造成大灾，希望陛下能改穿轻便的服装，饮食正常，辇车经常走动走动，按照顺序祭祀百神，以使苍天和百姓交相庆幸。”颁布诏书说：“孝敬父母与友爱兄弟达到极点，就没有什么不能感通。如今，狂风肆虐，大旱逼迫，都是由于我的诚心还不够浓烈，阴间和阳间没有得到感应所致。说这些灾难是由于哀痛所导致，恐怕并不合适。”十一月初一日己未朔，魏孝文帝在太和庙举行脱下丧服的典礼。接着改穿了服装，头戴黑色帽子，身穿由白色纱做的朝祭制服，祭拜完冯太后的陵墓后返回宫中。十一月初五日癸亥，冬至，魏孝文帝前往平城南郊天坛祭祀，接着，又到明堂进行祭祀，回宫途中，又到了太和庙，然后才入宫。十一月初六日甲子，登临太华殿，头戴通天冠，身穿红色礼服，设宴款待文武百官，设置乐器，但没有演奏。十一月初九日丁卯，孝文帝穿着礼服，戴着礼帽，向太和庙辞别，率领文武百官把供奉祖先的牌位迎送到新落成的皇家祖庙。

十一月十七日乙亥，北魏朝廷制定了官员等级制度。十一月二十日戊戌，考核检验各州郡的州郡长。

北魏的假通直散骑常侍李彪等人访问南齐。

北魏旧有的制度规定，文武百官在深冬时节朝贺时，要穿便于骑乘的短袄短裤前来，一般称为“小岁”。十一月二十八日丙戌，颁布诏书废除这一制度。

十二月初五日壬辰，北魏把祭祀土地神的祭坛迁到平城内城西边。

北魏任命安定王拓跋休为太傅，齐郡王拓跋简为太保。

高句丽王高琏去世，享年一百多岁。魏孝文帝为高琏特地做了一种素委帽和布质连裤服装，在平城东郊举行哀悼祭祀。又派遣谒者仆射李安上前去高句丽，宣布追赠高琏为太傅，谥号康。高琏的孙子高云继承了王位。

十二月二十二日己酉，魏孝文帝在平城南郊开始举行迎春典礼。从此以后，北魏每年举行迎接四季的活动时，孝文帝都亲自主持。

当初，北魏太武帝攻克了统万和姑臧，将得到的雅乐乐器、乐服、乐师全都保留了下来。从这以后，经过了几朝却没有人留意，乐师慢慢死尽，乐谱也都散失。孝文帝开始命令有关部门，到民间去查访通晓音乐的人，商议制定高雅的音乐，可是，民间当时已经没有人能懂了。不过，金银、宝石、羽毛旗帜等装饰物，却比以前各个时代都要齐备、华丽。十二月二十四日辛亥，诏命选拔设置乐官整理音乐，又命令中书监高闾参与审定。

（以上为第十一段，写北魏孝文帝拓跋宏，制定官员等级制度，废除季冬朝拜制度，主持四季迎气活动，设置乐官，整理高雅音乐。）

当初，晋朝的张斐、杜预共同注解三十卷的《律》，从泰始年间以来就一直使用此注本。《律》的行文简明扼要，有的在一章中，两家注解恰恰相反，对一个人一家判生，另一家则判死，而这一切则需要临时斟酌，这样一来，使官吏们有机会贪赃枉法、滥用职权。齐武帝十分注意法律条令，诏令狱官详细订正以前旧注。永明七年，尚书删定郎王植将二家注解集中订正之后，上表奏报。齐武帝颁布诏书公卿和八座在一起讨论、修正，由竟陵王萧子良总领其事；对于大家意见不能取得一致的地方，奏报皇帝裁决。这一年，修正完毕。廷尉山阴人孔稚珪上书认为："《律》文虽然已经确定下来，如果据此审判并不公正，那么，这部法律也就只不过是白白地放在书套里，冤屈的灵魂也还仍然被滞留在牢狱。我私下里曾稽考了古代的知名人士，大多都了解法律规章。而现今的读书人，却没有谁把研究执行法律作为自己的事业。即使是研究学习它，也被人们所轻视，恐怕这部书也要永远沦落在那些低级官吏手中。现今设立《律》文助教，依照五经的办法，国子学校的学生中，有想要研究法律的，考试中得高榜，就可依次提升任用，用以补充朝廷内外官职的空额，希望这样一来能对读书人有所鼓励和吸引。"颁布诏书要求按照孔稚珪的建议办，可是，此事终究没能实行。

当初，林邑国王范阳迈，世代承袭王位。夷人首领范当根纯攻占了林邑，派使节进贡用金丝编织的席子等东西。颁布诏书任命范当根纯为都督缘海诸军事、林邑王。

北魏冀州刺史、咸阳王拓跋禧朝见，有关部门上奏说："冀州三千老百姓称赞拓跋禧清廉公正，施行德政，请求陛下允许他世代承袭冀州刺史的官职。"魏孝文帝颁布诏书说："'利建侯'的说法虽然起源很早，未必适合于今天。治理国家，任免官吏是国君的事，按理不应当来自下民的请求。"任命拓跋禧为司州牧，都督司、豫等六州诸军事。

当初，北魏文明太后宠爱信任宦官略阳人苻承祖，官位一直做到了侍中和知都曹事，还赏赐给他一道免死的诏令。太后去世后，苻承祖因为贪赃枉法应该处以死刑，北魏孝文帝宽宥赦免了他，撤销官职，禁锢私宅，还给了他一个悖义将军的官衔，封为佞浊子。苻承祖一个多月后就去世了。苻承祖当权时，亲戚争相跑来依附他谋求私利。苻承祖的姨母杨氏嫁给了姚家，只有她不这样做，经常对苻承祖母亲说："姐姐你虽然有一时的荣华富贵，却不如妹妹我有无忧无虑的快乐。"姐姐送给她衣服时，多半都不肯收下。如果强行给她，就说："我丈夫家世代贫穷，华丽的衣服会让人内心不得安宁。"在迫不得已情况下收下来，就用土埋了起来。送奴婢给她，就说："我家没有粮食，不能养活。"她经常穿着破旧的衣服，凡事总是自己亲自动手去做，不辞劳苦。苻承祖派车辆迎接她，她就是不肯上车。强抱她上车，她就大哭着说："你想要杀我！"从此，苻家的人都叫她为"痴姨"。等到苻承祖案发，有关部门将苻承祖的两个姨妈抓起来，送到金銮殿，其中一位姨妈被斩首了。孝文帝看到姚杨氏贫寒，特别赦免了她。

北魏诛杀李惠时，思皇后李贵人的亲兄弟也都全被处死。李惠的堂弟李凤曾经任安乐王拓跋长乐的主簿，拓跋长乐因图谋不轨罪被处死，李凤也受到牵连，被诛杀。李凤的儿子李安祖等四人逃亡躲藏起来，才免于一死，后来遇到朝廷大赦，才得以露面。过了一阵，魏孝文帝寻访舅父家现今仍然活着的亲人，查出了李安祖等人，于是，给他们全都封了侯爵，加授将军官衔。不久，又接见李安祖等四人，对他们说："你们的先人，当年曾两次犯罪。君王设立官职，是要任用贤能、有才干的人，因为皇亲国戚而被推举做官，是末朝乱世才有的情况。你们没有什么特别的才能，暂且可以回乡。从此以后，凡是皇亲国戚没有才能的人，都要照此办理。"以后，将四人爵位降为伯，撤销将军的名号。当时的人都认为皇帝待冯太后家过于优厚，而待李氏家太薄。太常高闾为此曾经提过意见，孝文帝没听从。直到魏文宣帝时期，才追尊宠信外家人，任命李安祖的弟弟李兴祖为中山太守，追赠李惠为开府仪同三司、中山公，谥号庄。

（以上为第十二段，写南齐修订法律条文；北魏苻承祖两个姨妈的不同命运，"痴姨"并不痴；孝文帝拓跋宏将舅父家的非做官之才遣送回家，净化官场队伍。）

齐武帝永明十年（壬申，公元492年）

春季，正月初一日戊午朔，魏孝文帝在太华殿大宴文武百官，乐器摆在那里，但未演奏。

正月初二日己未，魏孝文帝在明堂祭祀显祖以配享上帝，然后登上灵台，观察太阳四周云气。下来后，停留在东堂北部偏殿，处理国家大事。从此以后，每月初一都举行这项活动，形成惯例。

散骑常侍庾荜等人出访北魏，魏孝文帝派侍郎成淹带着庾荜等人来到宾馆南边，在远处观看魏孝文帝在明堂所举行的祭祀仪式。

正月初四日辛酉，北魏第一次把太祖配享于南郊。

魏孝文帝命令文武百官讨论金、木、水、火、土五行的顺序。中书监高闾发表见解，认为："历代帝王没有不把中原作为立国的正统的，并不把传世多少作为存亡的根据，不把君王的善恶作为是与非的标准。因此，夏桀和商纣王那么暴虐，但并没有排除在夏、商王朝之外。周厉王与晋惠帝那么昏庸，也没有妨碍他们是周、晋的帝王之一。晋承继曹魏是金德，赵继承晋为水德，燕承继赵为木德，秦继燕为火德。秦灭亡之后，魏就在北方正式建立，而且，魏皇家拓跋这一姓氏，是出自轩辕帝那里。臣认为，魏应该是土德。"秘书丞李彪、著作郎崔光等人认为："神元皇帝和晋武帝来往密切，关系不错，后来，到了桓帝和穆帝，仍然一心辅佐晋王朝。这就说明司马氏的命运在郏鄏已经告终，而拓跋受命云中、代郡。以前，秦王朝统一天下，汉王朝把秦王比作共工，而最终直接继承了周王朝，为火德。何况刘渊、石勒、苻氏所建的王朝，国土狭小，世代短促，魏所接受的混乱局面比汉朝继承秦朝的情况都不如，怎么能够舍弃晋王朝，而定为土德呢？"司空穆亮等人都请求采纳李彪等人的建议。正月初五日壬戌，孝文帝颁布诏书认定北魏继承晋王朝为水德，接着规定，年初第一个申日祭祀祖先，而年终最后一个辰日，举行腊祭。

（以上为第十三段，写孝文帝拓跋宏组织讨论北魏之五行属性，形成了两种意见，一是北魏承前秦，为土德；一是北魏承西晋，为水德。最终确定接受后一种意见。）

正月初七日甲子，北魏下令罢除赋税。

北魏皇室以及功臣的子孙，被封为王爵的人有很多。正月初八日乙丑，颁布诏书说："除了烈祖的后裔，其余的王爵全都降为公，公爵则降为侯爵，品级一仍其旧。"蛮王桓诞也被降为公。只有上党王长孙观因为祖先立过显赫的功劳，所以特别照顾不降爵位。丹阳王刘昶降为齐郡公，加号为宋王。

北魏旧制度规定，每年四季祭祀，都要在季中月份举行。正月十九日丙子，颁布诏书以后改为在每季度的第一个月中，选择吉祥的日子祭祀。

齐武帝任命竟陵王萧子良兼任尚书令。

魏孝文帝下令拆毁太华殿，改建太极殿。二月初二日戊子，迁居到永乐宫，任命尚书李冲兼任将作大匠，和司空穆亮一同主持建筑工程事务。

二月初五日辛卯，北魏废除寒食节祭祀祖先的仪式。

二月初八日甲午，魏孝文帝开始在平城东郊主持祭日仪式。从此以后，无论是祭日仪式，还是祭月仪式，都亲自主持。

二月十一日丁酉，魏孝文帝颁布诏书在平阳祭祀尧帝，在广宁祭祀舜帝，在安邑祭祀大禹，在洛阳祭祀周公，由牧守主持进行。至于宣尼庙的祭礼，则要在中书省举行。二月二十一日丁未，将孔子的谥号宣尼改称为文圣尼父，孝文帝亲自祭拜。

北魏旧制度规定，每年在平城西郊祭祀天神，皇帝和各公卿率领两千多骑兵，穿上武装，环绕祭坛进行祭祀，称为踏坛。第二天，再次穿上武装，登上祭坛开始祭天，祭过之后，再次环绕祭坛行走，称为绕天。三月十七日癸酉，颁布诏书将这些活动全部免去。

三月二十五日辛巳，北魏任命高句丽王高云为督辽海诸军事、辽东公、高句丽王。诏令高云派他的世子到北魏平城朝见，高云以有病为借口加以推辞，而派堂叔高升干随同使节前往平城。

夏季，四月初一日丁亥朔，北魏朝廷颁布新修订的律令，大赦天下。

四月十五日辛丑，豫章文献王萧嶷去世，追赠萧嶷假黄钺和都督中外诸军事、丞相，丧礼规模仪式，完全和汉东平献王刘苍的一样。萧嶷生性仁善、恭谨、廉洁、节俭，不把金钱财产当回事。家里库房发生火灾时，将从荆州带回的资产全都烧光了，当时估计约有三千多万，但是，他最后不过责打了库房负责人各几十棍而已。他病得厉害时，遗言与他的几个儿子："才能，有优劣好坏之分；官位，有亨通受阻之分；运气，有贫穷富足之分，这是自然而然的道理，你们还不足以仗势欺人。"萧嶷去世，齐武帝万分伤心，直到很久以后，一提起萧嶷，还是抽泣流泪。萧嶷去世那天，他家里没有现钱，齐武帝下令每月接济萧嶷家一百万钱，直到齐武帝去世，这种接济才停止。

（以上为第十四段，写北魏解决王公满天飞问题，降王为公，降公为侯；进一步规范祭祀活动；南齐大臣萧嶷一生仁谨廉俭，淡漠钱财，兄弟友爱，实为楷模。）

五月十四日己巳，任命竟陵王萧子良为扬州刺史。

北魏冯太后去世时，派使节前往吐谷浑汗国报丧。吐谷浑可汗慕容伏连筹在接受北魏报丧的消息时，态度不恭谨，因此，文武百官请求孝文帝出兵讨伐，魏孝文帝没有批准。文武百官又请求将吐谷浑汗国进贡的东西退还回去。孝文帝说："进贡物品是作为臣属应该具有的礼节。如今不接受，这是断绝关系，他们虽然打算改过自新，也无路可走了。"下令，将在洮阳、泥和俘获的人全部还给吐谷浑汗国。

秋季，七月初六日庚申，吐谷浑可汗慕容伏连筹派他的世子慕容贺虏头到北魏朝廷晋见。颁布诏书任命慕容伏连筹为都督西垂诸军事、西海公、吐谷浑王，并派遣兼员外散骑常侍张礼出使吐谷浑汗国。慕容伏连筹对张礼说："以前，宕昌王经常是自称名字，而称呼我为'大王'。现今，却突然自称'仆'，而且又拘捕了我派去的使节，我打算派一支军队前去宕昌询问一下，怎么样呢？"张礼说："您和宕昌王都是魏的藩属，如果动不动就要出兵攻击，实在是违反了做藩属的礼节。在我离开平城那天，宰辅有话说，认为您如果能自知自己的过错，您作为吐谷浑可汗的大业就可以继续保存下去；如果您不改正错误的话，大祸灾难将会降临到您的头上。"慕容伏连筹没有说话。

七月二十日甲戌，北魏派遣兼员外散骑常侍、广平人宋弁等前来访问。宋弁等人回国后，魏孝文帝问宋弁说："江南怎么样呢？"宋弁回答说："萧家父子对国家没有大的贡献，既然是用不正当的手段获取的政权，那么，当然不能用顺应人心的政策来保守。政令苛刻而琐碎，赋税差役繁多而沉重。朝廷内没有德高望重可做柱石的大臣，山野上却充满了哀愁怨愤的老百姓。萧赜的这些做法，能使皇位保持到自己身死那一天就是幸运的了，不可能传给他的子孙。"

（以上为第十五段，写北魏与吐谷浑、南齐的外交关系，派使者出使吐谷浑，告诫其要遵守藩属礼节；出使南齐，窥探虚实，一针见血地指出南齐的国运不长。）

八月十一日乙未，北魏任命怀朔镇将、阳平王拓跋颐以及镇北大将军陆叡同时担任都督，督统十二位大将，十万名步兵、骑兵，分兵三路，袭击柔然汗国。中路大军出于黑山，东路大军直接进攻士卢河，西路大军奔向侯延河。魏军渡过大沙漠，大败柔然军队后返回。

当初，柔然汗国伏名敦可汗和他的叔父郁久闾那盖，分头袭击高车王阿伏至罗，但伏名敦屡战屡败，而那盖屡战屡胜。柔然汗国的百姓认为那盖得到了上天的帮助，于是，就杀死了伏名敦，立那盖为可汗，称他为候其伏代库者可汗，改年号为太安。

北魏司徒尉元和大鸿胪卿游明根多次上书其因年事已高请求辞职，魏孝文帝批准了二人的请求。接见他们，把黑色的冠帽和白色的衣服赏赐给尉元，把委貌冠帽和青纱单衣赏赐给游明根，同时，又给了二人被褥行李等其他物品，让他们回家养老。魏孝文帝在明堂亲自供养三老、五更。八月二十五日己酉，颁布诏书任命尉元为三老，游明根为五更。孝文帝向三老尉元叩拜两次，亲自挽袖露臂，切割祭肉，举起酒杯向他敬酒。向五更游明根一揖，请求对国家大事发表意见，尉元和游明根建议用孝敬父母、友爱兄弟之道教化百姓。然后，又在台阶下主持了敬老仪式，向庶老和国老行礼致敬。行礼结束后，分别赏赐了尉元和游明根步挽车和衣服。将上公的禄位授予三老，元卿的禄位授予五更。

（以上为第十六段，写北魏孝文帝拓跋宏为司徒尉元、大鸿胪游明根举行隆重的退休仪式，尊为三老、五更，亲自拜揖，咨询治国方略，提倡以礼仪教化天下。）

九月初一日甲寅，魏孝文帝在明堂排定祖先牌位顺序，在北堂祭祀了文明太后。九月十八日辛未，魏孝文帝因为这天是冯太后去世二周年的祭日，哭于永固陵西侧，哭声整天不断，一连两天没有吃饭。九月二十一日甲戌，才辞别陵地，返回永乐宫。

武兴氐王杨集始进犯汉中，抵达白马戍。梁州刺史阴智伯派军主桓卢奴、阴冲昌等人击破杨集始，俘虏及斩杀几千名将士。杨集始逃回武兴，向北魏请求投降。九月二十八日辛巳，杨集始朝见，北魏任命杨集始为南秦州刺史、汉中郡侯、武兴王。

冬季，十月十一日甲午，齐武帝在太庙举行大规模祭祀活动。

十月二十七日庚戌，北魏任命安定王拓跋休为大司马，特进冯诞为司徒。冯诞是冯熙的儿子。

北魏太极殿建成。

十二月，南齐司徒参军萧琛、范云出使北魏。魏孝文帝对南齐来人非常尊重，亲自和他们谈话，回头对身边的文武百官说：“江南有很多优秀的官员。”侍臣李元凯对答说：“江南有很多优秀的官员，但每年更换一次帝王；江北没有优秀的官员，但一百年左右才换一次帝王。”魏孝文帝非常惭愧。

齐武帝命令太子家令沈约撰写《宋书》，沈约不能确定是否写《袁粲传》，请求齐武帝决定。齐武帝说：“袁粲当然是宋室的忠臣。”沈约又记载了宋世祖和太宗许多鄙陋、轻慢等一类丑事。齐武帝说：“孝武的事情，不能这么写。我服侍明帝，你应该想到为尊者讳的《春秋》大义。”于是删去了很多。

这一年，林邑王范阳迈的孙子范诸农，率领自己部落的人进攻范当根纯，夺回国土。任命范诸农为都督缘海诸军事、林邑王。

北魏南阳公郑羲与李冲结成姻亲，推荐李冲任中书令。郑羲出任西兖州刺史，贪婪卑鄙。文明太后曾为孝文帝纳娶郑羲的女儿为妃嫔，所以又把他调回秘书监。去世时，尚书上奏追谥他为宣，颁布诏书说："盖上棺材后决定谥号，激清扬浊。昔时的何曾虽然孝顺，但优秀的史官们却把他称为'缪丑'；贾充对国家有功劳，但正直的人却称他为'荒公'。郑羲虽然在文学上很有造诣，但为政时却缺少廉洁清白。尚书怎么能这样只顾人情，而违背公理，触犯国家圣明的典章呢！《谥法》说：见多识广叫作文，不辛勤劳苦却有名声叫作灵。可以追赠他临终前的官职秘书监，追加谥号为文灵。"

（以上为第十七段，写南齐沈约撰写《宋书》，武帝萧赜要求遵从为尊者讳的古训；北魏按照中原的习俗议定谥号，孝文帝拓跋宏主张盖棺定谥，要激扬清浊。）

【点评】

北魏孝文帝成功的渐进改革。本卷写北魏进一步推行改革，反映了其向大处着眼，从小处着手的特点，从一些小的容易被接受的地方开始改革，从细节改变向制度性变化推进。比如旧有的制度规定，文武百官在深冬时节朝贺时，要穿便于骑乘的短袄短裤前来，一般称为"小岁"，这是明显的鲜卑人习俗。颁布诏书废除这一制度，仅仅是改变服饰，阻力就会比较小。再如选拔设置乐官整理音乐，这也是从无到有的，向着文明的更高层次社会形态的推进。再如，孝文帝为司徒尉元和大鸿胪卿游明根举行隆重的退休仪式，便是以礼仪教化天下。礼仪是文明社会的习惯，逐步建立这种新的制度，有助于全社会扶老尊老风气的形成。孝文帝所推行的改革往往从身边的人做起，比如为了不任人唯亲，就从亲戚开始，他接见舅父家的李安祖等四人，对他们说："你们的先人，当年曾两次犯罪。君王设立官职，是要任用贤能、有才干的人，因为皇亲国戚而被推举做官，是末朝乱世才有的情况。你们没有什么特别的才能，暂且可以回乡。从此以后，凡是皇亲国戚没有才能的人，都要照此办理。"以后，将四人的爵位降为伯，撤销将军的名号。在亲人那里做到了，在其他人那里就容易施行了，向全国推动就会从风而靡。

齐纪四

齐武帝永明十一年（公元493）

【昭阳作噩（癸酉，公元493年），凡一年】

【大事提要】

本卷仅记公元493年一年的史事，当齐武帝永明十一年。本卷所载大事，南朝齐大事一件。齐武帝立南郡王萧昭业为皇太孙，太子宫内的文武官属，全都改为太孙的官属。齐武帝驾崩，萧昭业登基。北朝北魏的大事有三件：其一，是经过了反复的争论，确定了迁都洛阳的大事。其二，孝文帝命令穆亮和尚书李冲、将作大匠董尔一起负责营建新都洛阳。其三，孝文帝立皇子拓跋恂为太子，下令实行大赦，兴筑滑台宫。

世祖武皇帝下

齐武帝永明十一年（癸酉，公元493年）

春季，正月，南齐任命骠骑大将军王敬则为司空，镇军大将军陈显达为江州刺史。陈显达自认为出身寒门却身居显要位置，每次升官时都面带恐惧，表情羞愧，并且告诫儿子，不要依仗自己富贵尊荣而欺凌他人。但是他的儿子们追求豪华奢侈，陈显达听说后，非常不高兴。陈显达的儿子陈休尚担任郢府主簿的官职，途经九江，陈显达说："麈尾、蝇拂，这些都是王家、谢家那样的人使用的东西，你不要以风流自居。"说完，就把这些东西拿过来，当着儿子的面烧掉了。

当初，齐武帝在石头城制造了三千辆露车，打算从陆路攻取彭城。北魏得知了这一情况。刘昶多次在魏孝文帝面前哭诉，乞求派他到边界地带戍守，招收遗民，报仇雪耻。魏孝文帝在经武殿召集文武官员，讨论南伐的事情，并在淮河、泗水之间贮备了很多喂马的草料。齐武帝听说了这一消息，任命右卫将军崔慧景为豫州刺史防备北魏。

北魏派员外散骑侍郎邢峦等人来访。邢峦是邢颖的孙子。

正月二十五日丙子，南齐文惠太子萧长懋去世。萧长懋仪态风韵都很温和，齐武帝晚年喜欢游乐欢宴，就将尚书各曹的事务交给萧长懋处理，因此，萧长懋威望著称内外。

南齐太子萧长懋生性奢侈豪华，修建殿堂、花园，远远超过了齐武帝的宫殿，建筑费用以千万计算，因为害怕皇上看见，就沿着殿门，种植了一排排修长的竹子。太子的各种服饰、玩物，大多都奢侈过分。他请求在东田建造一个小林苑，让东宫的将士们轮番充当工匠，营造城墙，围住街巷，连接伸展辽远，异常华丽。齐武帝虽然性情严厉，到处都有自己的耳目，但是太子的所作所为，却没有人敢告诉他。一次，齐武帝偶然路过东田，看见那里的建筑非常壮观华丽，勃然大怒，下令逮捕监做主帅。太子听说后，把他们全都藏了起来，为此受到严厉斥责。

南齐太子又让自己宠爱的徐文景制造皇帝专用的辇车和其他专用物件。齐武帝亲临东宫，没来得及将辇车收藏起来，徐文景急中生智，就赶快把一尊佛像放在辇车里，所以皇上没有怀疑。徐文景的父亲徐陶仁曾经对徐文景说："我现今正该打扫墓地，等待为你办丧事！"徐陶仁将全家迁走避祸。后来徐文景真的被下令赐死，徐陶仁并没有哭泣。

太子去世后，齐武帝有一天步行到了东宫，看见了过去的那些奢华服饰、玩物，极为愤怒，下令有关部门随即全都毁掉。因为竟陵王萧子良平时和萧长懋关系最好，却没有报告，因此责备萧子良。

太子萧长懋平时一直讨厌西昌侯萧鸾，曾经对萧子良说："我心里特别不喜欢这个人，不知道这是什么缘故，该是他福分浅吧。"萧子良替萧鸾解释辩白。等到后来萧鸾夺取政权后，就将太子的子孙全都杀了。

（以上为第一段，写南齐太子萧长懋的情事，长懋生性豪奢，爱好修建楼堂馆所，瞒住武帝萧赜；一直讨厌西昌侯萧鸾，种下祸根，后来萧鸾称帝，杀光其子孙。）

二月，魏孝文帝在城南主持扶犁耕田典礼。

雍州刺史王奂讨厌宁蛮长史刘兴祖，将刘兴祖逮捕入狱。诬陷刘兴祖勾结煽动山中蛮族，打算发动叛乱。命令王奂把刘兴祖押送到建康处理，王奂却在狱中害死了刘兴祖，谎称他是上吊自杀。齐武帝大怒，派中书舍人吕文显、直阁将军曹道刚，率领禁卫军五百人前去雍州逮捕王奂。命令镇西司马曹虎从江陵出发，在襄阳会师。

王奂的儿子王彪，平日凶狠险诈，王奂管不了。长史殷叡是王奂的女婿，对王奂说："曹道刚和吕文显来，没有看到真正的诏书，恐怕是什么阴谋诡计，正好逮捕他们，再飞马向皇帝报告。"王奂接受建议，王彪就派出一千多名雍州州府内的将士，打开武器库，给每人发放一套铠甲兵器，然后走出南堂，分配兵力，关闭城门，死守雍州城。王奂的学生郑羽，向王奂叩头，请求王奂到城外迎接朝廷派来的官员，王奂说："我没有做贼，打算遣使报告申诉。正是害怕遭到曹道刚和吕文显等奸诈小人的欺凌侮辱，因此暂时关闭城门，自我防守罢了。"王彪于是走出城门，和曹虎率领的军队作战，结果被打败，逃回城里。三月二十五日乙亥，司马黄瑶起和宁蛮长史河东人裴叔业在雍州城内发动兵变，进攻王奂，斩杀了他，逮捕了王彪及王彪的弟弟王爽、王弼和殷叡，全部斩首。王彪的哥哥王融、王琛在建康被处死，只有王琛的弟弟、秘书丞王肃得以逃脱，投奔了北魏。

夏季，四月十四日甲午，南齐立南郡王萧昭业为皇太孙，太子宫内的文武官属，全都改为太孙的官属。又封太子妃琅邪人王氏为皇太孙太妃，南郡王妃何婧英为皇太孙妃。何婧英是何戢的女儿。

北魏太尉拓跋丕等人，请求建立中宫。四月十八日戊戌，册封冯清为皇后。冯皇后是冯熙的女儿。魏孝文帝根据《白虎通》上所说“君王不可以把妻子的父母作为臣属”，颁布诏书命令太师冯熙呈递奏章时，不再称臣，进入朝廷不用叩拜，冯熙坚决辞谢。

光城蛮人首领、征虏将军田益宗率领自己部落四千多户人家反叛，向北魏投降。

五月十三日壬戌，魏孝文帝在宣文堂摆设酒席，宴请四庙的子孙，和他们在一起论年齿辈分，用对待家里人的礼节对待他们。

五月十五日甲子，魏孝文帝来到金銮殿，接见公卿以下官员，裁决政务上疑难，录决囚徒。孝文帝说：“自今向后，朝廷大事，在中午以前，由你们自己先商量讨论，中午过后，朕和你们一块儿讨论裁决。”

五月二十七日丙子，齐武帝任命宜都王萧铿为南豫州刺史。在这之前，曾任命庐陵王萧子卿为南豫州刺史，但萧子卿在前往任所的途中，把自己率领的军队假扮成水军模样取乐，齐武帝听说后大怒，下令杀了萧子卿的典签，又另派萧铿前去接替。萧子卿返回自己的家里，齐武帝直到他去世，也不和他相见。

襄阳蛮酋长雷婆思等人，率领一千多户居民向北魏投降，请求迁移到北魏境内居住，北魏安置在沔水以北。

（以上为第二段，写南齐雍州刺史王奂擅杀宁蛮长史刘兴祖，导致全家被杀；庐陵王萧子卿为南豫州刺史，在上任途中，将部属扮作水军取乐，被撤职遣回。）

魏孝文帝因为平城气候寒冷，夏季六月时还在下雪，常起风沙，所以，准备把都城迁到洛阳。担心文武官员不同意，于是，提议大规模进攻南齐，打算以这种名义胁迫大家。在明堂南厢东边的偏殿斋戒之后，让太常卿王谌占卜，得到“革卦”，孝文帝说：“‘商汤王和周武王革命，顺应上天之命，符合百姓之心。’没有比这更吉祥的了。”文武官员没有人敢说什么。尚书、任城王拓跋澄说：“陛下继承几代累积下来的大业，并使之发扬光大，拥有了中原土地，而如今却要讨伐还没有臣服的对象，得到了商汤王和周武王变革的象辞，恐怕这并不全是吉利。”孝文帝严厉地说：“彖辞说：‘大人物如老虎一样地变革。’你为什么要说这不吉利呢？”拓跋澄说：“陛下作为飞龙兴起很久了，怎么到今天才如同老虎一样地变革？”孝文帝发怒说：“社稷是我的社稷，任城王打算要大家灰心失望吗？”拓跋澄说：“社稷虽然是陛下所有，而我是社稷的臣属，怎么可以明知危险而不说出来呢？”孝文帝过了很长时间才缓和了气色，说："每个人说出自己的看法，这又有什么关系！"

回到皇宫，孝文帝立刻召见拓跋澄，劈头就说："刚才关于'革卦'的事，现今要进一步和你讨论一下。在明堂上，我之所以大发脾气，是因为害怕大家争先恐后地发言，破坏了我的大计，所以声色俱厉，以此吓唬那些文武官员罢了。想你会了解朕的用心。"于是命令左右侍从退下，对拓跋澄说："今天我所要做的这件事，确实是很不容易的。我们国家是在北方疆土上建立起来的，后来又迁都到平城。平城只是用武力开疆拓土的地方，而不宜进行文治教化。现今，我打算进行改变风俗习惯的重大变革，这条路走起来确实困难，朕只是想利用大军南下征伐的声势，将京都迁到中原，你认为怎么样？"拓跋澄说："陛下打算把京都迁到中原，用以扩大疆土，征服四海，这一想法也正是以前周王朝和汉王朝兴盛不衰的原因。"孝文帝说："北方人习惯往常留恋故旧，一定会惊恐骚动起来，怎么办？"拓跋澄回答说："非常的事，原来就不是平常的人所能做得了的。陛下的决断，是出自圣明的内心，他们又能有什么办法呢？"孝文帝说："任城王真是我的子房呀！"

六月初七日丙戌，魏孝文帝下令在黄河上修筑大桥，准备让南下大军由桥上渡过黄河。秘书监卢渊上书认为："以前太平时代的君主，从来没有亲自统率六军，决战双方交战阵地上，还不是因为胜利了并不足以显示英武，而失败了则会亏损威望吗？以前，魏武帝曹操以一万名疲惫不堪的士卒打败了袁绍，谢玄率领三千名步兵，摧毁了苻坚，胜利与失败的变化，决定于须臾之间，而不在于人数多少。"颁布诏书回应说："太平时代的君主，之所以不亲自统率军队作战，有的是因为天下已经统一，不再存在敌人；有的是因为懦弱卑怯，苟且偷安。现今说是天下已经统一还不尽然；比之于懦弱卑劣则可耻。如果君主一定不应该亲自统率军队作战，那么，古代的君王特别制造的革车，又有什么用呢？曹操之所以能取得胜利，是因为依仗名正言顺。苻坚之所以失败，其根源也是由于他失去内政。岂是人数少就一定能战胜人数多，力量弱就一定能战胜力量强的吗？"六月二十八日丁未，魏孝文帝讲论武事，命令尚书李冲负责选拔将官。

建康僧人法智和徐州平民周盘龙等人发动叛乱，乘夜进攻徐州城，突入城中。徐州刺史王玄邈率军讨伐，杀了法智和周盘龙。

秋季，七月初五日癸丑，北魏立皇子拓跋恂为太子。

七月十日戊午，北魏实行戒严管制，发表正式文告，并将文告转交各地，宣称要南伐。齐武帝立刻颁布诏书，发动扬州、徐州男子入伍，同时在各地大肆征兵买马，用以防备北魏大军的入侵。

（以上为第三段，写北魏孝文帝拓跋宏志欲迁都洛阳，阻力重重，便以南伐为名，得到任城王拓跋澄的大力支持；于是，为南下作准备，建桥渡河，讲武选将。）

中书郎王融自认为其才能和门第很高，不到三十岁就打算做公辅。有一次在宫中值夜，手抚桌子叹息说：“竟然孤寂到如此地步，被邓禹所耻笑啊！”有一次出行，正赶上朱雀桥打开浮桥，行人车马不能前进，喧闹拥挤，王融就用手捶打车厢，叹息说：“车前没有八个骑兵开道，怎么能称得上是大丈夫！”竟陵王萧子良喜爱王融的文才，所以，对他特别优待亲热。

王融发现齐武帝有北上征伐的意思，多次上书鼓动催促，并努力学习骑马射箭。魏军即将前来时，萧子良就在东府开始招兵买马，任命王融为宁朔将军，让他主持事务。王融很用心地招收人马，召集了几百名江西古楚国地区的武人，都很有才干。

正遇到齐武帝身体不舒服，命令萧子良全副武装去延昌殿服侍医药。萧子良就任命萧衍、范云等人都担任帐内军主。七月二十日戊辰，派江州刺史陈显达镇守樊城。齐武帝顾虑引起朝廷内和民间的担忧恐惧，所以强挺着，征召皇家乐队进宫演奏正统雅乐。萧子良日夜守在禁宫，皇太孙萧昭业每隔一天就要进来问安、侍奉。

七月三十日戊寅，齐武帝病势加重，一时气绝。皇太孙萧昭业还没有入宫，内外惶恐不安，文武百官都改穿了丧服。王融打算假传圣旨，命萧子良继承皇位，已将诏书草稿写好。萧衍对范云说：“民间已是议论纷纷，都说宫内可能要发生非常的情况。王融并不是治理国家的人才，可以看着要出事了。”范云说：“忧国忧民的人，也只有王中书了。”萧衍说：“忧国忧民，是想要当周公、召公呢，还是想当齐桓公死后的竖刁呢？”范云不敢回答。等到萧昭业入宫，王融已是全副武装，穿着红色战服，站在中书省厅前要道，截住东宫卫队不让进入。一会儿，齐武帝醒转过来，问皇太孙在哪里，于是召东宫卫队全部入宫，把国家大事全部托付给了尚书左仆射西昌侯萧鸾。不一会儿，齐武帝就去世了。王融紧急布置，命令萧子良的军队禁绝宫城各门。萧鸾得到消息，上马飞奔到云龙门，不能进去，萧鸾说：“皇上诏令召见我！”推开卫士，直接闯了进去，侍奉皇太孙萧昭业登殿，命令左右把萧子良搀扶出金銮殿。萧鸾指挥和安排警卫戒备，声音洪亮如钟，殿内所有的官员侍从，没有一个不听从他的命令的。王融知道自己的计划不能实现，也就只好脱下战服，返回中书省，叹息着说：“公耽误了我。”从此以后，郁林王对王融深为怨恨。

齐武帝遗诏说：“皇太孙的品德修养一天比一天有成就，国家也有所寄托。萧子良要努力尽心辅佐，考虑弘大治理之道，内外各种事情，无论是大是小，都要和萧鸾一起商量裁决，一起提出意见。尚书省的事务，是政务的根本；将它全都交给右仆射王晏、吏部尚书徐孝嗣处理。军事方面的大计，委托给王敬则、陈显达、王广之、王玄邈、沈文季、张瓌、薛渊等人。”

齐武帝在世时，对国家政治事务十分用心，总揽全局，严明果断，郡守县令长期任职，长官触犯法令，就封缄钢刀执行诛杀。所以，在永明时代，老百姓生活富足，祥和安乐，盗贼不敢横行。不过，齐武帝喜欢游乐饮宴，对于奢华糜烂的生活，齐武帝经常说很痛恨，但是他自己也并没有及时改掉喜好游宴的毛病。

（以上为第四段，写南齐武帝萧赜去世，宁朔将军王融依附竟陵王萧子良，欲推戴子良为帝，事与愿违；皇太孙萧昭业即位，西昌侯萧鸾临机处置朝廷的政务。）

郁林王萧昭业还没有登基即位时，大家都怀疑可能要册立萧子良，传言沸腾。武陵王萧晔曾经在大庭广众之下大声说："如果选择辈分高的继承王位，就应该是我；如果选择嫡系继承王位，那么，就应该是皇太孙。"为此，郁林王对萧晔深加信赖。直阁将军周奉叔和曹道刚二人，平时就是皇帝的心腹，命令二人同时主管殿中值班宿卫。过了几天，又任命曹道刚为黄门郎。

当初，西昌侯萧鸾深受齐高帝的宠爱，萧鸾生性节俭朴素，他所乘坐的车马、所穿的衣服，以及仪仗随从，和平常人家一样。所担任的官职号称严厉能干，所以齐武帝对他也很重视。齐武帝遗诏让竟陵王萧子良辅政，萧鸾任知尚书事。萧子良平素仁义宽厚，不喜欢处理朝廷各种事务，于是，就特别推荐萧鸾。所以遗诏上说"内外各种事情，无论是大是小，都要和萧鸾一起商量裁决，一起提出意见"，这是萧子良的想法。

郁林王萧昭业从小由萧子良的妃子袁氏抚养，非常慈爱关心。王融有阴谋以后，皇帝对萧子良也就深为忌恨。大行皇帝的遗体移到太极殿时，萧子良住在中书省，皇帝就派虎贲中郎将潘敞率领二百名士卒驻守在太极殿西阶，严防不测。等到遗体入殓，各位亲王都走出宫中后，萧子良请求能允许他在这儿等到下葬那天再离开，未被应允。

八月初四日壬午，郁林王萧昭业声称奉齐武帝的遗诏，任命武陵王萧晔为卫将军，和征南大将军陈显达一同为开府仪同三司，尚书左仆射西昌侯萧鸾为尚书令，太孙詹事沈文季为护军。八月初五日癸未，又任命竟陵王萧子良为太傅。下令免除三种征调，对以前所欠的赋税也一律免除。减省皇室各府、署和不使用的田庄、水池、宅第、冶炼铸造场，减少关卡税收。在这以前，虽然也有免除赋税的诏令，但没有形成事实，还像以前一样严加征收。现今，西昌侯萧鸾当权执政，恩德和信用一同实施，大家都非常高兴。

（以上为第五段，写皇太孙萧昭业继任皇帝后，排挤竟陵王萧子良，让其赋闲；假借遗诏，重用亲信；以西昌侯萧鸾为尚书令，统领朝政，恩信并施。）

北魏山阳景桓公尉元去世。

魏孝文帝派录尚书事、广陵王拓跋羽，手持皇帝的符节前去安抚六镇，并征调六镇的突击骑兵。八月初九日丁亥，孝文帝叩别永固陵。八月十一日己丑，从平城出发，大规模向南征伐，步兵、骑兵三十多万。命令太尉拓跋丕和广陵王拓跋羽留在平城镇守，并加授使持节。拓跋羽说："太尉最好全权负责管理，臣可以做他的副手。"魏孝文帝说："年纪大的人有智慧，年纪轻的人决断，你不要推辞了。"任命河南王拓跋幹为车骑大将军、都督关右诸军事，司空穆亮、安南将军卢渊、平南将军薛胤三人都担任拓跋干的副手，共七万人，从子午谷南下。薛胤是薛辩的曾孙。

南齐郁林王生性聪明，有口才，形貌漂亮、举止动人，善于应对，和一般人比，更容易动感情，世祖很宠爱他。但是善于伪装矫饰，表面善良，内心却是阴狠卑鄙，跟左右一些恶劣的小人混在一起，衣食不分，就连睡觉也挤在一块儿。

南齐郁林王萧昭业开始担任南郡王时，跟随竟陵王萧子良一起住在西州。文惠太子萧长懋经常管束他的生活起居，限制他的花销费用。郁林王就偷偷向富有人家要钱，没有人敢不给他。自己还另外制造了一把钥匙，夜里私自打开西州州府后门，和左右侍从一起到各个军营去荒淫欢宴。他的老师史仁祖和侍书胡天翼商议说："如果把这件事报告给皇上或皇太子，事情就不会那么容易解决了。如果在军营中被别人打了，或者被狗什么的咬伤了，岂止是我们本身要获罪，我们全家都要被牵连进去。我们俩都年已七十，哪里还吝惜自己以后的岁月！"几天之内，史仁祖和胡天翼都先后自杀，世祖和太子却不知道。对他所宠信的左右侍从，都预先封爵任官，写在黄纸上，让这些人装在口袋里，随身携带，答应在他即皇帝位时，照此执行。

南齐郁林王萧昭业侍奉太子养病及后来守丧期间，面带忧愁，悲泣哀号，看见他的人也都被他的行为感动得哭泣起来。可是，一返回家里，就立刻笑逐颜开，大吃大喝起来。他经常命令女巫杨氏向上天祈祷，从速求得天位。太子去世时，认为是借杨氏巫祝的力量的结果，更加敬重信任杨氏。等到被封为皇太孙以后，齐武帝有病，他又命令杨氏向上天祈祷。此时，他的正室何妃还留在西州，齐武帝的病开始严重时，太孙给何妃写信，信纸中间写了一个大喜字，又围绕着大喜字，在旁边写了三十六个小喜字。

郁林王萧昭业侍奉齐武帝疾病时，说话之间眼泪就忍不住往下流。齐武帝认为他一定能够承担起国家大业，就对他说："五年之内，国家大事先全部托付给宰相，你不要过问。五年之后，你再亲自处理，不再交给别人。如果自己执政没有干出什么成就来，也没有什么可遗憾的。"临去世之前，拉着他的手说："如果还想念你祖父的话，就好好干。"说完，就去世了。大殓刚完毕，就将齐武帝的歌舞伎都叫来，叫她们一个接一个地演奏各种音乐。

郁林王萧昭业登基刚十几天，就逮捕了王融，交付给廷尉审判，命令中丞孔稚珪控告王融阴险、浮躁、轻率、狡黠，招降网罗为非作歹的人，又诽谤朝廷。王融向竟陵王萧子良求救，萧子良又忧又怕，不敢救，于是命令王融在狱中自杀，王融这年二十七岁。

当初，王融打算与东海人徐勉结成知心朋友，经常托人召见。徐勉对人说："王融的名气高而轻躁，很难和他荣辱与共。"不久，王融大祸及身，而徐勉也因此出了名。太学生会稽人魏准因为才能和学问都很高，深为王融所赏识。王融打算拥戴萧子良登基即位，魏准就鼓动王融做成这件事。太学生虞羲和丘国宾二人私下里议论说："竟陵王萧子良才能弱，王中书又没有决断能力，他们的失败就在眼前。"王融被杀后，又把魏准召到中书省盘问，他因极度惊慌恐惧而吓死了，整个身子都是青色的，当时人都认为他的胆被吓破了。

（以上为第六段，写南齐皇太孙萧昭业善于伪装矫饰、耍滑头，即帝位后即翻脸，将欲立竟陵王萧子良为帝的王融拘捕，逼其在狱中自杀。）

八月二十四日壬寅，魏孝文帝抵达肆州，看见路上老百姓有腿瘸目盲的，就立刻让马车停下，慰问安抚这些人，又供给他们终生的衣食。

大司马、安定王拓跋休抓了三名小偷，把他们绑起来到各个军营中游行示众，想要斩首。魏孝文帝巡视军营经过这里，下令赦免，拓跋休认为不能这样做，他说："陛下亲自统领六军，将要远征江南，而如今我们刚刚走到这里，这些奸诈小人就开始偷盗抢劫，不斩了怎么能禁止人们干坏事？"孝文帝说："的确像你所说的那样。不过，君王的本体，有时常有非常的恩泽。这三人罪当处死，可是，命运使他们遇到了朕，即便违犯了军事法令，也可以特别赦免他们。"接着，又对司徒冯诞说："大司马拓跋休执行法令严肃认真，你们以后不能不小心谨慎地做事。"军队的纪律也为此森严起来。

臣司马光评论说：人主和国家的关系，就好像是同一个躯体，看远处就像看近处，在边境就像在朝廷。推举贤能之才委任各种官职，修明政治以利于百姓，疆界内就没有不各得其所的。因此，以前的君王总是用黄棉堵住耳朵、用帽穗遮住眼睛，目的就是想不让自己耳朵只听近处的声音、眼睛只看眼前的东西，而把自己的聪明推到遥远的四面八方。那些残疾有病的人，自然应该抚养，但更应该命令有关部门把这种恩泽普及到全国境内。如今，只是对在路上遇见的几个人施舍一下，那么，被遗漏的就太多了。所施的仁爱不也是太轻微了吗？更何况，赦免犯罪的人，却破坏了有关部门颁布的法令，这更不是君王应该做的事。可惜啊，孝文帝是北魏的贤明君主，却还有这些不足呢！

（以上为第七段，写北魏孝文帝拓跋宏施恩残疾人，竟然施恩偷盗者，予以奉养、特赦，司马光予以评论，认为这样做，是破坏了法令。）

八月三十日戊申，魏孝文帝抵达并州。并州刺史王袭治理当地很有声誉和成绩，州内平安宁静，孝文帝对他甚为赞许。王袭下令全州百姓在道路两旁竖起很多石碑，虚假地赞美其德政。孝文帝听说后查问，但王袭回答时却不说实话。孝文帝发怒，将王袭的称号贬降了两级。

九月初四日壬子，北魏派遣兼员外散骑常侍勃海人高聪等人来访。

九月初九日丁巳，魏孝文帝颁布诏书，皇帝乘车所经过的地方，如果给百姓秋季庄稼造成了损害，对每亩被毁坏的田地要补偿五斛稻谷。

九月十三日辛酉，南齐追尊文惠太子为文皇帝，庙号世宗。

齐武帝的棺木要在东府前秦淮河上船，郁林王萧昭业在皇城端门恭奉送别，丧车还没有走出端门，就立刻声称自己有病，回宫去了。刚刚踏进宫内，就在殿内演奏起了胡人的音乐，皮鼓、铜铃之声响彻皇宫内外。九月十八日丙寅，安葬齐武帝于景安陵，庙号世祖。

九月二十日戊辰，魏孝文帝渡过黄河；九月二十二日庚午，抵达洛阳；九月二十四日壬申，又巡视以前的太学观看石经。

九月二十七日乙亥，邓至王像舒彭派他的儿子像旧到北魏朝廷晋见，请求允许把王位传给像旧，魏孝文帝批准。

魏孝文帝从平城出发，直到抵达洛阳，天一直下雨，没有停过，九月二十八日丙子，大军继续向前方进发。九月二十九日丁丑，孝文帝身穿战服，手持马鞭，骑马出发。文武官员叩拜在马头。孝文帝说："庙堂上胜算已经决定，大军将要继续前进，你们还想要说什么呢？"尚书李冲等人说："今天的行动，全国上下都不愿意，只有陛下一个人想实现它。臣不知道陛下独自行走，将要到什么地方去。臣等有一心愿，却无法表达，只好冒死向陛下请求。"孝文帝勃然大怒说："我正要经营天下，期望混一宇内，可你们这些文弱书生，却多次怀疑这一重大决策。斧钺有它使用的地方，你们不要再多说什么！"纵马要走，这时安定王拓跋休等人一齐流泪劝谏，孝文帝才告诉大家说："这一次，我们出动军队的规模不小，出动而没有什么成就，将来拿什么让后人看？朕世世代代居住在北方偏远之所，一直想要南迁到中原。如果不向南征伐，就应该把京都迁到这里，王公以为如何？同意迁都的站在左边，不同意的人站在右边。"安定王元修等结队站到了右边。南安王拓跋桢上前说："'干成大事业的人，并不向众人征询意见。'如今陛下如果放弃向南征伐的计划，将京都迁到洛邑，这正是我们所希望的，是老百姓的幸运。"文武百官都高呼万岁。当时，鲜卑人虽然不愿意向南迁移，但是又害怕再向南征伐，所以，也就没有人敢说什么。北魏的迁都大计，于是确定了下来。

（以上为第八段，写北魏孝文帝拓跋宏南行到了洛阳后，继续策马南伐，大臣磕头强谏，于是，拓跋宏提出迁都洛阳就停止南进，大臣们都乐于接受，就这样孝文帝实现了迁都计划。）

李冲对魏孝文帝说："陛下将要迁都洛邑，皇家祖庙和皇宫、府宅都要重新建造，不能只骑在马上游走而等待。希望陛下暂时回到平城，等到文武百官把这一切事情做好之后，陛下再备齐仪仗，鸣响銮铃莅临新的首都。"孝文帝说："朕正要到各个州郡巡查，先到邺城，暂做停留，开春就返回，而不应该先回北方。"便派遣任城王拓跋澄返回平城，向留守在那里的官员们宣布迁都的情况，对任城王说："前签卜遇革卦，今日的迁都，是真正在革除北方的旧俗，请任城王想尽办法做好说服工作。”

孝文帝因为文武官员的意见并不一致，对卫尉卿、镇南将军于烈说：“你的意见如何？”丁烈回答说：“陛下圣明的谋略，是为了国家长远的利益，这不是愚昧、肤浅的人所能预测得到的。但如果推测大家的心意，愿意迁都的人和依恋故土的人，正好各占一半。”皇帝说：“你既然没有公开倡导反对，那就是表示认同了，深感到你不说话的好处。”派于烈回到平城镇守，说：“留守在朝廷里的各种政务，全都托付给你了。”于烈是于栗磾的孙子。

在这之前，北地平民支酉聚集了几千人，起兵于长安城北石山，并派使者报告给梁州刺史阴智伯。秦州平民王广也聚众起来响应支酉，进攻并抓获了北魏秦州刺史刘藻。于是，秦州、雍州之间七州的平民都受到震动，响应人数多达十万，分别据守在城堡里，等待南齐派兵救援。北魏河南王拓跋幹率领大军袭击，结果大败。支酉率领军队乘胜进军到咸阳北边的浊谷，司空穆亮与支酉大战，结果也大败。齐梁州刺史阴智伯派遣军主席德仁等人率领几千名将士前来接应。支酉等人又率军向长安挺进，北魏安南将军卢渊、平南将军薛胤等人奋起抗击，大败支酉，有几万人投降。卢渊只杀首要分子，其他人全不予以追究。并捕获了支酉、王广，将二人同时斩首。

冬季，十月初一日戊寅朔，魏孝文帝巡视金墉城，召回穆亮，命令他和尚书李冲、将作大匠董尔一起负责营建新都洛阳。十月初二日己卯，巡视河南城。十月初八日乙酉，巡视豫州。十月十六日癸巳，在石济住宿。十月十八日乙未，下令北魏境内解除戒严，在滑台城东边兴筑祭台，向随行的祖宗牌位禀告迁都的想法。下令大赦天下。兴筑滑台宫。任城王拓跋澄回到平城，大家刚刚听到要迁都时，没有不感到震惊的。于是，拓跋澄引经据典，慢慢地解释开导，大家开悟，终于接受了。拓跋澄回到滑台汇报，孝文帝高兴地说：“没有任城王，朕的事就办不成。”

（以上为第九段，写北魏孝文帝拓跋宏向平城宣布迁都的决定，由穆亮、李冲、董尔一起负责营建新都洛阳。）

十月二十五日壬寅，南齐尊皇太孙太妃王氏为皇太后，立何妃为皇后。

十月二十六日癸卯，魏孝文帝巡视邺城。王肃在邺城晋见，陈述讨伐齐的策略。孝文帝和王肃谈着谈着，不知不觉地把自己的座位往前移，时间不知不觉地过去了很久。从那以后，对王肃的器重和待遇一天比一天隆厚，无论是亲信故旧还是重臣，都无法离间这君臣二人之间的关系。魏孝文帝有时就让左右侍从退下，单独和王肃谈话，谈到半夜，仍不停止，他自认为和王肃相见太晚。不久，任命王肃为辅国将军、大将军长史。这时，魏孝文帝正打算推广使用礼仪和雅乐，改变成和汉人一样的风俗，只要是展示威严仪容的文物制度，大多都让王肃来确定。

十月二十八日乙巳，魏孝文帝派安定王拓跋休率领侍从官员到平城迎接眷属。

十一月初四日辛亥，郁林王萧昭业封皇弟萧昭文为新安王，萧昭秀为临海王，萧昭粲为永嘉王。

魏孝文帝在邺城城西兴建皇宫，十一月十六日癸亥，搬入新皇宫。

御史中丞江淹，弹劾前益州刺史刘悛、梁州刺史阴智伯二人贪污，赃物无数，都以刑罚定罪。当初，刘悛由广、司二州罢职，倾尽资产以奉献世祖，家里一点儿积蓄也没有。在益州时，刘悛曾制作黄金的浴盆，其他物品也与此一样昂贵。郁林王即位后，刘悛进献的东西减少了。郁林王萧昭业很生气，就将刘悛逮捕，交给廷尉判罪，打算杀了他。西昌侯萧鸾说情相救，才使他免于一死，但仍然终身禁锢，不许做官。刘悛是刘勔的儿子。

（以上为第十段，写北魏孝文帝拓跋宏重用儒臣王肃，共同谋划国家大计；南齐皇帝萧昭业治罪前益州刺史刘悛，竟然是因为他进贡太少，实在是荒唐透顶。）

【点评】

本卷点评两件史事如次。

一、北魏迁都。北魏迁都洛阳是改天换地的一件大事，孝文帝审慎思维，周密策划，为避免引起动乱，以南下讨齐为借口，到达洛阳时，预先设想好反对南下的群臣自然会阻止，孝文帝遂以建都于洛阳为替代条件，这时就容易说服群臣。当这一决定传到北魏首都平城的时候，仍然引起极大的震动，可见迁都这一改革是何等不易。

二、沈约奉敕撰《宋书》。南齐永明五年（487）沈约奉敕撰《宋书》，到第二年即一年时间就完成了纪传七十卷，随后续成八志三十卷，共一百卷，完整记述刘宋一代的断代史，是中国历史上最快完成的一部断代史。在二十四史中，《宋书》属中上作品，公认列于前四史之后的最上乘之作。为何一部速成之史而有如此巨大的成就，这有主客观的原因。主观原因，沈约是当时的文坛领袖，不仅诗文著名一时，而且更长于史学。沈约出身豪门，有着良好的教育，而又生于乱世，历经磨难，家族多人卷入政治斗争被杀，养成沈约淡泊名利，废寝忘食学习的习惯，沈约博近群籍，学综文史，一生著述宏富，近400卷著作，历史著述有《晋书》《齐纪》《梁武纪》等，《晋书》先于《宋纪》成书，积累了著史的经验。客观原因，沈约依靠的基础厚实。刘宋一朝重视当世史的撰述。在沈约之前，刘宋完成了当代人著述的《宋书》三种：其一，徐爰《宋书》六十五卷，孙严《宋书》六十五卷，无名氏《宋书》六十一卷；此外何承天《宋志》十五篇，这些是沈约撰述《宋书》的蓝本，尤其徐爰、何承天两书号称名著。在这样的主客观条件下，沈约速成《宋书》而成就斐然，也就顺理成章了。如今《宋书》是研究刘宋王朝最核心的依据，是值得大书一笔的。沈约著述大部分今已不存，传世的历史书只有《宋书》一百卷，诗文有《沈隐侯集》。

资治通鉴（白话本） 卷第一百三十九

齐纪五

齐明帝建武元年（公元 494）

【阏逢阉茂（甲戌，公元 494 年），凡一年】

【大事提要】

本卷记公元 494 年一年的史事，当齐明帝建武元年，凡一年。本卷所载大事，南朝齐两件大事：其一，齐明帝继位，又走上皇室内自相残杀的旧路，大杀齐高帝、齐武帝的诸子，引起内乱。其二，叙述南齐典签制度的弊端以及衰落。北朝北魏两件大事：其一，此年十月，北魏迁都洛阳。迁都的事起自公元 491 年，北魏孝文帝一系列改革中最为重大的第一步，至此完成。其二，诏令禁止士民穿胡服。

高宗明皇帝上

齐明帝建武元年（甲戌，公元 494 年）

春季，正月初一日丁未，南齐改年号为隆昌，大赦天下。

雍州刺史晋安王萧子懋考虑到郁林王年幼，时局艰难，就暗中筹划自我保全的计策。命令所辖兵器作坊打造兵器；征南大将军陈显达驻扎在襄阳，萧子懋想胁迫他做自己的将领。陈显达把情况密告西昌侯萧鸾，萧鸾任命陈显达为车骑大将军，而调萧子懋为江州刺史，并且命令萧子懋把部曲留下来帮助镇守襄阳，仅仅带周围随从、侍卫人员随行。陈显达经过襄阳时，萧子懋对他说："朝廷命令我单身而返，我身为天子家诸王，难道能过于轻率吗！现今我仍想要二三千人马随行，不知你意下如何呢？"陈显达说："殿下如果不把部曲留下，就是完全违抗圣旨，这事情可不轻呀！况且，这个地方的人也难以收用。"萧子懋沉默不语。于是，陈显达告辞而出，很快就出发走了。萧子懋因计谋未成，就去了寻阳。

西昌侯萧鸾谋划废立皇帝，因此叫来原镇西谘议参军萧衍一起密谋。荆州刺史、随王萧子隆性情温和，有文才，萧鸾想要调用他，但又担心他不听从。萧衍说："随王这个人虽然美名外传，其实平庸顽劣。他既没有智谋人物，手下武将中他只依靠司马垣历生和武陵太守卞白龙。这两个家伙唯利是图，如果以显要的官职引诱他们，没有不来的道理。至于随王本人，仅用一封信就可以召来了。"萧鸾听从了萧衍的计划。征召垣历生为太子左卫率，卞白龙为游击将军，两人都来了。接着，又征召萧子隆为侍中、抚军将军。豫州刺史崔慧景是齐高帝萧道成、齐武帝萧赜的旧将，萧鸾对他有疑心，就派遣萧衍为宁朔将军，戍守寿阳。崔慧景害怕了，穿着白色衣服出城迎接萧衍，萧衍对他大加安抚。

正月初五日辛亥，郁林王在南郊祭天；正月十二日戊午，拜谒崇安陵。

正月十七日癸亥，魏孝文帝南下巡视；正月二十二日戊辰，经过比干的坟墓时，用太牢礼祭于墓前，孝文帝亲自撰写祭文说道："呜呼！如此耿直之士，为什么不是朕的大臣呢！"

郁林王宠信中书舍人綦毋珍之、朱隆之，直阁将军曹道刚、周奉叔，宦官徐龙驹等人。凡是綦毋珍之所论定、想做的事情，郁林王没有不答应的。朝廷内外的重要官职统统划定价格，然后交钱任命，一月之间，綦毋珍之就家累千金。擅自取用朝中物品，占用差役人员供自己驱使，不等待朝廷的诏旨。朝中的官员在一起言谈时说："宁可抗拒皇上的圣旨，也不可以违背舍人的命令。"郁林王任命徐龙驹为后阁舍人，经常住在含章殿中，戴着黄纶帽，披着貂皮大衣，面朝南坐在案前，代替皇帝批阅文告，左右侍奉，与皇帝没有什么两样。

（以上为第一段，写南齐萧赜去世后，其孙萧昭业即位，暗流涌动，西昌侯萧鸾掌握实权，控制朝廷，与萧衍密谋废立之事；而昭业少不更事，宠幸小人，留下口实。）

郁林王自从祭拜山陵之后，就与左右侍从穿上便服在闹市中游走戏玩，还喜欢在世宗崇安陵的墓道中相互扔掷泥巴、比赛跳高，做种种粗鄙下流的游戏，随意赏赐左右，动辄就是数十上百万。一见到钱就说："过去我想得到你十个都不行，现今我还用得着你吗？"齐武帝聚敛钱财，上库中存有五亿万，斋库中也多于三亿万，至于金银布帛更不可胜计，郁林王即位还不满一年，就挥霍将尽。进入主衣库，让何皇后以及宠爱的妃子们用各种宝贵器具互相投击，打成碎片，以此玩笑取乐。他还与齐武帝宠姬霍氏通奸，让她改姓徐。朝廷中的大小事情，全部由西昌侯萧鸾来决定。萧鸾数次劝谏，郁林王不但不听从，反而心生忌怨，想把萧鸾除掉。由于尚书右仆射鄱阳王萧锵曾被世祖所厚爱优待，就私下里对萧锵说："您听说萧鸾对待我如何呢？"萧锵为人向来平和谨慎，就回答说："萧鸾在皇室宗族中年岁最长，而且接受了先帝的托嘱，我们都年幼，朝廷中所可以依赖之人唯有萧鸾，愿陛下不要过虑。"郁林王回宫之后，对徐龙驹说："我想与萧锵一起合计收拾掉萧鸾，萧锵不同意，而我独自一人又不能办到，姑且让萧鸾专政，暂时不动他。"

卫尉萧谌是齐武帝的本家侄子，从齐武帝在郢州时起，就成为他的心腹之人。到齐武帝登基之后，经常在宫中值宿，凡是机密的事情，无不参与知晓。征南谘议萧坦之是萧谌的本家，曾经做过东宫直阁，为文惠太子所知遇。郁林王因为萧谌、萧坦之两人曾是祖父和父亲的人，所以就特别亲近、信赖他们。每当萧谌有急事请假不值宿，郁林王萧昭业就通夜不寐，直到萧谌回来才能安下心来。萧坦之也可以出入于后宫，凡是郁林王亵狎宴游的场合，他都守在旁边侍奉。郁林王酒醉之后，常常脱光衣服，萧坦之总是扶持着并且谏言劝谕。西昌侯萧鸾想要进谏，郁林王就躲在后宫中不出来，萧鸾只好派遣萧谌、萧坦之直接进到后宫，才能把要说的话转告于郁林王。

何皇后也非常淫荡，私通于郁林王的随从杨珉，与杨珉同枕共寝就像夫妻一般。何皇后又与郁林王极尽狎昵亲热之事，所以郁林王放纵她。他还把何皇后的亲戚迎进宫中，安排住在耀灵殿里，门户彻夜洞开，内外淆杂混处，没有任何分别。西昌侯萧鸾派遣萧坦之进宫奏请诛杀杨珉，何皇后哭得泪流满面说："杨郎多么年轻，又没有什么罪，怎么可以无缘无故就杀掉呢？"萧坦之见状赶紧向郁林王悄悄耳语道："外面纷纷传说杨珉同皇后有苟且之情，事实彰显，远近皆知，不可以不杀掉呀。"郁林王不得已，同意处死杨珉。不一会儿，又后悔了，诏令赦免杨珉，可是已经行刑完毕了。萧鸾又启奏诛杀徐龙驹，郁林王也不得不违心同意，但是从此对萧鸾的忌恨之心更加强烈了。萧谌、萧坦之见皇帝狂荡放纵一日甚于一日，已经到了无可悔改的地步，担心祸害及身，就反过来一心依附萧鸾，劝说他行废立之事。从此，就成了萧鸾在郁林王身边的耳目，而郁林王却没有觉察。

周奉叔倚仗勇武和威势，凌辱欺侮朝中公卿百官，让二十名持刀兵士跟随左右，出入于皇宫禁门，门卫不敢盘问。他还经常对人讲："我周某人的刀不认人啊！"萧鸾对周奉叔特别忌恨，指使萧谌和萧坦之去游说郁林王，让把周奉叔调出京师，安排到外地去。正月二十三日己巳，令周奉叔为青州刺史，曹道刚为中军司马。周奉叔来见郁林王，请求封自己为千户侯，准许了。萧鸾却不同意，只封他为曲江县男，食邑三百户。周奉叔大怒，站在人群中挥刀喊叫，表示不满，萧鸾反复劝谕告说，才接受了。周奉叔辞谢完毕，将要去青州，部下人马已经出发了，萧鸾与萧谌称皇帝有令，把周奉叔召到官署中来，殴打直至丧命，并启奏郁林王说："周奉叔傲慢于朝廷，因此处死。"郁林王不得已，批准了他的奏章。

溧阳令钱唐人杜文谦，曾经在郁林王初封南郡王时做伴读。不久以前，杜文谦游说綦毋珍之讲道："天下的事情已经可知，灰将尽，烟将灭，这只是早晚的事情了。不及早做好打算，我们这些人将遭灭族之灾了。"綦毋珍之问道："有什么办法呢？"杜文谦说："先帝的旧人，多数被排斥，如今召他们回来加以重用，谁能不慷慨风发呢？近来听说王洪范与宿卫将万灵会等人在一起议论时，都气得卷起袖子捶床，您可密告周奉叔，让周奉叔派万灵会等人杀掉萧谌，这样的话，皇宫内的卫兵就可以为我所用。然后，派兵进入尚书省，斩掉萧鸾，两个刽子手就可以办到的。如今，这样干一场是一死，不干也是一死，同样是死，还是为朝廷而死吧！如果迟疑寡断，再过几天，萧鸾就会以皇帝的名义赐死我们，父母也要受牵连而死，事情已经近在眼前了。”綦毋珍之没有采纳杜文谦的意见。等到萧鸾杀了周奉叔之后，就把綦毋珍之和杜文谦二人也抓了起来，一起杀掉了。

（以上为第二段，写南齐萧昭业即帝位后，宠幸奸佞，挥霍钱财，到了忍无可忍的地步，权臣萧鸾正谋划废掉小皇帝，另立新君。）

正月二十九日乙亥，魏孝文帝到了洛阳西宫。中书侍郎韩显宗向孝文帝上书陈述四件事情：其一，认为：“我听说陛下今年夏天舆驾出行，不是去巡视三齐，就是驾临中山。往年冬天大驾停在邺城，虽然正当农闲的时候，仍然使得每家每户出资出力供奉，何况现今正是蚕麦刚熟的农忙时节，您大驾所至，百姓将如何忍受得住呢？而且六军冒着酷暑护驾，恐怕要生瘟疫。臣希望早点回到平城，以便节省诸州张罗供奉的费用，完成营建修缮洛阳都城的工程。”其二，认为：“洛阳宫殿的旧基，都是魏明帝所建造，前世就批评他太奢侈了。如今我们的营建，应该缩减规模。还有，近来北都平城的富室大户，竞相比逐夸耀宅舍房宇，应该借这次迁都搬移的机会，在这方面定出一个制度。对于都城的道路交通要拓宽取直，水沟渠道也要加以疏通。”其三，认为：“陛下回到洛阳，带领很少的跟随骑兵。皇帝平时住在宫中，还要施行警戒保护措施，何况出外巡察山河岂可不加以三思？”其四，认为：“陛下耳听雅乐，眼观历代圣人典籍，口对百官言谈，考虑纷繁的政务，日影西斜才吃饭，半夜才能入寝。再加上对文明太后的思念，随着时间的推移越来越深；撰写文章，每日都有篇章写成。虽然陛下聪明睿智，这些都不足以成为烦劳，但是终非修心养性、爱惜圣体，以保万寿无疆之良策。俯请陛下无为而治，掌管契要，不必事事亲躬。”孝文帝对上述建议基本上都采纳了。韩显宗是韩麒麟的儿子。

（以上为第三段，写北魏中书侍郎韩显宗上书陈事，从四个方面说事，建议北魏主拓跋宏早还平城，裁减洛阳新都的建制规模，要加强出行警备。）

韩显宗又上书指出：“各州郡举荐的秀才、孝廉，徒有其名而无其实，朝廷只查他们的门第出身如何，而不弹劾其违实之罪。如果这样的话，那么以后可以命令各州郡第资望叙用士人，何必又冒假秀才、孝廉之名呢？门第资望，是父祖的功业，于朝廷皇家有何用处呢？有益于现时的是贤才。如果真正有才能，如姜太公曾做过屠牛之夫，又于渭水之滨钓过鱼，箕子曾做过纣王的奴隶，周文王、武王不以用他们为臣子而感到羞耻。如果没有才能，即便是夏、商、周三代之王的后裔，同样坠落于奴隶杂役之列。有人可能会议论说：‘当今世上实在没有奇才，所以不如以门第取士。’这也是不对的。难道可以因为世上没有周公旦、召公奭二人那样的相才，就废除宰相的位子吗？只要一个人比众人稍有一寸之长、一铢之重，就应当优先叙用，这样就可以做到贤才没有遗漏。

“还有，刑罚的关键，在于明确得当，而不在于专门求重。如果不遗漏有罪者，虽然捶挞得很轻，人们也不敢再犯；如果有侥幸逃脱的余地，虽然有夷杀三族的严厉刑法，也不足以完全惩禁住犯罪行为。当今内外的官员，都想获得时下的名声，争着以严峻刻薄表示无私，轮番地互相敦促从严处理，遂成为一时之风气。陛下您住在九重深宫之内，看待人民如婴儿，而百官分担着处理各种具体事务的职责，对待下面则如仇敌。如尧舜者只有一人，而如桀纣者则成百上千，和气不至，原因正在于此。所以，我认为应该告诫百官，以令他们对百姓施以恩惠。

“还有，过去周成王宫建洛阳，但仍保留丰色为故都；东汉迁都洛阳，长安仍设置京兆尹。根据《春秋》大义，有宗庙的叫‘都’，没有宗庙叫‘邑’。况且平城是宗庙和先帝陵墓所在之地，是王业的根基所在，其作为一块神奇福地，实在是非常久远的，如今就把它等同于一般的州郡，臣私下里非常不安。认为应该将平城升为都城设置尹官，依照旧制，重视旧业，光昭万世。

“还有，古代士、农、工、商分别居处，不使杂混，以便他们能各专其业、各安其志。太祖道武皇帝创基立国之始，改变乱世，每天的时间都不够用，然而仍然区别士族与庶族，不让他们杂混居处，工匠、乐伎、屠夫、卖酒人等各有所处，但没有制定禁止措施，时间久了就互相混淆而住了。现今听说洛阳城居民居处制度专以官位高低来分划处所，行业分类。官职并非是永久不变的，早上开花而傍晚枯萎，所以以官位来划分居处，则势必使士大夫和仆隶之徒不日而相杂混处。假如同一里巷之内，有的人家调教演习歌舞，有的人家读书学道，在此情况之下，即使让孩子们选择自己的爱好，则必定不能弃歌舞而亲近读书学道。这样说来让工匠、伎艺人家学习士人的礼仪习俗，一百年也难以学成；让士人的子弟仿效工匠、伎艺人的举止言谈，一朝半夕就可以学成。所以，孔子指出人选择居处，居于仁者之里才是美；孟母三次择邻而居，这乃是风俗礼仪的根本所在，不可不加以明察。朝廷每次选拔有名望的人，考察其婚姻和仕宦情况来作为升降的标准，何其严密认真啊！至于规划地区安置民众，却士庶混杂，比邻而居，又是何等的疏略啊！如今借着迁徙初始之机，洛阳城中皆是空地，使工匠、伎艺等行当的人分别居住，甚为容易，一言之令即可以办到，有何疑难而不为，以致使得如此盛美之事付之阙如了呢？

“还有，南朝过去占有淮北之地时，自己比作是中华，设置了侨郡侨县。但是，自从淮北归附本朝管辖之后，这一情况仍然沿而未改，以致名实交错，文书难以辨别。应该依照地理上的旧名，一一订正，重新加以规定，小的合并，大的分开设置。至于中原地区的郡县，因为户少人稀而合并撤销了一些，如今人口既然多起来了，可以恢复旧有建置了。

“还有，国君以天下为家，不应该有所偏私。仓库之中的储藏，是供给军队和国家所用的，假如不是大功大德者不可以随意加以赏赐。朝廷中的诸位大臣，享受的俸禄不少了，但是近来赐予，动辄以千计数。如果分别赏赐给那些鳏寡孤独的老百姓，就一定能救济许多人。但是，现今只是赏赐给亲近的大臣们，不是与所说‘周急不继富’背道而驰了吗？”孝文帝看了奏章，非常称赞他的意见。

（以上为第四段，写北魏中书侍郎韩显宗再次上书说事，有不以门第用人、刑罚宽明、重视旧都、新都洛阳四民分居、清理侨置州郡、重在周急等，拓跋宏称善。）

二月乙丑，魏孝文帝驾临河阴，勘测划定筑建夏至日祭地时所用方泽的地址。

二月十六日辛卯，南齐郁林王在明堂举行祭祀仪式。

南齐司徒参军刘敩等人出使北魏。

二月二十一日丙申，北魏改任河南王拓跋幹为赵郡王，颍川王拓跋雍为高阳王。

二月二十七日壬寅，魏孝文帝到北方巡视；二月二十八日癸卯，渡过黄河；三月二十七日壬申，到了平城。让诸大臣再次议论迁都的利害关系，各位臣子都表述了自己对此问题的看法。燕州刺史穆罴说：“如今天下四方没有安定，所以不宜于迁都。况且征伐缺少战马，将如何克敌取胜呢？”孝文帝回答说：“养马在代地，何愁没有马呢？如今的代京地处恒山的北边，中原地区之外，并不是理想的帝王之都。”尚书于果说道：“我并不是认为代京这块地方就比洛阳地区好，但是自从先帝以来，就一直居住在这里，老百姓已经安居于此，一旦让他们往南边搬迁，恐怕心中不乐。”平阳公拓跋丕说：“迁都是一件大事，应当通过卜筮来决定。”孝文帝说：“古代的周公、召公是圣贤，所以才能卜问宅居。如今没有这样的圣贤了，卜筮又有什么用处呢？况且‘卜筮为了决疑，没有犹疑，何必占卜’？黄帝占卜吉凶，龟甲烧焦了，黄帝的臣子天老说是‘吉’，黄帝听从了。至美至善的完人知晓未发生的事情，是通过龟兆而审悉的。做王称帝的人以四海为家，南北不定，哪有常居呢？朕的远祖，世世代代居住在北方荒凉之地，到平文皇帝的时候方才建都于东木根山。昭成皇帝又营建了盛东而迁居。道武皇帝又迁都于平城。朕很幸运遇上了行仁政的时运，为什么就不能迁都呢？”群臣不敢再讲话了。穆罴是穆寿的孙子，于果是于烈的弟弟。三月二十八日癸酉，孝文帝驾临朝堂，主持部署迁往新都洛阳和留在平城的事项。

（以上为第五段，写北魏朝廷开展关于迁都洛阳的讨论，穆罴、于果、拓跋丕等大臣提出不同意见，皇帝拓跋宏逐一解答，铁了心是要迁都，并进行周密的部署。）

夏季，四月初六日庚辰，北魏免去西郊祭天仪式。

四月初七日辛巳，南齐武陵昭王萧晔去世。

四月十四日戊子，南齐竟陵文宣王萧子良因忧郁成疾去世。郁林王常常担忧萧子良谋反，听到他死了，大喜过望。

臣司马光评论说：孔子说："贪鄙的人不可以事奉君王，没有得到的时候，处心积虑于如何得到；一旦得到了，又唯恐失去。如果担忧失去，就会不择手段，无所不用其极。"王融乘人之危，投机取巧，阴谋废君另立。萧子良是当时的贤王，虽然素来以忠心谨慎而自居，不免忧郁而死。分析之所以如此，正是由于王融急于贪求富贵所致。轻薄躁急的人，岂是可以接近的吗？

四月二十五日己亥，北魏免除五月五日、七月七日祭祀祖先的礼俗。

北魏录尚书事、广陵王拓跋羽上奏说："朝令规定：每年年终，各州镇要列出所属官员的政绩情况，经过考察核对之后，进行降免或提拔。自太和十五年京官们全部经过考评列为三等之后，如今已经三年了。臣欲参照考评州镇属官的办法来考核京官，以便评定他们的政绩等级。"魏孝文帝说："考评京官政绩事关重大，应该由朕来决定，不可轻率从事，且等到秋天再说吧。"

闰四月二十三日丁卯，令南齐镇军将军萧鸾就镇军之职，开府仪同三司。

闰四月二十四日戊辰，南齐新安王萧昭文任扬州刺史。

五月初一日甲戌朔，发生日食。

六月二十六日己巳，北魏派遣兼员外散骑常侍卢昶、兼员外散骑侍郎王清石来访。卢昶是卢度世的儿子。王清石世代做官于江南，魏孝文帝告诉他说："你不要因为是南方人而有顾虑，他们之中有相知相识，想见就见，想说就说。做使节出访别国，要以和为贵，不要互相矜持夸耀，尤其不能从言谈举止中表现出来，失去了奉命出使的体统。"

秋季，七月初三日乙亥，北魏任命宋王刘昶为使持节、都督吴越楚诸军事、大将军，镇守彭城。魏孝文帝亲自为他饯行。又派遣王肃为刘昶府署的长史。刘昶到了彭城之后，没有能安抚交接有恩情的故旧，最终未能成就功业。

七月初十日壬午，北魏安定靖王拓跋休去世。从去世到出殡，魏孝文帝三次驾临府上。安葬时的礼仪与拓跋尉元的一样，亲自送灵柩到郊外，失声恸哭返宫。

七月二十日壬戌，魏孝文帝巡视北方。

（以上为第六段，写南齐竟陵王萧子良是个贤才，而皇帝萧昭业却是庸才，权臣萧鸾野心勃勃，子良以忧去世，是一个重大的损失。）

西昌侯萧鸾诛杀徐龙驹、周奉叔之后，尼姑进宫后纷纷传言萧鸾有异谋。中书令何胤是何皇后的堂叔，为郁林王所亲近，让何胤在殿内省中值班。郁林王与何胤共同策划诛杀萧鸾，命令何胤承担这件事情，但是何胤不敢担当，反复劝谏，郁林王只好作罢。又谋划使萧鸾离开台城到西州去，宫中诏令及处理各事等，不再咨问于萧鸾。

这时候，萧谌、萧坦之掌握着兵权，左仆射王晏总领尚书事。萧谌秘密召见诸王的典签官，隐约地警告，不许诸王与外人接触。萧谌长时期以来一直受宠信居要职，大家都因害怕而听从。

萧鸾把自己的计谋告诉王晏，王晏听了之后，立即响应。萧鸾又告诉丹杨尹徐孝嗣，徐孝嗣也跟随了他，骠骑录事、南阳人乐豫对徐孝嗣说："外界传言纷纷，似乎将有废现君另立新君的事。您承蒙武帝超乎寻常的恩待，担负重大的托付，恐怕就不应该再随同别人一起做这种举动了。人们嘲笑褚渊，至今对他还是讥笑啊！"徐孝嗣心里完全同意乐豫说的，但是身不由己，不能听从。

郁林王对萧坦之说："人们都说镇军将军萧鸾同王晏、萧谌一起想把我废掉，似乎并不是虚传谣言。你听到的是些什么呢？"萧坦之回答道："难道有这样的事情吗？谁喜欢没事废除天子呢？朝廷中的大臣们是不应该制造这种谣言，一定是那些尼姑说的，岂可相信呢？您如果无故把这二人除掉，谁还能保全自身呢？"直阁将军曹道刚怀疑外面有异变，暗中有图谋萧鸾的计划，密谋未能执行。

当时，始兴内史萧季敞、南阳太守萧颖基都调迁朝中，萧谌想等待他们二人到后，凭借他们的兵力而开始行动。萧鸾忧虑事情有变故，告诉了萧坦之，萧坦之骑马急告萧谌说："废除天子，自古以来就是一件大事。最近听说曹道刚、朱隆之等人转而猜疑我们了，您如果明天还不行动，就要失去机会，做什么也来不及了。弟有百岁老母亲在堂，岂能坐等灾祸降临呢？不能不做最后的打算。"萧谌惊恐匆忙地答应了。

七月二十日壬辰，萧鸾派萧谌先进入宫中，正遇上曹道刚以及中书舍人朱隆之，就把二人杀了。负责车舆后面侍卫任务的宿卫官徐僧亮见此情形，怒气冲天，大声对众人喊道："我们承受皇恩，今日应当以死相报！"也被杀掉。萧鸾带兵从尚书府进入云龙门，朝服外面又加穿了战服，武装披挂，才进入宫门，鞋子就掉了三次。王晏、徐孝嗣、萧坦之、陈显达、王广之、沈文季等人都紧随在萧鸾之后。这时，郁林王正在寿昌殿中，听得外面有变故，还秘密写诏令传唤萧谌前来相救，又让人把内殿的门窗全关闭了。不一会儿，萧谌就领兵进入寿昌阁，郁林王匆忙跑进徐姬的房中，拔剑自杀，但扎得不深，用帛绸把脖子缠裹好，然后用肩舆抬出了延德殿。萧谌刚进入殿内时，侍卫将士们都操起兵器准备搏战一场，萧谌对他们说："我所取的另外有人，请你们不要乱动！"这些侍卫向来属萧谌所管，因此都听他的。等到看见郁林王出来了，各自奋勇，但是郁林王竟然连一句话也没说。行到延德殿西巷，郁林王就被弑杀了。尸体运出宫中，灵柩停在徐龙驹的府中，用亲王的礼仪安葬。徐姬和其他被宠幸的人统统被杀。萧鸾抓住皇帝之后，想假造太后的手令，徐孝嗣马上从衣袖中取出已准备好的太后手令递过去，萧鸾异常高兴。七月二十一日癸巳，萧鸾以太后之令追封废帝萧昭业为郁林王，又废黜何皇后为王妃，另准备迎立新安王萧昭文为新皇帝。

吏部尚书谢瀹正和客人下围棋，手下的人听说宫廷发生事变，惊慌跑来报告。谢瀹每下一子，就说声：“恐怕里面含有深意。”一局终了，就回室中躺下休息，终究没有过问外面发生的事情。大匠卿虞悰私下里叹息说：“王晏、徐孝嗣本为文官，竟着戎服把皇上废黜了，天底下哪有这样的道理呢？”虞悰是虞啸父的孙子。朝中大臣都被召进宫中，国子祭酒江敩来到云龙门时，借口药性发作，在车中呕吐不已，因而返回去了。西昌侯萧鸾想使中散大夫孙谦成为自己的心腹，就让他兼任卫尉，并且派给他披甲执兵的卫士一百人。然而，孙谦却不想与萧鸾同党，就把那些卫士统统打发走了，可是萧鸾也不因之而怪罪孙谦。

七月二十五日丁酉，新安王萧昭文即皇帝位，当时十五岁。任命西昌侯萧鸾为骠骑大将军、录尚书事、扬州刺史、宣城郡公。大赦天下，改年号为延兴。

（以上为第七段，写南齐宫廷政变，权臣萧鸾蓄谋已久，伙同大臣萧谌、萧坦之、王晏、徐孝嗣等，杀掉皇帝萧昭业，立新安王萧昭文为傀儡皇帝，改元延兴。）

七月二十九日辛丑，魏孝文帝到达朔州。

八月初二日甲辰，南齐任命司空王敬则为太尉，鄱阳王萧锵为司徒，车骑大将军陈显达为司空，尚书左仆射王晏为尚书令。

魏孝文帝到达阴山。

南齐任命始安王萧遥光为南郡太守，但萧遥光没有去就任。萧遥光是萧鸾哥哥的儿子。萧鸾有了废立的意图，萧遥光十分赞同并帮助他，凡是有关重大的诛杀或赏拔事情，都参加了预谋。八月初六日戊申，任命中书郎萧遥欣为兖州刺史。萧遥欣是萧遥光的弟弟。萧鸾想树立亲信，广揽同党，所以重用他。

八月十一日癸丑，魏孝文帝来到怀朔镇；八月十七日己未，到达武川镇；八月十九日辛酉，到了抚宜镇；八月二十二日甲子，到达柔玄镇；八月二十三日乙丑，南下返回；八月二十九日辛未，回到平城。

九月初一日壬申，北魏颁布诏书说：“每三年考评一次官员们的政绩，经过三次考核，共九年的观察，昏庸的降职贤明的提升，对被罢免的人来说当然不会认为是太迟了，但是对于那些应该提升的人来说就大大地被拖欠了。朕现今决定三年考评一次，考评完毕就罢黜或提升，目的是为了使那些低能者不要妨碍了忠贤者的上进，使有才能的不要总是处在低位。分别命令负责考评的部门官员，把考评者分为优劣三等，其中上等和下等仍然再分为三等。六品以下的官员，由尚书复核审查，五品以上，朕将亲自与各位公卿一起评议其善恶，上上者提升使用，下下者罢免不用，中等的原任不变。”

魏孝文帝北巡期间，留下任城王拓跋澄考评百官。朝中从公侯以下，有官职的以万计数，拓跋澄以其优劣和才能高低，划为三个等级，没有一个人有怨言。

九月十一日壬午，魏孝文帝亲临朝堂，宣布对众臣百官的罢黜或提升情况，对诸位尚书说："尚书是枢机的关键，并非仅仅是总管事务，处理文书而已。朕的成败得失，完全关系于尚书。你们担任这职务，已经有两年了，但是从来没有向朕建议过什么事可为，什么事不可行；没有推荐过一个贤才，撤换过一个不称职的人，这是罪过中之最大者。"又对录尚书事广陵王拓跋羽说："你是朕的弟弟，是机要部门的最高长官。但是，你没有勤勉恪守的声誉，却有结党营私的行迹。现今罢免你的录尚书、廷尉之职，只担任特进、太子太保。"又对尚书令陆叡说："叔叔初到尚书省任职的时候，有很好的名声，可是近来不公正松懈懒惰，这由于你不能以道义引导相劝。你虽然没有大的责任，但是也应该受到小小的罚处，因此减去你一年的俸禄。"又对左仆射拓跋赞说："叔叔被罢黜，你应处以死刑。但是，事情既然归咎于一个人了，就不再处分他人了，今天解除你少师之职，削去一年的俸禄。"又对左丞公孙良、右丞乞伏义受说："你们的罪过也应该处以死刑，可以以平民身份继续留任本职。礼帽礼服以及抚恤亲属的俸禄，一律免去。如果在三年之内有政绩，就官复原职；如果没有任何成就，那就永远回去种地。"对尚书任城王拓跋澄说："叔叔你趾高气扬，骄傲自大，所以解除少保官职。"对长兼尚书于果说："你不勤于职任之事，数次以疾病为借口，所以解除长兼，削去一年的俸禄。"其余守尚书尉羽、卢渊等人，均以不称职，或者被解除职务，或者被罢黜官位，或者被削去俸禄，都当面一一指责其过失。卢渊是卢昶的哥哥。

孝文帝又对陆叡说："北方人常说：'北方风俗朴质、粗犷，从何种渠道知书识礼？'朕听了之后，感到异常失意。现今知书的人很多，难道都是圣人吗？只在于学与不学。朕整治百官，大兴礼乐，心意在于移风易俗。朕身为天子，何必要去中原居住呢？还不是为了使你们的子孙渐渐习染好的风俗习惯，能多闻多见，增加见识？如果永远住在恒山之北，再遇上一个不喜欢诗书礼乐的国君，那就难免不学无术，无所睹见了。"陆叡回答道："确实如圣上所说。金日磾如果不到汉朝去做官，怎么能够七世知名于世呢？"孝文帝十分喜悦。

（以上为第八段，写北魏孝文帝拓跋宏励精图治，亲自考核、评判百官，毫不留情地处分不称职的官员；阐明迁都中原是为子孙浸染美俗，多闻多见，增长见识。）

郁林王被废黜的时候，鄱阳王萧锵最初并不知道。等到宣城公萧鸾的权势日益增大，朝廷内外都知道萧鸾心里有不再做臣子的意图。萧锵每次去拜见萧鸾时，萧鸾常常匆忙得连鞋都来不及穿好就到车子后面去迎接，说到国家大事，声泪俱下，萧锵因此还是很信任他。朝中各方都倾意于萧锵，劝萧锵入宫发兵，辅佐朝政。制局监谢粲游说萧锵和随王萧子隆说："二位王爷只需乘着油壁车进入宫中，把皇帝带出来，挟持到朝堂之上，左右辅佐，发布号令，我和其他人关闭城门，举起兵杖武器前来声援，谁敢不听令呢？只怕东府里的人会乖乖地把萧鸾缚送过来呢。"萧子隆想决定计策。萧锵因朝中兵力全控制在萧鸾手中，且考虑到事情不一定能成功，犹豫万分。马队主刘巨是世祖时的旧人，来见萧锵，要求和萧锵单独说话，跪下磕头，力劝萧锵采取行动。萧锵命令准备车马，将要进宫，又回到内室，与母亲陆太妃告别，结果天黑了还没有出发。萧锵身边的典签知道了这一计划，就告发了。九月初二日癸酉，萧鸾派遣两千士兵围住萧锵的住处，杀了萧锵，又杀了萧子隆、谢粲等人。当时世祖的儿子中数萧子隆强壮高大，有才能，因此萧鸾尤其忌妒他。

江州刺史晋安王萧子懋闻知鄱阳王萧锵和随王萧子隆已经死了，准备起兵，对防阁吴郡人陆超之说："事情如果能成功则朝廷获得安宁，如果失败仍然是正义之鬼。"防阁丹阳人董僧慧说："江州虽然地域狭小，但是宋孝武曾使用它。现今如果发兵进朝，讨伐萧鸾杀害郁林王之罪，谁能够抵抗呢？"萧子懋的母亲阮氏住在建康，派人秘密传书信把她接来，阮氏把情况告诉了自己的同母哥哥于瑶之，与于瑶之计谋，谁知于瑶之立即派快马报告了宣城公萧鸾。九月初四日乙亥，假授萧鸾黄钺，内外戒严，派遣中护军王玄邈讨伐萧子懋，另又派遣军主裴叔业与于瑶之先去袭击寻阳，声称是郢府司马。萧子懋知道后，派遣三百人守卫湓城。裴叔业溯江而上，到了夜间，回过头来奔袭湓城，城局参军乐贲打开城门接裴叔业进城。萧子懋知此后，率领府州的兵力据城自守。萧子懋的部曲大多是雍州人，都自告奋勇，跃跃欲试。裴叔业害怕了，派遣于瑶之去说服萧子懋，瑶之对子懋讲："你现今如果回到京城去，一定不会有什么担心之处，正当做闲散官员，仍然不失富贵荣华呀。"萧子懋不出兵攻打裴叔业，部下的情绪就渐渐沮丧低落。中兵参军于琳之是于瑶之的哥哥，他劝说萧子懋以重金贿赂裴叔业，可以免除灾祸。萧子懋派于琳之前去，但是于琳之却又劝说裴叔业捉拿萧子懋。裴叔业派军主徐玄庆带领四百兵士随于琳之进入江州城，萧子懋手下的官员们纷纷奔散逃命。于琳之带领着二百人，手执刀剑进入萧子懋的住处，萧子懋见此情形，大骂于琳之说："无耻小人，怎么能忍心干出这样的事呢？"于琳之用衣袖遮住自己的脸，让人杀死了萧子懋。

王玄邈抓住了董僧慧，将要杀他，董僧慧说："晋安王萧子懋举义兵，讨逆贼，我确实参与了筹谋，现今能为主人而死，死而无憾！希望能在晋安王的大殓之礼举行完毕之后，就身鼎镬。"王玄邈觉得董僧慧非常有义气，就把情况告诉了萧鸾，结果董僧慧免于处死，被发配到东冶。萧子懋的儿子萧昭基当时才九岁，他以二寸见方的丝织写成一封书信，打问董僧慧的情况，并送去五百钱，用这些钱行贿管制人员，信才被转交董僧慧。董僧慧看到绢书之后，一眼就认出来了，说道："这是郎君写的啊！"悲恸而死。于琳之劝说陆超之逃跑，陆超之说："人迟早都有一死，这没有什么可畏惧的。我如果逃亡了，不但已经死去的晋安王的家眷孤单而无人照料，恐怕还要遭田横门客们的嘲笑。"王玄邈等人想把陆超之押送到京都，陆超之端坐不动，等待他们前来捕他。陆超之的门生以为杀了陆超之一定能得到重赏，就偷偷地从背后把陆超之斩了，但是他的头虽然落地了，身子却还没有向后倒下。王玄邈将陆超之厚葬，那个门生也来帮忙抬棺材入葬，棺材突然坠下，压住了门生的脑袋，折颈而死。

萧鸾派遣平西将军王广之去袭击南兖州刺史安陆王萧子敬。王广之到欧阳后，派部下将领济阴人陈伯之为先驱，前去袭击。陈伯之到后，见城门大开，就率先而入，斩了萧子敬。

萧鸾又派遣徐玄庆去西边杀害诸位藩王。临海王萧昭秀为荆州刺史，西中郎长史何昌寓主持州中事务，徐玄庆到了江陵之后，想捕杀临海王，何昌寓说道：“我受朝廷委托，辅佐临海王。殿下并没有什么过失，你只不过是别人派来的一个使臣，如何就能让我把殿下交给你呢？如果圣上一定索要殿下，我自己会启奏陈述，等待圣上的答复。”萧昭秀因此才得以回到建康。何昌寓是何尚之弟弟的儿子。

萧鸾派吴兴太守孔琇之代管郢州事务，想让他杀害晋熙王萧銶。孔琇之推辞不干，绝食而亡。孔琇之是孔靖的孙子。

（以上为第九段，权臣萧鸾权势日重，鄱阳王萧锵、晋安王萧子懋欲起兵反抗，都被萧鸾镇压；萧鸾谋求篡位，大开杀戒，诸王惨死。）

裴叔业从寻阳继续前进来到了湘州，想要杀掉湘州刺史南平王萧锐，防阁周伯玉对众人大声说道：“这并不是天子的命令。现今，我要斩掉裴叔业，举众发兵，匡扶社稷江山，谁敢不听从！”萧锐的典签喝退周围的人，斩了周伯玉。九月十四日乙酉，杀害了南平王萧锐，又杀了郢州刺史晋熙王萧銶、南豫州刺史宜都王萧铿。

九月十六日丁亥，南齐任命卢陵王萧子卿为司徒，桂阳王萧铄为中军将军、开府仪同三司。

冬季，十月丁酉，南齐宣布解除戒严。

南齐任命宣城公萧鸾为太傅、领大将军、扬州牧、都督中外诸军事，并加以特殊的礼遇，进爵位为王。

宣城王萧鸾策划篡位当皇帝，广为招揽朝廷名士参与筹谋。侍中谢朏心里不愿意，于是请求出任吴兴太守。到任之后，给担任吏部尚书的弟弟谢瀹送去好几斛酒，并且附信一封，信上说：“可以尽量饮酒，不要参与他人的事！”

臣司马光评论说：我听说：“穿了他人衣服的人要替他人分忧，吃了他人东西的人要替他人的事情而死。”二谢弟兄，同时担任皇帝贵重亲近大臣，安享荣华富贵，危难竟然不参与、不过问君主的危亡，如此做臣，可以说是忠诚吗？

宣城王萧鸾虽然独断国政，但是人们并不服气他。他的肩胛处有个红色的痣，骠骑谘议参军考城人江祏劝他出示给人看。宣城王就出示给晋寿太守王洪范看，并说道：“人们说这个痣是日月之相，你一定不要往外泄露。”王洪范回答：“大人您有日月在身上，怎么能隐而不宣呢？应该转告别人。”宣城王萧鸾的母亲是江祏的姑姑。

十月戊戌，南齐杀了桂阳王萧铄、衡阳王萧钧、江夏王萧锋、建安王萧子真、巴陵王萧子伦。

萧铄与鄱阳王萧锵名气相等，萧锵爱好文学，萧铄爱好名理，当时人们称之为鄱、桂。萧锵死后，萧铄即感觉自危不安，到东府去见宣城王萧鸾，回来之后，对手下的人说："刚才录尚书公接见我十分殷勤周到，留连不舍的样子，但面带愧色，这一定是想杀掉我。”当天晚上，萧铄即被害。

宣城王萧鸾每当杀害一个藩王，总是于夜间派兵包围藩王的住所，翻墙破门，呼喊而入，把家产全部封存没收。江夏王萧锋，有才能品行，萧鸾曾经对他讲道："始安王萧遥光极有才干，可以委以重任。”江夏王回答道："萧遥光之于殿下，正如殿下之于高皇帝。卫护宗庙，安定社稷，确实可以寄予厚望。”宣城王不禁大惊失色。等到萧鸾大杀诸位藩王的时候，萧锋派人给宣城王送去一封信，谴责他。宣城王非常害怕萧锋，不敢到住所去抓他，就让萧锋在太庙中兼任祠官之职，然后在夜里派兵去庙中捕获他。萧锋从太庙中出来，登上自己的车，兵士也要上车去，萧锋力气非常大，徒手与这些人击打，使好几个人倒在地上起不来，然后萧锋才被杀。

宣城王又派中书舍人茹法亮去杀巴陵王萧子伦。萧子伦性情英勇果敢，当时任南兰陵太守，镇守琅邪。琅邪城中有守兵，宣城王担心萧子伦不肯任人宰杀，就问典签华伯茂如何办，华伯茂说："大人您如果派兵去收拾他，恐怕不能很快达到目的。如果把这事委托与我办理，只以一人之力就可以办妥。”华伯茂就亲自手执鸩酒，逼使萧子伦喝下去。萧子伦理正自己的衣服、帽子，出来接受诏书，对茹法亮说："先前，太祖灭刘氏。今天的情况，也是天数所定。你是曾事奉过世祖的老人了，现今受指使而来，当是身不由己，奉命行事而已。这酒绝非是平常饮宴的酒。”将毒酒一饮而尽。死时他年龄才十六岁，茹法亮以及左右都痛哭流涕。

（以上为第十段，写南齐萧鸾权势熏天，效法当年萧道成对待刘宋子孙一样，对萧道成、萧赜的子孙赶尽杀绝，以消除篡权路上的一切绊脚石，手段残忍至极。）

当初，各藩王出镇州郡，都配置典签官，凡地方的事情全部委任其统管。典签官按时入朝奏告情况，一年之内数次往返于镇所与朝廷之间，皇帝经常与其单独谈话，询问州里的事情，因此，州刺史的好坏善恶全凭典签的一张嘴而定，于是从刺史到下属其他官员无不对其曲意奉承，唯恐不及。这时典签威行一州之内，谋取奸利。武陵王萧晔任江州刺史，性情刚烈耿直，不可冒犯，典签赵渥之对人讲："我从都城出来，就要换掉刺史。”赵渥之见了齐武帝，对萧晔大加毁谤，于是萧晔就被免职，回到京都。

南海王萧子罕戍守琅邪，他想去东堂游玩一次，典签姜秀不准许。萧子罕回到家中，哭着对母亲讲道："儿想移动五步都不能，这与被囚禁有什么两样呢？"邵陵王萧子贞一次想要吃熊脂，厨子说典签不在，不敢私自给他。

永明年间，巴东王萧子响杀死了刘寅等人，齐武帝听说了，对诸位大臣说："子响是要谋反啊！"戴僧静在下面大声说道："诸藩王本来都应该谋反，岂止巴东王一个呢？"齐武帝问这是因为什么，戴僧静说："天王何罪之有，但时时被囚禁，要一截藕，要一杯浆，都要请示典签，如果典签不在，那就只好整日忍渴挨饿。各州郡只知道有典签，而不知道有刺史，他们怎么能不反呢？"

竟陵王萧子良曾经问众人："士大夫出于什么意图纷纷巴结典签呢？"参军范云回答说："去长史及以下的人那里都不会得到什么好处，而去典签那里很快就可以获得超过本钱价值的好处，如此好的买卖，为什么不去呢？"萧子良颇有愧色。

到了宣城王诛杀诸藩王的时候，都令典签去杀，竟然没有一个人能够抗拒。孔珪听到之后，流着眼泪说道："齐朝的衡阳王、江夏王最在意帝室，然而仍被杀害，如果不设立典签，本来不会至于如此的。"宣城王萧鸾也深知给诸王设典签的弊端，因此发布诏令："从今开始，各州有紧急事情，应当秘密地奏告朝廷，不要再派遣典签进入都城。"从此，典签这一职务的作用就渐渐弱小了。

萧子显评论说：帝王之子，生长在富贵之中，早上刚刚离开内宫，日暮就担任一州之长。预防骄奢翦除淫逸，是历代的常典。所以辅佐以上等的僚属，皇帝从自己的心腹中挑选；或者烦劳功臣、旧臣、左右亲信，任命为主帅，凡饮食起居一应事项，都得报告请示。藩王虽然位置很高，但是都行不由己。威不在身，不能施恩于下属，一旦朝廷艰难危急之际，期望他们来扶危匡正，怎么可能呢？藩王置典签之例始于宋，齐室沿袭不变，弊端尤多。

（以上为第十一段，写南齐王朝承接刘宋，建立典签制度，诸王被管得死死的，造成了诸多悲剧。司马光引用萧子显的评论，分析这种制度的弊端，引以为戒。）

十月初二日癸卯，南齐任宁朔将军萧遥欣为豫州刺史，黄门郎萧遥昌为郢州刺史，辅国将军萧诞为司州刺史。萧遥昌是萧遥欣的弟弟，萧诞是萧谌的哥哥。

十月初三日甲辰，北魏任命太尉东阳王拓跋丕为太傅、录尚书事，并令其留守平城。

十月初七日戊申，魏孝文帝亲自去太庙祝告，又责成高阳王拓跋雍和于烈奉命迁神主于洛阳。十月初十日辛亥，开始从平城出发。

海陵王萧昭文虽然身居帝位，但起居饮食等事项，统统要请示宣城王萧鸾准许后才可以进行。一次，海陵王想要吃蒸鱼菜，太官令说没有录公的命令，竟然不给他吃。

十月初十日辛亥，皇太后发出诏令：“新继位的皇帝年龄幼小，对朝政不明。况且，他从小就瘦弱多病，不能承受过重的负担。太傅宣城王，是宣皇帝之嫡孙，又深得太祖皇帝的钟爱，所以适宜于入宫承受皇位。皇帝可降封为海陵王，我本人也因年老而告退住入别的馆舍，不再过问朝政。”并且，以宣城王为太祖的第三子。

十月二十二日癸亥，齐明帝萧鸾即位，大赦天下，改年号为建武。任命太尉王敬则为大司马，司空陈显达为太尉，尚书令王晏加封骠骑大将军，左仆射徐孝嗣加封中军大将军，中领军萧谌为领军将军。

度支尚书虞悰借口有病，不愿做辅臣。齐明帝因为虞悰是过去的老人，想拉他参与朝政，所以就指使王晏把废除海陵王而自立的事告诉了他。虞悰说道：“主上圣明，公卿合力辅佐，为何还要借用老朽来赞助新皇帝呢？实在不敢从命！”恸哭不已。朝廷中议论要追究虞悰，徐孝嗣说：“虞悰是古代正直耿介之士之遗风啊！”才停止争议。

齐明帝与群臣百官欢宴庆贺，令有功之臣祝酒。王晏等人遵命从坐席上立起，唯独谢瀹安坐不起，说道：“陛下受命登基，上应天心，下顺人意，而王晏竟然贪天功以为己力！”齐明帝听了大笑，就不勉强谢瀹上酒了。宴会完毕，王晏招呼谢瀹与自己一同乘车回令省，想要互相交流一下喜悦的感情，谢瀹严厉地对他说：“您的巢窝在何处呢？”从此，王晏特别害怕谢瀹。

十月二十六日丁卯，齐明帝诏令：“外藩州郡长官有时常给朝廷上进献礼品，不是规定的贡品，一概加以禁止。”

十月二十八日己巳，魏孝文帝到达信都。十月二十九日庚午，发布诏令：“近来听说边境上的蛮人，经常抢劫掠夺南方人，使他们父子相离，家庭破碎。朕正要统一天下，像养育子女一样爱护百姓，如果这样的话，南方人怎么能知道我朝的仁德呢？应该诏令荆州、郢州、东荆州三个地方，对蛮民严加禁止，不许再对江南人侵犯掠夺。”

十一月初三日癸酉，南齐任命始安王萧遥光为扬州刺史。

十一月初七日丁丑，魏孝文帝到了邺城。

十一月初十日庚辰，南齐封皇子萧宝义为晋安王，萧宝玄为江夏王，萧宝源为庐陵王，萧宝寅为建安王，萧宝融为随郡王，萧宝攸为南平王。

十一月十四日甲申，南齐诏令：“各县令俸薄禄少，从今开始，连田赋常贡，也悉加减免。”

十一月十五日乙酉，南齐追尊始安贞王为景皇帝，其妃子为懿后。

十一月十六日丙戌，南齐任命闻喜公萧遥欣为荆州刺史，丰城公萧遥昌为豫州刺史。当时，齐明帝长子萧宝义瘫痪难医，其他儿子又都幼小，所以就让萧遥光为扬州刺史，萧遥欣镇守豫州。

十一月十八日戊子，南齐立皇子萧宝卷为太子。

（以上为第十二段，写北魏正式迁都洛阳；南齐开国帝王萧道成的子孙黯然收场，小皇帝萧昭文逊位，萧鸾登基，大赦天下，改元建武，任用亲信，封子为王。）

魏孝文帝到达洛阳。想整理门第高下，任命尚书崔亮兼任吏部郎。崔亮是崔道固的哥哥的孙子。

魏孝文帝令后军将军宇文福测量规划新牧场。宇文福奏称石济以西、河内以东，距黄河十里方圆之地为牧场。魏孝文帝又命令从代地迁移各种牲畜到此地牧养，由宇文福具体负责该事。牲口没有丢失减损，任命宇文福为司卫监。

当初，魏太武帝拓跋焘平定统万以及秦、凉等地，由于河西之地水草丰美，就开辟为牧地，牲畜繁殖甚为兴旺，马匹多至二百余万匹，骆驼有一百余万峰，牛羊无以计数。到孝文帝时，又设牧场于河阳，时常蓄养战马十万匹，每年从河西把马匹迁移到并州放牧一段时间，然后再迁移到南边，以便马匹能逐渐熟习水土，不至于死伤，这样一来，河西的牲畜反而更加蕃滋兴盛。到正光年间以后，牲畜全被寇盗掠夺而去，无有孑遗。

南齐永明年间，御史中丞沈渊上表启奏，凡百官中年龄七十岁的，皆令其退职归还官位，都穷困于家门之中。十一月二十九日庚子，发布诏令，依照旧例论定百官次序。又把在齐明帝摄政期间所杀害的诸位藩王，都重新列入皇室宗族，封他们的儿子为侯。

齐明帝诈称海陵王有疾病，几次派遣御医前去看视，海陵王终于殒殁，葬礼依照东汉东海恭王刘强的旧例进行。

北魏郢州刺史韦珍，在州内颇有声誉政绩，魏孝文帝赐赏他骏马、谷物、布帛等物。韦珍把州内孤独贫困的人招集在一起，把所赐之物散发他们，并且对他们说：“天子因为我能安绥抚优你们，所以赏赐我谷物、布帛，我怎么敢独自享有呢？”

魏孝文帝因为萧鸾废掉海陵王而自立为帝，计谋大举南侵。恰在这时，边境将领报告，雍州刺史下邳人曹虎派遣使节请求投降北魏。十二月初一日辛丑，北魏派遣行征南将军薛真度统领四个将领向襄阳，大将军刘昶、平南将军王肃向义阳，徐州刺史拓跋衍向钟离，平南将军广平人刘藻向南郑。薛真度是薛安都的族弟。任命尚书仆射卢渊为安南将军，督帅襄阳前锋诸军。卢渊以不熟悉军旅事务而推辞，没有得到准许。卢渊说：“只恐怕曹虎是像周鲂一样诈降。”

魏孝文帝想改革旧的风俗习惯，十二月初二日壬寅，发布诏令，禁止士大夫与民众穿胡服，国人大多不乐意。

（以上为第十三段，写南齐明帝萧鸾毒杀海陵王萧昭文；北魏建立新牧场，戎马繁殖壮盛；乘南齐内部残杀之机，派出四路大军，大举南侵；下诏令禁穿胡服。）

通直散骑常侍刘芳是刘缵的族弟，与给事黄门侍郎太原人郭祚，均以工于文献经典受到孝文帝的亲近礼遇，经常召二人讲论义理，以及密议政事。大臣贵戚们都认为疏远了自己，心中怏怏不乐，不平之色溢于言表。孝文帝让给事黄门侍郎陆凯私下里对这些人说："皇上只是想多知道些古代的事情，了解前代的法则罢了，并非是亲近他们而疏远你们。"众人的情绪才渐渐宽解了些。陆凯是陆馛的儿子。

魏孝文帝要亲自挂帅入侵。十二月初三日癸卯，内外戒严。十二月初八日戊申，诏令由平城迁到洛阳的百姓免除三年赋税。相州刺史高闾上表建议："刚刚迁都洛阳，尚处草创阶段，而曹虎既然不派遣人质，足见其没有诚心，所以不应该轻举妄动。"魏孝文帝没有采纳他的意见。

很长时间，曹虎的使者最终没有来，魏孝文帝召集公卿士大夫议论行动与否，有的认为应该停止，有的则认为可以行动。孝文帝说："众说纷纭，不知所从。必须把行动与否的利弊得失讨论明白，应该分立宾主，互相启发探讨。以任城王和镇南将军为主张留下的一方，朕为主张行动一方，诸位听取对方意见之长短得失，哪方所见高明就听从哪方的。"众人都说："很好。"镇南将军李冲发表意见："臣等认为目前正是迁都草创之际，都想有一段休息的时期。对作为内应的并没有深入了解，所以不宜于轻率行动。"孝文帝反驳道："曹虎投降一事虚实如何，确实还难以判定。如果是虚假的，朕也可以借此行巡视、抚慰淮水一带，访查探问民间疾苦，使那里的百姓知道朕的仁政善德之所在，以便让他们有北向归顺本朝的心思。如果投降属实，不及时加以接应，就会坐失时机，有负于弃暗投明之诚心，将毁败朕的宏大计略。"任城王拓跋澄说："曹虎没有派人质，也没有再遣使者来联系，其中之诡诈是显而易知的。如今从代京新搬迁到这里来的民众，皆有留恋本土的心思。扶老携幼，长途跋涉，刚刚到达洛阳，居住房屋尚没有一间，食物储备没有一石，而目前冬季将尽，春耕生产即将开始，正是所说的'百堵皆兴'、'俶载南亩'的时候。却要驱使他们披坚执锐，流泣面对敌人的刀枪，流血冒死，恐怕不是当年前歌后舞的正义之师。况且，各路军马已经进发，并非不能互相接应。如果曹虎投降属实，就等待平定了樊、沔之后，銮舆再顺势而动，为时并不晚啊！如今轻举，只能使军中上下疲劳，如果落一场徒劳而返，恐怕会有损天威，反而使贼军的气势更为嚣张，所以不是妥善之计。"司空穆亮认为宜于行动，其他臣僚也都同意他的意见。拓跋澄对穆亮说："各位在外的时候，看见诸路军马出征，都流露担忧之色，私下里议论时，都不同意南征，为什么面对皇上时就说了这样的话呢？当面背后看法不一，关涉到欺君佞上之罪，难道这样就是大臣的节操、国士的体统吗？万一这次南征不利，就完全是诸位所造成的。"李冲说道："任城王可以说是忠心耿耿于国家啊！"孝文帝说道："任城王认为赞同朕的人都是佞上，可是与朕所见不同的人难道一定都忠吗？小忠是大忠的危害，这大概就像这样吧？"拓跋澄说道："我愚昧无知，虽然属于'小忠'之列，归根到底是出于一片竭诚之心，为国家而计虑。不知道所谓'大忠'者，又出于哪一种根据？"孝文帝没有听从。

十二月十一日辛亥，魏孝文帝从洛阳发兵，以北海王拓跋详为尚书仆射，留下来统管朝中的事情；李冲兼仆射，一同守洛阳。以给事黄门侍郎崔休为左丞，赵郡王拓跋幹都督中外诸军事。以始平王拓跋勰率领皇族子弟兵担任左右侍卫。崔休是崔逞的重孙。十二月二十八日戊辰，魏孝文帝到达悬瓠。十二月二十九日己巳，诏令寿阳、钟离、马头三地的军队把所掠夺的男女都放归江南去。曹虎果然是诈降。

魏孝文帝命令卢渊攻打南阳。卢渊以军队缺乏粮食为由，请求先进攻赭阳，以便获取叶地粮仓，魏孝文帝同意了。卢渊与征南大将军成阳王拓跋鸾、安南将军李佐、荆州刺史韦珍等一起攻打赭阳。拓跋鸾是拓跋长寿的儿子，李佐是李宝的儿子。北襄城太守成公期闭城拒守，难以攻克。薛真度驻扎在沙堨，而南齐的南阳太守房伯玉、新野太守刘思忌率兵抵抗。

早先，魏孝文帝命令中书监高闾修治古乐，不久高闾出任相州刺史，这一年，高闾上表举荐著作郎韩显宗、大乐祭酒公孙崇参与制定钟律，孝文帝采纳了他的建议。

（以上为第十四段，写南齐将领曹虎诈降，北魏皇帝拓跋宏如获至宝，铁了心要亲征，众多大臣劝阻，就是不听，还组织了一场辩论。）

【点评】

北魏迁都，孝文帝乾纲独断。魏孝文帝迁都的决定经过了充分的上上下下的讨论，孝文帝本人也有充分的准备，包括理论和实践操作层面上的周密准备，所以能够说服群臣，至少使他们不会明确地反对，以此减少阻力，反映出孝文帝是成熟的政治家和实践者。当他回到了平城，虽然前面已经把关于迁都的事向留守官员打过招呼，做过相当的思想工作了，但是孝文帝仍然主动提出让诸大臣再次议论迁都的利害关系，各位臣子都表述了自己对此问题的看法。那些反对迁都的意见也都不是好对付的，比如燕州刺史穆罴说：“如今天下四方没有安定，所以不宜于迁都。况且到时军中缺少战马，这样如何能克敌取胜呢？”这也确实是实际困难。尚书于果说道：“我并不是认为代京这块地方就比洛阳好，但是自从道武皇帝以来，就一直居住在这里，老百姓已经安居于此，一旦让他们往南边搬迁，恐怕会产生不满情绪。”平阳公拓跋丕说：“迁都是一件大事，应当通过卜筮来决定。”孝文帝的回答有理有据有节，显然有充分的准备和决心：“朕很幸运遇上了能平定天下、施行教化的时运，为什么就不能迁都呢？”孝文帝乾纲独断，群臣百僚不敢再表示反对意见了。迁都之事遂不再有争论。

齐纪六

齐明帝建武二年至三年（公元 495—公元 496）

【起旃蒙大渊献（乙亥，公元 495 年），尽柔兆困敦（丙子，公元 496 年），凡二年】

【大事提要】

本卷记事起公元 495 年至公元 496 年，凡二年，当齐明帝建武二年至建武三年。本卷所记大事仍然以魏孝文帝的改革为主，大事有三：其一，公元 495 年，北魏禁止在朝廷讲鲜卑语；禁止迁居洛阳的代人还葬北方。其二，在洛阳立国子、太学、四门、小学。其三，公元 496 年，北魏确定了族姓，改拓跋氏为元氏，其余鲜卑诸姓均改为汉姓。南朝齐大事只有一件，皇帝杀害诸王，内残不已。

高宗明皇帝中

齐明帝建武二年（乙亥，公元 495 年）

春季，正月初二日壬申，齐明帝派遣镇南将军王广之、右卫将军萧坦之、尚书右仆射沈文季分别督率司州、徐州、豫州三地的军队，抵抗北魏。

正月初三日癸酉，北魏颁发诏令："不得侵犯掠夺淮河以北的居民，违犯者处以死刑。"正月二十五日乙未，拓跋衍进攻钟离，徐州刺史萧惠休登城抗守，秘密派兵出城袭击北魏军队，将其击败。萧惠休是萧惠明的弟弟。刘昶、王肃进攻义阳，司州刺史萧诞抵抗。王肃多次击败萧诞的军队，招纳降兵一万余人，北魏任命王肃为豫州刺史。刘昶性格偏狭暴躁，对待下属官兵非常严酷残暴，部下都敢怒而不敢言。法曹行参军北平人阳固多次恳切地规劝刘昶，刘昶大怒，想杀掉阳固，便命令阳固做攻城先锋。阳固志意闲淡优雅，临阵遇敌却十分勇猛果敢，刘昶感到非常惊奇。

正月二十七日丁酉，南齐全国上下戒备森严。派遣太尉陈显达为使持节、都督西北讨诸军事，来往巡视于新亭、白下一带，以壮大声势。

正月二十九日己亥，魏孝文帝率大军渡过淮河；二月，抵达寿阳，三十万大军浩浩荡荡，铁甲骑兵一眼望不到头。二月初五日甲辰，魏孝文帝登上八公山，乘兴作诗。途中遇上倾盆大雨，命令去掉车盖，看到军队中有生病的士兵，亲自安抚慰问。

魏孝文帝派人去传唤寿阳城中南齐人，丰城公萧遥昌便派参军崔庆远前去应对。崔庆远质问北魏出师来犯的理由，魏孝文帝回答说："当然有原因。你想让我直接说呢，还是含含糊糊地说呢？"崔庆远说："我不明白来意，无须隐忍含垢！"魏孝文帝便问道："南齐君主为什么废立呢？"崔庆远答道："废去昏君，另立明主，这种事情古今常见，并非只有一桩，所以不知道有何不理解之处呢？"魏孝文帝问道："武帝的子孙们，现今都在哪儿？"崔庆远答道："七位藩王乱国同罪，已经和周朝的管叔和蔡叔一样被杀掉了，其余的二十多位藩王，有的在朝廷中担任清要职位，有的在外面担任州郡长官。"魏孝文帝又问道："你们现今的君主如果没有忘掉忠义，为什么不立近亲，如当年周公辅佐成王那样，而要自取皇位呢？"崔庆远回答："周成王有亚圣的品德，所以周公立他为君而自己辅佐之。可是，如今本朝前帝近亲中没有能比得上周成王这样的人物，所以不能嗣立。况且，汉代霍光也曾经舍弃汉武帝的近亲而立汉宣帝刘询，只是因为他贤德呀。"魏孝文帝问道："那么，霍光为什么不自立皇位呢？"崔庆远答道："不是同一类啊。本朝当今皇上正可比做汉宣帝刘询，怎么能拿他与霍光比呢？如果按照你说的那样，那么当年武王伐纣，没有立纣王庶兄微子为君而自己辅佐之，也是贪求天下了吗？"魏孝文帝大笑着说道："朕前来问罪，但是听了你所言，心里也就明白了。"崔庆远说："'见可而进，知难而退'，这样就是圣人之师。"魏孝文帝又问道："您希望与我和睦友好呢，还是不希望？"崔庆远回答说："相睦友好则两国互相庆贺，民众承受好处。否则两国关系恶化，生灵涂炭。能否和睦友好，完全由您来决定。"魏孝文帝赐赏崔庆远酒菜和衣服，送他回寿阳城。

（以上为第一段，写北魏主拓跋宏率领大军南下，抵达寿阳，南齐严阵以待，崔庆远与拓跋宏的对话，既显示拓跋宏的深厚的中原文化底蕴，也反映庆远的机智善辩。）

二月初九日戊申，魏孝文帝沿着淮河而东下，所到之处，百姓安居，纳供粮草的民众挤满道路。二月十七日丙辰，到了钟离。

齐明帝派遣左卫将军崔慧景、宁朔将军裴叔业去援救钟离。刘昶、王肃号称二十万大军。安营驻扎，在营盘周围挖掘树立三层堑沟栅栏，合力攻打义阳城，守城兵士不得不以盾牌来蔽身。王广之引兵来援救义阳，但是到了离义阳城百余里的地方，因畏惧北魏兵力之强，不敢前进。城中频频告急，黄门侍郎萧衍请求先去增援，王广之把自己麾下的精兵分给萧衍一部分。萧衍抄小道连夜出发，与太子右率萧诔等人，径直登上贤首山，来到距北魏军队仅数里的地方。魏军在意料之外，不知道有多少兵力，不敢逼近。黎明时分，城中的守军望见援兵到了，士气大增。萧诞派遣长史王伯瑜出城攻进北魏栅栏，借大风放火焚烧，而萧衍等率领的士兵则从外围合击之，魏军不能抵抗，只好解围而去。二月二十日己未，萧诞等率兵追击北魏军队，破敌获胜。萧诔是萧谌的弟弟。

早先，因为义阳情况危急，齐明帝诏令都督青、冀二州诸军事张冲出兵攻打北魏，从而分散其兵力。张冲派遣军主桑系祖去攻打北魏的建陵、驿马、厚丘三城，又派遣军主杜僧护去攻打北魏的虎坑、冯时、即丘三城，都攻破占领了。青州和冀州刺史王洪范派遣军主崔延袭击北魏的纪城，也占领了。

魏孝文帝要南去观看长江，二月二十二日辛酉，从钟离出发。司徒长乐元懿公冯诞重病在身，不能随驾前往，孝文帝流泪与冯诞诀别，出发后走了约五十里，传来冯诞的死讯。这时崔慧景等路兵马离孝文帝的营地不过百里，孝文帝轻装率领数千人马连夜赶回钟离。拊尸大哭，一直哭到天亮，还声泪不绝。二月二十三日壬戌，命令各路兵马停止长江之行，依照晋代安葬齐献王的礼仪安葬了冯诞。冯诞与孝文帝同年而生，小时候一同学习，娶孝文帝的妹妹乐安长公主为妻，虽然没有学问才干，但是品性忠厚质朴，所以特别受到宠爱。二月二十八日丁卯，孝文帝派遣使节到达江边，指斥齐明帝的罪恶。

北魏久攻钟离不能取胜，兵卒伤亡惨重。三月初九日戊寅，魏孝文帝到达邵阳，在淮河中的洲岛上修筑城堡，又在南北两岸修筑了城堡，树立栅栏，断绝水陆，又在淮水南北两岸夹筑二城。萧坦之派遣军主裴叔业攻打两座城垒，都攻破摧毁。

（以上为第二段，写北魏主拓跋宏率军南下，从寿阳到钟离，强攻不能取胜，又欲饮马长江，因发小冯诞去世而停止南进，又到邵阳洲，夹筑二城，也被南齐军攻下。）

孝文帝想在淮河南边修筑城堡，置兵戍守，以安抚新近归顺北魏的该地百姓。特意赐赏相州刺史高闾一封盖有玉玺印记的信，信中详细地讲述了自己对此事的看法。高闾上表认为："《孙子兵法》中讲：'如果有十倍于敌人的兵力就可以包围他，如果有五倍于敌人的兵力就可以进攻他。'起初朝廷仅仅从接受曹虎投降这一点来计划安排，发兵数量不多，然而东西战线拉得很长，故难以取得成功。如今，您又想在淮河南边筑城置守，以便招抚新归顺的百姓。过去，世祖皇帝以排山倒海之威势，率领步兵、骑兵数十万，南临瓜步，各州郡全都投降，然而唯有盱眙这个小城却久攻不下。最后班师回朝，没有留下兵马守护任何一座城市，也没有开辟一廛土地，难道是没有人力吗？不是！只是因为那些重镇要地还没有夺取到手，不可镇守那些不重要的小地方。堵水要先塞住水源，伐木要先断其根，如果本源尚在而只攻其末流，终究不会有什么成效的。寿阳、盱眙、淮阴，是淮南的根本源头，如果不攻克其中之一处，而留守孤城，不可能保全是显然的事情。在外围有敌人据要冲之地而相逼，而淮河又隔断在内，配置的兵力少了不足以自守，而兵力多了则粮食物品等又难以运到。大部队回去之后，士兵孤单、胆怯。夏天河水盛涨，救援起来非常困难。以新击旧，以劳御逸，情况真的如此的话，那么最后的结果一定会是守兵被擒捉，虽然将士们忠勇奋发，终究有何益处？况且，安土恋本乃是人之常情。过去，彭城之战我方获胜，夺得了重镇，稳固地戍守住了，可是后来淮北那些不乐意归附我朝而思念归属江南的民众竟有数万人之多。角城不过弹丸之地，况且还处于淮北，离淮阳不过十八里。五固之战，围攻了那么长时间，最终仍不能攻克。今昔对比一下，事务要超出过去好几倍。天气还热，雨季正要到来，盼望陛下沿袭过去世祖皇帝的成规，调转车辕，班师回朝，经营好都城洛阳，蓄积力量，静观机会，广布仁德，施行教化，中原地区安定平和了，远方自然会信服而归附的。”

尚书令陆叡上表认为：“长江奔腾浩荡，是齐朝的防守天险。同时，江南之地淫雨多雾，暑气郁盛蒸热，我们的军队在此过夏，一定会发生疾病。而且，刚刚迁都不久，尚处于草创阶段，众多事务刚刚开始，朝廷中枢机构还没有议事之处，下面的部门也没有办公场所，文武百官虽说已经住下来了，但实际情况与行路露宿没有什么区别，雨淋日晒，时间久了，难免发生瘟疫。再者，既要出兵打仗，又要招募民夫，就是圣王也难以两者兼顾。如今，军队在外面攻敌作战，羸弱的民夫们在洛阳劳辛于土木之建，在外军队的后勤给养，每日耗损千金以上。驱使疲惫之兵，攻打据守着坚城的敌人，将以什么来取胜呢？陛下去年冬天的举动，正是想要炫耀武力于江汉之地，今年从春到夏这段时间，就理应罢兵。希望能早日撤兵返回洛阳，使根本强固，使圣上心中没有内顾之忧，等待百姓完成了筑建洛阳城的劳役，然后再遣兵调将出师，何愁不能征服呢？”魏孝文帝采纳了高闾的建议。

崔慧景见北魏修筑邵阳城，非常忧虑。张欣泰告诉他说：“魏军有撤退的想法，之所以还修筑邵阳城，只不过是在外表上夸耀其强大罢了，害怕我们跟脚追击他们。现今如果派人去游说，提出两相情愿罢兵休战的建议，他们不会不听从的。”崔慧景听从了这一主意，派遣张欣泰到邵阳城下与北魏交涉，魏孝文帝遂撤兵回国。

（以上为第三段，写北魏主拓跋宏率领大军南下，遭到南齐将士的顽强抵抗，没有讨到便宜，大臣高闾、陆叡等强力上书，请求撤兵，营建新都，以俟后举。）

魏军渡淮河的时候，还有五个将领没有过河，南齐军队占据了河中间的沙洲，断绝了水路，使得余下的北魏兵将无法渡河。魏孝文帝发令谁能击败河洲上的南齐兵，就封谁为直阁将军。军主代京人奚康生应募而出，缚扎木筏，上面堆满柴草，顺风纵火，一起烧向南齐的船舰，后面紧跟而进的士兵们借烟火掩护，挥刀乱砍，拼命杀向敌人，河洲上的南齐兵于是纷纷溃逃。魏孝文帝非正式任命奚康生直阁将军的名号。

魏孝文帝命令前将军杨播率领步兵三千、骑兵五百断后。当时，正是春水方涨之际，南齐军大批赶来，战船挤塞河中。杨播在淮河南岸布下阵势抵抗，没有渡河的魏军全部渡了过去。南齐军从四面把杨播围住，杨播布出圆阵抵御，亲自搏战，所杀敌兵众多难计。一直抵抗到第三天，军中的食物已经吃光，而南齐围兵攻打得更厉害了。魏孝文帝在淮河北岸观望，由于河水太急而不能派兵去相救。过一会儿，水势稍稍减弱，杨播带领精骑三百冲过齐的战船，大声呼喊道："我现今要渡河，有能战者请上来！"于是率领众兵渡过淮河。杨播是杨椿的哥哥。

魏军撤退之后，在邵阳洲上还余留有一万兵马，向南齐请求给五百匹马，借道返归。崔慧景想断其归路而攻打，张欣泰不同意："回归的军队不要阻止，古人也非常忌讳，将士置身于死地，不可以轻视。追击取胜了也不足以说明勇武；万一不能获胜，则白白地丧失了前面的功劳。不如答应他们。"崔慧景听从了张欣泰的建议。萧坦之回朝以后，告诉齐明帝说："邵阳洲有濒死贼人一万人，崔慧景和张欣泰二人听任他们逃走而不去追击。"因此，崔、张二人都没有得到朝廷的赏赐。三月十五日甲申，解除戒严。

当初齐明帝听说魏孝文帝要打到长江边上，非常害怕，特命令主管南兖州事务的广陵太守萧颖胄把居民都移入城内，居民们因此惊恐万分，纷纷打算收拾家产渡江南逃。萧颖胄认为北魏军队离得还很远，就没有立即执行旨令，后来北魏军队终究没有到达那里。萧颖胄是高帝的侄子。

齐明帝派遣尚书左仆射沈文季去帮助丰城公萧遥昌防守寿阳城。沈文季到达寿阳城之后，禁止游兵随便出城，洞开城门，严加守备，北魏军队不久就撤退了。

北魏入侵时，北魏派去祝贺南齐海陵王即位的使节卢昶等人还在建康，南齐人非常仇恨他们，把豆子蒸熟让他们吃。卢昶十分恐惧，就吃了，汗泪交流。谒者张思宁辞气不屈，死在客馆之中。回到北魏之后，魏孝文帝责备卢昶说："人谁没有一死？何至于到了把自己等同于牛马的地步？你屈身辱国，即使不远愧于苏武，难道同眼前的张思宁比较不感到自羞吗？"革除了卢昶的官职，贬为平民。

三月十九日戊子，北魏太师京兆武公冯熙在平城去世。

三月二十六日乙未，魏孝文帝到达下邳；夏季，四月初二日庚子，到达彭城；初三日辛丑，为冯熙举行哀悼仪式。由于太傅、录尚书事平阳公拓跋丕不乐意南迁洛阳，与陆叡一起上表请求北魏太武帝返回平城参加冯熙的葬礼。孝文帝说："开天辟地以来，哪里有天子老远地赶去给舅舅送葬的事呢？如今刚刚开始营建洛阳，岂可以妄自以此事诱引朕，陷君于不义呢？凡是平城留守令、仆以下的官员，统统交付御史贬斥。"仍然发出诏令，迎接冯熙以及博陵长公主的灵柩南下，安葬于洛阳，葬礼依照晋代安葬安平献王司马孚的礼仪进行。

（以上为第四段，写北魏军队撤退，猛将杨播断后，显现英雄本色；还有万人滞留江渚，南齐将领不愿出击，坐失良机；使臣卢昶被南齐羞辱，受到北魏主责备。）

魏孝文帝在钟离时，仇池镇都大将、梁州刺史拓跋英请求率领州兵会同刘藻一起去袭击汉中，魏孝文帝准许了他的请求。齐梁州刺史萧懿派遣部下将领尹绍祖、梁季群等率领两万兵马，占据险要之处，构筑了五座营栅来抵抗。拓跋英说："他们的主帅出身低贱，不能统一协调作战，我如果挑选精兵集中力量攻打一个营垒，其他营垒一定不会来援救。如果攻克一个营垒，其余四个就都会不战而逃。"便率领强悍之兵对一个营垒发起了急攻，一举而攻克，其他四营见状，纷纷溃逃，生擒了梁季群，斩敌三千余名，俘虏七百余人，乘胜长驱直入，逼近南郑。萧懿又派遣部将姜脩抗击拓跋英，拓跋英以伏兵攻其不意，结果把姜脩及其部属全部擒获。拓跋英率部返回的时候，萧懿手下的其他军队相继赶到，由于拓跋英部下的将士已经十分疲惫，根本没有料到萧懿的人马会追逼上来，所以非常惧怕，就准备逃跑。拓跋英故意骑马缓行，登上高处瞭望敌情，东指指，西划划，做出一副指挥若定的样子，然后整顿好部队，列队前行。萧懿的军队见此情形，怀疑拓跋英设有伏兵，拖延而掉头回撤。拓跋英下令追击，破敌获胜，于是围困了南郑。拓跋英令部下将士不得侵犯、掠夺，周围的老百姓纷纷投附，争着纳供粮草。萧懿据城固守。萧懿属下的军主范絜先正率领三千多兵马在外面，赶回来援救南郑，被拓跋英以伏兵截击，全部被擒俘。南郑城被围困数十日，城中慌恐。录事参军新野人庾域把已经空了的数十个粮仓贴上封条，并且指给将士们说："这些仓中都装满了粮食，足够支用两年，只管努力固守。"军心才得到安定。

这时，魏孝文帝却命令拓跋英撤兵返回，拓跋英安排军中老弱病伤先头而行，自己率领精壮兵力殿后，派使者去向萧懿告别。萧懿以为拓跋英在使诡诈之计，拓跋英撤走一天了，还不敢打开城门。到了第二天，萧懿才派遣部将去追击，拓跋英与将士们一起下马交战，萧懿的追兵不敢逼近，就这样尾随了拓跋英四天四夜，才返回。拓跋英率领部队进入斜谷，恰遇天降大雨，将士们斩截竹子，把米装在竹筒之中，在马上专持火把烹饪。这以前，萧懿派人去诱说仇池的各支氐人部落，让他们起兵截断拓跋英运送粮草的道路和后撤时所经之道。拓跋英统率部下奋力反击，边战边进，氐人发箭射中了拓跋英的面颊，最终率领全军回到仇池，并且讨伐平定了反叛的氐人部落。拓跋英是拓跋祯的儿子，萧懿是萧衍的哥哥。

拓跋英攻打南郑的时候，魏孝文帝诏令雍、泾、岐三州发兵六千人戍守南郑，等待拓跋英攻下南郑就派他们出发前去。侍中兼左仆射李冲上表劝谏说："秦川形势险恶难守，和羌夷部族接境。自从西征之军出发之后，连接不断地给其部运送军饷，十分不易，再加上氐胡部落反叛，所在之处疲于奔命，运送粮草的武装士兵还要穿戴盔甲，到今天未曾休息。如今，又准备预先差派戍守的兵卒，孤军远悬在山外，虽然优厚待遇，恐怕还是要担惊受怕的。万一最终不能攻克，那么就只会使当地民情产生动摇，与胡夷部族连接起来，串通一气，事情就难以预测了。现今依照圣旨秘密命令刺史，等待我军攻克南郑城之后，再派遣戍守人员出发。但是依臣之愚见，这样也不见得妥当。何以见得呢？因为西边的道路险恶万分，只能单车行走的路就有千里之遥，如今想要深入敌境而戍守绝境之外，孤立群敌之中，敌人发起进攻不可以马上增援，粮食吃尽了不能立即补给。古人说：'鞭子虽然长，但抽不到马肚子上去。'南郑对于我们而言，恰恰就是马肚子呀。况且魏国所占的疆域，天下九州已占了八个；已经臣服于我们的民众，达到了十分之九，还没有归顺于我朝的百姓，仅仅剩下大漠之北和长江以南了，束缚之绳在手，所以又何必急于今天呢？应该等待疆域拓展得更广，粮食准备得更加充足了，然后再设置邦国遣兵派将，实现并吞之举。如今，寿阳、钟离两地离得很近却还没有夺取，赭城、新野两地也不过半步之近却也没有投降。东边淮汉一带离得近但还不能完全守得住，西边隔得那么远又怎么可能派兵固守得住呢？如果一定要置兵戍守，臣担心最终会成为对敌方的资助。再者，迁都洛阳于天下之中，地域又与齐国接壤靠近，正应该大量招募敢死勇士，以平荡江南都会。如果现今轻率地派遣单薄少量的兵力去戍守，致使陷没，恐怕以后再派人去戍守的时候，众人因为担心留守不住而恐惧，责求他们以死相效，恐怕不能轻易办到了。根据上述种种情况，不派兵戍守南郑为上策。"孝文帝采纳了李冲的建议。

（以上为第五段，写北魏勇将拓跋英于西线出兵攻打南齐梁州的情况，仅凭一支孤军，搅得风云四起，最后完军撤退；拓跋宏事先下令发出一支军队计算镇守南郑，被李冲谏止。）

四月十五日癸丑，魏孝文帝到达小沛；四月二十一日己未，到达瑕丘；四月二十二日庚申，到达鲁城，并且亲自去孔子庙祭祀；四月二十三日辛酉，封孔子后代四人、颜渊后代两人官职，并且选择孔子的嫡系后代长子一人封为崇圣侯，奉掌祭祀孔子之务，又命令兖州修缮孔子的墓，重建碑铭。四月三十日戊辰，魏孝文帝到达碻磝，命令谒者仆射成淹准备舟船，想乘船从泗水进入黄河，溯流而上，返回洛阳。成淹劝谏说："黄河水流强悍凶猛，不是万乘之君适宜乘坐的。"孝文帝说："我以为平城没有漕运之路，所以京城的百姓贫穷。如今迁都洛阳，准备开通四方水路运输，但是百姓们犹害怕黄河水流之险。所以朕才准备此行，以此打消百姓心中的种种顾虑。"

北魏城阳王拓跋鸾等人进攻赭阳。各位将领之间不能统一行动，已经围攻了一百多日，但是还不能攻下，诸将领就准备不再攻城，而采取久围长困的办法使城内无法坚持下去而屈服。只有李佐独自率部昼夜攻城，将士死伤非常多。孝文帝派遣太子右卫率垣历生前去援救，北魏将领以为势寡不能胜敌，想要撤退，李佐独自率领二千骑兵迎战，大败。卢渊等人逃遁，垣历生乘胜追击，大获全胜。垣历生是垣荣祖的堂弟。南阳太守房伯玉等人又在沙堨打败了薛真度。

拓跋鸾等人在瑕丘晋见魏孝文帝，魏孝文帝指责说："你们畏敌败逃，辱我军威，罪该处死。但是，朕因新迁都洛阳之故，特宽恕你们不死。"五月初一日己巳，降封拓跋鸾为定襄县王，削夺禄户五百户，卢渊、李佐、韦珍等人皆被削职为民，并且迁徙李佐到瀛州。又因薛真度与他的堂兄薛安都有献彭城而投降北魏之功，保留他的爵位和荆州刺史之职，其余官职皆罢免，说："如此处理，进则足以表明功劳，退则足以彰示罪过。"

北魏广川刚王拓跋谐去世。拓跋谐是拓跋略的儿子。魏孝文帝说："古时候，大臣去世，君主有亲临三次之礼，魏晋以来，王公去世，国君哭于东堂。从今以后，凡诸王去世，凡按礼朕应服丧一年的亲属，朕要三次亲临；应服丧九个月的亲临两次；应服丧五个月或三个月的亲临一次。停止哭于东堂的礼节。朕对于广川王，应服期限为九个月丧的大功之礼。"在将要为广川王举行大殓之礼的时候，孝文帝着素服、深衣前去哭吊。

五月初六日甲戌，魏孝文帝到达滑台；五月初八日丙子，下榻于石济。五月十二日庚辰，太子出迎于平桃城。

赵郡王拓跋幹在洛阳贪婪淫乱，不守法令，御史中尉李彪私下劝诫他，并且对拓跋幹说："殿下不思悔改，所以我不敢不向上报告。"可是拓跋幹悠然自得不把此放在心上。李彪上表弹劾拓跋幹，魏孝文帝诏令拓跋幹和北海王拓跋详随同太子一起来行宫。到了之后，只召见了拓跋详而没有召见拓跋幹，暗中派人去察看拓跋幹反应如何，得知拓跋幹既无担忧之心，又无悔改之意，于是亲自数落他的罪行，打了一百杖，罢免了官职，令拓跋幹回家去了。

五月十五日癸未，魏孝文帝驾还洛阳，在太庙中向祖先报告。五月十六日甲申，诏令减去散官的俸禄，以便资助军队开支。五月十七日乙酉，在太庙举行饮酒仪式，论功而行赏。

（以上为第六段，写北魏主拓跋宏继续东行，从小沛到碻磝，于行在处分在南征中的战败之将拓跋鸾等，以及在洛阳贪淫不法的大臣拓跋幹等，从水道回洛阳。）

五月二十六日甲午，北魏太子在太庙举行了加冠之礼。魏孝文帝想要改变北方风俗，召见文武群臣，问他们："各位希望朕远追商周呢，还是想让朕连汉晋都比不上呢？"咸阳王拓跋禧回答说："群臣都盼愿陛下能超过前王。"孝文帝问："那么应当改变风俗习惯呢，还是因循守旧呢？"拔跋禧再回答："愿意皇上的政教日日更新。"又问："只是至于一身，还是希望传之于子孙后代呢？"回答说："愿意传之于百世万年。"孝文帝说："那么，朕下令改革，你们一定不得有违。"拓跋禧回答："上令而下从，有谁敢违抗呢？"孝文帝又说："'名不正，言不顺，则礼乐不可兴。'现今朕想要禁止使用鲜卑语，全部改用华音。年龄在三十岁以上的人，由于习性已久，可以宽容不能一下子就改换过来。但是，年龄在三十岁以下的人，凡在朝廷中任职者，语音不允许仍袭，如果有谁故意而为，应当降免其官职。所以，各位应当严加自戒。各位王公卿士认为这样对吗？”拓跋禧回答：“无不遵从圣旨。”孝文帝讲道：“朕曾经与李冲谈过这件事，李冲说：‘四方言语不同，故不知应该以谁的为是；皇上说的，就是标准。’李冲此话，其罪行应当处死。”便看着李冲又说道：“你有负于社稷，应当命令御史把你牵下去。”李冲摘下帽子磕头谢罪。孝文帝又指责出巡时留守洛阳的官员们：“昨天，朕看到妇女还穿着夹领小袖衣服，你们为什么不遵行朕前头的诏令呢？”这些官员们都磕头谢罪不已。孝文帝继续讲道：“如果朕讲得不对，你们可以当庭争辩，为什么上朝则顺从朕旨，退朝后就不听从呢？”六月初二日己亥，下令：“在朝廷中不得讲鲜卑语，违者免去所任官职。”

六月初六日癸卯，魏孝文帝派遣太子到平城参加太师冯熙的丧礼。

六月十六日癸丑，北魏发布诏令，搜求民间藏书，凡是朝廷秘阁中所无而又有益于时用的书，献者加以赏赐。

北魏有关官吏上奏：“广川王的妃子埋葬在代都，而广川王今天已去世，不知道是广川王随他的妻子回葬于平城呢，还是他妻子随广川王移葬于洛阳呢？”北魏孝文帝说：“凡是代京人迁移来洛阳的，死后应该全部埋葬在邙山。如果丈夫先死在代京，那么妻子死后可以送回代京安葬；如果丈夫死在洛阳，不可以送回代京随他的妻子安葬。其他州的人，听从自便。”六月十九日丙辰，孝文帝颁布诏书：“迁移到洛阳的人死后，葬于洛阳地区，不得送回北边安葬。”这时从代京迁居到洛阳的人全部成为洛阳人。

六月二十一日戊午，北魏不再用长尺、大斗，其度量法度依照《汉书·律历志》中的记载制定。

（以上为第七段，写北魏主拓跋宏锐意改革，禁止使用鲜卑旧语，全部改用华夏正音；禁绝穿着鲜卑族的服装；度量标准按照《汉书·律历志》中的记载制定。）

齐明帝废除郁林王时，曾许诺萧谌为扬州刺史，但是事后却任命他为领军将军、南徐州刺史。萧谌怨恨说：“饭做熟了，却推给别人吃了。”萧谌恃功自傲，颇多干预朝政事务，想选用谁，就命令尚书为其说话。齐明帝知道之后非常忌讳，因为萧诞、萧诔正率兵抵抗北魏，所以隐藏在心头不发作出来。六月二十五日壬戌，齐明帝游赏华林园，与萧谌以及尚书令王晏等几个人一起宴饮，非常尽兴。宴席结束的时候，留下萧谌，让萧谌晚点离开。当萧谌到华林阁时，被执仗武装卫士拘捕，押至官署。齐明帝派左右莫智明去数说责备萧谌的罪行，讲道：“隆昌的时候，如果没有你，我不会有今天。现今你们兄弟三人都被封上爵位，有两人担任了州刺史，朝廷报答你，已经是到了极点。可是，你还是不满足，总是心怀怨恨，说什么饭做熟了，却推给别人吃了。现今特赐你死。”遂杀死了萧谌，萧谌的弟弟萧诔也被杀。又任命黄门郎萧衍为司州别驾，前去拘捕萧诞，杀了萧诞。萧谌爱好术数，吴兴人沈文猷经常对萧谌说：“您的命相不亚于高帝。”萧谌死后，沈文猷也被诛死。萧谌死的那天，齐明帝又杀了西阳王萧子明、南海王萧子罕、邵陵王萧子贞。

（以上为第八段，写南齐明帝萧鸾清算异己，清算异己，杀害诸王，内残不已。）

六月二十八日乙丑，南齐任命右卫将军萧坦之为领军将军。

北魏高闾上书说：“邺城密皇后庙已经坍塌，请求重新加以修缮。如果认为已经享祭于太庙了，不必再单供神位，那么就应当把庙毁掉。”朝廷诏令毁掉其庙。

北魏拓跋英侵犯汉中的时候，沮水的氐人部落首领杨馥之为南齐攻打武兴的氐人首领杨集始，打败了杨集始。秋季，七月二十四日辛卯，任命杨馥之为北秦州刺史，并封为仇池公。

八月初九日乙巳，北魏选拔勇猛的武士十五万人担任羽林、虎贲，以充实皇宫宿卫。

北魏的金墉宫修建完毕，设立国子、太学、四门小学于洛阳。

魏孝文帝游赏华林园，观览过去所筑的景阳山，黄门侍郎郭祚说道：“山水是仁者、智者所喜爱的，应该重新加以修复。”孝文帝说：“魏明帝因为奢侈失败于前，朕怎么可以步其后尘呢？”孝文帝好读书，经常手不释卷，外出时在车中或者在马鞍之上仍不忘讲学论道。又擅长作文，常常在马上口授文章词句，不用更改一个字，自从太和十年之后，各种诏令、策书都是自己撰写。孝文帝还爱好贤才、善士，求贤心切，如饥似渴。凡是与孝文帝交往接近的，孝文帝总是与他们像普通人一样往来。比如李冲、李彪、高闾、王肃、郭祚、宋弁、刘芳、崔光、邢峦等人，都因资质文雅而得到亲近，并且担任了重要职位，在朝廷制礼作乐，成绩斐然，郁郁可观，有盛世之风。

治书侍御史薛聪是薛辩的曾孙，弹劾人不畏避强横之人，孝文帝有时想要宽容被弹劾者，薛聪就总是和他争辩，孝文帝经常说：“朕见了薛聪，也不能不畏惮，何况其他人呢？”从此贵戚们不得不敛手敬畏。薛聪升至直阁将军，并兼给事黄门侍郎、散骑常侍。孝文帝对外表明是重用他的德行才气，而在内心则把他视为心腹，皇宫中的卫士禁兵，全部交给他来统管，所以太和年间一直担任直阁将军。每次上朝，群臣百官退朝之后，薛聪总是在内室奉陪，连日继夜，对于时事政治方面的得失利弊，薛聪动辄加以匡正劝谏，所见大多被采纳。为人做事厚重而谨慎，所以外界并不能窥见他内心里的详情。孝文帝想要升进薛聪的名分地位，薛聪总是苦苦辞让，不愿领受。孝文帝也能对薛聪的态度体贴理解，对他说道：“您内禀仁义忠信之质，天爵自高，固然不是人爵所能荣身的了。”

（以上为第九段，写北魏主拓跋宏的励精图治，在新都洛阳设立国子、太学、四门小学；抑制奢侈之风，不同意修葺园林；重用贤才，直臣薛聪寄以心腹重任。）

九月初四日庚午，北魏六宫以及内外文武百官全部迁于洛阳。

九月二十日丙戌，魏孝文帝到达邺地。多次来到相州刺史高闾的官舍，赞美他治理本州的成绩，给予特别丰厚的赏赐。高闾数次请求回到本土幽州去做官，孝文帝发布诏令：“高闾以悬车之年，方才要求衣锦还乡，只知进而不知退，实在有损于谦德，所以降其封号为平北将军。高闾是朝廷中年龄和资历都老的大臣，应当顺遂他的心愿，所以调任他为幽州刺史。这样降号存法和劝善施恩两者皆修。”任命高阳王拓跋雍为相州刺史，告诫说：“做一州之长也容易，也难。‘自己言行端正，不用法令别人也会遵从’，如此就容易；‘自己立身不正，即使以法令强迫别人也不会听从’，所以说难。”

九月二十三日己丑，南齐调迁南平王萧宝攸为邵陵王、蜀郡王萧子文为西阳王、广汉王萧子峻为衡阳王、临海王萧昭秀为巴陵王、永嘉王萧昭粲为桂阳王。

九月二十九日乙未，魏孝文帝从城返还洛阳。冬季，十月二十一日丙辰，到达洛阳。

十月二十七日壬戌，北魏颁布诏书：“各州认真考察官员们的政绩，根据得失，分为三等，上报朝廷。”又诏令：“徐、兖、光、南青、荆、洛六州，加强战备，随时赴召。”

十一月初二日丁卯，南齐诏令罢除文惠太子修治的东田，并拆毁兴光楼。

十一月十四日己卯，南齐为太子纳妃子褚氏，大赦天下。太子妃是褚澄的女儿。

十一月初五日庚午，魏孝文帝到达委粟山，确定祭天的圜丘。十一月十四日己卯，孝文帝召集群儒商议祭天之礼，秘书令李彪说：“古代鲁国人如果有事要祈告上帝，必定先在泮宫中祈祷，请提前一日祭告于太庙。”采纳了他的建议。十一月十九日甲申，魏孝文帝祭天于圜丘。十二月二十一日丙戌，大赦天下。

十二月初一日乙未朔，魏孝文帝在光极堂接见群臣，宣布在官员中实行九品之制，是大选群臣的开始。光禄勋于烈的儿子于登依照旧例请求升官，于烈上表说：“如今正值圣明之朝，做臣子的理应清廉谦让，但是臣的儿子于登却援引旧例而要求晋升，这是臣平素教训不严的结果，乞求朝廷罢黜官职。”孝文帝说：“这是有识之言，没有料到于烈能做到这样。”召见了于登，对他说：“朕将要广施教化于天下，因为你父亲有谦逊之美德、正直士人之品格，所以特晋升你为太子翊军校尉。”并且加任于烈为散骑常侍，封为聊城县子。

孝文帝对群臣说：“一个国家从来都有一件事情可叹，就是臣子们不肯公开地谈论得失是非。作为一国之君，患在不能采纳劝谏；作为臣子，患在不能尽忠竭力。从今以后朕推举一人，如有不妥之处，你们直言其失；如果有才能之士而朕不能发现，你们也应当加以举荐。这样，能举荐人才者有赏，知而不言者有罪，你们应当明白这一点。”

十二月初三日丁酉，南齐诏令修缮晋朝历代皇帝的陵墓，并且增置了守护陵墓的卫士。

十二月三十日甲子，魏孝文帝在光极堂召见群臣百官，颁赐冠服。

早先北魏人不使用钱币，从孝文帝开始才命令铸造太和五铢钱。到本年，已经铸造得大体齐备，诏令公私方面一律开始使用钱币。

北魏任命光城的蛮人首领田益光为南司州刺史，所属的郡守县令，听任他自己设置、铨选。后来又在新蔡设立东豫州，任命田益光为刺史。

氐人首领杨炅去世。

（以上为第十段，写北魏主拓跋宏的赏罚之道，对于老臣高闾要求还乡，既降其官职，又满足要求；对于于烈告发其子援例求官，既肯定其举，又升其子之官。）

齐明帝建武三年（丙子，公元 496 年）

春季，正月初三日丁卯，南齐任命杨炅的儿子杨崇祖为沙州刺史，封为阴平王。

魏孝文帝发布诏令，认为：“北方人称‘土’为‘拓’，称‘后’为‘跋’。魏朝的祖先是黄帝的后代，以土德而称帝，所以为拓跋氏。土，乃黄中之色，万物之元，所以应该改姓为‘元’。诸位功臣旧族中凡从代京迁来的，其姓氏字数多，要一律改变。”这时开始改拔拔氏为长孙氏、达奚氏为奚氏、乙旃氏为叔孙氏、丘穆陵氏为穆氏、步六孤氏为陆氏、贺赖氏为贺氏、独孤氏为刘氏、贺楼氏为楼氏、勿忸于氏为于氏、尉迟氏为尉氏，其余所改姓氏，不可胜数。

魏孝文帝一向看重门第、家族，因为范阳人卢敏、清河人崔宗伯、荥阳人郑羲、太原人王琼四姓门族，士大夫所推重，特意选他们的女儿进入后宫。陇西人李冲以才识受到任用，成为朝中显贵，他所结的姻亲，都是具有清白名望而为时人所敬重的高门，皇帝也以他的女儿为夫人。诏令黄门郎、司徒左长史宋弁审定各州的士族，地位多有升降。又诏令：“代京人早先没有有声望的士族，虽然是功勋、贤士的后代，没有区别于寒贱出身者，所以，一些宦途通达者虽然位极公卿，但他们的亲族却依然担任着地位卑下的官职。其中穆、陆、贺、刘、楼、于、嵇、尉八姓，从太祖皇帝以来，功勋卓越，著称于世，位至王公，无人不知，通知司州和吏部，不要让他们充任卑微官职，而应当同卢、崔、郑、王四姓一样对待。除这些大族之外，其他还应该班列士族之列者，不久继续另外由朝廷下令加以确认。那些过去为部落首领，而从道武帝皇始年间以来三代官职在给事以上，以及爵位上至王公的，确定其姓；如果不是首领，而自皇始年间以来三代官职在尚书以上以及爵位上至王公的，也确定其姓。属头人之后代，但是官职不显要的确定其族，或者本非头人而官职显要的，也确定其族。凡此姓与族，都应该加以审核，不允许其中有伪冒者。命令司空穆亮、尚书陆琇等人详加审定，务必要做到公正合理。”陆琇是陆馛的儿子。

北魏过去的制度：各藩王的妃嫔都应选娶八大姓及有清望的门第人家之女。咸阳王拓跋禧娶隶户之女为妃嫔，孝文帝严厉地责备了元禧，因此颁布诏书为六个弟弟重新聘娶妻室，说：“以前所纳娶的，可以改做小妾。咸阳王元禧，可以聘娶颍川太守陇西人李辅的女儿；河南王元幹，可以聘娶已故中散大夫代郡人穆明乐的女儿；广陵王元羽，可以聘娶骠骑谘议参军荥阳人郑平城的女儿；颍川王元雍，可以聘娶中书博士范阳人卢神宝的女儿；始平王元勰，可以聘娶廷尉卿陇西人李冲的女儿；北海王元详，可以聘娶吏部郎中荥阳人郑懿的女儿。”郑懿是郑羲的儿子。

当时，赵郡李姓诸门中，人物尤其多，都能发扬家风，所以世人谈论门第高贵，均推卢、崔、郑、王、李五姓为首。

众人议论以薛氏为河东的望族，孝文帝说：“薛氏是蜀人，怎么可以成为一郡之大姓呢？”直阁薛宗起正执戟站在殿下，站出队列对答道：“我的祖先于汉代末期在蜀地做官，两代之后又回到河东，如今已经六代相沿袭，不应该算作蜀人。恭敬地提问陛下是黄帝后代，而受封北方，难道也可以说是胡人吗？现今不承认为郡中大姓，还有何脸面活下去呢？”把手中之戟摔碎于地。孝文帝慢悠悠地说道：“那么，朕为甲，你为乙吗？”于是同意列薛姓为郡之大姓，并同薛宗起戏言道：“你不是‘宗起’，而是‘起宗’呀！”

（以上为第十一段，写北魏主拓跋宏锐意改革，将鲜卑姓氏改为中原姓氏；注重门第、家族，确定大姓望族，为六个弟弟选择士族女为妻室，将薛氏作为河东望族。）

孝文帝与群臣议论选拔调派官员的事情，问道：“近世以来，出身高卑贵贱，各有一定的名分，这样划分如何呢？”李冲回答道：“不知道上古以来，分官列位，其目的是为了那些膏粱子弟们呢，还是为了治理国家呢？”孝文帝回答：“当然是为了治理天下。”李冲问：“那么陛下现今为何专门选取门第出身，而不注重才能方面的选拔吗？”孝文帝说：“如果其人有过人的才能，不怕不为人所知。然而，君子门第出身，即使没有为当世所用之才能，但终归在德行方面要纯洁笃实一些，朕所以选用他们。”李冲说道：“傅说、吕望可以凭门第出身得到吗？”孝文帝说：“非常的人才，旷世才有一二。”秘书令李彪说道：“陛下如果专以门第取士，不知道鲁国的三卿季孙、孟孙、叔孙氏与孔门四科人才，谁优秀些呢？”著作佐郎韩显宗说道：“陛下岂能使贵者世袭为贵，贱者永远为贱呢？”孝文帝回答：“如果遇有才识高明、卓然不凡、出类而拔萃者，朕也不拘泥于这一制度。”一会儿，刘昶来到朝中，孝文帝对他说：“有人说选拔官员要唯才能是重，不必拘于门第出身，朕则以为不然。为什么呢？因为这样则会清浊同流，混淆为一，以致名器不分，使君子小人没有区别，这实在是不可以的。我们现今八族以上的士人，品第分为九个级别。九品之外，出身低贱而做官者又分为七等。如果其人有才能，有贡献，可以升为三公。朕正担心贤才难得，但是也不可以仅为一个人而混乱了我的典章制度。”

臣司马光评论说：选拔举荐人才的制度，先门第而后贤才，这是魏晋时期很大的弊端，然而历代因袭，莫能改变。君子与小人之别，不在于世代禄位与贫贱低微的区别，以今天的眼光来看，这是愚者和智者都能认识到的，然而在当时，虽然以魏孝文帝之贤能，犹不能免于这一偏见。所以，能明辨是非而不受世俗之见影响的人实在是稀少啊！

（以上为第十二段，写北魏主拓跋宏重视门第而轻贱贤才，被有识之士李冲、李彪、韩显宗等人予以批评，而拓跋宏不以为然；司马光抨击这种选用人才的制度。）

正月二十八日壬辰，北魏调迁始平王元勰为彭城王，恢复定襄县王元鸾为城阳王。

二月初九日壬寅，北魏颁布诏书：“群臣中如果不是武将，实行守丧三年的制度。”

二月十三日丙午，北魏颁布诏书：“国都附近七十岁以上者，于暮春的时候到京师举行养老之礼。”三月初三日丙寅，在华林园宴请群臣以及告老辞官的卿大夫和士中的老者。北魏颁布诏书：“告老辞官的卿大夫、黄发高寿以上者，给予中散大夫、郡守的名誉职位；年龄在六十岁以上者，给予给事中、县令的名誉职位。士中的老者，直接给予郡、县的虚职，分别赏赐以鸠鸟为饰的拐杖和衣裳。”

三月十四日丁丑，北魏颁布诏书：“各州的中正各自举荐本乡有民望的人，年龄在五十岁以上而家境贫寒不曾做官的，授以令、长之职。”

三月十九日壬午，南齐颁布诏书：“乘坐的车子上面有金银装饰的，全部去掉。”

齐明帝一心要做到节俭朴素，负责膳食的太官一次进献一种名叫裹蒸的食品，齐明帝对太官说：“我一次吃不完这么一个，可以把它分成四块，剩下的晚上再吃。”还有一次使用皂荚洗浴，指着用过的皂荚水对身边近侍说：“这个还可以再次使用。”太官在正月初一上寿，温酒时使用了一个用银子制作的酒铛，齐明帝要把它毁掉，王晏等人都称颂他品德高尚，卫尉萧颖胄说：“朝廷中最隆重的节日，莫过正月初一，这个银制酒铛是旧物了，所以不足为奢侈。”齐明帝听了心中很不高兴。后来又在宫中设宴，席上有许多银制器皿，萧颖胄说道：“陛下前次说要毁掉酒铛，恐怕应该移在眼前这些银器上。”齐明帝满面愧色。

齐明帝事无巨细，必须躬亲，无论概要细则均要细致周密，这时连郡县以及朝中六署、九府的日常事务，也必须全部向他报告，取得他的旨令才能办理。文武官员中功臣和旧臣的选拔、使用等，都不归于吏部管理，而是凭借亲戚关系互相提拔，以致使皇帝事务过于繁密。南康王侍郎颍川人钟嵘上书：“古时候，圣明的国君根据下属的才干分派事情，量其能力授以官职，三公坐而论道，九卿具体分工执行，而天子只是谦恭修己、面朝南方罢了。”建议奏上，齐明帝心中不悦，问太中大夫顾暠：“钟嵘何许人也？想顶替朕裁断事务，你认识他吗？”顾暠回答说：“钟嵘虽然地位卑微，没有名气，但是他所讲的或许有可采纳之处。况且那些繁重琐碎的事务，都分别有职能部门来办理，现今陛下全部总领，亲自处理，陛下越是劳累，臣子们则越是清闲，正所谓‘代替庖人宰割，代替大匠斫削’。”齐明帝不理睬顾暠所说，而另改换别的话题。

（以上为第十三段，写北魏主拓跋宏尊老，举行养老之礼；南齐皇帝萧鸾躬行节俭，几乎不近人情；事必躬亲，事无巨细亲自操劳。臣子钟嵘、顾皓不以为然。）

夏季，四月十一日甲辰，北魏广州刺史薛法护请求投降。

北魏侵犯司州，栎城戍主魏僧珉率兵抵抗，击败了来犯的军队。

五月二十四日丙戌，北魏在河阴掘筑方泽。诏令禁止在汉、魏、晋历代皇陵百步之内打柴割草。

五月二十五日丁亥，魏孝文帝在方泽祭地。

秋季，七月，北魏废黜皇后冯氏。起初，文明太后想让她的家族富贵显赫，选择冯熙的两个女儿进宫做妃嫔，其中一个早早去世，另一个得到魏孝文帝的宠幸，但是时间不久，身染疾病，只好回到家中削发为尼。等到文明太后去世，孝文帝又立冯熙的小女儿为皇后。不久，皇后的姐姐病好了，孝文帝非常思念她，就又把她迎进宫中，拜为左昭仪，从此皇后渐渐失去了宠爱。左昭仪自认为年长于皇后，并且比她先入宫，所以不对皇后实行妾礼。皇后对此很愧恨，左昭仪于是诬陷中伤她，使她被废掉。皇后素来有德操，被废之后就居住在瑶光寺中为尼，修炼戒行。

魏孝文帝因为久旱无雨，自五月二十一日癸未至五月二十三日乙酉停止进食，群臣都来到中书省请求接见。孝文帝在崇虚楼，派遣中书舍人去推辞，并且问请见的缘故。豫州刺史王肃说：“现今郊外四周已经大雨连绵了，唯独京城之内下得很小。平民百姓们都没有少吃一餐，而陛下却绝食三天了，臣下对此惶惶不安，无可自处。”孝文帝派中书舍人回答说：“朕几天不吃饭，没感到什么不适。近来朝廷内外无论贵贱之人，都说郊外四面有雨了，朕怀疑这样讲，为的是宽慰朕心，情况未必属实。现今准备派人去查看，如果如所言，就立即用膳；如果不然，朕还有何理由继续活下去呢？就用自己的身体替万民百姓承担老天爷的责咎。”这天晚上，天降大雨。

北魏太子元恂不喜欢学习，长得身肥体胖，熬受不了河南夏天的炎热，经常思念回到北方去。魏孝文帝赐予元恂衣服帽子，他却常常私下里穿着胡服。中庶子辽东人高道悦多次恳切地劝谏元恂，元恂非常厌恶他。八月初七日戊戌，孝文帝到达嵩高，元恂与心腹密谋策划，叫来马匹骑上直奔平城，亲手把高道悦杀死在宫殿之中。中领军元俨严守门禁以防遏，到了夜间才平定下来。第二天一早，尚书陆琇急忙骑马去向孝文帝汇报，孝文帝一听大吃一惊，但没有声张其事，仍然到了汴口，然后返回。八月二十三日甲寅，回宫，召见元恂，数说了他的罪过，亲自与咸阳王元禧轮番把元恂打了一百多棒，命人把他扶着拽出去，囚禁在城西，一个多月之后，元恂才可以起床。

八月二十六日丁巳，北魏相州刺史南安惠王元桢去世。

九月初八日戊辰，魏孝文帝在小平津演练武事。九月十三日癸酉，还宫。

冬季，十月初八日戊戌，北魏颁布诏令："士兵凡从代京迁来者，一律任用为羽林、虎贲。司州成年男子，十二个之中抽调一个，编为吏员，作为公家或私家的差役。"

北魏吐京胡反叛，诏令朔州刺史元彬代管汾州事务，统领并州、肆州的人马去讨伐。元彬是元桢的儿子。元彬派遣统军奚康生攻打反叛的胡人，打败了他们，又追击至车突谷，再次获胜，俘获各种牲畜上万头。诏令元彬为汾州刺史。胡人去居等六百多人据险而不服，元彬请求拨兵两万去讨伐，有关部门上奏请示批准，魏孝文帝勃然大怒，说："小小的一股寇贼，哪有朝廷发兵去讨伐的道理呢？可以自己根据实际情况掌握时机进行讨伐。如果不能攻克，必须派大兵去讨伐，那就先斩了刺史，然后再发兵！"元彬非常害怕，亲自督率州兵，身先士卒，去讨伐去居，终于平定。

魏孝文帝在清徽堂召见群臣百官，商议废去太子元恂。太子太傅穆亮、少保李冲摘去帽子，伏地磕头谢罪。孝文帝说："你们谢罪是出于私情，而我在这里所要商议的却是国家大事。'大义灭亲'，为古人所看重。如今，元恂想要违抗父命而私自逃叛，跨据恒、朔两州，天底下还有比这更大的罪恶吗？如果不把他废掉，就会成为社稷的一大忧患。"闰十二月初八日丙寅，北魏废太子元恂为庶人，安置于河阳无鼻城，派兵看守，对其衣服饮食供应，大体上免于饥寒罢了。

闰十二月初十日戊辰，北魏设置常平仓。

（以上为第十四段，继续写南齐明帝建武三年的史事，主要写北魏主拓跋宏废食求雨，看到下雨才吃饭；太子元恂不习惯在洛阳的生活，趁其父外出，欲北奔平城，被废为庶人；北魏设置常平仓。）

闰十二月二十日戊寅，南齐太子萧宝卷举行加冠礼。

原先，北魏文明太后想要废去魏孝文帝，穆泰苦苦劝谏才得以中止，由此穆泰得到宠信。到了孝文帝南迁洛阳，其所亲近信任的大多是些中州的儒士，皇族内部以及代京人往往对此感到不高兴。穆泰从尚书右仆射出任定州刺史，自己陈述长期有病，在气候暖湿的地方则更加严重，请求到恒州去。孝文帝调恒州刺史陆叡为定州刺史，另任穆泰为恒州刺史。穆泰到达恒州之后，陆叡还没有前去定州，于是就与陆叡一起密谋反叛作乱，并且秘密勾结镇北大将军乐东陵王元思誉、安乐侯元隆、抚冥守将鲁郡侯元业、骁骑将军元超等人，共同推举朔州刺史阳平王元颐为主。元思誉是元天赐的儿子，元业是元丕的弟弟，元隆和元超俱为元丕的儿子。陆叡认为洛阳政治修明，劝说穆泰迟缓进行，因此穆泰暂时没有发动。

元颐假装同意穆泰等人，而秘密地把情况写成奏状上报朝廷。行吏部尚书任城王元澄有病在身，孝文帝召见于凝闲堂，对任城王元澄说："穆泰图谋叛乱，煽动诱说宗室，策动叛乱。如果就是这样，如今迁都伊始，北方人恋旧，南北事务纷扰，朕的洛阳不能成立。这是国家大事，非您不能办理。您虽然有病在身，但是还得勉强为我北行一次，审观形势，假若穆泰的势力还不太强的话，就直接把穆泰擒拿了；如果穆泰的势力已经强盛，您就秉承我的旨意发并、肆两州之兵讨伐他们。"元澄回答说："穆泰等人愚蠢至极，正是由于恋旧使然，他们叛乱完全是为了这个，并非有什么深谋远虑。臣虽然无能胆怯，但对付他们还是行的，完全可以制伏，希望陛下不要忧虑。我虽然有病，但怎么敢推辞呢？"孝文帝笑着说道："任城王愿意北行，朕还有什么忧愁的呢？"于是授予元澄节旄、铜虎、竹使符以及天子身边的卫兵，使其代理恒州事务。

元澄到达雁门时，雁门太守夜间来报告说："穆泰已经带兵往西边投靠阳平王去了。"元澄立即命令出发，右丞孟斌说："事情还难以估量，应该奉圣旨召集并州、肆州的兵力，然后再慢慢进发。"元澄说："穆泰既然策谋叛乱，理应据守坚城，然而却去投奔阳平王，思量穆泰的行为，好像是势力不强。穆泰既然不与我们抗拒，那么无故发兵不太适宜了。只需迅速前去镇压，民心自然安定。"于是日夜兼行，前往阳平。元澄首先派遣治书侍御史李焕单人匹马进入平城，出其不意。李焕告谕穆泰的同伙，对他们讲明利害得失，结果这些人都不接受穆泰的指挥。穆泰无计可施，只得带领部下几百人攻打李焕，不能取胜，就从城西逃跑，李焕追上擒获了穆泰。很快元澄也到了，接着肃清了参与叛乱的同党，拘捕了陆叡等一百多人，全部投入监狱，而民间安定无事。元澄把穆泰等人的罪行一项项地列出，上表奏告孝文帝，孝文帝非常高兴，召集公卿，把元澄的上表出示给他们看，说道："任城王可以说是社稷功臣啊！看他写的这些判决之辞，除了古时候的皋陶氏，谁能超过他呢？"回头看着咸阳王元禧等人说道："如果让你们担当此事，一定办不到这样的。"

魏孝文帝策划入侵南齐，召集公卿到清徽堂，说道："朕择地迁都洛阳，现今各方面基本就绪，唯有南方之寇没有平定，怎么能仿效近世以来的天子们安于深宫帷幕之中呢？现今朕南征已经决定，只是不知道时机的迟早。近来方术之士都说，当下就前往征伐，一定能够取胜，然而这是国家之大事，应该使君臣各抒己见，不要因为朕先说了，在朕前就模棱两可，下去以后又不同意。”李冲说：“凡是用兵之法，应该先论人事，然后再察验天道。现今占卜虽然为吉，但是人事准备没有妥当，刚迁都不久，秋谷收成不好，不可以兴师动旅，出外征战。依臣之见，应该等到来年秋天再行南征。”孝文帝说：“过去十七年，朕拥兵二十万，这是人事昌盛了，然而天时不利。如今既然天时有利，又说人事未备。那么，照仆射所说，该是永远没有征伐的时候了。寇戎近在咫尺，他日终将是江山社稷的一大忧患，朕怎么敢自安呢？如果明年秋天南征不能获捷取胜，就要把诸位全送到司寇那里治罪，所以你们不可不尽心尽力。”

魏孝文帝因为流放到边远地方的罪犯多有逃亡，就制定法令，规定凡一人逃亡，全家充当劳役。光州刺史博陵人崔挺上书劝谏说：“天底下善良的人少，恶人多。如果一人有罪而株连全家，那么司马牛就要因其兄桓魋而受到惩处，柳下惠也因其弟盗跖而牵连被杀，岂不悲哀吗！”孝文帝同意他的意见，废除了这一株连制度。

（以上为第十五段，写北魏迁都洛阳，大臣穆泰、陆叡等恋旧，相与谋叛，被一举平定；孝文帝再次动议南下攻打南齐；北魏废除犯罪株连制度。）

【点评】

北魏改变姓氏和婚俗推进民族融合。公元496年，魏孝文帝改帝室拓跋氏的姓氏为元氏，北魏太祖以来的各大著姓，都一律改为汉姓；在通婚方面，孝文帝下令禁止鲜卑同姓内部通婚的陋俗，决心改变鲜卑族的血统。移风易俗的阻力很大，孝文帝便自己带头积极倡导和推行鲜卑贵族与汉族大姓通婚，孝文帝自己即以范阳卢氏、清河崔氏、荥阳郑氏、太原王氏的女儿补充后宫，又以陇西李冲的女儿为夫人。孝文帝众多兄弟和一些鲜卑贵族也娶汉家女为妻为妾。

鲜卑人基本以部族名字为自己的姓氏，例如拓跋、慕容、乞伏、秃发、宇文等。北魏建立之初，诸部有九十九姓，至北齐魏收编纂《魏书》时，所记载其姓多达120个。姓氏既是出身的标志，又是文化习俗，也是深层次的社会心理，鲜卑与汉族姓氏不同，就是深刻的民族差异的浅表体现。作为鲜卑族建立的北魏政权，要想在以汉族为主的中原地区站稳住脚，必须缓解民族矛盾。保证鲜卑贵族原有的政治地位，又要联合汉族地主阶级，逐步吸收汉族制度和文化，孝文帝接受汉族地主建议，展开一系列改革，这样通过异族间的通婚关系，进一步推动民族融合，也使鲜卑贵族和汉人名望士族紧密地结合起来了，不仅消除了双方存在的民族矛盾，而且使二者血统达到融合，巩固了北魏封建政权的统治。

齐纪七

齐明帝建武四年至永泰元年（公元 497—公元 498）

【起强圉赤奋若（丁丑，公元 497 年），尽著雍摄提格（戊寅，公元 498 年），凡二年】

【大事提要】

本卷记事起自公元 497 年，至公元 498 年，凡二年，当齐明帝建武四年至齐明帝永泰元年。本卷所载大事，南朝齐两件大事：其一，皇室内乱不息，齐明帝生病，疑忌之心更重，将高帝、武帝的诸位皇子都杀害了。其二，王敬则以萧子恪的名义反叛，几乎将皇孙们都杀死。另外，高昌王马儒为部下所杀，立麹嘉为王。高昌麹氏政权始于此。北朝北魏一件大事，孝文帝凭借新招募的十五万武勇之士南伐南齐，取得了相当的战果，雍州的北部南阳诸郡并入北魏版图。

高宗明皇帝下

齐明帝建武四年（丁丑，公元 497 年）

春季，正月，南齐大赦天下。

正月十一日丙申，北魏立皇子元恪为太子。孝文帝在清徽堂设宴，说到太子元恂，李冲谢罪说："我愧做太子的老师，没有能教导好他，实在有罪。"孝文帝说："朕尚且不能教化他的劣恶，你做老师的何必谢罪呢？"

正月十七日乙巳，魏孝文帝巡视北方。

早先，尚书令王晏深得齐武帝宠信，到了齐明帝谋划废去郁林王的时候，王晏又立即欣然赞同。郁林王被废去之后，齐明帝与王晏在东府宴饮，谈到时事的时候，王晏拍着手掌说道："公经常说我王晏胆怯，今天又认定我如何呢？"齐明帝即位，王晏自以为对新朝有佐命之功，经常菲薄世祖在世时候的事情。王晏担任了尚书令，居于朝臣中的最高地位，处理事情非常专横独断，朝廷内外的重要职位，都任用自己的亲信，经常与齐明帝在用人方面发生争执。齐明帝虽然因举事之际，不得不依赖王晏，但是内心却十分厌恶他。齐明帝曾经整理齐武帝的诏书文告等材料，得到齐武帝写给王晏的手敕三百多张，都是谈论国家的事情，又得知王晏劝谏齐武帝不让自己做吏部尚书的事，因此越发猜忌、冷淡王晏了。始安王萧遥光劝齐明帝杀掉王晏，齐明帝说："王晏于我有功劳，况且没有罪过。"萧遥光又说："王晏对武帝都不能忠心耿耿，怎么能忠于陛下呢？"明帝听了默然无言。齐明帝派遣心腹陈世范等人到街头小巷去搜集不利于自己统治的话。王晏轻率浅薄而没有防范，他心中向往开府仪同三司的尊荣，几次传叫方术之士来查看风水，说是会大富大贵。王晏与宾客谈话时，总是喜欢避开他人。齐明帝知道了这些情况之后，怀疑王晏想谋反，于是产生了杀掉王晏的念头。

奉朝请鲜于文粲暗中刺探了齐明帝的心思，就奏告王晏有异图。陈世范又启奏齐明帝："王晏密谋借四年南郊祭天之机，与世祖过去的主帅暗中起事。"正好遇上老虎闯入南郊祭坛，齐明帝愈加惧怕了。郊祭前一天，敕令不去南郊祭祀，派人先告诉了王晏和徐孝嗣。徐孝嗣奉旨不言，而王晏则陈述说："郊祀事关重大，圣上一定要亲自前去。"这样一来，齐明帝越加相信陈世范所说的话。正月二十八日丙辰，齐明帝在华林省召见王晏，杀了他，一同诛死的还有北中郎司马萧毅、台队主刘明达，以及王晏的儿子王德元、王德和。颁布诏书："王晏与萧毅、刘明达因为河东王萧铉见识低下、能力微弱，于是阴谋奉河东王萧铉为君主，让河东王萧铉做挂名皇帝。"王晏的弟弟王诩担任广州刺史，齐明帝派遣南中郎司马萧季敞去袭击杀掉了王诩。萧季敞是齐明帝的从祖弟。萧毅奢侈豪华，特别喜好弓箭、骏马，使齐明帝猜疑，因此借这件事陷害、杀害了萧毅。河东王萧铉在早先因年龄小、才力弱，所以没有被齐明帝杀掉。萧铉在朝见齐明帝时总是保持鞠躬姿势，弯腰低头，不敢平行直视。至此时，年龄渐长，于是受王晏的事情牵连治罪而被免官，被禁止与外面的人往来。

郁林王将被废黜之前，王晏的堂弟御史中丞王思远对王晏说："兄长承受世祖的厚恩，现今一旦帮助别人进行此事，那个人或许因为权宜之计暂时利用兄长，但不知兄长这样做了，将来何以自立呢？如果在现今能拿起刀子自刎而死，还可以保全门户，不失后世英名。"王晏说："我正在喝粥，无暇顾及此事。"等到王晏被拜为骠骑将军，他把子侄和诸兄弟召集在一起，对王思远的哥哥王思徵说："隆昌末年，阿戎劝我自裁，如果听从了阿戎的话语，哪里能有今天呢？"王思远随声应道："如按照小弟所说的那样去做，现今尚未为晚。"王思远知道齐明帝外表对待王晏十分优厚而内心则已经开始怀疑他了，就乘机对王晏说："眼下事情逐渐有异样，兄长觉察否？人们大多拙于自谋而巧于谋算别人。"王晏听后没有吭声。王思远走了之后，王晏才叹息着说："世上竟有劝人死的人。"十天之后，王晏被杀。齐明帝听说了王思远对王晏说过的话，所以没有定他的罪，并且升任王思远为侍中。

王晏的妻弟尉氏人阮孝绪也知道王晏必定会失败，王晏屡次到阮孝绪家门，他都躲而不见。一次，阮孝绪吃酱觉得味道很香，一问才知道是从王晏家得来的，立即呕吐了出来，并且把其余的全部倒掉。到了王晏被杀之后，人们都为阮孝绪担心，阮孝绪却不以为然，说："虽然是亲戚，但是并没有结党营私，有什么害怕的呢？"最后阮孝绪被免于定罪。

（以上为第一段，写南齐尚书令王晏为萧鸾的灭主篡位立下汗马功劳，自以为得意，而萧鸾即位后，就猜忌他，最终被设计杀害，并株连亲党。）

二月初五日壬戌，魏孝文帝到达太原。

二月初七日甲子，南齐任命左仆射徐孝嗣为尚书令，任命征虏将军萧季敞为广州刺史。

二月十六日癸酉，魏孝文帝到达平城，提审了穆泰、陆叡的党羽，他们没有一个人说自己冤屈。当时，人们都认为任城王元澄公正、明察。穆泰及其亲信党徒都伏法，陆叡被赐死狱中，陆叡的妻子得到宽宥，流放到辽西，成为平民。

早先，魏孝文帝迁都洛阳，改变旧的风俗习惯，并州刺史新兴公元丕一点也不高兴这样做，孝文帝因为元丕在家族中年辈较长，因此就不强行让他改换，但是用大道理加以诱导劝说，以使他不生他心。到了朝中大臣们都改换了衣服帽子，朱衣满座，但是唯独元丕还穿着胡服侧身其间，后来才慢慢加上了帽子和腰带，可是仍旧不修饰容仪，孝文帝也不强迫他。

北魏太子元恂将从平城迁往洛阳的时候，元隆同穆泰等人密谋策划，要把元恂留在平城，趁机出兵堵住雁门东陉、西陉二关，阴谋占据关北恒、朔二州。元丕在并州，元隆等人把自己的计划告诉了元丕，元丕表面上忧虑事情难以成功，口头上虽然责难，但是心里却深以为然。等到事情被发觉，元丕随从孝文帝到了平城，孝文帝每次审问穆泰等人时，常常让元丕坐在旁边观看。有的官员奏告元业、元隆、元超罪该满门诛斩，元丕也应该连坐治罪。孝文帝因为元丕曾经受诏令被允许不死，就免除元丕一死，黜为平民，让他的后妻和两个儿子陪伴他居住在太原，杀了元隆、元超及其同胞兄弟元乙升，其他的儿子流放敦煌。

原先，元丕、陆叡以及仆射李冲、领军于烈等人都受过皇帝的不死之诏。陆叡被杀之后，孝文帝在给李冲、于烈的诏书中说："陆叡叛逆谋反的阴谋，自己有负于鬼神，违背了曾经发过的誓言，所以陆叡的死与朕没有关系。陆叡叛乱谋反既不同于其他诸犯，即使想要宽恕他，又怎么可能呢？然而朕犹不忘先前说过的话，所以让陆叡自己在牢狱自尽，免去他妻子的死罪。元丕的两个儿子、一个弟弟，最早参与叛乱，理应连坐处死，朕特加恕免，特别黜为平民而已。朕本来期望与他们和衷共济，始终相善，但是他们自己弃绝情义，违背良心，产生不轨之念，多么令人感到可悲啊！所以，特意告诉，想必不会令你们奇怪吧？除了谋反之外，朕对他们的一片真心明亮如太阳，在在可鉴。"李冲、于烈都上表致谢。

臣司马光评论说：给予或剥夺爵位、俸禄，掌管生杀予夺之权力，这是人君驾驭臣下的大权柄，所以先王裁定的制度，虽然有亲、故、贤、能、功、贵、勤、宾等，但是如果犯有罪行，并不直接赦免，而一定要聚集公卿加以讨论，可以赦免则赦免，可以宽大则宽大，可以判刑则判刑，可以诛死则诛死，惩罚的轻与重根据实情而定，处理的宽与严随时机而有所不同。因此，国君得以施行仁恩而又不失其威严，臣子既可以得到免罪而又不敢以此自恃。到了北魏却不是这样了，功勋显贵的大臣，往往预先许诺以终生不被处死，其人自骄而触法犯罪，则又被处死。这正是以言而无信的允诺诱惑其人，使他陷于死地。刑法政治的失误，没有比这更大的了。

在这时候，平城的鲜卑族人多数与穆泰等人一起策划，唯独于烈没有参与，孝文帝对他更加器重了。孝文帝考虑到北方的酋长以及在身边侍奉自己的酋长王子们害怕暑热，所以就让他们秋天来到洛阳，春天再返回各自的部落去，当时的人们称他们为“雁臣”。

（以上为第二段，写北魏孝文帝曾赐陆叡不死金券，而又赐死，元丕、李冲、于烈等人也受过免死之诏，司马光认为这种免死金券制度，是政治上的一种失误。）

三月二十二日己酉，魏孝文帝到达离石，反叛的胡人请求投降，诏令宽恕了他们。夏季，四月初四日庚申，到达龙门，派遣使者去祭祀夏禹。四月初七日癸亥，到达蒲坂，祭祀虞舜。四月十五日辛未，到达长安。

北魏太子元恂在被废黜之后，颇为悔恨自己的过失。御史中尉李彪秘密上表，告发说元恂又与手下的人谋划叛逆，孝文帝派遣中书侍郎邢峦和咸阳王元禧奉旨带着椒酒去河阳，赐元恂自杀，用粗劣的棺材和平常衣服装殓，埋葬在河阳。

四月二十七日癸未，北魏的大将军宋明王刘昶死于彭城，以特别的礼仪安葬。

五月初三日己丑，魏孝文帝东行返回，乘船从渭河进入黄河。五月初六日壬辰，派遣使者分别在丰、镐两处祭祀周文王和周武王。六月初五日庚申，回到洛阳。

六月初七日壬戌，北魏发动冀、定、瀛、相、济五州的二十万大军，即将入侵。

北魏穆泰谋反的时候，中书监魏郡公穆罴曾与他一起策划，赦免之后事情被发现，削去官职和爵位，黜为平民。穆罴的弟弟穆亮担任司空，把府署中的事务交付给司马慕容契，上表自行弹劾，魏孝文帝颁布诏书抚慰，不许他辞职，穆亮再三请求，六月初八日癸亥，同意穆亮辞去官职。

六月十二日丁卯，北魏把军队分为六部分，以便决定哪些参战，哪些留守。

秋季，七月，北魏册立昭仪冯氏为皇后。冯皇后想亲自抚养太子元恪，元恪的生母高氏从代都来洛阳时，突然死于共县。

七月十三日戊辰，北魏任命穆亮为征北大将军、开府仪同三司、冀州刺史。

八月初一日丙辰，北魏宣布内外戒严。

八月初七日壬戌，北魏封立皇子元愉为京兆王，元怿为清河王，元怀为广平王。

南齐追尊景皇生母王氏为恭太后。

八月十九日甲戌，魏孝文帝在华林园讲习武事。八月二十五日庚辰，北魏从洛阳发兵。使吏部尚书任城王元澄留守洛阳，让御史中丞李彪兼任度支尚书，与仆射李冲一道参与掌管留守事宜。又非正式任命彭城王元勰中军大将军，元勰辞而不受说："亲疏远近一并用之，这是古代留下来的治国之道。我是何人呢？频繁地接受恩宠。过去陈思王上表而不被允许，愚臣不请而自得，与陈思王相比较，为何命运否泰相差如此远呢？"魏孝文帝大笑不已，拉着元勰的手说道："曹丕、曹植兄弟二人以才气而互相忌妒，我与你则以道德而互相亲密。"

齐明帝派遣军主、直阁将军胡松帮助北襄城太守成公期戍守赭阳，军主鲍举协助西汝南、北义阳二郡太守黄瑶起防守舞阴。

北魏任命氐人首领杨灵珍为南梁州刺史。杨灵珍率全州部众投降南齐，把母亲以及儿子送到南郑作为人质，又派遣弟弟杨婆罗阿卜珍带领步兵、骑兵一万余众袭击北魏武兴王杨集始，杀掉了杨集始的两个弟弟杨集同和杨集众，杨集始在危急无奈的情况之下请求投降。九月十三日丁酉，魏孝文帝任命河南尹李崇为都督陇右诸军事，命令李崇统领数万兵力讨伐。

（以上为第三段，写北魏孝文帝元宏发动二十万大军南下攻打南齐；皇后冯氏极端阴险，要亲自抚养太子，却杀掉太子生母，手段残忍。）

当初，北魏迁都洛阳，荆州刺史薛真度劝魏孝文帝先占取樊、邓两地。薛真度率兵攻打南阳，南齐的南阳太守房伯玉击败了薛真度。魏孝文帝大怒，以为南阳不过区区一小郡，所以立志要灭掉它，于是率兵向襄阳进发，彭城王元勰等二十六路军马前后相继，号称百万大军，吹口哨的声音震动大地。九月十七日辛丑，孝文帝留下诸路将帅攻打赭阳，自己领兵南下；九月十九日癸卯，到达宛城，乘夜攻打宛城外城，一举而攻克。房伯玉环守内城而顽抗拒守，孝文帝派遣中书舍人孙延景去对房伯玉说："我如今要荡平统一天下，不会再像上一次那样冬天来春天去，如果不能克敌取胜，誓死不率师北返。你的这座城正在我的车驾前，不得不首先攻取，远则一年，近则一月，一定要占领。封侯加爵还是身首异处，俯仰之间即可决定，你应该好好地考虑一下。而且，你有三条罪状，现今让你知道：你先前奉事武帝，得到特别的宠信，不能舍命尽忠而丧失节操，效力于他的仇人，这是罪状之一。近年薛真度奉我的旨令来讨伐，你创伤我全军的一部分，这是罪状之二。现今，我御驾亲临，不自缚投降，反而负隅顽抗，这是罪状之三。"房伯玉派遣军副乐稚柔回答说："承蒙你们来围攻本城，期望一定攻克。我是一个地位卑微的平常之人，能得以与威严的陛下抗衡，真可以说是获得了一个理想的死亡之所。外臣我承蒙武帝提拔重用，岂敢忘记大恩呢？但是继位君主没有仁德，主上光大接续大宗，不但符合百姓之厚望，而且也兼合武皇之遗愿。所以我只能竭力尽忠，不敢有所失误。上次北方军队深入我边境，骚扰掠夺我边民，命令将士们加以抵抗，这也是尽职尽责完成任务，如果你能在我的立场上说，就不应该对我加以指责。"

宛城东南角的河沟上有一座桥，魏孝文帝率兵从桥上经过，房伯玉预先指使几个勇士，身穿带有斑纹的衣服，头戴虎头帽，埋伏在桥洞下，突然袭击，孝文帝人和马都大吃一惊，急忙叫射箭能手原灵度用箭射，箭无虚发，敌人无不应弦而毙，方才免于一难。

李崇在山上砍斫树木，开道而行，里外夹击，打了个措手不及，众氐人纷纷丢下杨灵珍而溃散逃命，杨灵珍的人马一下子减去了大半，于是李崇进而占领了赤土，杨灵珍派遣堂弟杨灵建驻守龙门，而自己则率领一万精锐屯驻鹫峡。龙门往北数十里之内砍伐大树，把路全堵了。而杨灵珍则在鹫峡口两边高崖上堆积了许多滚石，以防拒北魏军队通过。李崇命令统军慕容拒带领五千人马从另外一条路进去，夜袭龙门，破敌成功。李崇自己率众攻打鹫峡，杨灵珍连战而败，逃走活命，俘获了他的妻儿，于是攻克了武兴。梁州刺史阴广宗、参军郑猷等人率兵来援救杨灵珍，李崇迎击，大获全胜，杀死了杨婆罗阿卜珍，活捉了郑猷等人，杨灵珍逃回汉中。魏孝文帝听到捷报，高兴地说："使朕解除西顾之忧的是李崇。"任命李崇为都督梁秦二州诸军事、梁州刺史，以便安定这个地方。

（以上为第四段，写北魏南伐大军进攻南阳等地，北魏主元宏向南阳太守房伯玉兴师问罪，伯玉不卑不亢；名将李崇攻下龙门、武兴等，解除了南伐的西顾之忧。）

九月二十三日丁未，魏孝文帝从南阳出发，留下太尉咸阳王元禧等人继续攻打该处。九月二十五日己酉，魏孝文帝到达新野，新野太守刘思忌据城抵抗。冬季，十月初三日丁巳，魏军攻打新野，但是不能攻克，就修筑工事，加以围困，并且派人对城中说："房伯玉已经投降了，你们为什么还想粉身碎骨呢？"刘思忌派人回答说："城中的兵力和粮食还很多，现今我们还忙得没有时间跟你们这些小小的胡虏们说话。"北魏右军府长史韩显宗率领另外一支军队驻守在赭阳，北襄城太守成公期派遣胡松带领蛮兵去攻打韩显宗的营地，韩显宗率部力战，击败了胡松的进攻，杀了胡松的副将高法援。韩显宗到新野，魏孝文帝对他说："你击败贼敌，斩其将领，大长了我军的威风气势。朕正在攻打新野这座坚城，你为什么不写露布呢？"韩显宗回答说："过去听说镇南将军王肃才俘获敌贼二三人、驴马几匹，就露布高挂，我当时正在宫中任著作郎，私下里常常讥笑这一做法。现今，我虽然凭借圣上的威灵，摧折敌虏，但是由于兵力寡少、力量不足，擒捉和斩杀敌贼不多。如果也把本来不足道的小捷写于露布，以此虚张功劳，尤而效法，罪过则更大。臣所以不能那样做，只是告捷于圣上就行了。”魏孝文帝更加认定韩显宗忠诚贤明了。

南齐颁布诏书令徐州刺史裴叔业领兵去援救雍州，裴叔业启奏：“北方人不乐意远道而行，而只乐意强取掠夺，所以如果入侵敌人境内，则司州、雍州的敌寇自然会撤退。”齐明帝听从了这一建议。于是，裴叔业率兵攻打虹城，俘获男女四千多人。

十月二十日甲戌，南齐派遣太子中庶子萧衍、右军司马张稷去援救雍州。十一月十一日甲午，南齐前军将军韩秀方等十五个将领投降北魏。十一月十四日丁酉，北魏军队在沔北打败了南齐兵，将军王伏保等人被北魏俘获。

十二月初三丙辰，任命杨灵珍为北秦州刺史，封为仇池公、武都王。

新野人张賭率领一万余户人家据守栅垒抵拒北魏军队，十二月初七日庚申，北魏军队攻占栅垒。雍州刺史曹虎与房伯玉不合，所以迟迟不去援救他，驻扎在樊城按兵不动。

十二月二十四日丁丑，南齐颁布诏书命令度支尚书崔慧景去援救雍州，授予符节，崔慧景率领两万兵众、一千骑兵，直向襄阳奔去。雍州诸军全部受他指挥调度。

十二月十七日庚午，魏孝文帝南行到达沔水；十二月二十五日戊寅，回到新野。

王昙纷率领一万多兵众攻打北魏南青州黄郭戍，北魏戍军首领崔僧渊率兵抵抗，王昙纷全军覆没。将军鲁康祚、赵公政率兵一万入侵北魏太仓口，北魏豫州刺史王肃命令长史清河人傅永率甲兵三千去袭击。鲁康祚等驻扎在淮水之南，傅永驻扎在淮水之北，相距十多里。傅永对部下说：“南方人喜欢夜间偷袭敌营，必定要在渡河的地方放置火把，以便指示何处水浅。”到了夜间，傅永便把手下的兵力分成两部分，让他们埋伏在营盘外面，又在葫芦里贮藏火种，派人秘密地渡过淮河到达南岸，把葫芦放置于水深之处，并告诫说：“一见对岸火起，就点燃它。”这天夜里，鲁康祚等人果然率兵来破傅永的营盘，傅永的伏兵左右夹击，鲁康祚抵挡不住，慌忙回撤到淮河边上，火竞相而起，不知何处渡河，结果被淹死和斩首好几千人。活捉了赵公政，并且获得了鲁康祚的尸体，胜利而归。豫州刺史裴叔业入侵北魏楚工戍，王肃再次命令傅永去袭击。傅永带领心腹一人骑马疾奔楚王戍，命令他们填平戍所的外壕，夜里在城外埋伏下战士千人。天亮之后，裴叔业率部到了城东边，安排部署兵力，准备围城攻打。傅永的伏兵对裴叔业的后军展开了袭击，败敌获胜。裴叔业留下其他将领守护营盘，自己率领精兵数千去援救后军。傅永登上城门楼，望见裴叔业已经率兵往南走去数里地了，就命令打开城门，奋力出击，结果大败敌兵，缴获了裴叔业的伞扇、鼓幕，以及盔甲兵器一万余件。裴叔业进退都失去凭借，只好逃跑。傅永左右要去追击，傅永不许，他说：“我们的弱兵不足三千，而他们的兵力还很强大，并不是因为力量不足而败逃，而是落入了我的计谋圈套。他们不知道我们的虚实，经这么一击，就足以使他们闻风丧胆了，俘获了这么多的人和物，就相当满足了，何必再追击呢？”魏孝文帝派遣谒者到豫州去授予傅永为安远将军、汝南太守，封为贝丘县男。傅永勇武有力，并且好学能文，孝文帝常常赞叹说：“上马能击贼，下马作文章，只有傅修期才能这样啊！”

曲江公萧遥欣爱好武事，齐明帝因为各个儿子还年幼，所以在内亲中依靠萧遥欣兄弟俩，在外戚中则倚仗皇后之弟西中郎彭长史城人刘暄，以及表弟太子詹事江祏，所以任命始安王萧遥光为扬州刺史，居于建康用事；任命萧遥欣为都督荆雍等七州诸军事、荆州刺史，坐镇西面。而萧遥欣却在江陵大量招收勇士，聚敛财物，扩张自己的势力，齐明帝非常不满。萧遥欣又侮辱南郡太守刘季连，刘季连秘密上表说萧遥欣图谋不轨。齐明帝就任命刘季连为益州刺史，使刘季连据于萧遥欣的上游以便牵制他。刘季连是刘思考的儿子。

这一年，高昌王马儒派遣司马王体玄来向北魏上贡，请求北魏派兵迎接，要求带领全国人内迁。魏孝文帝派遣明威将军韩安保前去迎接，并且割划伊吾方圆五百里地，以供马儒及其部属居住。马儒派遣左长史顾礼、右长史金城人麴嘉率领步、骑兵一千五百人去迎接韩安保，但是韩安保没有到达；顾礼、麴嘉返回高昌，韩安保也返回伊吾。韩安保派遣属下朝兴安等人出使高昌，马儒又派遣顾礼率领世子马义舒到离高昌一百六十里的白棘城去迎接韩安保。高昌本地居民留恋故土，不愿意往东迁，就一起杀死了马儒，拥立麴嘉为王，仍旧称臣于柔然。韩安保只与顾礼、马义舒回到洛阳。

（以上为第五段，写北魏攻打南齐，围攻新野；南齐采取应对措施，既派将兵救援，也骚扰北魏，北魏将领傅永用计击败；高昌民众不愿内迁，杀马儒，立麴嘉。）

齐明帝永泰元年（戊寅，公元 498 年）

春季，正月初一日癸未朔，南齐大赦天下。

南齐加授中军大将军徐孝嗣为开府仪同三司，徐孝嗣再三辞而不受。

北魏统军李佐攻打新野，正月初五日丁亥，攻破新野城，活捉了刘思忌，李佐问他：“如今你想不想投降？”刘思忌回答：“宁可做南方的鬼，不愿当北方的臣子！”于是，李佐就杀了刘思忌。这时沔水之北的守军大为震惊。正月初六日戊子，湖阳守军首领蔡道福；正月初九日辛卯，赭阳守军首领成公期；正月初十日壬辰，舞阳守军首领黄瑶起、南乡太守席谦等，相继南逃而去。黄瑶起被魏军抓获，魏孝文帝把黄瑶起赏赐王肃，王肃把他割成小片煮熟吃了。正月二十三日乙巳，南齐命令太尉陈显达去援救雍州。

齐明帝患有疾病，由于近支亲属人少力弱，所以特别防忌高帝和武帝的子孙。

当时，高帝、武帝的子孙还有十个藩王，他们每月初一和十五都入朝，齐明帝见过他们回宫之后，常常叹息说："我和弟弟萧缅的几个儿子都不大，而高帝和武帝的子孙却一天天地长大了。"齐明帝想把高帝和武帝的后代全部除掉，便拿这件事试探陈显达，陈显达回答说："这些人何足以令圣上忧虑呢？"又问扬州刺史始安王萧遥光，萧遥光认为应当一个一个地逐步除杀。萧遥光是跛脚，齐明帝经常让其乘车舆从望贤门进入，每次齐明帝就和萧遥光在没有人的地方长久商谈。谈话毕，齐明帝要是焚烧香火，呜咽流涕，第二天必定有所诛杀。正好齐明帝病情突然加重，昏厥后又复苏过来，萧遥光就开始执行预先合谋好的计策，正月二十五日丁未，杀害了河东王萧铉、临贺王萧子岳、西阳王萧子文、永阳王萧子峻、南康王萧子琳、衡阳王萧子珉、湘东王萧子建、南郡王萧子夏、桂阳王萧昭粲、巴陵王萧昭秀，于是齐高帝、齐武帝以及文惠太子的儿子们全被杀害。萧铉等人死后，明帝才让公卿们奏告他们的罪状，并请求诛杀他们，齐明帝假意颁布诏书不允许；公卿再次奏请，然后批准。南康王的侍读济阳人江泌恸哭萧子琳，泪水哭干之后，又流出了血，亲自看着萧子琳殡葬完毕，方才离去。

（以上为第六段，写南齐明帝萧鸾病重，担心萧道成的子孙将来抢班夺权，于是与侄子萧遥光密谋，将萧道成、萧赜、萧长懋的十个儿子全部杀尽，惨绝人寰。）

正月二十八日庚戌，魏孝文帝到达南阳。二月初一日癸丑，诏令左卫将军萧惠休等人去援救南阳，二月十二日甲子，魏军攻破宛北城，房伯玉自缚出降。房伯玉的堂弟房思安是北魏的中统军，房思安数次哭泣着请求不要杀死房伯玉，魏孝文帝就赦免了房伯玉。二月十八日庚午，魏孝文帝到达新野。二月二十九日辛巳，任命彭城王元勰为使持节、都督南征诸军事、中军大将军、开府仪同三司。

三月初一日壬午朔，崔慧景和萧衍在邓城被魏军打得大败。当崔慧景到达襄阳的时候，五郡已经陷落，崔慧景与萧衍以及军主刘山阳、傅法宪等人率领五千多人马来到了邓城，北魏数万骑兵突然而至，只好登城防守。这时南方的将士们由于早晨匆忙吃饭，再加上轻装快走，人人面呈饥饿、恐惧的神色。萧衍要出战，崔慧景不同意，说："魏军从来不在夜间围城攻打，所以等天黑之后他们自然就会撤走的。"一会儿，北魏的大批军队辗转来到城下，崔慧景在城南门带着自己的队伍逃走了，其他的队伍不知道，也相继逃遁而去。魏军从北门入城，刘山阳与部曲数百人断后死战，边战边退。崔慧景带领队伍过闹沟，军士们互相拥挤踩踏，把桥都压断了。魏军乘势在路两旁发箭射杀，杀傅法宪，士卒们相继赴沟而死，尸体相枕。刘山阳用衣袄和甲仗填在沟中乘势通过，得以幸免。魏孝文帝率领大兵乘胜追击，午后申时追至沔水。刘山阳依据樊城拼力苦战，到天黑的时候，魏军才撤退。各路队伍都害怕了，当天晚上，全部坐船返回襄阳去了。三月初九日庚寅，魏孝文帝率领十万大军，羽仪华盖，浩浩荡荡地开来围攻樊城，曹虎闭门自守。魏孝文帝临近沔水，望了望对岸的襄阳，就离开了，然后到达湖阳。三月三十日辛亥，到了悬瓠。

北魏镇南将军王肃攻打义阳，裴叔业率兵五万围攻北魏涡阳来援救义阳。北魏南兖州刺史济北人孟表固守涡阳，粮食吃尽之后，吃野草和树皮、树叶。裴叔业把所杀死的北魏人堆积有五丈多高，让城中人观看，另外又派遣军主萧璝等人去攻打龙亢。北魏广陵王元羽前来救援，裴叔业领兵迎击，大败元羽，缴获了元羽的符节。北魏孝文帝又派遣安远将军傅永、征虏将军刘藻、代理辅国将军高聪等人援救涡阳，一并接受王肃的指挥调动。裴叔业迎头进击，大败前来的北魏援军，高聪撤逃到了悬瓠，傅永收容了失散的兵卒，徐徐而返。裴叔业再次进击，斩敌一万人，俘虏三千多名，缴获器械、杂畜和各种财物以千万计数。北魏命令把吃了败仗的三位将领囚起来押到悬瓠，刘藻、高聪免于处死，流放平州；傅永被夺去官职和爵位；王肃被降为平南将军。王肃上表孝文帝请求另外派遣军队去援救涡阳，魏孝文帝回答说："看你的意思，一定认为刘藻等人刚刚打败，所以难以再去援救涡阳。但是，朕若分少量兵力前去则不足以制敌取胜，若多分兵力前去则禁卫的兵力就出现了空缺，你仔细考虑一下。义阳如果能攻下来就攻，如果攻不下来就停止围攻。如果失掉了涡阳，将是你的罪过。"王肃就停止了攻打义阳，与统军杨大眼、奚康生等率步、骑兵十多万前去解救涡阳之危。裴叔业见魏军人多势众，就在夜间领兵撤退，到了第二天，裴叔业手下的士卒们蜂拥逃溃，魏军追击而进，杀伤不可胜数。裴叔业返回保卫涡口去了。

（以上为第七段，写北魏大军围攻南齐邓城，南齐援军将领崔慧景吓得弃城逃跑，溃不成军；南齐将领裴叔业围攻北魏涡阳，先胜后败，未能拿下，退保涡口。）

起先，北魏中尉李彪家世孤寒贫贱，在朝廷之中毫无亲援。李彪初次去代都，得知清渊人文穆公李冲喜好才能之士，就一心一意地去投靠他。李冲十分重视李彪的才学，礼遇甚厚，将他推荐给孝文帝，还将他的声誉在朝廷同僚中广为宣传，从公私两方面提拔他。李彪担任中尉之后，弹劾时毫不避畏贵戚权臣，魏孝文帝认为他十分忠贤，将他比作汲黯。可是，李彪自以为得到了孝文帝的赏识，无须再依靠李冲了，就渐渐有所疏远，只是在公开场合遇见李冲时收敛一下衣袖，以示礼节，不再有遵从敬服之意了。因此，李冲渐渐地对他产生了怨恨之情。

到了魏孝文帝南伐的时候，李彪与李冲以及任城王元澄共同掌管留守事务。李彪性情刚强豪直，商议事情时所见常常与别人不同，数次同李冲发生争辩，并且形于颜色。李彪自以为身为御史中尉，他人不能举发、弹劾自己，所以行事非常专横。李冲不胜其忿，于是总计李彪的前后错误、罪恶，把他囚禁在尚书省，上表弹劾李彪"邪恶高傲，趾高气扬，贪图安逸，公然僭越纵逸，出入宫门不下车，私自拿取公家材料，常常驾用厩中御马，为所欲为，无有惧怕。我召集尚书以下、令史以上的官员于尚书省，把李彪所犯罪行告诉了他本人，并且审讯其虚实，李彪一一认罪。所以，请求圣上根据上述李彪所犯罪状免去其官职，交付廷尉治罪”。李冲在上表中还说：“我与李彪自相识以来，至今已二十年了。起初，我见他才干出众，学识渊博，议论不凡，刚正不阿，一时确实认为是出类拔萃、公正清廉的人才。后来，渐渐发现他急躁严酷，但是还认为益处多，坏处少。自从圣上大驾南行以来，李彪兼任尚书，早晚一起共事，方才知道他这人专断强横，无所忌惮，看重自己，忽略他人。如果听他的言论，好像是古代忠诚宽厚的贤士，检验行为，却实实在在是一个佞暴之贼徒。我与任城王卑躬屈己，对李彪就像温顺的弟弟侍奉残暴的兄长一样。他所要干的事情，虽然不在理，我们也不敢不屈从。以上所讲，事实确凿，无不可以得到验证。如果臣列举的事情属实，就应该把李彪诛杀于北方荒野之地，以便清除掉乱政之奸人。如果所列举的事情虚而无证，则可以把臣流放于极远之地，以停止奸佞之人所说的坏话。”李冲亲笔写了这一上表，家中人丝毫不知。

魏孝文帝看过李冲的上表之后，怅然叹息了很久，说道：“没想到留守闹到如此地步。”接着又说道：“李彪可以说是溢满了，然而仆射又何尝没有自满哪？”黄门侍郎宋弁素来对李冲有怨气，而与李彪同是相州人，关系很好，就私下里对如何处分李彪加以操纵。有关部门建议处李彪以死刑，孝文帝宽宥了他，最后只对他做了除名的处理。

李冲向来性情雅闲，温良敦厚，但是在拘押李彪的时候，却一反常态，亲自数落了李彪前前后后的过失；李冲怒不可遏，瞪目而视，大喊大叫，扔掷几案，吓得御史们个个以泥涂面，反绑自己的双手，来向李冲谢罪。李冲骂不绝口，精神失常，言语错乱，颠三倒四，时不时地扼腕大骂“李彪小人”，医药都不能治疗，有人认为他怒气伤肝，十多天后就死了。李冲死后，孝文帝落泪痛哭，悲不自胜，追赠他为司空。

李冲勤奋聪敏，处事努力。长期处于重要职位，平时公文案卷总是盈积案头，一天到晚处理公务，然而从来不感到厌倦。主管的事业都兴办得很完美，才四十岁就白了头发。李冲兄弟六人，系四个母亲所生，所以小时候弟兄之间常常怨恨争逐。然而，李冲富贵之后，却能把自己所得的俸禄、赏赐与兄弟们共同享受，从而兄弟和睦。但是，李冲大量提携家族和姻亲，私自授以官职、爵位，光他一家一年的食禄就超过了万匹绢，当时的人们以此责难他。

（以上为第八段，写北魏文学之臣李彪与李冲相互争斗之事，李彪原来巴结已负盛名的李冲，后来疏远、冲顶；而李冲气不过，将其斗倒，自己也被活活气死。）

魏孝文帝任命彭城王元勰为宗师，命令他监督检查皇室成员，如有谁不听从教导，就向自己汇报。

夏季，四月初三日甲寅，南齐改年号。

大司马会稽太守王敬则因为自己是齐高帝、武帝的旧将，所以心中非常不安。齐明帝虽然表面上对王敬则礼遇优厚，但是内心却对他十分猜疑、提防，数次打听询问他饮食情况如何，身体能否胜任带兵打仗。听说王敬则衰老了，而且又待在内地，这才稍稍觉得心宽了一些。前两年，齐明帝派遣领军将军萧坦之率领斋阁侍卫武士五百人去武进县武帝等皇帝陵园，当时王敬则的儿子们都在京城，王敬则担心事情有变，儿子受累，所以心中忧恐万分，束手无措。齐明帝知道后，立即派遣王敬则的大儿子王仲雄从建康去会稽安慰。

王仲雄擅长弹琴，齐明帝把蔡邕焦尾琴借他一用。王仲雄就在御座前弹琴唱了一首《懊侬歌》，歌中唱道："常常悲叹会辜负于我，如今郎君果然动身。"又唱道："君行在外心不澄净，哪能厌恶别人题写！"齐明帝愈加猜疑、羞愧。

齐明帝屡次病危，于是任命光禄大夫张瓌为平东将军、吴郡太守，并且秘密布置兵力，以提防王敬则。朝廷内外传说纷纷，说一定又有特殊的部署了。王敬则听了传言之后，私下里说："东边现今还有谁？只不过是要除掉我罢了。但是，我又何尝可以那么容易地除掉呢？我终究不会接受他的金罂的！"金罂，即指盛放毒酒的用器。

王敬则的女儿是徐州行事谢朓的妻子，王敬则的儿子太子洗马王幼隆派遣正员将军徐岳把情况告诉了谢朓，邀他一起举事，并且对谢朓说："你如果同意的话，就去告诉王敬则。"谢朓非但不愿意，而且把徐岳抓起来，派人速去报告。王敬则手下的城局参军徐庶家住在京口，徐庶的儿子把王敬则儿子要举事、徐岳被抓的事情秘密告诉了父亲，徐庶又马上转告了王敬则手下的五官掾王公林。王公林是王敬则的族侄，深得王敬则信任，常常委以事务。王公林去劝说王敬则火速启奏齐明帝，赐自己的儿子一死。王公林就独自乘舟连夜赶回京城去了。王敬则命令司马张思祖起草奏折，一会儿又说："情况如果真的是这样的话，那么我的几个儿子都在京城，一定会来报信的，暂且再忍一晚上吧。"

当天夜里，王敬则把手下的文武僚属召集来一起博戏，对大伙说："你们大家想让我做何打算呢？"众人谁也不敢先说。防阁丁兴怀说道："长官您只应该做如此事。"王敬则没有表态。次日天刚亮，王敬则就把山阴令王询、台传御史锺离祖愿两人叫来，自己垂足而坐，向王询、锺离祖愿两人发问："如果要发兵可以有多少人？库中还有多少钱物？"王询言称"县里的壮丁一下子不能召集起来"，锺离祖愿则言称"该入库的财物大多还没有输入库中"。王敬则一听，勃然大怒，令人把他们二人推出斩首。王公林又劝谏王敬则说："所有的事情都可以反悔，唯独这种事不可以反悔，您为什么不再考虑一下呢？"王敬则听了非常生气，唾他一脸口水，并且恶狠狠地对他说:“我做事情，与你小子有什么关系！”王敬则决定举兵造反，召集兵力，配给战袍兵器，二三日之内便出发了。

先前的中书令何胤，弃官而隐居在若邪山之中，王敬则想挟持他出任尚书令。长史王弄璋等人劝谏王敬则说:“何大人隐居，必定不会依从；不依从的话，就应该杀掉他。然而，做大事情先杀害名贤高士，事情一定不会成功。”王敬则就停止了这一想法。何胤是何尚之的孙子。

四月十九日庚午，北魏征召各州郡之兵二十万人，约定于八月中旬会集在悬瓠。北魏赵郡灵王元幹去世。

齐明帝知道王敬则谋反了，就把王幼隆以及他的两个哥哥员外郎王世雄、记室参军王季哲，弟弟太子舍人王少安等人抓起来，全部杀掉了。王敬则的长子黄门郎王元迁率领一千兵马在徐州抗击魏军，下令徐州刺史徐玄庆杀了他。前吴郡太守南康王萧子恪是萧嶷的儿子，王敬则以拥立萧子恪为名义而起兵造反，但是，萧子恪吓得逃跑了，不知逃到了什么地方。

始安王萧遥光劝说齐明帝把高帝、武帝的子孙全部杀掉，这时齐明帝把诸位王侯全部召入宫中。让晋安王萧宝义、江陵公萧宝览等人等候在中书省，而高帝、武帝的孙子们等候在门下省，命令他们每人只可以带随从两人，超过了便要以军法处置。并且要求诸位王侯中幼小的孩子，由他们的乳母带进宫来。这天夜里，齐明帝命令宫中的太医煮了两斛花椒水，又命令都水官备署置办棺材数十具，准备到三更的时候，就把诸王侯全部杀掉。萧子恪自己一个人赤脚步行赶回来了，二更时分到达建阳门，萧子恪把自己的姓名和所要启陈的事写于纸上，让人转达于齐明帝。三更时分已到，但齐明帝还睡眠未起，中书舍人沈徽孚就与明帝所信任的心腹单景隽一起商议，决定先不采取行动。一会儿，齐明帝醒来了，单景隽就告诉他萧子恪已经来了。齐明帝一听，惊奇地问道:“还没有动手吗？还没有动手吗？”单景隽就把事情详细陈述了一遍，齐明帝用手拍床说道:“萧遥光差点坏了大事。”乃设宴招待诸王侯。第二天，让他们回到各自的府中去，并且还任命萧子恪为太子中庶子。萧宝览是萧缅的儿子。

（以上为第九段，写南齐勋臣王敬则为会稽太守，明帝萧鸾对其猜忌，明里暗里予以监视；王敬则气愤难忍，密谋起兵，其婿谢朓告发，箭在弦上，不得不发。）

王敬则率领一万甲兵渡过了浙江，张瓌调遣三千兵力在松江岸上抵挡他，一听到王敬则部队的军鼓声音，马上四处逃散，张瓌只好弃郡署于不顾，逃到民间躲起来了。王敬则以老将的身份起兵谋反，老百姓纷纷扛着竹竿，拿着锄头，前来投奔，追随的人有十万多。到晋陵时，南沙人范修化杀了县令公上延孙来响应。经过武进高帝陵园所在地陵口的时候，放声恸哭。乌程人丘仲孚是曲阿县令，王敬则的前锋部队刚到，丘仲孚就对治下的吏役、民众说：“反贼们虽然一路乘胜，气势嚣张，但是毕竟是乌合之众，容易离散。眼下如果把船舰收起来，并且把长冈水坝挖开，放出大水挡住去路，如果能让他们停留几天的话，朝廷军队一定可以到达，这样的话，必定大功告成。”王敬则军队到达之后，因河渠干涸，果然停止不能前行。

五月，齐明帝诏令前军司马左兴盛、后军将军崔恭祖、辅国将军刘山阳、龙骧将军马军主胡松在曲阿长冈修筑战垒工事。又委任右仆射沈文季为持节都督，屯驻湖头，守备京口大路。崔恭祖是崔慧景的同族。王敬则对左兴盛、刘山阳两处发起了猛烈攻击，朝廷军队不能抵挡，准备撤退，但是围不能打开，只好死战。胡松带领骑兵从背后发起攻击，民众手中没有武器，纷纷惊慌而逃。王敬则的军队一败涂地，但是他还要找一匹马骑上再战，可是找不到，结果被崔恭祖一枪刺倒在地，刘兴盛部下武士袁文旷立即上前将其斩首。五月初五日乙酉，将王敬则的首级送到了建康。

当时，齐明帝的病情已经非常严重，而王敬则猝然在东边起兵举事，因此朝廷内部一片震惊，人人恐慌不已。太子萧宝卷让人上屋顶，望见征虏亭失火，以为是王敬则到了，就急忙穿上戎装，想要逃走。王敬则知道此事之后，高兴地说：“檀公三十六策，走为上策，我想你们父子也只有逃走这么一条路了。”所谓“檀公三十六策，走为上策”，是当时人们讥刺檀道济见了魏军只会逃跑的话语。王敬则起兵，其来头凶猛，声势甚大，但是在很短的时间内就以失败而告终。

南齐朝廷的军队讨伐王敬则及其同伙，晋陵的百姓因投附王敬则而应该处死者特别多，太守王瞻上奏齐明帝说：“百姓愚蠢，易被煽动，所以不必严加追究。”齐明帝准许了这一建议，使数万人得以活命。王瞻是王弘之的侄孙。

齐明帝奖赏谢朓的功劳，升任为尚书吏部郎。谢朓三次上表辞让，齐明帝不准许。中书怀疑谢朓的官位还够不上辞让的等级，国子祭酒沈约却说：“近世以来低级官员不辞让，这已经成为一种常例。但是，如今越级给谢吏部授官，他辞让出于人情世故的考虑，岂与官职大小有关？”谢朓的妻子经常怀中藏着刀子，要杀死谢朓，谢朓不敢与妻子相见。

（以上为第十段，写南齐老将王敬则愤而起兵，声势浩大，来势凶猛，朝廷震惧，但仓促起兵，很快以失败告终；其婿谢朓告发有功，升任吏部郎，再三辞让。）

秋季，七月，北魏彭城王元勰上表，提出献出自己一年的藩国食禄、朝职俸禄以及朝廷所给的恤亲财物，以助国家开支之用。北魏孝文帝为此而特发诏令：“彭城王能舍弃自身利益而为国家安危着想，其意义是深远的。朝职俸禄就全部接受，但藩国食禄和恤亲财物则只接受三分之一。”七月初三日壬午，孝文帝又发诏令，减少皇后私人费用一半，六宫嫔妃、五服之内的男女的供给也减少一半，在军队中则减少三分之一，节约下来的全部用作给军队的赏赐。

七月二十四日癸卯，南齐任命太子中庶子萧衍为雍州刺史。

七月三十日己酉，齐明帝去世于正福殿。遗诏说："对于徐孝嗣可以重复前次命令。沈文季可以担任左仆射，江祏可以担任右仆射，江祀可以担任侍中，刘暄可以担任卫尉。军政大事可以委托于太尉陈显达，而朝廷内外众多事务，无论大小一并委托于徐孝嗣、萧遥光、萧坦之、江祏，其中重大事情与沈文季、江祀、刘暄三人商量决定。关键要害职务可以委托于刘悛、萧惠休、崔慧景。"

齐明帝性格猜疑多虑，深居简出，到底没有去南郊祭祀过上天。他深信不疑于筮占，每次出外都要先占卜吉凶利害。如果去东边，则说去西边；如果去南边，则告人说去北边。刚有病的时候，特别保密，听政、阅览公文也不停止。很久以后，齐明帝在下达给台省的文件中要白鱼来做药，外界这才知道他有病。太子萧宝卷登皇帝位。

（以上为第十一段，写北魏彭城王元勰提出捐献财物，以利国用，得到孝文帝元宏嘉奖，予以推广；南齐明帝萧鸾去世，立遗嘱，安排辅政，太子萧宝卷即位。）

八月初二日辛亥，北魏太子从洛阳到悬瓠朝见。

八月初三日壬子，南齐奉朝请邓学以齐兴郡投降北魏。

魏孝文帝入侵南齐时，派遣使者去向高车调兵，高车人害怕远途劳役，奉戴袁纥部一个名叫树者的人为头领，率众叛变向北。魏孝文帝派遣征北将军宇文福去讨伐，但是大败而回，宇文福因此而被黜官。又命令平北将军江阳王元继为都督北讨诸军事，去讨伐高车，自怀朔以东全部掌管调遣，并摄镇平城。元继是拓跋熙的曾孙。

八月，安葬齐明帝于兴安陵，庙号高宗。东昏侯萧宝卷不喜欢把灵柩停放在太极殿里，想快速安葬了事，因徐孝嗣一再坚持，才得以停放超过一月。东昏侯每当该哭灵的时候，就说自己喉咙痛。太中大夫羊阐进殿哭灵，没有头发，号啕大哭，前仰后合，以致头巾都掉到了地上，东昏侯停止哭泣而放声大笑，对左右的人说："秃鹫来啼叫了。"

九月二十日己亥，魏孝文帝知道齐明帝去世，颁布诏书说："按照礼的规定，他国有丧事，不加讨伐。"于是率兵而还。九月二十一日庚子，孝文帝诏令北伐高车。

魏孝文帝病得非常严重，十来天不接见左右侍臣，只有彭城王元勰等几个人在身边照料。元勰既侍奉孝文帝看病吃药，同时又总管国家事务，内外用心，处理得非常周全，使得远近肃然，人无异议。右军将军丹阳人徐謇擅长医术，当时正在洛阳，元勰就急忙把他召来。到了之后，元勰拉着他的手哭泣着说："您如果能医治好圣上的病，应当获得意外的赏赐；不然，就会有不测之罪。这不但关系着荣辱，而且关系到生死存亡。”元勰又秘密地让人在汝水之滨筑了一座祭坛，依照当年周公所行那样，亲自去祷告天地及显祖在天之灵，乞请以自己的身体代替魏孝文帝。魏孝文帝的病稍有好转，九月二十八日丙午，从悬瓠出发，下榻于汝水之滨，并召集百官群臣，使徐謇坐在上席，赞扬了他的功劳，任命为鸿胪卿，并且封为金乡县伯，赏钱一万串。另外，对诸王侯的赏赐，每人也不少于一千匹帛。冬季，十一月初四日辛巳，魏孝文帝到达邺城。

十月十一日戊子，南齐立妃子褚氏为皇后。

北魏江阳王元继上书说：“高车人愚蠢无知不化，逃避差役，反叛远遁，但是如果全部追究杀戮，恐怕要引起大的扰乱。所以，请朝廷为六镇各派遣一个使者，令其对本镇高车人加以整顿，只斩罪魁祸首一人，其余的加以抚慰，如果悔悟而愿意服役，那么就令其赶赴从军。”颁布诏书准许这一做法。这时反叛的高车人许多又自动回来了。元继先派遣人去抚慰和劝谕树者，树者逃往柔然，但是很快就后悔了，于是率众来投降。魏孝文帝说：“江阳王可以委以大任呀。”十二月初七日甲寅，孝文帝从邺城班师返京。

林邑王范诸农入南齐觐见，海上遇到风暴，溺水而死。封其子范文款为林邑王。

（以上为第十二段，写北魏主元宏得知南齐萧鸾去世，停止攻伐；元宏病重，彭城王元勰效周公故事，以身代之；高车叛逃柔然，江阳王元继予以抚慰，复降。）

【点评】

北魏二李势利之交。本卷所写的北魏李冲、李彪的交往可谓是“势利之交”，李彪得到李冲援手达到进阶官僚的目的之后便翻脸不认人，李冲的毫不逊让也是很厉害的了。李彪家世孤寒贫贱，在朝廷之中毫无亲援。后来投靠文穆公李冲，李冲十分重视李彪的才学，礼遇甚厚，还在朝廷同僚中广为宣传他的声誉，从公私两方面提携李彪。但是李彪担任中尉之后，自以为得到了孝文帝的赏识，无须再凭借李冲了，就渐渐和李冲有所疏远，不再有遵从敬服之意了。李冲渐渐地对李彪产生了怨恨之情。两人此后情分已绝，李彪除名，李冲气死，你死我活，两败俱伤。司马迁《史记·张耳陈馀列传》“太史公曰”谓张耳、陈馀“世所称贤，其宾客厮役皆天下俊桀，所居国无不取卿相者。及据国争权，卒相灭亡，何乡者慕用之诚，后相背之戾也！势利之交，古人羞之，盖谓是矣”，将司马迁揭示张耳、陈馀二人的关系变化以及评价，移用来形容李冲、李彪的交往可谓是入木三分了。

齐纪八

齐东昏侯永元元年（公元 499）

【屠维单阏（己卯，公元 499 年），凡一年】

【大事提要】

本卷记事公元 499 年，凡一年，当南齐东昏侯永元元年。本卷所载大事，南朝齐四件大事：其一，南齐东昏侯和苍梧王一样，凶狂乱杀，弄得臣属人人自危。为了稳定人心，诏令大赦天下，但是内乱却已经大起。其二，南齐太尉陈显达出击北魏，想要收复雍州诸郡，北魏派遣前将军元英前去抵抗。其三，始安王萧遥光、太尉陈显达与平西将军崔慧景先后起兵反对东昏侯，但是都兵败被杀。其四，后来梁朝的建立者萧衍，这时已经被任命为南齐的雍州刺史。北魏一件大事，即魏孝文帝元宏在一次南征的归途中去世，太子元恪继位，是为北魏世宗宣武帝。

东昏侯上

齐东昏侯永元元年（己卯，公元 499 年）

春季，正月初一日戊寅朔，南齐大赦天下，改年号为永元。

太尉陈显达督率平北将军崔慧景四万大军出击北魏，想要收复雍州诸郡。正月初六日癸未，北魏派遣前将军元英抵抗。

正月初八日乙酉，魏孝文帝从邺城出发。

正月十四日辛卯，南齐东昏侯萧宝卷在南郊祀天。

正月二十一日戊戌，魏孝文帝回到洛阳，路过李冲的坟墓。当时，孝文帝因病而不能起身，望着哭泣。见到当时留守洛阳的官员，说到李冲，总是泪流满面。

魏孝文帝问任城王元澄："朕离开京城以来，旧的风俗习惯有多少改变没有？"元澄回答说："圣上的教化日新月异。"孝文帝又问："朕入城时，看见车上坐的妇女们还戴着帽子，穿着小袄，还是老习俗，怎么能说是日新月异呢？"元澄回答说："穿戴的人少，不穿戴的人多。"孝文帝道："任城王呀，这说的是什么话呀？一定想让满城妇女都戴帽、穿小袄吗？"元澄和其他留守官们都脱下帽冠谢罪。

正月二十七日甲辰，北魏大赦天下。魏孝文帝巡视邺城时，李彪在邺城南边迎拜，表示服罪。孝文帝对李彪说："朕想要重新起用你，但是一想起李仆射就打消念头了。”安慰后打发李彪走了。恰在这时，御史台令史龙文观报告说：“太子元恂被拘收之日，有一封亲笔信为自己申辩，李彪私自压下没有上报。”尚书上表要求拘押李彪到洛阳来。孝文帝认为李彪一定不会那样做的，所以让他坐牛车来洛阳。正好遇上大赦天下，李彪得以幸免。

北魏太保齐郡灵王元简去世。

二月初五日辛亥，北魏任命咸阳王元禧为太尉。

（以上为第一段，写北魏主元宏自邺城返回洛阳，路过李冲的坟墓，禁不住热泪成行，感慨人才难得；心念改革，看到洛阳还有人穿戴旧式的衣帽，便大发雷霆，责备留守大臣。）

魏孝文帝连年在外奔忙，冯皇后私通于宦官高菩萨。到了孝文帝在悬瓠病重的时候，冯皇后更加肆无忌惮，中常侍双蒙等人是她的心腹。

北魏彭城公主是宋王刘昶的儿媳妇，守寡而居。冯皇后为胞弟北平公冯夙求婚，孝文帝答应了。但是，公主却不愿意，冯皇后就强迫她。公主秘密地与仆人冒雨赶到悬瓠，告诉孝文帝，并且还详尽地把冯皇后的所作所为都讲了。孝文帝心有疑端，就秘而不宣。冯皇后知道风声之后，开始害怕了，暗中与母亲常氏在一起让女巫祈祷鬼神降灾，许愿说：“皇帝的病如果好不了，一旦能像文明太后那样辅佐称制的话，应当重加赏报，不计其量。”

孝文帝回到洛阳之后，收拘了高菩萨、双蒙等人，加以审问，高菩萨等人全都招供认罪。孝文帝坐在含温室，到了夜间让冯皇后进去，赐坐在东边厅堂的前柱上，离自己的坐榻有两丈多远，命令高菩萨等人坦白交代。然后，把彭城王元勰、北海王元详两人召进去，让他们坐下，并且指着冯皇后对他们说：“过去她是你们的嫂子，从今开始就是路人了，只管进来，无须回避。”接着又说：“这个妇人想要拿刀刺我的肋上，我因她是文明太后家的女儿，不能废掉，只是把她虚置在宫中，如果有廉耻的话，或许能自取一死。所以，你们不要以为我还对她有什么情分。”二王出去了，让冯皇后辞别；冯皇后再次行拜礼，跪地磕头，涕泣不已。回到后宫幽居，诸嫔妃还照样对她施行皇后之礼，只是命令太子不再每天早晨去向她请安。

起初，冯熙以文明太后哥哥的身份娶恭宗太子的女儿博陵长公主。冯熙有三个女儿，两个为皇后，一个是左昭仪，因此冯氏家族宠信贵重冠于群臣之上，赏赐就累计在亿万之上。博陵长公主生了两个儿子，即冯诞和冯脩。冯熙任太保，冯诞任司徒，冯脩任侍中、尚书，妾所生儿子冯聿任黄门郎。黄门侍郎崔光与冯聿一同在禁中当值，对冯聿说：“您家荣华富贵太盛，最后一定要衰败。”冯聿回答说：“我家有何对不起您的地方，让您无缘无故地诅咒我呢？”崔光说：“不是这样的。物盛而衰，这是天地的常理。如果以古事来推论，不可不慎重呀。”一年多之后，冯脩就出事垮台了。冯脩性情浮躁，好争好斗，冯诞屡次告诫他，然而终无悔改之迹，于是就上告文明太后和孝文帝，用棍杖狠狠教训他。冯脩因此对冯诞记恨在心，找来毒药，让冯诞左右的人下药毒死冯诞。

事情败露之后，孝文帝准备杀掉冯脩，冯诞引咎自责，恳切地乞求放他一条生路。孝文帝也考虑到他们的父亲年事已高，就只是打了冯脩一百多杖，贬为平城平民。等到冯诞、冯熙相继去世之后，不久冯皇后被废，冯聿也被摒弃不用，冯氏家族从此衰落。

（以上为第二段，写北魏孝文帝处理宫闱丑事。冯皇后明目张胆地宠幸男宠，且诅咒皇上，孝文帝隐忍不发，只是不让太子元恪拜谒皇后，最终还是废了冯皇后，冯氏家族由此衰落。）

［二月二十七日癸亥，］北魏任命彭城王元勰为司徒。

陈显达与北魏元英交战，陈显达屡胜元英。围攻马圈城四十天，城中粮食尽绝，只好吃死人肉和树皮。二月二十七日癸酉，北魏人突围逃走，斩获上千人。陈显达率部入城，将士们争相掠取城中的绢匹，因此没有去追击北魏逃兵。陈显达又派军主庄丘黑进击南乡，也攻取了。

魏孝文帝对任城王元澄说："陈显达侵扰，朕如果不亲自出征，就无法抵制住他。"三月初四日庚辰，魏孝文帝率兵从洛阳出发，命令于烈留守洛阳，任命右卫将军宋弁兼任祠部尚书，代理尚书七兵曹事以辅佐。宋弁精细勤劳于职责，孝文帝对他的恩遇仅次于李冲。

三月初七日癸未，魏孝文帝到达梁城。崔慧景进攻北魏顺阳，顺阳太守清河人张烈顽强固守。三月初八日甲申，魏孝文帝派遣振威将军慕容平城率领骑兵五千去援救。

自从魏孝文帝患病，彭城王元勰经常住在宫中，侍奉看病吃药，昼夜不离其左右，凡是饮食，他一定先尝然后才进上，如此日夜辛劳，以致蓬首垢面，衣不解带。孝文帝久病而脾气急躁，在身旁侍奉的人稍稍有不合他心意，动不动就想斩了，元勰趁孝文帝情绪好的时候好言相劝，救了不少人的命。三月初十日丙戌，任命元勰为使持节、都督中外诸军事，元勰辞而不受，说："我要侍奉护理圣上养病，没有闲暇，怎么还能治理军队呢？希望另外请一个藩王，让他来掌握军务之要，以便臣能专心医药。"孝文帝说："护理、掌管军队两样事情，全都依托于你。我病到这个样子，深感恐怕不能好了，而安定六军、保卫社稷者，除了你还能有谁呢？你哪能让我违背自己的心意而另外再请别人来担当此重托呢？"

三月二十一日丁酉，魏孝文帝到达马圈，命令荆州刺史广阳王元嘉截断均口，以阻拦南齐军队的退路。元嘉是元建的儿子。

陈显达领兵渡过均水，到达西岸，依据鹰子山修筑城堡。人人情绪沮丧恐惧，与北魏军队交战，屡次失败。北魏武卫将军元嵩除去甲胄，冲锋陷阵，其他将士们紧随而上，齐军大败。元嵩是元澄的弟弟。三月二十二日戊戌，军主崔恭祖、胡松用乌布幔把陈显达装进去，几个人抬着，抄小道从分碛山出均水口向南逃去。三月二十三日己亥，北魏收缴陈显达丢弃下的军用物资以亿计数，分赐给将士们，追击至汉水才返回。左军将军张千战死，士卒阵亡的有三万多人。

陈显达率部北伐时，军队进入汮均口，广平人冯道根劝说陈显达："汮均水水流湍急，前进容易，后退却难，魏军如果据守隘关，则首尾都会紧急。不如弃船于酂城，陆路步行而进，军营前后相次，击鼓前行，造成大的声势，一定能攻破对方。"陈显达没有采纳。冯道根是以陈显达的私属的身份随军，陈显达夜间逃跑，军人们不熟悉山路，每到险要地方，冯道根都要停下马来给他们指路，众人全凭他才得以生还。诏令冯道根为汮均口戍副。陈显达素有威名，这次却大有损伤。御史中丞范岫上奏罢免陈显达的官职，陈显达也自动上表请求解除职务，都没有得到批准，改任陈显达为江州刺史。崔慧景也丢弃顺阳逃跑回来。

（以上为第三段，写南齐派大将陈显达率军北伐，初攻破马圈城，将士争夺财货，无心追敌；北魏孝文帝带病亲征；南齐将士遭受重创，狼狈逃回。）

三月二十四日庚子，魏孝文帝病危，只好北还，到达谷塘原时，对司徒元勰说："冯皇后长久以来有失皇后之德，我死之后，可以赐以自尽，以皇后之礼仪安葬，庶可免去冯门之丑。"又说道："我的病越来越严重了，恐怕会一病不起。虽然摧破了陈显达，而天下并没有平定，继位的儿子又年纪幼小，江山社稷就全依靠你了。当年霍光、诸葛孔明都以外姓人的身份而分别受到顾托重任，况且你是骨肉之亲，能不勉力承担吗？"元勰哭着说道："布衣之士，还能做到为知己而死，况且臣托灵于先帝，又依从陛下的末光呢！但是，我以至亲的身份，长期参与朝廷的机要大事，宠遇辉煌显耀，身重朝野，举国上下没有谁能比得上，之所以敢于接受而不推辞，正是有恃于陛下日月之圣明，宽恕臣知进忘退之过失。现今，圣上又委任为朝臣之首，总握军机朝政大权，使主畏惧的名声越上，获罪乃是必然。过去周公是大圣之人，周成王也是圣明之君，犹然不免疑心，何况是臣呢？这样的话，是陛下虽然爱我，可是并不能实现我善始善终的美好愿望。"孝文帝沉思良久，说："细细思量你的话，道理上实在难以反驳。"乃亲手给太子颁布诏书："你的叔父元勰，清逸高尚，如白云一样纯洁；厌弃荣华富贵，舍去荣华，不愿做官，以松柏翠竹为心。我自小与他一起相处，从来不忍心分离。我百年之后，你要准许元勰脱去官服，脱掉官帽，顺从他谦虚自抑的性格。"孝文帝又任侍中、护军将军北海王元详为司空，镇南将军王肃为尚书令，镇南大将军广阳王元嘉为左仆射，尚书宋弁为吏部尚书，令他们与侍中、太尉元禧以及尚书右仆射元澄等六人共同辅佐朝政。夏季，四月初一日丙午朔，孝文帝病逝于谷塘原。

孝文帝对他的几个弟弟非常友爱，始终没有隔阂。他曾从容地对咸阳王元禧等说："朕死之后，子孙们如果碰上不肖，你们看情况而办，可以辅佐则辅佐，不可辅佐则取而代之，千万不要让江山为他人所有。"亲近任用贤能之士，从善如流，精勤于政治事务，朝夕不倦，常常说："一国之主患在不能用心公平，推诚心于他人，能做到这两点，即使是胡越之人也可以使他们成为兄弟。"用法虽然严厉，对于大臣们无所宽容。但是，如果别人有小过失，又常能宽大而疏略。有一次，饭中发现了虫子，又有一次手下人进羹时不小心烫了孝文帝的手，他都笑着赦免。天地五郊、宗庙二分的祭祀，未曾不亲自参加。每次出外巡游以及用兵讨伐，有关官员奏告要修筑道路，孝文帝总是说："简单修理一下桥梁，能通过车马就行了，不要铲除杂草、填修平整。"在淮南行军时，如在本国境内一样，严禁士卒践踏损坏稻谷作物，如果要砍伐百姓的树木以供军用，都留下绢帛作为抵偿。宫室不到万不得已的时候不许修理，衣服穿旧了，浆洗一下仍旧穿用，坐骑的鞍勒唯用铁木而已。少年时候力气大，善于射箭，能用手指头弹碎羊骨头，射猎禽兽没有不射中的。到了十五岁时，就不再射猎了，常常对史官说："当朝时事，不可不如实记载，皇帝依恃特权，擅作威福，没有能制止他的，如果史官再不记录下他的恶行的话，那他还有什么可畏忌的呢？"

彭城王元勰与任城王元澄商谋，考虑到陈显达逃离还不太远，恐怕他回过头来攻击，所以秘不发丧，把遗体置于平时用的车舆之中赶路，只有彭城王、任城王以及左右的几个人知道实情。元勰出入神色如同平常，侍奉膳食，进药送汤，处理外面的各种启奏，一如平日那样。数日之后，到达宛城，乘着夜间，把载有遗体的车舆拉到郡署中庭，才把他装殓入棺材之中，然后仍将棺材载于车舆之中，外人没有知道实情的。又派遣中书舍人张儒奉旨召太子前来，并且秘密地把凶讯告知留守洛阳的于烈。于烈安排布置谁随同前去，谁留守洛阳，举止形态一如平常。太子到达鲁阳，遇上了灵柩，这才正式发丧。四月十二日丁巳，太子元恪即位，大赦天下。

彭城王元勰跪着交出写有遗诏的几页纸张。东宫属官们大都怀疑元勰有异心，因此严加防范，元勰推诚布公，礼数周到，终于消除了相互之间的嫌隙。咸阳王元禧到达鲁阳，没有进城，留在城外观察有无事变，很久之后，方才进入城内，对元勰说："你此行不但操劳辛苦，而且实在危险。"元勰回答说："兄长年纪大、见识高，所以知道有危险，我不啻于握蛇骑虎，然而不觉有多么艰难。"元禧说："你这是怨恨我来晚了吧。"

（以上为第四段，写北魏孝文帝一生操劳，最后病死在南伐途中，司徒元勰负责处理丧事，避免南齐军队反攻，先秘不发丧，待太子元恪赶来，在鲁阳发丧。）

元勰等人以孝文帝的诏令赐冯皇后死。北海王元详派长秋卿白整进去给冯皇后送毒药，冯皇后一边跑一边大声呼喊，不肯饮药，说道："官家哪里会有这样的诏令，这是诸王之辈要谋杀我呀！"白整把她抓住，强迫她把毒药喝下去，即刻毙命。灵柩到达洛阳南郊，咸阳王元禧等人知道冯皇后确实已死，就互相对视着说道："假如没有先帝的遗诏，我们兄弟几个人也要想方设法把她除掉，岂可以让这个失去贞操的妇人宰制天下、杀害我辈呢？"冯皇后谥号为幽皇后。

五月，癸亥，南齐加封抚军大将军、始安王萧遥光开府仪同三司。

五月二十一日丙申，北魏安葬孝文帝于长陵，庙号为高祖。

魏宣武帝元恪想任命彭城王元勰为宰相，元勰屡次陈述孝文帝的遗诏，请求能够顺遂自己平素的心愿，宣武帝对着他悲伤号哭。元勰一再恳切请求不担任朝廷任何职务，于是任命他为使持节、侍中、都督冀定等七州诸军事、骠骑大将军、开府仪同三司、定州刺史。元勰仍然一再推辞，世宗元恪不准许，只好去上任。

北魏任城王元澄认为王肃本为江南人士而投奔北魏，官位却在自己之上，心中颇为不平。正好由南齐投降过来的严叔懋告发王肃密谋逃回江南去，任城王元澄于是禁止王肃进入宫省，给皇帝上表揭发王肃密谋反叛。经过立案查验，并非属实。咸阳王元禧等人就上奏宣武帝，告发元澄擅自禁止宰辅的行动，元澄就被免官还府，不久出任雍州刺史。

六月二十四日戊辰，北魏追封宣武帝的母亲高氏为文昭皇后，配飨孝文帝，并且增修其旧墓，号为终宁陵。又追赐皇后之父高飏爵号为勃海公，谥号为敬，让其嫡孙高猛袭爵位。封皇后之兄高肇为平原公，弟弟高显为澄城公，三个人同一天受封。北魏宣武帝从来没有见过几位舅舅，这次才赐赏他们衣服头巾，接见了三位舅舅，舅舅弟兄三人都不免惶惧失措。数日之间，三位舅舅已经富贵显赫一世。

秋季，八月初五日戊申，北魏依照孝文帝的遗诏，后宫中凡三夫人以下者全部遣送回家。

（以上为第五段，写北魏孝文帝去世后的后事处理，冯皇后被赐死，谥号幽皇后；元恪即位，元勰外放州镇，王肃位在元澄之上；高皇后之兄被封为公爵。）

南齐东昏侯自从在东宫做太子时就不好学，只喜欢玩耍，嬉戏无度，性格沉闷寡言。即位之后，不与朝廷的大臣们接触往来，专门亲信宦官以及身边左右御刀和应敕等几个人。

这时候，扬州刺史始安王萧遥光、尚书令徐孝嗣、右仆射江祏、右将军萧坦之、侍中江祀、卫尉刘暄等六人轮流在朝中内省当值，分日在当天的敕令后面签署执行意见。雍州刺史萧衍知道了之后，对自己担任录事参军的堂舅、范阳人张弘策说："一国有三公已经不堪其乱，何况六贵同朝，势必要互相图谋，动乱将要发作了。要说避祸图福，哪里也比不上这个州，但是我的几个弟弟都在京城，恐怕会遭受乱世的祸患，所以另外还要与我在益州的哥哥萧懿有所计议。”便秘密地与张弘策加强武备，其他人则一律不得参与。又招聚骁勇之夫上万，大量砍伐树木、竹子，沉于檀溪之中，茅草堆积的如山冈一般，然而都不使用。中兵参军东平人吕僧珍觉察出了萧衍的用意，也私自准备了船橹数百张。早先的时候，吕僧珍任羽林监，徐孝嗣想让他参加自己的幕府，但是吕僧珍知道徐孝嗣不会长久，所以坚持请求跟随萧衍。这时候，萧衍的哥哥萧懿被免去益州刺史之职而返回，但仍然掌管郢州事务，萧衍派张弘策去游说萧懿：“如今朝中六位权贵比肩而立，各自发出敕令，争权夺利，睚眦成仇，理当会相互图谋灭绝对方。而皇上则从做太子起就没有好声誉，亲近身边的人，轻急残忍，怎么肯把朝政委托于诸公，而自己只有虚位但做允诺呢？猜忌之心积久，必定要大行诛戮。始安王萧遥光想充当晋代赵王司马伦的角色，其形迹已经可以看得出来，然而其性格猜疑、气量狭小，只能白白地成为祸害的根由。萧坦之忌妒才能，处处想凌驾于别人之上，而徐孝嗣如牛一般，任人穿上鼻子受人使唤，江祏则没有决断，刘暄则昏暗软弱。有朝一日，祸乱爆发，内外土崩瓦解。我们兄弟幸好驻守外藩，应该为自身有所计谋。趁现今他们还没有开始猜忌提防，应当把几个弟弟全都叫到身边来，恐怕到那时候就会拔足无路了。郢州可以辖控荆、湘，雍州则兵马精干强壮，如果天下太平，就竭诚为朝廷效力；如果天下大乱，足以匡济天下；与事势相进退，这是确保万无一失的计策。如不及早打算，到时候后悔就来不及了。”张弘策又对萧懿说：“以你们兄弟二人的英武，天下没有人能够匹敌的，如果依据郢、雍二州为老百姓请命，废去昏庸之主，另立圣明之主，易如反掌，比得上齐桓公、晋文公所创立的业绩，不要被竖子所欺，以致在身后被人所取笑。萧衍已经考虑成熟，希望您也好好地思谋。”萧懿不听从。萧衍乃迎接弟弟骠骑外兵参军萧伟以及西中郎外兵参军萧憺到了襄阳。

（以上为第六段，写南齐萧宝卷即位后，不与朝臣接触往来，专门亲信宦官、侍卫、应敕之人，六贵用事，萧衍已看到其中的深沉危机，积极采取应对之策。）

起初，齐明帝虽然在遗诏中委托朝中诸大臣，但是最信任的是江祏兄弟二人。江氏兄弟二人轮流在殿内当值，东昏侯的一举一动都要经过他们的同意。东昏侯渐渐想要自行其意，徐孝嗣无法加以制止，萧坦之有时也表示不同意，而江祏则坚决限制，东昏侯对此非常愤恨。东昏侯左右心腹会稽人茹法珍、吴兴人梅虫兒等人，受皇帝委任办理一些事情，江祏常常裁剪、除去，茹法珍等人咬牙切齿。徐孝嗣就对江祏说：“皇上稍微有些自己的主张，这也是正常的，怎么可以一概加以反对阻拦呢？”江祏不以为然，说：“只要把事情交给我，没有什么可忧虑的。”

东昏侯失德作恶的情况越来越明显，江祏商议要废去他，而另立江夏王萧宝玄为帝。刘暄曾经做过萧宝玄的郢州行事，处理事情过于死板、苛刻。有人向萧宝玄献了一匹马，萧宝玄想去看一下，刘暄不准许他去，并说："一匹马，有什么值得看呢？"萧宝玄的妃子要吃煮乌肫，手下的人向刘暄请示，刘暄说："早上已经吃了煮鹅，不必再麻烦做这个了。"气得萧宝玄骂道："舅舅根本没有一点舅舅的情义了。"由此，刘暄对萧宝玄非常怨恨，所以就不同意江祏的主张，而想立建安王萧宝寅为帝。江祏与始安王萧遥光秘密计谋，萧遥光自以为年长，想把皇帝拿来自己做，就把这个意思隐约地向江祏表示了。江祏的弟弟江祀也认为年幼的皇帝难以保得住，劝说江祏立萧遥光为帝。江祏一时困惑，就去同萧坦之商量，萧坦之当时正为其母守丧，命他丧事期间担任领军将军。萧坦之对江祏说："明帝自立为帝，已经是没有按照嗣立次序进行，至今天下还不服气。现今再来一次的话，恐怕四方瓦解，我不敢对此表示意见。"又回到家中为其母守丧去了。

江祏和江祀暗中对吏部郎谢朓说："江夏王萧宝玄年龄幼小，如果不堪承负重任，岂能到时再行废立呢？始安王萧遥光年长，继承大统不会违背众望。我们并不是要以此来获得富贵，正是为了让国家获得安定。"萧遥光又派遣自己的亲信丹阳丞南阳人刘沨暗中向谢朓转达意思，想让谢作为同党，谢朓没有答应。不久，萧遥光任命谢朓兼管卫尉的事务，谢朓害怕了，就把江祏的阴谋报告了太子右卫率左兴盛，左兴盛不敢告发。谢朓又游说刘暄："始安王萧遥光一旦南面称帝，则刘沨、刘晏就会居于你如今的地位，而把你当作反复无常的人。"刘晏是萧遥光手下的城局参军。刘暄假装十分惊讶，飞马报告了萧遥光和江祏。萧遥光想把谢朓调到东阳郡，谢朓常常轻视江祏，江祏坚决请求把谢朓除掉。萧遥光就把谢朓抓起来送到了廷尉那里，并与徐孝嗣、江祏、刘暄等人联名上告"谢朓煽动内外，狂妄贬低皇帝，私自议论宫禁，诽谤亲贤，轻视议论朝中大臣"。谢朓于是死于狱中。

刘暄认为萧遥光如果被立为皇帝，自己就要失去皇舅之尊，所以不肯赞成江祏的意见，因此江祏也迟疑而久拖不决。萧遥光大怒，派遣手下人黄昙庆在青溪桥刺杀刘暄。黄昙庆因见刘暄的部下特别多，不敢前去，刘暄察觉了，告发了江祏的阴谋，东昏侯命令拘捕江祏兄弟俩。当时江祀正在内殿值守，怀疑有异常，派人报信给江祏说："刘暄似乎有别的阴谋，现今有何计议呢？"江祏说："正应该以静待不动而镇之。"一会儿，就有诏令传江祏入见，停在中书省等待。当初，袁文旷由于斩了王敬则有功，应当封官，但是江祏执意不给，东昏侯就派袁文旷去杀江祏。袁文旷用刀环砸击江祏的心口说："你还能夺去我受封之官吗？"江祏连其弟弟江祀一并被杀。刘暄闻听江祏等人死，睡眠中大惊而起，奔出门外，问左右说："抓捕我的人来了没有？"许久才定下心来，重新回到屋中坐下，十分悲哀地说："我并非是怀念江氏弟兄，而是为自己而痛心啊！"

（以上为第七段，写南齐小皇帝萧宝卷失德，辅政大臣江祏等欲行废立之事，始安王萧遥光欲自立，刘暄告发，矛盾爆发，江祏兄弟被杀害，刘暄惶恐不安。）

从此以后，东昏侯无所忌惮，越发自恣其意，日夜与亲近之人在后堂鼓吹叫闹戏马，常常五更时分才就寝，傍晚才起床。朝中群臣按例应于每月初一和其他固定的日子入朝参见，但是到傍晚方才进前，有时等到天黑被遣退而出。尚书们的文案奏告，一个月或者更长时间才上报一次，而报上去后有的竟然不知去向，原来是被宦官们用来包裹鱼肉拿回家去了。东昏侯以练习骑马来尽情欢适，回头对随从之人说道："江祏经常禁止我骑马，这小子如果还在的话，我哪能像现今这样呢？"又问道："江祏的亲属还剩下谁呢？"随从者回答说："江祥现今还在东冶。"东昏侯立刻在马背上发出诏令，赐江祥自杀。

始安王萧遥光向来心怀异志，与他的弟弟荆州刺史萧遥欣密谋拥据东府，让萧遥欣率兵从江陵急速而下，规定日期将要出发的时候，萧遥欣却病死了。江祏被杀之后，东昏侯召萧遥光进殿，把江祏的罪行告诉了他。萧遥光惧怕了，回到中书省，就开始假装发疯，号哭狂闹，借口有病回到东府，从此不再入朝了。早先的时候，萧遥光的弟弟豫州刺史萧遥昌死了，其部曲全部归属于萧遥光。萧遥欣的灵柩从荆州运回来之后，停于东府前秦淮河的河边上，荆州方面来送灵的人力特别多。东昏侯杀了江祏兄弟之后，考虑到萧遥光心不自安，就准备把他升任为司徒，使他回到自己的府第，召他进朝宣谕这一旨令。萧遥光担心进朝后被杀，就于八月十二日乙卯傍晚，召集从荆州和豫州来的部属到东府的东门之前，又叫来刘沨、刘晏等人一起谋划如何举兵起事，并决定以讨伐刘暄为名义。这天夜间，派遣几百人打进东冶，放出狱中的囚徒，从尚方那里取出兵械。同时，又召骁骑将军垣历生，垣历生见信后随即到达。萧坦之的宅第在东府城东面，萧遥光派人乘其不备而抓获他，萧坦之来不及戴上头巾，光着膀子，越墙而逃，跑向朝廷禁城，道上遇见了巡逻头目颜端，就抓住了他。萧坦之把萧遥光反叛的事情讲了，颜端不相信，就亲自前去刺探，知道所说情况属实，就把马给了萧坦之，相随去朝廷报告。萧遥光又派人出其不意地去尚书左仆射沈文季的府上抓他，想逼他做都督，恰巧沈文季已经到朝廷中去了。垣历生劝说萧遥光率领城内之兵乘夜攻打朝廷宫禁，用车拉来芦苇焚烧城门，垣历生对萧遥光说："大人您只管乘车随后而行，攻下禁城易如反掌。"萧遥光心中迟疑而不敢出军。天渐渐亮了，萧遥光穿着战服出来布置事情，命令安排仪仗，要登城对部下进行赏赐。垣历生再次劝说萧遥光出兵攻打禁城，但是他仍旧不肯，希望朝廷自身发生变故。到了日出的时候，朝廷军队逐渐到来。朝廷中刚听到萧遥光叛乱的消息时，大伙情绪惶惑，不知所措。天快亮的时候，东昏侯有旨召徐孝嗣，直到徐孝嗣进来后，人心才安定下来。左将军沈约听到事变消息之后，骑马奔入西掖门，有人劝他穿上战服，沈约说："朝廷中正乱成一窝蜂，要是看见我穿着战服进来，有人就会把我当作萧遥光的同伙呢！”沈约就穿着红色公服进朝。

八月十三日丙辰，南齐颁布诏书赦免建康的囚徒，朝廷内外戒严。徐孝嗣以下都驻扎护卫宫城，萧坦之率朝廷兵众讨伐萧遥光。徐孝嗣心中疑虑惧怕，穿着战服，同沈文季一起坐在南掖门上面。徐孝嗣想同沈文季一起议论时局，沈文季总是用别的话题岔开，最终也没有谈成。萧坦之驻扎在湘宫寺，左兴盛驻扎在东篱门，镇军司马曹虎驻扎在青溪大桥。众路军队把东城围住，三面用火烧司徒府。萧遥光派遣垣历生从西门出战，朝廷军队屡次失败，杀了军主桑天爱。萧遥光起兵之前，曾经问过谘议参军萧畅，萧畅义正词严地坚决不从。八月十五日戊午，萧畅与抚军长史沈昭略偷偷地从南门出去，去往朝廷，自动投归，由此而众人的情绪一落千丈。萧畅是萧衍的弟弟，沈昭略是沈文季哥哥的儿子。八月十六日己未，垣历生从南门出战，丢弃长矛投降了曹虎，曹虎命令人把他斩了。萧遥光大怒，从坐榻上跳起来，让人把垣历生的儿子杀掉。这天晚上，朝廷军队射发火箭烧了城东北的角楼。到了夜间，城被攻破，萧遥光回到自己的小斋帐中，穿着衣服，戴着便帽，坐着不动，手里拿着点燃的蜡烛照明，命人抵抗朝廷军队，门全部加上了几道锁，左右的人跑出屋子而逃散了。朝廷军队军主刘国宝等人率先进入，萧遥光听到外面来兵了，熄灭蜡烛，俯伏床底下。士兵破门而入，黑暗中将其拉出来，立即斩首。朝廷军队进城之后，放火把房屋全部焚烧了。刘沨逃回家中，也被人所杀。荆州将领潘绍知道萧遥光叛乱的消息之后，也策划想要响应。西中郎司马夏侯详传叫潘绍前来议事，借此而斩了他，荆州西中郎府因此得以安定。

八月二十六日己巳，南齐任命徐孝嗣为司空。加任沈文季为镇军将军，原来所担任的侍中、仆射之职不变。任命萧坦之为尚书右仆射、丹杨尹，原来的右将军官职照旧不动。任命刘暄为领军将军，曹虎为散骑常侍、右卫将军。都是为了奖赏他们在平定始安王萧遥光叛乱中的功劳。

（以上为第八段，写南齐小皇帝萧宝卷杀掉了江祏二兄弟，更加肆无忌惮，其叔萧遥光欲效仿其兄萧鸾，阴谋篡夺皇位，而以败亡告终。）

北魏南徐州刺史沈陵前来投降。沈陵是沈文季本家侄子。当时，北魏徐州刺史京兆王元愉年龄小，府中事情全部决定于长史卢渊。卢渊得知沈陵将要反叛，就告诫各城秘密加以防备，并且多次向朝廷报告，但是朝廷不听。于是沈陵杀了手下的将佐，带领宿预的部下投奔，北魏在淮河边上的各个戍所由于有所防备而得以保全。沈陵在边境多年，秘密交结了州中的许多豪杰。沈陵叛变之后，州中各郡县捕送来大量沈陵的党徒，卢渊对他们都加以抚慰而赦免，只归罪于沈陵一人，众人之心于是安定下来。

闰八月初三日丙子，南齐封立江陵公萧宝览为始安王，并过继为始安靖王的后代。

南齐任命沈陵为北徐州刺史。

江祏等人失败之后，东昏侯身边捉刀和应敕的一帮子人全都恣意用事，当时人们称其为“刀敕”。萧坦之刚愎自用，凶狠独断，东昏侯周围的宠信之徒因害怕而憎恨他，在萧遥光死后二十多天，东昏侯派遣延明殿主帅黄文济率兵包围了萧坦之的住宅，将其杀掉，还有他的儿子秘书郎萧赏一起被杀。萧坦之的堂兄萧翼宗做海陵太守，还没有去赴任，萧坦之对黄文济说：“我的堂兄在海陵的府中不应该有什么事吧？”黄文济问道：“他的住宅在什么地方？”萧坦之如实以告。黄文济报告东昏侯，东昏侯派遣黄文济去抓捕萧翼宗。搜查萧翼宗的家，发现穷得可怜，只有典当东西的质票数百张，回去报告皇帝东昏侯，批准免他不死，拘囚在尚方署中做苦工。

茹法珍等人诬陷刘暄有谋逆的意图，东昏侯说：“刘暄是我的舅舅，哪能如此呢？”直阁新蔡人徐世标说：“明帝与武帝乃是同祖兄弟，他受到武帝那样的恩待，但是还杀尽了武帝的后代，舅舅哪里值得信任呢？”于是杀掉了刘暄。

曹虎善于吸引招纳人才，每天供食几百个从蛮地或域外来的人。晚年的时候，却极其吝啬，罢任雍州时，有钱五千万，其他财物合价也有这么多。东昏侯怀疑曹虎是前朝老将，并且贪图他的财富，就杀了他。至此，萧坦之、刘暄、曹虎这几位新被任命的官员，都没有来得及上任就被杀害。

当初，齐明帝［临］去世的时候，以萧隆昌事件的教训告诫东昏侯：“做事行动不可以落在他人之后。”所以，东昏侯数次同身边亲近密谋诛杀大臣的事情，每次都突然行动，没有半点迟疑之心。这时大臣们人人自危，难能自我保全。

九月初五日丁未，南齐任命豫州刺史裴叔业为南兖州刺史，征虏长史张冲为豫州刺史。

九月二十日壬戌，南齐因频繁地诛杀大臣，诏令大赦天下。

丙戌，魏宣武帝谒拜长陵，想让身边没有任命官职的江南人茹皓与自己同车，茹皓高兴地撩起衣襟，准备上车，给事黄门侍郎元匡谏言不可，宣武帝推他让他下去，茹皓脸色都变了，只好退下。元匡是元新城的儿子。

益州刺史刘季连听闻东昏侯没有君主的德性，自己便也骄横恣纵起来了，滥用刑法，异常严酷，蜀人对他特别怨恨。当月，刘季连派兵去袭击中水，没有取胜。这时蜀人赵续伯等人纷纷起兵叛乱，刘季连没办法制服。

枝江文忠公徐孝嗣是个文士，依违顺从，不露棱角，因此官高名显，但犹得以久存。虎贲中郎将许准给徐孝嗣讲述时事要害，劝说废立东昏侯。徐孝嗣长久迟疑难决，以为一定不能动用干戈，等待东昏侯出游的机会，关闭城门，召集群臣百官在一起商议废掉。虽然有此想法，但是终究不能决断。东昏侯身边的那帮奸邪小人对徐孝嗣渐渐厌憎起来。西丰忠宪侯沈文季以年纪大且有病在身为由，不参与朝政，侍中沈昭略对文季说：“叔父你年近六十，身为员外仆射而想以此免祸自保，岂能办得到呢？”沈文季笑着不回应。冬季，十月二十三日乙未，东昏侯把徐孝嗣、沈文季、沈昭略三人召入华林省，沈文季上了车子，回过头来说：“此行恐怕有去无回了。”东昏侯指使外监茹法珍赐毒酒。沈昭略愤怒不已，骂徐孝嗣：“废掉昏君，另立明主。这是从古到今的宪章大法，宰相无才，以致有今日。”接着把酒瓯砸到徐孝嗣脸上说：“让你死了做一个破了面的鬼！”徐孝嗣喝药酒，喝了一斗多才死去。徐孝嗣的儿子徐演娶了武康公主为妻，徐况娶了山阴公主为妻，但是都受父亲牵连而被杀。沈昭略的弟弟沈昭光听说抓捕的人来了，家中人劝他逃走，他不忍心丢下自己的母亲，就进入屋中，拉着母亲的手悲声哭泣，抓捕者进来把他杀了。沈昭光哥哥的儿子沈昙亮逃走了，才得以幸免，但是听说沈昭光死了，叹息地说：“家门遭受如此屠灭，我还活着干什么呢？”扼断自己的喉咙而死。

（以上为第九段，写南齐小皇帝萧宝卷昏暴至极，不把大臣杀净不罢休，尚书令徐孝嗣本是坚定的支持派，老臣沈文季淡出朝野，但还是遭了毒手。）

当初，太尉陈显达因自己是齐高帝、齐武帝时候的旧将，所以在齐明帝的时候，心存危惧，使劲地压抑自己，经常乘坐一辆破破烂烂的车子，出外时扈从的仪仗队也只有又弱又小的十多个人。一次，陪侍宴饮，酒酣的时候，启奏明帝要借用一下枕头，明帝命令给了他。陈显达用手摸着枕头说：“臣年老体衰，享受的荣华富贵已经足够了，只欠一个枕头枕着死去，所以特意向陛下乞求。”齐明帝不禁失色说：“您喝醉了。”陈显达以年届七十而请求辞官，齐明帝不予准许。在王敬则反叛时，陈显达正率兵抵抗北魏，始安王萧遥光怀疑陈显达，启奏高宗，想把陈显达的军队召回，恰好王敬则叛乱被平定，于是就停止。到了东昏侯即位之后，陈显达越发不愿意住在建康，被派做江州刺史，十分高兴。曾经得病，不让医治，不久自己好了，心中却非常不高兴。陈显达知道东昏侯多次诛杀大臣，并且听人传说朝廷肯定要派兵袭击江州，十一月十五日丙辰，陈显达在寻阳起兵，命令长史庾弘远等人给朝廷中权贵们送去一封信，列举东昏侯的罪恶行径，并且说道：“准备拥立建安王萧宝寅为帝，待京中尘灰落定，就西迎大驾。”

十一月二十四日乙丑，南齐任命护军将军崔慧景为平南将军，督率诸路军队攻击陈显达；后军将军胡松、骁骑将军李叔献统领水军占据梁山；左卫将军左兴盛督率前锋军队驻扎在杜姥宅。

十二月十二日癸未，南齐任命从前的辅国将军杨集始为秦州刺史。

陈显达从寻阳发兵，在采石打败了胡松，消息传到建康，朝中一片震惊惶恐。十二月十三日甲申，陈显达率部到了新林，左兴盛统率诸路军队抵挡。陈显达在长江岸边设置了许多火堆，夜间率军偷渡过江，去袭击宫城。十二月十四日乙酉，陈显达带领数千人马登上落星冈，驻守在新亭的诸路军队得知之后，拔腿往回跑，宫城之内大为恐惧，只好闭门设守。陈显达骑马执矛，带领几百名步兵，在西州与朝廷军队开战，两次交战，陈显达大胜，亲手斩杀好几人，手中的矛折断了。这时，朝廷军队开过来了，陈显达抵抗不住，只好逃跑。陈显达逃到西州之后，骑官赵潭用矛投刺他，陈显达中刺坠马，被赵潭斩首。陈显达的几个儿子也都伏法被斩。长史庾弘远是庾炳之的儿子，在朱雀航被斩。将要行刑的时候，庾弘远要来帽子戴上，说道："子路把冠缨系好而死，我也不可以不戴帽子死去。"对观看的人说："我不是反贼，而是起义军，为的是替诸军请命。陈显达太轻率了，如果采纳了我的意见，天下就可以免于陷入水火之中了。"庾弘远的儿子庾子曜，抱着他的父亲乞求代替父亲一死，父子一并被杀害。

（以上为第十段，写南齐老将陈显达年已七十，被逼造反，起兵寻阳，列数小皇帝萧宝卷诛杀大臣的罪恶，直趋建康，结果兵败被杀。）

东昏侯诛杀了陈显达之后，越发骄横恣意。渐渐出外游走，但又不想让人看见，每次出外，总是事先把所要经过地方所住的人家赶走，只留下空房子。东昏侯出游时，先由尉司敲着鼓沿途走一大圈，百姓听到鼓声，就应立即跑开，连衣服和鞋都来不及穿好，违反禁令的人就被随手格杀。一月之中，东昏侯要出去二十多次，而且从来不说个确定的去处，东西南北，无处不去。常常在夜间三四更时分出游，弄得鼓声四出，火光照天，幡仪兵戟横路。士人民众喧叫奔路，前后相随，老人小孩惊慌失措，哭喊堵塞道路，处处禁止通行，不知道何处可以通行。各业民众无法从业，打柴割草都无路可行，红白喜事不能按时进行，孕妇寄居远方，抱病躲逃，抛弃尸体在路上，不得殡葬。在小巷和田间小道悬挂布幔做高高的屏障，布置人手执兵器守护，称作是"屏除"，也叫作"长围"。有一次，来到沈公城，有一个妇人因临产而没有躲逃，于是东昏侯剖开产妇的腹部看胎儿是男孩还是女孩。又有一次，来到定林寺，有一个老和尚因年老患病不能离去，藏在草丛中，东昏侯命令随从用箭射，百名弓手一起发射。东昏侯臂力过人，能拉开三斛五斗力的弓。还喜好顶旗幡，白虎幢高七丈五尺，牙齿上顶着，把牙齿折断了也不厌倦。自己制作了顶旗幡的器械，表演时穿的服装上饰以金玉，每次表演侍卫站满两侧，使出各种技能把戏，从来不感到不好意思。跟东冶营兵俞灵韵学骑马，经常穿着编织的衣裤，不穿外服，头戴薄金制的帽子，手执七宝矛，戎装束裤，冒着雨雪，不躲避陷阱。纵马驰骋得渴了乏了，就从马上下来，解下腰侧挂的马杓，盛水饮取，又上马狂奔而去。又选择那些善于长跑的无赖痞子五百个，称为逐马左右，经常让他们随马而跑。或者在市中亲近宠幸的人家中游玩，从这家转到那家，来回转悠，能转遍全城。或者去郊外射野鸡，布置了射鸡场二百九十六处，奔走往来，从一处到另一处，忙得没有暇息的时候。

王肃为北魏制定官职品位和各种机构，全部按照江南的制度，共分九品，每一品又分正、从二品。侍中郭祚兼任吏部尚书。郭祚清廉谨慎，重惜官位，每次铨选授官，虽然发现有合适人选，一定还要反复考虑很久，然后才下笔签署，说道："这个人便已经富贵了。"人们因此对他多有怨心，但是经他所录用的官员无有不称职者。

（以上为第十一段，继续写南齐东昏侯永元元年的史事，主要写南齐小皇帝萧宝卷杀掉大臣后，更加肆无忌惮，为所欲为，变着法子游玩、嬉闹，扰民害民，乃至剖开孕妇腹部看胎儿男女，民怨沸腾。）

【点评】

东昏侯残虐。齐明帝萧鸾去世，太子萧宝卷继位，成为南朝齐第六位皇帝，即东昏侯。但是东昏侯自幼口吃，又不爱学习，整天只知道玩闹，父皇萧鸾临死的时候要萧宝卷果于诛杀，他对此倒是牢记在心。登基之后便杀害顾命大臣右仆射江祏、司空徐孝嗣、右将军萧坦之、领军将军刘暄等人。大臣们难以自保，导致始安王萧遥光、太尉陈显达与平西将军崔慧景先后起兵叛乱，但都兵败被杀。曾经有孕妇来不及躲避逃走，东昏侯便剖腹取婴看肚子里到底怀的是男是女，这一件事在中国历史上绝无仅有。东昏侯萧宝卷多行不义，终于促成了内外反对势力的联合，加速了他的垮台。中国历史上的昏君不少，但是他为何如此混账残酷灭绝人性，而又能够畅行无阻，倒是一个值得深思的问题。皇权至上导致皇帝可以胡作非为，无所顾忌，加之个性的不成熟，竟至于如此地步，实在是南齐皇室衰落的哀声。这倒是给萧衍铺垫了成功之路。

资治通鉴（白话本） 卷第一百四十三

齐纪九

齐东昏侯永元二年（公元500）

【上章执徐（庚辰，公元500年），凡一年】

【大事提要】

本卷记事公元500年，凡一年，当南齐东昏侯永元二年。本卷大事集中在南齐，有五件：其一，南齐平西将军崔慧景攻入建康，废东昏侯为吴王。其二，揭示南朝处于齐朝与梁朝交替的时候。其三，南齐的淮南被北魏占领，疆土日蹙。其四，雍州刺史萧衍在襄阳起兵。其五，祖冲之去世。

东昏侯下

齐东昏侯永元二年（庚辰，公元500年）

春季，正月，元旦朝见群臣，东昏侯直到吃过饭之后方才出来露面；朝贺之礼刚一完毕，便回殿内西厢屋就寝去了。从巳时到申时，群臣百僚站着等待皇帝前来，都站得僵直倒地，肚子也饿得咕咕直叫。等到东昏侯起来朝见大臣时，只是草草敷衍一通，匆匆收场。

正月初五日乙巳，北魏大赦天下，改年号为景明。

豫州刺史裴叔业得知东昏侯数番诛杀大臣，心中不安，登上寿阳城，朝北望着肥水，对部下说："你们想富贵吗？我能办到。"后来朝廷调裴叔业担任南兖州刺史，他心里不乐意内调。陈显达反叛，裴叔业派遣司马辽东人李元护率领兵马去解救建康，实际上态度左右不定，陈显达失败，李元护又回去了。朝廷怀疑裴叔业有异谋，裴叔业也派遣使者去建康观察消息动静，众人更加怀疑了。裴叔业哥哥的儿子裴植、裴飏、裴粲都任直阁，在朝廷殿内，为此而惧怕，就扔下母亲跑到了寿阳，告诉裴叔业朝廷必定要出其不意地前来袭击，宜于早做准备。朝中徐世檦等人认为裴叔业在边境上，紧急时会请北魏来帮助自己，致使朝廷之力不能制服他。就报告皇帝派遣裴叔业的同宗之人中书舍人裴长穆去宣告圣旨，准许裴叔业继续留任。但是，裴叔业仍然感到忧虑害怕，而裴植等人则劝说不已。

裴叔业派遣亲信马文范到襄阳，向萧衍讨问如何保全自己的计策，讲道："天下大势可知，恐怕再也不会有保得住自己的道理了，不如回头投靠北魏，这样还不失做河南公。”萧衍回答说：“朝廷中这帮小人专权得势，岂能长远得了？反复考虑，无所成想，只是应当送家属回京都去，以便对你感到安心些。如果意外地相逼，就应率领步、骑兵两万直出横江，断掉后路，如此，则天下之事一举可以确定。如果向北，一定会派人代替你，而只把黄河北边的一个州给你，哪里还再能做河南公呢？这样一来，重新归回南方的希望就绝灭了。”裴叔业迟疑而不能决断，于是就遣送自己的儿子裴芬之到建康作为人质，又派人送信给北魏豫州刺史薛真度，询问他可否投奔北魏的事情。薛真度劝裴叔业及早投降过来，说：“如果事情紧迫才来，那么功劳就小了，赏封也就不会有多重了。”数次派人传送密信，互相往来应和。建康的人纷纷传说裴叔业要反叛，裴芬之惧怕被杀，又跑回寿阳。裴叔业就派遣裴芬之以及他的哥哥的女婿杜陵人韦伯昕带着降书去投降北魏。正月初七日丁未，北魏派遣骠骑大将军彭城王元勰和车骑将军王肃统领步、骑兵十万前去，任命裴叔业为使持节、都督豫雍等五州诸军事、征南将军、豫州刺史，并封他为兰陵郡公。

正月三十日庚午，东昏侯颁布诏书讨伐裴叔业。二月十六日丙戌，任命卫尉萧懿为豫州刺史。二月二十八日戊戌，北魏任命彭城王元勰为司徒，并且兼任扬州刺史，坐镇寿阳。北魏派遣大将军李丑、杨大眼率领两千骑兵入寿阳，又派遣奚康生率领羽林兵一千急驰赶赴寿阳。杨大眼是杨难当的孙子。

北魏军队没有渡过淮河，二月二十九日己亥，裴叔业病死，僚佐们多数要推举司马李元护管理州事，一两天议论不决。从前的建安戍主安定席法友等人认为李元护不是同乡，担心他有异心，所以一致推举由裴植监管州务，并且对裴叔业的死讯保密，一切命令和布置安排，都由裴植来决定。奚康生到了，裴植于是打开城门接纳北魏军队入城，把城内仓库的钥匙全部交给奚康生。奚康生进城之后，召集城内年高望重的老人，宣布了皇帝圣旨，安抚赏赐了他们。北魏任命裴植为兖州刺史，李元护为齐州刺史，席法友为豫州刺史，军主京兆人王世弼为南徐州刺史。

（以上为第一段，写南齐小皇帝萧宝卷越来越不得人心，豫州刺史裴叔业谋投北魏，南齐发兵讨伐，裴叔业病死，其兄子裴植监州，北魏派出强大阵容前来接管。）

巴西平民雍道晞聚集了一万余民众逼攻郡城，巴西太守鲁休烈环城自守。三月，刘季连派遣中兵参军李奉伯率领五千人马去援救，与巴西郡的兵力合起来一道抗击雍道晞，斩了雍道晞。李奉伯还想进一步讨伐巴西郡东部的剩余之贼，涪县令李膺制止他说：“兵卒懒惰，将领骄奢，乘胜而步入险地，不是全胜之策。不如稍缓一步，再思考下一步计略。”李奉伯不听从，带领全部人马入山，大败逃回。

三月十五日乙卯，南齐派遣平西将军崔慧景统率水军讨伐寿阳，东昏侯令人在所过之处两旁悬挂高幔，走出琅邪城为征讨军送行。东昏侯身着武服坐在楼上，传召崔慧景一人骑马进入长围之内，没有一人相随。才说了几句话，就拜辞而出。崔慧景能够出来，觉得非常欢喜。

豫州刺史萧懿统领步兵三万人屯驻小岘，交州刺史李叔献屯驻合肥。萧懿派遣裨将胡松、李居士率领一万多兵马驻守死虎。骠骑司马陈伯之统率水军溯淮河而上，以便逼近寿阳，驻扎在硖石。寿阳的民众大多数都计划如何接应齐军。

北魏奚康生内外防御，关闭城门一个多月，增援的军队才来到。三月丙申，彭城王元勰、王肃出击胡松、陈伯之等部，大获全胜，进攻合肥，活捉了李叔献。统军宇文福对元勰说："建安是淮南的军事重镇，是双方的要冲之地，如果能夺得此地，那么义阳就可以到手；如果夺不到，那么寿阳难以保住。"元勰同意这一看法，派宇文福去攻打建安，建安的戍主胡景略自缚出城投降。

四月三十日己亥，北魏皇弟元恌去世。

崔慧景从建康出发时，儿子崔觉任直阁将军，崔慧景与儿子秘密约定。当崔慧景到达广陵时，崔觉跑去追随了父亲。崔慧景在过了广陵几十里之后，召集各位军主说："我承受前面三代皇帝的厚恩，担负着顾托的重任。年幼的皇帝昏庸狂妄，朝纲坏乱。国家危难而不加匡扶，责任就在今天。想要同诸君共同建立大功伟业，以便安定社稷江山，意下如何呢？"众人都一致响应。这时崔慧景挥师返回广陵，司马崔恭祖驻守广陵城，大开城门，接纳进城。东昏侯闻知事变，于三月十二日壬子，临时授予右卫将军左兴盛符节，让他督率建康水陆诸军讨伐。崔慧景在广陵停驻了两天之后，收集军队渡过长江。

当初，南徐州和兖州刺史江夏王萧宝玄娶徐孝嗣的女儿为妃，徐孝嗣被诛杀之后，诏令萧宝玄与徐孝嗣的女儿离婚，因此萧宝玄对东昏侯非常忌恨。崔慧景派遣使者奉立萧宝玄为皇帝，萧宝玄斩了使者，调发将士守城，东昏侯派遣马军主戚平、外监黄林夫协助镇守京口。崔慧景即将要渡江的时候，萧宝玄秘密与他呼应，杀了司马孔矜、典签吕承绪以及戚平、黄林夫，打开城门迎接崔慧景，并且使长史沈佚之、谘议柳憕调配布置军队。萧宝玄乘坐八人抬大轿，手执绛红色指挥旗，随着崔慧景向建康进发。朝廷派遣骁骑将军张佛护、直阁将军徐元称等六个将帅依据竹里，筑建好几个城堡以抵抗。萧宝玄派人送信给张佛护说："我自己回朝廷，你为何要如此苦苦地阻拦呢？"张佛护回答说："小人承蒙国家重恩，使我在此地设立小小的工事，殿下回朝，只管径直通过，岂敢加以阻截呢？"张佛护用箭射崔慧景的军队，双方交战。崔觉、崔恭祖率领的前锋部队，都是北方边远地方的人，十分英勇善战，又都轻装上阵，不带军粮做饭吃，用几只船沿着长江载送酒食为军粮。一看见朝廷军队的城堡升起烟火，就拼力攻击，朝廷士兵不再吃得上饭，饥肠辘辘而困穷。徐元称等人商议要投降，张佛护不允许。崔恭祖等人攻城，一举成功，斩了张佛护，徐元称投降，其余四个军主都战死。

三月十五日乙卯，南齐派遣中领军王莹统领众路军马，依据湖头修筑堡垒，同时上连蒋山西岩一带，充实甲兵数万人。王莹是王诞的堂曾孙。崔慧景到了查硎，竹塘人万副兒对崔慧景说："如今平坦大路全被朝廷军队拦断，不可进兵，只宜从蒋山的龙尾登上，以出其不意。"崔慧景采纳了他的意见，分派一千多人，一个接一个地上山，夜间从西岩而下，击鼓呐喊，降临城中。朝廷军队大为吃惊，惶恐万分，一时奔散。东昏侯又派遣右卫将军左兴盛统率台城内士兵三万人在北篱门抵挡，左兴盛望风败逃。

三月二十四日甲子，崔慧景开进了乐游苑，崔恭祖率领轻骑兵十多人突进北掖门，然后又退了出来。宫门都关闭，崔慧景带领部下包围。这时，东府、石头、白下、新亭几城溃散。左兴盛退逃，进不了宫城，只好逃进秦淮河边芦苇丛中的船里藏匿起来，被崔慧景擒获斩杀。宫中派遣兵力出城冲杀，没有获胜。崔慧景火烧了御史台府署，辟为战场。守御尉萧畅驻守南掖门，指挥布置城内兵力，根据战情，调兵遣将，应对抵抗，这样人心才稍微安定了一些。崔慧景以宣德太后名义发令，废皇帝萧宝卷为吴王。

（以上为第二段，写南齐平西将军崔慧景以废立为己任，攻入都城建康，朝野震动，借宣德太后名义，宣称废小皇帝为吴王。）

陈显达反叛时，东昏侯再次召集诸王进宫。巴陵王萧昭胄有鉴于永泰元年的事情，与弟弟永新侯萧昭颖装扮成和尚，逃往江西。萧昭胄是萧子良的儿子。到崔慧景起兵的时候，昭胄兄弟二人前去参加。崔慧景内心更倾向于立萧昭胄为帝，一直犹豫不决不知立谁为好。

竹里一战告捷，崔觉与崔恭祖互相争功，崔慧景不能决断。崔恭祖劝崔慧景用火箭射烧北掖楼，崔慧景以为大功即将告成，以后若要修复，得花费很多的人力物力，不予听从。崔慧景生性爱好谈论义理，兼通佛理，他停留在法轮寺中，对着客人高谈阔论，崔恭祖深怀不满。

这个时候，豫州刺史萧懿率兵屯驻在小岘，东昏侯派遣密使通知他。萧懿正在吃饭，扔下筷子站起来，立即率领军主胡松、李居士等几千人马，从采石渡过长江，驻扎在越城，燃起大火，台城中打鼓欢叫，拍手称庆。崔恭祖先劝说崔慧景派遣两千人马阻抵西岸之兵，让他们不能渡江。崔慧景却以为宫城早晚要投降，外来的救援之兵自然会散去，所以不予采纳。到这时，崔恭祖请求攻击萧懿的军队，又不同意，只派遣崔觉率领精锐兵力几千人渡到南岸。萧懿的军队在天快亮时发起进攻，大战几个回合，士兵们都英勇死战，崔觉一败涂地，跳进秦淮河里淹死的有两千多人。崔觉单人匹马逃退，打开朱雀桥上的浮桥，以秦淮河阻挡萧懿军队。崔恭祖掠抢到东宫的女乐，崔觉逼迫强夺了过来。崔恭祖愤恨，这天夜里，同崔慧景的骁将刘灵运来到城内投降，众心离散败坏。

夏季，四月初四日癸酉，崔慧景带领心腹数人偷偷离去，想北渡长江，城北的各路军马尚且不知道，还在拒战。城中兵力出来冲杀，杀死数百人。萧懿的军队渡过北岸，崔慧景余下的人马都逃走了。崔慧景围攻了宫城十二天，最后失败而逃，跟随崔慧景的人在道上逐渐散失，单骑逃至蟹浦，被渔夫斩首，把首级放在盛鱼的篮子中，担送到建康。崔恭祖拘囚在尚方省，不久即被杀。崔觉逃亡当了道人，被捕获，伏法被诛。

（以上为第三段，写南齐反叛首领崔慧景围攻宫城，放松警戒，高谈义理、佛理，属下争功而叛，加之萧懿大军前来，失败北逃，被渔夫杀死。）

萧宝玄初到建康，驻扎在东府城，士人和民众纷纷前去投奔宝玄，聚集在东城府。崔慧景失败后，朝廷收集了朝野上下投靠萧宝玄以及崔慧景的人名，东昏侯命令烧掉，说："江夏王尚且还这样，岂可以再治罪他人呢？"萧宝玄逃亡了好几天才露面。东昏侯把萧宝玄召入后堂，用布帐裹起来，命令左右好几十人擂鼓吹号，环绕着在外边跑动，派人对宝玄说："你近来围攻我也如同这个样子。"

起初，崔慧景想结交隐居的士人何点，何点没有理睬他。到围攻建康时，崔慧景又强迫召集何点，何点只好往赴他的军营中，但是整日与崔慧景只是谈论义理，丝毫不涉及军事方面的事情。崔慧景失败之后，东昏侯要杀何点，萧畅就对茹法珍说："何点如果不诱使贼首崔慧景一起讲论义理，台城安危还很难预料。由此而言，应该封官。"东昏侯就不杀何点了。何点是何胤的哥哥。

萧懿离开小岘后，王萧也回洛阳去了。边境上的北方人传谣言说王肃又计谋要回归齐，五月初六日乙巳，北魏发出诏令，以王肃为都督豫徐司三州诸军事、豫州刺史、西丰公。

五月初十日己酉，南齐江夏王萧宝玄伏法被杀。

五月十三日壬子，南齐大赦天下。

六月初八日丙子，北魏彭城王元勰升任大司马，兼任司徒，王肃加授开府仪同三司。

太阳蛮人田育丘等两万八千户投附北魏，北魏设置四个郡十八个县。

六月乙丑，南齐特赦建康和南徐州、兖州二州。此前，崔慧景之乱被平定之后，诏令赦免崔慧景的同党。然而，宠幸们专权，不依皇帝诏书办事，一些本无罪过而家中富足的人，全被诬陷为贼党，杀掉后没收其财产，实际上投附了贼人，但家中贫穷者却都不予问罪。有人对中书舍人王咺之说："赦令没有信用，人们大有意见。"王咺之回答说："正应当再次赦免。"因此，又发了特赦令。但是特赦令发出之后，那伙宠幸之徒照旧滥杀无辜。

这时，东昏侯宠信的左右共有三十一人，黄门十人。直閤、骁骑将军徐世檦向来为东昏侯所信任，凡是有杀戮的事情，都交由他去执行。到陈显达举事的时候，又加任为辅国将军，虽然任用护军崔慧景为都督，然而朝廷兵权实际上掌握在徐世檦手中。徐世檦也知道东昏侯昏庸狂纵，暗中对茹法珍、梅虫兒二人说："哪一朝代的天子身边没有要人？但我这是出卖主上的恶行呀。"茹法珍等人与徐世檦争夺权力，把徐世檦的话报告给东昏侯，东昏侯就逐渐厌恶徐世檦的凶猛强悍，派遣宫中卫兵去杀他，徐世檦与卫兵们搏战而死。从此之后，茹法珍、梅虫兒专权，一并担任外监，口头宣布东昏侯的诏令，而王咺之则专掌文书，与茹、梅相互为唇齿。

东昏侯呼唤所宠幸潘贵妃的父亲潘宝庆以及茹法珍为阿丈，称梅虫兒、俞灵韵为阿兄。东昏侯同茹法珍等人一起去潘宝庆家中，亲自去打水，帮助厨子做饭。潘宝庆仗势作奸犯科，对于富有之人都以罪名诬陷，田产宅院以及财物，都要向皇帝启禀求乞。一家被陷害，还要祸及亲戚邻里，又害怕留有后患，把所有的男子杀掉。

东昏侯数次去捉刀应敕人的家中游玩吃喝，有红白喜事，都前去庆贺或吊唁。

阉人王宝孙，年龄十三四岁，外号叫"伥子"，最受宠幸，参与朝廷政事，就是王咺之、梅虫兒之辈也处于其下。控制大臣，篡改圣旨，甚至骑着马进入殿内，当面诋斥天子。公卿大臣们见了他，都吓得连大气也不敢出。

吐谷浑王伏连筹侍奉北魏能够尽藩臣之礼，但是在自己的国内，设置百官都同天子一模一样，以皇帝的身份凌驾于邻国之上。魏宣武帝派遣使节去指责这种做法，同时又予以宽恕。

冠军将军、骠骑司马陈伯之再次率兵攻打寿阳，北魏彭城王元勰抵抗。增援部队没有到来，汝阴太守傅永率领郡兵三千人援救寿阳。陈伯之守淮口很坚固，傅永离淮口二十多里，用水牛牵拉着船上了汝水南岸，直接往南前去淮河。下船立即渡河，刚上了淮河南岸，齐军队也到了。到了夜间，傅永偷偷进入寿阳城中，元勰高兴万分，说道："我一直向北边张望，唯恐不能再见到洛阳，实在没想到您能前来。"元勰命令傅永领兵进城，傅永说："傅永前来，为的是抵挡敌兵，若按照诸王的命令，乃是与殿下一同受围攻，哪里是来援救呢？"于是把部队驻扎在城外。秋季，八月十八日乙酉，元勰分派将士，同傅永协力作战，在肥口对陈伯之发起攻击，大获全胜，斩杀九千，俘虏一万，陈伯之脱身逃回去了。淮南遂被北魏占领。

（以上为第四段，写南齐小皇帝萧宝卷逃过一劫，不思悔改，仍然任用小人，宠幸无赖；南齐将领陈伯之围困寿阳，北魏派名将傅永前来救援，打败南兵，解救寿阳，南齐淮南地尽失。）

北魏派遣镇南将军元英率兵援救淮南，还没有到达，陈伯之就失败了，北魏宣武帝诏令元勰返回洛阳。元勰屡次上表要辞去大司马兼司徒的官职，乞请回到中山去，宣武帝不予批准。任命元英代理扬州刺史，很快又任命王肃为都督淮南诸军事、扬州刺史，持朝廷所授符节取代了元英。

八月十七日甲辰，夜间，南齐后宫失火。当时，东昏侯去市里游走没有回宫，宫内之人不得出去，而外面的人又不敢擅自打开后宫门去救火，等到后宫门开了之后，烧死者的尸体垒在一起，烧毁房屋三十多间。

当时，东昏侯宠幸的人都号称为鬼，有一个叫赵鬼的，能读《西京赋》，对东昏侯说："柏梁台被烧，营造建章宫。"东昏侯就大兴土木，修建芳乐、玉寿等殿，并且用麝香涂在墙壁上，雕画装饰，富丽堂皇，豪华到了极点。劳役者夜以继日，还不能达到东昏侯所要求的速度。

东昏侯后宫中的衣服车马，都是尽意挑选的珍奇之品，府库中旧有的物品，不再能满足其用。用高价收买民间的金玉宝器，价格皆高于正常之价数倍。又让把建康的酒税全都折合成银钱交入官库，仍不能满足花用。东昏侯命人把金子雕刻成莲花贴在地上，让潘贵妃在上面行走，说："这是步步生莲花呀。"又分配各地进献上贡的锦鸡头、白鹤翎、白鹭缞，宠幸们借此机会大肆捞取，按应该交纳数目的十倍加以索取。又分别到各州县强迫人们交纳，折合成现金马上收取，但是并不向上输送。太守和县令们都不敢吭声，就再次摊派敛取，如此翻来覆去地勒索征敛，没完没了，老百姓倾家荡产，没有活路，呼号哭泣于道路之中。

（以上为第五段，写南齐小皇帝萧宝卷沉溺于奢侈享乐，玩出新花样：大起宫殿，穷极绮丽；宠幸潘妃，步步生莲华；搜集珍奇，课税繁重，百姓没有活路。）

南齐军主吴子阳等人率兵出三关侵扰北魏，九月，同北魏东豫州刺史田益宗交战于长风城，吴子阳等人败逃而归。

萧懿入朝援助时，萧衍急忙派亲信虞安福去游说萧懿："诛杀贼人之后，无法赏赐你大功，遇上圣明贤仁的君主，尚且难以立得住脚，何况现今乱朝，将何以自免于难？如果反贼歼灭之后，再率兵进宫，如商代的伊尹、汉代的霍光那样，此乃千载难逢之良机。如果不愿意这样做，便以抵拒北魏为借口，上表求放还历阳，这样，则威震朝廷内外，谁敢不听从。一旦放弃了兵权，虽然地位很高，但手中没有民众，必生后悔。"长史徐曜甫也苦苦相劝，萧懿都不听从。

崔慧景死后，萧懿为尚书令。有九个弟弟：萧敷、萧衍、萧畅、萧融、萧宏、萧伟、萧秀、萧憺、萧恢。萧懿以朝廷元勋，位列朝班之首；萧畅任卫尉，掌握着宫门的钥匙。当时，皇帝出外游走无常，有人劝萧懿乘其出游之际，起兵废除，但是萧懿不听。宠臣茹法珍、王咺之等人忌惮萧懿的威望和权力，游说东昏侯："萧懿将要像隆昌年间废郁林王一样，陛下命在旦夕了。"东昏侯表示同意。徐曜甫知道这一情况之后，秘密准备了船只，停在长江边上，力劝萧懿西奔襄阳。萧懿说："自古以来，人谁无一死，岂有尚书令逃走的呢？"萧懿的弟弟和侄子们都做了准备。冬季，十月十三日己卯，皇帝派人到尚书省给萧懿赐送毒酒，萧懿临死之前说道："家弟萧衍在雍州，深为朝廷忧患。"萧懿死后，他的弟弟和侄子们全都逃亡藏匿于里巷之中，没有人加以告发，只有萧融被捕获杀害。

（以上为第六段，写南齐平定崔慧景之乱，萧懿却因功高震主而被杀。）

十月二十一日丁亥，北魏任命彭城王元勰为司徒、录尚书事。元勰坚决推辞，没有推辞掉。元勰平素喜欢恬淡安闲，不乐于追逐权势利益。孝文帝特别看重他处理事情的才干，委以重任，虽然在遗诏中同意他引退，但是仍被宣武帝留用。元勰因有违于自己的意愿，所以常常凄然叹息。他一表人才，风度甚佳，端庄肃穆，宛如神人，接人待物无不举止合宜，出入谈笑风生，观看到的人乐而忘疲。喜好文史，公务之余，批阅浏览，手不释卷。小心谨慎，很少有过失。即使闲居独处，也没有懒散的神态。爱惜敬重儒雅之士，倾心礼待。清廉公正，府上从来没有为私事而托情的来访者。

十一月初三日己亥，北魏东荆州刺史桓晖率兵入侵，攻取了下笮戍，归顺的有两千多户。史桓晖是史诞的儿子。

起初，东昏侯怀疑雍州刺史萧衍有异谋。之后荥阳人郑植的弟弟郑绍叔担任了萧衍的宁蛮长史，皇帝就派郑植以探望弟弟郑绍叔为借口，去刺杀萧衍。郑绍叔知道了，秘密地报告了萧衍，萧衍在郑绍叔家中备办了酒席，以开玩笑的口吻对郑植说："朝廷派遣您来谋害我，今天我正得闲，与您宴饮，这正是下手的好机会呀！"说罢，宾主大笑不已。萧衍又让郑植把雍州的城墙壕沟、仓库、士兵、战马、器械、船舰等仔细观察一番，以便弄清自己的实力。郑植看过之后，对郑绍叔说："雍州实力无法轻易解决。"郑绍叔对他说："哥哥回到朝廷之后，请一字不差地对天子说：如果要攻取雍州的话，我郑绍叔要率众搏一死战！"郑植回朝去，郑绍叔把他送到南岘，兄弟二人执手相视，恸哭而别。

等到萧懿死了，萧衍听到消息，连夜召集张弘策、吕僧珍、长史王茂、别驾柳庆远、功曹吉士瞻等人到府第议定对策。王茂是王天生的儿子，柳庆远是柳元景弟弟的儿子。十一月初九日乙巳，萧衍召集僚佐，对他们说："昏乱的君主残暴，罪恶超过了纣王。应当与你们一起除掉他！"这一天，树起大旗，召集兵马，共得到带甲兵士一万多人，战马一千多匹，船舰三千艘。搬出檀溪中的竹子木料，装到战舰之上，以上茅草覆盖，事情很快都办妥了。各将领争抢船橹，吕僧珍把自己原先准备好的拿出来，每只船发给两张，争抢者才停息。

（以上为第七段，写北魏彭城王元勰一心归隐，而元恪予以重用；南齐小皇帝萧宝卷忌功杀害萧懿，萧懿之弟雍州刺史萧衍谋划多年，借机决计起兵反叛。）

这时，南康王萧宝融任荆州刺史，西中郎长史萧颖胄代理州府事务，东昏侯派遣辅国将军、巴西和梓潼两郡太守刘山阳率领三千兵士赴任，会同萧颖胄的兵力一起袭击襄阳。萧衍知道了这一计划，就派遣参军王天虎去江陵，给荆州和西中郎府的官员们每人送去一封书信，声言说："刘山阳率兵西上，要同时袭击荆州、雍州。"萧衍便对众位将佐说："荆州人向来害怕襄阳人，加上唇亡而齿寒，所以岂能不与我们暗中联络呢？我只要能会合荆州和雍州的兵力，大张旗鼓地东进，就是韩信、白起再生，也无法为建康想出什么好招来，何况以昏君差使着一帮提刀传敕之徒呢！"萧颖胄收到萧衍的信，心中迟疑而不能决断。刘山阳到了巴陵，萧衍再次命令王天虎送信与萧颖胄及其弟弟南康王萧宝融的僚友萧颖达。王天虎出发之后，萧衍对张弘策说："用兵之道，攻心为上。近日派遣王天虎去荆州，给每个人都送了信。近来驿使四处传信，忙个不停，但只有两封信给行事兄弟二人，信中只写'天虎口具'。他们问具体情况时，王天虎又一句也说不上来，因为我压根就没有向王天虎交代过一句。王天虎是萧颖胄信得过的人，所以荆州方面一定以为萧颖胄与王天虎一起隐瞒着事情，于是人人心中疑虑丛生。刘山阳疑惑于众人之言，就一定产生疑心，这样的话，萧颖胄将进退两难，无论如何也解释不清自己，必定要落入我的圈套之中。这是用两封空信函定一州的妙计啊！"

刘山阳到了江安，迟疑了十多天，没有溯流上江陵。萧颖胄大为恐惧，然而又没有良策妙计，夜里，叫来西中郎城局参军安定人席阐文、谘议参军柳忱，关起门来商议对策。席阐文说："萧衍雍州招兵买马，已经不是一天两天的事了。江陵人向来害怕襄阳人，又寡不敌众，取得了也不能制服，即使能制服，处于一朝的末世，不会为朝廷所容忍。如果杀了刘山阳，与雍州方面一起起兵举事，立天子以令诸侯，则霸业可成。刘山阳迟疑而不进，这是不相信我们。现今，如果斩了王天虎，把首级送给刘山阳，那么他的疑虑就可以消除。来了之后再收拾掉，没有不成功的。"柳忱说道："朝廷的昏狂悖乱一天比一天严重，京城贵人惴惴不安，莫不重足而立大气不敢出。幸好远离朝廷，可以暂时安全。袭击雍州的事情，只不过借此而让双方互相残杀罢了。难道忘记了尚书令萧懿了吗？他以几千精兵，打败了崔慧景的十万大军，到最后被那帮邪恶的小人所陷害，很快就灾祸不断。'前事不忘，后事之师也。'雍州兵力精锐，粮草充足，萧使君雄姿英发，谋略过人，罕有人能匹敌，刘山阳一定不是萧使君的对手。如果击破了刘山阳，荆州也会因没有执行朝廷之令而受到责难，进也不可，退也不可，所以应该认真加以考虑。"萧颖达也劝萧颖胄听从席阐文等人的计策。第二天早晨，萧颖胄对王天虎说："您同刘辅国相识，现今不得不借您的头用一用。"斩了王天虎，将他的尸首送给刘山阳看，并且调用民众的车和牛，声称派遣步军去征讨襄阳。刘山阳大喜。十一月十八日甲寅，刘山阳到了江津，独自乘坐一辆车，穿着白色便服，只带了几十个随从，去见萧颖胄。萧颖胄指派曾经任过汶阳太守的刘孝庆等人在城内埋伏兵力，刘山阳进入城门之后，就在车中被斩了，副军主李元履收集余部，请求投降。

柳忱是柳世隆的儿子。萧颖胄顾虑西中郎司马夏侯详不同心，把心中之虑告诉了柳忱，柳忱说："这再容易不过了。前不久，夏侯详来求婚，没有答应他。"柳忱就把女儿嫁给了夏侯详的儿子夏夔，并且把密谋告诉了夏侯详，夏侯详听从了。十一月十九日乙卯，萧颖胄以南康王萧宝融的名义发布戒严令，又赦放囚徒，施布恩惠，颁布奖赏标准。十一月二十九日丙辰，任命萧衍为使持节，都督前锋诸军事。十一月二十八日丁巳，任命萧颖胄为都督行留诸军事。萧颖胄有才识与度量，一旦谋举大业，虚心接人待物，处处委曲求全，所以众心都向着他。由于别驾南阳人宗夬，以及同郡中兵参军刘坦、谘议参军乐蔼深得州人的推崇信任，军府大事常常向他们谘问。萧颖胄和宗夬各自捐献自己的钱粮，并且转借了大量的资金，以便资助军用。长沙寺僧人向来富有，把黄金铸成金龙，约有数千两，埋藏在地下，萧颖胄取出来，用以资助军费开支。

萧颖胄派遣使者把刘山阳的首级送给萧衍，并且说现在年月不吉利，应当等到明年二月再起兵出发。萧衍说："起兵之初，所凭借的就是一时骁勇锐利之心，事事相接，还担心出现懈怠，如果停兵等待一百天，必定会后悔和吝惜。何况聚集了十万大军，时间一长，粮食就要消耗光。如果东昏侯再提出什么不同意见，那么大事就难以成功。况且一切安排就绪，怎么能中途停息呢？过去周武王讨灭殷纣王，出发时间正好冲犯太岁星，岂能等待什么吉利的年月呢？"

（以上为第八段，写南齐朝廷派辅国将军刘山阳出兵攻打萧衍，萧衍使用反间计，撺掇荆州行事萧颖胄亦反叛朝廷，谋划大获成功。）

十一月二十二日戊午，萧衍上表给南康王萧宝融，劝他称帝，萧宝融不答应。十二月，萧颖胄同夏侯详传送檄文给建康朝廷中的百官群臣以及各州郡的长官们，声讨东昏侯以及梅虫兒、茹法珍罪恶。萧颖胄派遣冠军将军天水人杨公则出发去湘州，派遣西中郎参军、南郡人邓元起向夏口进发。军主王法度因按兵不进而被免职。十二月初十日乙亥，荆州的将佐们再次劝萧宝融称帝，没有答应。夏侯详的儿子骁骑将军夏侯亶任殿中主帅，夏侯详秘密召他前来，夏侯详就从建康逃回来了。十二月二十七日壬辰，到达江陵，声称接奉宣德皇太后的命令："南康王萧宝融应当继承皇位，等待清除去宫中的昏君和奸臣，暂时不称帝，而封地十郡，为宣城王、相国、荆州牧，授予黄钺，可以挑选任命百官，原有的西中郎府和南康国照旧不变。等待军队到了附近的时候，由主管官员备办车驾前去奉迎。"

竟陵太守新野人曹景宗派遣亲属去游说萧衍，迎接南康王，以襄阳为都城，先称帝，然后再进军建康，萧衍没有采纳曹景宗的意见。王茂私下里对张弘策说："现今，南康王被掌握在他人手中，他挟天子以令诸侯，使持节大人前进受人驱使，这岂是来日长久之计？”张弘策把王茂的话告诉了萧衍，萧衍说：“假若前途的大事不能成功，不论贵贱良莠，同归于尽；如果大事告成，则威震四海，岂能碌碌无为受他人摆布呢？”

当初，陈显达、崔慧景反乱的时候，人心不安定，有人向上庸太守杜陵人韦叡讨问时局问题，韦叡说：“陈显达虽然是一员老将，但不是治世之才；崔慧景经事甚多，但懦怯而缺少英武之气，落个满门诛斩的下场会是应当的吧。平定天下的人，大概必定是我们的州将吧？”韦叡就派遣他的两个儿子自动前去结交萧衍。等到萧衍起兵的时候，韦叡率领郡兵两千兼程而行，前去参加。华山太守蓝田人康绚也率领郡兵三千名去投附萧衍。冯道根当时正在为母亲守丧，[听说萧衍起兵，]也率领乡亲的子弟中可以行军打仗者前去加入萧衍的军队。梁州和南秦州两州的刺史柳惔也起兵响应萧衍。柳惔是柳忱的哥哥。

东昏侯听说刘山阳死了，就发出诏书，命令讨伐荆州和雍州。十二月十三日戊寅，任命冠军长史刘浍为雍州刺史，派遣骁骑将军薛元嗣、制局监暨荣伯率兵以及运粮一百四十余船，送给郢州刺史张冲，让张冲抵挡萧衍的军队。薛元嗣等人有鉴于刘山阳之死，对张冲有怀疑，所以不敢前进，停在夏口浦，听说萧衍的军队将要开过来了，方才率兵进入郢城。原先的竟陵太守房僧寄将要回建康，到了郢州时，东昏侯敕令房僧寄留守鲁山，任命他为骁骑将军。张冲与房僧寄结盟，派遣军主孙乐祖率领数千人帮助房僧寄守护鲁山。

萧颖胄给武宁太守邓元起去信，召他前来。张冲对待邓元起向来优厚，众人都劝邓元起回郢州去，邓元起大声对众人说：“朝廷残暴肆虐，杀戮宰辅大臣，一帮小人们在朝中专权，士大夫前途穷尽。荆州和雍州共同谋举大事，何愁不能成功？况且我的老母亲在西边，如果事情不能成功，正好让昏庸的朝廷把我杀掉，侥幸免于不孝之罪。”邓元起当日整装上路，到达江陵，萧颖胄被任命为西中郎中兵参军。

湘州行事张宝积发兵自守，不知道该依附哪一方。杨公则攻克巴陵，进军白沙，张宝积害怕了，请求投降，杨公则率部进入长沙，安抚、招纳了张宝积。

这一年，北秦州刺史杨集始率领一万多人马从汉中向北出兵，要收复旧有的地盘。北魏梁州刺史杨椿率领步、骑兵五千驻扎于下辩，给杨集始送去书信，开导以利害，杨集始就率领部曲千余人投降了北魏。北魏恢复了杨集始的爵位，让他回去驻守武兴。

（以上为第九段，写南齐雍州、荆州共同起兵反叛，奉南康王萧宝融为帝；有人劝说萧衍迎奉萧宝融，被婉言拒绝；萧衍另有大计，一旦成功，则自立为帝。）

【点评】

萧衍代齐蓄势。东昏侯萧宝卷继位做了南齐皇帝，但他整天只知道玩闹，尽情挥霍，南朝皇帝大多奢侈腐靡，而萧宝卷尤甚，造成国家的财政困难，人心离散。这些正好为萧衍的崛起及建立梁朝准备了充分的条件。萧衍任雍州刺史，有了一块固定的根据地，为日后势力的发展奠定了基础，成为日后争夺南齐政权的资本。东昏侯怀疑萧衍有异心，派郑植前往刺探，不料郑植的弟弟，即在萧衍部下做宁蛮长史的郑绍叔已经将信息透露给了萧衍，郑植评价说："雍州实力无法轻易解决。"于是历史的天平偏向了萧衍。当东昏侯冤杀军功大臣、萧衍的兄长萧懿后，萧衍召集部下商议废掉萧宝卷。众人非常赞同，萧衍于是大力招兵，准备和萧宝卷决战。时局人心如何，上庸太守韦叡的预见最有代表性："陈显达虽然是一员老将，但不是治世之才；崔慧景经事甚多，但懦怯而缺少英武之气，落个满门诛斩的下场会是应当的吧。平定天下的人，大概必定是我们的州将吧？"州将就是萧衍，韦叡就派遣两个儿子自动前去结交萧衍。许多条件都具备了，萧衍还不敢贸然行动，为了增加号召力，萧衍联合了南康王萧宝融一起举兵，后来萧宝融即齐和帝在江陵即位。他们联合起来一起同萧宝卷争夺南齐的政权，这样便万无一失了。于此可见萧衍的老谋深算，取代南齐只是时间的问题了。

齐纪十

齐和帝中兴元年（公元 501）

【重光大荒落（辛巳，公元 501 年），凡一年】

【大事提要】

本卷记事公元 501 年，凡一年，当齐和帝中兴元年。本卷所载大事，南朝齐萧衍发兵攻打齐殇帝东昏侯萧宝卷，萧宝卷被杀，萧衍拥立 14 岁的萧宝融为皇帝，是为齐和帝。北朝北魏进行了权力更迭，北魏宣武帝元恪年纪不大，权力被近臣们滥用。北魏的政治开始走下坡路。

和皇帝

齐和帝中兴元年（辛巳，公元 501 年）

春季，正月初二日丁酉，东昏侯任命晋安王萧宝义为司徒，建安王萧宝寅为车骑将军、开府仪同三司。

正月初十日乙巳，南康王萧宝融开始称相国，发令大赦天下；任命萧颖胄为左长史，任命萧衍为征东将军，任命杨公则为湘州刺史。正月十三日戊申，萧衍从襄阳出发，留下弟弟萧伟总管府州事务，萧儋防守堡寨，府司马庄丘黑防守樊城。萧衍出发之后，州中兵力以及物资储备都很空虚。魏兴太守裴师仁、齐兴太守颜僧都都不受萧衍委命，率领兵马要袭击襄阳，萧伟和萧儋派遣部队在始平进行拦截阻击，大获全胜，雍州乃得以安定。

北魏咸阳王元禧为上相，不亲理政务，骄奢淫逸，贪得无厌，干了许多违法的事情，魏宣武帝对他很是痛恶。元禧派遣自己的奴仆到领军于烈那里请求魏宣武帝专用的羽林虎贲，出入的时候为自己执仗护卫。于烈说："皇上正在为先帝守丧，朝廷政事归于辅政大臣。领军只知道负责皇上的警卫事情，没有皇上的诏令，不敢违反规定私自给予。"元禧的奴仆失望地回去了。元禧再次派奴仆去转达于烈："我，天子的叔父，身为辅政大臣，有所需求，与皇上的诏令有什么两样呢？"于烈严厉地回答："于烈并非不知道王爷的高贵身份，怎么能指使自己的奴仆来索要天子的羽林！于烈的脑袋可以得到，羽林军不可得。"元禧恼羞成怒，任命于烈为恒州刺史，于烈不愿意到外地去，坚决推辞，不被准许；于是他借口有病躲在家中不出来了。

于烈的儿子左中郎将于忠兼任直阁，经常在魏宣武帝身边，于烈就让于忠对宣武帝说："各位王爷专横恣意，其内心不可测透，宜于早点罢黜，由圣上亲自临朝执政。"北海王元详也秘密地把元禧的罪过恶行告诉了宣武帝，并且说彭城王元勰深得人心，也不宜于长久地辅理朝政。宣武帝同意。

快到春季祭宗庙的时候，各位王公全都斋戒在宗庙的东坊。宣武帝夜里指派于忠去对于烈说："明天早晨进来见我，将有所处置。"第二天天刚亮，于烈到了，宣武帝命令于烈率领直阁六十多人，宣旨要召见元禧、元勰、元详，把他们护送到皇帝住所。元禧等人觐见于光极殿，宣武帝说："元恪虽然孤陋寡闻，继承国统，做了皇帝，近来患病之后，确实依靠几位叔父辅理朝政，苟延残喘，不知不觉过去了三年。三位叔父一再表示要归政，今天我就亲自执掌朝政。各位叔父暂且回到各自的府邸去吧，至于下一步如何，我当分别安排。"又对元勰说："近来南北事务繁多，使您不能实现虚静之志节。元恪是何人，怎么敢长久违背先帝的遗敕？今天，我就顺从了叔父高蹈避世的心意吧。"元勰听后，感谢宣武帝说："陛下孝顺恭敬，仰遵先帝的遗诏，皇上承圣明之美，下遂了微臣志向，抚今思往，悲喜交织。"正月十五日庚戌，诏令元勰以王的身份回府静养，元禧位进太保，元详担任大将军、录尚书事。尚书清河人张彝、邢峦知道了处置很不正常，就逃出了洛阳城，被御史中尉中山人甄琛弹劾，诏书狠狠地斥责了他们两人。还是让于烈担任领军，又加封为车骑大将军，从此以后，常在皇宫内值班，国家军政大事，都得以参与。

魏宣武帝元恪当时十六岁，不能亲自处理断决众多事务，委托左右。这时佞幸之臣茹皓、赵郡人王仲兴、上谷人寇猛、赵郡人赵脩、南阳人赵邕以及外戚高肇等开始专权，北魏的朝政逐渐衰败。赵脩尤其受亲幸，一个月之内，就升至光禄卿。他每升一次官，宣武帝就亲自到他家去设宴，王公众臣也都要随同前往。

（以上为第一段，写南齐征东将军萧衍率军东下；北魏咸阳王上相元禧索求皇宫侍卫，被领军将军于烈驳回，北魏宣武帝趁此收回诸王权力。）

正月十六日辛亥，南齐东昏侯在南郊举行祀天仪式，大赦天下。

正月二十二日丁巳，魏宣武帝在太极前殿召见百官群臣，告诉他们自己要亲自执政的意见。正月二十七日壬戌，任命咸阳王元禧兼任太尉，广陵王元羽为司徒。宣武帝让元羽进入内殿，当面告诉了他这一任命。元羽坚决推辞说："当初元勰自己本来不愿意担任司徒，而陛下却强使他担任。如今，刚免去了司徒官，而以臣代替，必定要遭到众人的议论。"便让元羽担任司空。

二月初一日乙丑，南齐南康王萧宝融任命冠军长史王茂为江州刺史，竟陵太守曹景宗为郢州刺史，邵陵王萧宝攸为荆州刺史。

二月初十日甲戌，北魏大赦天下。

二月十八日壬午，南齐东昏侯派遣羽林兵袭击雍州，内外戒严。

二月二十日甲申，萧衍到达竟陵，命令王茂、曹景宗为前军，以中兵参军张法安防守竟陵城。王茂等人到达汉口，众将领计议要合并兵力围攻郢，兵分两路袭击西阳、武昌。萧衍说："汉口河道宽不到一里，两岸射箭交叉而至，房僧寄以重兵固守，与郢城成犄角之势，如果出动全部兵力前去，房僧寄必定要派兵去断绝我军后路，后悔也来不及了。不如派王茂、曹景宗的军队渡过长江，与荆州方面的兵力合作，逼近郢城，我亲自围攻鲁山，打通沔、汉水道，使郧城、竟陵的粮食能用舟船运下来，江陵和湘中的军队相继到来之后，兵多粮足，何愁攻不下这两座城池呢？天下的事情，可以躺着取下，轻而易举。"就指使王茂等人率兵渡江，驻扎在九里。张冲派遣中兵参军陈光静出城迎战，王茂等率部痛击，陈光静战死，张冲只好据城自守，不敢出战。曹景宗便占据石桥浦，军队相接，一路行军至加湖。

荆州派遣冠军将军邓元起，军主王世兴、田安之率领数千人在夏首与雍州方面的兵力会合。萧衍筑建汉口城以便守护鲁山，并且命令水军主义阳人张惠绍等人在长江中游动阻截，断绝郢城和鲁山之间的信使往来。杨公则率领湘州兵力与其他军队在夏口会合。萧颖胄命令荆州方面的各部兵力全都接受杨公则的指挥调遣，即使萧颖达也同样隶属。

相国府商议要派遣人去执管湘州，但是难于有合适人选，西中郎中兵参军刘坦对众人说："湘州的风土人情不同一般，那里的人容易骚乱，难以取信，派武将则会侵扰、鱼肉百姓，派文官去则威略不够，不容易镇得住。要想使湘州平定安稳，军民丰衣足食，无论派谁去也没有派老夫我去合适。"就任命刘坦为辅国长史、长沙太守，主管湘州事务。刘坦曾经在湘州，有许多老熟人，所以迎接他到来的人挤满了道路。刘坦下车之后，选派能干的吏员分赴十郡，发动民众运送租米三十多万斛，用以资助荆州和雍州的军队，因此粮食物资再也不缺乏了。

三月，萧衍派邓元起前去占据南堂西边的长江岸，田安之驻扎在城北，王世兴驻扎在曲水旧城。三月初三日丁酉，张冲病逝，骁骑将军薛元嗣与张冲的儿子张孜，以及征虏长史、江夏内史程茂共同守护郢城。

三月十一日乙巳，南康王称帝即位于江陵，改年号为中兴，大赦天下，并且建立宗庙、南北郊祭祀天地场所，州府城门则全部依照建康宫的规模而改建，设置尚书五省，任命南郡太守为尹，萧颖胄为尚书令，萧衍为左仆射，晋安王萧宝义为司空，庐陵王萧宝源为车骑将军、开府仪同三司，建安王萧宝寅为徐州刺史，散骑常侍夏侯详为中领军，冠军将军萧伟为雍州刺史。三月十二日丙午，诏书封庶人萧宝卷为涪陵王。三月乙酉（疑为三月十五日己酉），命令尚书令萧颖胄兼荆州刺史，又加封萧衍征东大将军、都督征讨诸军事，并且授予黄钺。当时，萧衍正在杨口，和帝萧宝融派遣御史中丞宗夬去犒劳军队，宁朔将军新野人庾域婉言对宗夬说："没有授予黄钺，无法统率各路军队。”宗夬返回告诉了齐和帝，于是就有了上述对萧衍的任命和授予黄钺一事。薛元嗣派遣军主沈难当率领轻舟数千艘穿越急流，前来交战，张惠绍等人迎战进击，擒获了沈难当。

（以上为第二段，写南齐南康王萧宝融在荆州称帝，改元中兴，建立朝廷，封官许爵，史称“西台”，以萧颖胄为尚书令，萧衍为左仆射，假黄钺，率军东下。）

三月十九日癸丑，南齐东昏侯委任豫州刺史陈伯之为江州刺史、假节、都督前锋诸军事，向西攻击荆、雍二州。

夏季，四月，萧衍率部出沔城，命令王茂、萧颖达等部进军逼近郢城；薛元嗣据守城内，不敢出战。众将领准备攻城，萧衍不允许。

北魏广陵惠王元羽与员外郎冯俊兴的妻子私通，夜里前去，被冯俊兴堵住痛打藏匿起来，五月十九日壬子，元羽死去。

魏宣武帝亲政以来，佞幸之徒专权，王公大臣们很少有进见的机会。[咸阳王元禧内心十分恐惧，]齐帅刘小苟多次告诉元禧，说他听皇上身边的人讲要杀掉元禧，元禧越发害怕了，于是就与妃子的哥哥、担任给事黄门侍郎的李伯尚，氐王杨集始、杨灵祐、乞伏马居等人谋反。恰逢皇帝去北邙打猎，元禧与同党在城西小宅内集会，准备发兵去袭击皇帝，派长子元通偷偷去河内起兵响应。乞伏马居劝说元禧：“我立即回到洛阳城中去，率兵关闭城门，皇上必定会朝北向桑乾逃去，殿下可以把黄河桥拆断，割据一方，做黄河以南的天子。”是立即行动还是暂缓一步，众人意见不统一，元禧心里更不急，从早晨到下午，尚犹豫不决，于是约定谁也不能泄露出去，大伙就散了。杨集始刚出来，就立即骑马到北邙报告去了。

担任直寝的苻承祖、薛魏孙与元禧合谋，这一天，宣武帝在佛塔底下的阴凉处睡眠，薛魏孙想要弑杀宣武帝，苻承祖对他说：“我听说杀皇帝的人身上要长恶疮。”薛魏孙就没有下手。不一会儿，宣武帝睡醒了，杨集始也赶到了。宣武帝左右的人都四处出动去追逐禽兽去了，身边没有几个卫士，仓猝之间不知如何是好。这时，左中郎将于忠说道：“我父亲领军于烈留守在京城为了应付突然事变，必有所防备，一定不会有什么担忧的。”宣武帝派遣于忠快马去京城观察情况，见于烈已经分布兵力，严加守备，让于忠回去奏告宣武帝：“我虽然年纪大了，但是心力犹可使用。这帮家伙虽然猖狂，不足为虑，希望陛下收拾车驾慢慢返宫，以便安定人心。”宣武帝十分喜悦，从华林园回到宫中，抚摸于忠的后背说：“你比较令我满意。”

元禧不知道事情已经败露，同姬妾以及身边的人住宿在洪池别墅里，而派遣刘小苟去启告，说自己在前往检查田野收割情况。刘小苟到了北邙，随即遇上了士兵，士兵见刘小苟穿着红衣服，要杀刘小苟。刘小苟于困迫之中说自己要去报告谋反的事，士兵们才放缓而没有杀他。有人对元禧说：“殿下召集众人图谋大事，事情已经显露却中途而止，恐怕必定泄露，今天晚上怎么可以如此宽心呢？”元禧说：“我有这个身子，应该知道如何爱惜，难道还用得着别人来提醒吗？”这人又说：“殿下的长子已经渡过黄河了，这样互相不知情，难道不值得忧虑吗？”元禧回答说：“我已经派人去追长子去了，估计现今应该回来了。”这时元通已经到了河内，并且排列兵力武器，放出了囚徒。于烈派遣直閤叔孙侯率领虎贲三百名去抓捕元禧，元禧知道之后，从洪池东南逃跑，僮仆不过几人。渡过了洛水，到达柏谷坞时，后面的追兵也赶上来了，捉住了他，押送到华林都亭。魏宣武帝当面诘问元禧谋反经过，五月二十九日壬戌，赐元禧死于府中。元禧的同谋伏法被诛的有十多人，几个儿子都从皇族的名册中除去，留给他们少量的财产和奴婢，在此以外的部分家产赏赐给高肇以及赵脩家，其余的分赏给朝廷内外百官，甚至不入品的候补官员也得到了赏赐，多的有绢帛一百多匹，少的则十匹。元禧的儿子们缺衣少食，只有彭城王元勰屡屡接济他们。河内太守陆琇闻知元禧谋反失败，便斩了元禧的儿子元通，把首级送往朝廷。朝廷认为陆琇在元禧没有失败之前不拘捕元通，指责他与元通串通合谋，把他征召到京城，经廷尉审理，最后死在狱中。宣武帝由于元禧无缘无故谋反，因此越发疏远、猜忌宗室成员了。

（以上为第三段，写北魏广陵王元羽与他人妻私通，被痛打而死；大臣元禧谋反事泄，失败被杀，牵连无辜，宣武帝元恪越发疏远、猜忌宗室。）

巴西太守鲁休烈、巴东太守萧惠训不听从萧颖胄的命令，萧惠训还派遣自己的儿子萧璝带兵去袭击萧颖胄，萧颖胄派汶阳太守刘孝庆驻扎峡口，同巴东太守任漾之等人一起抵挡萧璝。

南齐东昏侯派遣军主吴子阳、陈虎牙等十三军去援救郢城，进驻屯守巴口。陈虎牙是陈伯之的儿子。

六月，西台派遣卫尉席阐文去犒劳萧衍的军队，带着萧颖胄等人的意见转达萧衍：“如今兵力停在汉口两岸，而不合并诸军围攻郢城，平定西阳、武昌，夺取江州。这一机会已经失去了，不如求救于魏，与他们联合起来，尚且不失为上策。”萧衍回答道：“汉口路通荆州、雍州，控制秦州、梁州，一切粮草物资的运输，资产储存，全凭这里的气息，所以兵压汉口，连接数州。现今如果合并各路军马围攻郢城，并且分兵前进，鲁山必定要阻断沔水水路，扼住我们的咽喉。如果粮运不通，自然会逃亡离散，这样的话，怎么说能持久呢？邓元起近来想带三千兵力去攻取寻阳，寻阳那边欣然悟知利害，派一个说客去就够了；或者要抗拒我们的军队，那可远非三千兵就可以取下的。进退无所依据，不见得可行。西阳、武昌，攻取就可以得到；攻下来了，就应当驻兵镇守。要想守住这两座城池，少于一万人是不行的，粮食物资储备也要与此相当，仓促之下难以筹措。如果东面的军队溯流而上，以一万人攻打这两座城，两城势必不能互相援救，如果我分派军队去援救，则首尾俱将削弱；如果不派遣，孤城必然陷落，一座城丢失了，其他城池也会相继土崩瓦解，天下大事也就去了。如果攻下郢州，沿江席卷而下，则西阳和武昌自然望风披靡。又何必急于分兵散众，自己给自己造成忧患呢？而且，大丈夫举事是为了清理国运，何况拥有数州的兵力来诛斩一帮小人，悬倒河水灌注灭火，哪里有不熄灭的道理呢？岂能求救于北方的戎狄，以致示弱于天下呢？他们也未必可以信任，求救于他们，白白地落下丑恶的名声，这实在是下计，怎么能说是上策呢？请您替我们转告镇军将军萧颖胄：下一步的攻取的事情，只管交付好了，事情明摆在眼前，不要忧虑不能取胜，只是要借镇军将军之威名来镇定军心罢了。”

吴子阳等人进军武口，萧衍命令军主梁天惠等人驻兵渔湖城，唐修期等人驻兵白阳垒，夹持两岸，严阵以待。吴子阳把军队开进加湖，离郢城三十里，选择依山傍水之处修筑战垒，自我固守。吴子阳点燃烽火，郢城之内也点火相应，但是城内与城外只愿各自保命，不能互相援救。正在这时，房僧寄病死，众人又推选原来协助房僧寄守城的张［孙］乐祖代替他防守鲁山。

萧颖胄刚开始起兵的时候，弟弟萧颖孚从建康逃出，庐陵百姓脩灵祐为萧颖孚召集兵员，得到两千人，袭击庐陵，攻下了庐陵，内史谢纂跑到了豫章。萧颖胄派遣宁朔将军范僧简从湘州赶赴豫章，范僧简攻下了安成，萧颖胄任命范僧简为安成太守，萧颖孚为庐陵内史。东昏侯派遣军主刘希祖率领三千人攻击他，南康太守王丹率郡兵响应刘希祖。萧颖孚战败，跑到长沙，不久病死了，谢篹又回到了郡中。刘希祖攻打拔取了安成，杀了范僧简，东昏侯任命刘希祖为安成内史。脩灵祐重新集合剩余的人马攻打谢篹，谢篹败逃而去。

（以上为第四段，写南齐名将萧衍率军东征，停兵汉口，西台尚书令萧颖胄劝其求救于北魏，萧衍严厉驳斥，坚持不要魏援，独立东进的主张。）

东昏侯修建了芳乐苑，山体石头全部涂上了五彩。远远望见民众家有好树和美竹，就毁掉院墙，拆掉房屋，把好树和美竹移走。当时正值盛暑，栽上就枯萎了，移徙树木美竹的人一天到晚不断。又在芳乐苑中建立一个集市，让宫人、宦官们充当小贩，让潘贵妃做市令，东昏侯自己任集市的录事，稍有过失，潘贵妃就杖责；命令虎贲不得进用大锤杖和实心的荻杆。又挖渠筑坝，自己亲自牵引船，或者做屠夫割肉。又喜好巫师，左右朱光尚诈称说能看见鬼。一次，东昏侯进入东游苑，人马突然受惊，就问朱光尚是怎么回事，朱光尚回答说：“刚刚看见先帝非常生气，不许您频繁出游。”东昏侯勃然大怒，拔出刀子，同朱光尚一起寻找鬼魂。没有找着，就用菰草扎成高宗的形貌，向北立着，斩下脑袋，悬挂在苑门上。

崔慧景失败时，巴陵王萧昭胄、永新侯萧昭颖出来投降了朝廷军队，各自以王侯身份回到府第，心中不能安然。竟陵王萧子良过去的防阁桑偃现今是梅虫兒的军副，与从前的巴西太守萧寅合谋，要立萧昭胄为帝，萧昭胄许诺事成之后让萧寅做尚书左仆射、护军。这时，军主胡松率兵屯驻在新亭，萧寅派人去游说他："等待这个昏君外出的机会，萧寅等人带兵奉送萧昭胄进入宫中，然后关闭城门，发号施令。昏君必然回来投奔将军，只管关闭寨垒不理他。只要您按此办理，到时得三公之位不难。"胡松答应了。恰在这时，东昏侯刚建成芳乐苑，好几个月不出外游赏。桑偃等人就在一起商议招募壮士一百多人，从万春门进去，突然地夺取，萧昭胄认为这样不可行。桑偃的同党王山沙考虑事情拖得太久了不会成功，就去把这件事报告了御刀徐僧重。萧寅派人在路上刺杀了王山沙，官吏在王山沙的香囊中发现了纸条，知道了此事。萧昭胄兄弟以及桑偃等人都伏法被诛。

雍州刺史张欣泰同弟弟前始安内史张欣时密谋策划，结交胡松以及从前的南谯太守王灵秀、直閤将军鸿选等人，诛杀东昏侯身边的宠幸之徒，废东昏侯。东昏侯派遣中书舍人冯元嗣监督军队去援救郢城。秋季，七月初二日甲午，茹法珍、梅虫兒以及太子右率李居士、制局监杨明泰在中兴堂为冯元嗣送行，张欣泰等派人怀中藏刀在座席上砍杀了冯元嗣，冯元嗣的脑袋坠落在装水果的盘子中，接着又砍向杨明泰，砍破了他的腹部，梅虫兒几处中伤，手指头全被砍掉，李居士、茹法珍等人散开往宫中逃去。王灵秀去石头迎接建安王萧宝寅，率领着城中的将吏们展示兵力，去掉车轮，让萧宝寅坐在上面，命人抬着前行，文武官员数百名吆喝开道，向朝廷走去，数千名老百姓全都空着双手跟随在后面。张欣泰闻知已经开始行动了，急忙骑马入宫，希望乘茹法珍等人在外面的机会，东昏侯能把城中布置防御的事情完全委托给自己，里外相应。不久茹法珍从中兴堂逃回来了，命令关闭城门，配兵守护，但是没有配备给张欣泰武器，鸿选在殿内也不敢行动。萧宝寅到达杜姥宅时，天已昏暗，城门关闭。城上的人发箭射外面的人，外边的人丢下萧宝寅溃逃而去。萧宝寅也逃走了，三天之后，方才穿着武服来到草市尉处自首，草市尉驰马去报告东昏侯，东昏侯召萧宝寅进宫讯问他，萧宝寅痛哭流涕地说："那天不知道什么人逼使我上车，把我弄去了，实在是身不由己。"东昏侯笑了，恢复了他的爵位。张欣泰等人在事情败露之后，同胡松一起伏法被诛。

（以上为第五段，写南齐小皇帝萧宝卷宠幸潘妃，造芳乐苑，置办市场，忙得不亦乐乎，把国家大事抛到脑后去了，而张欣泰密谋废帝，立萧宝寅，失败被杀。）

萧衍命令征虏将军王茂、军主曹仲宗等人乘水涨以水军袭击加湖，击鼓呼叫进攻。七月初五日丁酉，加湖溃败，吴子阳等人逃走免死，将士被杀或被淹死的以万计数，王茂、曹仲宗的水军俘虏了吴子阳的残余兵将归来。郢城和鲁山的守军顿时丧失胆气。

七月十三日乙巳，柔然进犯北魏边境。

鲁山缺乏粮食，军人们在矶头捕捞小鱼充当食物，秘密地准备好轻便的船只，将要逃奔夏口。萧衍派遣一支偏师切断了他们的逃路。七月二十五日丁巳，孙乐祖窘迫无奈，献城投降。

七月二十七日己未，东昏侯任命程茂为郢州刺史，薛元嗣为雍州刺史。这一天，程茂、薛元嗣以郢城投降。郢城刚被围困的时候，有士人百姓男女近十万人，关闭城门二百多天，城内瘟疫流行，人人因毒气流传而浮肿，每十个人之中就有七八个死去，尸体堆积在床底下，而活人睡在床上，家家户户都是这样。王茂、薛元嗣等人商议出城投降，让张孜写信给萧衍。张冲幕府中故吏青州治中房长瑜对张孜说："前使君忠心气贯长虹，郎君应当坐守画一，守而勿失，父君析薪，其子不克负荷。如果天运不济，只好穿戴幅巾，黄泉之下跟从使君大人。现今，听从其他人的计策，欲出城而降，这不但使郢州的男女老少失去高山景仰之情，也恐怕萧衍不会瞧得上你。"张孜没有听从房长瑜的劝谕。萧衍任命韦叡为江夏太守，代理郢府事务。韦叡收埋死者，安抚活着的人，郢人得以安定。

诸位将领想要把军队驻扎在夏口，萧衍则认为应该乘胜而进，直驱建康，车骑谘议参军张弘策、宁远将军庾域也认为应当如此。萧衍命令众路军队当日就开拔上路。沿长江至建康，凡是矶、浦、村落，军队行走途中可以住宿、停留的地方，张弘策预先绘成地图，一目了然。

七月二十八日辛酉，北魏大赦天下。

北魏安国宣简侯王肃死于寿阳，赠侍中、司空。当初，王肃因为父亲死于非命，四年过去了还不脱去丧服，孝文帝对他说："守丧三年，贤者不敢超过呀。"命令王肃以祥禫之礼脱去丧服，然而王肃还是穿着白服，终生不听音乐。

汝南民众胡文超在滠阳起兵来响应萧衍，并且向萧衍请求攻取义阳、安陆等郡，用以表示效力。萧衍又派军主唐脩期攻打随郡，全都攻打下来了。司州刺史王僧景派遣儿子王贞孙到萧衍那里做人质，司州所辖各郡全部归顺萧衍。

崔慧景死的时候，小儿子崔偃任始安内史，潜逃而幸免于一死。西台政权建立之后，任命崔偃为宁朔将军。崔偃来到公车门，上书说："臣认为高宗的孝子忠臣，又是昏君的乱臣贼子，乃江夏王萧宝玄与陛下、先父崔慧景与镇军将军萧颖胄都是如此，虽然成功与失败的结局不同，但是举义兵、讨伐昏主的行为却是相同的。陛下刚刚登上至尊宝座，与上天相契符，天下微小的冤屈，还望陛下能为之洗雪，况且先帝之子，陛下之兄，他所走的路，陛下如今也正在走着。如果连他都不能得到体恤的话，其余的还有何希望呢？如今不可以寄希望于小民的无知无识而欺罔他们，假如使得一下子知道了事情的真相，并且带领他们逃亡的话，陛下将用什么办法来应付呢？"奏章被搁置，没有回答。

崔偃又上疏："近来冒昧上书陈说了江夏王的冤案，这并非是敢以父子之亲而伤害至上至公之道义，实在不知道圣朝为什么要这样做。如果认为狂恶的皇帝虽然狂恶，但毕竟是天子，江夏王虽然贤德，可终究是臣子，先臣拥戴作为臣子的江夏王，背叛了天子乃是不对的话，不明白如今以强兵勇卒直捣魏阙，其原因又是什么呢？臣之所以没有死去，苟且存活于人世，没有其他缘故，只是为了等待皇运开泰那一天，好替死去的忠魂申冤报屈。如今皇运已经开泰，可死于社稷者反倒成了贼臣，那么臣还为什么以此生寄存于陛下之世呢？臣谨按：镇军将军臣萧颖胄、中领军臣萧详，都是社稷之臣，都知道先父为江夏王之股肱，共同匡济王室。无奈天命不遂，先父随主而亡。他们两人不曾就此稍稍地对陛下说上一句话，知而不言，是为不忠；不知而不言，是为不智。如果认为先父派去的使者被江夏王斩了，就说先父并非见知于江夏王，那么征东将军的驿使王天虎又为何被杀戮呢？陛下斩征东使者，确实是为了欺骗刘山阳；而江夏王违背先父的请求，斩了先父派去的使者，实是为了谋取孔矜。天命有所归，所以江夏王与先父的事业没有成功罢了。臣所要陈说的说完了，冒昧言之，愿乞汤镬之罪。然而，即使臣死了，仍希望陛下一定为先父申冤。为什么呢？心中悲伤而申诉，则天下归心；不是内心沉痛而申诉，则天下反叛。先父的忠心，有识之士皆知，南史氏和董狐之笔，千载可期，先父之忠终会载入青史的，又何须劳烦陛下特意对他做出褒贬呢？然而，小臣我情切意急的愚诚，为陛下考虑罢了。"颁布诏书答复说："完全知道了你的悲痛怨恨之心，现今应该特别赠给你父亲美好的谥号。"但崔偃很快就入狱而死。

（以上为第六段，写南齐大将萧衍攻下郢城后乘胜进军，直驱建康；崔偃几次上书西台，要为其父崔慧景平反，恢复名誉，言辞激烈，西台敷衍了事。）

八月初五日丁卯，东昏侯命令辅国将军申胄监理豫州事务；八月初九日辛未，命令光禄大夫张瓌镇守石头。

当初，东昏侯派遣陈伯之镇守江州，作为吴子阳等人的增援。吴子阳等人失败之后，萧衍对众位将领说："用兵不一定靠实力，只是凭借威声罢了。如今陈虎牙狼狈逃奔而回，寻阳人情理当慌乱不安，只传一道檄文即可平定。"命令搜查被囚禁的俘虏，发现了陈伯之的幢主苏隆之，加以优厚的赏赐，派他去游说陈伯之，许诺任命为安东将军、江州刺史。陈伯之派苏隆之复命，虽然答应归附，但要求："大军不必要突然下来。"萧衍说："陈伯之这话，说明他迟疑不定。趁其犹豫难决，急去逼他，束手无措，势不得不投降。"萧衍便命令邓元起领兵先下，杨公则抄近道袭取柴桑，萧衍自己则同其他将领前后而行。邓元起将要到达寻阳，陈伯之收兵退保湖口，留下陈虎牙防守湓城。选曹郎吴兴人沈瑀劝说陈伯之出迎萧衍，陈伯之哭着说："我的儿子都在京都，不能不怜惜他们呀！"沈瑀说："其实不然。人心惶惶，都想另找出路。如果不早点有所考虑的话，部下之众就溃散难于聚集了。”八月十四日丙子，萧衍到了寻阳，陈伯之投降请罪。当初，新蔡太守席谦的父亲席恭祖任镇西司马，被鱼复侯萧子响所杀。席谦跟随陈伯之镇守寻阳，闻知萧衍东下了，说道：“我家世世代代忠贞，至死不改变。”陈伯之杀了他。八月乙卯，任命陈伯之为江州刺史，陈虎牙为徐州刺史。

鲁休烈、萧璝打败刘孝庆于峡口，任漾之战死。鲁休烈等前进至上明，江陵震动。萧颖胄恐惧了，急告萧衍，令他派遣杨公则回来援救江陵根本。萧衍说：“杨公则如今溯江而上江陵，即使到了，如何能来得及呢？鲁休烈等是一群乌合之众，很快就会自己退散，您现今所需要的正是暂时稳定持重，不可慌乱。实在需要兵力增援，我的两个弟弟都在雍州，您指派人去征召他们，很容易就会到达。”萧颖胄就派遣蔡恭祖持符节屯兵上明，以抵抗萧璝的进攻。

八月十九日辛巳，东昏侯命令太子左率李居士总督西讨诸军事，驻兵新亭。

九月初四日乙未，南齐诏令萧衍如果平定京城，自己可以根据具体情况行事。萧衍留下骁骑将军郑绍叔驻守寻阳，与陈伯之率兵东下，对郑绍叔说：“您就是我的萧何和寇恂。如果前方战事不能取胜，我承担过失；如果粮草运输跟不上，你承担责任。”郑绍叔流涕向萧衍拜辞。一直到攻克建康，郑绍叔督管江、湘的粮食运送，从来没有断绝过。

北魏司州牧、广阳王元嘉建议请求在洛阳城内修筑三百二十三个坊，各自方三百步，说道：“虽然有暂时的劳苦，奸盗永远止息。”九月初六日丁酉，诏令征京畿之内民夫五万人筑坊，四十天就修筑完毕。

九月初八日己亥，北魏立皇后于氏。于皇后是征虏将军于劲的女儿；于劲是于烈的弟弟。自从祖父于栗磾以来，于家几代显贵兴盛，一个皇后，四人公爵，三人任领军，两人任尚书令，还有三个人是开国公。

九月十三日甲辰，东昏侯以李居士为江州刺史，冠军将军王珍国为雍州刺史，建安王萧宝寅为荆州刺史，辅国将军申胄监管郢州，龙骧将军、扶风人马仙琕监管豫州，骁骑将军徐元称监徐州军事。王珍国是王广之的儿子。这一天，萧衍的前军到达芜湖，申胄的军队两万人弃掉姑孰逃走，萧衍进军，占据了姑孰。九月十七日戊申，东昏侯委任后军参军萧璝为司州刺史，前辅国将军鲁休烈为益州刺史。

萧衍攻克江州、郢州之后，东昏侯照样游骋玩乐，对茹法珍说：“等来到白门前时，应当决一死战。”萧衍到了建康附近，才召聚兵力，准备固守，他命人从建康的左、右尚方和东、西冶当中挑选囚徒充配军队，对不能让其活着的囚徒，在朱雀门内一日内就斩了百余人。

（以上为第七段，写南齐萧衍攻下江州、郢州，收服降将陈伯之，一路势如破竹，打到建康周围，而小皇帝萧宝卷依然是我行我素，照样游骋玩乐。）

萧衍派遣曹景宗等人进驻江宁。九月二十五日丙辰，李居士从新亭挑选了精骑一千人到达江宁。曹景宗刚到时，营垒还没有来得及建立，而且由于行军日久，士兵们的甲衣都穿破了。李居士眺望敌人而轻视，击鼓呐喊直上前去逼近。曹景宗奋而反击，大败李居士，乘胜前进，一直到了皂荚桥。这时王茂、邓元起、吕僧珍进据赤鼻逻，新亭城主江道林领兵出战，众军在阵中生擒了江道林。萧衍到了新林，命令王茂向前推进占据越城，邓元起占据道士墩，陈伯之占据篱门，吕僧珍占据白板桥。李居士窥探到吕僧珍的兵力少，就率领精锐士卒一万人直向前来，逼近营垒。吕僧珍对部下讲道："我们的兵力少，不可出战，也不要远距离放箭，须待到了堑垒之中，再并力打败他们。"不一会儿，李居士的军队都越过堑壕，拔掉栅栏，吕僧珍分派人上城，箭石一齐发射，自己则亲率步、骑兵三百人绕到敌人背后，而城上的人又越城而下，这样内外奋力夹击，李居士溃败而逃，吕僧珍部缴获各种器甲不可胜数。李居士请示东昏侯，要火烧长江南岸村舍的房屋以开辟战场，大航以西、新亭以北的房屋全被烧光。萧衍的几个弟弟都从建康自动脱身奔赴军队。

冬季，十月初三日甲戌，东昏侯派遣征虏将军王珍国、军主胡虎牙率领精兵十万多人布阵于朱雀航南边，宦官王宝孙持白虎幡督战，打开浮桥，断绝了后路，背水一战。萧衍的军队稍微后撤，王茂下了马，手持单刀，直向前去，外甥韦欣庆手执铁缠矛左右掩护，冲击东军，立刻冲陷。曹景宗乘机纵兵攻进，吕僧珍放火焚烧了营帐，将士们全部拼力死战，战鼓和杀喊之声震天动地。王珍国等众军抵抗不住，王宝孙狠骂诸位将帅，直阁将军席豪很是激愤，突阵而死。席豪是一员骁将，他阵亡之后，士卒们土崩瓦解，跳进秦淮河中死去的无以计数，尸体堆积与桥面一样高，后面来到的踏着尸体过河。这时东昏侯的各路军队望见这一情形，全都溃散而逃。萧衍的军队长驱直进，到了宣阳门，各位将领把营地渐向前移。

陈伯之驻扎在西明门，每当城中有人出来投降，他都要叫来附着耳朵说话，萧衍恐怕他再生反复之心，就偷偷地告诉陈伯之说："听说城内特别气愤您率领江州投降，想派刺客来刺杀您。所以，您应该小心为妙。"但是，陈伯之不相信。恰好东昏侯的将领郑伯伦来投降，萧衍指使郑伯伦去见陈伯之，对他说："城中特别愤恨您，要送信来，对您以封赏为引诱，待您又投降回去之后，就要活割掉您的手脚；您如果不投降，就要派遣刺客来杀您。要特别加以防备。"陈伯之害怕了，从此才开始没有异心了。

十月十七日戊寅，东昏侯的宁朔将军徐元瑜献出东府城投降。青、冀两州的刺史桓和入城增援，驻扎在东宫。十月十八日己卯，桓和欺骗东昏侯，声称出战，借机率部投降。光禄大夫张瓌放弃石头回宫。李居士献出新亭投降萧衍，琅邪城主张木也投降。十月二十一日壬午，萧衍坐镇石头，命令各路军队攻打六个城门。东昏侯放火烧了城内的营署、官府，驱逼士人和百姓全部进入宫城，关闭宫门自守。萧衍命令诸军修筑围墙防守。

杨公则驻扎在领军府垒北楼，与南掖门正好相对，曾经登楼观战，城中遥望见了他的麾盖，用神锋弩射他，箭头穿透了胡床，身边的人都惊恐失色，杨公则说道："差点儿射中我的脚。"谈笑如初。东昏侯在夜间挑选勇士攻打杨公则的栅垒，军中惊慌不已，杨公则一直躺在床上，慢慢地才命令攻击，东昏侯的兵才撤退走了。杨公则所率领的兵士全是湘州人，素来被认为怯懦，城中轻视他们，每次出来冲荡，总是首先进犯杨公则的营垒，杨公则奖励军士们，所以克敌获胜的次数转多。

在此之前，东昏侯派遣军主左僧庆驻扎京口，常僧景驻扎广陵，李叔献驻扎瓜步。到申胄从姑孰跑回宫中之后，东昏侯又让他去驻守破墩，以便声援东北。到这时，萧衍派遣使者去劝谕上述各守将，他们都率部来降。萧衍派遣弟弟、辅国将军萧秀镇守京口，辅国将军萧恢镇守破墩，堂弟、宁朔将军萧景镇守广陵。

（以上为第八段，写兵临建康城下，南齐守城将士看到大势已去，纷纷选择投降。）

十一月初六日丙申，北魏任命骠骑将军穆亮为司空。十一月初七日丁酉，任命北海王元详为太傅，兼任司徒。当初，元详想要夺取彭城王元勰的司徒位子，所以诬陷中伤元勰，罢黜了他。后来害怕别人议论自己，所以只担任大将军，到这时他才居于司徒之位。元详大贵显赫，将作大匠王遇经常随元详所欲，私自把官物供给他。司徒长史于忠当着元详面责备王遇，说道："殿下的身份，相当于周公，担负着辅导皇上、主持国政的重任，他需要什么东西，你自然应该得到圣上的旨令以后才给予，何至于如此阿谀附势，损公惠私呢？"王遇恭敬而不自安，元详也惭愧地承认过错。于忠经常因耿直使元详愤恨不已，元详曾经骂于忠："我担心先看见你的死，而不担心你看见我死！"于忠说："人生在世上，一切自有定分。如果应当死在王爷手中，逃避也不能幸免；如果不是如此，王爷也不能杀了我。"于忠因为讨伐咸阳王元禧有功，被封为魏郡公，升任散骑常侍，兼任武卫将军。元详借于忠上表辞让之际，就密劝魏宣武帝任命于忠为列卿，解除常在天子左右的官职，听任他辞让出爵位。这时诏令撤销对于忠的封赏，特升进拔他为太府卿。

巴东献武公萧颖胄因萧璝与蔡道恭相持不下，所以忧愤成疾，壬午日，病死。夏侯详封锁了萧颖胄的死讯，让笔迹相似的人假冒其名写成命令，秘密地送给萧衍，萧衍亦秘而不宣。夏侯详在雍州征兵，萧伟派遣萧憺率兵前去。萧璝闻知建康已经危在旦夕，部下惧怕而溃散，萧璝以及鲁休烈都投降了，这才给萧颖胄发丧，追赠他侍中、丞相，于是天下众望全归于萧衍。夏侯详请求与萧憺一起参与军国事务，诏令夏侯详为侍中、尚书右仆射，很快又任命为使持节、抚军将军、荆州刺史。夏侯详再三辞让给萧憺。就让萧憺兼摄荆州府州军务。

（以上为第九段，继续写南齐和帝中兴元年的史事，主要写北魏太傅元祥心术不正，排挤忠臣元勰，私用公家物资，大臣于忠不畏强权，坚决抵制；南朝宋西台权臣萧颖胄无能力御下，忧愤成疾而去世。）

北魏把祭天的圜丘改筑在伊水的北面，十一月二十五日乙卯，首次在上面祭祀。

北魏镇南将军元英上书说："萧宝卷荒淫放纵一日甚于一日，虐杀残害无辜。其雍州刺史萧衍东伐秣陵，倾巢兴兵，顺流而下，如今襄阳唯有一座孤城，更无重兵守护，此乃是皇天授我好机会，旷世难逢之秋，不乘此机会，还等什么呢？臣请求亲自统率步、骑兵三万，直指沔南，占据襄阳城，切断黑水之路。昏虐君臣们自相鱼肉残杀，而我居于上流，威震遐迩。再长驱南出，进军攻拔江陵，那么三楚之地一朝可以得到，岷蜀的道路自然断绝了。再命令扬州和徐州方面声言一起举兵，建康穷蹙无路，如鱼游釜中，可以齐同文轨，统一天下。敬请陛下独自裁决于圣心，不要听取狐疑异议。这次机会错过的话，并吞再也没有时日了。"元英的上书被搁置，没有答复。

车骑大将军源怀进言："萧衍在国内大举侵夺，萧宝卷孤危难保，广陵、淮阴等戍所都在观望得失。这实在是上天开启的机会，并吞天下的时机，应该东西两面一起发兵，形成席卷之势。如果使萧衍成功，其上下同心，不但以后图取困难，恐怕扬州也受到威逼。为什么呢？寿春离建康才七百里，其山川水陆形势，全是他们所熟悉的。他们如果内外无患、君臣之分定了之后，顺着水路乘舟突然而至，就不易抵挡得住。如今，萧宝卷的京都有土崩瓦解之忧，边城没有继续援救的希望，廓清长江以南，正在今日。"魏宣武帝任命任城王元澄为都督淮南诸军事、镇南大将军、开府仪同三司、扬州刺史，让他具体部署，但是最后这一计划没有结果。源怀是源贺的儿子。

东豫州刺史田益宗上表说："萧氏违乱纲常，君臣之间互相交战，江南的州镇，分而为二，东西对峙，已经一年之久了。庶民百姓穷于输送转运粮草、物资，士兵们疲于征战斗杀，忙于应付目前的事情，力量竭尽于军营帐下，无暇顾及外面州镇的维系。治理众多地方，藩城棋布，只不过是孤立生存罢了。不乘机出征，如闪电般横扫，开拓蛮人疆域为我所有，恐怕以后再要筹划，不易达到如此的效果。而且，寿春虽然平定，三面仍然阻塞而不通，镇守事宜，确实需要预先安排妥当。义阳离淮源较近，是渡河的津要之地，朝廷军队的行进，必由此道经过。如果江南一旦平定，势必用兵淮河之外，必定乘夏天淮河涨水，列舟于长淮。军队赶赴寿春，须从义阳之北经过，便成为我方的咽喉要地，担虑更深。义阳之灭除，如今确是良机。估计不过只需要精兵一万二千罢了，但是用兵之道，贵在张大声势，所以请让荆州和东荆州的军队在西边佯攻随、雍，扬州的军队驻扎在建安，以便保卫三关的增援道路。然后豫州和东豫州的军队直接占据南关，对抗于延头。派遣一位都督统管各路军队的调遣部署，于冬末发兵，迄于春末，不过百日，一定能够取得胜利。”元英又上奏说：“如今萧宝卷骨肉兄弟互相残杀，各藩镇鼎立对峙。义阳孤绝无援，又和我国紧相接壤，但是内部没有兵力储备用以固守，外部没有粮食援军的希望，这正是欲焚之鸟，不可去掉薪火；脑袋伸过来的贼寇，岂容迟缓下斧？如果失去此次机会而不取，岂止以后再攻取难以得手，而且恐怕更要成为今后的隐患。现今，豫州刺史司马悦已经戒严待发，东豫州刺史田益宗兵守三关，请派遣军司去具体调遣部署。”魏宣武帝派遣直寝羊灵引为军司。田益宗入侵南齐，建宁太守黄天赐在赤亭同田益宗交锋，黄天赐战败。

（以上为第十段，写北魏大臣元英、源怀、田益宗上书趁南齐内乱大举出兵南进，宣武帝动作迟缓，贻误战机。）

崔慧景攻逼建康的时候，东昏侯拜蒋子文为假黄钺、使持节、相国、太宰、大将军、录尚书事、扬州牧、钟山王。到萧衍率兵到来的时候，东昏侯又尊蒋子文为灵帝，迎接他的神像进入后堂，让巫师祈祷求福。到了城门关闭之后，东昏侯把城中的军事全部委托给王珍国。兖州刺史张稷来守卫京师，东昏侯又让张稷任王珍国的副手。张稷是张瓌的弟弟。

当时城中的兵卒还有七万人，东昏侯向来喜好军阵，与身边的黄门、刀敕以及宫人们在华光殿前演习战斗，假作受伤的样子，让人用木板抬去，用这种形式来驱凶化吉。东昏侯还经常在殿中着戎服，骑着马出入，用金银做成铠甲和头盔，全都装饰以翡翠。昼眠夜起，一如平常那样。他听到外面的击鼓呐喊之声，就披着大红袍，登上景阳楼的屋顶观望，差点被弩机射中。

开始的时候，东昏侯与左右心腹谋划，认为陈显达一战即败，崔慧景围城很快就逃走，萧衍的军队也会这样的，所以敕令太官备办柴火和粮米，够百日之用就行了。当大桁之败以后，城中民心慌乱，人人自危。茹法珍等人担心士人和百姓们逃溃，所以关闭城门而不再出战。等到萧衍的长围已经筑好，堑栅坚固之后，再派兵出城荡击，屡战屡败。

东昏侯尤其吝惜金钱，不肯赏赐，茹法珍磕头请求，东昏侯说：“贼寇来只是为了取我一人吗？为什么向我要东西赏赐？”后堂之中储放了几百块木片，启奏要拿去做城防之用，东昏侯想留下来盖殿时使用，终究不给。又督促御府制作了三百人使用的精制兵器，等围困解除之后，出外游玩时，卫士们用以屏除驱赶士民。金银雕镂物品，也让赶制，急于往常。众人都心有怨气，消极懈怠，不愿出力。外面围困的时间已经很久，城中的人都希望能早点逃走，只是谁也不敢先发作罢了。

茹法珍和梅虫兒劝说东昏侯说：“大臣们不用心，以致城围不能解除，应该把他们全部杀掉。”王珍国和张稷惧怕大祸临头，王珍国就派遣自己的亲信给萧衍献了一块明镜，以示自己的心意，萧衍用断金的行为表示信任王珍国。兖州中兵参军张齐是张稷的心腹，王珍国就通过张齐秘密地与张稷策谋，要一同杀掉东昏侯。张齐在夜间把王珍国带到张稷那里，两人凑在一起促膝而坐设定计谋，张齐亲自手执蜡烛。又把计策告诉了后阁舍人钱强。十二月初六日丙寅夜间，钱强秘密令人打开云龙门，王珍国和张稷带兵冲入殿中，御刀丰勇之做内应。这天晚上，东昏侯在含德殿笙歌弹唱，休息之后，还没有睡熟，听到兵进来了，就急忙从北门跑出去，想跑回后宫去，门已经关闭了。宦官黄泰平用刀砍伤了东昏侯的膝盖，东昏侯倒在了地上，张齐斩了他。张稷召集尚书右仆射王亮等人列坐在殿前西边的乐钟下，命令群僚签名，又命令人在黄绢上涂油，裹住东昏侯的首级，然后派遣国子博士范云等人送到石头。右卫将军王志叹息着说道："帽冠虽然破了，怎能用脚踩踏呢？”王志到庭中摘取树叶，用手搓成团吞服下去，假装闷过去了，不在册子上签名。萧衍阅看送来的百官群僚的签名册，见上面没有王志的名字，心里十分嘉许他。王亮是王莹的堂弟，王志是王僧虔的儿子。萧衍与范云过去就有交情，于是就把他留下来加入了自己的幕僚。王亮在东昏侯执政的时候，靠耍两面派而取悦。萧衍到了新林，百官群僚都抄小道前去致意，唯独王亮没有派人去。东昏侯失败之后，王亮出来见萧衍，萧衍说："颠覆而不加以匡扶，哪里用你这宰相？”王亮回答："如果可以扶持的话，明公您哪里能有今日之举呢？”从宫城中出来的人，有的被抢劫。杨公则亲自率领部下列阵在东掖门，以便护送公卿士民们，所以出城者大多由杨公则的营地通过。萧衍派张弘策先进去清理宫中，封存了府库和图籍。其时，宫城中珍宝之物堆积，张弘策严加管束部曲，秋毫无犯。收押潘贵妃以及宠臣茹法珍、梅虫兒、王咺之等四十一人，交给主管官吏处理。

（以上为第十一段，写南齐萧衍的大军围困宫城，小皇帝萧宝卷被杀。）

当初，海陵王被废之后，皇太后出宫居住在鄱阳王的旧宅中，号为宣德宫。乙巳，萧衍以宣德太后的名义，命令追封被废的涪陵王萧宝卷为东昏侯，褚后以及太子萧诵并黜为庶人。任命萧衍为中书监、大司马、录尚书事、骠骑大将军、扬州刺史，封为建安郡公，并且依照晋代武陵王司马遵承制令的先例，行使皇帝的权力，百官群僚向萧衍致敬。任命王亮为长史。十二月十二日壬申，改封建安王萧宝寅为鄱阳王。十二月十三日癸酉，以司徒、扬州刺史晋安王萧宝义为太尉，兼任司徒。

十二月十九日己卯，萧衍进驻阅武堂，下令大赦天下。又下令："凡是错误的规章，荒谬的税赋，过分的刑罚和劳役，可以详细考察当初制订的原因，全部废除。地方官吏负责掌管而造成散失和损耗，应精细地设立科目条例，全部遵从原来的惯例。”又下令："全部检查尚书省各部门的文案，东昏侯时对各种诉讼案件处理不公道的，以及主办人拖延不及时办理的，精加讯问辨查，根据事实论处并裁决上奏。”又下令：“收葬正义之师阵亡将士，掩埋东昏侯军队中的死亡者。”潘贵妃有倾国的容貌，萧衍想把她留下，拿这件事问侍中、领军将军王茂，王茂说：“使南齐亡掉的正是这个女人，留下来恐怕给别人留下话柄。”下令把潘贵妃勒死在狱中，并诛杀佞臣茹法珍等人。把两千宫女分赏给将士们。十二月二十五日乙酉，以辅国将军萧宏为中护军。

（以上为第十二段，写南齐萧衍入主建康城，以宣德太后令行使皇帝权力，公布了一系列新的政令予以施行，至此南齐名存实亡。）

萧衍东下的时候，豫州刺史马仙琕拥兵自守，不归附萧衍，萧衍派他的老朋友姚仲宾去游说他。马仙琕先为姚仲宾摆了酒席，然后把他斩于军门之前以向众人宣示。萧衍又派遣马仙琕的族叔马怀远去游说，马仙琕说：“大义灭亲。”又要斩马怀远，军中替马怀远求情，才得以幸免。萧衍到达新林，马仙琕还在长江西边每日拦截萧衍运粮的船只。萧衍围困宫城，各州郡都派遣使者来请求投降，吴兴太守袁昂在境内抗拒而不投降。袁昂是袁顗的儿子。萧衍让驾部郎考城人江革给袁昂写信：“树干已经倒了，枝叶还依附什么？现今你为昏君竭力效命，并非是忠；到时家门遭受屠灭，非所谓孝。不如幡然醒悟，另有所图，自招多福呢！”袁昂回信说：“三吴邻近京畿，不是用兵的场所；况且以本郡如此偏隅之地，何能为麾下役使呢？自从承蒙麾下挥师前来之后，各州郡莫不遣使膝行肉袒于军门，请求投降。唯独在下一人敢于后至，正是因为内心感到庸碌平常，文武缺欠，虽然想要献心投诚，并不能为大军增勇，把愚默之人放在一边，难道会败坏军威？幸好将军气度宏大，才能让我从容地遵守礼仪。窃以为受他人一餐微薄的施舍，尚且需投命殒身相报；况且本人享受朝廷食禄，岂能忘记一旦之恩呢？不但要招来众议，亦恐怕明公也要鄙视。所以踌躇至今，没来得及衔璧而降。”袁昂向武康令北地人傅暎征求对时局的看法，傅暎说：“从前元嘉末年的事，开天辟地以来所未有，所以太尉杀身以明节操。令尊司徒受重托之命，没有苟全之理，所以不顾夷险安危而殉命于道义名节。如今继位皇帝昏庸虐暴，毫无悔改之心，荆州和雍州共同举兵，占据着上游，天人之意由此而可知。愿明府深加思虑，不要他日而后悔。”建康平定之后，萧衍派豫州刺史李元履巡抚东南一带，命令李元履说：“袁昂出身于有道的门第，世代有忠节，对于这样的名节之士，天下应当一起容纳，所以不要使用兵威凌辱他。”李元履到了吴兴，向袁昂宣读了萧衍的旨令，但袁昂还是不投降，只是打开城门，撤去守备而已。马仙琕闻知皇城失守，哭泣着对将士们说：“我受朝廷委命，义不容降，而你们皆有父母，不可不顾及。所以，我来做忠臣，你们做孝子，不也是可以的吗？”命令城内之兵全部出降，只留下壮士几十人，闭门而独守。不一会儿，外兵进来了，前后把他围了数十重，马仙琕命令壮士们都拉满弓箭，围兵们谁也不敢近前。日暮的时候，马仙琕才投下手中弓箭说："各位只管来抓捕我，我义不投降。"便将马仙琕关在囚车中，押送到石头。萧衍释放了他，让他等袁昂到后一起进来，说道："让天下人见到了两位义士。"萧衍又对马仙琕说："射钩、斩袪，为过去的人所赞美。您不要因杀了使者和阻断粮运而自己见外。"马仙琕谢罪道："小人就像失去主人的狗一样，被后来的主人所饲养，那么只好为新主人所用了。"萧衍笑了，对马仙琕和袁昂二人都给以优厚的待遇。十二月二十六日丙戌，萧衍进入镇守殿中。

刘希祖攻克安成之后，给湘州送了一道檄文，始兴内史王僧粲响应。王僧粲自称为湘州刺史，带兵去袭击长沙。离长沙城还有百余里，湘州各郡县都蜂拥而起，响应王僧粲，唯有临湘、湘阴、浏阳、罗四个县尚且自我保全。长沙人都想乘舟逃离，行事刘坦把船只全部收聚焚烧了，派遣军主尹法略去抵挡王僧粲。交战数次，都不能取胜，前湘州镇军锺玄绍偷偷地集结士人百姓数百人，约定日期翻城策应王僧粲。刘坦知道了这一密谋，假装不知道，由于审理讼事案件一直到夜间，而城门不关闭，因而疑惑他们。这天夜里，锺玄绍没有行动，第二天早晨，到刘坦那里去问不关城门的缘故。刘坦把锺玄绍留下，与他谈话，而秘密派遣亲兵到他家中去抄收文书。锺玄绍还坐在刘坦那里，而派去抄收的亲兵已经回来报告，知晓了文书全部细节。锺玄绍只好低头认罪，并被斩于座上。烧毁了文书，其他同党一概不予过问。众人既惭愧，又服膺，州郡得以安定。尹法略与王僧粲相持了好几个月。建康城平定之后，杨公则返回湘州，王僧粲等人四处散逃了。王丹被郡中人杀死，刘希祖也率郡投降。杨公则克己廉正，做事审慎，减轻刑罚，少收赋税，很快，湘州的户口数就差不多恢复到原来的数量了。

（以上为第十三段，写南齐大司马萧衍主政，注意团结各方面的人才，马仙琕、袁昂二人，是原南齐朝廷的铁杆拥护者，萧衍予以善待；杨公则治理湘州。）

【点评】

萧衍的人格魅力。本卷展现了萧衍卓越的眼光、谋略与人格魅力。其一，其眼光锐利，识见高人一等。萧颖胄等建议萧衍北联北魏，被萧衍否决，谓"事在日中，无患不捷"，一副稳操胜券的样子。再就是，关于是否攻打鲁山一事与雍州诸将发生争论，萧衍力排众议坚决执行自己的主张，后来从雍州一直打到建康，一一应验了萧衍的预言。其二，善待马仙琕和袁昂二人则表现了萧衍的胸怀。萧衍东下的时候，豫州刺史马仙琕拥兵自守，不归附萧衍，萧衍派他的老朋友姚仲宾去游说马仙琕，马仙琕把姚仲宾斩于军门之前。萧衍又派遣马仙琕的族叔马怀远去游说，马仙琕又要大义灭亲，多亏军中替马怀远求情，才得以幸免。如此决绝的马仙琕自然是铁了心对抗萧衍。还有，吴兴太守袁昂在境内抵抗而不投降萧衍。建康平定之后，萧衍派豫州刺史李元履巡抚东南一带，命令李元履说："袁昂出身于有道的门第，世代有忠节，对于这样的名节之士，天下须共容之，所以不要使用兵威凌辱他。"等到俘获二人之后，萧衍说明自己仰慕"射钩、斩祛"的美事，向天下人展示的是团结那些反对过自己的人的信心，自然会收得人心。人心所向，天下披靡。其三，执政能力的展示。萧衍在阅武堂所宣布的大政方针是在登上帝位之前的政治预演，展示了他的统治能力。其下令大赦天下，又下令："凡是错误的规章，荒谬的税赋，过分的刑罚和劳役，可以详细考察当初制订的原因，全部废除。地方官吏负责掌管而造成散失和损耗，应精细地设立科目条例，全部遵从原来的惯例。"又下令："全部检查尚书省各部门的文案，东昏侯时对各种诉讼案件处理不公道的，以及主办人拖延不及时办理的，精加讯问辨查，根据事实论处并裁决上奏。"又下令："收葬正义之师阵亡将士，掩埋东昏侯军队中的死亡者。"这些都是当务之急，也都有利于收归民心。

梁纪一

梁武帝天监元年至三年（公元502—公元504）

【起玄黓敦牂（壬午，公元502年），尽阏逢涒滩（甲申，公元504年），凡三年】

【大事提要】

本卷记事起自公元502年，至公元504年，凡三年，当梁武帝天监元年至天监三年。本卷所载大事，南朝萧梁大事两件：其一，公元502年，萧衍为梁公、梁王，杀齐明帝诸子，称帝，是为梁武帝，国号梁，南齐亡。梁武帝在位48年，是南朝执政时间最长的皇帝。其二，梁武帝总结南齐皇室失败的原因，能够善待高帝子弟。北魏大事一件，即逃奔北魏的萧宝寅和元澄请求南下，北魏调发六个州兵力，兵阻阜陵，撤军而回。

高祖武皇帝一

梁武帝天监元年（壬午，公元502年）

春季，正月，齐和帝萧宝融派遣兼侍中席阐文等人慰劳建康。

大司马萧衍下令："凡是东昏侯时超过规定的开支，如果不是用以操习礼乐法度、修缮军事装备者，其余一概禁绝。"

正月初九日戊戌，南齐迎宣德太后进宫，临朝称制。萧衍解除承受制令的权力。

正月初十日己亥，南齐任命宁朔将军萧昺监南兖州诸军事。萧昺是萧衍的堂弟。

正月十三日壬寅，南齐晋升大司马萧衍为都督中外诸军事，可以佩剑穿鞋上殿，朝见赞拜可以不报姓名。

正月二十日己酉，南齐任命大司马长史王亮为中书监、尚书令。

当初，大司马萧衍与黄门侍郎范云、南清河太守沈约、司徒右长史任昉一同在竟陵王的西官邸，彼此情意甚笃，关系密切。到这时，萧衍引荐范云为大司马谘议参军、领录事，沈约为骠骑司马，任昉为记室参军，参与策谋计议。前吴兴太守谢朏、国子祭酒何胤先前都弃官回家，萧衍上奏征召他们为军谘祭酒，谢朏和何胤都没有来就任。

大司马萧衍心里有受禅登基的意图，沈约含蓄地叩问这件事，大司马没有吭声。

有一天，又进言："如今与古代不同了，不可以期望用淳古之风期待当前的事，士大夫攀龙附凤，都希望能有尺寸之功劳。现今连小孩牧童都知道齐的国运已经终结了，明公应当承受其运命，天文星象的预示已经很清楚明白了。天意不可违抗，人心不可失去。假如天道如此，虽然想要谦逊礼让，实际上也是办不到的。"大司马说："我正在考虑。"沈约又说道："您刚开始在樊、沔兴兵举事，在那时应该思考，如今王业已经成功，还考虑什么呢？如果不早点完成大业，若有一人提出异议，就会有损于威德。况且人非金石，时事难以保全，难道可以把建安郡公这么一个封爵留给子孙后代吗？如果天子回到京城，公卿们各得其位，君臣之间的名分确定，不再有什么异心了，于是君主光明于上，臣子忠心于下，难道还会有人再一起当贼吗？"大司马深表同意。沈约出去之后，大司马又叫范云进去，告诉了沈约的话，范云的回答与沈约所说的意思差不多，大司马说道："智者所见如此相同。你明天早晨带着沈休文再来这里。"范云出来，告诉了沈约，沈约说："您一定要等我呀！"范云答应了。但是，沈约提前去了，大司马命令沈约起草各项事宜，沈约从怀中取出已经写好的诏书以及人事安排名单，大司马基本没有改动。一会儿范云从外面来了，到了殿门口，不得进入，徘徊在寿光阁外，口中不停地发出"咄咄"的声音。沈约出来了，范云就问他："怎么安排我？"沈约举起手来向左一指，范云笑着说："和所希望的差不多。"过了一会儿，大司马传范云进去，他当着范云的面赞叹了一番沈约如何才智纵横，并且说道："我起兵至今已经三年了，各位功臣将领确实出了不少力气，但是能帮我成就帝业的人，只有你们两人啊。"

（以上为第一段，写南齐沈约、范云策功萧衍称帝。）

正月二十五日甲寅，南齐诏令大司马萧衍位进相国、总百揆、扬州牧，并封赏十郡给梁公，备九锡之礼，在梁国设置各种官员，免去其录尚书的称号，骠骑大将军的官职不变。二月初二日辛酉，梁公萧衍方才接受诏命。

湘东王萧宝晊是安陆昭王萧缅的儿子，十分爱好文学。东昏侯死后，萧宝晊希望人心都向着自己，坐等法驾来接。到王珍国把东昏侯的首级送给梁公，梁公任命萧宝晊为太常，萧宝晊就心中不安了。二月初三日壬戌，梁公声称萧宝晊谋反，把萧宝晊以及其弟弟江陵公萧宝览、汝南公萧宝宏一起杀掉了。

二月初七日丙寅，南齐诏令梁国选任各种要职官员，全部依照南齐的制度。这时任命沈约为吏部尚书兼右仆射，范云为侍中。

梁公纳娶了东昏侯的妃子余氏，对政事有很多妨害，范云加以劝说，梁公没有听从。范云又与侍中、领军将军王茂一同入宫晋见，范云说："过去沛公刘邦进关，妇女无所亲幸，这正是范增敬畏其志向远大之处。如今明公刚平定建康，海内之众向往景仰好的风气，您如何可以沿袭乱身亡国的行迹，为女色受牵累呢？"王茂起身下拜说："范云说得极对。明公一定要以天下为念，不应该把余氏留在身边。"梁公默然无语。范云请求萧衍把余氏赏赐给王茂，梁公认为他们的意见正确，就同意把余氏赏给了他。次日，萧衍分别给范云、王茂赏赐了一百万钱。

二月二十七日丙戌，南齐诏令给梁公增封十郡，进爵位为王。三月初五日癸巳，接受了诏命，下令赦免梁国境内以及南齐所统各府州死刑以下的犯人。

二月十三日辛丑，杀了南齐邵陵王萧宝攸、晋熙王萧宝嵩、桂阳王萧宝贞。

梁王打算杀南齐诸位封王，监视看管还不甚严密。鄱阳王萧宝寅家中的阉人颜文智与左右心腹麻拱等人密谋，在夜间挖开墙壁，把萧宝寅送出去，在长江岸边准备了一只小船。穿着黑布短衣，腰里系着一千多钱，偷偷地跑到江边。穿着草鞋，徒步而行，以致两只脚全都磨破了。看管的人到天明去追赶，萧宝寅装作是钓鱼人，与追赶者一起在江中并舟而行了十多里，追赶者都没有对他产生怀疑。等到追赶的人离开之后，萧宝寅就在西边靠岸，投奔到百姓华文荣家中，华文荣与其同族人华天龙、华惠连丢弃家业，将萧宝寅藏到山涧里。租了毛驴骑着，昼伏而夜行，来到了寿阳的东城。驻守在这里的北魏戍主杜元伦急忙把情况报告了扬州刺史任城王元澄，元澄用车马侍卫迎接萧宝寅。当时，萧宝寅年纪十六岁，徒步而行，形容憔悴，见到的人还以为是被掠卖来的人口。元澄以招待客人的礼节对待萧宝寅，萧宝寅向元澄要为皇帝守丧而穿的生麻布制的丧服，元澄派人对萧宝寅晓示了一番情理，最后只给了萧宝寅为兄长守丧而穿的熟麻布制的丧服。元澄率领手下的官吏们亲赴萧宝寅住处去吊丧，萧宝寅的一举一动符合礼仪，元澄与手下官吏们表现得极其哀痛，如同自己君父之丧。寿阳有许多受过南齐旧恩的故旧，都来萧宝寅处吊唁，唯独不见夏侯详的人来，这是由于夏侯详跟从了梁王萧衍的缘故。元澄非常器重萧宝寅。

（以上为第二段，写南齐梁王萧衍，以谋反罪杀掉萧鸾一族的人，篡位之心暴露无遗，萧鸾之子鄱阳王萧宝寅历尽千辛万苦，逃到北魏，深受器重。）

齐和帝萧宝融由荆州东归建康，任命萧憺为都督荆湘等六州诸军事、荆州刺史。荆州经过战争之后，公私财用都非常匮乏，萧憺励精图治，广开屯田，省免劳役，抚恤慰问当兵阵亡的人家，供应救济他们的困乏。自以为年纪轻而居于重位，对辅佐的官吏说："政事如果不善，士君子应该共同痛惜。我现今开诚布公，你们也不要有所隐瞒。"这样人人都能充分表达自己的心意，民众如有诉讼者站在一旁等待处理，很快就可以做出决定，官署中没有积压的事情。荆州人非常高兴。

齐和帝到达姑孰，于三月二十八日丙辰，颁布诏书禅让皇位于梁王。

二月二十九日丁巳，南齐庐陵王萧宝源去世。

鲁阳的蛮人鲁北燕等人起兵攻打北魏颍州。

夏季，四月初三日辛酉，南齐宣德太后发令："皇上的诏书已经到了，皇上效法前代，恭敬地将帝位禅让给梁王，明天早晨来到殿前，派使者向梁王恭授印玺，未亡人将回到别宫去居住。”四月初四日壬戌，发出策书，派遣兼太保、尚书令王亮等人奉送皇帝印玺到梁宫。四月初八日丙寅，梁王萧衍于南郊即位登基，大赦天下，改年号为天监。这一天，萧衍追赠其兄萧懿为丞相，封为长沙王，谥号为宣武，葬礼依照晋代安葬安平献王的先例。

四月初九日丁卯，奉齐和帝为巴陵王，建王宫于姑孰，待遇和尊奉之礼，都仿照南齐开国之初高帝尊奉宋顺帝的旧礼。奉宣德太后为齐文帝妃，王皇后为巴陵王妃。南齐诸王、侯全部降低一级爵位，除去封国，唯有刘宋汝阴王不在此例之内。

梁武帝追尊父亲为文皇帝，庙号太祖；母亲为献皇后。又追谥妃子郗氏为德皇后。封文武功臣车骑将军夏侯详等十五人为公、侯。立弟弟中护军萧宏为临川王，南徐州刺史萧秀为安成王，雍州刺史萧伟为建安王，左卫将军萧恢为鄱阳王，荆州刺史萧憺为始兴王；任命萧宏为扬州刺史。

四月初九日丁卯，梁武帝任命中书监王亮为尚书令，相国左长史王莹为中书监，吏部尚书沈约为尚书仆射，长兼侍中范云为散骑常侍、吏部尚书。

梁武帝诏令凡是后宫、乐府、西解、暴室中的妇女一概放还回家。

（以上为第三段，写南齐傀儡和帝萧宝融禅位于梁王萧衍，萧衍即位称帝，建立梁朝，史称梁武帝。）

四月初十日戊辰，巴陵王萧宝融去世。当时梁武帝想以南海郡为巴陵国，迁巴陵王去居住，沈约说：“古今不同，当年魏武帝说过‘不可以慕虚名而受实祸’。”梁武帝点头同意，就派遣亲信郑伯禽到了姑孰，把生金子进献巴陵王，巴陵王说道：“我死不须用金子，醇酒就足够了。”就给巴陵王酒喝，巴陵王烂醉时，郑伯禽上前将其杀死。

巴陵王镇守荆州的时候，琅邪人颜见远做他的录事参军，等他即位之后，又担任治书侍御史兼中丞。巴陵王让位之后，颜见远绝食数日而死。梁武帝闻知此事之后说：“我受禅让而登基是顺应天心人愿，与天下士大夫们有什么关系呢？颜见远何乃至于如此地步！”

四月十二日庚午，梁武帝诏令：“官吏们依照周、汉的先例，议定赎刑条例，凡是身居官位而犯有该受鞭杖之刑的人，全部可以出赎金而停止惩罪，各台省的令史以及士卒犯罪而愿意赎刑者，听任其便。”

梁武帝封谢沐县公萧宝义为巴陵王，奉祀齐祖先。萧宝义幼时有残疾，是个哑巴，所以才得以保全。

齐南康侯萧子恪以及其弟祁阳侯萧子范曾经因事入见，梁武帝从容地说：“天子之位为公器，人所共有，不可以用力气取得，假如没有气数，即使有项羽之力，终究还是要失败。宋孝武帝生性猜忌，兄弟中稍有些好名声的，都用鸩酒害死，朝廷中的臣子一个接一个地以似是而实非的原因死去。然而，有的虽然怀疑却不能把他除去，有的虽然不疑却终于成为后患，比如你们的祖父因才略而被猜疑，但是却拿他一点办法也没有。湘东王以平庸愚笨而未遭猜疑，但是子孙却最后都死在他手中。我在那时已经出生，他岂知我会有今天呢？因此可知有天命的人，是别人害不了的。我刚平定建康时，人们都劝我除掉你们以统一人心，我当时如果依照这一建议而行事，谁会说不可以呢？正是因为江南以来，每到改朝换代的时候，总是残杀屠灭，以致有伤和气，因此国运都不能长久。另外，由齐而梁，虽然说是朝代更替，但是事情与前代不同，我与你们兄弟虽然出了五服，宗属关系并不太远，南齐创业之初，也曾同甘共苦，情同一家，岂可以一下子就变成行路之人！你们兄弟如果有天命的话，就不是我所能杀得了的；如果没有天命，我又何必快速地那样做呢？应当只是向世人显示没有度量罢了。况且，建武年间涂炭你们家门，我起义兵，不但是自雪家耻，也是为你们兄弟报仇。你们如果能在建武、永元年间拨乱反正的话，我哪里能不放下干戈而推奉拥戴呢？我是自明帝家取来的天下，并非是从你们家取来的。过去，刘子舆自称是汉成帝的儿子，汉光武帝说：‘假使汉成帝再生，天下也不可能重新到手，何况刘子舆呢？’曹志是魏武帝的孙子，为晋朝的忠臣。更何况你们现今仍然是皇家宗室，我坦诚地讲了以上这些，你们不要再有见外之意。稍微等待，应当知道我的寸心了。”萧子恪兄弟一共十六人，都在梁朝做官，萧子恪、萧子范、萧子质、萧子显、萧子云、萧子晖一并以才能而知名，历任清高而显要的官职，各自得天年而寿终。

（以上为第四段，写南朝萧梁皇帝萧衍为巩固统治地位，将明帝萧鸾一族子孙尽数诛杀，而善待高帝萧道成子孙，故萧嶷十六个儿子尽数保全，且列官显要。）

梁武帝颁布诏书，征谢朏为左光禄大夫、开府仪同三司，何胤为右光禄大夫，何点为侍中；何胤与何点到底也没有去就任。

四月十五日癸酉，梁武帝诏令：“在公车府诽谤之木和肺石旁边各放置一个匣子，如果做官之人没有谈到，布衣处士想对朝政提出议论，投入谤木旁边的匣子里；如果因功劳或才识被冤沉而不能上通朝廷，如欲申诉，投入肺石旁边的匣子中。”

梁武帝身穿浣濯过的衣服，平时用的膳只是菜蔬之类。每次挑选高级官员，务必选择廉正公平者，都召到面前，勉励以治政之道。提拔尚书殿中郎到溉为建安内史，左户侍郎刘䜣为晋安太守，这两人都以廉洁著称。到溉是到彦之的曾孙。又诏令：“小县的县令如果有能力，就升到大县任县令，大县的县令有能力，升任二千石。”任命山阴县令丘仲孚为长沙内史，武康县令东海人何远为宣城太守，因此官吏们无不受到优待勉励。

鲁阳蛮围攻北魏湖阳，抚军将军李崇率兵击败了他们，斩了鲁北燕；北魏迁移一万余户当地的蛮人到幽、并等州以及六镇，不久这些蛮人又叛逃南归，他们所到之处都派兵追捕，追到黄河边时，将其全部杀掉。

闰四月三十日丁巳，北魏顿丘匡公穆亮去世。

南齐东昏侯的宠臣孙文明等人，虽然被赦免，但是仍然感到不安，于五月十八日乙亥夜间，带领同伙几百人，借运交芦苇火把之机，把兵器藏在芦柴中，乘机进入南、北掖门，暴动作乱，烧了神虎门、总章观，闯入卫尉府，杀了卫尉洮阳愍侯张弘策。前军司马吕僧珍在殿内当值，以宿卫兵抵抗，不能使之退却。梁武帝身穿戎服来到前殿，说道："反贼们乘夜间而来，是因为他们的人数少，天亮了就会逃跑。"命令击响五鼓，即东方青鼓、南方赤鼓、西方白鼓、北方黑鼓、中间黄鼓，鼓声一响，领军将军王茂、骁骑将军张惠绍知道有难，即刻带兵前来解救，贼盗们纷纷逃散，经过搜捕，将其全部诛杀。

（以上为第五段，写南朝萧梁武帝萧衍设置谤木、肺石，放置木匣，鼓励投诉、上诉冤情；穿旧衣，食菜蔬，选择廉政公平者为官，平定孙文明叛乱。）

江州刺史陈伯之目不识丁，收到文书、讼词，只会在文书上签字，表示同意，有何事情，通过典签口头来传达，予夺大权完全掌握在典签手中。豫章人邓缮、永兴人戴永忠过去有恩于陈伯之，陈伯之就委任邓缮为别驾，戴永忠为记室参军。河南人褚緭住在建康，向来品行不端正，仕途很不得志，他就频繁地去拜访尚书范云，范云不礼遇他。褚緭很生气，私下里对亲近说："建武年间以来，身处草泽的低贱家族都变成了贵人，而我却因何罪被弃之不用呢？如今天下草创，饥荒不停，死亡祸乱也未可知。陈伯之拥有强大的兵权，坐镇江州，不是皇上的旧臣，所以有自疑的心理，况且荧惑星又出现今南斗位置上，岂知不是为我而出现的吗？如今，我们就去奔投陈伯之，今日一行事情假如不能成功，投靠北魏也能做河南郡守。"就去投靠了陈伯之，受到异常的亲近。陈伯之又委任同乡人朱龙符为长流参军，一起乘着陈伯之愚昧不明，肆意而为，恶行不断。

梁武帝知道了情况，让陈虎牙私下里告诫陈伯之，又派人取代邓缮为别驾，陈伯之一并不受命，上表说："朱龙符骁勇不凡，邓缮有成绩，朝廷所派遣来的别驾，特请任为治中。"邓缮日夜游说陈伯之说："朝廷中库藏空竭，也没有兵器，国家三个粮仓中没有米，东边一带又饥荒流行，这是万世难遇的一时良机，时机不可丧失！"褚緭和戴永忠也一同赞成。陈伯之对邓缮说："再次启奏你的事情，如果还是不行的话，就与你一起谋反。"梁武帝敕令陈伯之把邓缮安置在州内的一个郡中。这时陈伯之召集府州僚佐，对他们说："奉齐建安王的命令，率领长江之北的十万义勇，已经到了六合，见到使者之后，动用江州现有力量，速运送粮食东下。我承受明帝的厚恩，誓死相报。”命令戒严，让褚缙伪造萧宝寅的书信，出示给僚佐们看，并且在厅堂前设坛，歃血为盟。

褚缙游说陈伯之说：“如今举大事，宜争取民心。长史程元冲不与人同心，而临川内史王观是王僧虔的孙子，人品不坏，可以召他为长史以代替程元冲。”陈伯之听从，仍然委任褚缙为寻阳太守，戴永忠为辅义将军，朱龙符为豫州刺史。王观不应命前来。豫章太守郑伯伦发动郡兵抗拒。程元冲既然坐在家中丢掉了官职，就纠合率领数百人，乘陈伯之没有防备之际，突然攻到厅堂之前，陈伯之亲自出来搏斗，程元冲力不能胜，逃入庐山。陈伯之秘密地派人送信给陈虎牙兄弟，一起逃奔到盱眙。

六月初一日戊子，梁武帝诏令以领军将军王茂为征南将军、江州刺史，率兵讨伐。

北魏扬州小岘戍主党法宗袭击大岘戍，克敌获胜，俘虏了龙骧将军邾菩萨。

陈伯之闻知王茂前来讨伐，对褚缙等人说：“王观不来就命，郑伯伦又不肯顺从，将会空手受困。现今先平定豫章，开通南边的道路，多发动役夫，增运粮食物资，然后席卷向北，直扑饥饿疲劳之众，不愁不得成功。”六月，陈伯之留下同乡人唐盖人防守寻阳城，自己领兵向豫章进发，攻打郑伯伦，不能攻下。王茂的军队到了，陈伯之里外受敌，力不能支，败逃而去，抄小道渡过了长江，与陈虎牙等人以及褚缙一起奔投北魏。

（以上为第六段，写南朝萧梁江州刺史陈伯之是个反复无常之人，经不起褚缙等人的劝说，便举兵反叛，武帝萧衍派出领军将军王茂予以平定，陈伯之等逃往北魏。）

梁武帝派遣身边人陈建孙送刘季连子弟三人入蜀，让他们宣谕圣旨，加以慰劳。刘季连接受了使命，收拾准备返回的行装，因此，益州刺史邓元起始得去赴益州任职。

当初，刘季连任南郡太守，对邓元起不礼貌。都录朱道琛有罪，刘季连要杀他，逃匿而免于一死。到现今，朱道琛担任邓元起的典签，劝说邓元起：“益州动乱已久，官方和私人的资财耗损。现今刘益州要回去了，当地岂能置办得起送远迎候的事情呢？我请求先遣核查，沿路奉迎，不然的话，万里长途所用的粮资，不可轻易得到。”邓元起准许了。朱道琛到达之后，言语非常不恭，又遍访府州人士，见到器物，就夺取拿来，不能获得时，就对人家说：“反正你这东西迟早是应当归属别人，何必苦苦珍惜呢？”这时军府之中都很恐惧，说邓元起必定要杀刘季连，会祸及党羽，都竞相去告诉刘季连。刘季连也信以为然，并且担心以前有对邓元起失礼的事情，于是召集兵士，总计一下，共有精兵十万，叹息道：“我据守天险之地，握有这十万强兵，进可以匡扶社稷江山，退不失做刘备，舍此而何往呢？”于是叫来佐史，假称齐宣德太后之令，聚兵造反，抓获了朱道琛，杀掉了他。刘季连又召巴西太守朱士略以及涪令李膺前来，两人没有受命。这月，邓元起到达巴西，朱士略打开城门，迎其入内。

在此之前，蜀地百姓大多逃亡了，听说邓元起来了，争相出来投附他，都言称要起义兵以便响应朝廷，因此邓元起新得的和原有的兵士加起来共有三万多人。邓元起在路途时间久了，粮食断绝，有人劝说他："蜀地的政情缓慢，老百姓大多欺诈，如果核查巴西一郡的户口，借此而加以处罚，所获一定非常丰厚。"邓元起同意了。李膺劝谏说："使君前面有强大的敌人，后面没有增援力量，在山中居住的蜀民刚刚投附，对我们加以观望，如果纠正以刻薄，民众一定不堪忍受，众心一旦离散，后悔也来不及了。何须纠正而使无法忍受，来补益目前军队的缺粮呢？李膺请求出面去解决这一问题，不愁粮食资用不足。"邓元起说道："好，一切委托您了。"李膺回去之后，带领富足之民给邓元起的军队送去大米，总共收得了三万斛。

（以上为第七段，写南朝萧梁平定益州之乱。）

秋季，八月二十二日丁未，梁武帝命令尚书删定郎济阳人蔡法度增删王植之集注的旧律，定为《梁律》，又命令其与尚书令王亮、侍中王莹、尚书仆射沈约、吏部尚书范云等九人一同议定。

梁武帝素来精通钟律，想要整理、订正雅乐，自己制作四件乐器，起名为"通"。每通施用三弦，黄钟弦用二百七十丝，长九尺；应钟弦用一百四十二丝，长四尺七寸四分多一点，中间的十律，以此为等差。于是用通声转过来推算节气，一点差错也没有，而反过来再一推算，也能相合。又制了十二笛，黄钟笛长三尺八寸，应钟笛长二尺三寸，中间的十律以此为等差，以十二笛之声对校于通声，并且酌对于古钟玉律，都互相符合没有差误。以此使用以金、石、丝、竹、匏、土、革、木八音，施以宫、商、角、徵、羽、变宫、变徵七声，无不合韵。早先的时候，四面只有四镈钟，杂以编钟、编磬、衡钟等共十六钩。梁武帝开始命令设置十二镈钟，各有编钟、编磬，总共三十六虡，而去掉衡钟，在四个角上安放建鼓。

魏孝文帝的丧礼，前太傅、平阳公元丕从晋阳来参加，于是留居在洛阳。元丕年届八十多岁，历事六朝，位极三公和辅相，而回家之后成为平民。魏宣武帝因元丕是宗室中的耆老，尊敬而礼待他。八月三十日乙卯，以元丕为三老。

北魏扬州刺史、任城王元澄上表请求攻打钟离，魏宣武帝派遣羽林监、敦煌人范绍到达寿阳，共同商量如何具体行动。元澄说："应当用兵十万，来去一百天，请求朝廷迅速备办军粮和兵器。"范绍说："今年的秋天已经快过去了，方才要征发兵粮，兵器可以收集得到，但是粮食上哪里去找呢？有兵无粮，如何克敌取胜呢？"

元澄沉思了很久，说道："确实如您讲的这样。"于是，就停止了这一行动。

九月初二日丁巳，魏宣武帝到达邺城。冬季，十月十六日庚子，返回到怀地，同宗室近侍比赛射箭远近，宣武帝射了三百五十多步远，群臣刻碑赞美这件事。十月二十日甲辰，回到洛阳。

十一月初五日己未，萧梁立小庙以祭祀太祖的母亲，每当在太庙祭祀完毕，均以牛、羊、猪三牲祭此小庙。

十一月十一日甲子，梁立皇子萧统为太子。

北魏洛阳的宫室方始建成。

十二月，梁将军张嚣之入侵北魏淮南，占领了木陵戍；北魏任城王元澄派遣辅国将军成兴去攻击，张嚣之败逃，北魏收复了木陵。

刘季连派遣其将领李奉伯等人抵御邓元起，邓元起与之交战，互有胜负。许久之后，李奉伯等人战败，回到成都，邓元起进驻西平。刘季连驱赶掠夺居民，闭城固守。邓元起进驻蒋桥，离成都二十里远近，把辎重物资留在郫城。李奉伯等人抄小道袭击郫城，攻陷了，邓元起的军备全部丧失。邓元起放弃郫城，径直去围攻州城，城局参军江希之打算献城投降，没有实现而死去。

北魏陈留公主守寡，仆射高肇和秦州刺史张彝都想娶她，公主答应了张彝而没答应高肇，高肇恼羞成怒，就在魏宣武帝面前陷害张彝，张彝因此被罢官免职好几年。

这一年，江东大旱成灾，一斗米卖到五千钱，百姓饿死了很多。

（以上为第八段，写南朝梁武帝萧衍志欲改革，令尚书删定郎制定刑法《梁律》，订正礼乐制度；北魏任城王元澄欲出兵攻打南朝钟离，因无法筹粮而作罢。）

梁武帝天监二年（癸未，公元 503 年）

春季，正月初二日乙卯，梁任命尚书仆射沈约为左仆射，吏部尚书范云为右仆射，尚书令王亮为左光禄大夫。正月初三日丙辰，王亮因在正月初一假称有病不登殿而获罪，被削去爵位，黜为平民。

正月二十二日乙亥，魏宣武帝到籍田举行亲耕仪式。

北魏梁州氐人杨会反叛，行梁州事杨椿等人讨伐他。

成都城中的粮食吃光了，一升米三千钱，人们开始互相残食。刘季连连着几个月喝粥，没有一点办法。梁武帝派遣主书赵景悦宣谕诏令，接受刘季连投降。刘季连光着上身请罪。邓元起把刘季连移到城外，很快又去看刘季连，对他以礼相待。刘季连谢罪说："早知道这样的话，岂有前头的事情呢？"郫城也投降了。邓元起杀了李奉伯等人，送刘季连去建康。当初，邓元起在途中，担心事情不能成功，没有什么可以奖赏，凡是来投附的士人都许诺成功之后给封官，这时接受征召任命为别驾、治中檄文的将近有两千人。

刘季连到了建康，进入东掖门，几步就跪在地上磕头一次，一直到了梁武帝面前，梁武帝笑着对他说："你想追慕刘备，但是连公孙述都比不上，岂不是因为没有像诸葛亮这样的臣子吗？"刘季连被赦免为平民。

三月十七日己巳，北魏皇后在北郊举行养蚕仪式。

三月二十八日庚辰，北魏扬州刺史任城王元澄派遣长风城城主奇道显入侵，占取了阴山、白藁两个城堡。

萧宝寅跪伏在北魏朝廷阙门之下，请求出兵讨伐梁朝，虽然暴风大雨，终究不躲避一下。恰在这时，陈伯之投降了北魏，也请兵伐梁，愿为北魏效力。魏宣武帝就召集令、仆和诸曹尚书等八坐，以及侍中、散骑常侍等门下大臣议定其事。夏季，四月初一日癸未朔，委任萧宝寅为都督东扬州等三州诸军事、镇东将军、扬州刺史、丹杨公、齐王，赏赐十分丰厚，并且配兵一万，令他驻守东城。委任陈伯之为都督淮南诸军事、平南将军、江州刺史，驻守阳石，等待到了秋冬时期就大举讨伐。萧宝寅在第二天早晨就要接受北魏的拜官封爵，从夜里一直恸哭到次日早晨。北魏人又允许萧宝寅招募四方的勇壮之士，得到数千人，颜文智和华文荣等六人都成了将军、军主。萧宝寅意志庄重，性情文雅，虽然过了服丧一年的期限，但是犹然拒绝饮酒食肉，形容憔悴，饮食粗劣，身着粗布之衣，未曾嬉笑。

四月二十一日癸卯，梁蔡法度向朝廷献上《梁律》二十卷、《令》三十卷、《科》四十卷，诏令颁布实行。

五月初六日丁巳，梁霄城文侯范云去世。

范云全心全意地侍奉梁武帝，凡是所知道的事情没有不办理的，总处于繁忙而紧张之中，而精力过人。范云去世之后，众人认为应当由沈约来掌管朝廷枢要，梁武帝认为沈约办事轻率而不慎重，不如尚书左丞徐勉，于是就让徐勉和右卫将军周舍一同参理国政。周舍的雅量比不上徐勉，但是在清简方面却超过他，两人都被称为贤相，经常留在朝中理事，很少有下朝休息的时间。徐勉有时回自己的宅第，群犬惊叫狂吠；每次上表启奏，马上把初稿烧掉。周舍参与朝廷机密大事二十多年，从来没有离开武帝身边，凡国史、诏诰、仪礼、法律、军旅筹谋策划等，全都亲自掌管，同别人言谈逗笑，终日不停，但是终究不泄露一点机密，众人尤其佩服。

五月二十一日壬申，梁敕令停止各郡县为上宫和东宫贡献物品，只准许各州以及会稽郡可以根据本土的具体情况制定贡奉物品种类，不是本地所产的，也不得上贡。

五月二十三日甲戌，北魏杨椿等人挫败叛乱的氐族部落，斩首数千人。

六月初一日壬午朔，北魏立皇弟元悦为汝南王。

北魏扬州刺史、任城王元澄上表奏道："萧衍频频地阻断东关，想使巢湖泛滥，以便淹灌淮南的各个城堡。吴、楚之地适宜水战，一边淹灌，一边掠夺，淮河南边的地盘快要非我所有了。寿阳离长江五百多里，民众惶惶不安，都害怕水害，如果乘民众担心的机会，攻打敌人的虚弱，预先勒令各州，准备兵士和战马，到秋天汇齐集中，根据情况制定方案，虽然统一天下不一定成功，但是长江之西却从此没有什么可忧虑的了。”六月初五日丙戌，北魏调发冀、定、瀛、相、并、济六个州两万人，一千五百匹马，令于仲秋中期全部在淮南会合，加上寿阳原有的三万兵力，一并委于元澄指挥调遣，萧宝寅和陈伯之都受元澄指挥。

（以上为第九段，写南梁益州叛首刘季连投降朝廷，叛乱平定；重用贤臣徐勉、周舍，参掌机枢；投奔北魏的萧宝寅、元澄请求南下，北魏调发六州兵力定于中秋中期会合淮南。）

谢朏乘坐轻舟到朝廷去，梁武帝诏令为侍中、司徒、尚书令。谢朏推辞说有脚疾，不堪忍受拜谒的事情，头戴方巾，自己驾车，来到云龙门谢恩。颁布诏书在华林园召见，乘着小车去赴席。次日早晨，梁武帝临幸谢朏宅第，两人边饮边谈，非常欢快。谢朏再三陈述自己的心愿，不允许，谢朏请求回会稽去迎接母亲前来，然后再就任，同意了。谢朏临出发之前，梁武帝再次驾临，为他赋诗饯别。谢朏离京时，送行和迎接的使者络绎不绝，相望于道。回到建康之后，诏令起造新府于旧宅，礼遇优异于他人。谢朏向来害怕麻烦，对所任职务不经心，众人颇为失望。

六月十三日甲午，梁任命中书监王莹为尚书右仆射。

秋季，七月初五日乙卯，北魏平阳公元丕去世。

北魏撤销了盐池的禁令之后，利益都被富豪们夺去。七月二十日庚午，北魏重新收回盐池之利润入公家。

七月二十一日辛未，北魏任命彭城王元勰为太师，元勰坚决推辞。魏宣武帝赐给元勰诏书，谆谆劝谕，又以家中小辈身份给他写了家信，一再祈请，恳切至备，元勰不得已，只好受命。

八月二十日庚子，北魏委任镇南将军元英都督征义阳诸军事。司州刺史蔡道恭闻知北魏军队将要到了，派遣骁骑将军杨由率领城外的居民三千多家保守于贤首山，建立了三重栅垒。冬季，十月，元英统率各部兵马包围贤首栅，栅内的民众任马驹斩了杨由，投降北魏。

任城王元澄命令统军党法宗、傅竖眼、太原人王神念等人分别率领兵入侵东关、大岘、淮陵、九山，高祖珍率领三千骑兵为游动兵力，元澄统领大军紧继其后。傅竖眼是傅灵越的儿子。北魏军队攻破了关要、颍川、大岘三城，白塔、牵城、清溪都溃败了。徐州刺史司马明素率兵三千援救九山，徐州长史潘伯邻援救淮陵，宁朔将军王燮保卫焦城。党法宗等人进攻并打下焦城，攻破淮陵。十一月初三日壬午，擒获了司马明素，斩了潘伯邻。

在此之前，梁朝的南梁太守冯道根戍守阜陵，刚到的时候，修筑城壕，派侦察兵查探，好像敌人要到了一样，众人多讥笑他。冯道根说道：“加强防守，好像害怕敌人，作战则很勇敢，说的正是这个呀。”城防还没有修筑完毕，党法宗等人就率兵两万突然来到城下，众人全都大惊失色。冯道根命令大开城门，穿着宽绰的便服登上城门，挑选二百名精锐兵士出城与魏兵交战，打败了敌手。北魏人见冯道根神情举止不慌乱，初次交锋又不顺利，便撤走了。冯道根率领百名骑兵袭击高祖珍，破敌获胜。北魏的各路军队粮食运送阻断，只好撤军而退。任命冯道根为豫州刺史。

（以上为第十段，写南朝萧梁重用名士谢朏，而谢朏漫不经心；北魏南下之军，打下焦城，攻破淮陵，而在阜陵遇到顽强的阻击，粮运阻断，不得已撤军。）

北魏武兴安王杨集始去世。十一月十一日己未，北魏立杨集始的长子杨绍先为武兴王。杨绍先年龄幼小，封国中的事情都决定于他的两个叔父杨集起、杨集义。

十一月二十七日乙亥，梁尚书左仆射沈约因为母亲去世而离职。

北魏迁都洛阳之后，北边荒远的地方连年饥荒，老百姓生活困难。魏宣武帝加任尚书左仆射源怀侍中、行台，让他持符节巡视北方六镇以及恒、燕、朔三个州，救济贫困之民，考核官吏，事情之得失都由他先做处理，然后再上报。源怀到达之后，普济民众，饥民信赖。沃野镇的守将于祚是皇后的伯父，与源怀是亲家。当时于劲正当权，势倾朝野，而于祚多有受贿行为。源怀快到沃野镇时，于祚特意到郊外道左去迎接，但是源怀不与于祚搭话，当即就检举弹劾免去他的官职。怀朔镇的守将元尼须与源怀有旧交，他贪婪污秽，行为很不好，置办酒席宴请源怀，对源怀说：“命的长短，取决于您的一句话，岂能不加以宽免呢？”源怀回答：“今天源怀与过去的老相识饮酒的酒席，不是审讯犯人的地方。明天，公庭上才是检举揭发镇将罪状的地方呢。”元尼须挥泪不已，无言以对。最后查证抵罪。源怀又上奏朝廷：“边镇事情不多而设置的官职过多，比如沃野一镇从镇将以下就有八百多人，请一概减去五分之二。”魏宣武帝听从了这一建议。

十二月初七日乙酉，梁朝将军吴子阳与北魏元英交战于白沙，吴子阳败北。

北魏东荆州蛮人樊素安作乱，十二月乙酉，北魏以左卫将军李崇为镇南将军、都督征蛮诸军事，率领步骑兵讨伐樊素安。

冯翊人吉翂的父亲为原乡县令，被奸吏所诬陷，逮捕押送到廷尉，罪当处死。吉翂时年十五岁，击响了朝堂外的登闻鼓，乞求代父亲一死。宣武帝见他年龄幼小，怀疑是别人教他这么干的，就让廷尉卿蔡法度对他严加诱胁，让他说出实情来。蔡法度把各种拷讯刑具都摆出来，诘问吉翂：“你乞求为父抵命，圣旨已经准许了，现今就是看你是否真的愿意去死。况且你只不过是一个孩子，如果是别人教你，也允许反悔。”吉翂回答：“囚犯虽然愚鲁年幼，但是岂能不知道死之可怕呢？完全是出于不忍心看父亲遭受极刑，所以乞求代他一死。这不是小事，怎么会受他人的教唆呢！圣明旨意准许代父而死，真是不异于登仙，岂有反悔之说呢？”蔡法度更加和颜悦色地诱导吉翂说：“皇上知道令尊没有罪，很快就会释放，看你实在是一个好孩子，现今如果能改变所说的话，你们父子就可以一同活命。”吉翂回答：“父亲被人严重弹劾，会以刑书论处。囚犯闭目伸头，听任大刑，没有什么要说的了。”当时，吉翂身上加满了手铐脚镣，蔡法度怜悯他，命令给他另换成小一些的刑具，吉翂却不让换，说：“死罪犯人，只应加重刑具，岂可以减轻呢？”到底不肯脱去。蔡法度把详情上奏，宣武帝就宽恕了吉翂父亲的罪过。

丹杨尹王志了解了吉翂在廷尉审问中的事情，并且调查乡里，准备在下年初举荐吉翂为纯孝。吉翂说：“奇怪呀，王尹！为什么要把吉翂看得如此之浅薄呢？父亲受辱，儿子代死，理当如此。如果吉翂接受这一举荐，就是凭借父亲而博取名声，还有什么耻辱可以比得上这个呢？”坚决加以拒绝而作罢。

（以上为第十一段，写北魏派遣尚书左仆射源怀巡视北方三州六镇，济贫惩贪；南朝萧梁十五岁的吉翂敲登闻鼓，为父鸣冤，代父赎罪，梁武帝萧衍宽恕其父罪过。）

魏宣武帝纳高肇哥哥高偃的女儿为贵嫔。

北魏散骑常侍赵脩，出身微贱而突然显贵，恃宠骄恣，欺压王公，被众人所忌恨。魏宣武帝为赵脩建造宅第，规制与诸王的一样。邻居向赵脩献出土地，有的破格任用而补到大郡去做郡守。赵脩请假回去埋葬父亲，凡是所用财物劳役，全部由官家提供。赵脩曾在路上放纵荒淫，身边的人乘他外出，告发了他的罪恶，他回京城之后，旧有的宠幸就比过去有所减少。高肇秘密罗列赵脩的罪状，侍中、领御史中尉甄琛、黄门郎李凭、廷尉卿阳平人王显等人，平时都巴结投靠赵脩，到这时害怕被牵连，争着帮助高肇打击赵脩。魏宣武帝命令尚书元绍核查审讯，颁布诏书公布了赵脩的奸恶行径，免去他死罪，鞭挞一百，贬谪到敦煌充军。而赵脩愚蠢粗心，开初一点也不知情，正在领军于劲的宅第中赌博，来了几个羽林奉圣旨叫他，送他到了领军府。甄琛和王显监督刑罚，两人事先准备了履行杖刑有力气的人，轮流鞭打他，一定要让他死。赵脩向来身体肥胖强壮，忍受得住痛打，所以暗中增加鞭挞到三百下，仍然不死。甄琛等立即叫来驿马，催促赵脩即刻上路充军。出城之后，马上坚持不住了，就举起用绳子捆绑在马鞍上，驱马急行，走了八十里路，赵脩就死了。宣武帝知道了，责备元绍不再次奏请，元绍回答说：“赵脩的佞幸，对国家危害太大了，臣不乘机除掉，恐怕陛下要受万世之指责。”宣武帝觉得元绍的话正直不阿，没有加罪。元绍从殿中出来后，广平王元怀向他施礼说道：“您老人家的刚直超过汲黯。”元绍回答：“我只恨杀得稍微晚了一些，为此而感到惭愧。”元绍是元素的孙子。次日，甄琛和李凭因是赵脩的同党而被免去官职，左右因受赵脩牵连而被诛死或贬黜的有二十多人。散骑常侍高聪与赵脩向来关系亲密，但是他以同族人之身份讨好巴结高肇，所以独得幸免。

（以上为第十二段，写北魏佞臣赵脩为所欲为，因归葬其父，被权臣高肇抓住机会，告发其罪，受到杖刑；谄事者甄琛等趁此将其鞭打致死，尚书元绍追究赵脩党羽，诛杀二十余人。）

梁武帝天监三年（甲申，公元 504 年）

春季，正月初三日庚戌，梁征虏将军赵祖悦与北魏江州刺史陈伯之战于东关，赵祖悦战败。

正月初六日癸丑，梁任命尚书右仆射王莹为左仆射，太子詹事柳惔为右仆射。

正月初九日丙辰，北魏东荆州刺史杨大眼攻击反叛的蛮人樊季安等人，大获全胜。樊季安是樊素安的弟弟。

正月十九日丙寅，北魏大赦天下，改年号为正始。

萧宝寅行到汝阳的时候，东城已经被梁军占取了，于是就改驻在寿阳的栖贤寺。二月十一日戊子，将军姜庆真乘北魏任城王元澄在外，袭击寿阳，占据了外城。北魏长史韦缵仓促之中不知如何才好，任城太妃孟氏整军登上女墙，先据守了要害之处，勉励文武官员，安慰新投附来的寿阳兵民和旧有的将士，将士们都士气高昂。太妃亲自巡察城防，不避敌方飞箭流石。萧宝寅领兵到了，与州军合力奋战，从四更激战到夕阳西下的时候，姜庆真败逃而去。韦缵因临阵失措而被免去官职。

任城王元澄攻打钟离，梁武帝派遣冠军将军张惠绍等人率兵五千运送粮食到钟离，元澄派遣平远将军刘思祖等人去截击。二月二十日丁酉，在邵阳交战，大败梁军，俘虏了张惠绍等十个将领，斩杀或俘虏了几乎全部士卒。刘思祖是刘芳的侄子。尚书省议论刘思祖的功劳应当封为千户侯，侍中、领右卫将军元晖向刘思祖要两个婢女，没有得到，于是封赏刘思祖一事就搁置了。元晖是元素的孙子。

梁武帝派遣平西将军曹景宗、后军王僧炳等人统率步、骑兵三万援救义阳。王僧炳率领两万兵力据守凿岘，曹景宗率领一万兵力为后援，元英派遣冠军将军元逞等人据守樊城以抵挡。三月二十五日壬申，北魏军队在樊城大败王僧炳，俘虏和斩首四千多人。

北魏诏令任城王元澄：“四月份淮河水将涨，船行无阻，南方军队得其天时，所以不要贪利益而后悔不及。”恰好天降大雨，淮水暴涨，元澄领兵回到寿阳。北魏军队回撤时十分狼狈，失踪和逃亡的有四千多人。中书侍郎、齐郡人贾思伯是元澄的军司，殿后而行，元澄因他是个儒生，以为他必死无疑，等他回来之后，元澄大喜过望，说道：“‘仁者必有勇’，在军司身上表现出来了。”贾思伯借口说迷路了，不愿意夸耀功劳。有关部门奏请朝廷夺去元澄开府之封，并降三级。梁朝向北魏请求用所俘获的北魏将士换回张惠绍，北魏人归还了张惠绍。

（以上为第十三段，写南朝萧梁与北魏的攻斗，南朝将军姜庆真抓住元澄外出的机会，袭击大本营寿阳，双方增兵交战，淮水暴涨，北魏宣武帝下令撤兵。）

北魏太傅、领司徒、录尚书北海王元详，骄奢淫逸，喜好声色，贪图财利而永远没有满足的时候。到处营造私人宅第，夺占别人的房屋，宠幸身边的人，对于各种托请无不应允，结果闹得宫中廷外怨声载道。魏宣武帝因为他是长辈，恩德礼遇并没有衰减，军国大事都参与决策，各种奏请也无不答应。魏宣武帝刚开始亲政时，派兵去传召几位叔父，元详与咸阳王、彭城王乘一辆车入见宣武帝，里面防卫得特别严密坚固。高太妃恐惧万分，乘车跟随在后面啼哭了一路。三个人得以免罪之后，高太妃对元详说：“从今以后不愿富贵，只要母子平安地在一起相互保全，与你一同扫取集市遗物也无不可。”等到元详再次执政之后，高太妃再也想不起以前的事情了，一味帮助元详做贪求、暴虐的事情。冠军将军茹皓因为巧思而得宠于宣武帝，经常在左右，传达和答复门下省的奏事，弄权作弊，收受贿赂，朝野上下畏惮他，元详也依附他。茹皓娶了尚书令高肇的堂妹，茹皓妻子的姐姐又是元详的堂叔安定王元燮的妃子，元详与元燮的妃子私通，因此元详与茹皓就越发亲近了。直阁将军刘胄本来是元详所引荐，殿中将军常季贤因为擅长养马，陈扫静则专掌梳头的事，三人都得宠于宣武帝，与茹皓相为表里，一起以权谋私利。

高肇本来出身于高句丽，一般人轻视他。宣武帝罢黜了六位辅政大臣，诛杀了咸阳王元禧之后，就把政事只委托于高肇一人。高肇在朝廷中的亲戚同宗甚少，于是招揽交结朋党，凡是投附的人，十天半月就可以破格提升，不愿投靠者则动辄陷以重罪。尤其忌妒各个藩王，由于元详地位在自己上面，就想把他除掉，自己独掌朝政。高肇便在宣武帝面前诬陷元详说：“元详与茹皓、刘胄、常季贤、陈扫静等人密谋叛乱。”夏季，四月，宣武帝夜里召中尉崔亮进入宫中，让弹劾元详贪婪淫乱，奢侈放纵，以及茹皓等四人依仗权势，贪赃枉法。拘捕了茹皓等人，关押在御史台，又派遣一百名武士包围了元详的府第。又担心元详惊怕而逃脱，就派遣身边人郭翼打开金墉门，骑马出去向元详宣谕圣旨，出示中尉崔亮的弹劾状，元详说：“确实如中尉所举发的那样，有什么可担心的呢？正害怕还有更大的罪从天而降呢。别人给我东西，我确实收下了。”天亮之后，有关部门奏请处置茹皓等人的罪行，四人全部被赐死。

魏宣武帝召集高阳王元雍等五个藩王进去商议元详罪行。元详乘单车，前后警卫，送入华林园，母亲和妻子也随他进入园中，只给了几个弱小的奴婢，围守得特别严密，与外面断绝了联系。五月初一日丁未朔，诏令宽宥元详不死，贬为平民。很快，元详就被移送到太府寺，看管得更加严紧了，母亲和妻子都回到南宅去了，每五天来看望他一次。

当初，元详娶了宋王刘昶的女儿，待她疏远薄情。元详被囚禁之后，高太妃才知道了安定王高妃的事，非常生气，骂元详说："你的妻妾成群，为何还要那个高丽婢女，以致被陷罪到这个地步呢？"打了一百多板，创伤流血化脓，十多天后才能站立起来。高太妃又令人打了刘妃几十下问："妇人家都妒忌，你为什么不妒忌呢？"刘妃笑着接受了惩罚，从头到尾没说一句话。

元详的几个家奴秘密勾结，想把元详从狱中抢劫出来，秘密书写了姓名，托侍婢交给元详。元详刚拿在手上要看，被看守头目老远地看见了，突然跑进来从元详手上抢夺过来看了，上奏给朝廷。元详恸哭了几声，突然死亡。诏令有关部门以礼殡葬了元详。

（以上为第十四段，写北魏的宫廷斗争，太傅、北海王元祥为所欲为，私欲膨胀，而外戚高肇欲专权，虎视眈眈，必欲除之，便诬告元祥密谋叛乱，元祥败亡。）

在此之前，典事史元显向魏宣武帝进献了一只鸡雏，四只翅膀，四条腿，就诏问侍中崔光，崔光上表说："汉元帝初元年间，丞相府史家的母鸡孵小鸡，渐渐地变成了公鸡，鸡冠和爪子后面的尖骨突出，开始打鸣，成了群中之帅。永光年间，有人进献了一只长角的公鸡，刘向认为：'鸡是小家禽，其职责是到时鸣叫，唤醒主人起床，这是地位低贱的下臣掌权当政的征兆。竟宁元年，石显服罪，就是其应验呀。'汉灵帝光和元年，南宫寺的母鸡快变成公鸡了，只有头上的冠还没变，诏问议郎蔡邕，蔡邕回答说：'头是元首，是皇帝的象征。如今鸡的全身都变了，只是头还没有变，而圣上知道了，这是天下将要出事而不会成功的征兆。倘若应对不妥当，朝政方面没有什么改善，头冠如果也变成了的话，为患就更加大了。'之后，黄巾贼破坏四方，天下因此大乱。现今这只鸡的形状虽然与汉代的不同，但是显示的预兆颇相类似，确实可怕呀。我用刘向、蔡邕的说法推论这件事：翅膀和脚众多，这是一群下贱小人互相勾结，鼓动生事的象征；雏小而未大，脚趾和羽翼尚小，说明群小的势力还微弱，易于制服。臣听说这种灾异现象的出现，都显示着吉凶之兆，圣明的君主见了引起警惕，于是能带来福气；而昏暗的君主见了骄慢，所以导致灾祸。或许如今也有从低贱而显贵的小人参与干涉政事，如前代石显那样呢？愿陛下引进贤才，黜免佞臣，如此则妖孽消失，吉庆降临啊。"其后几天，茹皓等人伏法被诛，宣武帝越发看重崔光了。

高肇游说宣武帝，让宿卫队的头领率领羽林虎贲监守各藩王的宅第，差不多相当于幽禁起来了，彭城王元勰再三劝谏不要这样做，宣武帝不听。元勰志向远大，不乐于荣华权势。避事住在家中，出外不游山玩水，在家中没有知己相陪伴，独自面对妻子儿子，常常郁郁寡欢。

魏军围攻义阳，城中的兵力不足五千人，粮食才够支持半年。北魏军队攻城，昼夜不停，刺史蔡道恭随机应变抵抗，出手得胜，相持了一百多天，前后斩获敌人不可数计。魏军害怕了，准备撤退。恰在这时，蔡道恭的病情严重了，呼唤担任骁骑将军的堂弟蔡灵恩、担任尚书郎的侄子蔡僧勰以及其他将佐，对他们说："我受国家的厚恩，但不能抵御消灭寇贼，现今苦于病情转危，势必不会支持长久。你们应当以死来捍卫自己的名节，不要让我死有遗恨。"大家都伤心流泪。蔡道恭病逝，蔡灵恩代管州务，替蔡道恭去指挥守城。

六月初八日癸未，梁大赦天下。

北魏大旱，散骑常侍兼尚书邢峦上奏说："过去的圣明天子重视粮食和布帛而轻视金子和玉石，为什么呢？粮食布帛可以养民而安国，金玉无用而败损道德。先帝深深地以奢侈安逸为鉴戒，努力推崇勤俭节约，以至于用纸绢做帷帐和屏风，铜铁做马的辔头和勒口，府库所藏之金，仅够维持开支而已，不再买物品积存起来而浪费国家的资金。到了景明之初，承继升平之业，四境安宁，远近都来归附，这时入贡之物一筐筐地相继而来，商贾们也纷纷前来，各种进献纳贡，倍于往常。金玉总是有余，国家财用却常常不足。假如不做出一定的限制，只恐怕年度预算不足，请从今开始，凡不是国家重要而必需的，一概不接受。"魏宣武帝采纳了这一建议。

（以上为第十五段，写北魏权臣高肇专权，游说元恪围困诸王宅第，形同幽禁，贤臣元勰也无可奈何，郁郁寡欢；南朝萧梁名将蔡道恭多次打退北魏兵，而因病去世。）

秋季，七月初八日癸丑，角城戍主柴庆宗献出城池投降北魏，北魏徐州刺史元鉴派遣淮阳太守吴秦生率领一千多人赶赴角城。淮阴增援军队阻断了去路，吴秦生屡次交战，打败了梁朝的援军，占取了角城。

七月十九日甲子，梁封立皇子萧综为豫章王。

北魏李崇攻破东荆州叛乱的蛮人，活捉了樊素安，进而讨伐西荆州各部蛮人，都投降归顺。

魏军知道蔡道恭死了，攻击义阳城更加紧急，每天短兵相接。曹景宗驻扎在凿岘按兵不动，只是炫耀兵力四处游猎而已。梁武帝又派遣宁朔将军马仙琕援救义阳，马仙琕转战而前，兵势十分勇锐。元英在上雅山修筑战垒，命令诸位将领分别埋伏在山的四周，显示出力量弱小的样子。马仙琕乘胜而进，直抵北魏军队的长围，袭击元英的营地。元英假装败逃，引诱敌方，到了平地，纵兵回击马仙琕。统军傅永身着铁甲，手执矛槊，单骑冲入，只有军主蔡三虎辅助，横穿敌阵而过。梁朝兵士用箭射傅永，射穿了左大腿，傅永拔出箭，再次冲入敌阵。马仙琕一败涂地，一个儿子阵亡，仙琕撤退逃走。元英对傅永说："您受伤了，且回营地去吧。"傅永不肯，说："昔日汉高祖刘邦伤胸，却用手捂脚，不想让人知道，以防动摇军心。下官虽然地位微贱，国家的一员将领，岂能让贼人有伤了我方一员将领的说辞呢？"就与部队一起去追击，天亮才返回。傅永当时已七十多岁，军中无人不敬仰为壮士。马仙琕又率领一万多人进攻元英，元英又打败了他，杀了将军陈秀之。马仙琕知道义阳危在旦夕，倾力决战，一日交锋三次，都大败而回。蔡灵恩势穷了，八月十一日乙酉，投降了北魏。三关的戍守将领听闻消息，八月十七日辛卯（原文作乙酉，误），也弃城而逃。

元英命令司马陆希道撰写报捷的文书，嫌版文不精，命令傅永修改。傅永并没有增加文章的文采，只是一一列举指挥作战的概要，元英非常欣赏说："看到这样的谋略措施，敌人的城池即使固若金汤，也守不住了。"当初，南安惠王因参与穆泰谋反，被追削爵位和封地，元英攻克义阳之后，又重新封元英为中山王。

御史中丞任昉弹劾曹景宗按兵不前，梁武帝因他是功臣，搁置没有治他的罪。

卫尉郑绍叔忠心耿耿侍奉梁武帝，凡在外面听到什么，毫无隐瞒地报告。每次给梁武帝汇报，如果是好事，就把功绩归结于皇上；如果不是好事，则把责任归结于自身，梁武帝因此特别亲近他。诏令在南义阳设置司州，州治所移于关南，任命郑绍叔为刺史。郑绍叔筑建城壕，修缮器械，增广农田，积储谷物，招集流散人口，百姓安居乐业。

北魏设置郢州于义阳，以司马悦为刺史。梁武帝派遣马仙琕在三关南边修筑了竹敦、麻阳两座城堡，司马悦派兵去攻打竹敦，拔取了它。

九月初八日壬子，梁任命吐谷浑王慕容伏连筹为西秦州和河州刺史、河南王。

柔然入侵北魏的沃野和怀朔镇，诏令车骑大将军源怀出征北方，凡是指挥布置、军需物品的调发等，授权他全权处理。源怀到达云中，柔然人远遁而去。源怀认为用中原的方法制服蛮夷，最好是修建城池，返回后，到了恒代之地，视察了各镇周围的要害之地，可以修城筑寨之处，准备从东到西共修建九座城池，以及储备粮食兵器所适宜，呈犬牙交错可以互相援救的形势，共五十八条建议，表奏朝廷："现今定鼎于成周，距离北边遥远，代京以北的各部落多有反叛，连续遭受旱灾，出现饥荒，以致戎马甲兵十分中缺去八分。认为应该依照旧镇那样，东西相望，令形势相连，在此修筑城堡，分兵戍守，平时屯田积粮，紧急的时候，可以随时应战。柔然游骑之寇，终不敢攻城，也不敢越过城堡而南下。如此，北方就可以无忧了。"魏宣武帝同意了这一建议。

北魏太和十六年时，孝文帝诏令中书监高闾和给事中公孙崇考定雅乐，但很长时间还没有完成。恰恰孝文帝驾崩，高闾去世。景明年间，高崇担任了太乐令，向朝廷献上了所调金石乐器以及书，至此，宣武帝命令八座及以下的官员审议鉴定。

冬季，十一月十五日戊午，北魏诏令营建修缮国学。当时，北魏国内平静安宁日久，兴学之风大盛，燕、齐、赵、魏等地，讲学授业的人不可胜数，其弟子登记在册者多的有一千多人，少的也有几百名，州里举荐“茂材异等”的卓越人才，郡里举贡孝廉，人数一年比一年多。

十一月二十一日甲子，梁废除用钱赎罪的法令。

十二月初四日丙子，北魏诏令殿中郎陈郡人袁翻等人议定设立法规律令，彭城王元勰等人担任总监。

十二月二十七日己亥，魏宣武帝到达伊阙。

梁武帝一向喜好儒术，认为东晋、刘宋、南齐虽然开办了国学，但是不及十年都废止了，即使存在，也仅仅是形式而已，没有讲授之实。

（以上为第十六段，写南朝萧梁大将曹景宗坐山观虎斗，宁朔将军马仙琕力战而败，义阳归于北魏；北魏在北方修建九座城池，抵挡柔然游寇；北魏定雅乐，兴国学。）

【点评】

魏孝文帝和梁武帝推进礼乐文化。梁武帝和魏孝文帝都很重视礼乐制度。中国历史上像梁武帝这样精通音律的皇帝很少，他素来精通钟律，想要整理、订正雅乐，而且他能够自己制作乐器“通”。神奇的是，梁武帝用通声转过来推算节气，一点差错也没有，而反过来再一推算，也能相合。梁武帝又制作了十二笛，以十二笛的声音对校于通声，并且对于古钟玉律，都互相符合没有差误。这些都说明梁武帝自小就受到良好的音乐教育，并且能够充分认识到音乐艺术对于人文关怀、社会教育的重大作用，所以努力推行礼乐。北魏的情况就特殊一些，自魏孝文帝开始注意并引进中原的礼乐制度，在太和十六年颁布诏书要高闾与公孙崇考订雅乐，到了景明年间，公孙崇担任太乐令，旧事重提，朝廷重新议定。从此看来，北魏的汉化进行得非常顺利，孝文帝开创的改革道路被顺利地推进。与此相呼应的是北魏国学馆的兴盛，北魏境内，这时兴学之风大盛，燕、齐、赵、魏等地，讲学授业的人不可胜数，其弟子登记在册者多的有一千多人，少的也有几百名，州里举荐“茂才异等”，郡里举贡孝廉，人数一年比一年多。

资治通鉴（白话本） 卷第一百四十六

梁纪二

梁武帝天监四年至六年（公元505—公元507）

【起旃蒙作噩（乙酉，公元505年），尽强圉大渊献（丁亥，公元507年），凡三年】

【大事提要】

本卷记事起自公元505年，至公元507年，凡三年，当梁武帝天监四年至天监六年。本卷所载大事，主要是梁魏南北对峙，发生了两次大规模的战争，都以发动者的失败而告终。第一次战争，公元505年，梁武帝任命其弟扬州刺史临川王萧宏都督北讨诸军事北伐魏，公元506年战败而归。第二次战争，公元507年，北魏十万大军南下，因不习惯水战，失败而回。

高祖武皇帝二

梁武帝天监四年（乙酉，公元505年）

春季，正月初一日癸卯朔，梁发布诏令："两汉时期登贤入仕，莫不是通过经术的道路，服膺大雅之道，名可建立，业可成就。魏晋时浮华放荡，儒教丧歇，风节不树，经术不立是根本原因。可以设置五经博士各一人，广开馆宇，招纳后进。"这时以贺玚及平原人明山宾、吴兴人沈峻、建平人严植之补为博士，各主持一馆，每馆有好几百名学生，由朝廷供给口粮等生活资用，其中在射策考试时通达明晰者，即被任为官吏。一年之间，天下士子怀经负笈，云集而至。贺玚是贺循的玄孙。又挑选学生，送往会稽云门山跟从何胤接受学业，命令何胤选拔门徒中通晓经学、品行优秀者，姓名上报朝廷。分路遣博士祭酒巡视各州郡的立学情况。

当初，谯国人夏侯道迁以辅国将军的身份随从裴叔业镇守寿阳，任南谯太守，因与裴叔业不合，一个人骑马投奔了北魏。北魏任命夏侯道迁为骁骑将军，随从王肃镇守寿阳，派夏侯道迁驻守合肥。王肃去世，夏侯道迁丢下戍所来投靠南朝，随从梁、秦二州刺史庄丘黑镇守南郑，庄丘黑任命夏侯道迁为长史，兼汉中太守。庄丘黑死后，诏令都官尚书王珍国为刺史，没有到任，夏侯道迁便私下里与军主考城人江忱之等人密谋投降北魏。

在此之前，北魏仇池镇将杨灵珍反叛北魏来投奔，朝廷任命为征虏将军、假武都王，协助戍守汉中，手下共有部曲六百人，夏侯道迁很害怕他。梁武帝派遣左右心腹吴公之等人出使南郑，夏侯道迁便杀害了使者，发兵袭击杨灵珍父子，斩了他们，连同使者的首级一并送到北魏。白马的戍主尹天宝得知，带兵袭击夏侯道迁，打败了夏侯道迁的将领庞树，包围了南郑。夏侯道迁求救氐王杨绍先、杨集起、杨集义，都不回应，杨集义的弟弟杨集朗带兵援救夏侯道迁，向尹天宝发起了攻击，杀了他。北魏任命夏侯道迁为平南将军、豫州刺史、丰县侯。又任命尚书邢峦为镇西将军、都督梁汉诸军事，率兵前去赴任。夏侯道迁接受了平南将军一职，辞掉了豫州刺史之职，要求封为公爵，魏宣武帝不准许。

正月初九日辛亥，梁武帝在南郊祭祀，并诏令大赦天下。

正月二十三日乙丑，北魏任命骠骑大将军高阳王元雍为司空，加封尚书令广阳王元嘉仪同三司。

二月初五日丙子，北魏封宕昌世子梁弥博为宕昌王。

梁武帝策谋讨伐北魏，二月十一日壬午，派遣卫尉卿杨公则率领宿卫兵堵塞了洛口。

二月二十一日壬辰，梁交州刺史李凯占据州城反叛，长史李畟平定了李凯的反叛。

北魏邢峦到达汉中，对各城堡发起了攻击，所向无敌，无坚不摧。晋寿太守王景胤占据石亭，邢峦派遣统军李义珍打跑了他。北魏任命邢峦为梁、秦二州刺史。巴西太守庞景民占据郡城，拒不投降，郡中平民严玄思聚集群众，自封为巴州刺史，投附于北魏，攻打庞景民并将他斩首。杨集起、杨集义得知北魏攻克汉中的消息之后害怕了，闰二月，率领氐族部落反叛了北魏，切断了汉中的粮道，邢峦多次派遣军队去袭击，打败了杨集起、杨集义。

夏季，四月十七日丁巳，梁任命行宕昌王梁弥博为河凉二州刺史、宕昌王。

冠军将军孔陵等人率兵两万戍守深杭，鲁方达戍守南安，任僧褒等人戍守石同，以便抵拒北魏。邢峦派遣统军王足带兵袭击，所到之处无不告捷，于是进入剑阁。孔陵等人只好退保梓潼，王足又进攻，击破了他们。梁州十四郡之地，东西七百里，南北一千里，全部归入北魏版图。

（以上为第一段，写南朝萧梁武帝萧衍下令设置《五经》博士，开办学校；北魏名将、梁秦二州刺史邢峦率军南下，一路势如破竹，梁州十四郡尽入北魏版图。）

当初，益州刺史邓元起因母亲年老而乞求归还故里，颁布诏书征调为右卫将军，另以西昌侯萧渊藻取代他。萧渊藻是萧懿的儿子。夏侯道迁反叛的时候，尹天宝派使者驰告邓元起。等到北魏侵犯晋寿的时候，王景胤等人都遣使告急，众人劝说邓元起急速前去援救，邓元起说："朝廷万里之遥，军队不会很快就来到的，如果寇贼侵淫成势，方须前去讨伐夷荡，督帅的责任，除了我还有谁呢？何必现今就匆匆忙忙地前去救援呢？”朝廷诏令邓元起代理都督征讨诸军事，让他去援救汉中，而晋寿已经沦陷了。萧渊藻将要到达，邓元起准备回去的行装，粮资储备和各种器械兵仗搜罗一空，些微不剩。萧渊藻入城之后，怀恨在心。萧渊藻要邓元起的良马，邓元起说：“你一个年少郎君，要马干什么呢？”萧渊藻无比愤怒，借邓元起酒醉的机会，杀了他。邓元起的部下把城围住，痛哭主帅，且问主帅被杀之缘故，萧渊藻说：“天子有诏令。”众人才散去了。萧渊藻就诬告邓元起反叛，梁武帝疑而不信。邓元起的故吏广汉人罗研来到朝廷告状，梁武帝说：“果然同我所思量的一样。”梁武帝派使者斥责萧渊藻说：“邓元起为你报仇，你却为仇人而报仇，忠孝之道在哪里呢？”于是贬萧渊藻号为冠军将军，赠邓元起征西将军，谥号为忠侯。

李延寿评论说：邓元起勤勉于事，奉事朝廷，体贴下属，开辟疆土，功不可没，但是功劳没有受到赏赐，却先陷祸遇难。萧渊藻仅仅被贬为冠军将军，惩罚太轻了，梁朝的政治、刑律，在这件事上出现大的失误，偏袒亲族的弊端，自此开启，传承年代不能久远，不也是应该的吗？

益州的百姓焦僧护聚众造反，萧渊藻年纪还不满二十岁，召集手下的僚佐们商议要亲自去歼击，有人说不可，萧渊藻勃然大怒，就把说话的人斩于庭阶的侧旁。乘坐着平肩舆轿，在叛民的营垒周围巡行，叛民用弓箭乱射，箭下如雨，随从们举着盾牌为他挡箭，命令把盾牌拿开。因此，人心大安，争相出击焦僧护等，都平定了。

六月十一日庚戌，梁朝开始设立孔庙。

豫州刺史王超宗率兵围攻北魏小岘。六月二十八日丁卯，北魏扬州刺史薛真度派遣兼统军李叔仁等人出击，王超宗的军队大败。

冠军将军王景胤、李畎，辅国将军鲁方达等同北魏的王足交战，屡次失败，秋季，七月，王足进逼涪城。

八月初四日壬寅，北魏中山王元英入侵雍州。

八月十二日庚戌，秦、梁二州刺史鲁方达与北魏王足手下的统军纪洪雅、卢祖迁交战，战败，鲁方达等十五员将领都战死。八月十四日壬子，王景胤等又与卢祖迁交战，战败，王景胤等二十四位将领全部战死。

杨公则到达洛口，与北魏豫州长史石荣交战，将石荣斩首。八月十六日甲寅，将军姜庆真与北魏军队在羊石交战，不利，杨公则退驻于马头。

雍州蛮人沔东太守田青喜反叛投降了北魏。

北魏有灵芝长在皇宫太极殿内的西墙下，魏宣武帝拿来给侍中崔光看，崔光上表认为："这只是《庄子》所讲的'气蒸成菌'罢了。这种柔脆的东西，生长在废墟角落污秽潮湿的地方，不应当生长在殿堂高贵华丽之处；如今忽然有了，而且其形状扶疏繁茂，实在是异常的事情。野木生于朝廷，野鸟飞入宗庙，古人都认为是败亡的征兆，所以商王太戊、中宗惧怕灾异而修德积善，殷朝国运得以复兴昌盛，这正是所谓'家族吉利而怪异先行，国家兴盛而妖异预见'。如今西方和南方兵戈未息，京郊周围大旱久时，百姓劳苦，万物憔悴，没有比这更甚的了。承受上天旨意养育万民者在此之际正应该加以体恤，恳请陛下亲身政务，使圣道维新，节制夜间饮酒的娱乐，保养正值年轻的身体，如此则大魏的国祚可以永远兴隆，皇寿与山岳等齐。"此时，魏宣武帝喜好宴饮欢乐，所以崔光在上表中特意提到。

九月初一日己巳，杨公则等人与北魏扬州刺史元嵩交战，杨公则败北。

冬季，十月初九日丙午，梁武帝发动军队大举征伐北魏，任命扬州刺史临川王萧宏都督北讨诸军事，尚书右仆射柳惔为副手，王公以下上交封国的收入和职田的收入用以资助军队。萧宏驻军于洛口。

杨集起、杨集义拥立杨绍先称帝，自己都称王。十一月初一日戊辰朔，北魏派遣光禄大夫杨椿率兵讨伐杨集起等。

（以上为第二段，南朝萧梁大臣邓元起功不可没，被迫乞归，又被萧渊藻杀之，诬以谋反，故吏罗研为其鸣冤；北魏侍中崔光善解太极殿内灵芝，寓含劝谏之意。）

北魏王足围攻涪城，蜀人震惊、恐惧，益州的城堡有十分之二三投降了北魏，百姓自动报上名籍的有五万多户。邢峦上表魏宣武帝，请求乘胜进取蜀地，认为："建康与成都万里之遥，陆路已经阻断，唯一依靠的就是水路，但是水军西上，没有一年的时间到不了，益州外无援军，这是第一点可图之处。蜀地前不久经历了刘季连反叛，邓元起攻打围困，物资储备空竭，官方和百姓都失去了固守的信心，这是第二点可图之处。萧渊藻下裳着裙屐，足下登木屐，乃衣装时髦而无真才实学的少年，完全不懂治理之道，过去的名将，大多数都被囚禁杀戮了，现今所任用的，都是身边左右的少年，这是可以图取的第三点理由。蜀地所依恃的只有剑阁，现今既攻克了南安，已经夺取了其险要之地，据此天险向内推进，已占取了境内三分之一的地方；从南安向涪陵，双车并行，前军屡战屡败，后头的闻风丧胆，这是可以图取的第四点理由。萧渊藻是萧衍的骨肉至亲，必定没有以死固守的道理，如果攻克涪城，萧渊藻怎肯待在城中坐而受困，必将望风而逃；他如果出战，无奈庸蜀之地的士卒才能低下而胆怯，弓箭缺少而无力，这是可以图取的第五点理由。臣本为内省文官，不熟悉军旅事务，幸而依赖将士们尽心竭力，以致频繁有小胜的消息传来。已经攻克重重险阻，民心归顺，观望涪、益两城，旦夕可图，只是因兵少粮缺，不宜于前去攻打，今天如不夺取，以后再攻打就难了。况且益州富足，有十万户人家，与寿春、义阳相比，其利益高出三倍。朝廷如果想要攻取，就不应失去这次机会；如果想要保护境内安宁百姓，则臣待在这里实无事可做，乞求归家侍养双亲。”魏宣武帝颁布诏令说：“关于平定蜀地之举，应当等着听取后面的敕令。现今寇难还没有平定，怎么能以侍养亲人为借口而引退呢？”

邢峦又上表说：“过去邓艾、锺会统领十八万大军，倾尽中原的资财储备，才能平定蜀地，之所以如此，是以实力相斗呀。何况臣的才能比不上古人，哪里可以靠两万兵力而希求平定蜀地呢？所以敢如此，正因为占据了险要之地，士人和百姓倾慕向往大义，由此而前进则容易，他们前来抵挡则难，根据力量而行事，理应攻克。现今王足已经逼近涪城，假如取得了涪陵，则益州就成了待擒之物，只是到手有早晚之别罢了。何况梓潼已经归附的民户有好几万，朝廷岂可以不加以镇守呢？还有，剑阁天险，如得而放弃，实在可惜。臣诚然知道征战讨伐是危险的事情，不可轻易进行。自从军队越过剑阁以来，鬓发已经斑白，日日夜夜焦虑恐惧，怎么可以使心平静下来呢？之所以勉强支撑着，是考虑到既然已经得到了该地而又自动撤退不加驻守，恐怕有负于陛下所给予的爵位俸禄。况且臣心中打算，正想先攻取涪城，然后渐次而进。如果得到涪城，就可以把蜀地分为两半，阻断水陆交通的要道，他们没有外面来的援军，以孤城而自守，怎么能够持久得了呢？臣现今想让各支队伍相次而进，声势连接，首先做到万无一失，然后图取大功，如能得到则有大利，不得则可以自我保全。另外，巴西与南郑相距一千四百里，离州城遥远，经常发生骚乱。过去属南朝占领的时候，由于统辖管理形势很难，曾经设立过巴州，以便镇领夷獠，而梁州图利，所以上表请求罢撤了该州。这个地方的声望之家有严、蒲、何、杨等姓，不仅仅是一族，虽然居住在山谷之中，可是豪强大族很多，文章风流之士也为数不少，但因离州城很远，因此不能获得仕进机会，甚至州里地位较高的佐吏，也无法侧身其中，因此愤愤不平，多生异图之心。到夏侯道迁建举大义之初，严玄思自称为巴州刺史，攻克州城以来，仍然让他任刺史之职。巴西这个地方广袤千里，户口还余下四万之多，如果在这里设置州，震慑华、獠，则可以大大地安定民心，从垫江以西，不用征伐，就自然为我国所有了。”魏宣武帝没有听从邢峦的建议。

在此之前，魏宣武帝任命王足兼益州刺史。宣武帝派遣天门太守张齐率兵援救益州，还没有到达，又改任梁州军司泰山人羊祉为益州刺史。王足知道这一消息之后，十分不悦，便带兵返回了，于是北魏没有能够平定蜀地。许久之后，王足从北魏投靠了梁朝。邢峦在梁州的时候，对当地的豪强大族以礼相接，对小民百姓抚之以恩惠，州人都很欢喜。邢峦攻克巴西，让军主李仲迁镇守。李仲迁沉溺于酒色，耗散军费，有关公事需要向他请示报告，却不能见到人。邢峦气得咬牙切齿，李仲迁害怕了，密谋反叛，城中的人将李仲迁斩首，献城前来投降。

十二月二十四日庚申，北魏派遣骠骑大将军源怀讨伐武兴的氐族部落，邢峦等人一并接受源怀的指挥调遣。

梁司徒、尚书令谢朏为母亲守丧而去职。

这一年，梁大丰收，米价每斛三十钱。

（以上为第三段，写北魏将领王足围攻涪城，蜀人震恐，上籍归服；邢峦几次上书宣武帝元恪，分析可图之由，请求一鼓作气，乘胜进取蜀地，元恪没有采纳。）

梁武帝天监五年（丙戌，公元 506 年）

春季，正月初一日丁卯朔，北魏于皇后生下儿子元昌，大赦天下。

杨集义围攻北魏关城，邢峦派遣建武将军傅竖眼去讨伐，杨集义迎战，傅竖眼击败了杨集义，并乘胜追逐败军，正月初六日壬申，攻克了武兴，抓获了杨绍先，押送洛阳。杨集起、杨集义逃跑了，于是灭掉了他们所建之国，改为武兴镇，其后又改为东益州。

正月初九日乙亥，梁任命前司徒谢朏为中书监、司徒。

梁冀州刺史桓和攻打北魏的南青州，没有攻克。

北魏秦州匈奴屠各部落的王法智聚集两千人，推举秦州主簿吕苟兒为首领，改年号为建明，设置百官，进攻逼近州郡。泾州的百姓陈瞻也聚众称王，改年号为圣明。

正月十三日己卯，梁杨集起兄弟投降了北魏。

正月十八日甲申，梁封皇子萧纲为晋安王。

二月二十一日丙辰，魏宣武帝诏令王公以下的官员直言忠谏。诏书侍御史阳固上表，认为："当今所应做的是要亲近宗室，勤于庶政，重农桑，轻工商，杜绝一切不切合实际的谈论玄虚之理，缩减佛门无用的费用，用以救济饥寒之苦。"当时魏宣武帝把政事委任于高肇，疏远皇室宗亲，热衷于佛法，不亲自过问朝廷政事，所以阳固才有上述之言。

二月二十三日戊午，北魏派遣右卫将军元丽督率各路军队讨伐吕苟兒。元丽是小新成的儿子。

二月三十日乙丑，梁徐州刺史历阳人昌义之同北魏平南将军陈伯之在梁城交战，昌义之战败。

将军萧昺率兵攻打北魏徐州，包围淮阳。

三月初一日丙寅朔，发生日食。

三月十四日己卯，北魏荆州刺史赵怡、平南将军奚康生援救淮阳。

北魏咸阳王元禧的儿子元翼，遇到大赦后请求安葬父亲，数次在北魏太武帝面前哭着请求，魏宣武帝没有准许。三月十八日癸未，元翼同其弟弟元昌、元晔前来投奔。宣武帝封元翼为咸阳王，因为元晔是正室母亲李妃所生，所以元翼请求把爵位让给元晔，宣武帝没有准许。

梁辅国将军刘思效在胶水击败北魏青州刺史元系。

梁临川王萧宏让记室吴兴人丘迟写信送给陈伯之，信中说道："推想您离开与投降的时候，没有别的原因，只是因为内心不能审查自己，外受流言压抑，迷乱而猖狂，以至于到了这样的地步。皇上不惜委屈法律以申恩德，网漏吞舟之鱼，将军祖坟没有被毁，松柏茂盛；江南的亲戚安居自若；高台宅第没有受损；爱妾尚在，而将军如鱼儿游于沸鼎之中，如燕筑巢于飞动的幕布之上，这不是令人疑惑的事吗？希望早日替自己谋一条好的出路，自求多福。"三月二十五日庚寅，陈伯之从寿阳梁城率领八千人马来投降，北魏人杀了他的儿子陈虎牙。诏令仍以陈伯之为西豫州刺史，陈伯之还没有到任，又任命他为通直散骑常侍。很久以后，陈伯之在家中去世。

（以上为第四段，写北魏平定王法智、陈瞻的反叛；宣武帝元恪鼓励直谏，阳固直陈时弊；陈伯之投降北魏，文豪丘迟去信，伯之悔悟，又率军拥众从寿阳南下投降南朝萧梁。）

当初，北魏御史中尉甄琛上表说道："《周礼》山林川泽有山虞、林衡、川衡、泽虞的官职，有严厉的禁令，顺应时令获取利益，而不让乱砍滥取，所以设置了相关官员，实际是百姓守护呢。一家之长，必须恩惠抚养子孙，天下之君，必须惠养万民，没有做人父母吝啬醋和肉酱、富有天下万物而专卖一物的。如今朝廷独霸河东的盐池而坐收其利，这是专奉口腹而不及四体啊。天子富有四海，何患于贫！乞请放松盐禁，与民共享其利。"录尚书事元勰和尚书邢峦上奏认为："甄琛所讲的，坐着谈论则高明合理，实际执行则对国家大事有损害。我们认为古来善于治理百姓的，必定升降依时，丰俭随事，役使养育互为消长以成全其性命。如果任其自生，随其饮水啄食，那是把万物当作刍草狗畜，还要君主做什么呢？所以，圣人敛取山泽之货，用以宽缓田地赋税的不足，收取关市之税，来补助田亩什一之赋之不足，取来此处用到彼处，都不是为了自己，正所谓利用天地的出产，施惠于天下之民。如今盐池禁止私人采盐，很长时间了，集中其财富而使用，供应国家和军队的开支，并不是专门为了皇宫的饮食，供给后宫的服饰玩物。既然不是为了一人享乐，那么彼我都是一样的。然而，自从禁盐以来，官员们多有不经心的，收支出纳之间，或者有不遵照法令的。这才使老百姓抱怨在心，商贩们非议在口，只不过是管理者无方，并非是制定禁令的人有过失。一旦撤销盐池禁令，恐怕有违于本初之意。一行一改，没有定法，如弈棋者举棋不定，论理举要，应该维持过去的样子。"魏宣武帝最终采纳了甄琛的建议，夏季，四月初一日乙未，撤销了盐池禁令。

四月十六日庚戌，北魏任命中山王元英为征南将军、都督扬徐二州诸军事，统率十多万大军抵抗梁军，指挥各路军队，所到之处随机行事。

梁朝江州刺史王茂率兵数万入侵北魏荆州，诱使北魏边境上的民众以及各蛮族部落另立宛州，派遣自己所任命的宛州刺史雷豹狼等去袭取北魏河南城。北魏派遣平南将军杨大眼督率各路军马抗击王茂，四月二十七日辛酉，王茂战败，失散伤亡两千多人。杨大眼攻打河南城，王茂逃返，杨大眼追至汉水，攻占了五城。

北魏征虏将军宇文福侵犯司州，掠夺了一千多人口离去。

五月初七日辛未，梁太子右卫率张惠绍等人入侵北魏徐州，攻占宿预，抓住了城主马成龙。五月十一日乙亥，北徐州刺史昌义之攻占拔取了梁城。

豫州刺史韦叡派遣长史王超等去攻打小岘，没有攻下来。韦叡将要围栅栏，北魏派出数百人排阵在城门外，韦叡想要攻击他们，诸位将领都说："方才轻装而来，没有战备，慢慢回去给士兵发授甲衣，乃可以进击。"韦叡说："不对。北魏城中有两千多人，足以固守，现今无缘无故而把人马安排在外面，一定是特别骁勇善战者，如果能挫败他们，这座城自然能攻下来。"众人还迟疑不定，韦叡指着旄节说道："朝廷授予此物，不是用来做装饰的，韦叡的军法是不容违反的。"于是向北魏的军队发起攻击，士兵们都殊死作战，北魏士兵败逃，趁机对小岘发起了猛烈攻击，次日夜间攻下了小岘，于是到达了合肥。

在此之前，右军司马胡景略等攻打合肥，久攻不下，韦叡巡视山川地理形势，夜间，率领众人修堤坝阻拦肥水，很快，堤坝筑成水路连通，舟船相继而至。北魏修筑了东、西小城夹护合肥，韦叡先攻下这两座小城，北魏将领杨灵胤率领五万军队忽然而至。众人害怕抵挡不住，请求上奏派兵增援，韦叡笑着说："贼寇来到了城下，才请求增兵，哪里还来得及呢？况且我请求增兵，对方也增兵，用兵之法贵在出奇制胜，岂在人数众多呢？"于是出击杨灵胤，打败了他。韦叡派军主王怀静在岸边修筑城堡来守护堰坝，北魏攻占了城堡，城中一千多人全部覆没。北魏军队乘胜来到堤下，兵势特别凶猛，诸位将领想要退回到巢湖去，有人提出想回保三叉，韦叡大怒说："哪里有这样的道理呢！"命令人取来自己的伞扇麾幢，竖立在堤下，以表示毫无退撤之意。北魏人来凿堤，韦叡亲自与其搏斗，北魏兵退却，韦叡于是又在堤上修筑了城垒，以便固守。韦叡把斗舰驾起来，其高低与合肥城相等，从四面临近合肥城，城里的人都哭了，守将杜元伦登城督战，弩机射中而身亡。五月十七日辛巳，合肥城溃破，俘虏和斩杀了一万多人，缴获的牛羊以万计数。

韦叡的体质向来羸弱，从来没有骑过马，每次战斗，都乘坐在板舆上监督激励将士们，勇气无敌；白天接待宾客来访者，夜半起来，谋算军事公文，掌灯直到清晨。抚慰关切部下，常恐不及，投奔他的人士争相前来。所到达之处住的地方，房屋围墙，都合乎法度。

各路军马抵达东陵，诏令传来让班师而返，众将领担心北魏军队随后追击，韦叡安排全部辎重在前而行，自己乘坐小车殿后，魏军慑服于韦叡的威名，眼望着却不敢逼近，军队全部安然而返。这时迁豫州治所到合肥。

（以上为第五段，写北魏主听从御史中尉甄琛建议，撤销盐池禁令；南朝萧梁儒臣韦叡看似文弱书生，但富有军事才能，出其不意，以少胜多，折服北魏，全军而还。）

五月十八日壬午，北魏派遣尚书元遥南下抵抗梁朝军队。

五月十九日癸未，北魏派遣征西将军于劲节度秦、陇之地的军队。

五月二十三日丁亥，梁庐江太守闻喜人裴邃攻克了北魏的羊石城，五月二十六日庚寅，又攻克了霍丘城。

六月初七日庚子，梁朝青、冀二州刺史桓和攻克了朐山城。

六月十二日乙巳，北魏安西将军元丽进攻王法智，打败了他，斩首六千多人。

张惠绍与代理徐州刺史的宋黑水陆并进，直抵彭城，围攻高冢戍，北魏武卫将军奚康生率兵援救，六月十四日丁未，张惠绍出兵失利，宋黑战死。

梁太子萧统年才五岁，能完整地背诵五经。六月十七日庚戌，萧统开始从后宫中搬出入住东宫。

六月二十四日丁巳，北魏委派度支尚书邢峦都督东讨诸军事。

北魏骠骑大将军冯翊惠公源怀去世。源怀性格宽容简易，不喜欢烦琐事务，常说："做贵人应当举纲执要，何必事事详细呢？譬如建房屋，只要从外面望去高大突出，梁柱平正，地基和墙壁完好坚固，就足够了。刀斧所到之处不平，砍削不细，并非是房屋的毛病。"

秋季，七月初三日丙寅，梁朝桓和攻打北魏兖州，攻占了固城。

吕苟兒率领十多万人驻扎在孤山，围逼秦州，元丽进攻，大败吕苟兒。代理秦州刺史李韶偷袭孤山，抓获了吕苟兒的父母、妻子和儿女，七月十七日庚辰，吕苟兒率领部下向元丽投降。

兼太仆卿杨椿另外去讨伐陈瞻，陈瞻据险抗守。诸位将领中有人请求在山涧中埋藏伏兵，阻断出入之道，等待粮食耗尽之后再攻打，有人主张伐木烧山，然后再攻打，杨椿说："这都不是良策。自从官军所到，所向无不攻克，贼寇们之所以窜入深山之中，正是为了逃避死亡。现今约束命令各路军队，不要侵夺骚扰，贼寇们一定认为我们遇见险阻不前；乘其不备的时候，奋力攻击，可以一举平定。"便让部队驻扎下来，不再前进了。贼寇们果然出来抢掠，杨椿又以马匹牲口作为诱饵，不去追击。许久，暗中挑选精悍兵卒，口中衔着木棒乘夜偷袭陈瞻，斩了陈瞻，传送首级到洛阳。秦、泾两州都平定了。

（以上为第六段，写南朝出兵攻打北魏，互有胜负；太子萧统是个奇才，五岁能诵《五经》；北魏大将元丽、太仆杨椿分别出兵攻打秦、泾叛军首领，获胜。）

七月二十五日戊子，徐州刺史王伯敖与北魏中山王元英在阴陵交战，王伯敖兵败，失踪伤亡五千多人。

七月二十六日己丑，北魏征发定、冀、瀛、相、并、肆六州十万人以增加南进之兵。宣武帝派遣将军角念率兵一万驻扎蒙山，招纳兖州的百姓，前来投降的人很多。这时，将军萧及驻守在固城，桓和驻守在孤山。北魏邢峦派遣统军樊鲁攻打桓和，别将元恒攻打萧及，统军毕祖朽攻打角念。八月初十日壬寅，樊鲁大败桓和于孤山，元恒攻下了固城，毕祖朽进攻角念，赶跑了他。

八月十七日己酉，北魏诏令平南将军安乐王元诠督率后出发的各路军队赶赴淮南。元诠是元长乐的儿子。

将军蓝怀恭与北魏邢峦在睢口交战，蓝怀恭战败，邢峦进而围攻宿预。蓝怀恭又在清水之南修筑城堡，邢峦与平南将军杨大眼合攻蓝怀恭，九月十一日癸酉，攻克城堡，斩了蓝怀恭，斩杀俘获以万计数。张惠绍放弃了宿预，萧昞放弃了淮阳，逃了回来。

临川王萧宏以皇上弟弟的身份率兵出发，武器装备精良崭新，军容甚壮，北方人认为百十来年所没有见过。军队到达洛口，前军攻克了梁城，诸位将领想乘胜深入，萧宏生性懦怯，安排部署失当。北魏诏令邢峦领兵渡过淮河，同中山王元英合师攻打梁城，萧宏知道后，大为惊恐，召集各位将领商议回师，吕僧珍说道：“知难而退，不是很好吗？”萧宏说：“我也认为是这样的。”柳惔说：“自从我大军所到之处，哪座城池不被征服，怎么能说难呢？”裴邃说道：“这次出征，就是寻找敌人，有什么难可避呢？”马仙琕说：“大王怎么能说出亡国之言呢？天子把扫平境内的重任托付给您，应该向前一尺死，不可退后一寸生！”昌义之怒不可遏，气得头发和胡须都张开来，叫道：“吕僧珍应当斩首！哪里有百万之师出来还没有遇上敌人，就望风匆匆撤退，有什么脸面去见圣上呢？”朱僧勇、胡辛生两人拔剑而起，说道：“谁要想撤退，自己撤退好了，下官当前进决一死战。”参加讨论的将领结束后退了出来，吕僧珍向诸将谢罪说：“殿下从昨天开始心神不定，无意于战，深深担心战事失利，所以想让军队无损而返。”萧宏不敢立即违背众人的建议，只好按兵不动。北魏人知道萧宏缺乏英武之气，就给他送来了妇女用的头巾和发饰，并且编了一首歌唱道：“不畏萧娘与吕姥，但畏合肥有韦虎。”歌中之“虎”指韦叡。吕僧珍叹息着说：“如果让始兴王和吴平侯为统帅而辅佐他们，哪里会让敌人这样地侮辱呢？”吕僧珍想要派遣裴邃带领一部分兵力攻取寿阳，而让大部队停在洛口，萧宏固执不听，对军中下命令：“凡是人马有前行者，一律斩首！”这时将士们人人满腔愤怒。北魏奚康生派杨大眼火速赶去对中山王元英说：“梁朝人自从攻克梁城以后，久久不再进军，其情形可以看得清楚，必定是畏惧我们。大王如果进而占据洛水，他们一定会逃跑的。”元英说：“萧临川虽然愚呆，但他手下却有良将韦叡、裴邃等人，不可以轻敌。应该先观察一下形势，不要交战。”

张惠绍号令严明，所到之处独自取胜，驻军于下邳，下邳人很多都想归顺他，张惠绍劝谕这些人说：“我如果攻下了这座城，你们就自然都成了梁国人民，如果不能攻克，白白地使各位丧失家园，这不是朝廷怜悯百姓的本意呀。现今暂且安居乐业，不要妄自辛苦。”想要投降的人都心悦诚服。

九月二十七日己丑夜间，洛口有暴风雨，军中一片惊慌，临川王萧宏带着几个人骑马逃跑了，将士们四处找不着他，就分散逃归，所丢弃的盔甲兵器，水中和地上到处都是，有病者和年老体弱者都被扔下不顾，死亡近五万人。萧宏乘坐小船渡过长江，夜间到了白石垒，叩打城门请求入内。临汝侯萧渊猷登上城楼说：“百万之师，一朝作鸟兽散，国家的生死存亡，还未可预料。担心奸邪之人乘机生变，所以不能在夜间打开城门。”萧宏无言以对。用绳子把食物从城上吊下去让萧宏吃了。萧渊猷是萧渊藻的弟弟。当时，昌义之驻军梁城，听说洛口方面失败，就与张惠绍领兵撤退了。

（以上为第七段，写南朝萧梁临川王萧宏本是庸才，却被委以北讨重任，临阵脱逃，北伐大军作“鸟兽散”，死亡五万多人，萧宏逃到建康，临汝侯萧渊猷拒绝接纳。）

魏宣武帝诏令中山王元英乘胜平荡东南，元英一直追逐至马头，攻下了马头城，城中的粮食储备，全部被北魏人运回北方。人们都议论说：“魏人运米北归，一定不再南下了。”梁武帝说：“不对，这一定是他们还想进兵，做此伪诈之计。”于是命令修筑钟离城，命令昌义之做好守卫钟离城的准备。

冬季，十月，元英前进围攻钟离，魏宣武帝诏令邢峦带领部队与元英会合。邢峦上表，认为：“南方军队虽然野战不是敌手，但在守城方面却有余，如今使出精锐力量攻打钟离，攻下来了所得到的好处没有多少，攻不下来则所受的损失是巨大的。况且钟离在淮水之外，假使束手归顺，尚且担心没有粮食难以驻守，更何况用众多士卒的生命来攻取呢！还有，南征士卒从夏到秋连续两个季度作战，疲惫伤亡情况，不问可知。虽有乘胜之勇，恐怕却无可用之力。依臣的愚见，应该修复旧的寨堡，安抚各州，以便等待下一步行动，江东的空子，不愁找不到。”诏令：“渡过淮河，与元英形成夹攻之势，事情已如前次的命令所说，哪能再犹豫徘徊，方有此请求！应迅速进军！”邢峦又上表，认为：“现今中山王进军钟离，实在不知其所以然。如果不从得失方面来考虑，不顾万全，直接奔袭广陵，出其不备，或许有未知。如果想以八十天为期攻取钟离城，臣前所未闻。他们坚城自守，不与人交战，城壕里水很深，不是可以填塞的，空坐到春天，士卒们不战而自己败溃。如果派遣臣前去那里，从何处获得粮食呢？夏天里来的军队，没有携带冬装，如果遇上冰雪，从什么地方得到冬衣御寒呢？臣宁可承担怯懦而不敢前进的责任，也不愿意领受失败损伤、白白行动一场的罪名。钟离地处天险，朝中大臣都知晓，如果有内部策应，说不定或许还可以得手；如果没有内应，则一定无法攻克。如果陛下相信臣的话，那么恩赐臣停止前进；如果认为臣害怕此行而要求返回，那么乞求把臣所领的军队全部交付给中山王，听任他指挥部署，而臣只以单骑随他东西奔走。臣多次率兵出征，颇知事情之可否，臣既然认为此行难成，何必还要强迫遣派呢？”于是北魏朝廷召邢峦返回，另命令镇东将军萧宝寅与元英一同围攻钟离。

侍中卢昶向来忌恨邢峦，与侍中、领右卫将军元晖乘机一道中伤邢峦，让御史中尉崔亮弹劾邢峦在汉中曾经抢掠当地人为奴婢。邢峦用在汉中所得的美女贿赂元晖，元晖就对魏宣武帝说："邢峦新近有大功，不应当以在正月生皇子大赦天下之前的小事来追查他。"魏宣武帝同意此言，于是不再追问了。

元晖与卢昶都因得宠于魏宣武帝而特别贪婪放纵，当时人称"饿虎将军"、"饥鹰侍中"。元晖很快升为吏部尚书，任用官员都有定价，大郡为二千匹绢帛，次郡、下郡递减其半，其余官位各有等差，选辟的人称为"市曹"。

（以上为第八段，写北魏主元恪在中山王元英攻下马头城后，欲一鼓作气，攻取钟离城，便令大将邢峦配合，邢峦坚决反对，连上了两道表书，元恪将其召回。）

十月初六日丁酉，梁朝围攻义阳的军队，听说洛口的军队夜晚溃逃，北魏郢州刺史娄悦追击，击破了梁兵。

柔然库者可汗去世，儿子伏图继立，号佗汗可汗，改年号为始平。十月十七日戊申，佗汗派遣使节纥奚勿六跋来到北魏求和。魏宣武帝没有派使节回访，对勿六跋说："蠕蠕的远祖社仑，乃是北魏的叛臣，过去容纳它，暂时允许互通使节。现今蠕蠕衰落了，比不上从前了，而大魏的仁德，正和周朝、汉朝一样方兴未艾，只是因为江南尚未平定，所以对北方稍微有所宽容，相通和好的事情，是不会答应的。如果修行藩国之礼，明显地表示诚意，我们一定不会辜负你们的。"

北魏京兆王元愉、广平王元怀藩国中的臣子大多骄奢纵肆，公然地请托，魏宣武帝诏令中尉崔亮彻底整治他们，结果获罪而被处死的有三十多人，那些没有被处死的全部除名为民。唯有广平王的右常侍杨昱、文学崔楷因忠谏而获免。杨昱是杨椿的儿子。

十一月初三日乙丑，梁大赦天下。诏令右卫将军曹景宗督率各路军队二十万援救钟离。梁武帝命令曹景宗停在道人洲，等待各路军马汇集后一齐进发。曹景宗坚决启奏请求先据邵阳洲尾，梁武帝不准许。曹景宗想独得其功，违反诏令而独进，恰遇暴风骤起，许多人被淹死，又返回道人洲驻扎下来。梁武帝知道后说："曹景宗没有前进，这是天意呀。如果孤军独往，城堡不能及时修筑起来，必定狼狈不堪。

天意如此，现今击败寇贼是一定的了。”

当初，成汉国归义侯李势末年，獠人各部落开始扩展，北自汉中，南至邛笮，布满山谷。刘势死后，蜀地之民大多东迁，山谷空地全被獠人所占据。那些靠近郡县与汉族民众杂居的獠人，多交纳赋税，远住在深山之中的，郡县控制不到。梁、益两州每年都讨伐獠人，从中得到好处。邢峦做梁州刺史时，住在近处的獠人都安居乐业，住得远的也不敢出来抢掠。邢峦被罢任调走之后，北魏任命羊祉为梁州刺史，傅竖眼为益州刺史。羊祉性格残暴，不得人心。獠王赵清荆带梁兵进入州境侵掠，羊祉派兵击败了他们。傅竖眼广施恩惠，立信于众，与獠人取得了和解。

十二月十二日癸卯，梁都亭侯谢朏去世。

北魏人讨论乐律，久而不决。

（以上为第九段，写北魏与柔然彼消此长，柔然向北魏求和而北魏不应；南朝名将曹景宗率军救援钟离；北魏治理梁益，羊祉酷虐而民反，傅竖眼施恩而民和。）

梁武帝天监六年（丁亥，公元 507 年）

春季，正月，公孙崇奏请委任卫军将军、尚书右仆射高肇监督制定乐律的事情，魏宣武帝知道高肇不学无术，诏令太常卿刘芳辅佐高肇。

北魏中山王元英与平东将军杨大眼等数十万人马攻打钟离。钟离城北边有淮水为阻障，魏军在邵阳洲两岸架桥，树立栅栏数百步长，跨过淮水连通了道路。元英占据南岸攻城，杨大眼占据北岸修筑城堡，以便粮运畅通。钟离城中才有三千人，昌义之督率将士，随机应变地抗御。魏军用车载土填入城壕，让众人背着土跟随在车后，又派骑兵紧跟在后面，那些来不及返身的人，就被土埋进去了，不一会儿城壕就被填满了。魏军用冲车撞城墙，所撞之处城墙溃下来，昌义之用泥巴涂补，冲车虽然能撞入但不能撞毁城墙。魏军昼夜苦攻，轮番相替，从云梯上掉下去再上来，没有人后退。每天交战数十次，前后杀伤的人以万计数，魏军死者尸体堆得与城墙一般高。

二月，魏宣武帝诏令元英返回，元英上表说：“臣矢志歼灭寇敌，然而月初以来，霖雨不止，如果三月天气放晴，钟离城就一定可以攻克，希望圣上恩赐，稍微宽限时日。”魏宣武帝又诏令元英：“那里的地气蒸湿，不宜于久住长留。虽然势在必取，但这只是将军的深入考虑，用兵时间久长，力量耗尽，这也是朝廷所担忧的呀。”元英仍然上表称必定能攻克，魏宣武帝派遣步兵校尉范绍到达元英那里商议攻取的形势。范绍见钟离城非常坚固，劝说元英撤兵返回，但是元英不听从。

梁武帝命令豫州刺史韦叡率兵援救钟离，接受曹景宗的指挥。韦叡从合肥取直道，由阴陵大泽而行，遇上涧谷，就架起飞桥让部队过去。人们害怕北魏兵势强盛，很多人都劝说韦叡缓行，韦叡说：“钟离城眼下正挖穴居住，背上门板去汲水，情况异常危急，就是车驰卒奔，还恐怕来不及，何况缓慢而行呢！魏军已经落入我的腹中了，各位不必担忧。”十日之间到达邵阳，梁武帝预先告诫曹景宗说：“韦叡是你们乡里的望族，应该好好地敬重他。”曹景宗见了韦叡，礼节甚为恭谨，梁武帝得知后说：“两个将领和好，军队一定能取胜。”

曹景宗与韦叡进驻邵阳洲，韦叡连夜在曹景宗营地前二十里之处挖掘长沟，树立鹿角，截断水洲筑城，离北魏军队的城堡仅百余步。南梁太守冯道根，能走马量地，计算马的步数而分配每人的工作量，天亮城垒就建成了。北魏中山王元英大吃一惊，用杖击打着地面说道：“是何方神圣啊！”曹景宗等人的武器甲盔精新，军容特别强盛，魏军看见就气馁了。曹景宗忧虑城中危惧，招募军士言文达等人潜水而行，把圣旨送入城中，城中方才知道外面援军到了，因此勇气百倍。

杨大眼勇冠军中，率领一万多骑兵来交战，所向披靡。韦叡把战车连接起来组成阵势，杨大眼聚集骑兵围攻，韦叡用两千强弩一起发射，穿透铠甲射中人马，杀伤很多。箭射穿了杨大眼的右臂，杨大眼退走了。第二天早晨，元英亲自率部来交战，韦叡乘坐未加油饰的木车，手执白角如意来指挥，一日之内交战了数次，元英被迫撤退。魏军在夜里又来攻城，箭雨密集而至，韦叡的儿子韦黯请求下城墙去避箭，韦叡不准许，军中一片震惊，韦叡站在城墙上厉声呵叱，人心才安定下来。放牧人到淮河北岸去割蒿草，全被杨大眼掠抢走了。曹景宗招募勇敢之士一千余人，在杨大眼的城堡之南数里之处筑建堡垒，杨大眼来攻打，曹景宗打退了杨大眼。堡垒修成了，派别将赵草守卫，魏军再有抄掠者，全都被赵草抓获，从此之后方才可以随意放牧割草了。

梁武帝命令曹景宗等人事先装修高大船舰，使船舰与北魏的桥一样高，实行火攻，命令曹景宗和韦叡各攻一座桥，韦叡攻南桥，曹景宗攻北桥。三月，淮水暴涨六七尺，韦叡指派冯道根与庐江太守裴邃、秦郡太守李文钊等人乘战舰一时竞发，差不多把北魏在邵阳洲上的军队全部歼灭。另外用小船载草，草上灌上膏油，跟从者放火烧桥，风劲火盛，烟尘遮天蔽日，敢死之士拨栅砍桥，水流特别湍急，倏忽之间，桥和栅栏就全不见了。冯道根等人都亲自搏战，战士们人人奋勇争先，呼声震天动地，无不一以当百，锐不可挡，魏军崩溃。元英见桥断了，脱身弃城逃跑，杨大眼也烧了营盘而去。魏军的营垒相次土崩瓦解，都扔下器甲争相投水而逃，死的有十多万，被斩首的也有这么多。韦叡派人报告给昌义之，昌义之悲喜交加，激动得连话都说不上来，只是叫道：“再生，再生！”各路军队追击魏军到涉水边上，元英单骑进入梁城，沿着淮水一百多里，尸体相互枕藉，生擒五万人，收缴其物资粮食以及各种器械堆得像山一样，牛马驴骡则不可胜计。

昌义之非常感激曹景宗和韦叡，请二人一起聚会，并且设下二十万钱，在徐州官厅上掷樗蒲赌博为戏。曹景宗掷得“雉”；韦叡慢慢地掷得“卢”，立即取一子翻过来，说道："怪事呀！"于是变成了"塞"。曹景宗同其他将帅争先告捷，只有韦叡独居其后，世人尤其因为这一点而赞扬韦叡。诏令增加曹景宗和韦叡的爵邑，昌义之等人所受赏赐各有多少不等。

（以上为第十段，写北魏中山王元英铁了心要围攻钟离；南朝派遣右卫将军曹景宗、豫州刺史韦叡救援，两人通力合作，韦叡更是智勇兼备，取得钟离保卫战的胜利。）

夏季，四月二十日己酉，梁任命江州刺史王茂为尚书右仆射，安成王萧秀为江州刺史。萧秀将要出发赴任，管事的人要求用坚固船只装载库中财物，萧秀说："我怎么能爱财物而不爱士呢？"把坚固船只让给参佐人士乘坐，用差的船装载物资，途中遇上大风，装运物资的船只被击破沉没了。

四月二十八日丁巳，梁任命临川王萧宏为骠骑将军、开府仪同三司，建安王萧伟为扬州刺史，右光禄大夫沈约为尚书左仆射，左仆射王莹为中军将军。

六月十八日丙午，冯翊等七郡反叛，投降了北魏。

秋季，七月三十日丁亥，梁任命尚书右仆射王茂为中军将军。

八月初一日戊子，梁大赦天下。

北魏主管官员上奏："中山王元英谋算失策，齐王萧宝寅等人守桥不固，都应处以极刑。"八月十二日己亥，诏令免元英、萧宝寅死，除名为民，杨大眼流放营州充军。任命中护军李崇为征南将军、扬州刺史。李崇购置的产业很多，征南长史狄道人辛琛屡次劝谏不听，于是便产生了纠葛，诏令对他们二人都不予追究。李崇因此而置办酒席，对辛琛说："长史你今后必定能升为刺史，但是不知道你选用什么样的人做长史呢？"辛琛回答说："如果有幸能承担此任，将选用一个刚直方正的长史，以便早晚能经常闻悉自己的过错，这就是所盼望的。"李崇有羞愧之色。

九月己亥，北魏以司空高阳王元雍为太尉，尚书令广阳王元嘉为司空。

九月初八日甲子，北魏开通了秦岭的斜谷旧道。

冬季，十月十六日壬寅，梁任命五兵尚书徐勉为吏部尚书。徐勉精力过人，虽然文案堆积，宾客满座，可以应对如流，手中的笔还不停止批阅。熟悉各个家族的情况，避免触犯他们的家讳。有一天夜里，徐勉与门人们会集在一起，客人虞暠向他请求詹事五官的职位，徐勉严肃地说道："今晚只可以谈论风月，不可以涉及公事。"当时的人都佩服他无私心。

闰十月初十日乙丑，梁任命临川王萧宏为司徒、行太子太傅，尚书左仆射沈约为尚书令、行太子少傅，吏部尚书袁昂为右仆射。

闰十月十二日丁卯，北魏皇后于氏去世。这时，高贵嫔得宠而妒心十足，高肇权倾朝廷内外，于皇后暴疾而死，人们都归咎于高氏，宫闱中的事情神秘，不能知道详情。

闰十月二十九日甲申，梁任命光禄大夫夏侯详为尚书左仆射。

闰十月三十日乙酉，北魏安葬顺皇后于永泰陵。

十二月初二日丙辰，梁丰城景公夏侯详去世。

十二月十一日乙丑，北魏淮阳镇都军主常邕和献城投降梁朝。

（以上为第十一段，写南朝江州刺史萧秀将坚船让给士人乘坐，免于灾难；逃跑将帅萧宏仍然身居高位；北魏处置败将元英；南朝能吏徐勉公私分明，毫无私心。）

【点评】

南北朝对峙势均力敌。本卷所载南北两次大战，谁发动谁失败。第一次南朝发动，南朝失败。公元505年，梁武帝任命其弟扬州刺史临川王萧宏都督北讨诸军事，北伐北魏，公元506年战败而归。第二次，北朝发动，北朝失败。公元507年，北魏十万大军南下，水战中败退。到以后六镇起兵，北魏再也无力南侵。战争的失败，都因为双方君主用人不当。以梁而言，萧宏所领之兵是北方人眼中百数十年以来装备最好、军容最为整齐的军队。可是萧宏生性怯懦，指挥失当，最后一个人逃脱，军中谁也找不到他，岂不是怪事！再说北魏，围攻钟离，邢峦的建议是正确的，可是魏宣武帝却不能采纳，决策的失败说明了魏宣武帝判断失误。北魏与梁两次战争的结果，说明北魏与梁实力均等，谁都没有实力并吞对方，谁也无力战胜对方。

资治通鉴（白话本）　卷第一百四十七

梁纪三

梁武帝天监七年至十三年（公元508—公元514）

【起著雍困敦（戊子，公元508年），尽阏逢敦牂（甲午，公元514年），凡七年】

【大事提要】

本卷记事起自公元508年，至公元514年，凡七年，时当梁武帝天监七年至天监十三年。本卷所载大事，南朝萧梁的大事有三件：其一，梁武帝恢复百家士族的权力。其二，为安置各地搜荐人才，令定百官九品为十八班，以班多者为贵。容纳数量巨大的士族出身的人，以扩大统治的基础。其三，公元512年，梁朝境内有州二十三个，郡三百五十个，县一千零二十二个。这以后州名越来越多，废置离合，不可胜记。北魏也同样如此。北朝北魏大事有两件：其一，宣武帝元恪于公元500年开始南伐，战事直到公元508年才结束，占领了扬州、荆州、益州等地。其二，魏宣武帝崇尚佛教，佛教盛于洛阳，除僧人外，从西域来的和尚还有三千多名，到了延昌年间，州郡共有一万三千多所寺院。

高祖武皇帝三

梁武帝天监七年（戊子，公元508年）

春季，正月，北魏颍川太守王神念前来投奔。

正月二十八日壬子，梁任命卫尉、吴平侯萧昺兼领军将军。

梁诏令吏部尚书徐勉定百官九品为十八班，以等级多者为贵。二月十一日乙丑，增置镇、卫将军以下为十品，一共二十四班；不入十品之内的，另有八班。又设置用于外国的将军二十四班，一共一百零九号。

二月十六日庚午，梁诏令设置州望、郡宗、乡豪各一人，专门掌管搜求举荐才能者。

二月二十一日乙亥，梁以南兖州刺史吕僧珍为领军将军。领军掌握内外兵权，但自从刘宋孝建年间以来，制局专权，与领军分享兵权，典事以上皆得呈奏，而领军拱手接受成事。到了吴平侯萧昺担任领军一职，执法严厉，官曹肃然听命。制局监都是皇帝的宠幸之臣，受不了萧昺的那一套，因此萧昺不能久留于朝廷之中，二月二十二日丙子，出任雍州刺史。

三月初五日戊子，北魏皇子元昌去世，侍御师王显疗治有失，当时的人们都认为是秉承了高肇的旨意而行事。

夏季，四月初二日乙卯，梁皇太子纳太子妃，大赦天下。

五月十七日己亥，梁诏令又设置宗正、太仆、大匠、鸿胪，并增设太府、太舟，加上原先的共为十二卿。

五月二十一日癸卯，梁任命安成王萧秀为荆州刺史。原先，巴陵的马营蛮沿长江为寇，州郡无法讨平，萧秀派遣防阁文炽率领人马烧掉了江边的林木，蛮人失去了天险，州境内没有了寇患。

秋季，七月初三日甲午，北魏立高贵嫔为皇后。尚书令高肇因此越发贵重而专权了。高肇变更了许多先朝的旧制度，减削封地和俸禄，抑黜功勋之臣，因此而怨声载道。群臣宗室都俯首听命于高肇，唯有度支尚书元匡同高肇抗衡，先自己做了一副棺材置于听事之处，准备用车把棺材装上运到殿上去讲论高肇的罪恶，然后自杀以死谏。高肇知道之后非常憎恨元匡，恰遇元匡与太常刘芳议定度量衡的事情，高肇同意刘芳的意见，元匡便同高肇争执吵闹，把高肇比作是指鹿为马的赵高。御史中尉王显在奏章中弹劾元匡诋毁宰相高肇，有关部门判处元匡死刑。诏令恕免元匡不死，降为光禄大夫。

八月初二日癸丑，梁竟陵壮公曹景宗去世。

当初，魏宣武帝为京兆王元愉纳于皇后的妹妹为妃子，元愉不喜爱，而喜爱妾李氏，生下儿子宝月。于皇后把李氏召入宫中，用棒打她。元愉骄奢贪纵，所做的大多是不法之事。宣武帝把元愉召入宫中询问调查，打了五十大棍，让元愉外出任冀州刺史。元愉自以为年长，但权势位置都比不上两个弟弟，心中又愧又恨。同时，自己和爱妾屡次被责罚侮辱，高肇又数次谗言陷害自己兄弟，元愉内心不胜愤恨。八月十二日癸亥，元愉杀了长史羊灵引、司马李遵，假称获得清河王元怿的秘密奏疏，说“高肇杀君反叛”。于是就在信都的南郊筑坛祭天，登上皇帝之位，发出大赦令，改年号为建平，立李氏为皇后。法曹参军崔伯骥不顺从，元愉杀了他。北边的州镇都怀疑北魏朝廷有变故，定州刺史安乐王元诠把真实情况一一告诉他们，各州镇才安心了。八月十四日乙丑，北魏任命尚书李平为都督北讨诸军、行冀州事，讨伐元愉。李平是李崇叔父的弟弟。

八月十六日丁卯，北魏大赦天下，改年号为永平。

（以上为第一段，写南朝萧梁加强职官制度建设，增设太府、太舟，共为十二卿；北魏权臣高肇只手遮天，直臣元匡舆棺谏诤；京兆王元愉反叛北魏，称帝改元。）

北魏京兆王元愉派遣使者去游说平原太守清河人房亮，房亮斩了来使；元愉派遣他的将领张灵和攻打房亮，被房亮打败。李平的军队到了经县，各路军队汇集一起，夜间，有数千名蛮兵来冲击李平的营地，飞箭射到了李平的帐内，李平坚卧不动，不一会儿就自行平定下来了。九月初一日辛巳朔，元愉在城南草桥迎战李平，李平奋力攻击，大败元愉，元愉脱身而逃入城中，李平进军围城。九月十二日壬辰，安乐王元诠在城北打败了元愉的军队。

九月十三日癸巳，梁立皇子萧绩为南康王。

北魏立高皇后的时候，彭城武宣王元勰再三劝谏不可，宣武帝不听。高肇由此而怨恨元勰，数次在魏宣武帝面前诋毁元勰，宣武帝不相信。元勰推荐自己的舅舅潘僧固为长乐太守，京兆王元愉反叛，胁迫潘僧固与他同伙，高肇因此而诬告元勰北与元愉勾结相通，南招蛮贼。彭城郎中令魏偃、先前的防阁高祖珍希望高肇提拔他们，就一起陷害元勰。高肇命令侍中元晖上报，元晖不从，又命令左卫元珍报告。宣武帝就此事询问元晖，元晖说明元勰不会如此；宣武帝又拿这件事问高肇，高肇叫来魏偃和高祖珍作证，宣武帝才相信了。九月十八日戊戌，召元勰以及高阳王元雍、广阳王元嘉、清河王元怿、广平王元怀、高肇一起入宴。元勰的妃子李氏正在生产，他再三推辞不去赴宴。中使相继来宣召，元勰万不得已，只好与李氏诀别，然后登车而去，进入东掖门，过小桥，拉车的牛不肯向前，打了它很久还是不向前迈进，又有使者责备元勰来迟了，于是只好去掉牛，由人把车拉进去。宴会在宫中举行，到了夜间，全都喝醉了，命令他们各就方便之处休息。不一会儿，元珍带着武士送毒酒来了，元勰说："我没有罪，希望能一见圣上，死而无恨！"元珍说："圣上怎么可以再见呢？"元勰说："皇上圣明，不应该无事就把我杀掉，乞求与诬告我的人对质曲直！"武士用刀环撞击元勰，元勰大声呼喊道："冤枉啊！老天爷！忠心反而被杀！"武士又撞击，元勰只好饮下毒酒，武士上前杀了元勰，天亮之后，用褥子裹了尸体装在车上送回府第，声称大王因酒醉而死去。李妃放声大哭，高声喊道："高肇冤枉杀人，伤天害理，老天爷有灵，你怎么能得到好死！"魏宣武帝在东堂为元勰举哀，赠官和葬礼莫不优厚加倍。朝廷之内的大小官员，莫不丧气，行路男女都流着眼泪说："高令公冤杀了贤德的彭城王。"从此中外对高肇更加憎恨得厉害。

京兆王元愉不能守住信都，于九月二十三日癸卯，烧掉城门，携带着李氏以及四个儿子，跟从一百多名骑兵突围而逃。李平进入信都，斩了元愉所设置的冀州牧韦超等人，派遣统军叔孙头去追捕，抓住了元愉，押在信都，报告朝廷。群臣请求诛杀元愉，魏宣武帝不同意，命令把他押送到洛阳，要以家法来训责他。走到野外时，高肇秘密派人杀掉了他。元愉的几个儿子到了洛阳，魏宣武帝全部赦免了他们。

魏宣武帝要杀李氏，中书令崔光劝谏说："李氏正怀有身孕，刳胎之刑，乃是桀纣所为，残酷而不合法。请等她生产完，然后再行刑。”听从了崔光的意见。

李平拘捕了元愉的余党一千多人，要全部杀掉，录事参军高颢说：“这些人都是胁从，前头既然已经许诺免他们不死，就应该上表说明情况。”李平听从了高颢的意见，这些人都得以免死。高颢是高祐的孙子。

济洲刺史高植率领州军攻打元愉，有功劳应当加封，但是高植不接受，说：“我家承受朝廷重恩，为国家致身而效死，乃是应尽的大节，哪里还敢求赏呢？”高植是高肇的儿子。

加李平为散骑常侍。高肇以及中尉王显向来忌恨李平，王显就弹劾李平在冀州偷偷地截留叛党家属，高肇上奏把李平从朝廷中除名。

（以上为第二段，写北魏平定京兆王元愉的反叛；彭城王元勰刚直无私，固谏北魏主元恪立高氏为皇后，被权臣高肇构陷，冤杀而死，中外丧气。）

当初，魏献文帝的时候，柔然有一万多户投降北魏，安置在高平、薄骨律二镇，到了太和年末期，叛逃殆尽，仅仅剩下了一千多户。太中大夫王通请示要把这些柔然人迁置到淮北去，以使他们再也无法叛逃，朝廷诏令太仆卿杨椿持节牌前往负责迁移他们，杨椿上表说：“先朝之所以把这些柔然人安置在边境之地，是为了招附异族，并且区别华戎。今天新归附的人口特别多，如果旧日归附的人被迁徙，新来的必定心不自安，这是驱赶着让他们叛逃。而且，这些人穿毛皮，食牛羊肉，喜欢冬天，适应寒冷，南方气候潮湿闷热，迁到那里会全部病死。这事如果实行的话，不但会失去境外的归附之心，而且也失去让他们在边地卫护的益处，再说把他们安置在中夏，或许会生后患，并非是良策。”杨椿的建议不被采纳，便迁移到济州，沿黄河边居住。京兆王元愉叛乱的时候，都渡过黄河投奔元愉，一路抢劫掠夺，如杨椿所预料的那样。

九月二十日庚子，北魏郢州司马彭珍等人反叛北魏，偷偷地带领梁军赶往义阳，三关戍的主将侯登等人献城投降了梁朝。郢州刺史娄悦环城自守，北魏以中山王元英为都督南征诸军事，统率步、骑兵三万出汝南前去援救。

冬季，十月，北魏悬瓠军主白早生杀了豫州刺史司马悦，自称为平北将军，求救于南梁司州刺史马仙琕。当时荆州刺史安成王萧秀为都督，马仙琕向典签报告请求急速支援白早生，参佐们都认为这事要上报朝廷批准，萧秀说：“他等着援救方可自存，援救应该火速，等待朝廷批准虽是旧的制度，但并非是应急之策。”便派兵前去救援。梁武帝也诏令马仙琕去援救白早生。马仙琕进驻楚王城，派遣副将齐苟兒带兵两千帮助守悬瓠。诏令任命白早生为司州刺史。

十月十六日丙寅，梁任命吴兴太守张稷为尚书左仆射。

北魏委任尚书邢峦兼管豫州事务，率兵攻打白早生。魏宣武帝问邢峦：“你说，白早生是逃跑还是留守呢？何时可以讨平？”邢峦回答：“白早生并没有深谋大智，正因司马悦暴虐残忍，利用众人愤怒而反叛作乱，百姓迫于他的凶威，不得已而顺从他。即使梁朝军队入城了，水路不通，粮运跟不上，也会被抓住的。白早生得到梁朝的援助，沉溺于利欲，必定死守而不逃。如果王师逼临，士民必定翻然归顺，不出今年，一定能把首级送到京师来。”魏宣武帝十分高兴，命令邢峦先出发，让中山王元英随后。

邢峦率领八百骑兵，日夜兼程，五天就到了鲍口，十月二十六日丙子，白早生派遣大将胡孝智率领七千兵卒，在离城二百里的地方迎战，邢峦奋勇出击，大败敌人，乘胜长驱直入，直抵悬瓠。白早生出城迎战，邢峦又打败了他，因此渡过汝水，围住了悬瓠城。诏令加邢峦为都督南讨诸军事。

十月二十七日丁丑，北魏镇东参军成景隽杀了宿豫戍主严仲贤，来献城投降。当时，北魏的郢、豫二州，从悬瓠以南直到安陆诸城全部陷落，只有义阳一城还为北魏坚守着。蛮族将帅田益宗率领群蛮投附北魏，北魏任命他为东豫州刺史，梁武帝以车骑大将军、开府仪同三司、五千户郡公的封赏招还田益宗，田益宗不接受。

十一月十一日庚寅，北魏派遣安东将军杨椿统率四万兵攻打宿豫。

魏宣武帝得知邢峦屡屡获捷，命令中山王元英前去义阳，元英因兵少，多次上表请求增兵，朝廷不同意。元英到了悬瓠，就与邢峦一起攻城。十二月初十日己未，齐苟兒等人打开城门出降，斩了白早生及其党羽几十人。元英带兵前去义阳。宁朔将军张道凝原先驻扎在楚王城，十二月十四日癸亥，弃城逃跑，元英追击，斩了张道凝。

（以上为第三段，写北魏郢州司马彭珍反叛北魏，悬瓠军主白早生投靠南朝，南朝派兵救援，北魏派军前去攻打，很快平定了叛乱。）

北魏义阳太守狄道人辛祥与娄悦共同防守义阳，将军胡武城、陶平虏攻打他们，辛祥夜间出来袭击胡、陶二人的营盘，擒获了陶平虏，斩了胡武城，从此州境获得完整。论功劳辛祥应当得赏，但是娄悦耻于自己的功劳在辛祥之下，便向高肇陷害辛祥，于是便没有奖赏辛祥。

十二月二十三日壬申，北魏东荆州上表称：“桓晖的弟弟桓叔兴前后招抚太阳蛮，归附的有一万多户，请求设置十六个郡，五十个县。”朝廷诏令前镇东府长史郦道元实施设置。郦道元是郦范的儿子。

这一年，柔然佗汗可汗又派遣纥奚勿六跋向北魏进献貂裘，魏宣武帝不接受，仍如前次那样做了答复。

当初，高车侯倍穷奇被嚈哒杀死，抓了他的儿子弥俄突而离去，高车的部众分散开，有的投奔了北魏，有的投靠了柔然。魏宣武帝派遣羽林监河南人孟威接纳安抚前来投降的人口，安置在高平镇。高车王阿伏至罗十分残暴，高车人杀了他，立他的同族之人跋利延。嚈哒带上弥俄突讨伐高车，高车人杀了跋利延，迎接弥俄突回国并立为王。弥俄突与佗汗可汗交战于蒲类海，没有取胜，向西逃了三百多里远。佗汗驻军于伊吾北山。正好高昌王麴嘉请求内迁到北魏去，当时孟威为龙骧将军，魏宣武帝派遣孟威带领三千凉州兵去迎接，到达伊吾，佗汗见到孟威的军队，害怕得逃跑了。弥俄突知道佗汗吓跑了，立即追击，大败他，在蒲类海的北边杀了佗汗，割下他的头发送给孟威，并且派遣使者到北魏进贡。魏宣武帝指派东城子于亮回报使者，赐送特别丰厚。高昌王麴嘉没有在约定的时间到来，孟威带兵返回。

佗汗可汗的儿子丑奴继位而立，号为豆罗伏跋豆伐可汗，改年号为建昌。

刘宋、南齐旧有的仪式，祭天时都穿戴衮冕，梁兼著作郎高阳人许懋奏请裁制大裘，得到采纳。

梁武帝将要祭祀太庙，诏令："斋戒那一天禁止音乐，从现今开始舆驾出发，乐队跟从但不吹奏，还宫的时候，仍按平常的仪式鼓吹奏乐。"

（以上为第四段，写柔然派遣使者向北魏进贡；高车国内震荡，立弥俄突为王，与高昌战，先败而后胜，杀死高昌王，亦派遣使者向北魏进贡。）

梁武帝天监八年（己丑，公元 509 年）

春季，正月初三日辛巳，梁武帝在南郊祭天，大赦天下。当时有人奏请在会稽山祭天，在国山祭地，梁武帝命令诸儒生草拟封禅仪式，准备封禅。许懋提出建议，认为："舜帝在泰山烧柴祭天，是为了巡狩。而郑玄引《孝经钩命决》说：'在泰山举行封礼，烧柴祭天把政绩报告；在梁甫山祭地，刻石记载年号。'这是纬书的虚诞说法，不是经书的通义。舜帝五年巡狩一次，春夏秋冬巡遍四岳，如果为了封禅，为何这么频繁呢？又如管夷吾所说的七十二君，燧人氏之前，世风质朴百姓淳厚，怎么能够用金泥和玉版书写呢？当时结绳而治，怎么能够镌刻文字报告成功呢？管夷吾又说：'只有受命之君，然后才能封禅。'周成王不是受命之君，从何谈起封太山禅社首呢？神农即是炎帝，然而管夷吾却说成是两个人，虚妄太甚了。如果是圣主，无须封禅；如果是凡主，不应该封禅。大概齐桓公想进行这样的事，管夷吾知道不可以进行，所以有意列举许多奇异物象来折回他的念头。秦始皇曾经封禅太山，孙皓曾经派遣兼司空董朝到达阳羡封禅国山，都不是盛德之事，不足以效法。那么封禅的礼仪，全都是道听途说的事，失去了其本来的意义，完全是因为君主喜好名声在上，而臣子们曲意逢迎在下啊。古代的祀祭天地，礼仪有常规，诚敬之道，至此而完备，至于封禅，实在未曾闻说。"梁武帝嘉许采纳，进一步扩充了许懋的建议，作为圣旨回答请求封禅的人，终止了这一计划。

（以上为第五段，写南朝梁武帝萧衍欲行封禅礼，在会稽祭天，在国山祭地，儒学臣许懋谏止。）

北魏中山王元英抵达义阳，将要攻取三关，先进行策划说：“三关相互依赖如左右手一般，如果攻克一关，其他两关不攻而自破；攻难不如攻易，应该先攻打东关。”又担心对方合并力量于东关，就指派长史李华率领五统军的兵力去西关，以便分散其兵力，元英自己则亲自督率各路军队去东关。

在此之前，马仙琕派云骑将军马广屯驻长薄，军主胡文超屯驻松岘。正月十八日丙申，元英到了长薄，正月二十日戊戌，长薄被攻破，马广逃到武阳，元英又进兵围住了该城。梁武帝派遣冠军将军彭瓮生、骠骑将军徐元孝率兵援救武阳，元英故意让他们入城，说：“我察看这座城的形势，很容易攻取。”彭瓮生等人入城之后，元英便催促兵士发起急攻，六天就攻打下来了，俘虏了三个将领以及士卒七千多人。元英进攻广岘，太子左卫率李元履弃城逃跑；又攻打西关，马仙琕也弃城逃跑了。

梁武帝指派南郡太守韦叡率兵援救马仙琕，韦叡到达安陆，把城墙加高到两丈多，又挖了大壕沟，起造高楼。众人颇为讥笑这是显示怯懦，韦叡说：“不对，做将领当有胆怯的时候，不可专恃勇敢。”中山王元英急追马仙琕，要雪邵阳之耻，听说韦叡到了，就撤退了。梁武帝也下达诏令罢兵。

当初，魏宣武帝派遣中书舍人鲖阳人董绍招抚慰劳反叛的城池，白早生袭击并囚禁了他，送到了建康。北魏攻克悬瓠之后，命令从齐苟兒等四个将领之中分派两人，令扬州给梁朝移送文书，用这两人换回董绍和司马悦的首级。移文还没有到，领军将军吕僧珍与董绍谈话，爱慕他的文才，报告了梁武帝，梁武帝派主书霍灵超对董绍说：“现今让你回去，令你沟通两家之好，彼此休生养民，岂不是好事一桩！”梁武帝便召见了董绍，赐给他衣物，又令舍人周舍慰劳他，并且说：“战争多年，百姓生灵涂炭，财物毁坏，我因此不以先提出与魏朝和好为耻辱，近来也有信给贵国，但是一点答复也没有，您应该把我们的这个意思完整地转达一下。现今派遣传诏霍灵秀送您回国，等待您的好消息。”又对董绍说：“您知道何以没有死吗？现今得到您，这是天意。拥立君主完全是为了百姓大众，凡在民众之上者，岂可以不想这个呢？如果想和好，就立即把宿豫还给你们，你们把汉中归还我们。”董绍回到北魏后把梁朝请求和好的意思转达了，魏宣武帝不同意。

（以上为第六段，写北魏中山王元英，采用各个击破方法，攻下义阳三关，南朝派韦叡救援，顿驻安陆，北魏退军；南梁提出用宿豫交换汉中，北魏不同意。）

三月，北魏荆州刺史元志统率七万大军入寇潺沟，驱赶威迫各蛮族，群蛮全都渡过汉水来投降，雍州刺史吴平侯萧昺接纳了他们。州郡里地位高的官员们都认为蛮人常常带来边患，不如乘此机会把他们除掉，萧昺说：“走投无路来投归，我杀掉他们，实在是不祥的事情。况且北魏人来侵犯的时候，我有这些蛮人做屏障，不也是很好吗！”于是打开樊城城门接受前来投降的蛮人，命令司马朱思远等人在漻沟攻击元志，大获全胜，斩首一万多名。元志是元齐的孙子。

夏季，四月初一日戊申，梁任命临川王萧宏为司空，加封车骑将军王茂开府仪同三司。

四月二十日丁卯，北魏楚王城主将李国兴献城投降。

秋季，七月十七日癸巳，梁朝巴陵王萧宝义去世。

九月初六日辛巳，北魏封已故北海王元详的儿子元颢为北海王。

北魏公孙崇造乐尺，以十二颗黍为一寸的长度，刘芳认为这样不对，改成以十颗黍为一寸。尚书令高肇等人上奏：“公孙崇所造的八音之器以及度量标准全都与经传所载不同，问他为什么这样，他说：‘一定依照经文的话，声音就不协调。’请求另外命令刘芳依照《周礼》造乐器，待制成之后集体议论鉴定并上呈，采用其中最好的。”诏令同意。

冬季，十月初九日癸丑，北魏任命司空广阳王元嘉为司徒。

十一月十五日己丑，魏宣武帝在式乾殿为众僧以及朝臣们讲解《维摩诘经》。当时，魏宣武帝专门崇尚佛教，不读经籍，中书侍郎河东人裴延隽上疏，认为：“汉光武帝、魏武帝，虽然在战争中，但未曾废弃书籍，先帝迁都行军，手不释卷，因为学问多有益处，不可以临时中断。陛下升上法座，亲自讲解大觉奥义，凡是在场瞻仰和聆听的人，心中的疑惑一扫而光。然而五经是治世的楷模，应以处理国务为要。恭敬地希望圣上佛经与儒书互读，孔学与佛教兼存，如此则内外都能周全，教义和世务都能通畅。”

当时佛教盛于洛阳，除僧人而外，从西域来的和尚还有三千多名，魏宣武帝另外建立了永明寺一千多间禅房，来安置他们。处士南阳人冯亮有巧思妙想，魏宣武帝指派他同河南尹甄深、沙门统僧暹选择嵩山地形好的地方建立了闲居寺，修建得非常好，极尽岩壑土木之美。由此远近受影响，无不信奉佛教，到了延昌的时候，州郡共有一万三千多处寺院。

这一年，北魏宗正卿元树来投奔，梁朝赐予他邺王的爵位。元树是元翼的弟弟。当时元翼是青、冀二州的刺史，坐镇郁洲，很久之后，元翼密谋率全州投降北魏，事情泄露而被杀。

（以上为第七段，写北魏宣武帝元恪崇尚佛教，不读经籍，佛教盛于洛阳，除本地僧人，西域沙门来者三千多人，到了延昌年间，州郡共有寺院一万三千多所。）

梁武帝天监九年（庚寅，公元510年）

春季，正月十二日乙亥，梁任命尚书令沈约为左光禄大夫，右光禄大夫王莹为尚书令。沈约的文章名高一时，然而贪求荣华之利，掌权十多年，政治方面的得失，口中只是称“唯唯”而已。沈约自以为久居相位，有意于三公的位置，人们的议论也认为这样才合适，但是梁武帝终究没任用他；沈约请求到外地去做官，梁武帝也不准许。徐勉为沈约请求开府仪同三司的官衔，梁武帝也不允许。

正月十七日庚寅，梁朝新筑缘淮塘，北岸从石头起到东冶，南岸从后渚篱门起到三桥。

三月十四日丙戌，魏宣武帝皇子元诩出生。[发布大赦令。]元诩的母亲胡充华是临泾人，胡充华的父亲胡国珍袭爵位武始伯。胡充华初被选入后宫的时候，和她身份一样的嫔妃们照惯例替她祝告说：“愿生诸王、公主，不要生太子。”胡充华说：“我的志向与你们不同，岂能害怕一身之死而让国家没有继承人呢？”等她怀有身孕，嫔妃们劝她把胎儿打掉，她却不干，并私下里发誓说：“如果有幸生下男孩，排行应该是长子，儿子生下来后死去，没有丝毫遗憾之处。”很快就生下了元诩。

在此之前，魏宣武帝屡次丧失皇子，年纪渐渐大了，所以对元诩特别重视，谨慎保护，选择良家妇女中适宜的乳母，在别宫中哺养元诩，皇后和胡充华都不得接近。

三月十七日己丑，梁武帝临幸国子学，亲临讲堂视察。三月二十三日乙未，诏令皇太子以下以及王侯之子年龄可以从师学习的都入学。

梁朝旧的制度规定：尚书五都令史全都选用寒门出身者担任。夏季，四月十六日丁巳，颁布诏书：“尚书五都，是参与朝政的重要职位，不但总领全局，而且并驾左右丞相；可以改用士族门第出身的来担任，以总领众多部门。”这时以都令史的地位等同于奉朝请，任命太学博士刘纳兼殿中都，司空法曹参军刘显兼吏部都，太学博士孔虔孙兼金部都，司空法曹参军萧轨兼左右户都，宣毅将军府墨曹参军王颙兼中兵都，上述几人都因才能和门第俱属上流而首先被选中。

（以上为第八段，写南朝萧梁重视教育，皇上萧衍亲临国子学讲学视察；改革人事制度，下令尚书五都令史都选用寒门出身的人，这是一项意义极为深远的重大改革。）

六月，宣城郡的吏员吴承伯以妖术聚集众人，六月十三日癸丑，攻进郡城杀了太守朱僧勇，转而又去屠灭旁边的县城。闰六月十九日己丑，吴承伯越过山岭，突然来到吴兴。东边的人向来不习武，官吏和老百姓都担惊受怕，四处奔散，有人劝太守蔡撙躲避一下，蔡撙不同意，招募勇敢者关闭城门坚决拒守。吴承伯竭尽全力攻城，蔡撙率众出战，大破承伯，亲自出阵，斩了吴承伯。蔡撙是蔡兴宗的儿子。吴承伯的残部进入新安，攻陷了黟、歙等县，太守谢览派兵抵抗，没有取胜，逃回会稽，朝廷军队前来讨伐贼寇，平定了。谢览是谢瀹的儿子。

冬季，十月，北魏中山献武王元英去世。

梁武帝即位三年时，诏定新的历法，员外散骑侍郎祖暅上奏称他的父亲祖冲之考定古法正确，历法不可以改动。到了八年的时候，梁武帝又诏令太史核定新旧两种历法，新历法密，旧历法疏，这一年，开始实行祖冲之的《大明历》。

北魏刘芳上奏："所制造的乐器以及教的文武二舞、登歌、鼓吹曲等已经完成，请求如以前圣旨所命令的那样召集公卿群儒议定，与旧乐一起上呈。如果臣等所制造的乐器，形式制度符合古式，敲奏符合节奏的话，请于来年元旦朝会的时候使用。"诏令："舞蹈可以采用新的，其余的暂且沿袭旧制。"

（以上为第九段，写南朝平定宣城郡吏吴承伯的聚众叛乱；启用祖冲之《大明历》；北魏确定元旦朝会所使用的乐舞，舞用新的文、武二舞，其余的沿袭旧制。）

梁武帝天监十年（辛卯，公元 511 年）

春季，正月初四日辛丑，梁武帝在南郊祭天，大赦天下。

尚书左仆射张稷，自认为功劳大，奖赏却很少，一次侍宴于东寿殿，酒酣的时候，他的怨气不满表露于言语表情之中。梁武帝说："你的哥哥杀了郡太守，你的弟弟杀了他的君主，有什么值得称道的好名声呢？"张稷回答："臣确实是没什么名声好炫耀的，但是随从陛下以来，不能说没有功劳。东昏侯残暴肆虐，正义之师也来讨伐他，何况是为臣呢？"梁武帝捋着他的胡须，说："张公让人感到害怕呀！"张稷心里既恐惧又怨恨，便请求外放，正月初六日癸卯，任命他为青、冀二州刺史。

王珍国也有怨气，被罢去梁、秦二州刺史还京后，酒后在座位上启奏说："臣前不久进入梁山便哭了。"梁武帝听了大吃一惊，说道："你如果哭东昏侯，则已经晚了；如果哭我，我还没有死！"王珍国站起来拜谢，竟然不回答，酒席当即就散了，因此被疏远了，很久之后，被任命为都官尚书。

正月二十日丁巳，北魏汾州山胡刘龙驹聚众造反，侵扰夏州，诏令谏议大夫薛和征调东秦、汾、华、夏四州的兵力去讨伐。

正月二十四日辛酉，梁武帝祭祀明堂。

三月，琅邪百姓王万寿杀了东莞、琅邪二郡太守刘晣，占据了朐山，召请北魏军队前来。

三月二十六日壬戌，北魏广阳懿烈王元嘉去世。

北魏徐州刺史卢昶派遣郯城的戍副张天惠、琅邪的戍主傅文骥相继赶赴朐山，青、冀二州刺史张稷派兵抗拒，没有取胜。夏季，四月，傅文骥等人占据了朐山，诏令振远将军马仙琕去攻击。北魏又派遣代理安南将军萧宝寅、代理平东将军天水人赵遐率兵据守朐山，接受卢昶的指挥调遣。

四月初九日甲戌，北魏薛和打败了刘龙驹，全部铲平他的党羽，并上表设置了东夏州。

五月二十一日丙辰，北魏禁止天文学。

梁任命国子祭酒张充为尚书左仆射。张充是张绪的儿子。

马仙琕包围了朐山，张稷临时驻扎六里以便监督粮运，梁武帝几次发兵协助他们。秋季，北魏卢昶上表请求增兵六千，米十万石，魏宣武帝给他增派了四千兵力。十一月初七日己亥，魏宣武帝诏令扬州刺史李崇等人在寿阳操练军队，以便分散朐山的兵势。卢昶本是一个儒生，不熟悉军旅事务。朐山城中的粮食和柴火全都用尽了，傅文骥献城投降；十二月十九日庚辰，卢昶带兵先逃跑了，其他各路军马都相继溃散，正好天下大雪，士兵冻死以及冻掉手脚的有三分之二，马仙琕追击，大获全胜。二百里之间，冻僵的尸体相连，魏兵卒幸免于难者仅十分之一二，收缴到的粮食、牲口以及各种器械，不可胜数。卢昶单人匹马逃跑，丢弃了全部的节传、仪卫之具。到了郯城，借用了赵遐的节传作为军威。魏宣武帝命令黄门侍郎甄琛骑驿马去把卢昶押解到洛阳，追根究底查问他惨败的状况，卢昶以及赵遐全被免官。只有萧宝寅把军队完整地带回。

卢昶在朐山的时候，御史中尉游肇对魏宣武帝说："朐山乃弹丸之地，偏处海滨，地势低下，异常潮湿，难以居住，对于我们不是急用之处，而对于贼人则有利。正因为有利，所以必定要拼死相争；不是急用之处，所以不得已而交战。以不得已之众抵抗拼命的军队，恐怕拖延时日，耗费甚大。假使能得到朐山，徒然地导致双方互相争夺，终将难以保全，正所谓无用之田。听说贼人屡次提出要以宿豫交换朐山，如果真是这样的话，用这块无用之地，换回来那块过去就属我们所有的疆域，兵戈之争顿时化解，利益为大。"宣武帝准备要照此行事，恰逢卢昶战败，就提升游肇为侍中。游肇是游明根的儿子。

马仙琕作为将帅，能同士卒们同甘共苦，穿的衣服不过布帛制成，住的地方没有帏幕衾屏，饮食与干杂活的仆役一样。他镇守边境，常常只身潜入敌境，侦察壁垒村落险要之处，打仗大多能获胜，士卒们也乐于为他卖力。

（以上为第十段，写南朝琅邪民王万寿占据朐山反叛，杀掉郡守，召请北魏军；南朝令振远将军马仙琕率军反击，马仙琕与士卒同甘苦，于朐山大胜北魏，北魏军队狼狈逃奔。）

北魏任命甄琛为河南尹，甄琛上表说："国家在代京建都的时候，忧患盗窃成灾，世祖皇帝为此而下决心广置主司、里宰，全都让代京令长以下及五等散男中有谋略者来担任。又多置吏士做他们的羽翼，崇敬而重视他们，盗贼方才得到禁止。自从迁都以来，国土扩大，四方来会，已经远远超过了代都，五方杂沓，寇盗公然行事，里正职位轻，事务琐碎，担任其职的大多是才能低下者，人人抱着苟且之心，不能督察。请求挑选武官中八品将军以下而又有才干且品行端正坚贞的人，以原来官职的俸禄和恤亲之禄而担任里尉的职务，高者领六部尉，中者领经途尉，下者领里正。不然的话，也可以稍微提高里尉的品级，选下品中应该提拔者晋升担任，只要有人专门负责督管，京城的治安即可好转。”宣武帝颁布诏书：“里正的品级可以升到勋官初品，经途尉为从九品，六部尉为正九品，从诸职中选拔，不必由军人来担任。”甄琛又上奏请把羽林军作为游军，在各坊巷中巡逻检查盗贼，于是洛阳城马上变得清静了，这种办法在后代也得到沿用。

这一年，梁朝境内有州二十三个，郡三百五十个，县一千零二十二个。这以后州名越来越多，废置离合，不可胜记。北魏也同样如此。

梁武帝对同姓的亲族亲近宽厚，对朝廷官员也非常优待爱护，有犯法的，都委屈法律而替他们开脱。而老百姓有罪，则一律按照法律处置，并且株连犯罪，不管老幼一概不免，一人逃亡，全家以身抵押服劳役，百姓既然困穷窘迫，犯法作乱就更严重了。有一次郊祀，有一个秣陵老者拦住御驾讲道：“陛下执法，对庶民太苛刻，对权贵则太宽松，这不是长久之道。如果能颠倒过来，则天下大幸呀。”梁武帝于是考虑对百姓执法加以宽宥。

（以上为第十一段，写北魏河南尹甄琛治理洛阳得法，后世沿用；南朝增设州郡，达二十三州；又，南梁原来用法宽于亲族权贵，严于民众，武帝萧衍听取秣陵老人的建议而加以改进。）

梁武帝天监十一年（壬辰，公元512年）

春季，正月初一日壬辰，梁朝颁布诏书：“自今开始，流放之家以及罪该以身抵押服劳役者，如果有老人或小孩，可以停止押送。”

梁以临川王萧宏为太尉，骠骑将军王茂为司空、尚书令。

正月二十五日丙辰，北魏任命车骑大将军、尚书令高肇为司徒，清河王元怿为司空，广平王元怀进封号为骠骑大将军，加封为仪同三司。高肇虽然位登三司，但犹自认为夫掉了要职，心里的不快流露于言语表情之间，见到的人都嗤笑他。尚书左丞高绰、国子博士封轨，向来以方正刚直为事，到高肇当上司徒之后，高绰迎送往来行礼如仪，封轨不去拜见高肇。高绰回头不见封轨，马上起身返回，叹息着说道：“我平生自认为不失规矩，但是今天的举动，不如封生太远了。”高绰是高允的孙子，封轨是封懿的族孙。

清河王元怿有才学，声望不错，有鉴于彭城王元勰无罪而被杀之祸，一次借侍宴机会，对高肇说：“天子的兄弟能有几人，而差不多翦除尽了！过去王莽是个秃头，凭借渭阳的资本，篡夺了汉室的天下。现今你是个驼背，也恐怕最终会成为致乱的根由。”正遇大旱，高肇擅自重新审理囚徒，想以此收拢人心。元怿向魏宣武帝进言："过去季氏超越名分在泰山祭祀，孔子对此非常疾恨。确实从君臣名分来考虑，应该防微杜渐，不可以轻视呀。减少膳食之费，重新审理囚徒，这是陛下的事情，现今司徒做了，岂是做人臣者的道理呢？明君失之于上，奸臣窃之于下，祸乱的根子，就在这里了。"宣武帝笑而不答。

夏季，四月，北魏朝廷命令尚书与各官署审理狱讼案件，又令饥民到燕、恒二州以及六镇去渡灾。

四月二十五日乙酉，北魏大赦天下，改年号为延昌。

（以上为第十二段，写北魏权臣高肇由车骑大将军、尚书令升为司徒，认为是丢了要职，怏怏不乐；高肇擅自重新审理囚徒，想以此收买人心，却种下祸根。）

冬季，十月十八日乙亥，北魏立皇子元诩为太子，开始了不杀太子生母的先例。以尚书右仆射郭祚兼任太子少师。郭祚一次随魏宣武帝临幸太子东宫，怀中特意装着黄𤓰给太子吃；当时应诏左右赵桃弓深受宣武帝的信任，郭祚私下里巴结他，时人称他为"桃弓仆射"、"黄𤓰少师"。

十一月十九日乙未，梁任命吴郡太守袁昂兼尚书右仆射。

当初，南齐太子步兵校尉平昌人伏曼容上表请示制定一代的礼乐，世祖诏令挑选学士十人修定五礼，由丹杨尹王俭总负责。王俭去世之后，这件事情交付给了国子祭酒何胤。何胤隐居东山之后，齐明帝命令尚书令徐孝嗣掌管其事。徐孝嗣被诛之后，材料大多散失，又诏令骠骑将军何佟之掌管。经过齐末的兵火，留存下的是极少数。梁武帝即位之后，何佟之启奏请示礼局应该省去还是应该继续，旨令让下面先详细议定好再上报。当时，尚书认为开国伊始，诸多事务初创，应该等到升平的时候再制礼定乐，想要省去礼局，把事情退还给尚书仪曹，诏令说："礼坏乐缺，确实应该及时修定。但是原先没有合适的修撰人，所以历年没有完成，以致有名无实。礼乐之制是治国安邦的前提，应该立即开始修撰。"这时尚书仆射沈约等人上奏："请五礼各置旧学士一人，命令他们自己推荐学古一人相助抄撰，其中有疑惑者，依照汉代石渠阁、白虎观的旧例，由圣上断决。"乃让右军记室参军明山宾等人分掌五礼，何佟之全面负责此事。何佟之去世，又由镇北谘议参军伏暅代替他。伏暅是伏曼容的儿子。到了这时，五礼修成，分列上呈，合起来共有八千零一十九条，梁武帝诏令有关部门遵照施行。

十一月二十三日己酉，临川王萧宏因公事而降职为骠骑大将军。

这一年，北魏任命桓叔兴为南荆州刺史，治所在安昌，隶属于东荆州。

（以上为第十三段，写北魏立元诩为太子，始不杀其母；南朝武帝萧衍重视礼乐，开展修撰《五礼》的工作，历经几任主持，终于完成，诏令有关部门予以施行。）

梁武帝天监十二年（癸巳，公元 513 年）

春季，正月初六日辛卯，梁武帝在南郊祭天，大赦天下。

二月初六日辛酉，梁任命兼尚书右仆射袁昂为右仆射。

二月二十四日己卯，北魏高阳王元雍进位为太保。

梁朝的郁洲接近北魏边境，该地的民众大多私自同北魏人做买卖，朐山之乱时，有的人暗中与北魏勾结，朐山之乱平定之后，这些人心中非常不安。青、冀二州刺史张稷不得志，政令松弛，以致僚属多侵夺百姓。二月二十五日庚辰，郁洲百姓徐道角等人夜晚袭击州城，杀了张稷，送上他的首级投降了北魏，北魏派遣前南兖州刺史樊鲁率兵赶赴郁洲。此时，北魏发生饥荒，百姓饿死的有几万人，侍中游肇进谏认为："朐山靠近大海，地势低下潮湿，难以居住，郁洲更在海中，得到它尤其没有用处。该地对于梁朝既是海道要冲，又靠近江淮，而离此地非常遥远，且不是军事要地，以闲远之兵去攻打要冲近地的兵众，不可抵挡。方今饥荒，百姓困苦，只应安宁，但是又要烦劳军旅，耗费粮食，对于出兵之事，臣只看到它的损失，看不到它的益处。"魏宣武帝不听从，又派遣平西将军奚康生率兵去迎战。还没有出发，北兖州刺史康绚就派遣司马霍奉伯讨平了郁洲之乱。

二月二十六日辛巳，梁兴建新的太极殿。

梁武帝曾经同侍中、太子少傅建昌侯沈约各自写出关于栗子的典故，沈约少写三点，出来之后对人说："此公自护其短，否则会羞死的！"梁武帝知道之后十分生气，要治沈约的罪，徐勉一再劝谏才止住。梁武帝对张稷心中怨恨，闲暇时与沈约谈到了张稷的事，沈约说："左仆射出任青、冀二州刺史已经是过去的事情了，何足再加议论！"梁武帝认为沈约与张稷是亲家，相互袒护，生气地说："你说出这样的话，是忠臣吗？"乘辇回内殿去了。沈约害怕，竟没有觉察到梁武帝已经起身走了，沈约还像原来那样坐着。回到家之后，沈约没有走到胡床跟前就坐下去，坐空了，摔倒在门下，于是就病了。沈约梦见齐和帝用剑割断了他的舌头，沈约就叫来道士用赤色奏章向天神祈祷，说："禅代的事情，不是自己的主意。"梁武帝派遣主书黄穆之来探视沈约的病情，天黑时返回了，病情的好坏没有立刻上报，但是又害怕因为隐瞒而获罪，最终还是把沈约让道士用赤章祈天的事情报告给梁武帝。梁武帝勃然大怒，多次派人去谴责沈约。沈约越发害怕了，于闰三月十一日乙丑病逝。有关部门给沈约的谥号为"文"，梁武帝说："心事埋藏着不全部显露叫作'隐'。"于是改沈约的谥号为隐侯。

（以上为第十四段，写南朝平定郁洲的民众起事；太子少傅沈约曾为萧衍篡夺南齐政权出谋划策，立下汗马功劳，隐私而被谴责，忧病而死。）

夏季，五月，寿阳久雨成灾，大水冲入城内，房舍全被淹没了。北魏扬州刺史李崇整集军队停在城墙上，水上涨不停，于是又乘船爬到短墙上面，城墙只差两板宽没有被淹。将佐们劝李崇放弃寿阳而保北山，李崇说："我受朝廷之命镇守一方之地，由于仁德不足而致使天降大灾，淮南万里之地，安危系于我一身，一旦动一动脚，百姓就会瓦解奔散，扬州之地，恐怕就不属国家所有了，我岂能爱惜自己的身子，而有愧于王尊呢！只是怜悯士人百姓们要无辜与我一同去死，可以扎筏子随水前往高处，去求生路，我一定同这座城一起淹没，请各位不要再说了！"

扬州治中裴绚带领城南民众数千家划船往南逃跑，到高地上避水，他认为李崇一定回北方去了，因此就自称为豫州刺史，同别驾郑祖起等人送人质来请求投降。马仙琕派兵前去接应。

李崇听说裴绚叛变了，但不测虚实，就派遣国侍郎韩方兴单人乘船去召裴绚，裴绚知道李崇还在，怅然若失，惊慌悔恨，回答说："日前因大水困顿，受众人的推举，方有此举。现今大计已成，无可追回了，恐怕这里的百姓已经不是大人治下的百姓了，官吏也不是大人手下的官吏了，希望大人早日动身回去，不要冒犯我的将士们。"李崇派遣堂弟宁朔将军李神等人率领水军讨伐裴绚，裴绚战败，李神追击，占领了他的营盘。裴绚逃跑，被村民抓获，送回来时，到了尉升湖说："我有何脸面见李公呢！"便投水而死。裴绚是裴叔业哥哥的孙子。郑祖起等人都伏法被诛。李崇上表朝廷因水灾而请求解除自己州刺史的职位，魏宣武帝不准许。

李崇深沉宽厚，有谋略，很得士庶之心，在寿春十年，经常养着几千壮士，贼寇来犯无不被摧破，邻近的敌手称他为"卧虎"。梁武帝多次设反间计以使北魏朝廷对李崇产生怀疑，授予他车骑大将军、开府仪同三司、万户郡公，几个儿子都被封为县侯。然而魏宣武帝素知李崇忠诚老实，对他非常信任而毫不怀疑。

六月初十日癸巳，梁新修太庙。

秋季，八月戊午（疑为九月初七日戊午），梁朝任命临川王萧宏为司空。

北魏恒、肆二州发生地震，山鸣，一年多还没停止，民众被埋压死伤的很多。

魏宣武帝临幸东宫，以中书监崔光为太子少傅，命令太子向崔光下拜。崔光辞让而不敢承当，宣武帝不许。太子面向南拜了两次，詹事王显启请圣上允许他跟随太子一起拜，于是东宫僚属一起下拜。崔光朝北面立着，不敢答礼，只朝西面拜谢后离去。

（以上为第十五段，写大水淹没寿阳城，北魏扬州刺史李崇坚持与寿阳城共存亡；治中裴绚率领民众投降南朝，被平定；李崇深得北魏主的信任，驻守寿春十年。）

梁武帝天监十三年（甲午，公元514年）

春季，二月初八日丁亥，梁武帝在籍田耕作，大赦天下。刘宋、南齐籍田都在正月，至此方改为二月，以及太牢祀神农炎帝也改在二月。

北魏东豫州刺史田益宗年老体衰，同儿子和孙子们聚敛无厌，部内深受其苦，都说要反叛。魏宣武帝派遣中书舍人刘桃符去慰劳田益宗，刘桃符回朝之后，启奏了田益宗侵扰当地的情状。魏宣武帝赐诏说："刘桃符听说你的儿子田鲁生在淮水之南贪敛暴虐，这样下去不停止，会损害你对朝廷的诚意效忠。可令田鲁生前来朝廷，对他当另加任用。"田鲁生长久未至，诏令田益宗调任镇东将军、济州刺史；又考虑到他不会接受别人来代替自己，就派遣后将军李世哲与刘桃符率众去袭击，李世哲等人迅速地进入了广陵。田鲁生与弟弟鲁贤、超秀都奔到关南，招引梁军，攻取了光城以南的各个寨堡。梁武帝任命田鲁生为北司州刺史，鲁贤为北豫州刺史，超秀为定州刺史。三月，北魏李世哲进攻田鲁生等人，打败了他们，重新设置了郡戍。田益宗被命令回到洛阳，授予征南将军、金紫光禄大夫。田益宗上表言称被刘桃符谗言所陷，并说："鲁生等人被刘桃符逼迫反叛，请求令刘桃符与我当面对质，以明虚实。"诏令不准许，说："既然已经宽宥了你，不允许再打官司了。"

秋季，七月二十九日乙亥，梁立皇子萧纶为邵陵王，萧绎为湘东王，萧纪为武陵王。

冬季，十二月初五日庚辰，魏宣武帝派遣骁骑将军马义舒召慰宣谕柔然国。

北魏王足入侵的时候，梁武帝命令宁州刺史涪人李略抵抗，许诺事平之后任用他为益州刺史。王足撤退之后，梁武帝不用李略，李略颇有怨忿，存有异谋，梁武帝杀了他。李略哥哥的儿子李苗投奔北魏，步兵校尉泰山人淳于诞曾任益州主簿，从汉中投奔北魏，两人一起游说魏宣武帝攻取蜀地策略，魏宣武帝相信了。十一月初六日辛亥，北魏任命司徒高肇为大将军、平蜀大都督，统率步骑兵十五万人侵犯益州；又命令益州刺史傅竖眼出巴郡之北，梁州刺史羊祉兵发庾城，安西将军奚康生兵发绵竹，抚军将军甄琛兵发剑阁。十一月初十日乙卯，北魏任命中护军元遥为征南将军，都督镇遏梁、楚。游肇劝谏，认为："现今连年水涝旱灾，老百姓不宜于再劳役了。过去开拓疆域，都因为城主归顺投降，所以有大军远行却无战斗。现今出谋划策的人真伪难辨，或者是因为对梁朝有怨气，借我们出气，所以不可全信。蜀地险要狭隘，镇戍没有疏漏，怎么能听信他人的没有根据的说法而出动大军呢？举动不在开始时谨慎，后悔哪里来得及呢？"宣武帝没有听从游肇的建议，以淳于诞为骁骑将军，又让李苗代领龙骧将军，两人都兼任向导统军。

北魏降将王足献策，请求拦堵淮水以淹灌寿阳。梁武帝以为然，命令水工陈承伯、材官将军祖暅视察地形，都说："淮水中沙土漂轻不坚实，工程不可成就。"梁武帝不听，征调徐、扬之地的百姓，每二十户中征五丁，拦水筑堰，命令太子右卫率康绚兼领都督淮上诸军事，并且在钟离进行筑堰工程。筑堰的劳役和兵士共二十万人，南起浮山，北抵巉石，沿着两岸筑坝，大坝合龙于淮水中流。

北魏任命前定州刺史杨津为华州刺史，杨津是杨椿的弟弟。在此之前，官家征收调绢，所用的尺子很长，担任调绢之事的官吏乘机勾结为奸，有贿赂的人按公尺，实收的绢少，无贿赂的人按特长尺，实收的绢多，老百姓苦不堪言。杨津下令一律按照标准尺子来丈量，对于交送的物品质量好的人，赐以一杯酒；交送稍微差的，也收受，但没有酒，以示耻辱。这时人们竞相勉励，官家调赋收入胜于往日。

北魏皇太子还幼小，每次出入东宫，相伴的只有左右随从和乳母，东宫的臣子们都不知道。詹事杨昱上言："请求从今开始召见太子一定要亲自颁下手敕，命令臣等护从。"魏宣武帝采纳建议，命令东宫臣子中值班的护送到万岁门。

北魏御史中尉王显对治书侍御史阳固说："我当太府卿时，府库充实，您以为怎样呢？"阳固回答说："大人把百官的俸禄扣去四分之一，各州郡收缴的赃款和赎金，全部运到京师，以此来充府库，不足为多。况且有言说道：'敛臣害义，盗臣损财，害义不如损财'，可不借鉴吗！"王显不高兴，就借故上奏免除了阳固的官职。

（以上为第十六段，写北魏宣武帝元恪听从南朝降将李苗、淳于诞的献策，出动大军攻蜀；南朝梁武帝萧衍听从北魏降将王足的献策，发兵筑坝拦堵淮水，以淹灌寿阳。）

【点评】

南北朝推进文化建设。这一时期相对稳定，南北都有文化建设。其一，梁实行祖冲之的《大明历》。员外散骑侍郎祖暅上奏称他的父亲祖冲之考定古法正确，历法不可以改。到了天监八年的时候，梁武帝又诏令太史核定新旧两种历法，新历法密，旧历法疏，于是，在这一年，开始实行祖冲之的《大明历》。另一件事，梁修订五礼（即吉、凶、军、宾、嘉）完成，共有八千零一十九条。诏令有司颁布施行。

其二，北魏制定了乐器标准。北魏刘芳上奏："所制造的乐器以及教的文武二舞、登歌、鼓吹曲等已经完成，请求如以前圣旨所命令的那样召集公卿群儒议定，与旧乐一起上呈。如果臣等所制造的乐器，形式制度符合古式，敲奏符合节奏的话，请于来年元旦朝会的时候使用。"诏令："舞蹈可以采用新的，其余的暂且沿袭旧制。"

梁纪四

梁武帝天监十四年至十七年（公元 515—公元 518）

【起旃蒙协洽（乙未，公元 515 年），尽著雍阉茂（戊戌，公元 518 年），凡四年】

【大事提要】

本卷记事起自公元 515 年，至公元 518 年，凡四年，当梁武帝天监十四年至天监十七年。本卷所载大事，南朝萧梁修筑浮山堰城，引淮水灌寿阳。秋天，沿淮城戍村落十余万口漂流入海。公元 515 年，魏孝明帝立，胡太后临朝称制。魏宣武帝修建瑶光寺，没有能够建成。这一年，胡太后又修建永宁寺，都建在宫殿旁边。又修筑石窟寺在伊阙口，都穷尽了土木建筑的华美。而永宁寺尤其盛大。北魏胡太后派使者宋云和僧人惠生到西域去求取佛经。到达天竺，至正光二年（521）始还。此外，崔广上奏修补洛阳石经。

高祖武皇帝四

梁武帝天监十四年（乙未，公元 515 年）

春季，正月初一日乙巳朔，梁武帝在太极殿给太子举行冠礼，大赦天下。

正月初七日辛亥，梁武帝在南郊祭天。

正月初十日甲寅，魏宣武帝患病，正月十三日丁巳，在式乾殿病故。侍中、中书监、太子少傅崔光，侍中、领军将军于忠，詹事王显，中庶子代京人侯刚等人从东宫迎接太子元诩来到显阳殿。王显想等天亮以后再为太子举行即位仪式，崔光说：“皇位不可以片刻空缺，为什么要等到天亮呢？”王显说：“必须报告中宫皇后。”崔光说：“皇上驾崩，太子继位，这是国家正常的规定，何必要等待中宫的旨令呢！”这时崔光等人请求太子停止哭泣，站在东面；于忠和黄门郎元昭搀扶太子面向西哭了十多声后停止了哭泣。崔光代理太尉的职务，捧着策书献上印玺和绶带，太子跪着接受了，穿上礼服，走上太极殿，即皇帝位。崔光等人和夜间值勤的官员站立在庭中，向北叩头高呼万岁。元昭是北魏略阳公元遵的重孙。

高后想杀掉胡贵嫔，中给事谯郡人刘腾把这件事告诉了侯刚，侯刚又告诉给于忠。于忠向崔光请教计策，崔光就让他将胡贵嫔搬到别的住所，严加守卫，因此胡贵嫔深深地感激这四个人。正月十四日戊午，北魏大赦天下。正月十五日己未，召回全部在西面讨伐和在东面防守的军队。

骠骑大将军、广平王元怀抱病入朝，径直来到太极殿的西殿，悲痛欲绝，叫来侍中、领军、黄门、左右二卫将军说："我要上殿哭悼大行皇帝，并要去见圣上。"众人都惊愕地相互看着，没有敢于答话的人。崔光撩起丧服举杖，引用汉光武帝死后赵熹扶持诸位藩王下殿的旧事，声色俱厉，听的人没有说不好的。元怀的喊声和眼泪都停了下来，说："侍中您用古代的事理来裁正我，我怎敢不服！"于是就回去了，回去后仍然多次派左右来谢罪。

此前高肇专权，特别忌恨宗室里面有名望的人，太子太傅任城王元澄多次被高肇诋毁陷害，元澄害怕不能保全自己，就整天纵酒，颇为疯狂，朝廷重要事务都不参与。等到宣武帝病故，高肇统兵在外，朝廷内外都很不安。于忠和门下省的官员们商议，由于孝明帝年幼，不能亲自执政，应该让太保高阳王元雍住进西柏堂处理各种政务，并且任命任城王元澄为尚书令，总管大小官员，而且上报皇后，请当即用手书授职。王显一向受世宗的宠信，凭借权势滥施淫威，被众人忌恨，恐怕不被元澄等人所容纳，就和中常侍孙伏连等人密谋搁置门下省的奏议，伪造皇后的命令，任命高肇录尚书事，任命王显和勃海公高猛等人共同担任侍中。于忠等人听到，假借服侍皇上治疗无效的罪名，把王显抓入监牢，颁布诏书剥夺爵位、官职。王显在被抓时大声喊冤，直阁就用刀环撞击他的腋下，送到右卫府，一夜就丧了命。正月十六日庚申，颁布诏书批准了门下省的奏议，百官各安己职，听命于二位王爷，朝廷内外都衷心信服。

二月初七日庚辰，北魏尊封皇后为皇太后。

魏孝明帝自己称名写信给高肇报告丧事，并且召他回朝。高肇承受着这种变故非常忧伤惊惧，整日哭泣，以至于瘦弱憔悴，回到瀍涧时，家里人迎接他，却不与相见。二月初八日辛巳，来到宫阙下，穿着丧服号哭，登上太极殿极尽悲哀。高阳王元雍和于忠秘密商议，埋伏值寝邢豹等十多人在舍人省内，高肇哭完，引入西廊庑，清河王等众王都偷偷交谈观看着。高肇进了舍人省，邢豹等人扼杀了他，颁布诏书公布高肇的罪恶，称高肇是自杀，其余亲党都没有追究。剥夺了职务、爵位，用士大夫的礼节安葬。到了黄昏，从侧门把尸体运回家。

（以上为第一段，写北魏宣武帝元恪去世，太子元诩即位，中书监崔光等人随机处理，处变不惊；召回权臣高肇，被扼死；元诩之母胡贵妃被保住性命，深深感怀于忠等大臣。）

魏军攻打蜀地，大军到晋寿，蜀人非常恐惧。傅竖眼率领三万步兵攻打巴北，梁武帝派宁州刺史任太洪从阴平抄小路进入州城，招诱氐人、蜀人，断绝了魏军的运输线路。正赶上北魏大部队向北返回，任太洪袭击了北魏的东洛、除口两个戍地，并且声称梁朝军队紧接着就会到来，氐人、蜀人一致归顺了他。任太洪进军包围了关城，傅竖眼派统军姜喜等人攻击任太洪，大破他的部队，任太洪放弃关城逃了回来。

二月初十日癸未，北魏任命高阳王元雍担任太傅兼任太尉，清河王元怿为司徒，广平王元怀为司空。

二月二十一日甲午，北魏安葬宣武帝于景陵，庙号为世宗。二月二十六日己亥，尊胡贵嫔为皇太妃。三月初一日甲辰朔，使高太后做了尼姑，迁居到金墉瑶光寺，不是大的节日庆典，不许入宫。

北魏左仆射郭祚上表称："萧衍狂妄悖理，谋划切断山川沟渠，劳役苦重，百姓疲弊，危亡的苗头已经显露，应当派将出兵，长驱讨伐敌人。"北魏诏令平南将军杨大眼率领军队镇守荆山。

北魏的于忠既担任侍中，又总管禁卫事务，于是独揽朝政，权倾一时。当初，太和年中，军国多事，高祖因为用度不足，把百官的俸禄减少了四分之一。于忠下令全部恢复了减少的俸禄。旧法规定：百姓每织一匹绢要交八两绵，每织一匹布要交十五斤麻作为税收，于忠都加以免除。三月二十二日乙丑，诏令给文武百官每人晋升一级。

夏季四月，浮山堰修成又崩溃了，有人说蛟龙能乘风雨破坏渠堰，但它本性厌恶铁，于是就运来东西两冶几千万斤铁器沉在江里，也没能使坝合龙。便砍伐树木交错捆绑成井干的形状，然后把大石头填进去，在上面加上土，沿着淮河一百里内的树木石头无论大小都被用光了，挑担的人肩膀都磨烂了，夏天里疾病成疫，死人互相倾压着，遍地都是，苍蝇蚊虫日夜轰鸣。

北魏梁州刺史薛怀吉在沮水打败了叛乱的氐人。薛怀吉是薛真度的儿子。五月十二日甲寅，南秦州刺史崔暹又大破叛乱的氐人，解除了对武兴的围困。

六月，北魏冀州僧人法庆用妖术迷惑百姓，与勃海人李归伯一同作乱，推举法庆做首领。法庆以尼姑惠晖为妻，李归伯当十住菩萨、平魔军司、定汉王。自己号称大乘。又配置狂药，让人服用，父子兄弟不再相认，只知道杀人害命。刺史萧宝寅派兼长史崔伯驎攻击，崔伯驎战败而死。叛贼气焰更加嚣张，所到之处毁坏寺庙，斩杀僧尼，烧毁经像，还说："新佛出世，除去众魔。"秋季，七月初六日丁未，诏令代理右光禄大夫元遥兼领征北大将军去讨伐。

北魏尚书裴植，自以为门第不比王肃低，但是朝廷给的官位不高，于是常常怏怏不快，就上书请求辞去官职隐居嵩山，宣武帝不同意，并且责备他。等他做了尚书，志高气傲，常常对人说："不是我想做尚书，是尚书要由我来做。"每次入朝议论政事时，喜欢当面讥讽伤害众位官员。上表征南将军田益宗，说道："汉人、夷人种类不同，不应当位在百世衣冠之上。”于忠和元昭看见他，都恨得咬牙切齿。

尚书左仆射郭祚，贪图晋升，自认为是东宫的师傅，希望封侯、开府仪同三司，诏令郭祚为都督雍岐华三州诸军事、征西将军、雍州刺史。

郭祚和裴植都讨厌于忠专权横行，暗中劝高阳王元雍让于忠离开朝廷。于忠听后大怒，命令有关部门诬告郭祚、裴植犯了罪。尚书诬告说：“羊祉向裴植的表弟皇甫仲达报告说：‘受了裴植的命令，假称受圣上旨令，率领部曲想要图谋于忠。’臣等已经审理完毕，供词虽然不认罪，但是证据清楚，按法律应判死刑。这些证据中虽没有直接证明是裴植的，但大家都说：‘皇甫仲达是受裴植指使，裴植曾叫来皇甫仲达责问，但没有告发他。’按常理推算，看不出来他们之间有什么明显的区别，因此不能和其他案子一样有所减轻，一致认为对裴植处以和皇甫仲达一样的死刑。裴植曾经亲自率领全城的人马归顺王化，按法律条文按以上议处，乞请皇上做出裁决。”于忠假传圣旨说：“凶险的谋划已经是这样了，罪恶不当宽恕；虽然也有过诚心归顺的行为，不必再经审理，也不用等到秋分。”八月己亥，裴植和郭祚以及都水使者杜陵、韦儁都被赐死。韦儁是郭祚的亲家。于忠又想杀高阳王元雍，崔光坚决不同意，于是罢免了元雍的官职，以亲王的身份回到了官邸。朝廷内外都含冤忍愤，莫不咬牙切齿。

（以上为第二段，写北魏朝廷内斗惨烈，胡贵嫔为太妃，高太后被贬为尼，被幽闭；领军将军于忠控制皇宫，权倾朝野；尚书裴植、左仆射郭祚恶之，被处死。）

八月初六日丙子，北魏尊封胡太妃为皇太后，住进崇训宫。于忠担任崇训宫的卫尉，刘腾担任崇训宫的太仆，加官侍中，侯刚为侍中抚军将军。又封胡太后的父亲胡国珍为光禄大夫。

八月十一日庚辰，定州刺史田超秀率领三千兵马投降了北魏。

八月十八日戊子，北魏实行大赦。

八月十九日己丑，北魏清河王元怿晋升太傅，兼任太尉，广平王元怀为太保，兼任司徒，任城王元澄任司空。

八月二十日庚寅，北魏任命车骑大将军于忠为尚书令，特进崔光为车骑大将军，并加封开府仪同三司。

北魏江阳王元继是元熙的曾孙。原来是青州刺史，因为犯罪把良民的女孩当作婢女，被剥夺了爵位。元继的儿子元义娶了胡太后的妹妹，八月二十二日壬辰，下令恢复了元继的原封位，让元义做了通直散骑侍郎。元义的妻子是新平郡君，仍拜为女侍中。

众大臣上书请求太后临朝，命令称为“制”。九月初五日乙未，太后开始临朝听政，但还是不称“制”而称“令”，大臣们上书仍称呼她为“殿下”。太后聪明机智，非常喜爱读书写作，射箭能射中针孔，政务都亲手批阅处理。加胡国珍为侍中，封为安定公。

自从郭祚等人死后，诏书、命令、生杀予夺之权都由于忠决定，王公们都畏惧他，两只脚重叠着站立，敛声屏气。太后亲政后，解除了于忠侍中、领军、崇训卫尉的职务，只让他担任仪同三司、尚书令的职位。过了十几天，太后把门下侍官叫到崇训宫，问道："于忠在朝廷中为百官之首，声望如何？"众人都说："不称职。"就让于忠出朝任都督冀定瀛三州诸军事、征北大将军、冀州刺史；让司空元澄兼任尚书令。元澄上书说："安定公应当可以出入宫禁，参议重大事务。"诏令予以批准。

九月十四日甲寅，北魏将领元遥击败了大乘贼，擒获法庆和头领一百多人，将首级送往洛阳。

左游击将军赵祖悦在西硖石袭击了北魏军队，作为根据地而逼近寿阳，又筑起外城，将淮河周围的百姓迁徙来充实内城。将军田道龙等人分别去攻打各个寨堡，北魏扬州刺史李崇分别派遣众将领去抵抗。九月二十三日癸亥，北魏派遣代理镇南将军崔亮攻打西硖石，又派镇东将军萧宝寅掘开淮河堰。

冬季，十月十六日乙酉，北魏任命胡国珍为中书监、仪同三司，保留侍中的职务。

十月二十五日甲午，梁弘化太守杜桂率领全郡投降北魏。

当初，北魏的于忠掌权，自称宣武帝答应给他高迁，太傅元雍等人不敢违背圣旨，于是加封于忠为车骑大将军。于忠又自认为在新旧交替时有安定国家社稷的功劳，示意官员们上书建议给他增加奖赏，因此元雍等议封于忠为常山郡公。于忠却又不敢独享，就示意给在门下省的人一同增加封地。元雍等人不得已只好又封崔光为博平县公，而尚书元照等人不断地上书投诉。胡太后命令大臣们再次商议，太傅元怿等人上言："先帝仙逝后，迎接新主、保护防卫，本是作臣子的本分，不应当把这个当作功劳。臣等从前建议授予于忠封地，正因为畏惧他的威风和权势，不过想暂时免除残暴的行为。如果把功劳和过失相抵，全不应当奖赏，请求全部追还封赏。"崔光也送还封地和官爵，书表递上了十几份，太后采纳了。

高阳王元雍上书自我责备，说道："臣刚刚进入柏堂时，看到圣上的诏书旨令都由门下省做主，臣子做主，国君执行，深知这种事不该发生但却不能禁止。于忠独揽朝权，随意生杀予夺，臣不敢违抗。于忠谋划想杀掉臣，幸亏在位任事的坚持不允许。臣想把于忠逐出京外，心愿还没达到就被于忠破坏。这样不理政务空食俸禄，辜负了圣上的恩惠，请求免去职位遣返回家，心甘情愿地听从司寇的处置。"太后因为于忠有过保护她的功劳，没有查问他的罪过。十二月辛丑，任命于忠［元雍］为太师，兼任司州牧，不久又重任录尚书事，和太傅元怿、太保元怀、侍中胡国珍居于在门下省，一同治理朝政。

（以上为第三段，写北魏的宫廷斗争，尊胡太妃为皇太后，临朝称制，掌控朝政，原来专权擅政的于忠外放为地方官，协同执政的元雍、崔光等，自我贬劾。）

闰十二月十一日己酉，北魏崔亮来到硖石，梁将赵祖悦迎战失败，只好闭城坚守，崔亮进兵包围了他们。

闰十二月二十九日丁卯，魏孝明帝和胡太后参拜景陵。

这一年冬季，异常寒冷，淮河、泗水都结了冰，浮山堰的士兵死掉十分之七八。

北魏益州刺史傅竖眼，生性清淡简朴，百姓和獠人都依附他。龙骧将军元法僧代替傅竖眼做益州刺史，他一向缺乏政治才能，而且还非常贪婪残暴。姓王和姓贾的人，都是这个州的士族大户，元法僧都招来当兵。葭萌人任令宗因为众人心中都怨恨北魏，就杀了北魏晋寿太守，献城来投降，百姓、獠人大部分都响应他。益州刺史鄱阳王元恢派巴西、梓潼二郡太守张齐率领三万兵马迎战。元法僧是元熙的曾孙。

北魏岐州刺史赵王元谧，是元幹的儿子，为政暴虐无道。一天早晨，关闭城门，大肆搜捕，抓到人就拷打，酷刑无所不用其极，并且无故杀了六个人，全城惊恐万分。百姓就大声呼喊，攻占了城门，元谧登上城楼毁坏梯子来自卫。胡太后派游击将军王靖骑着驿马晓谕城中百姓，城中百姓打开城门请罪，奉还锁匙，于是罢免了元谧刺史的职务。元谧的妃子是胡太后的侄女。元谧到了洛阳，被任命为大司农。

胡太后因为魏孝明帝年龄尚幼，不能亲理朝政，便想代替他进行祭祀，礼官多方议论后认为不可。胡太后拿这事询问侍中崔光，崔光引用汉朝和熹邓太后祭宗庙的旧事，胡太后非常高兴，于是代行祭祀的事务。

北魏南荆州刺史桓叔兴上书请求不再隶属东荆州，被批准了。

（以上为第四段，写北魏益州刺史傅竖眼清淡廉洁，得到民众拥护；齐州刺史元谧贪婪暴虐，被罢免；胡太后代幼主孝明帝祭祀。）

梁武帝天监十五年（丙申，公元 516 年）

春季，正月初一日戊辰朔，北魏大赦天下，改年号为熙平。

北魏崔亮攻打硖石城没能攻下来，就和李崇约定水陆并进，李崇多次违反约定时间不到。胡太后因为众将不和，委任吏部尚书李平为使持节、镇军大将军兼尚书右仆射，率领步兵、骑兵二千人赶到寿阳，另立行台，指挥调遣各部队，如果有违抗便用军法来制裁。萧宝寅派轻军将军刘智文等人渡过淮河，攻破了三座营垒。二月初八日乙巳，又在淮北打败了将军垣孟孙等人。李平来到硖石，督促李崇、崔亮等军队约定日期水陆并进，没有人敢违背命令，屡次作战都获胜。

梁武帝派左卫将军昌义之领兵去解救浮山，还没有赶到，康绚已经开始攻打魏军，击退了他们。梁武帝派昌义之和直阁王神念溯淮河而上以援救硖石。崔亮派遣将军博陵人崔延伯驻守下蔡，崔延伯和副将伊瓮生夹着淮河两岸扎营。崔延伯把车轮的外周去掉，把轮辐削尖，每两辆车对接，用柔软的竹子做成大绳索，连贯并列起来，十多辆车并在一起，横在水上作为桥梁，两头设置大辘轳，使桥可以随意出没，不容易烧毁砍斫。既切断了赵祖悦的逃路，又使战船不能通行，昌义之、王神念驻扎在梁城不能前进。李平部署军队分水陆攻打硖石，攻克了外城。二月二十五日乙丑，赵祖悦出城投降，被斩，部下都被俘获。

胡太后赐给崔亮书信，命令乘胜深入。李平分派各将领从水陆两路并进，攻打浮山堰。崔亮违背李平的指挥，借口患病请求撤还，刚上奏表，不等回复就出发。李平上书建议判处崔亮死刑，胡太后下命令说："崔亮进退自作主张，违背了我的战略计划，虽然获得小的胜利，怎么能免除大的罪过！但是我日理万机，希望不要轻易杀戮，可以听任他将功赎罪。"魏军就返回了。

（以上为第五段，写北魏攻打南朝浮山堰将心不齐，派李平为使持节，从中调度，大将崔亮私自回军，导致失败而归；胡太后既究其罪，又宽赦之，听任将功赎罪。）

北魏中尉元匡上书揭发于忠："庆幸国家有难，独揽大权，裴植、郭祚蒙受冤屈，宰相贬黜受辱，又自己假造圣旨当了仪同三司、尚书令，还兼任崇训卫尉。追究他的心意，是想自处至尊之位，既然事情发生在大赦之后，应当公开诛戮，请求派一位御史到州里去执行处决。自从去年世宗去世以后，皇太后未能亲理朝政，因此以前各种事不按等级办理，有的由门下省发出诏书，有的由中书省宣布敕令，擅自相互封任，已经受到皇恩宽恕的，正可免罪，一并应当追回封授。"胡太后命令："于忠已经受到了特别的宽恕，不宜再追究罪责，其他的都准奏。"

元匡又弹劾侍中侯刚捕杀羽林卫士。侯刚本来凭着善于烹调做了尚食典御，共三十年。因为对胡太后有德，颇为专横霸道，王公大臣都害怕而依附他。廷尉判处侯刚死刑，胡太后说："侯刚是为公事拷打人，偶然致人死命，按法律不应处死。"少卿陈郡人袁翻说："'偶然'是指罪证已经暴露，却掩藏起来不肯招认，就按法律拷问。现今这个羽林卫士，拷问就供认什么，侯刚却嘴里大叫打死他，无理拷打，怎能说是'偶然'！"胡太后这才削除了侯刚三百户封邑，解除了尚食典御的职务。

（以上为第六段，写北魏的宫廷斗争，御史中尉元匡上书弹劾曾经擅权用事的于忠以及尚食典御侯刚，欲处以极刑，胡太后念其活命之恩，和稀泥，免其过。）

三月初一日戊戌朔，出现日食。

北魏朝廷议论给西硖石之战中的将领行赏，三月初四日辛未，任命李崇为骠骑将军，加封仪同三司，李平为尚书右仆射，崔亮加镇北将军的封号。崔亮和李平在朝廷中争夺功劳，最后太后让崔亮做了殿中尚书。

北魏萧宝寅驻扎在淮河坝上，梁武帝写了亲笔信招诱他，让他攻打彭城，答应把他的国庙和妻妾弟兄子侄们送还到北方，萧宝寅把梁武帝的信呈交给北魏朝廷。

夏季，四月，梁淮河大坝修成，长九里，下宽一百四十丈，上宽四十五丈，高二十丈，种上了杞柳树，军营就驻扎在坝上。

有人对康绚说："四条河流，是上天用来宣泄真气的，不能够长久地堵塞它，如果凿开湫水向东灌，那么流水宽缓，大坝才能不被破坏。"康绚就凿开湫水东灌。又对北魏使用反间计，说："梁朝人怕的是掘开湫水，不怕攻城野战。"萧宝寅相信了，凿山五丈多深，掘开湫水向北灌注，湫水日夜分流仍然不见减少，魏军最终撤军回去了。湫水所到之处，沿淮河方圆数百里都成了泽国。李崇在硖石戍之间搭起浮桥，又在八公山东南筑起魏昌城，来防备寿阳城毁坏，居民们分散到山丘上。水流非常清澈，向下俯视，房屋墓穴都清晰地浮在水中。

当初，淮河坝从徐州境内建起，刺史张豹子宣称自己一定能掌管这件事，等到后来康绚以其他的官职来监督建坝，张豹子非常恼怒。不久，张豹子受令由康绚管辖，他就诬告康绚和北魏勾结，梁武帝虽然没有听信他的话，却用工程完毕为理由召回了康绚。

（以上为第七段，写北魏将领崔亮、李平争功；南朝梁武帝萧衍招降萧宝寅，没有成功；淮河大坝建成，建营垒于坝上，而北魏开湫水，淮河方圆数百里成了泽国。）

北魏胡太后追忆于忠的功劳，说："怎么能凭着一次错误就不承认他的其他功绩呢！"重新封于忠为灵寿县公，也封崔光为平恩县侯。

北魏元法僧派他的儿子元景隆带兵抗拒张齐，张齐与景隆在葭萌交战，大败景隆，屠杀十多个城市的人，便包围了武兴。元法僧闭城固守，境内都背叛了他，元法僧派使节从小路去向北魏告急。北魏用驿车从淮南召回镇南军司傅竖眼，让他做益州刺史、西征都督，率领步兵、骑兵三千人开赴武兴。傅竖眼进入境内，转战三天，走了二百多里，作战九次都取得胜利。五月，傅竖眼杀死了梁州刺史任太洪。百姓、獠人听说傅竖眼到来，都很高兴，在路上欢迎接待的人络绎不绝。张齐退回去保卫白水，傅竖眼进入武兴，白水城以东的百姓都安居乐业了。

北魏梓潼太守苟金龙兼任关城戍主，梁军来到时，苟金龙病重，不能指挥。他的妻子刘氏率领激励城中百姓，凭借城池抗击敌兵，一百多天，兵士死伤过半。副将高景阴谋叛变，刘氏杀掉高景以及他的同党几十人，剩下的将士，平分粮食和衣物，劳逸相同，众人莫不畏惧又依赖她。水井位于城外，被梁兵把守，正赶上天下大雨，刘氏命令拿出公家和私人的布、绢和衣服接雨，然后拧布取水，用城里所有的器具储存水。傅竖眼来到，梁兵才撤退，北魏封她的儿子为平昌县子。

六月初五日庚子，梁任命尚书令王莹为左光禄大夫、开府仪同三司，尚书右仆射袁昂为左仆射，吏部尚书王暕为右仆射。王暕是王俭的儿子。

张齐多次从白水出兵，侵犯北魏的葭萌，傅竖眼派虎威将军强虬攻打信义将军杨兴起，杀了他，重新夺取了白水。宁朔将军王光昭又在阴平被打败，张齐亲自率领二万多勇士和傅竖眼作战。秋季，七月，张齐的军队大败，逃了回去，小剑、大剑两地的驻军都弃城逃跑，东益州重新回归北魏。

八月十一日乙巳，北魏任命胡国珍为骠骑大将军、开府仪同三司、雍州刺史。胡国珍年老，太后实际上不想让他出行，只不过想给他统治一方的荣誉，所以最终也没有出行。

康绚回去之后，张豹子不再修建淮河堰。九月十三日丁丑，淮河水暴涨，河堰冲毁，决堤声像雷鸣一样，三百里以内都能听到。沿着淮河的城镇村庄有十多万人被漂入海中。当初，北魏人担心淮河堰的修建会造成危害，任命任城王元澄为大将军、大都督南讨诸军事，统率十万大军，即将从徐州出兵攻打淮河堰，尚书右仆射李平认为："不借用兵力，最终应当自己毁掉。"等到听说河堰已冲毁，太后非常高兴，赏赐李平很多东西，元澄于是也没有出兵。

九月二十八日壬辰，梁大赦天下。

北魏胡太后多次驾临皇室贵戚以及功臣显贵的家中，侍中崔光上书劝谏说："《礼记》上讲，诸侯不是为了慰问病人或追悼死人而进入大臣的家中的话，就叫作君臣之间失礼戏谑。没有提到王后夫人，表明没有去大臣家的道理。夫人在父母在时可以回家问候，父母不在就派大臣去问候。汉朝的上官皇后将要废掉昌邑王时，霍光是她的外祖父，担任宰相，皇后仍然悬挂武帐来接见众大臣，是为了表明男女要加以区分。今天皇族正当繁衍兴盛的时候，宗戚勋贵升官的很多，凡有吉庆，都请太后光临，快要成为常规了。希望您减少和停止出游探视，如此则天下归心，众生仰戴。"

任城王元澄认为对北部边境的守将选择任用得太轻率，恐怕敌人会觊觎边境，使皇陵受到危害，上书请求注重守边将领的选派，严整防守的纪律，下令让百官商议。廷尉少卿袁翻认为："近来边境州郡中，选用官吏不拔举人才，只是论资排辈。有时碰上贪污的官员，大量开设哨所逻卒，多设置将领，有的人重用他的亲属，有的人接受别人求官的贿赂请托，全无防范敌人的意识，只有聚敛钱财的贪心。那些勇猛有力的兵士，被驱赶着去抢劫掠夺，如果碰到强大的敌兵，就被俘虏，如果捕获到东西，就变成自己的财富。那些瘦弱年老和年少的人，稍微懂一些冶炼技艺以及熟悉木工手艺的，都被从营垒中搜寻出来，遭受百般的苦役。其余的人有的在深山中伐木，有的在平地锄草，来回贩运做买卖的人，道路上川流不息。这些人的钱饷不足，供给也有限，都收他们实绢，给的是空口的粟米，用尽他们的精力，单薄他们的衣物，使用他们的人工，限制他们的饮食，从冬到夏，再加上疾病劳苦，死在沟壕中的人十有七八。因此，境外的敌人寻找时机来侵扰我们边境，这都是由于边境官员的任用不能称职造成的。我认为从现今开始，南北边境各藩镇以及所管辖的各郡县府佐、统军到戍主，都命令朝廷大臣中王公以下的人举荐所了解的人，一定要选拔人才，不拘于出身等级，如果所推荐的人称职或渎职，就连同举荐的人一同赏罚。”胡太后不能采纳元澄的建议。到了正光末年，北部边郡的强盗蜂拥而起，于是逼近旧都，侵犯皇陵，正像元澄所担心的那样。

（以上为第八段，写北魏刘氏英勇抗击百余日，守住白水关城；崔光用《礼仪》劝谏胡太后；胡太后不能采纳任城王元澄注重选派守边将领请求，终成祸患。）

冬季，十一月，梁朝交州刺史李畟杀死了交州叛乱的阮宗孝，将他的首级送到了建康。

当初，魏宣武帝修建瑶光寺，没能建成。这一年，胡太后又修建永宁寺，都建在宫殿旁边。又修筑石窟寺在伊阙口，都穷尽了土木建筑的华美。而永宁寺尤其盛大，有金像高一丈八尺，有十个普通人高，玉像两座。还建了九层佛塔，挖筑地基时，把地下的泉水都挖出来了。佛塔高九十丈，顶上面的柱子又有十丈高，每当夜深人静，塔上的风铃声十里以外都听得到。佛殿如同太极殿，南门如同端门。僧人住房一千间，珍珠玉石锦绣琳琅，惊骇人的心灵和眼睛。自从佛法传入中原，塔庙的兴盛从未有过。扬州刺史李崇上书，认为：“高祖迁都将近三十年了，明堂没能修筑，太学荒废了，城楼府庙很多都残破了，这不是追踪光大祖宗基业的架构，表率万国的样子。现今国子监虽然有学官的名义，却没有教授的实际效用，哪里相异于不能纺织的菟丝、不能收获的燕麦、不能簸扬的南箕、不能盛酒的北斗呢？事物不能两头都兴盛壮大，应当有进有退，应当停止尚方署中雕镂这种奢靡的劳作，节减永宁寺土木修建的力量，减少瑶光寺木材砖瓦的费用，分散石窟雕琢的劳力，连同那些不急用的劳役一同都加以减省，于农闲时节再修建这些需要修缮的建筑，使国家威严显赫，礼仪教化大兴，不也是美好的事吗！”胡太后下令回复，没有采用李崇的意见。

胡太后喜欢佛事，有的人家里有一子，也出家当和尚，成为无子之家，高阳王的朋友李玚上书说：“三千种罪过没有比不孝更大的，最大的不孝又没有超过断绝香火，岂得轻易纵容违反礼法之情，肆意遵奉佛法，一人亲近佛老，抛弃家庭，断绝供养，用残缺了现世的礼法去求得来世的善报呢！孔子说‘不知生，怎么知道死？’哪里有放弃光明正大的礼政去听信鬼邪之教呢！并且，现今江南政权的兵戈还没有平息，各种劳役仍然不断，百姓的心思，实际是想逃避劳役，如果再听任这样下去，恐怕会丢弃孝道慈爱，家家户户都做和尚了。”都统僧暹等人气愤于李玚所说的“鬼教”，认为诽谤佛教，对胡太后哭泣着控诉他。太后责备李玚，李玚说：“天叫神，地叫祇，人叫鬼。《传》中说：‘明则有礼乐，幽则有鬼神。’因此明者称为堂堂，幽者称为鬼教。佛是由人变成的，叫它是鬼，我认为不能说是诽谤。”胡太后虽然明白李玚的话是允当的，却难以违背僧暹等人的心愿，罚了李玚一两黄金。

北魏征南大将军田益宗请求去做东豫州刺史，以便招降两个儿子，胡太后不允许，最后死在了洛阳。

柔然的伏跋可汗，壮健善于作战。这一年，向西攻击高车，攻破了，抓获高车王弥俄突，把他的脚拴在劣马上，拖死了他，还把他的头骨做了饮酒器皿。邻国中凡是从前归属柔然后来又叛变的，伏跋都消灭了，伏跋的国家重新强大起来。

（以上为第九段，写北魏胡太后崇信佛教，大修永宁寺、石窟寺，穷极侈靡；柔然伏跋可汗战胜高车，重新强大。）

梁武帝天监十六年（丁酉，公元 517 年）

春季，正月初九日辛未，梁武帝在南郊祭天。

北魏大乘的流匪重新聚集起来，冲入瀛州，刺史宇文福的儿子员外散骑侍郎宇文延率领手下的奴仆和佃客抗拒敌兵。流匪烧了斋门，宇文延冲入火中抱出宇文福，身体头发都被烧焦，督促众人苦战，流匪终于逃散，率兵追杀，消灭了流匪。

正月二十二日甲戌，北魏大赦天下。

北魏初建立时，民间都不使用钱币，孝文帝太和十九年时，开始铸造太和五铢钱，派钱工在工场铸造。百姓中有想铸钱的人，就让他们到国家的铸炉去铸造，铜一定要精炼，不能混杂。世宗永平三年，又铸造五铢钱，禁止天下使用不合标准的钱。后来由于洛阳和各州镇所用钱各不相同，商品货物不能交换流通。尚书令任城王元澄上书，认为：“不通行的钱，法律有明文规定，指那些薄小、凿边的钱币，再没有其他的限禁。估计河南各州现今所通行的钱币都不是禁止行列里的，从前发生禁止的事，我感到很困惑。另外，河北既没有新钱，又禁止使用旧钱，只好专用单丝织成的细绢以及疏线织成的粗布，幅面狭窄，尺度也不足，不合常规。把一匹布分成几尺，来救济没有的人，白白地费了织布的劳苦，却不能避免饥寒的困扰，这大概不是救济扶助冻饿之人的办法，也不符合养育百姓的本意吧。钱的使用，用绳子穿起来，不用凭借度量工具，既公平又简易，是方便百姓的好办法，可以说是最为允当的了。请求同时命令各个州镇，不管是太和钱还是新铸的五铢钱，以及古时通行的钱币，凡是地方上一直使用的，只要里外都好，即使有大小的区别，也都一起通行，贵贱的差别，分别按乡里的物价折合。这样，货物在海内都可流通，公家私人没有拥堵。那些专铸薄小之钱、凿边之钱、盗铸钱币、将大钱化成小钱以及用各种花招造假钱的人，一律按法律制裁。”北魏朝廷下令同意元澄的意见。但是由于河北缺少钱币，百姓仍然以物易物，钱币不能在市面流通。

北魏很多人假冒军功，尚书左丞卢同查阅吏部的功绩簿，并加以审核，发现冒取官位的三百多个，于是上奏说：“请求集中吏部、中兵二局的功劳簿，核对审查上报的文书，抄写二份，一份放在吏部、一份存放兵局。另外，在军队里杀敌可升一级以上的人，就命令行台军司颁发证券，从中间竖着分开，一份交给立功的人，一份送交门下省，以便防止作假。”胡太后听从了他的建议。卢同是卢玄的族孙。中尉元匡上书请求把景明元年以来内外考核的账簿、吏部任职的文书、中兵的功劳查询记录，以及历次考核中的最高等和最低等的名单都取出来，以便核查冒功盗官的人，胡太后批准了他的请求。尚书令任城王元澄上表认为：“律法最怕烦杂苛刻，治政贵在清平简约。御史台的职责，在于司察风闻，如果听闻有冒取功劳官职的人，只须取一本簿籍，调查检验出虚实，绳之以法便可。岂能取尚书省的全部档案到御史台去审查，查找二十多年的旧账，像这样追查过失，谁能受得了这种罪责！这实在是贤圣的王朝应当慎重对待的事。”太后这才停止执行这一办法。又因为元匡的多次建议都没有被采纳，怕他提出辞官解职，想要奖励安慰他，就加封他为镇东将军。二月十六日丁未，又封元匡为东平王。

（以上为第十段，写北魏任城王元澄上书，指出钱币铸造出现的混乱，建议打击奸伪不法者；尚书左丞上书，建议彻底清查假冒军功的问题，二者都不能贯彻下去。）

三月十五日丙子，梁武帝下令给织官，命令锦纹不能织仙人鸟兽的形状，因为这样剪裁起来，违背了仁爱宽恕。

三月二十六日丁亥，北魏广平文穆王元怀去世。

夏季，四月十八日戊申，北魏任命中书监胡国珍为司徒。

梁武帝诏书中认为宗庙中祭祀用牲畜，有损于鬼神之道，应当用面粉去替代。这时朝廷内外议论纷纷，认为宗庙中不用牲畜，就等于不再具有杀生祭神的意义。梁武帝终竟不肯听从。朝中的高级官员们就商议用大肉干代替牛。

秋季，八月十八日丁未，北魏诏令太师高阳王元雍入居门下省，参决尚书奏事。

冬季，十月，梁武帝颁布诏书因为宗庙仍然用肉干，商议替代之物，这时决定用大饼取代肉干，其余的都使用蔬菜水果。又修建至敬殿、景阳台，设置七庙中的神位，每月里又设置素食。

十月二十七日乙卯，北魏朝廷颁布诏书，凡在北方代都的没有迁徙的士民，都听任他们留作长久居民。

十一月初七日甲子，梁巴州刺史牟汉宠反叛，投降了北魏。

十二月，柔然国的伏跋可汗派俟斤尉比建等人向北魏求和。北魏用对等国家使节的礼节接待了柔然使者。

这一年，梁朝任命右卫将军冯道根为豫州刺史。冯道根憨厚口拙，行军作战能督促士兵；众将争夺功劳时，只有冯道根一个人不说话。他为政清廉，官吏、百姓都感激他。梁武帝曾经赞叹说："冯道根在的地方，让朝廷想不起来还有这个州。"

北魏尚书崔亮上书请求在王屋山等地采掘铜铸造钱币，建议被采纳。从此以后，百姓常常私自铸钱，钱币比较薄小，使用一段时间就更轻了。

（以上为第十一段，写南朝下令宗庙祭祀禁止用牲，用面粉代替；南朝豫州刺史冯道根为政清廉，无为而治。）

梁武帝天监十七年（戊戌，公元 518 年）

春季，正月初八日甲子，北魏封氐人酋长杨定为阴平王。

北魏秦州的羌人造反。

二月初七日癸巳，安成康王萧秀去世。萧秀虽然和梁武帝在贫贱时是兄弟，等到成为君臣关系之后，谨慎小心、恭恭敬敬超过了朝中那些关系疏远、出身低贱的臣子，梁武帝也更因此而认为他贤良。萧秀和弟弟始兴王萧憺相互友爱，萧憺一直做荆州刺史，常常分一半俸禄给萧秀，萧秀实心实意地接受，也不认为给的太多而不受。

二月十八日甲辰，梁大赦天下。

二月二十三日己酉，北魏大赦天下，改年号为神龟。

北魏东益州的氐人造反。

魏孝明帝召见柔然使者，责备他们没有尽到藩国的礼节，商议按汉朝对待匈奴的办法，派使者回复他们。司农少卿张伦上表认为："太祖开辟国土，日日没有空暇，于是柔然的首领社仑在道武帝南侵时占领了漠北。这也是因为中国多事，急着对付华夏而放松了夷狄。高祖正应付南方的事，没来得及向北讨伐。世宗遵从先帝遗志，柔然的使节来到，只接受他们的进见却不回复他们的求和之请。这是因为圣人当政，国富兵强，两国对等的礼节，有什么可怕的呢？对他们有什么可求的呢？现今敌虏虽然仰慕德行前来进见，也是想看看我们强弱。如果让圣上的使者听命于敌虏，结成兄弟，恐怕不是祖宗的愿望。如果事情不能不这样，也应当下一道诏书，显示上下君臣间的礼仪，再命令宰相给他们写信，告诉他们归顺的道途，观察是听还是不听，慢慢地用恩威，王者的体统方能修正啊！怎能因为戎狄之间发生了吞并，就立刻亏损了礼节呢！"张伦的建议没有被采纳。张伦是张白泽的儿子。

三月十六日辛未，北魏灵寿武敬公于忠去世。

北魏南秦州的氐人造反，派龙骧将军崔袭持符节去晓谕他们。

（以上为第十二段，写柔然逐渐强大，出使北魏，要求双方行对等之礼，北魏仍以宗主国自居，责备他们没有尽到臣节，而按汉朝对待匈奴的办法，派使者回复。）

夏季，四月十一日丁酉，北魏秦文宣公胡国珍去世，朝廷赠予他假黄钺、相国、都督中外诸军事、太师，号为太上秦公，用隆重的礼仪安葬了他，赠寿衣和仪仗卫士，丧事极为优厚。又迎来胡太后母亲皇甫氏的灵柩和胡国珍合葬，称作太上秦孝穆君。谏议大夫常山人张普惠认为前代皇后的父亲没有称作“太上”的，“太上”的名字不能加在臣子身上。就去朝殿上书陈述自己的看法，侍从们没人敢给他通报。正赶上为胡国珍挖墓穴时碰上了坚固的石头，于是张普惠秘密上表，认为：“天无二日，国无二主，‘太上’这个词是从‘上’而产生的名称，皇太后称自己的命令为‘令’而置于皇上的‘敕’之下，是为了顺从‘三从’之道理，上同于周武王时的文母以妇人而列入善于治理的十人之列。现今封司徒为‘太上’，恐怕会有违于置‘令’于‘敕’之下的道理。孔子说：‘一定要正名啊！’近日选好了吉利的墓地，又因墓穴浅而不得不改卜地点，也许是天地神灵以此来劝诫、启发圣人。希望能停止使用逼近帝王一样的封号，来博取因谦让而带来荣耀的福分。”胡太后就亲自来到胡国珍的住宅，召集五品以下的官员广泛讨论。王公大臣都顺从太后的心意，争相指责张普惠，张普惠随机分辩，没有人能说服他。胡太后派元义向张普惠宣布命令说：“朕所做的，是孝子的心意。你所说的，是忠臣的道理。众大臣已经有了定议，你不能这么苦意剥夺朕的心怀。以后有什么见解，不要因此而难于言说。”

北魏胡太后给太上君建造了寺庙，雄伟华丽相当于永宁寺。

尚书奏请再向百姓收缴绵麻税，张普惠上书，认为：“高祖废弃了大斗，去掉长尺，修改了重秤，是为了爱护百姓，减轻赋税。知晓军队、国家需要绵麻用品，因此在绢税中增收八两绵，在布税中增收十五斤麻，百姓因为校定秤尺而减交的赋税不止于绵麻，因此踊跃交纳。但是从这以后，所收缴的绢和布，又重新增长增宽，百姓抱怨之声，传闻于朝野。宰相不寻查这个根本原因在于幅宽、度长，就罢免了绵麻税。接着尚书因为国家用度不够，又想重新征收。丢掉百姓的信任，放弃已经实行的命令，追随从前的错误，成就今后的过失。不去想想国库中绵麻很多，却正在被众臣盗为己有。为什么这么说？因为百姓交纳货物，有的一斤要多交一百铢，但没听说有关部门按法律惩处州郡官员；而质量稍微差一点，一家之主就被判罪，还株连地方三长。因此库中的绢布，超出规定尺寸的多，众大臣接受俸禄时，人人都愿要尺长幅宽、耐用结实的，再也没有发放的标准了，从没听说有谁因为尺幅多出而送回官府。现今如果要重新征收绵麻税，首先必须校准秤和尺子，明确规定严禁使用大秤大尺，不许放任，使天下人知道二位圣人爱护百姓、尊重法律的心意是这样的，那么太和年间的德政就又在神龟年间出现了。”

张普惠又因为孝明帝喜爱游猎玩乐园苑中，不亲自临朝施政，过分地尊崇佛法，郊庙祭祀的事情大多委派给有关部门，就上疏急切地劝诫，认为：“增添不可思的死后的事业，损耗百姓巨大的财物，减少臣子们的俸禄，剥夺人力，亲近供奉无所事事的僧人，崇高装饰寺庙宫殿，向远处邀求飘渺不实的回报，早晚上朝的大臣在宫外叩头，僧徒却在里面游玩，违背了礼教，抵牾了时势，人神都不能安宁。我认为修行早晚的因缘，乞求劫难之后的结果，不如收万国的欢心以奉养双亲，使天下和平，灾害不生。希望圣上好好地珍视自己的威仪，为万邦做出榜样，亲自向天地和祖先之灵献出虔诚的敬意，亲身参加效庙、朔望之礼，祭奠先圣先师，尽心耕种籍田，酌量撤掉不急需的僧庙的华丽之饰，恢复百官长久以来被削减了的俸禄，已经开始建造的寺庙一定要简单节省，快速建成，没有建造的一概不再修建了。这样孝悌可以通于神明，道德教化可以光耀天下。节省用度，爱护百姓，法令风俗都依赖于此啊！”不久，下令商议供奉先师的礼节，并从此每月接见大臣们一次，这都是采纳了张普惠的劝谏的结果。

张普惠又上书评论时政得失，胡太后和孝明帝将张普惠接入宣光殿，遇到事情就辩问诘难。

（以上为第十三段，写北魏谏议大夫张惠普上书建言多被采纳，胡太后和魏孝明帝遇事亦向张普惠请教。）

梁临川王萧宏小妾的弟弟吴法寿杀人之后藏在萧宏府内，梁武帝命令萧宏交出他，当天就把吴法寿依法治罪。南司奏请免去萧宏官职，梁武帝在奏折上批示：“怜爱萧宏是兄弟的私情，免除萧宏的官职是帝王的法律，所奏请批准。”五月二十四日戊寅，司徒、骠骑大将军、扬州刺史、临川王萧宏被免职。

萧宏自从兵败洛口之后，常常羞愧愤懑，京城中每当发生暗中发动的事情，都打着萧宏的名号，多次被有关部门汇报，梁武帝每次都宽恕了他。梁武帝临幸光宅寺，有强盗埋伏在骠骑航上，等待着梁武帝夜晚出来。梁武帝刚要出发，心中一动，便从朱雀航的桥上经过。事情暴露后，口称是受萧宏指使，梁武帝哭着对萧宏说：“我的才能胜过你百倍，但是处在皇位上还感到不堪承受，你想要做什么？我不是不能做汉文帝，而是可怜你愚蠢啊！”萧宏叩头说没有这事，所以因为藏匿吴法寿被免了官。

萧宏奢侈无度，暴敛财货从不满足。库房将近一百间，位于内堂的后面，锁钥管理非常严密，有人怀疑里面是铠甲兵杖，秘密上报。梁武帝对兄弟友爱看得很重，很不高兴。有一天，送给萧宏的爱妾江氏丰盛的酒菜，并说：“要来你家畅饮。”梁武帝只带了老部下射声校尉丘佗卿前去，和萧宏以及江氏开怀畅饮。半醉之后，就说：“我现今要去你的后房走走。”就坐轿一直来到后堂，萧宏害怕梁武帝看到他的财物，脸色十分惊恐。梁武帝心中更加怀疑他了，每间房子都检视了，每一百万钱堆为一处，用黄色木片作为标志，每一千万钱存在一间库房之中，挂一个紫色标志，像这样的共有三十多间。梁武帝和丘佗卿屈指计算，共有三亿多万钱，其他的房间贮存着布、绢、丝、绵、漆、蜜、麻、蜡等杂货，只见满库都是，不可计数。梁武帝这才知道库里放的不是兵器，非常高兴，说：“阿六，你的生计真可以啊！”于是再行痛饮直到深夜，举着蜡烛回宫。从此兄弟俩更加和睦。

萧宏在京城里有数十处府第，放债立债券时，总是让借债者把自己的田宅或店铺作为抵押写在文契之上，过了期，就把借债者驱赶走，从而夺取他们的住宅，京城和扬州百姓失去产业不止一家。梁武帝后来知道了这事，下令不得再以债券侵夺欠债者的产业，这一规定就是从这里开始的。

侍中、领军将军、吴平侯萧昺，向来有风度，有力气，被梁武帝所看重，军队、国家的大事都和他商量决定，让他做安右将军，监扬州。萧昺认为越过梁武帝同父的兄弟而驻守扬州不合适，流着泪恳切地推辞，梁武帝不允许。在扬州任上尤其称得上明察果断、政令严整。

五月二十一日辛巳，梁任命萧宏为中军将军、中书监，六月初一日乙酉，又以中军将军的官号兼司徒。

臣司马光评论说：萧宏做将领则倾覆三军，做臣子则牵涉大逆不道，高祖饶恕他的死罪是可以的，但是几十天里，又重新让他位列三公，这从兄弟的恩情讲是非常诚厚的了，可是帝王的法度又在哪里呢？

（以上为第十四段，写南朝临川王萧宏是个庸才，率军北伐，全军覆没；而敛财却是好手，巧取豪夺三亿多钱，梁武帝萧衍却置国法不顾，处处维护，将其升官。）

当初，洛阳有汉朝立下的《三字石经》，虽然多次遭受战乱但没有受到损坏。到了北魏，冯熙、常伯夫先后任洛州刺史，破坏了石碑，用来修建佛塔寺庙，于是大体上碑体颓坏，所保留下来的丢弃在野草丛中，僧人或百姓可以随意拿走。侍中领国子祭酒崔光奏请朝廷派官吏去看守巡视，并让国子博士李郁等人补上残缺的部分，胡太后同意了。正赶上元义、刘腾谋反，事情便搁置了。

秋季，七月，北魏河州羌人却铁忽造反，自称为水池王。颁布诏书任命主客郎源子恭为行台去讨伐他。源子恭来到河州，严格命令州郡以及各路军队，不许侵占百姓一件东西，也不许轻易同敌兵作战，然后向叛军示以威力和恩德，使他们有所悔恨惧怕。八月，却铁忽等人来到源子恭处投降，前后不到二十天。源子恭是源怀的儿子。

北魏宦官刘腾，不会写字，多有奸计，善于揣摩别人的心意。胡太后因为他有保护功劳，多次升迁他，直到当了侍中、右光禄大夫，便开始干预政事，收取贿赂，替人求官，没有不成功的。河间王元琛是元简的儿子，做定州刺史，以贪婪放纵而闻名，卸任回来之后，胡太后诏令说："元琛在定州时，只没把中山宫带回来，其他没有不弄到手的，怎么可以再任用！"就把他废置在家。元琛就请求做了刘腾的养子，贿赂了刘腾上万的金子珠宝。刘腾替他在太后那里说情，能够兼任都官尚书，出京做了秦州刺史。恰在这时，刘腾病得很厉害，胡太后想在他活着时让他富贵，便于九月初一日癸未朔，让刘腾当了卫将军，加仪同三司。

北魏胡太后因为天象有变化，便想让崇宪高太后承担凶兆。九月二十六日戊申夜间，高太后暴死；冬季，十月十五日丁卯，用尼姑的礼节将她安葬在北邙山，谥号为顺皇后。百官都穿着单衣头上斜缠着头巾，送丧到墓地，丧事完毕之后，便改换了服装。

（以上为第十五段，写北魏河州羌人反叛，主客郎源子恭用恩德感化，很快平定；胡太后重用宦官刘腾，刘腾专权放纵，为所欲为；因天象变化，害死高太后。）

十月二十三日乙亥，梁任命临川王萧宏为司徒。

北魏胡太后派使者宋云和僧人惠生到西域去求取佛经。司空任城王元澄上书说："从前高祖迁都时，规定城内只允许设置僧、尼寺庙各一座，其余的都放在城外。主要因为僧人和世人不同，想使他们清静地居住在尘世之外。正始三年时，沙门统领惠深，开始违犯从前的禁令，从那以后诏令便不得实行，偷偷谒拜的人越来越多，都城里面，寺庙超过了五百座，侵占夺取民房，将近三分之一，屠房、酒肆等污秽之地紧挨混杂在一块。从前代北有法秀谋反，冀州有过大乘叛乱。太和、景明年间的规定，不只是为了使僧俗分开，同时也为了防微杜渐，以免再出现僧人之乱。从前如来佛阐发教义，大多依傍山林而居，现今的僧人却恋着城市，这正是因为被利欲诱惑，不能约束自己，这是释氏的糟粕、佛祖的败类，为佛教内部戒律所不容，国家制度所共同抛弃。我认为凡是都城里没修好、可以搬迁的寺庙，应该都迁到城外去，不足五十个僧人的寺庙，统统合并到寺庙去，小的依从大的，外地各州也照此办理。"颁下诏书采纳元澄的建议，但是到底却没有推行。

这一年，北魏太师元雍等人奏报："盐池是上天的宝藏，养育众生，前代都为此制定禁令，并不是和下民争利。但是利益起于天池，取用没有法度，或者被豪门贵戚封占，或者被临近的百姓独自把守，贫弱之人和远道而来的人都望池兴叹而绝望。因此就设置了主管部门，令其裁决、督察采盐事务，使强弱都一样，务必使大众各得其所。十分之一的税收方法，自古以来就有，所要尽力的是使得远近平均，对公对私都有好处。等到甄琛启请解除了盐池禁令之后，就被绕池而住的百姓尉保光等人擅自霸占起来，口说采盐的禁条，加倍地超过了官府的限禁，是取是与由他们决定，盐价贵贱由他们口说。请求按前朝的做法对此加以限禁才好。”颁布诏书采纳了这一建议。

（以上为第十六段，写北魏胡太后派使者宋云、惠生等到西域求经，满载而归；北魏僧人违犯前朝禁令，占据城邑，广建寺庙；重申对盐池的开采，实行前代的禁令。）

【点评】

北魏胡太后佞佛。胡太后临朝执政后，把北魏崇佛之风推向高潮。本卷所记相关两件大事：一件是孝明帝神龟元年（518）受胡太后派遣，宋云与僧人惠生前往西域求取佛经。宋云，敦煌人，曾为僧官。与惠生等西行取经，并宣扬国威，结好与国。正光年中返回。

另一件事是，胡太后于执政之初的熙平元年（516）便把在洛阳大兴佛事作为要务，修建了规模宏大的永宁寺，又在伊阙口修筑石窟寺，开工的那一天，胡太后亲自率领文武群臣“表基立刹”，表现了对修造该寺的重视。她所建的永宁寺影响深远，对北魏时期佛教在河洛地区的兴盛起了推波助澜的作用。《洛阳伽蓝记》卷一《城内》云：“永宁寺，熙平元年，灵太后胡氏所立也。”站上寺中的高塔“视宫中如掌内，临京师若家庭”。见过这座塔的人，都不由极力称道，“佛事精妙，不可思议。绣柱金铺，骇人心目。至于高风永夜，宝铎和鸣，铿锵之声闻及十余里”。

梁纪五

梁武帝天监十八年至普通四年（公元 519—公元 523）

【起屠维大渊献（己亥，公元 519 年），尽昭阳单阏（癸卯，公元 523 年），凡五年】

【大事提要】

本卷记事起自公元 519 年，至公元 523 年，凡五年，当梁武帝天监十八年至普通四年。本卷所载大事，集中在北魏，有三件大事。其一，北魏柔玄镇平民杜洛周在上谷聚众造反，高欢等人都追随杜洛周。高欢事迹开始，高欢是一个极具政治眼光的人。其二，北魏的选拔任用官员制度出了问题：第一点，张仲瑀上书请求限制武将，不能列入士大夫的清品，因此被武将们打死，胡太后只杀掉闹事的首恶分子，其余就不再追究；第二点，从崔亮开始论资排辈这种办法，这些都预示着北魏种下了动乱的根子。其三，公元 523 年，破六韩拔陵率沃野镇兵民起义，杀镇将，六镇起义开始。

高祖武皇帝五

梁武帝天监十八年（己亥，公元 519 年）

春季，正月初四日甲申，梁任命尚书左仆射袁昂为尚书令，右仆射王暕为左仆射，太子詹事徐勉为右仆射。

正月初七日丁亥，魏孝明帝颁布诏令，宣布："太后临朝执政已经将近六年，应当用'诏'的名义来向全国发令。"

正月十一日辛卯，梁武帝在南郊祭天。

北魏征西将军张彝的儿子张仲瑀呈上密封的奏章，请求修订选拔征召官员的规定，限制武将，不让他们在朝中列入士大夫的清品。这时议论和抗议张仲瑀的声音遍布道路，张榜在大路上，反对的人约定集合时间，要去杀了张家全家。张彝父子却平静自如，不把这件事放在心上。二月初八日庚午，羽林、虎贲等武将有近一千人，一同来到尚书省叫骂，寻找张仲瑀的哥哥左民郎中张始均，没有找到，就用瓦片、石块砸了尚书省的大门。尚书省上下的人都很害怕，没有人敢去阻挡。于是这些武士们又手执火把引燃了路上的蒿草，用石头、木棍作为兵器，一直攻入张家住宅，将张彝拖到堂下，尽意地捶打污辱，辱骂呼喊之声震天动地，烧毁了他的住房。张始均从家中跳墙逃跑了，但又赶回来向贼兵求饶，请求他们饶父亲不死。贼兵们殴打他，将他活活地投到火里。张仲瑀受伤逃脱了，免除一死。张彝被打得只剩一丝游气，第二天夜里就死掉了。远近都被这件事震惊了。胡太后只抓了闹事的羽林、虎贲中的八个首恶分子，杀掉了他们，其他的就不再追究了。二月二十五日乙亥，又颁布大赦令来安抚，于是命令武官可以按资格入选。有识之士都感到北魏将要动乱了。

当时官员名额已经很少，应选的人很多，吏部尚书李韶却停止了选择录用工作，招致很多埋怨；便另外任命殿中尚书崔亮为吏部尚书。崔亮奏请制定了新的选官条例，不问应选的士人是贤是愚，只以他入选后等待的时间长短为依据，那些长时间待选的人都称赞崔亮有才能。崔亮的外甥司空谘议刘景安给崔亮写信说："商周由乡间学校贡举士人，两汉由州郡推荐人才，魏晋因循旧例，又设置了中正的职位，虽然不能尽善尽美，每十个人中间也有六七个人是应当入选的。然而当今朝廷选拔人才，只要求他们文采好，而不考察治理才能如何，考察孝廉只根据章句学问如何，而不看有无治理国家之道。设立中正官职不考察才能、品行，只辨识他们的姓氏，选取士人的路途不广，淘汰的办法不严密。舅舅被委任来主管选拔官员的事情，本来应该改弦换调，为什么反而以年资长短为任用的标准，天下的士人谁还会再注意修励名节和品行呢！"崔亮回信说："你所言确有深刻的道理，但是我新近采取的选取办法，也有它的来由，古今不同，时机合适时便应当加以变革。从前子产铸造青铜刑书来挽救时弊，但是叔向以先王的法制来讥刺他，这和你用古代礼法来责难随时变化有什么不同呢！"洛阳令代京人薛琡上书说："百姓的性命，掌握在官吏的手上，如果选拔官吏只按他们的年资，而不问才能，像排队飞行的大雁一样按顺序来，或像穿在一起的鱼由先而后，拿着名册叫名字，只需一名官吏就足够了，按顺序用人，怎能叫作铨选人才呢！"薛琡的上书交上之后，没有得到答复。后来薛琡又因此而请求拜见孝明帝，再次上奏："请求陛下命令王公大臣推荐贤才来补任郡县长官的职务。"孝明帝下令让大臣们议定这件事，但是没有下文。后来甄琛等人接替崔亮做了吏部尚书，因为论资排辈这种办法对自己有便利，就继续奉行，北魏的选拔任用官员不得当，是从崔亮开始的。

（以上为第一段，写北魏的官吏选拔，张仲瑀上书请求限制武将，被痛揍，武将依旧入选；崔亮为吏部尚书，论资排辈，后继者"依样画葫芦"，北魏由盛转衰。）

当初，燕国的燕郡太守高湖逃奔魏国，儿子高谧做了侍御史，因为犯了法被流放到怀朔镇，几代人居住在北部边疆，于是就养成了鲜卑人的风俗习惯。高谧的孙子高欢，深沉而有大志，家境贫困，在平城服役，富家娄氏的女儿看到高欢，认为他不同一般，便嫁给了他。高欢这才有了马匹，得以充当镇上的信使。到洛阳时，见到张彝被打死的情况，回到家以后，就倾尽家中的财物来结识宾客。有人问高欢为什么这样做，高欢说："皇宫中的卫兵们结伙起来焚烧了大臣的住宅，朝廷却畏惧他们叛乱而不敢过问，治理国家到了这种地步，事态如何便可想而知了，家中的财物怎么能够死守呢？"高欢和怀朔省事云中人司马子如、秀容人刘贵、中山人贾显智、户曹史咸阳人孙腾、外兵史怀朔人侯景、狱掾善无人尉景、广宁人蔡儁等人，特别地友好亲密，他们都因为仗义任气而称雄于乡里。

夏季，四月初八日丁巳，梁大赦天下。

五月二十日戊戌，北魏任命任城王元澄为司徒，京兆王元继为司空。

北魏接连几代都很强盛，东夷、西域向北魏进贡从不断绝，又设立了互换物品的市场来取得南方的货物，到这时国库非常充实了。胡太后曾经临幸藏绢的仓库，命令随行的一百多个王公、妃嫔、公主各自取用绢匹，都按照自己的力气随便拿，拿得最少的也不下一百多匹。尚书令、仪同三司李崇和章武王元融因为扛的绢太重，跌倒在地，李崇扭伤了腰，元融伤了脚，胡太后夺下了他们的绢，让他们空手出去，当时的人们都把这件事当成了笑话。元融是元太洛的儿子。侍中崔光只取了两匹，胡太后奇怪他拿得少，崔光回答说："我的两只手只拿得动两匹绢。"其他的人听了后都很惭愧。

当时北魏宗族中受宠爱掌权的大臣们都争相比赛奢侈豪华。高阳王元雍是全国的首富，他的宫室园林和帝王的园囿不相上下，男仆有六千，艺伎有五百，出门时仪仗卫队充塞道路，回家后就整日整夜地吹拉弹唱，一顿饭价值几万钱。李崇与元雍同样富有但生性吝啬，曾对人说："高阳王的一顿饭，等于我一千日的费用。"

河间王元琛，总是想和元雍比赛富有，骏马有十多匹，马槽都是用银子做的，房屋的窗户之上，镶嵌的玉石凤凰衔着铃铛，金子制作的龙吐出旗帜。曾经召集众位王爷饮酒，所用酒器有水精锋、玛瑙碗、赤玉杯，制作精巧，都是中原所没有的。又陈列出艺伎、名马和各种珍奇宝贝，同时带领众位王爷一一参观府库，充实的金钱、布帛不可胜数，回头对章武王元融说："不恨我见不到石崇，只恨石崇看不到我。"元融一向以富有而自负，回府后却伤心叹息，气得病倒卧床三天。京兆王元继听说之后便去看望他，对他说："你的财物不比他的少多少，为什么羞愧艳羡到了这步田地呢？"元融说："开始我认为比我富的人只有高阳王，不曾想到竟然还有河间王！"元继说："你就像袁术在淮南，不知道世上还有个刘备呀！"元融这才笑着坐起来了。

胡太后喜好佛教，修建各种寺庙，没有尽头，下令各州分别修建五级佛塔，百姓疲惫不堪。众位王爷、权贵、宦官、羽林各自在洛阳修建寺庙，互相用寺庙的壮丽来炫耀。太后多次设立斋戒大会，给僧人的布施动辄以万来计数，又赏赐身边的人没有节度，耗费的财物不可计量，却不曾施恩惠给百姓。国家的府库渐渐空虚了，于是就削减众官员的俸禄和侍从。任城王元澄上书，认为：“萧衍常蓄有窥觎的心志，应当趁着国家强盛的时候，将士努力，早日规划统一天下的大业。近年以来，国家和个人都很贫困，应当节省不必要的费用，以便周给紧急事务的需求。”胡太后虽然没有采用元澄的意见，常常用优待的礼遇对待他。

北魏从永平年间以来，修建了明堂和太学，服役的人最多不超过一千人，有关部门又把这些人借去修建寺庙和服其他劳役，因此十多年了明堂和太学仍然没能建成。起部郎源子恭为此而上书，认为：“这是在废弃治国的大业，资助不急需的费用，应当撤销减少各种劳役，早日图取明堂和太学的完工，使祖宗配天而享受祭礼，百姓也可以富享礼乐。”朝廷下令采纳了他的建议，但明堂和太学仍然不能建成。

（以上为第二段，写北齐奠基者高欢出场，深沉有大志，散财交友；导致南朝大乱的侯景也首次出现；北魏富盛一时，大臣竞相比富，遍修佛塔，百姓财匮，劳役不断。）

北魏陈仲儒请求按照京房所定的音律标准来校正八音。有关部门向陈仲儒质询说：“京房的音律标准，今天虽然有那个标准的乐器存在，但是通晓的人很少了，陈仲儒你传授自什么老师，依据什么典籍？”陈仲儒回答说：“我生性喜爱弹琴，又曾经读过司马彪的《续汉书》，见到京房的校准方法，其中折算的比率是很明白的。于是我就极尽愚钝的思考，钻研了很长时间，很有收获。音准之所以代替音律，就是取用它的分度比率来调校乐器。私下研究过调声的本体，宫、商两音应当低沉，徵、羽两音应当轻清。如果按公孙崇的说法，只用十二律声划分乐音，而又说旋相为宫调，清音浊音就齐备了。只有黄钟管最长，所以就用黄钟管作为宫音，则每每互相顺遂。如果平分成八个音，仍然需要分别采纳各种音声，来配成美妙的乐声。如果把应钟作为宫音，蕤宾作为徵音，这样一来则徵音浊沉而宫音轻清，虽然具有音韵了，但是却成不了曲调。如果用中吕当作宫音，那么十二音律中就全都无所可取了。现今按京房的乐书所定，把中吕当作宫音，然后用减弱的音为商音，用起始的音为徵音，然后才形成韵律。而公孙崇却把中吕作为宫音，仍然使用林钟为徵音，这怎么能够和谐呢？然而音声十分微妙、精密，史传所记都很简略，旧的志书记载律数的标准，共有十三弦，古琴的有效弦长是九尺，但是没有说明需要弦柱与否。而且，一寸音节中有一万九千六百八十三分，精微细密，难以分辨。仲儒曾经私下里试验过，准应当使用弦柱，只要向前调中间的弦柱，以此来确定音准的分度，这样产生出来的音韵就已经自然和谐了。中弦的粗细应当与琴宫相类，用转弦的轸来调音，使它与黄钟合拍。中弦以下按度数划分成六十音律来准率清浊的音节，其余十二弦应当如筝那样设立弦柱，就是将中弦上的一周的乐音，按度数标识在十二弦上，然后按照相生之法，按次序运行，取十二律的商、徵两音。商、徵二音一旦确定，再依照琴五调的调声方法来调均乐器，然后错采众音来修饰它，如果事情违背了这种方法，声音就不会和谐。况且燧人氏不向老师学习就掌握了用火的方法，焦延寿不曾交学费拜师就变革了音律，因此那些说有知识的人想要教别人却没有人跟从他学习，心地通达的人体会深知而没有老师，但凡有一毫的收获，都关联于心胸，难道一定要经过老师的指授才能有奇异的发现吗？”尚书萧宝寅上奏说陈仲儒的学问没有师承传授，就轻率地想制定音律，因此不敢予以认可，事情就被搁置了。

（以上为第三段，写北魏琴师陈仲儒关于制定音律的提案被否决。）

北魏中尉、东平王元匡因为建议多次被任城王元澄夺取，非常气愤，重新收拾好过去与高肇抗衡时所做下的那口棺材，准备再次以死相抗，来弹劾元澄。元澄也上奏了元匡的三十多条罪状，廷尉判处元匡死刑。秋季，八月十二日己未，下令免除元匡死罪，剥夺了他的官爵，以车骑将军侯刚代领中尉职务。三公郎中辛雄上奏处治元匡的意见，认为：“元匡曾经侍奉过三代皇帝，刚正不阿的事迹，朝廷内外都知道。所以高祖赐名元匡。先帝既然容忍在先，陛下也应当宽待在后，如果最后贬黜了元匡，恐怕会堵住忠臣的口。”不久之后，又任命元匡为平州刺史。辛雄是辛琛的族孙。

九月下四日庚寅，胡太后巡幸嵩高；九月初七日癸巳，回到宫中。

胡太后闲聊时曾对兼中书舍人杨昱说：“亲戚姻属在外面有不合心意的事，你听到了，千万别隐瞒。”杨昱上奏扬州刺史李崇用五车装载财物，相州刺史杨钧制作银质食具馈赠领军元义。胡太后就召来元义夫妻，哭泣着责备他们。元义因此怨恨杨昱。杨昱的叔父杨舒的妻子是武昌王元和的妹妹。元和是元义的从曾祖。杨舒死后，元氏多次请求搬到别的地方住，杨昱的父亲杨椿哭着斥责他，不肯听从，元氏很仇恨他们。正赶上瀛州人刘宣明图谋叛乱，事情被发觉，刘宣明逃亡。元义指使元和以及元氏诬告杨昱藏匿刘宣明，并且说：“杨昱的父亲定州刺史杨椿，叔父华州刺史杨津，曾经一起给刘宣明送了三百件兵器，图谋不逞。”元义又构而成之，并派了五百御前卫兵在夜间包围了杨昱的住宅，进行搜查，抓了杨昱，但是一无所获。胡太后察问其事，杨昱报告了被元氏怨恨的事。胡太后为杨昱松了绑，判处元和以及元氏死刑。后来元义营救了他们，结果元和被免除官职抵罪，元氏终于也没有坐罪。

冬季，十二月初八日癸丑，北魏任城文宣王元澄去世。

十二月十五日庚申，北魏大赦天下。

这一年，高句丽王高云去世，世子高安继位。

北魏因为选拔官员过滥而不精，大加淘汰，只有朱元旭、辛雄、羊深、源子恭以及范阳人祖莹等八人因为有才能而留用，其他人都被罢职回家。羊深是羊祉的儿子。

（以上为第四段，写北魏朝廷的权臣内斗，东平王元匡以死弹劾任城王元澄，差点被处死；中书舍人杨昱揭发领军将军元义收受贿赂，反被诬，差点丢了性命。）

梁武帝普通元年（庚子，公元 520 年）

春季，正月初一日乙亥朔，改年号并大赦天下。

正月初二日丙子，梁发生日食。

正月初五日己卯，任命临川王萧宏为太尉、扬州刺史，金紫光禄大夫王份为尚书左仆射。王份是王奂的弟弟。

左军将军豫宁威伯冯道根去世。这一天是正月孟春，梁武帝要去祭祀太庙和小庙，已经出了宫，有关部门把冯道根去世的消息告诉了梁武帝。梁武帝问中书舍人朱异："吉和凶的事发生在同一天，现今能去吊唁吗？"朱异回答："从前卫献公听到柳庄的死讯，不脱掉祭服就前去吊唁。冯道根虽然算不上是社稷之臣，但对王室有过贡献，前去吊唁，是合乎礼仪的。"梁武帝就来到冯道根的住宅，哭得非常伤心。

高句丽的世子高安派遣使节前来向梁朝进贡。二月十五日癸丑，梁任命高安为宁东将军、高句丽王，并且派使节江法盛授给高安衣服、王冠和佩剑。北魏光州的军队在海中抓获了江法盛，把他送到了洛阳。

北魏太傅、侍中、清河文献王元怿，风度仪表俱佳，胡太后逼迫和他私通。但是元怿素有才能，辅政多所匡益，又爱好文学，礼敬士人，声望很高。侍中、领军将军元义在门下省，又兼任统管禁卫之兵，倚仗宠信骄傲放肆，志向欲望无限，元怿常常按法律制裁他，元义因此怨恨他。卫将军、仪同三司刘腾的权势倾夺朝廷内外，吏部为了讨刘腾的欢心，奏请任命刘腾的弟弟为郡太守，但是因刘腾的弟弟才能和资历都不够格，元怿便压下来，不肯上奏，刘腾也怨恨他。龙骧府长史宋维是宋弁的儿子，元怿推荐他做了通直郎，轻薄没有操行。元义答应使宋维荣华富贵，让宋维告司染都尉韩文殊父子二人谋划叛乱，要立元怿为帝。元怿因此而被监禁，经过查验，没有发现谋反的行为，才被释放。宋维因诬告而应当以诬告治罪，元义对太后说："现今杀了宋维，以后有了真反叛的人，谁也不敢报告了。"于是贬黜宋维为昌平郡太守。

元义怕元怿最终成为自己的祸害，就和刘腾密谋，让主食中黄门胡定自己供认说："元怿贿赂胡定，让我毒死皇上，元怿许诺如果他做了皇上，一定让胡定荣华富贵。"北魏孝明帝当时只有十一岁，相信了胡定的诬陷。秋季，七月初四日丙子，胡太后在嘉福殿，没有到前殿来，元义奉侍孝明帝来到显阳殿，刘腾关闭了永巷门，胡太后不能出来。元怿入宫，在含章殿遇上了元义，元义厉声喝止，不许元怿进入，元怿说："你想造反吗？"元义说："我不造反，我正想抓要造反的人呢！"元义命令宗士和直斋揪住元怿的衣袖，把元怿送到含章东省，派人看守住他。刘腾称皇上的命令召集公卿们来议论，定论元怿谋反；大家都畏惧元义，没有人敢表示不同意见，只有仆射新泰文贞公游肇反驳说元怿不可能谋反，到底也没有下笔签名。

元义、刘腾拿着王公们的意见进宫，很快就得到批准，半夜时杀掉了元怿。这时又伪造胡太后的旨令，自称有了病，要将政权交还给孝明帝。当时囚禁胡太后在北宫的宣光殿，宫门昼夜都关闭着，内外隔断，刘腾自己掌管着钥匙，皇帝都不能探视，只允许递送食物。胡太后的衣服饮食都断绝了，不免忍饥受寒，于是她叹息道："养虎却被虎咬了，说的就是我呀。"又派中常侍贾粲陪侍孝明帝读书，暗中命令他提防监视皇帝的行动。元义便与太师高阳王元雍等人一同辅政，皇帝称元义为姨父。元义和刘腾内外专权，相互勾结，元义专管抵挡朝廷之外，刘腾为内部的防卫。常常在殿中值勤，一同决定赏罚，政事不论大小，都由他们两人决定，威震朝廷内外，百官不敢轻妄动足。

朝野之人听到元怿的死讯，莫不颓废丧气，胡夷中为此有好几百人划破了面孔表示悲哀。游肇因愤恨抑郁去世了。

（以上为第五段，写北魏权臣元义与刘腾专政，元义谋杀清河王元怿，以谋反的名义构陷，威逼群臣签字，唯有大臣游肇抗言；元义又幽禁胡太后，北魏进入了动乱的年代。）

七月初七日己卯，长江、淮河及海水一同暴涨。

七月十九日辛卯，北魏为孝明帝举行加冠礼，大赦天下，改年号为正光。

北魏相州刺史中山文庄王元熙是元英的儿子，和弟弟给事黄门侍郎元略、司徒祭酒元纂都得到清河王元怿的厚待，听到元怿的死讯之后，在邺城起兵，并且上表要求杀掉元义、刘腾，元纂逃跑到了邺城。十天之后，长史柳元章等人率领城中平民鼓噪入城，杀了他们的手下人，把元熙、元纂和他们的儿子一同抓到高楼上。八月十三日甲寅，元义派尚书左丞卢同前去在邺城街市上斩杀了元熙和他的子弟。

元熙爱好文学，有风度气量，当时的名士大多和他交游，临死时，给老朋友写信说："我和弟弟都蒙受皇太后的知遇之恩，哥哥镇守大州，弟弟则在宫内服务，对我们和蔼可亲，恩情如同慈母一般。现今皇太后被废在北宫里，太傅清河王又横遭杀害，圣上年幼，一个人在前殿。圣上亲人如此，我等无法安心，因此率领军队和百姓想在全国伸张正义。但是因智力浅短，不但贼人未除，反而身陷囹圄，真是上对朝廷有愧，下对知己无颜。本是忠义出之于心，不得不这么做，流肠碎首，尚复何言！众多友人，敬奉你们的道德标准，为国家为自己好好地激励名节。"听了此话的人没有不哀怜他的。元熙的首级被送到了洛阳，亲戚朋友都不敢去看，只有从前的骁骑将军刁整收了他的尸身藏起来。刁整是刁雍的孙子。卢同为了讨取元义欢心，严厉查办元熙的同党，济阳内史杨昱被锁枷囚送到邺城，审问拷打了一百天，才得以回去复任。元义让卢同做了黄门侍郎。

元略逃亡到老朋友河内人司马始宾那里，司马始宾同元略用苇杆扎成筏子在夜间渡过孟津，到屯留人栗法光的家中，很快又去投靠西河太守刁双，藏了一年多。当时悬赏通缉元略，风声很紧，元略很害怕，请求把他送出国境。刁双说："必定会有一死，所难得的是为知己而死，希望你不要因此而忧虑。"元略坚决请求南逃，刁双便派侄子刁昌送元略渡过长江，于是来奔梁朝，梁武帝封元略为中山王。刁双是刁雍的族孙。元义诬告刁整送走了元略，便把刁整连同他的子弟一同抓了起来，御史王基等人全力为刁整申辩，才得以幸免。

（以上为第六段，写北魏相州刺史元熙等于相州起兵反对元义，被杀；其弟元略逃亡，西河太守刁双鼎力相助，辗转经年，投奔南朝。）

八月二十三日甲子，梁侍中、车骑将军、永昌严侯韦叡去世。当时梁武帝正尊崇佛教，士人百姓全都跟着信教，只有韦叡自以为位居大臣，不想与习俗一起俯仰，行事全和平时一样。

九月二十七日戊戌，北魏任命高阳王元雍为丞相，总管内外朝政，与元义一同处理日常事务。

当初，柔然佗汗可汗娶了伏名敦的妻子候吕陵氏，生下伏跋可汗以及阿那瓌等六个儿子。伏跋继立以后，忽然丢失了幼子即伏跋的小弟祖惠，查访悬赏都找不到。有个巫婆叫地万说，祖惠现今在天上，我能呼唤他。便在大泽中搭起帐幕，祭祀天神，祖惠忽然在帐幕中，说自己一直在天上。伏跋非常高兴，称地万是圣女，把她娶为正妻。地万既有法术，又有姿色，伏跋对她既尊敬又宠爱，信任听用她的话，干扰国事。这样过了几年，祖惠慢慢长大了，告诉他的生母说："我曾经在地万家，没有上过天，上天的话是地万教我的。"他的母亲把这件事的真相告诉了伏跋，伏跋说："地万能够预见没发生的事，你不要说她的坏话。"不久地万害怕，就在伏跋面前陷害祖惠并杀了他。候吕陵氏派与她一心的大臣具列等人绞死了地万；伏跋大怒，要杀死具列等人。恰好在这时阿至罗入侵，伏跋带兵抗击，兵败而回。候吕陵氏和大臣一同杀掉了伏跋，立他的弟弟阿那瓌为可汗。阿那瓌立为可汗仅十天，他的族兄示发便率领几万人攻击他，阿那瓌战败，同他的弟弟乙居伐轻骑逃往北魏。示发杀了候吕陵氏和阿那瓌的两个弟弟。

北魏清河王元怿死后，汝南王元悦根本没有仇恨元义之心，反而用桑落酒讨好元义，极尽亲近讨好之能事。元义大喜，冬季，十月十五日乙卯，任命元悦为侍中、太尉。元悦向元怿的儿子元亶索取元怿的服饰和古玩，因为没有按时送去且所送的又不合元悦的心意，元悦就用大杖打了元亶一百下，差点打死元亶。

柔然国的可汗阿那瓌将要到北魏，魏孝明帝派司空京兆王元继、侍中崔光等人依次欢迎他，赏赐十分优厚。魏孝明帝在显阳殿接见了阿那瓌，便设置宴席，把阿那瓌的座位排在亲王之下。宴会即将结束时，阿那瓌手执书信站在座位后面，诏命把他引到御座之前来，阿那瓌拜了两拜说道："臣因为家中有难，轻装前来阙下，本国的臣民，全都逃散了。陛下的恩情大于天地，请派兵把我送回本国，诛灭造反的逆贼，收集起逃散的人马，臣一定会统率我的百姓，侍奉陛下。我的话难以表达净尽，另外有封信向陛下陈述。"就把书信交给中书舍人常景，让其上呈给孝明帝。常景是常爽的孙子。

十一月二十九日己亥，魏孝明帝立阿那瓌为朔方公、蠕蠕王，赐给衣物、服饰和轺车。俸禄和卫队，都和亲王的一样。当时北魏正是强盛的时期，在洛水桥南的御道之东修建了四座客馆，道西建起了四片街里：有从江南来投降的住在金陵馆，三年以后在归正里赏赐他一所住宅；从北夷来投降的住在燕然馆，在归德里赏赐住宅；从东夷来投降的在扶桑馆，然后在慕化里赏赐住宅；从西夷来投降的在崦嵫馆，然后在慕义里赏赐住宅。阿那瓌入朝，住在燕然馆中。阿那瓌多次请求回国。朝廷中的意见总是不一样，无法决定，阿那瓌用一百斤黄金贿赂元义，就允许向北回国了。十二月十三日壬子，北魏命令怀朔都督挑选二千精锐骑兵护送阿那瓌到达国境边上，观看时机而实行招纳。如果柔然迎候阿那瓌，就赐给阿那瓌丝绸布匹、车马，按礼节给他饯行，送他回去；如果柔然不容纳接受，就仍允许阿那瓌回到朝中来。这次行动的行装费用，责成尚书省酌情供给。

十二月二十二日辛酉，北魏任命京兆王元继为司徒。

北魏派刘善明出使梁朝，两国又开始通问交好。

（以上为第七段，写柔然可汗阿那瓌在内战中被打败，逃亡北魏，朝见魏孝明帝元诩，请求回国，派兵护送；北魏权臣元义之父元继晋升为司徒。）

梁武帝普通二年（辛丑，公元 521 年）

春季，正月十一日辛巳，梁武帝在南郊祭天。

梁在建康设立孤独园，用来收养穷困百姓。

正月十九日戊子，梁大赦天下。

北魏南秦州的氐人造反。

北魏征调附近郡县的一万五千多兵力，由怀朔镇将杨钧统率，送柔然可汗阿那瓌回国。尚书左丞张普惠上书认为："蠕蠕国长期以来是边境上的祸患，现今老天降下灾害、战乱，让他们心灵受苦，这大概是为了让他们知道只有按天道行事才能安乐，让他们洗心革面跪拜大魏朝呀。陛下应当安抚百姓，端正自身以使天下百姓心悦诚服。阿那瓌束身来投奔，安抚他就可以了，却首先为此而劳扰天下，在京城内外兴师动众，指派到荒僻偏远之处，去救助几代以来我们的强敌，帮助老天爷都要使他灭亡的丑恶蛮虏，以臣之愚见实在看不出有这样做的必要。这不过是守边的将领贪图一时的功劳，却不去想想打仗是凶险的事，圣王不得已时才会使用。何况现今干旱正厉害，圣上出于慈心减少了膳食，却让杨钧带着一万五千人去安定蠕蠕，违背时势而行动，怎么能够成功呢？如果发生颠覆的变乱，到时把杨钧杀了吃掉，又有什么用！宰相大臣只顾追求个人的名声，不替国家的安危着想，这正是小臣我感到寒心之处。何况即使阿那瓌不能回国，辜负了什么信义？臣官职低贱不够评议的资格，但是文书都从臣的手上经过，因此不敢不说出意见。”孝明帝没有采纳。阿那瓌在西堂辞行，孝明帝下令赐给他军器、衣被、杂物、粮畜，样样都很优厚，命令侍中崔光等人在外城为他饯行送别。

阿那瓌向南方逃奔的时候，他的堂兄婆罗门率领几万人讨伐示发，打败了他。示发投奔了地豆干，地豆干人杀了他，柔然人推举婆罗门做了弥偶可社句可汗。杨钧上表说：“柔然已经设立了国君，恐怕不会以杀死人家兄长的人在郊外迎接死者的弟弟。如此轻率前往，徒劳而返，将白白地损害国家的威望。因此如果不大举发兵，就没办法送阿那瓌北返。”二月，北魏派原来曾出使柔然的牒云具仁前去晓谕婆罗门，让他迎接阿那瓌。

（以上为第八段，写北魏征调数万兵马，护送柔然可汗阿那瓌回国，尚书左丞张普惠提出异议，当政者未予采纳，并晓谕柔然现任可汗婆罗门，让他迎接阿那瓌。）

二月初三日辛丑，梁武帝在明堂祭祖。

二月十二日庚戌，北魏派代理抚军将军邴虬讨伐南秦州反叛的氐人。

北魏元义、刘腾囚禁胡太后的时候，右卫将军奚康生参与了他们的计划，元义任命奚康生为抚军大将军、河南尹，仍然让奚康生统领左右。奚康生的儿子奚难当娶了侍中、左卫将军侯刚的女儿，侯刚的儿子是元义的妹夫，元义因为和奚康生有姻亲的关系，相互信任委托，三个人很多时间里全都住在宫城内，有时交替着出宫，让奚难当担任千牛备身。奚康生性情粗暴鲁莽，言谈气势随意高低，元义开始惧怕他，甚至表现在脸色上。奚康生也有些畏惧不安。

三月二十六日甲午，魏孝明帝朝见胡太后于西林园，文武百官陪同，酒酣的时候纷纷起舞，奚康生趁势表演力士舞，每到回旋、转身的时候，总是回头看着胡太后，举手、投足、瞪眼、点头，作捕杀的姿势，胡太后明白了奚康生的用意却不敢说话。傍晚，胡太后想携同孝明帝一同住在宣光殿，侯刚说：“皇上已经朝见完毕了，他的嫔妃住在南宫，何必要留宿！”奚康生说：“至尊是陛下的儿子，随陛下之意愿东愿西，还用问别人吗！”众大臣都不敢说话。胡太后自己站起来引着孝明帝的手臂下堂而去。奚康生大声呼喊：“高唱万岁！”孝明帝前头进入阁门，左右互相拥推着，阎门关不上。奚康生夺过奚难当的千牛刀，砍杀了直后元思辅，才安定了。孝明帝到了宣光殿，左右侍臣都站立在西边台阶下。奚康生借着酒劲想要出来安排布置一番，却被元义抓住，锁在门下。光禄勋贾粲欺骗胡太后说："侍官们心里惶恐不安，陛下应当亲自去安慰。"胡太后信了他的话，刚走下殿来，贾粲便扶着孝明帝走出东厢房，往前住到了显阳殿，而把胡太后关在宣光殿内。到了晚上，元义还没有出宫，命令侍中、黄门、仆射、尚书等十多个人到奚康生被押的地方审问他，判处奚康生斩刑，奚难当绞刑。元义和侯刚都在内宫，伪造皇帝命令判决，同意判处奚康生斩刑，饶恕奚难当不死，改为流放。奚难当哭着去向父亲告别，奚康生却慷慨激昂，毫不悲伤，说道："我不为死而反悔，你哭什么？"当时天色已暗，官吏们驱赶着奚康生来到刑场，杀了他；尚食典御奚混因和奚康生一同拿着刀冲入宫中，也被判处了绞刑。奚难当因为是侯刚的女婿，得以停留了一百多天，最后被流放到了安州。很久之后，元义又派行台卢同去安州杀了奚难当。刘腾被任命为司空，因此而权倾一时。朝廷中的八坐、九卿常常在早晨到刘腾的住所拜访，观察了刘腾的脸色，然后再到官署去办公，也有一整天都见不到刘腾的官吏。不论公事还是私事，只看所送财物多少，无论是陆路交通之利，还是山川物产，所在之地全都独占，对六镇敲诈勒索，国家交往以及互市，每年的收入数以百亿。刘腾侵夺周围四邻的房屋来扩大自己的住宅，远近的人都被害苦了。

（以上为第九段，写北魏的宫廷斗争，权臣元义、侯刚以及奚康生参与幽闭胡太后的计划，奚康生与元义不和，渐生反悔，趁皇帝朝见太后之机发难，被执杀。）

京兆王元继自认为他们父子的权势太盛，坚决请求把司徒的职位让给车骑大将军、仪同三司崔光。夏季，四月初三日庚子，任命元继为太保，保留侍中的职务，元继坚决推辞，不被允许。四月初五日壬寅，任命崔光为司徒，侍中、祭酒、著作郎等旧职不变。

北魏的使臣牒云具仁来到柔然，婆罗门非常傲慢，没有谦逊礼让的意思，责求牒云具仁礼敬。牒云具仁不肯屈从，婆罗门才派大臣丘升头等人率领二千人随牒云具仁一同去迎接阿那瓌。五月，牒云具仁回到怀朔镇，把这种情况都做了汇报，阿那瓌害怕，不敢前去，上表请求回到洛阳。

五月十四日辛巳，北魏南荆州刺史桓叔兴率领所部来投降。

六月初一日丁卯，梁的义州刺史文僧明、边城太守田守德率领部属投降北魏，都是蛮族首领。北魏任命文僧明为西豫州刺史，田守德为义州刺史。

六月癸卯，梁琬琰殿失火，火势蔓延，烧毁后宫三千间。

秋季，七月初一日丁酉，梁任命大匠卿裴邃为信武将军，授予符节，命令他督率众军去讨伐义州，在檀公岘打败了北魏义州刺史封寿，进而包围了城池。封寿请求投降，又夺取了义州。北魏委任尚书左丞张普惠为行台，率兵救援，但是没有来得及。

梁任命裴邃为豫州刺史，镇守合肥。裴邃想要袭击寿阳，便暗中结交了寿阳人李瓜花等人作为内应。裴邃部署好了军队并约定了时间，怕被北魏发觉，便先给北魏扬州刺史送去一封书信说：“魏国原来在马头设置防卫，现今听说又要修筑白捺的旧城，如果这样的话，就要侵逼压迫，我方也需要修筑欧阳城，设置边境的守备，现今筑城的板干和兵士已集中了，只等回信了。”扬州刺史长孙稚谋划于幕僚，都说：“我们没有修筑白捺城的意图，应当把实情告诉他们。”录事参军杨侃说：“白捺是个小城，本来不是什么险要之地；裴邃这人很狡诈，现今集结调动部队，恐怕有别的用意。”长孙稚顿时醒悟过来了，说：“录事马上写信回复。”杨侃移文说：“贵方调集兵力，想是有其他用意，为什么反而胡说白捺城的事情呢？古话说：‘他人有什么心思，我能忖度得出来’，不要以为秦国无人。”裴邃收到移文，认为北魏已经发觉了他的用意，就遣散了他的军队。李瓜花等人因为错过了约定时间，就互相告发检举，有十多家被处死。长孙稚是长孙观的儿子，杨侃是杨播的儿子。

（以上为第十段，写北魏京兆王元继颇有自知之明，欲辞去要职避祸；柔然可汗阿那瓌回国不成，又返回洛阳；南朝将领裴邃欲袭击北魏寿阳，被发觉而放弃。）

当初，高车王弥俄突死后，手下人都投靠了嚈哒。几年以后，嚈哒派遣弥俄突的弟弟伊匐率领余部回国。伊匐攻打柔然可汗婆罗门，打败了婆罗门，婆罗门带领十个部落到凉州，请求向北魏投降。柔然国剩余的几万人一起来迎接阿那瓌。阿那瓌上表说：“本国内部大乱，各姓部族分开居住，互相抢劫杀掠。现今北方人鹄立翘望拯救他们，乞求依照从前恩准，给臣一万精锐兵力，送臣到沙漠北部，安抚战乱中的百姓。”颁布诏书交付中书门下集体议定，凉州刺史袁翻认为：“自从我国定都洛阳以来，蠕蠕和高车相互吞并，开始是蠕蠕头领被杀，接着高车王又被抓。现今高车在衰败中奋起，力求报仇雪耻，实在由于种族繁多，终竟不能将敌国消灭。自从这两个敌虏之国交战以来，边境没有烟尘已经有几十年了，这是中原国家的益处。现今蠕蠕的两个王相继归顺，虽然戎狄之族野性难改，最后也不会有纯真坚固的节操，但是使危亡的国家幸存下去，使绝灭的种姓得以繁衍，是帝王的根本事务。如果放弃而不管，就会有损于我们的大德；如果收留并且抚养他们，就会损失我们的物资储备；或者全部迁到内地，则不但他们不情愿，怕最终也会成为祸患，刘渊、石勒之乱就是这样发生的。况且只要蠕蠕国还存在，那么高车就还有内顾之忧，没功夫觊觎我国；如果蠕蠕全部灭亡，那么高车蛮横霸道之势，岂是容易预料的！现今蠕蠕虽然大乱，但是部落还存在许多，星罗棋布，盼望着过去的主人，高车虽然强大，却没能全部征服。愚见认为蠕蠕的两个王应当并存，让阿那瓌住在东部，让婆罗门住在西面，把那些降民分给他俩，使他们各有所属。阿那瓌居住的地方不曾去过，不敢胡乱猜测；婆罗门，则请修筑西海旧城安置。西海城在酒泉的北部，距离高车所居住的金山一千多里，实在是北虏来往的要塞之地，那里土地肥沃广阔，很适宜于耕种。应当派遣一员良将，配备以兵力武器，监护婆罗门，又顺便去屯田，可以节省粮草运输的烦劳。其北面面临着大沙漠，是野兽聚集的地方，让蠕蠕们打猎，彼此互相资助，足以做到坚守自固。对外可以辅助弱小的蠕蠕，对内可以防御高车的强横，这是安定边境保卫要塞的长久之计。如果婆罗门能收集起离散的百姓，复兴他的国家，就逐渐让他转向北部、迁移过沙漠，便可成为我国的外藩，高车的强敌，于是西北一带的忧虑就可以解除了。如果奸诈反覆，则不过是外逃的流寇，对我国有什么损害呢？”朝廷讨论同意了他的意见。

九月，柔然可汗俟匿伐到怀朔镇请求救兵，并且迎接阿那瓌。俟匿伐是阿那瓌的哥哥。冬季，十月，录尚书事高阳王元雍等人上奏：“怀朔镇之北的吐若奚泉，原野平坦肥沃，请将阿那瓌安置在吐若奚泉，婆罗门安置在从前的西海郡，命令他们各自率领自己的部落，收集离散的百姓。阿那瓌的住地在境外，那么遣送他时便应当稍微优厚一点，婆罗门不可以和他相比。在婆罗门投降以前来投奔我国的蠕蠕人，都要让各州镇集中送到怀朔镇来交给阿那瓌。”颁布诏书批准。

十一月十九日癸丑，北魏侍中、车骑大将军侯刚加仪同三司。

北魏因为东益、南秦二州的氐人都反叛了，十二月十七日庚寅，任命秦州刺史、河间王元琛成立行台去讨伐。元琛倚仗刘腾的权势，贪婪残暴、肆无忌惮，被氐人打得大败。中尉弹劾了他，正赶上大赦，只被除名，不久又恢复了王爵。

北魏任命安西将军元洪超兼任尚书行台，到敦煌去安置柔然的婆罗门。

（以上为第十一段，写柔然现任可汗婆罗门被高车打败，也投奔北魏，而原来的可汗阿那瓌再次请求护送回国，北魏接受凉州刺史袁翻建议，将柔然二主分别安置。）

梁武帝普通三年（壬寅，公元 522 年）

春季，正月初七日庚子，梁任命尚书令袁昂为中书监，吴郡太守王暕为尚书左仆射。

正月十八日辛亥，魏孝明帝举行耕种籍田仪式。

北魏宋云和惠生从洛阳出发，西行四千里，到达赤岭，才出了北魏国境，继续西行两年以后，到达乾罗后返回。这一年的二月回到了洛阳，一共得到一百七十部佛经。

高车王伊匐派使节向北魏进贡。夏季，四月十九日庚辰，北魏任命伊匐为镇西将军、西海郡公、高车王。很久以后，伊匐和柔然交战失败，他的弟弟越居杀了伊闟自立为王。

五月初一日壬辰朔，发生日全食，又恢复原状。

五月初二日癸巳，梁大赦天下。

冬季，十一月十六日甲午，梁领军将军、始兴忠武王萧憺去世。

十一月十一日乙巳，魏孝明帝在圜丘祭天。

当初，魏太武帝认为《玄始历》渐渐不准确了，下令另制新的历法。到这时，著作郎崔光选取荡寇将军张龙祥等九家所上呈的历法，经过验证得失，合并成一种历法，以壬子为起首，以便于与北魏以水德而王相应，命名为《正光历》。十一月十八日丙午，开始实行《正光历》，大赦天下。

（以上为第十二段，写北魏大臣宋云与和尚惠生到西域取经，历经数年，取得佛经回国；魏孝明帝元诩下令制定新的历法，以取代《玄始历》，经过验证得失，施行《正光历》。）

十二月二十七日乙酉，北魏任命车骑大将军、尚书右仆射元钦为仪同三司，太保京兆王元继为太傅，司徒崔光为太保。

当初，太子萧统没有生下来的时候，梁武帝抚养了临川王萧宏之子萧正德为儿子。萧正德从小粗鲁阴险，梁武帝即位后，萧正德一心想成为东宫太子。太子萧统出生之后，萧正德被交还父母，赐爵西丰侯。萧正德心中闷闷不乐，一直藏有异谋。这一年，萧正德由黄门侍郎升为轻车将军，不久逃奔北魏，自称是被废弃的太子前来避祸。北魏尚书左仆射萧宝寅上表说："岂有伯父是皇帝，父亲是扬州刺史，却丢下亲人，远远地投奔他国的道理！不如杀了他。"因此北魏人对萧正德非常不客气，萧正德就杀了一个小孩，声言是自己的孩子，要远去修建墓地。北魏人没有怀疑他。第二年，萧正德又从北魏逃回国。梁武帝流着泪教诲萧正德，恢复了他的爵位。

柔然阿那瓌请求给他们谷子做种子，北魏给了一万石。

婆罗门率领部落反叛北魏，逃奔嚈哒。北魏委派平西府长史代都人费穆兼任尚书右丞西北道行台，率兵前去讨伐婆罗门，柔然人逃跑了。费穆对众将领说："戎狄的本性是见敌就跑，乘虚又来，如果不吓破他们的胆子，恐怕最后会被他们折腾得疲于奔命。"于是挑选精锐骑兵埋伏在山谷中，另派瘦弱的步兵在外扎营，柔然人果然来了，费穆率军奋力进击，大败柔然。婆罗门被梁州军队抓获，送到了洛阳。

（以上为第十三段，写南朝梁武帝萧衍开始收养萧正德，后还本，正德意望东宫，闷闷不乐，投奔北魏，又返回；柔然原可汗婆罗门反叛北魏，被费穆打得大败。）

梁武帝普通四年（癸卯，公元 523 年）

春季，正月初四日辛卯，梁武帝在南郊祭天，大赦天下。正月十九日丙午，在明堂祭祀。二月十八日乙亥，耕种籍田。

柔然发生严重饥荒，阿那瓌率领部众进入北魏境内，上表请求赈济。二月二十二日己亥，北魏任命尚书左丞元孚为行台尚书，持符节去安抚柔然。元孚是元谭的孙子。临行时，元孚上表陈述了对国家有利的建议，认为："蠕蠕向来强大，从前在代京时，经常设置重兵防卫。现今老天爷降福于大魏，让他们自己发生败乱，叩头请求臣服。朝廷纠集他们失散逃亡的人，礼送他们回国，应当趁这一时机好好地考虑一下长久的计策。从前汉宣帝时，呼韩邪扣关表示忠诚，汉朝遣派董忠、韩昌带领边郡的兵马把他送出朔方城，并且留在那里保护、扶助。还有，汉光武帝时也派中郎将段彬设立安集掾史，跟随单于行动，观察他们的情况。现今应当大致按从前的办法去做，把闲置的土地借给他们，让他们去放牧，简单地设置官府，以表示对他们的关心爱护，同时在边境上严密布置兵力，命令防卫监视，使他们与我们亲近却不至于欺哄瞒骗我们，疏远却不允许到反叛的地步，这才是上上之策。"北魏没有采纳元孚的对策。

柔然的俟匿伐来北魏朝拜。

三月，北魏司空刘腾去世。宦官中刘腾的干儿子穿戴重丧服的有四十多人，穿丧服送葬的数以百计，送葬的朝中权贵充满了道路和田野。

夏季，四月，北魏元孚秉持白虎幡在柔玄、怀荒二镇之间慰问阿那瓌。阿那瓌手下共有三十万人马，暗中怀有反叛之意，就扣留了元孚，把他关在卧车之中。阿那瓌每次集合他的部下，都让元孚坐在车厢中，称他为行台，特别地表示尊敬。阿那瓌率兵向南开进，所过之处横加掠劫，到了平城，才允许元孚回去。有关部门上奏元孚有辱使命，令他将功抵罪。四月二十八日甲申，北魏派尚书令李崇、左仆射元纂统率十万骑兵攻打柔然。阿那瓌听到消息，驱赶二千百姓，公家和私人的几十万头马牛羊，向北方逃窜而去，李崇追赶了三千多里，没有追上，只好撤回。

元纂派遣铠曹参军于谨率领二千多骑兵追击柔然人，到了郁原，先后打了十七仗，屡屡破敌获胜。于谨是于忠的从曾孙，性情深沉、有识见、有气量，广涉经典史传。少年时，隐居在乡间，不求仕进，有人劝他入仕做官，于谨说："州和郡的官职是从前的人所瞧不上的；台鼎的位置，必须等待时机来到才可以获得。"元纂听到他的名声就征召了他。后来率领轻骑部队出塞侦察，忽然遇上了几千名铁勒骑兵，于谨因为寡不敌众，后退一定难以幸免，于是便分散手下的骑兵，让他们藏到树丛之间，又派人到山上去指挥，好像在部署军队一样。铁勒人看到后，虽然疑心有埋伏，但是倚仗人多，进兵逼近于谨。于谨常常骑一紫一黄两匹骏马，铁勒人都认识，他就让二人各骑一匹马冲出战阵，铁勒人以为是于谨，争着去追赶；于谨率领剩下的军队攻打追击的骑兵，铁勒人逃跑了，于谨才回到关内。

（以上为第十四段，写北魏派尚书左丞元孚持节安抚柔然，柔然可汗阿那瓌反叛，扣留元孚；北魏派出大军攻打，干将于谨十七战皆胜，阿那瓌北逃，于谨乘胜追击。）

李崇的长史钜鹿人魏兰根劝谏李崇说："从前沿着边境刚开始设置各镇时，地广人稀，或者征调中原豪强的子弟，或者派遣国家肺腑，寄托以爪牙之任。很多年后，当地官吏们称为'府户'，像对待奴隶那样役使他们，按年纪给他们婚配，以至于使他们失去清流的身份，然而当地原来的门族，各个都荣华显赫，比较一下，他们理应对此愤怨不满。应当把镇改成州，分别设置郡和县，凡是府户都释放为平民，在入仕和升迁方面都和从前一样，这样文武手段并用，威严、慈恩并施。如果这种策略实行了，国家几乎就可以解除北方的忧患了。"李崇替他上奏，但事情被搁置起来，没有回音。

当初，元义囚禁胡太后以后，常常入宫在魏孝明帝所住的殿堂旁边执勤，百般献媚，孝明帝因此宠信他。元义在宫禁中出入，常常让勇士手执兵器在他前后保护，有时出宫在千秋门外休息，就设置木栅栏，让心腹守护以防备突然事变，士人和百姓来求见他，只能离得远远的。他开始掌管朝政的时候，待人接物谦逊、殷勤，对于时事得失也十分关心，等到心意满足以后，就开始傲慢无礼，嗜酒好色，贪图财宝贿赂，随心所欲地处置事情，破坏了纲常法纪。他的父亲京兆王元继更加贪婪放肆，和他的妻子儿女都接受贿赂和礼品，操纵有关部门，没有人敢抗拒。以至于连郡县的小辟吏也不能公正任命，而牧、守、令、长等各级官吏全都是贪污受贿的人。因此百姓贫困窘迫，人人都想造反。

武卫将军于景是于忠的弟弟，策划罢免元义，被元义贬为怀荒镇将。等到柔然入侵扰乱，镇中百姓请求发粮，于景不肯给，百姓压不住心头之忿，就造反，抓住了于景，杀了他。不久，沃野镇的平民破六韩拔陵聚众造反，杀了镇将，改年号为真王，各镇的汉族和夷族百姓纷纷响应，破六韩拔陵带兵向南侵犯，派偏将卫可孤包围了武川镇，又攻打怀朔镇。尖山人贺拔度拔和他的三个儿子贺拔允、贺拔胜、贺拔岳都有才干和勇气，怀朔镇将杨钧提拔贺拔度拔为统军，又提拔他的三个儿子为军主去抗击叛民。

北魏景明初年，孝明帝命令宦官白整给宣武帝和文昭高后在龙门山凿两个佛龛，佛龛全都高达百尺。永平年间，刘腾又替宣武帝凿了一个佛龛，到这时已经二十四年了，一共用了十八万二千多个工匠，却还没有完成。

（以上为第十五段，写北魏北边六镇发生大规模起义，破六韩拔陵率兵南侵；北魏在龙门山开凿佛龛，即龙门石窟。）

秋季，七月二十七日辛亥，北魏颁布诏书："现今在朝中的官员，按年龄到了七十岁应当退仕解职的人，可以付给他原来官职一半的俸禄，一直到他终年。"

九月，北魏诏令侍中、太尉、汝南王元悦入居门下省，与丞相高阳王元雍一同参决尚书奏事。

冬季，十月十七日庚午，梁任命中书监、中卫将军袁昂为尚书令，并以中卫将军的身份开府仪同三司。

北魏平恩文宣公崔光病重，魏孝明帝亲自去看望他，拜他的儿子崔励为齐州刺史，并取消音乐，停止游玩。十一月十五日丁酉，崔光去世，孝明帝临丧，悲痛地哭悼，并且为此而减少饮食。

崔光宽厚和蔼，仁慈亲善，整天快乐平和，从不发怒生恨。于忠、元义专权，因为崔光德高望重，都尊敬他，凡事征求他的意见而后才做决定，没能挽救裴植、郭祚和清河王元怿之死，当时的人把他比作张禹、胡广。

崔光将要去世时，推荐都官尚书贾思伯为侍讲。孝明帝跟从贾思伯学习《春秋》。贾思伯虽然地位尊贵，但常礼贤下士。有人问贾思伯说："您为什么能做到不骄傲呢？"贾思伯说："衰落到来就会骄傲，如何能保持长久啊！"当时把它传为佳话。

十一月初一日癸未朔，发生日食。

十一月二十二日甲辰，梁朝尚书左仆射王暕去世。

梁朝开国之初只有扬州、荆州、郢州、江州、湘州、梁州、益州七个州使用钱币，交州、广州使用金银，其他的州夹杂使用谷物布帛进行交易。梁武帝就让铸造五铢钱，钱形的内郭、外郭以及周郭都齐备。又另外铸造了没有内郭的钱，称为"女钱"，民间私下里使用女钱进行交易，禁止不了，就商议全部废止使用铜钱。十二月初六日戊午，开始铸造铁钱。

北魏任命汝南王元悦为太保。

（以上为第十六段，写南朝大臣袁昂是个干才，连年升迁；北魏儒臣崔光去世，崔光德高望重，但只求自保；南朝铸造五铢钱，后商议废用铜钱，开始铸造铁钱。）

【点评】

柔然崛起为祸北魏。本卷所记载的北魏历史，如何面对北方的柔然和高车已经成为北魏非常重要的问题，朝廷为此进行了多次讨论。正光元年（520），柔然君主可汗丑奴被母亲和大臣杀死。丑奴的弟弟阿那瓌刚继位十来天，阿那瓌又被族兄示发战败，投归北魏，受到隆重迎接，位于藩王之下，安置于燕然馆，封之为朔方郡公、蠕蠕王。阿那瓌想要北归的时候，对于同意还是不同意，北魏朝廷多次讨论，没有统一的意见。阿那瓌贿赂权臣元义，遂得愿。北魏调发郡兵一万五千人护送回国。对此张普惠反对，上疏认为这是徒自劳扰的行为，于是停止护送。后来阿那瓌请求北魏借兵一万，送他到沙漠以北，抚定荒民。为此北魏朝廷讨论，袁翻指出面对当前形势，北魏应当采取保存柔然，分其势力，以牵制和抵御日益强盛的高车的策略。于是北魏把阿那瓌安置于怀朔镇（今内蒙古固阳西南）北的吐若奚泉，将婆罗门安置于居延海附近的故西海郡（治今内蒙古额济纳旗东南）。正光三年（522），婆罗门叛离北魏，抢掠凉州，欲投奔嚈哒，被北魏追擒归于洛阳。次年，柔然发生大饥荒，阿那瓌率领其众进入北魏境内，请求借粮。元孚向北魏朝廷上表提出对策：利用柔然天灾的机会，“大致按从前的办法去做，把闲置的土地借给他们，让他们去放牧，简单地设置官府，以表示对他们的关心爱护，同时在边境上严密布置兵力，命令防卫监视，使他们与我们亲近却不至于欺哄瞒骗我们，疏远却不允许到反叛的地步，这才是上上之策”。但是朝廷没有采纳元孚的建议。这一失误决策的后果是严重的。北魏元孚秉持白虎幡在柔玄、怀荒二镇之间慰问阿那瓌。阿那瓌手下共有三十万人马，他暗中怀有反叛之意，就扣留了元孚，阿那瓌率兵向南开进，所过之处横加掠劫，到了平城，才允许元孚回去。此时北魏派兵攻打柔然，阿那瓌听到消息，向北方逃窜而去，魏军追赶了三千多里，没有追上，只好撤回。北魏奸臣当道，丧失利用柔然内 抚定的善策，让阿那瓌逃回，终为北魏祸患。

梁纪六

梁武帝普通五年至六年（公元 524—公元 525）

【起阏逢执徐（甲辰，公元 524 年），尽旃蒙大荒落（乙巳，公元 525 年），凡二年】

【大事提要】

本卷记事起自公元 524 年，至公元 525 年，凡二年，当梁武帝普通五年至普通六年。本卷所载大事，南朝萧梁大事一件，梁武帝收纳东昏侯宠姬吴淑媛生子豫章王萧综，萧综得知身世后逃奔北魏，遂引出许多事情。北朝北魏大事有三件。其一，以六镇起义为主线。孝明帝时期，破六韩拔陵造反之后，高平镇起义，本卷的秦州莫折大提造反，死后儿子莫折念生为首，六镇接连起义，成为北魏政治的一条主线。广阳王元深上言准确地分析六镇起义发生的历史根源及高阙戍首义的原因。其二，胡太后复出临朝听政。其三，尔朱荣事迹开始。

高祖武皇帝六

梁武帝普通五年（甲辰，公元 524 年）

春季，正月二十日辛丑，魏孝明帝在南郊祭天。

三月，北魏委任临淮王元彧都督北讨诸军事，去讨伐破六韩拔陵。

夏季，四月，高平镇民赫连恩等人造反，推举敕勒酋长胡琛为高平王，攻打高平镇以响应破六韩拔陵。北魏将领卢祖迁击破了他们，胡琛北逃而去。

破六韩拔陵的偏将卫可孤攻打北魏的怀朔镇整整一年了，外面援军还不到来，杨钧指派贺拔胜到临淮王元彧那里告急。贺拔胜招募了十余名不怕死的少年骑兵，在夜间瞅机会突围而出，卫可孤的骑兵追上了他们，贺拔胜喊道："我是贺拔破胡。"追兵们便吓得不敢逼近。贺拔胜在云中见到了元彧，游说道："怀朔被围，旦夕之间就会沦陷，大王现今按兵不动。怀朔如果陷于敌手，武川也将告危，贼寇的锐气将百倍增加，即使有张良、陈平在，也无法为大王计议了。"元彧答应出兵援救怀朔。贺拔胜返回，又突围而入城。杨钧又派遣贺拔胜出城去侦察武川的情况，去之后，武川已经失陷。贺拔胜快马驰还，很快怀朔也被攻破，贺拔胜父子俱被卫可孤俘虏。

五月，临淮王元彧同破六韩拔陵在五原交战，战败，元彧获罪被削除官爵。安北将军陇西人李叔仁也在白道战败，贼兵的势力日益强盛。

魏孝明帝召集丞相、令、仆、尚书、侍中、黄门等到显阳殿，问他们："如今恒朔之地贼寇蜂起，逼近金陵，采取什么对策呢？"吏部尚书元脩义请求派遣朝廷重臣督领军队镇守恒朔，以抵御贼寇，孝明帝说："去年阿那瓌叛乱，派遣李崇北征，李崇上表请求改镇为州，朕因为旧的章程难以变更，便没有听从他的请求。寻思李崇这个上表，开启了镇上人家非分之想，以致有今日之患。但是过去的事情难以追回，这里只是顺便说一下罢了。然而李崇是皇亲贵戚，名望甚重，气量大，见识远，英武机敏，想派他前去，如何呢？"仆射萧宝寅等都说："这样决定，非常符合众望。"李崇说："臣考虑到六镇地处偏远，靠近贼寇，想要安慰取悦当地人之心，岂敢引导他们作乱呢？臣罪该万死，陛下赦免了我，如今更要派我北行，这对我正是一个报恩改过之秋。但是臣年已七十，加之疲病在身，不堪军旅之事了。希望能另外选择优秀人才。"孝明帝没有答应。元脩义是元天赐的儿子。

臣司马光评论说：李崇上表，是为了消除祸乱于未萌发的时候，制敌取胜于无形之中。魏孝明帝既不能采纳他的建议，到祸乱产生之后，不但没有半点惭愧道歉之言，反而更认为是李崇的罪过，那个不明智的君主，怎么可以同他谋事呢！《诗经》云："听到美言便应对，闻诵诗书则陶醉，不采用良善之言，反责我悖逆有罪。"说的正是这个吧。

五月二十三日壬申，北魏委任李崇为使持节、开府仪同三司、北讨大都督，命令抚军将军崔暹、镇军将军广阳王元深一并接受李崇指挥调遣。元深是元嘉的儿子。

六月，梁委任豫州刺史裴邃负责征讨诸军事，去讨伐北魏。

北魏自从破六韩拔陵造反以来，二夏、豳、凉等地寇盗蜂起。秦州刺史李彦施政严苛，刑罚残酷，下面的人都抱怨。这个月，城内薛珍等人结伙闯入州府门，抓住了李彦，杀了他，推举同党莫折大提为元帅，莫折大提自称为秦王。北魏派遣雍州刺史元志去讨伐。

当初，南秦州的豪强杨松柏兄弟几番为寇盗，刺史博陵人崔游引诱他投降，提拔做了主簿，以亲近的言语和态度接待了他，让他去游说下面的氐族部落，事成之后借宴会之机把他们全部抓起来斩了，因此部下无不猜忌惧怕。崔游得知李彦的死讯之后，自己知道难以安心，想逃走，但没有成功。城中百姓张长命、韩祖香、孙掩等人攻打崔游，杀了他，率全城百姓响应莫折大提。莫折大提派他的党徒卜胡袭击高平，攻克了，杀了镇将赫连略和行台高元荣。莫折大提很快便去世，他的儿子莫折念生自称为天子，设置百官，改年号为天建。

六月十八日丁酉，北魏大赦天下。

秋季，七月初六日甲寅，北魏委任吏部尚书元脩义兼尚书仆射，为西道行台，统率众将去讨伐莫折念生。

（以上为第一段，写北魏六镇赋役沉重，边民不断反叛，大臣李崇提出改镇为州，减轻军镇赋役，销祸于未萌，魏孝明帝不予采纳，导致秦州莫折大提造反，称帝改元，魏孝明帝本末倒置，责备李崇提议引发反叛，受到司马光批评。北魏委任吏部尚书元脩义督诸将讨伐。）

崔暹不服从李崇指挥，与破六韩拔陵在白道交战，一败涂地，单人匹马跑了回来。破六韩拔陵集中兵力攻打李崇，李崇全力迎战，但是抵挡不住，便带领部队回到云中，与破六韩拔陵相持。

广阳王元深上言："先朝建都平城时，以北部边境为重，郑重挑选亲近贤能，竖立大旗，担任镇将，并且配备以高门子弟，拼死防止边患，不但不影响仕宦前途，反而更独得提升，当时的人们，都欣羡前去。太和年间，仆射李冲掌权，凉州的当地人全都免除服役，帝乡平城高门大姓，却仍然要去防守边关，如果不是得罪了当权者，谁也不愿意加入其列。受本镇将领驱使，只能担任虞侯、白直的卑下职务。一生升迁，最高也只做到军主。然而同姓中留在京城的那些人却能做到上品显官，于是身在边镇的那些人便由于升迁之路与己隔绝，大量逃散。朝廷便制定了严厉的边兵制度，镇上的人不许浮游在外，这时少年人不能从师学习，成年人不能出外游宦，不被当作人看待，说起来心酸落泪！自从定鼎于伊洛以来，边防职任更看得轻了，只有那些长期不能升迁的庸碌之才，才出任镇将，这些人互相仿效，一心聚敛财物。或者各地方的奸吏，因犯罪而发配边关，指示踪迹，政治以贿赂而立，边民们无不切齿痛恨。到阿那瓌背弃恩德，纵掠反叛而去，发兵长途追击。十五万大军越过沙漠，但不到几天工夫就返回来了，不能除尽反贼，边民见到这样的援军，于是便打心眼里瞧不起中原之国。尚书令臣李崇请求改镇为州，或许是预先觉察到了，朝廷没有准许他的请求。高阙戍的主将管制下属上下失和，于是结伙叛乱，攻城掠地，所过之处夷灭无遗。朝廷军队屡屡败北，贼党日益兴盛。这一段时间里的行动，指望能铲平叛乱，早获安定；但是崔暹一辆车也未能返回，臣崇与臣徘徊旧路，一起回到云中，将士们的情绪分崩解体。现今的忧虑，不仅西北方面，恐怕各镇很快也会如此，天下之事，哪能容易地估计呢！"上书奏呈后，魏孝明帝没有省阅。

（以上为第二段，写北魏广阳王元深上言六镇不断反叛的历史根源，魏孝明帝元诩却连看都不看，致使事态不断扩大。）

北魏下诏令召来崔暹后关押在廷尉，崔暹用女妓、田产庄园贿赂元义，最后没有被治罪。

七月二十九日丁丑，莫折念生派遣都督杨伯年攻打仇鸠、河池两个寨堡，东益州刺史魏子建派将军伊祥等人击败了杨伯年，斩首一千多人。东益州本来是氐王杨绍先的封国，将佐们都因为州城中的民众勇悍不驯，南秦州和秦州的反叛者都是杨绍先的同族之人，请求先没收城里人手中的兵器械杖，魏子建说："城中民众数次经历行阵，安抚好足为我所用，逼得太急了则会腹背受敌。"于是把城中民众都召集起来，安抚晓谕他们，然后逐渐把他们父子兄弟分派到外地各郡去戍守，这样内外相顾，到底也没有出现反叛者。魏子建是魏兰根的族兄。

北魏凉州幢帅于菩提等人拘押了刺史宋颖，占据凉州造反。

八月十二日庚寅，梁徐州刺史成景儁偷取北魏的童城。

北魏员外散骑侍郎李苗上书说："但凡粮少兵精，利于速战速决；粮多兵众，利于打持久之战。当今陇地贼寇猖狂，没有多少粮资储备，虽然占据了两座城，但本来没有德义，所以其势在于急攻，以使每日都有所收纳，迟缓了则会使人心离散，情绪颓丧，从而坐待崩溃。飚至风举，逆反者求的是万分之一的功效；高壁深垒，王师有完胜的策略。但是天下长久安泰，人们已经不知晓行伍征战了，都变得追逐利益，唯恐落后，逃灾避难，互不相顾，将帅没有法令，士兵未经过教习，不思长远之计，个个都有轻敌之心。如果使陇东失守，汧地的军队败散，那么秦州和南秦州的势力便会强大，三辅之地顿时就会变得危险脆弱，国家的右臂便废掉了。应该旨令大将坚壁不战，另外命令副帅偏将率领兵数千名出麦积崖袭击其后方，如此则汧陇之地群妖自会溃散。"

北魏任命李苗为统军，同别将淳于诞分别从梁州、益州出发，还没有到达目的地，莫折念生便派遣他的弟弟高阳王莫折天生率兵前来陇地。八月十六日甲午，都督元志在陇口交战，元志兵败，丢下部众跑到东边的岐州自守。

东部和西部的敕勒人都反叛了北魏，投附了破六韩拔陵，魏孝明帝这才开始想起李崇和广阳王元深曾经说过的话。八月十八日丙申诏令："各州镇在册的军人中凡不是因犯罪而被流放服役的，全都免为平民。"改镇为州，以怀朔镇为朔州，又改朔州为云州。派遣兼黄门侍郎郦道元为大使，让他去安抚宣慰六镇。当时六镇已经全部反叛，郦道元没有成行。

在此之前，从代京迁到洛阳的那些人，大多被吏部所压制，不能做官。到六镇反叛的时候，元义才使用从代京迁来的非士族的寒人担任传诏，以便安慰、取悦他们。廷尉评代京人山伟在奏记中称颂元义道德高尚，元义便晋升山伟为尚书二千石郎。

（以上为第三段，写北魏官员李苗建言与叛军坚壁不战，以安陇东之策，而李苗为帅与叛军交战不利；东西部敕勒都背叛北魏，魏孝明帝元诩这才认识到李崇与元深所建之言才是良策，实行改镇为州。）

秀容人乞伏莫于聚众攻打郡城，杀了太守。八月十九日丁酉，南秀容的放牧人万于乞真造反，杀了太仆卿陆延，秀容酋长尔朱荣平定了这场叛乱。尔朱荣是尔朱羽健的玄孙。尔朱荣的祖父尔朱代勤，有一次外出打猎，部落中的一个人射虎，误中了他的大腿，代勤把箭拔出来，不再问罪，部落成员莫不对他心悦诚服。做官做到肆州刺史，赐爵位梁郡公，活了九十多岁去世。儿子尔朱新兴继承了爵位。尔朱新兴做酋长的时候，畜牧业尤其繁殖兴旺，牛、羊、骆驼和马，以毛色分群，弥漫于川谷之中，数量多得无法计算。北魏每到出兵的时候，尔朱新兴便献上马匹以及军资粮食等来帮助军队，高祖嘉奖他。尔朱新兴年老了，请求把爵位传给儿子尔朱荣，北魏朝廷准许了。尔朱荣心机神妙，明察而有决断，管理部属特别严格。当时四方兵起，烽火遍地，尔朱荣心中暗藏大志，把牲畜钱财散发众人，招募纠合骁勇之徒，结交招纳豪杰，这时侯景、司马子如、贾显度以及五原人段荣、太安人窦泰等人都去依附了他。贾显度是贾显智的哥哥。

八月二十日戊戌，莫折念生派遣都督窦双攻打北魏盘头郡，东益州刺史魏子建派遣将军窦念祖击败了窦双。

九月初一日戊申，成景儁偷取了北魏的睢陵。九月十一日戊午，北兖州刺史赵景悦包围荆山。裴邃率领三千骑兵袭击寿阳，于九月十五日壬戌夜，攻破城门，攻克了寿阳外城。北魏扬州刺史长孙稚抗击，一天交战了九次，后军蔡秀成迷路而没有赶到，裴邃领兵撤返。派遣别将攻打北魏淮阳，北魏派遣行台郦道元、都督河间王元琛去援救寿阳，安乐王元鉴去援救淮阳。元鉴是元诠的儿子。

北魏西道行台元脩义得了风疾，不能指挥军队了。九月二十五日壬申，北魏任命尚书左仆射、齐王萧宝寅为西道行台大都督，统率众将去讨攻莫折念生。

宋颖秘密地向吐谷浑王伏连筹求救，伏连筹亲自率兵援救凉州，于菩提弃城逃跑，伏连筹追上斩了他。城中百姓赵天安等人又推举宋颖为刺史。

河间王元琛率兵抵达西硖石，解了涡阳之围，收复了荆山戍。与青、冀二州刺史王神念交战，打败了他。冬季，十月初一日戊寅，裴邃、元树攻打北魏建陵城，攻克了该城。十月初四日辛巳，又攻拔了曲木，扫虏将军彭宝孙攻拔了琅邪。

北魏营州城的百姓刘安定、就德兴抓住了刺史李仲遵，占据州城造反。城中的百姓王恶兒斩了刘安定而投降，就德兴向东逃跑，自称燕王。

胡琛派遣将领宿勤明达侵扰豳、夏、北华三州。[十月初五壬午，]北魏派遣都督北海王元颢统率众将去讨伐。元颢是元详的儿子。

十月初七日甲申，彭宝孙攻下了檀丘。十月十四日辛卯，裴邃攻下了狄城；十月十九日丙申，又攻下了甓城，进驻黎浆。十月二十五日壬寅，北魏东海太守韦敬欣献上司吾城投降。定远将军曹世宗攻拔了曲阳；十月二十七日甲辰，又攻下了秦墟，北魏的守将大多数弃城逃跑。

北魏派黄门侍郎卢同持符节去营州慰劳，就德兴投降后又反叛了。诏令任命卢同为幽州刺史兼尚书行台。卢同屡次被就德兴打败而撤回。

北魏朔方胡人反叛，围攻夏州刺史源子雍，夏州城中的粮食吃光了，就煮马皮吃，众人都没有二心。源子雍想亲自出城求粮，留下儿子源延伯守统万城，将佐们都说："如今四方反叛，粮食耗尽，外援阻绝，不如你们父子都去。"源子雍流着眼泪说道："我家世世代代承受国恩，应拼死守住这座城。但是没有粮食，无法守城，所以想到东州去，为各位筹措几个月的粮食，如果有幸能得到，就必定可以保住城池。"便率领羸弱之卒去东夏州运粮，源延伯与众将佐哭着为他送行。源子雍行走几日，胡人头领曹阿各拔拦击，被擒拿。源子雍暗中派人给统万城送信，命令城中军民努力固守。全城军民非常忧虑恐惧，源延伯晓谕他们说："我父亲的生死吉凶还不可得知，方寸焦灼。但是奉家父之命守城，责任重大，不敢因私损公而弃城不顾。请各位理解我的心情。"众人都被源延伯的节义所感动，无不奋发。源子雍虽然被擒，胡人一直以下民之礼奉事他，他对胡人陈述了祸福利弊，劝曹阿各拔投降。恰巧曹阿各拔去世，他的弟弟曹桑生最终率领部众随源子雍投降了。源子雍去见行台北海王元颢，一一讲陈了各路反贼可以被歼灭的情状，元颢给了源子雍兵力，令他作为先锋。当时东夏州全境都反叛了，到处贼寇聚集，源子雍转战而前，九十天之内，经历了几十场战役，终于平定了东夏州，征收税粟送往统万城，夏州、东夏州因此而得到保全。源子雍是源怀的儿子。

（以上为第四段，写北魏秀容酋长平定南秀容放牧人的反叛；北方胡人反叛，夏州刺史源子雍父子坚守统万城，源子雍出城求援，留其子源延伯守卫夏州，父子两人奋命平定了叛乱，保全了两夏州。）

北魏广阳王元深上书说："如今六镇全都反叛了，高车二部的情况也与六镇相同，以这样的疲劳之兵攻打他们，必定没有取胜的道理。不如挑选演练精兵把守恒州的各个要冲之地，再做以后的打算。"便与李崇领兵回到了平城。李崇对众将说："云中是白道的要冲，叛贼的咽喉要害，如果此地不能保全，那么并州和肆州就危险了。应当留下一个人镇守，谁来承当呢？"众人推举费穆，李崇便奏请任命费穆为朔州刺史。

贺拔度拔父子以及武川人宇文肱纠集乡里的豪杰，一同袭击卫可孤，杀了他；贺拔度拔不久又与敕勒交战而身亡。宇文肱是宇文逸豆归的玄孙。

李崇引荐国子博士祖莹为长史；广阳王元深弹劾祖莹谎报斩杀敌人的数量，侵吞军款，祖莹因而获罪被除名，李崇也被免去官职，削夺爵位而召回朝廷。元深一人独揽军政大权。

莫折天生进攻北魏岐州，十一月初二日戊申，攻陷了该城，抓获都督元志以及刺史裴芬之，送给莫折念生，莫折念生杀了他们。莫折念生又派卜胡等人入侵泾州，在平凉东边打败了光禄大夫薛峦。薛峦是薛安都的孙子。

十一月初十日丙辰，彭宝孙攻取了北魏的东莞。十一月十六日壬戌，裴邃攻打寿阳的安城，十一月二十日丙寅，马头和安城两处都投降了。

高平人攻打并杀死了卜胡，一起迎接胡琛。

北魏任命黄门侍郎杨昱兼侍中，持符节监督北海王元颢的军队，去援救豳州，豳州之围解除。迁入关中的蜀州贼人张映龙、姜神达攻打雍州，雍州刺史元脩义请求援救，一天一夜连发九信。都督李叔仁迟疑不去救援，杨昱说："长安是关中的根本，如果长安失守，则大军自然土崩瓦解，那么留在这里还有什么好处呢？"便与李叔仁进攻张映龙和姜神达，斩了姜神达，余党都跑散了。

十二月初二日戊寅，北魏的荆山城投降。

十二月十六日壬辰，北魏任命京兆王元继为太师、大将军，统率西路诸军讨伐莫折念生。

十二月二十九日乙巳，武勇将军李国兴攻打北魏平靖关，十二月二十五日辛丑，信威长史杨乾攻打武阳关，十二月二十六日壬寅，又攻打岘关，都攻下来了。李国兴进军围攻郢州，北魏郢州刺史裴询与蛮人酋长西郢州刺史田朴特里外应合抵抗李国兴。围城近一百天，北魏援军到了，李国兴领兵返回。裴询是裴骏的孙子。

北魏汾州的各部胡人反叛；委任章武王元融为大都督，率兵去讨伐。

北魏魏子建宣谕招降南秦州各氐人部落，稍稍有所归附，便恢复了六郡十二戍，斩了叛贼首领韩祖香。北魏以魏子建兼尚书，担任行台，刺史职务不变，梁、巴、二益、二秦各州都接受指挥调度。

莫折念生派兵攻打凉州，凉州城的百姓赵天安再次抓住了州刺史来响应。

这一年，侍中、太子詹事周舍因事获罪而被免职，散骑常侍钱唐人朱异代替掌管朝廷机密大事，军事方面的出谋划策，以及各州文武长官的任免和朝廷礼仪、诏令等事情也都掌管。朱异喜好文章、义理，多才多艺，思想敏捷而周密，梁武帝因此而信任他。

（以上为第五段，写北魏叛首莫折大提之子莫折念生派兵攻打岐州、凉州，所到之处从风而靡；南梁攻打北魏信阳三关，先夺之，后弃之；朱异得宠，代掌机密，参决政事。）

梁武帝普通六年（乙巳，公元 525 年）

春季，正月初一日丙午，梁雍州刺史、晋安王萧纲派遣安北长史柳浑攻陷了北魏的南乡郡；司马董当门攻陷了北魏的晋城，正月初五日庚戌，又攻陷了马圈、彫阳二城。

正月初六日辛亥，梁武帝在南郊祭天，大赦天下。

北魏徐州刺史元法僧，向来依附于元义，见元义骄横纵恣，害怕祸及己身，便想谋反。北魏派遣中书舍人张文伯到达彭城，元法僧对张文伯说："我想与你去危就安，你能从我吗？"张文伯回答说："我宁可死了去见文陵松柏，怎么能离弃忠义而跟从叛逆呢！"元法僧杀了他。正月十五日庚申，元法僧杀了行台高谅，自己称帝，改年号为天启，立几个儿子为王。北魏发兵讨伐，元法僧便派他的儿子元景仲来投降。

安东长史元显和是元丽的儿子，起兵与元法僧交战。元法僧擒拿了元显和，拉着元显和的手，令他和自己一起就座，元显和不肯，说："我同您老人家都出身于皇室，但是你现今却据地而外叛，就不害怕良史吗？"元法僧还想要抚慰劝谕元显和，元显和说道："我宁肯死而为忠义之鬼，不肯活着做叛逆之臣。"便杀了元显和。

梁武帝派散骑常侍朱异作为使者去见元法僧，又任命宣城太守元略为大都督，令元略与将军义兴人陈庆之、胡龙牙、成景儁等人率兵接应。

莫折天生驻军于黑水，兵势甚强。北魏任命岐州刺史崔延伯为征西将军、西道都督，统率五万大军讨伐他。崔延伯同行台萧宝寅驻军在马嵬。崔延伯向来骁勇，萧宝寅催促他出战，崔延伯说："明天早晨我为您去试探一下贼兵勇敢怯懦如何。"于是挑选精兵数千名西渡黑水，阵容齐整地向莫折天生的军营进发；萧宝寅驻扎在黑水东边，远远地作为增援。崔延伯直抵莫折天生的营前，耀武扬威威胁，然后领兵徐徐返回。莫折天生的士兵见崔延伯人马少，争相打开营门冲出来追赶，人数多出崔延伯的十倍，把崔延伯逼到了水边，萧宝寅望见不禁大惊失色。崔延伯亲自殿后，不与追兵交战，让部下先渡河，队伍整齐不乱，莫折天生的兵不敢进击。不一会儿，队伍全部渡过了河，崔延伯方才慢慢渡河，莫折天生的部下也返回了。萧宝寅高兴地说："崔君的勇武，关羽、张飞不如。"崔延伯说："这伙贼寇不是老奴的敌手，明公只需安稳而坐，看老奴击败他们。"正月初八日癸亥，崔延伯整集兵马出发，萧宝寅领兵继后。莫折天生倾巢出动迎战，崔延伯身先士卒，冲入敌阵，击败了敌军的前锋，将士们鼓足勇气，争先恐后地进击，大破敌军。共俘虏斩首十多万，一直追击到小陇，岐、雍以及陇东都平定了。将士们滞留采集抢掠，莫折天生便堵塞了陇道，因此各路军队无法再前进了。

萧宝寅击破宛川，俘获该地民众做奴婢，并把十个美女赏给岐州刺史魏兰根，魏兰根推辞不受，说："这个县处在贼寇之间，无法自立，所以百姓们不得不依附以便活命。官军到来之后，应该怜悯而安抚百姓，为什么反而助贼为虐，抓去做奴婢呢？"便把被俘的父老乡亲全都要回来，放他们回家。

（以上为第六段，写北魏徐州刺史元法僧反叛、称帝，朝廷派兵讨伐；骁将崔延伯战胜叛首莫折天生于黑水，却滞留抢掠；岐、雍、陇东皆定，岐州刺史魏兰根安抚乡民。）

乙巳，裴邃攻拔了北魏的新蔡郡，诏令侍中、领军将军西昌侯萧渊藻率领部队先驱而行，南兖州刺史豫章王萧综与众将后继而进。正月二十八日癸酉，裴邃攻占了郑城，汝颍一带纷纷响应。

北魏河间王元琛等人慑于裴邃的威名，驻扎在城父，几个月不敢前进，北魏朝廷派遣廷尉少卿崔孝芬持符节并带着千牛刀前去城父，催促元琛等人进兵。崔孝芬是崔挺的儿子。元琛到了寿阳，想出兵决战。长孙稚认为久雨不晴不可以出兵，元琛不听，率领五万兵士出城攻打裴邃。裴邃列出四翼的军阵等待，指派直阁将军李祖怜先去挑战，然后伪装败退；长孙稚和元琛出动全军追击李祖怜，裴邃的四翼军阵争相行动，北魏军队大败，一万多人被斩首。元琛逃跑进城，长孙稚领兵殿后，入城后便关门固守，再不敢出来。

北魏安乐王元鉴率兵讨伐元法僧，攻击元略于彭城南，元略大败，与几十名骑兵逃入城中。元鉴不加设防，元法僧出城攻击，大破元鉴，元鉴单人匹马逃跑回去了。将军王希聃攻取了北魏的南阳平，抓获了太守薛昙尚。薛昙尚是薛虎子的儿子。正月二十九日甲戌，任命元法僧为司空，封为始安郡公。

北魏任命安丰王元延明为东道行台，临淮王元彧为都督，去攻击彭城。

北魏任命京兆王元继为太尉。

二月二十日乙未，梁赵景悦攻占了北魏的龙亢。

当初，北魏的刘腾死后，胡太后以及魏孝明帝身边的监视稍微有所松缓。元义也觉得宽心了不少，便时常出外游玩，留连忘返，亲信多次劝谏，元义不采纳；胡太后察知了这一情况。去年秋天，胡太后当着孝明帝问众臣子说："现今隔绝我们母子，不允许互相往来，那么我还有什么用处呢！我应当去出家，去嵩山闲居寺修行当尼姑。"便要自己剃发，孝明帝以及群臣磕头流泪，哀哀苦求，胡太后言语表情却更加严厉了。孝明帝便住在嘉福殿，一连住了好几天，同胡太后一起密谋要贬黜元义。然而，孝明帝故意深藏形迹，把胡太后愤恨的样子，向常来显阳殿见自己的话全告诉了元义；还对元义流着泪水讲叙了胡太后想出家当尼姑一事，忧惧之心一天之内便有四次。元义对此毫无所疑，便劝孝明帝顺从胡太后的要求。这时胡太后数次住宿于显阳殿，两宫之间不再有什么禁限了。元义推荐元法僧出任徐州刺史，元法僧反叛，胡太后数次提到此事，元义因此而深自愧悔。

北魏丞相高阳王元雍，虽然位居元义之上，然而特别惧怕元义。正好胡太后与孝明帝到洛水游玩，元雍便邀请他们临幸自己府上。日落的时候，孝明帝与胡太后进入元雍的内室，随从的官员们都不得进去，便一起制定了图取元义的计谋。这时胡太后对元义说："元郎如果忠于朝廷，没有反心的话，为什么不辞去领军之职，只担任其余的官职来辅政呢！"元义特别害怕，摘下帽子请求解除自己的领军一职。便任命元义为骠骑大将军、开府仪同三司、尚书令、侍中、领左右。

二月二十三日戊戌，北魏大赦天下。

二月十七日壬辰，莫折念生派遣都督杨鲊等人攻打仇池郡，行台魏子建击破了他。

三月初五日己酉，梁武帝巡视白下城，步行视察了六军驻守的地方。三月二十一日乙丑，命令豫章王萧综临时驻扎彭城，总督各路军队，并且兼管徐州府事。

三月二十五日己巳，以元法僧的儿子元景隆为衡州刺史，元景仲为广州刺史。梁武帝召元法僧及元略回建康，元法僧驱赶彭城的官员和百姓一万多人南渡。元法僧到了建康，梁武帝特别宠待他。元略厌恶元法僧的为人，与他说话时，从来没有笑过。

（以上为第七段，写北魏徐州刺史元法僧反叛失败，投奔南朝，得到宠幸；北魏权臣元义渐渐放松对胡太后的控制，胡太后与魏孝明帝元诩共商除去元义，解除了其领军将军之职。）

北魏诏令京兆王元继班师回朝。

北凉州刺史锡休儒等人从魏兴入侵北魏梁州，攻打直城。北魏梁州刺史傅竖眼派儿子傅敬绍攻击，锡休儒等人败回。

柔然王阿那瓌替北魏征讨破六韩拔陵，北魏派遣牒云具仁送去各种物品慰劳赏赐他们。阿那瓌率众十万，从武川出发，西进沃野，多次打败破六韩拔陵的军队。夏季，四月，魏孝明帝又派遣中书舍人冯儁去慰劳赏赐阿那瓌。阿那瓌的部落渐渐强大了起来，便自称为敕连头兵豆伐可汗。

北魏元义虽然被解除了兵权，还总管朝廷内外的事情，所以一点也不觉得有被废黜的道理。胡太后心里犹豫不决，侍中穆绍劝说胡太后迅速除去元义。穆绍是穆亮的儿子。孝明帝宠幸潘嫔，宦官张景嵩游说她，说："元义要谋害您。"潘嫔哭着向孝明帝诉说："元义不仅仅要害妾，还将不利于陛下。"孝明帝相信了，便借元义出宫住宿之机，解除了他的侍中之职。第二天早晨，元义将要进宫。守门的没有让他进去。四月十七日辛卯，胡太后再次临朝摄政。颁布诏书追削去刘腾的官爵，把元义贬为平民。

北魏清河国的郎中令韩子熙上书朝廷为清河王元怿鸣冤，请求诛死元义等人："昔日赵高掌柄秦国，令关东鼎沸；如今元义专权魏国，导致四方云绕。开启逆乱端绪，由宋维起，最终演变成祸难，实由刘腾而致。应该枭首示众，掘墓焚尸，鞭尸灭族，以向世人宣明他们的罪行。"胡太后命令人挖开了刘腾的坟墓，暴露抛散尸骨，没收家财，将他的养子全部杀尽。胡太后任命韩子熙为中书舍人。韩子熙是韩麒麟的孙子。

当初，宋维的父亲宋弁经常说："宋维生性粗疏险毒，一定会败了我家。"李崇、郭祚、游肇也说："伯绪凶狠粗疏，终究会倾覆宋家，如果只有自身被杀，则是万幸。"宋维阿谀投附元义，越级提升为洛州刺史，到这时被除名，很快被赐死。

元义被解除领军职务之后，胡太后因为元义党羽势力还强大，不能立即制服，便让侯刚代替元义担任领军，以便安稳住这些人。很快侯刚出任冀州刺史，加仪同三司，还没有去冀州上任，又被降为征虏将军，死在家中。太后想杀贾粲，但考虑到元义党徒众多，担心惊动内外，便让贾粲出任济州刺史，不久派人追杀了他，家产、人口全部没收入官府。只有元义因为是胡太后的妹夫，便没有忍心杀掉。

在此之前，给事黄门侍郎元顺因刚直不阿而抵牾了元义的心意，便把他贬出担任齐州刺史，胡太后召回了他，任命为侍中。元顺陪胡太后坐着，元义的妻子坐在胡太后一侧，元顺指着元义妻子说道："陛下为何因一个妹妹的缘故，不惩处元义的罪行，致使天下之人不能伸张其冤愤呢！"胡太后沉默没有讲话。元顺是元澄的儿子。有一天，胡太后闲暇时对侍臣们说："刘腾和元义过去曾经向我请求得到铁券，希望能不被处死，朕幸亏没有给。"韩子熙说："事关生杀，岂能决定于铁券！况且陛下过去虽然没有给，不明白今日为何不杀掉！"胡太后怅然不已。不久，有人上告："元义和弟弟元瓜密谋引诱六镇的降户在定州反叛，又招鲁阳的蛮族部落侵扰伊阙，准备做内应。"得到了亲笔信件，胡太后还不忍杀他。众臣坚持不已，魏孝明帝也说要杀，胡太后才听从，令元义和弟弟元瓜在家中自尽，但是还赠予元义骠骑大将军、仪同三司、尚书令。元义的父亲江阳王元继废黜在家，最后病死。前幽州刺史卢同因系元义同党获罪，除名。

（以上为第八段，写柔然王阿那瓌率军替北魏征讨叛军，多次打败叛军，其势渐强；北魏胡太后再次临朝听政，彻底清算元义诸党罪恶，元义被赐死，刘腾被开棺暴尸，余党除官。）

胡太后颇为留意于妆饰打扮，数次出外游乐，元顺当面劝谏："《礼》中规定，妇人丈夫去世之后自称为未亡人，头上去掉珠玉，穿衣不加纹彩。陛下母仪天下，年近不惑，修饰过分，何以为后世做出榜样呢？"胡太后惭愧地回到宫中，召来元顺，斥责说："千里之外征召回来，难道就是为了让你当着众人之面羞辱吗？"元顺回答："陛下不害怕天下人讥笑，而只为臣的一句话感到羞耻吗？"

元顺与穆绍同在宫中值宿，元顺因喝醉酒而进入穆绍的寝室，穆绍拥被而起，严肃地责斥元顺说："我做了二十年的侍中，与你父亲屡次在一起共事，即使你刚刚得到重用，也不该如此唐突啊！"便辞职回家，颁布诏书劝谕了很长一阵子，才重新任职。

当初，郑羲哥哥的孙子郑俨担任司徒胡国珍的行参军，胡太后和郑俨私通，外人都不知道。萧宝寅西征的时候，郑俨为开府属。太后再次摄政之后，郑俨向萧宝寅请求奉命出使回朝，太后留下了郑俨，委任为谏议大夫、中书舍人，并兼尚食典御，昼夜住在宫中；每到放假之日，郑俨回家，胡太后经常派遣宦官跟随，郑俨见到妻子，只能说些家事。中书舍人乐安人徐纥，稍微有点文采，原先他靠谄媚追随赵脩，有罪后被贬迁到枹罕。后来回朝，重新任为中书舍人，又巴结投靠清河王元怿；元怿死后，出任雁门太守。回到洛阳后，又讨好投身于元义。元义垮台之后，胡太后因为徐纥是元怿厚待之人，又召任为中书舍人，因此，徐纥又攀附郑俨。郑俨因为徐纥有智术，便依靠他为自己出谋划策；徐纥因为郑俨有内宠，便曲身迎奉，两个相为表里，权倾朝野，人称为徐郑。

郑俨累次升迁到中书令、车骑将军。徐纥升到给事黄门侍郎，仍兼舍人，总管中书省、门下省的事务，军政方面的诏书命令都出自他手。徐纥有机智，辩才好，精力旺盛，整日处理事务，根本不休息，不认为辛劳。不时有紧急诏书，命令几个属吏执笔，或走动，或卧床，向各人口述，几篇诏书都写成了，不失事理。但是没有治理国家的大才，专门喜好小技，见到人则有意做出恭敬小心的样子，远近之人都辐辏来依附他。

给事黄门侍郎袁翻、李神轨都兼中书舍人，为胡太后所信任，当时的人们讲李神轨也和太后私通，众人不能辨明真假。李神轨求婚于散骑常侍卢义僖，卢义僖不答应。黄门侍郎王诵对卢义僖说："从前的人不用一个女儿换几个儿子，您岂会改变呢！"卢义僖说："我之所以没有答应，正是为的这个。听从了，恐怕灾祸既大且来得快。"王诵紧握住卢义僖的手说："我听闻见教，不敢去告诉别人。"因此，女儿嫁给他姓之人。出嫁的前夜，胡太后派宫中使者宣旨让停止，卢家内外惶恐不安，卢义僖泰然自若。李神轨是李崇的儿子，卢义僖是卢度世的孙子。

（以上为第九段，写北魏胡太后好打扮，直臣元顺当面劝谏；郑俨、徐纥、袁翻、李神轨等，都是趋炎附势之人，大都与胡太后暧昧不明，互相勾结，秽乱朝廷。）

胡琛占据高平，派遣他的大将万俟丑奴、宿勤明达等人入侵北魏的泾州，将军卢祖迁、伊瓮生讨伐，未能取胜。萧宝寅、崔延伯击败莫折天生之后，便领兵在安定同卢祖迁会合，兵卒十二万，甲马八千匹，军威甚壮。万俟丑奴驻扎在安定西北七里的地方，不时地派轻骑挑战，大部队还没有交锋，便撤退逃走。崔延伯依恃自己勇武，而且新近有功，于是便提议担任先锋去进攻万俟丑奴。崔延伯又另外造了大盾，里面置有锁柱，让壮士们抬着前进，叫作排城，辎重放在里面，战士们在外面，从安定北边沿着平坦宽阔的地方北上。将要开战时，有数百名敌人的骑兵诈持着文书，说是投降的名册，并且乞求暂缓进攻。萧宝寅、崔延伯还没有来得及阅看，宿勤明达便带兵从东北方向到了，而那些诈降的骑兵却从西边争相冲下来，覆背夹击。崔延伯跃身上马奋力拼杀，向北追击一直到敌人的营盘之下。敌人全是骑兵，而崔延伯的军队中却杂有不少步兵，作战时间长了人员疲乏，敌人便乘机进入了排城；崔延伯大败，死伤了近两万人，萧宝寅收拢残部，退守安定。崔延伯因失败感到耻辱，便修缮兵器，招募骁勇之士，再从安定向西进发，在离敌营七里的地方安营扎寨。四月十七日壬辰，崔延伯没有报告萧宝寅，独自出发袭击敌营，大败敌人，转眼之间，敌人的数座栅垒便被夷平。敌人见崔延伯的将士们抢掠财物乱作一团，又回过头来还击，魏军大败，崔延伯中了流箭而身亡，兵卒死者达一万多人。其时，强寇未平却失去了一员骁将，北魏朝野因此而忧恐不安。于是敌人的凶焰更加炽盛了，然而自外回到朝廷中的臣子，每当胡太后问到时，都说贼兵力量微弱，以此而讨好取悦，因此将帅们向朝廷请求增兵时往往不给。

五月，夷陵烈侯裴邃去世。裴邃深沉而有谋略，为政宽厚而明断，将吏们对他既爱又怕。五月初八日壬子，委派中护军夏侯亶督率寿阳军务，乘驿马前去代替裴邃。

益州刺史、临汝侯萧渊猷派遣将领樊文炽、萧世澄等人率兵包围北魏的益州长史和安于小剑，北魏益州刺史邴虬派遣统军河南人胡小虎、崔珍宝率兵援救。樊文炽袭击攻破了栅垒，都俘获了，指使胡小虎到城下游说和安，让他早日投降。胡小虎远远地对和安说："我的栅垒失守，被贼人擒俘了。察看他们的兵力，实在不足称道。努力坚守，魏行台和傅梁州的援兵已经到了。"话还没有说完，周围的兵士便用刀砍杀了他。西南道军司淳于诞带兵援救小剑，樊文炽在龙须山上修筑栅垒防守退路。五月二十四日戊辰，淳于诞秘密招募壮士，在夜间登上龙须山，放火烧了樊文炽的栅垒，梁朝军队望见归路断绝，都惊惧不安，淳于诞乘机发起进攻，樊文炽大败，仅仅一个人逃脱，俘虏萧世澄等十一个将吏，被斩首的兵卒以万计算。魏子建用萧世澄换回了胡小虎的尸体，安葬了他。

（以上为第十段，写北魏将领萧宝寅、崔延伯出兵讨伐叛首胡琛部将，被使用诈计，被打得大败；南朝益州刺史萧渊猷与北魏交战，被打得大败。）

北魏魏昌武康伯李崇去世。

当初，梁武帝收纳了东昏侯的宠姬吴淑媛，七个月之后便生下了豫章王萧综，宫中大多人都怀疑。到了吴淑媛失宠而心怀怨恨，秘密地对萧综说："你七个月就生下来了，怎么能与其他皇子相比！然而你是太子的大弟弟，幸保富贵，不要泄露啊！"便与萧综抱头而哭。从此萧综便对自己的身世产生了怀疑，白天照旧言谈说笑，到了夜间则关门闭户独处静室，披散着头发在草席之上，私下里在别室中祭祀齐的七庙祖先。萧综又改换上平民服装到曲阿拜祭齐太宗陵，他听民间流传说，血滴在尸骨上，如果渗进骨头就说明滴血者与死者为父子关系，便偷偷地挖开了东昏侯的坟墓，并亲自杀死了一个男子来试验，结果都很灵验。因此他便起了异心，一心伺机而起事。萧综有猛力，能用手制服狂奔之马。萧综轻财好士，只留下自己穿的衣服，其他财物都分给他人，经常弄得手头很紧。多次上陈机宜，请求到边关去任职，梁武帝不予批准。萧综常常在内室的地上布满沙子，终日光着脚在沙子上面行走，脚底长满老茧，一天能行走三百里路。王、侯、妃、主以及外人都知道了萧综的心机，但是梁武帝性格严肃，没有人敢说出来。萧综又派使者与萧宝寅取得了联系，把萧宝寅认作叔父。萧综担任南兖州刺史，不接见宾客，审判案件时隔着帘子审问断决，外出时则在车前挂着布帷，讨厌人认识自己的面孔。

在彭城时，北魏安丰王元延明、临淮王元彧率领两万兵马逼攻彭城，双方胜负久而不决。梁武帝担心萧综战败被擒，便命令他带兵返回。萧综害怕南归之后不能再到北边来，便秘密派人给元彧送去降书；北魏人都不相信他，元彧招募人进入萧综的军中验明真假，但谁也不敢去。殿中侍御史济阳人鹿悆任元彧的监军，请求前去，说道："如果萧综有诚意的话，便同他订立盟约；如果他是使诡诈之计的话，您又何必可惜一个普通人！"当时两军相对峙，军阵内外严加守固，鹿悆一个人骑马抄小道前行，径直来到彭城，被萧综的军队抓住。当问到前来的目的时，鹿悆回答："临淮王让我前来，想有交易。"当时元略已经回到南边去了，萧综听闻之后对成景儁等人说："我时常怀疑元略图谋率城反叛，将探明他的真假，所以派遣身边的人诈称是元略的使者，进入北魏军中，叫他们派一个人前来联系。现今果然派人来了，可以派一个人假装成元略，并称有病而待在深室之中，再把北魏派来的人叫到门外，令人假传元略的话感谢他。"萧综又派遣心腹安定人梁话去迎接鹿悆，并秘密地把萧综欲投降北魏以及与成景儁装模作样的一番安排告诉了鹿悆。鹿悆在薄暮时分进了城，先被带去见胡龙牙，胡龙牙说："元中山王非常想见您，所以派我前来叫您。"又说："安丰王和临淮王将少兵弱，企图攻下这座城市，岂可以得手吗？"鹿悆回答："彭城是魏国的东部边境，势在必争，得到与否在于天命，非人力所能预料。"胡龙牙又说："确实和您所说的一样。"梁话又带鹿悆去见成景儁，成景儁与鹿悆一起就座，对鹿悆说："您不是来做刺客的吧？"鹿悆回答："今天奉命出使，一心想的是回朝复命，行刺的事，日后再择机而行吧。"成景儁设酒席款待，引到一处地方，事先设计好让一个人从室内走出，替元略致意说："我从前怀有目的来到南方，现今派人把你叫来，想听一听家乡的情况；但是夜来患病，不能与你相见了。"鹿悆回答道："事先得到了您的通知，冒险前来，但是不能拜见您，内心实在不安。"于是便告辞而退了。众将领争着询问北魏兵卒和战马的数量，鹿悆夸耀说有精兵几十万，众将领互相说："这是虚夸不实之言！"鹿悆说："从天亮到吃早饭之间就会得到验证的，有何不实之处呢！"便打发鹿悆回去了。成景儁把鹿悆送到戏马台，北望城堑，对鹿悆说："这样的险固，魏军哪里能够攻取呢？"鹿悆说："攻守在于人，何曾论说地势的险固呢？"鹿悆返回，在路上又同梁话重申了彼此订立的盟约。四月初六日庚辰，萧综与梁话以及淮阳人苗文宠夜间出发，步行着投奔了魏军。到了天亮的时候，住所的几个门都还紧闭不开，众人都不知原因，只听见城外面魏军在高声叫喊："你们的豫章王昨天夜里已经前来投奔，现在我们军中，你们不投降还等什么呢？"城中到处找不见萧综，于是军队彻底崩溃。魏军进入彭城，乘胜追击溃散的梁军。又攻占了几座城池，到了宿预才返回，将佐兵卒被杀被俘的有十之七八，只有陈庆之率领自己的部队返回。

梁武帝知道这一情况之后，惊异万分，有关部门奏请削夺萧综的爵位和封地，并从皇族名册中除名，改他的儿子萧直姓悖氏。但是没过十天，梁武帝又颁布诏书恢复了萧综在皇族名册中的名字，封萧直为永新侯。

西丰侯萧正德从北魏返回之后，志向操守没有一点悔改之意，大量召纳亡命之徒，夜间在道路上杀人越货，被任命为轻车将军跟随萧综北伐，丢下军队私自返回。梁武帝对萧正德前后的罪恶一起清算，免去了其官职，削夺了爵位，并流放临海；但是还没有到临海，梁武帝又派人追上赦免了他。

萧综到了洛阳，拜见了魏孝明帝之后，回头住在客馆中，为南齐东昏侯举哀，服斩衰之孝三年。太后以下的王公大臣全都到客馆吊唁，赏赐礼遇特别丰厚，将萧综拜为司空，封为高平郡公、丹杨王，并改名为萧赞。苗文宠和梁话都被任命为光禄大夫；鹿悆被封为定陶县子，并任命为员外散骑常侍。

萧综的长史济阳人江革、司马范阳人祖暅之都被北魏俘虏，安丰王元延明听说了他们的才名，优厚地对待他们。江革借口脚有毛病而不下拜。元延明让祖暅之撰写《欹器漏刻铭》，江革唾骂祖暅之道：“你承受国家的厚恩，却为敌虏撰写铭文，辜负了朝廷！”元延明知道了，便命令江革撰写《大小寺碑》、《祭彭祖文》，江革推辞不干。元延明将要对江革用杖刑，江革声色俱厉地说：“江革马上六十岁了，今日得死实为大幸，誓死不为人执笔！”元延明知道江革不可屈服，便停止了威逼；每天只给江革三升糙米饭，仅够维持生命而已。

（以上为第十一段，写南朝梁武帝萧衍收纳南齐东昏侯萧宝卷的宠姬吴淑媛，七月而生子萧综，萧综得知身世后，谋到边关任职，遂逃奔北魏，南朝蒙受重大损失。）

梁武帝秘密召夏侯亶回朝，休兵于合肥，等待淮河堰堤修成之后再进攻。

六月初十日癸未，北魏大赦天下，改年号为孝昌。

破六韩拔陵在五原围攻北魏广阳王元深，军主贺拔胜招募了两百人打开东门出战，斩首一百余，敌人稍微退却。元深军队开赴朔州，贺拔胜经常担任后卫。

云州刺史费穆，招纳安抚离散之众，四面抵抗敌人。当时北魏北部边境上的州镇全都丢失了，只有云中一城还独存。道路阻绝，援军不到，粮食兵器全都用尽，费穆只好弃城向南到秀容投奔尔朱荣，很快又赴朝廷请罪，诏令宽宥了他。

长流参军于谨对广阳王元深说：“如今盗寇蜂起，不容易专用武力来取胜。于谨请求奉大王的威命，晓以祸福利害，或许稍可以离间他们。”元深赞同。于谨兼通几个国家的语言，单人匹马地前去反叛了的胡人的营地，见到他们的酋长，许以恩惠，表示信义。这时西部的铁勒酋长乜列河等率领三万多户南下来到元深处投降。元深准备带兵到折敷岭迎接，于谨说：“破六韩拔陵的兵势特别强大，他听到乜列河等人来投降，必定领兵阻截，如果先占据了险要地势，便不容易抵挡。不如用乜列河来作诱饵，而埋伏下兵力等待他来上钩，一定可以击破他。”元深听从了于谨的建议。破六韩拔陵果然带兵截击乜列河，全部俘获了乜列河的人马；元深的伏兵出击，破六韩拔陵大败，北魏伏兵重新得到了乜列河的部众而返回。

柔然头兵可汗大败破六韩拔陵，斩了他的将领孔雀等人。破六韩拔陵避开柔然军队，往南迁移渡过了北河。将军李叔仁因破六韩拔陵将要逼近，向广阳王元深求援，元深率众前去迎战，贼人前后投附的有二十万人，元深与行台元纂上表："请求在恒州之北另立郡县，安置来降的人家，根据情况加以救济，以便消除反乱之心。"北魏朝廷不同意，诏令黄门侍郎杨昱把这些降户分别安置在冀、定、瀛三州取食。元深对元纂说："这些人又将成为流民了！"

（以上为第十二段，写北魏云州刺史费穆坚守云中，直至兵疲粮绝才弃城而去；长流参军于谨，利用计谋，分化叛军，然后让叛军互攻，再予以袭击，大获全胜。）

秋季，七月十九日壬戌，梁大赦天下。

八月，北魏柔玄镇平民杜洛周在上谷聚众造反，改年号为真王，攻陷郡县，高欢、蔡儁、尉景以及段荣、安定人彭乐等人都追随杜洛周。杜洛周围攻北魏燕州刺史博陵人崔秉。九月十四日丙辰，北魏委任幽州刺史常景兼尚书为行台，与幽州都督元谭一起讨伐。常景是常爽的孙子。从卢龙塞到军都关，都布置兵力守住险要之处，元谭驻扎在居庸关。

冬季，十月，吐谷浑派兵攻打赵天安，赵天安投降，凉州复为北魏所有。

平西将军高徽奉命出使嚈哒，完成使命后返回，到了枹罕。恰逢河州刺史元祚去世，前刺史梁钊的儿子梁景进带领莫折念生的兵马围攻枹罕城。长史元永等人推举高徽代理州政，高徽指挥兵力固守；梁景进也代理州政。高徽向吐谷浑请兵，吐谷浑派兵前来援救，梁景进战败逃跑。高徽是高湖的孙子。

北魏正用兵西北，二荆、西郢的群蛮都反叛了，阻断了三鵶路，杀了都督，烧杀抢掠向北直至襄城。汝水有冉氏、向氏、田氏，部落最为强盛，其他的部落大的有一万户人家，小的有一千户，各自称王称侯，占据险要之处，以致道路不通。十二月十二日壬午，魏孝明帝诏令："朕将亲率六军，扫荡污秽，现今先讨伐荆蛮，治理南方。"当时群蛮带领梁朝将领曹义宗等人围攻北魏荆州，北魏都督崔暹率兵数万前去救援，到了鲁阳，不敢前进。北魏改换临淮王元彧为征南大将军，率兵讨伐鲁阳的蛮人，司空长史辛雄担任行台左丞，东赴叶城。另派征虏将军裴衍、恒农太守京兆人王罴率兵一万，从武关出发打通三鵶路，以援救荆州。

裴衍等人还没有到达，元彧的军队已经驻扎于汝水之上，各州郡凡被蛮人寇掠的都争着前来求救，元彧因为原来安排在另一条路上出兵，不想答应，辛雄说："现今裴衍还没有到来，而大王兵马已经聚集起来了，蛮左横冲直撞，扰乱到了京畿附近，大王挥旗统兵在外，有需要便进军，何必去管是否改变行军路线呢？"元彧恐怕会有所失而受到责处，便请求辛雄给自己下达一道尚书行台的符节。辛雄认为群蛮闻知魏孝明帝将亲自出征，众心必定受到震动，可以乘势击破，便给元彧的军队下了一道符令，命令速去攻打蛮贼。群蛮闻知元彧要来，果然散逃了。

魏孝明帝想要亲自出征讨贼，中书令袁翻劝谏阻止。辛雄从军中上疏说："凡是人们临阵而忘记自身，白刃触身而不畏惮，一是为了求取荣华之名，二是贪得重赏，三是害怕刑罚，四是逃避祸难，不是这几种原因，即便是圣人也不能指使臣子，慈父也不能激励儿子。圣明的君主深知这一情况，所以赏必行，罚必信，使亲近的、疏远的、尊贵的、卑贱的、勇敢的、怯弱的、贤德的、愚顽的，听到钟鼓之声，看见旌旗之列，莫不奋发激厉，争赴敌阵，这难道是他们厌恶活得太久了而喜欢速死吗？利害摆在眼前，欲罢而不能哪。自从秦陇之地叛逆，蛮左破坏常纲，已经有几年之久了，近来军队讨伐，败多而胜少，查其原因，在于赏罚不明。陛下虽然颁下明诏，奖赏及时兑现，但是将士们的勋位，历年不决，败军的兵卒，安然住在家中，因而导致节义之士无所劝募，庸碌之辈无所畏惧慑服；将士们前进而击贼，死亡近在眼前而奖赏遥不可见；后退而逃散，则保全自身而不承担罪责，这就是望见敌人便奔逃沮散，不肯尽力的原因。陛下如果能做到号令必信，赏罚必行，则军威必张，盗贼必定平息。”奏章呈上了，但是孝明帝没有省阅。

曹义宗等人攻取了顺阳、马圈，与裴衍在淅阳交战，曹义宗等人战败而退。裴衍等人收复了顺阳，进而围攻马圈。洛州刺史董绍因为马圈城防坚固，裴衍等人粮少，上书说裴衍等人必定失败。没过多久，曹义宗攻打裴衍等人，击破了，又占领了顺阳。北魏任命王罴为荆州刺史。

（以上为第十三段，写北魏杜洛周在上谷聚众造反，二荆、西郢的群蛮也都反叛，北魏改换临淮王元彧从武关打通三鸦路，以救援荆州。）

邵陵王萧纶代理南徐州事，在州中喜怒无常，横行非法。游荡街市上时，问卖黄鳝的人：“现今这个刺史怎么样？”回答说：“暴躁残虐。”萧纶大怒，命令这人吞吃黄鳝折磨到死，百姓惊恐万分，道路相逢时互相对视而不敢说话。有一次萧纶遇上了灵车，夺过孝子的衣服自己穿起来，匍匐在地上嚎叫。典签害怕自己跟着犯罪，秘密地报告了朝廷。梁武帝方才严厉斥责萧纶，但是萧纶不思悔改，梁武帝便派人代替他。萧纶更加悖逆傲慢了，找来一个矮短瘦小像梁武帝的老翁，给他加上衮服和王冠，让他坐在高处，将他当作君王来朝拜，并陈说自己无罪；又让老翁来到自己面前，剥去衣冠，在庭堂上鞭打自己。又制作了一口新棺材，将司马崔会意放在棺材里面，出动灵车，唱着挽歌，扮成送葬的阵势，使一些老妇人坐在车上悲声号啕。崔会意不堪忍受其辱，骑快马回到都城报告。梁武帝害怕萧纶逃跑，派禁卫兵把他抓回来，将要下狱赐死，太子萧统流着泪水再三劝谏，萧纶才得侥幸免于一死，十二月十八日戊子，萧纶被免去官职，削夺了爵位和封地。

北魏的山胡刘蠡升反叛，自称为天子，设置了百官。

当初，敕勒酋长斛律金侍奉怀朔镇主将杨钧做了军主，用匈奴人的兵法指挥作战，望见尘土便可以知道战马和步兵有多少，用鼻子闻一下地面就知道军队离得远近。破六韩拔陵反叛时，斛律金带领部众前去投附，破六韩拔陵任用斛律金为王。

很快知道破六韩拔陵终究不会有什么成就，便到云州去投降，仍然带领了少量的部众南出黄瓜堆，结果被杜洛周击败，斛律金逃脱后归顺了尔朱荣，尔朱荣让他担任了别将。

（以上为第十四段，写南朝邵陵王萧纶代理南徐州事，在州中横行不法，被免职削爵。敕勒酋长斛律金起兵，先归附叛首破六韩拔陵，后归北魏。）

【点评】

北魏六镇起义。对于北魏六镇起义的原因，北魏广阳王元深有着深入的探析。元深上言谓北方重镇戍守人选的选拔可以分为洛阳建都前后两期，前期的情况是："先朝建都平城时，以北部边境为重，郑重挑选亲近贤能，竖立大旗，担任镇将，并且配备以高门子弟，拼死防止边患，不但不影响仕宦前途，反而更独得提升，当时的人们，都欣然前去。"元深指出事情的变化在北魏迁都洛阳之后，边镇远离首都，其地位也随之变化："自从定鼎于伊洛以来，边防职任被看得轻了，只有那些长期不能升迁的庸碌之才，才出任镇将，这些人互相仿效，一心聚敛财物。或者各地方的奸吏，因犯罪而发配边关，边民们对此无不切齿痛恨。"广阳王元深认为转折点在阿那瓌之乱："阿那瓌背弃恩德，纵掠反叛而去，发兵长途追击。十五万大军越过沙漠，但不到几天工夫就返回来了，不能除尽反贼，边民见到这样的援军，于是便打心眼里瞧不起中原之国。"元深说这种情况不是没有人预见到，而是朝廷不予理睬："尚书令臣李崇请求改镇为州，或许是预先觉察到了，朝廷没有准许他的请求。"元深紧接着分析六镇之乱第一乱发生的原因："高阙戍的主将管制下属，上下失和，于是结伙叛乱，攻城略地，所过夷灭无遗。"沃野镇人破六韩拔陵因为"高阙戍主御下失和"，就杀掉戍主造反。元深毫不避讳地批评六镇之乱之所以愈演愈烈，与朝廷的处置有关："朝廷军队屡屡败北，贼党日益兴盛。这一段时间里的行动，原是指望能铲平叛乱，早获安定；但是崔暹不听指挥，全军覆灭，李崇与臣战不能前，犹豫许久，最后退守云中，将士人心离散。"元深仿佛预见到北魏政权兴亡与六镇起义之间的关系，从而表达了对天下大事深深的忧虑："现今的忧虑，不仅在于西北方面，恐怕各镇很快也会如此，天下之事，哪能容易地被预料呢！"最可惜的是，元深这样精辟的分析呈上之后被搁置起来，直到很久之后魏孝明帝才想起元深的奏折。北魏政权内部不是没有优秀的政治家，而是不被任用，意见不被采纳而已。